# CONFÉDÉRATION GÉNÉRALE
## DU TRAVAIL

# XVᵉ CONGRÈS NATIONAL CORPORATIF

## (IXᵉ de la Confédération)

ET

# CONFÉRENCE
### des Bourses du Travail

*Tenus à AMIENS*

*du 8 au 16 Octobre 1906*

❀ ❀ ❀

## Compte Rendu des Travaux

AMIENS
IMPRIMERIE DU PROGRÈS DE LA SOMME
18, rue Alphonse-Paillat, 18
—
1907

CONFÉDÉRATION GÉNÉRALE DU TRAVAIL

# XVᵉ CONGRÈS NATIONAL CORPORATIF

## (IXᵉ de la Confédération)

### ET

# CONFÉRENCE DES BOURSES

## DU TRAVAIL

Tenus à *AMIENS*

*du 8 au 16 Octobre 1906*

❖ ❖ ❖

## Compte Rendu des Travaux

AMIENS
IMPRIMERIE DU PROGRÈS DE LA SOMME
18, rue Alphonse-Paillat, 18

1906

# AVANT-PROPOS

❦ ❦ ❦

La publication de cette brochure marque la fin des travaux de la Commission d'organisation du Congrès d'Amiens.

Nous touchons au terme du mandat qui nous a été confié par le prolétariat, avec cette satisfaction d'avoir rempli notre devoir, tout notre devoir.

Le Congrès d'Amiens, selon l'avis de beaucoup de camarades, aura une répercussion considérable sur l'avenir du syndicalisme, parce qu'il a réuni, dans une pensée commune de liberté pour chacun et de tolérance réciproque, la presque unanimité des délégués.

Rien ne nous autorise à engager ces camarades à ne se réjouir du texte d'une motion, qu'au moment précis où cette motion est appliquée, dans les faits, par ceux-là mêmes qui en assument la paternité ; cependant, qu'ils nous permettent de leur faire remarquer que nous ne croyons pas, pour notre part, à la vertu magique d'un ordre du jour.

Trop de tendances diverses se manifestent encore dans le syndicalisme français, trop de divergences de vues divisent encore les militants les plus réputés, trop d'erreurs sont encore « monnaie courante » dans le prolétariat organisé, pour espérer, de sitôt, l'entente complète et définitive de toutes les énergies qui concourent à l'organisation corporative de la classe ouvrière.

C'est à dissiper ces erreurs et ces malentendus que tous les militants sincères doivent travailler. Notre émancipation intégrale sera proche quand, par nos efforts constants, la classe ouvrière sera entrée définitivement dans la voie de la Vérité.

C'est le vœu le plus cher formulé par la Commission d'organisation du XVᵉ Congrès National Corporatif, en présentant cet ouvrage aux organisations syndicales.

CLEUET,
Secrétaire général de la Bourse du Travail
d'Amiens.

# ORDRE DU JOUR DU CONGRÈS

1. Rapports des Comités, du Journal et de la Caisse des grèves.
2. Continuation de la propagande des 8 heures.
   a) Du travail aux pièces (*Industrie textile de Reims*).
   b) Réduction des heures de travail (*Garçons de magasins de Paris*).
   c) Minimum de salaire (*Garçons de magasins de Paris*).
3. Repos hebdomadaire (*Garçons de magasins de Paris*).
4. Les lois ouvrières en projet. — L'arbitrage obligatoire. — Les contrats collectifs. — La participation aux bénéfices. — La représentation ouvrière dans
   les Conseils de Sociétés industrielles. (*Propositions du Comité confédéral*).
5. Modifications aux statuts :
   a) Admission des Fédérations de métier (*7 syndicats du Bâtiment*).
   b) Rapports des Coopératives et des Syndicats confédérés (*Garçons de magasins
   de Paris*).
   c) Rapports de la C. G. T. et des partis politiques (*Fédération du Textile*).
6. De l'admission des Syndicats agricoles dans les Bourses (*Bourse de Narbonne*).
7. De l'organisation rationnelle et des moyens de la propagande (*Bourse de Thiers*).
8. a) De l'antimilitarisme (*Bourse de St-Nazaire*).
   b) De l'attitude de la classe ouvrière en cas de guerre (*Fédération des Cuirs et
   Peaux*).
9. Des timbres acquits confédéraux (*Monteurs, Broyeurs de la Seine*).
10. De la suppression des poisons professionnels.
11. Création de Fédérations départementales ou régionales (*diverses Bourses*).

## QUESTIONS DIVERSES

A. Le viaticum obligatoire confédéral (*Industrie textile de Reims*).
B. De la possibilité de la création d'une caisse de grève confédérale (*Peintres de
   Paris*).
C. Interdiction des amendes et retenues (*Industrie textile de Reims*).
D. Les saisies-arrêts (*Fédération des Cuirs et Peaux*).
E. Les modifications à la loi de 1884 sur les Syndicats professionnels (*Chemins de
   fer de Perpignan*).
F. La prud'homie a tous les travailleurs (*Garçons de magasins, Artistes lyriques de
   Paris*).
G. Modification et extension de la loi sur les accidents du travail (*Garçons de maga-
   sins de Paris*).
H. Suppression du couchage et de la nourriture (*Garçons de magasins de Paris*).
I. Limitation des charges trainées et portées par un homme (*Garçons de magasins
   de Paris*).
J. *La Voix du Peuple* quotidienne (*Peintres de Paris*).
L. Propagande et mesures à prendre pour l'étude d'une langue internationale
   (*Fédération des Peintres*).
M. Abrogation de l'article de loi visant l'expulsion des étrangers pour faits de grève
   et politiques (*Fédération des Peintres*).
N. La grève générale (*Maçons d'Auxerre*).
O. Le pain gratuit par la grève générale (*Industrie textile de Reims*).
P. Conditions à remplir par un délégué d'un Syndicat à une Bourse (*Bourse de
   Narbonne*).

# Liste des Organisations et des Délégués

## LISTE DES FÉDÉRATIONS

| | |
|---|---|
| Travailleurs agricoles et parties similaires de la région du Midi. | Ader. |
| Fédération nationale des Travailleurs de l'Alimentation. | Bousquet. |
| — de l'Ameublement. | Arbogast. |
| — nationale des Syndicats ouvriers du Bâtiment de France et des colonies. | Etard. |
| — de la Bijouterie-Orfèvrerie et des professions s'y rattachant. | Garnery. |
| — nationale des Brossiers et Tablettiers. | Deneux. |
| — nationale de la Céramique. | Tillet. |
| — des Chapeliers. | Allibert. |
| — internationale des Chauffeurs-Conducteurs, Mécaniciens, Electriciens, Automobilistes. | Lefèvre. |
| Syndicat national des Travailleurs des Chemins de fer de France et des colonies. | Guérard. |
| Fédération nationale des Syndicats d'ouvriers Coiffeurs. | Luquet. |
| — nationale des Cuirs et Peaux. | Dret. |
| — nationale des Employés. | Sellier. |
| — nationale de l'Eclairage. | Biemser. |
| — des Travailleurs de l'Habillement. | Rougerie. |
| — ouvrière Horticole de France et des colonies. | Bled. |
| — Lithographique française. | Thil. |
| — française des Travailleurs du Livre. | Keufer. |
| — nationale de la Maçonnerie. | Sertillanges. |
| — nationale des Travailleurs réunis de la Marine de l'Etat. | Sivan. |
| Fédération des ouvriers Mécaniciens et similaires de France. | Coupat. |
| Union Fédérale des ouvriers Métallurgistes de France. | Galantus. |
| — nationale des Travailleurs des Presses typographiques. | Marie. |
| — nationale des ouvriers Sabotiers, Galochiers de France. | Guérin. |
| — de la Sellerie-Bourrellerie et parties similaires. | Bled. |
| — ouvrière internationale des Teinturiers-Dégraisseurs. | Allibert. |
| — nationale des Teinture et Apprêt. | Buffin. |
| — nationale des ouvriers Mineurs du Pas-de-Calais. | Dumoulin. |
| — nationale des Transports. | Mazaud. |
| — des Mouleurs en métaux de France. | Sauvage. |
| — nationale des corporations réunies des Transports, Manœuvres et Manutentions diverses. | Tabard. |
| — nationale des Travailleurs municipaux et départementaux de France et des colonies. | Grandsart. |
| — nationale des Manufactures des Tabacs de France. | Mallardé. |
| — nationale des Syndicats de Peinture de France et des colonies. | Robert. |
| — nationale des Ports Docks et Fleuves de France et d'Algérie. | Tremoullet. |
| — nationale de la Voiture. | Turpin. |

## TRAVAILLEURS AGRICOLES

| ORGANISATIONS | DÉLÉGUÉS |
|---|---|
| Travailleurs Agricoles de Lérignan. | L. Chapeau. |
| Ouvriers Agricoles et terrassiers de Bessan. | L. Lagarde. |
| — Agricoles de Cazouls-lès-Béziers. | Rouch. |
| Travailleurs de la terre de Maraussan. | — |
| Ouvriers Agriculteurs de Cuxac-d'Aude. | P. Ader. |
| — Cultivateurs de St-Nazaire (Aude). | — |
| Travailleurs Agricoles de Montlaur. | — |
| Ouvriers Cultivateurs de Saint-Laurent de la Cabrerisse. | — |
| Travailleurs Agricoles de la commune de Salces. | B. Escudier. |
| — Agricoles d'Ille-sur-Tet. | — |
| — de la terre d'Espira-de-l'Agly. | — |
| — de la terre de Canohès. | — |
| Ouvriers Agricoles de la commune de Canet. | — |
| Travailleurs et ouvriers de Claira. | — |
| Ouvriers Agricoles de Marsillargues. | L. Niel. |
| — Cultivateurs, terrassiers et assimilés de Lunel. | — |
| — Agriculteurs de Mèze. | — |
| — de la Ferme d'Arles. | O. Antonin. |
| — Agricoles de Vias. | L. Rouquier. |
| — Cultivateurs de Beaufort. | — |
| — Cultivateurs de Peyriac-de-Mer. | S. Castan. |
| — Agricoles de Laredorte. | — |
| — Cultivateurs de Narbonne. | J. Falcon. |
| — Cultivateurs de Ginestas. | — |
| — Cultivateurs d'Armissan. | Cheytion. |
| Cultivateurs et Travailleurs de la terre de Coursan. | — |
| Ouvriers Agricoles de La Nouvelle. | Castan. |
| — Cultivateurs de Portel. | M. Marty. |

## ALIMENTATION

| ORGANISATIONS | DÉLÉGUÉS |
|---|---|
| Ouvriers Boulangers de Tours. | M. Coignard. |
| Limonadiers-restaurateurs de Clermont-Ferrand. | Protat. |
| — du département de la Seine. | — |
| — d'Orléans. | — |
| Employés d'hôtels et similaires de la Seine. | L. Antourville. |
| Personnel de la chocolaterie de Noisiel. | — |
| Encanteurs et similaires des Halles de Bordeaux. | — |
| Dames de Cafés-restaurants de Paris. | — |
| Ouvriers Charcutiers et Salaisonniers de la Seine. | — |
| — Cuisiniers de Bordeaux (terre et mer). | — |
| — Cuisiniers de Paris. | — |
| — Liquoristes et parties similaires des Bouches-du-Rhône (Marseille). | A. Bousquet. |
| — Boulangers de Corbeil-Essonnes. | — |
| — Meuniers et similaires de Seine-et-Oise (Corbeil-Essonnes). | — |
| — Boulangers de la Seine. | — |
| — Boulangers de Bordeaux. | — |
| — Cuisiniers de Toulouse. | — |
| — Meuniers et similaires du département de la Seine. | — |
| — Boulangers d'Angers. | — |
| — Boulangers de Grenoble et des environs. | — |
| — Confiseurs de Paris. | F. Griffon. |
| — Pâtissiers-Glaciers de Toulouse. | Gouby. |
| — Limonadiers-restaurateurs de Toulouse. | — |
| Gens de maisons de Paris. | J.-B. Médard. |
| Ouvriers Bouchers-Charcutiers d'Amiens. | P. Lamoureux. |
| — Limonadiers-restaurateurs de Dijon | C. Delarbre. |

## ORGANISATIONS — DÉLÉGUÉS

| ORGANISATIONS | DÉLÉGUÉS |
|---|---|
| Ouvriers Boulangers de Brest. | Roullier. |
| — Boulangers de Cette. | C. Jeannot. |
| — Pâtissiers-confiseurs et similaires de Béziers. | C. Auzoulat. |
| — Boulangers de Périgueux. | Teyssandier. |
| — Boulangers de Montluçon. | Desforges. |
| Garçons Limonadiers, restaurateurs et parties similaires de la ville de Lyon. | J. Chazeaud. |
| Ouvriers Confiseurs-distillateurs de Toulouse. | Reymond. |
| — Confiseurs-chocolatiers de Lille. | Saint-Venant. |
| Employés d'Epicerie de la Seine. | Laval. |
| Boucherie ouvrière de Paris et du département de la Seine. | E. Vénot. |
| Ouvriers Boulangers de Marseille. | Monclard. |
| — — d'Amiens. | Braine. |
| — — de Cambrai. | G. Carpentier. |
| — — de Saint-Quentin. | A. Nicolas. |

## ALLUMETTES

| | |
|---|---|
| Allumettiers et Allumettières de Bègles. | Henriot. |
| Allumettiers et Allumettières d'Aix-en-Provence. | — |
| Ouvriers et Ouvrières de la manufacture des Allumettes de Marseille. | — |
| Ouvriers et Ouvrières de la maufacture des Allumettes de Trélazé. | — |
| Allumettiers de la Seine (Pantin-Aubervilliers). | — |
| Ouvriers et Ouvrières de la maufacture d'Allumettes de Saintines. | — |

## AMEUBLEMENT

| | |
|---|---|
| Dorure chimique de Paris. | Thomson. |
| Tapissiers de Paris. | — |
| Sculpture de Paris. | H. Lyé. |
| Ouvriers de l'Ameublement de Montpellier. | L. Niel. |
| — — de Quimper. | Le Gall. |
| — — de Brest. | Lévy. |
| — — de Nancy. | Blanchard. |
| — — de Nantua. | Arbogast. |
| — — de Tulle. | Vaysse. |
| Ebénistes de Bayonne. | Ferrere. |
| Ouvriers en meubles de Toulouse. | — |
| Sculpteurs de Toulouse. | — |
| Menuisiers en fauteuils de Toulouse. | — |
| Ouvriers réunis de l'Ameublement de Saint-Etienne. | A. Niel. |
| Sculpteurs d'Angers. | Karcher. |
| Ameublement de Saint-Loup-en-Semousse et Magnoncourt. | P. Traut. |

## ARDOISIERS

| | |
|---|---|
| Ardoisiers de Trélazé. | L. Ménard. |
| — Renazé. | P. Genin. |

## BATIMENT

| | |
|---|---|
| Ouvriers Menuisiers et Machinistes de Tours. | M. Coignard. |
| Bâtiment de la ville d'Amboise. | — |
| Ouvriers du Bâtiment de la ville d'Amiens. | A. Bornoville. |
| — du Bâtiment d'Abbeville. | — |
| — Maçons du canton de Saint-Chamond. | G. Gagnat. |
| Bâtiment et similaires de Chaumont. | J. Etard. |
| — du Morbihan (Lorient). | — |
| — de Mazamet. | — |
| — de Neuilly-Plaisance. | — |
| — du Bâtiment du canton de Charenton. | — |
| — Journaliers, Manœuvres et Terrassiers de Pont-Labbé. | — |
| — Tailleurs de pierres et Maçons de la ville de Mont-de-Marsan. | — |

## BATIMENT (*Suite*)

| ORGANISATIONS | DÉLÉGUÉS |
| --- | --- |
| Ouvriers du Bâtiment du canton de Rive-de-Gier. | J. Jardy. |
| — Maçons, Aides-maçons et Terrassiers de Grenoble. | E. David. |
| Menuisiers de Grenoble. | |
| Ouvriers du Bâtiment de Nangis. | Lepart. |
| — du Bâtiment du canton de Lagny. | — |
| Maçons et Aides-maçons de Valence et de Bourg-lès-Valence. | E. Barthelon. |
| Ouvriers en Bâtiment de la région d'Epernay. | J. Richon. |
| Bâtiment de Brest. | Roullier. |
| Ouvriers en Bâtiment de Concarneau. | |
| — Menuisiers et similaires de Dijon. | Brault. |
| Menuisiers, Ebénistes et similaires du Havre. | Fauny. |
| Syndicat général des ouvriers Terrassiers, Puisatiers et Mineurs de la Seine. | Perault. |
| Union des Ouvriers Charpentiers de la Seine. | — |
| Syndicat international de Tapissiers de Lyon. | Legouhy. |
| Ouvriers Serruriers de la ville de Saint-Etienne. | L. Zacharie. |
| — Serruriers en Bâtiment et parties similaires du départt de la Seine. | L. Clément. |
| — Plâtriers de Saint-Brieuc. | F. Collet. |
| Bâtiment de la ville de Cherbourg. | L. Laurent. |
| Sablonniers d'Angers. | Batronneau. |
| Briquetiers-Potiers et parties similaires du département de la Seine. | C. Andrieu. |
| Ouvriers réunis du Bâtiment de Romorantin. | |
| — en Bâtiment de Voiron. | |
| — en Bâtiment d'Aix-les-Bains. | Maucolin. |
| — Charpentiers de Biarritz. | |
| — du Bâtiment de Maisons-Laffitte. | |
| Union des Travailleurs du Bâtiment et parties similaires de Lunéville et des environs. | Gilliard. |
| Ouvriers du Bâtiment de Dieppe et de l'arrondissement. | |
| — du Bâtiment de Bayonne. | P. Delesalle. |
| — Marbriers, Tailleurs de pierres de Dunkerque et des environs. | Willaert. |
| — Couvreurs-Zingueurs-Plombiers de l'arrondissemt de Saint-Quentin. | F. Démaret. |
| — du Bâtiment de Mouy et de la région. | E. Klemczynski. |
| — du Bâtiment et de l'Industrie de Compiègne et de l'Oise. | |
| Monteurs, Levageurs et Riveurs de la Seine. | Gilliard. |
| Ouvriers professionnels du Bâtiment de Coursan. | C. Dat. |
| Syndicat international des Ouvriers en Bâtiment de Saint-Claude. | L. Caze. |

## BIJOUTERIE-ORFÈVRERIE

| ORGANISATIONS | DÉLÉGUÉS |
| --- | --- |
| Ouvriers Potiers d'étain et similaires de Paris. | Garnery. |
| — Orfèvres de Saint-Denis. | |
| — Diamantaires de Nemours. | |
| — et Ouvrières de la Gainerie et parties s'y rattachant, de Paris. | — |
| — de l'Industrie de la Bijouterie-Orfèvrerie, de Paris. | V. Lefèvre. |
| — Lapidaires, Ain et Jura. | |
| Bijouterie de Walincourt. | |

## BROSSERIE

| ORGANISATIONS | DÉLÉGUÉS |
| --- | --- |
| Ouvriers Tabletiers d'Andeville. | Klemczynski. |
| — en Scierie mécanique de Hermes. | J. Bocaux. |
| — et Ouvrières en Jouets et parties similaires de Lunéville. | A. Deneux. |
| Brosserie en soie de la Seine. | |
| « Le Travail », articles de Saint-Claude. | |
| Brosserie fine de Mouy et des environs. | |

## BUCHERONS

| ORGANISATIONS | DÉLÉGUÉS |
| --- | --- |
| Ouvriers Bûcherons agricoles et travaux similaires de la commune de Feux. | J. Bornet. |
| — Bûcherons de Cuffy. | — |
| — et travaux similaires de Jussy-le-Chandrier. | — |
| — Bûcherons agricoles et travaux similaires de la région de Chantenay-Saint-Imbert. | — |
| — Bûcherons de la Chapelle-Hugon. | — |
| — — de Torteron. | — |
| — — de La Guerche. | — |
| Ouvriers Bûcherons et parties similaires de la commune de Farges-en-Septaine. | — |
| — Bûcherons de Cours-les-Barres. | — |
| — — de Flavigny. | Bourderon. |
| — — de Jouet-sur-l'Aubois. | Cozette. |
| — — agricoles et travaux similaires de Levet. | P. Hervier. |

## CÉRAMIQUE

| ORGANISATIONS | DÉLÉGUÉS |
| --- | --- |
| Ouvriers Briquetiers, Tuiliers et parties similaires de Salins. | Desbordes. |
| — Faïenciers de Montereau. | — |
| Employés aux Crématoires de Limoges. | Fougère. |
| Moufletiers de Limoges. | |
| Journaliers en porcelaine de Limoges. | |
| Ouvriers Useurs en grains et Polisseurs de Vierzon. | J. Tillet. |
| — Journaliers de Vierzon-Ville, Vierzon-Village et Vierzon-Bourgneuf réunis. | |
| « La Solidarité Céramique », ouvriers Porcelainiers de Vierzon. | — |
| Céramique de Paris. | |
| Tourneurs et Mouleurs et parties similaires de Roanne. | — |
| Ouvriers Potiers de Vallauris. | — |
| — Gazetiers de Limoges. | — |
| — Faïenciers et parties similaires de Lille-Fives. | Cuvellier. |
| Céramistes de Lyon. | |
| Porcelainiers de La Celle, Brière, Allichamps. | |
| Porcelainiers de Limoges. | J. Parvy. |
| Peintres-céramistes de Limoges. | — |
| Modeleurs et Mouleurs en plâtre de Limoges. | — |
| Garçons de magasin « L'Utile », de Limoges. | — |
| Ouvriers de la Peinture, de Limoges. | — |
| Imprimeurs en taille-douce de Limoges. | — |
| Useurs de grains et Polisseurs de Limoges. | — |
| Batteurs de pâte de Limoges. | |

## CHAPELIERS

| ORGANISATIONS | DÉLÉGUÉS |
| --- | --- |
| Ouvriers Chapeliers de Bourg-de-Péage et Romans. | A. Allibert. |
| — de Moulins et Yseure. | — |
| Ouvrières Chapelières d'Essonnes. | |
| Ouvriers et Ouvrières en Chapellerie de Chazelles-sur-Lyon. | — |
| Ouvriers Chapeliers d'Aix-en-Provence. | — |
| — de Lille. | Saint-Venant. |
| Ouvriers et Ouvrières de la Chapellerie parisienne. | Burdeau, P. Gibert. |
| Ouvriers Chapeliers-approprieurs d'Albi. | |

## CHAUFFEURS-MÉCANICIENS

| ORGANISATIONS | DÉLÉGUÉS |
| --- | --- |
| Chauffeurs-Conducteurs, Mécaniciens, Electriciens, Automobilistes de la Seine. | Lefèvre. |
| Chauffeurs-Conducteurs-Mécaniciens de St-Quentin. | Démarest. |

# CHEMINS DE FER

| ORGANISATIONS | DÉLÉGUÉS |
|---|---|
| Groupe de Châlons-sur-Marne. | E. Guérard. |
| — Bastia. | — |
| — Caen. | — |
| — Saint-Etienne. | — |
| — Béthune. | — |
| — Longwy. | — |
| — Tournemire. | — |
| — Vireux. | — |
| — Bédarieux. | — |
| — Paris-Ouest. | E. Roberjot. |
| — Port-Marly. | — |
| — Courtalain. | — |
| — Dax. | — |
| — Tunis. | — |
| — Marseille. | — |
| — Juvisy. | — |
| — Cosne-sur-l'Œil. | — |
| — Mont-de-Marsan. | — |
| — Lens. | Nicolas. |
| — Séverac. | — |
| — Avignon. | — |
| — Oullins. | — |
| — Saint-Quentin. | — |
| — Sotteville-lès-Rouen. | P. Viche. |
| — Rouen-Ouest. | — |
| — Achères. | G. Yvetot. |
| — Perpignan. | Bertrand. |
| — Toulouse. | Raynaud. |
| — Amiens. | A. Piquet. |
| — Tours. | Coignard. |
| — Meaux. | Lepart. |
| — Dijon. | Delarbre. |
| — Grenoble. | Ferrier. |
| — Epernay. | Richon. |
| — Carhaix. | Roullier. |

# COIFFEURS

| | | | |
|---|---|---|---|
| Ouvriers Coiffeurs de Paris. | | | Luquet. |
| — | — | Nimes. | — |
| — | — | Tours. | Pétiot. |
| — | — | Poitiers. | Limousin. |
| — | — | Narbonne. | Cousteau. |
| — | — | Angers. | Batronnau. |
| — | — | Rochefort-sur-Mer. | Roux. |
| — | — | Limoges. | Desbordes. |
| — | — | Nantes. | Vignaud. |
| — | — | Perpignan. | — |
| — | — | Marseille. | Darnis. |
| — | — | Le Havre. | Fauny. |
| — | — | Brest. | Roullier. |
| — | — | Grenoble. | Robert-Barillon. |
| — | — | Belfort. | Traut. |

# CONFECTION MILITAIRE

| | |
|---|---|
| Habillement militaire de Bourges. | Hervier. |

# CUIRS ET PEAUX

| | |
|---|---|
| Cuirs et Peaux de Roanne. | Dret. |
| Ouvriers en chaussures et parties similaires d'Avignon. | — |
| — Cordonniers de Bayonne. | — |
| — Cordonniers de Lorient. | — |
| Cuirs et Peaux et parties s'y rattachant de Chateau-Renault. | — |
| Ouvriers en Cuirs et Peaux et Chaussures de Romans. | — |
| Travailleurs de la Peau du département de la Seine. | — |
| Monteurs en galoches de Toulouse. | — |
| Ouvriers Moutonniers de Graulhet. | Lavit. |
| — Cordonniers de Biarritz. | Delesalle. |
| — Cordonniers de Nice. | L. Morel. |

| ORGANISATIONS | DÉLÉGUÉS |
|---|---|
| Tanneurs-Corroyeurs de Nantes. | G. Morel. |
| Ouvriers en Cuirs et Peaux de la Dordogne. | — |
| — Cordonniers de Brest. | Roullier. |
| — et Ouvrières en Chaussures de Limoges. | Dop. |
| — Cordonniers de Dreux. | — |
| Coupeurs et Brocheurs de la cordonnerie Rouennaise. | — |
| « Unité syndicale de la Chaussure », d'Angers. | — |
| Corporation de la Chaussure d'Auray. | — |
| Chaussure de Blois. | — |
| Ouvriers Cordonniers de Chartres. | — |
| — — de la Seine. | — |
| — — de Sens. | — |
| Mégissiers de rivière de Chaumont. | Robert-Barillon. |
| Ouvriers et Ouvrières en Chaussures des Avenières. | — |
| Cuirs et Peaux et similaires de l'Isère. | — |
| — — de Nivors. | — |
| Ouvriers Cordonniers de Saint-Loup-sur-Semouse. | Becirard. |
| — Cordonniers, Mécaniciennes d'Amboise. | — |
| — et Ouvrières confectionneuses en Chaussures de Bourges. | — |
| — et Ouvrières en chaussures de Lyon. | — |
| — Cordonniers et similaires d'Alais. | Jacquet. |
| Cuirs et Peaux de Saint-Junien. | Raggio. |
| Ouvriers Tanneurs et Corroyeurs et parties similaires de Dôle. | — |
| — Tanneurs et Corroyeurs et parties similaires de Souillac. | — |
| Travailleurs du Cuir et de la Peau de Lyon. | — |
| Chaussure de Dijon. | Brenot. |
| Travailleurs des Cuirs et Peaux de Quimper. | Le Gall. |
| Ouvriers et Ouvrières en Cuir d'Amiens. | Tellier. |
| Ouvriers Cordonniers de Reims. | Beauperin. |
| Cordonnerie de Nancy. | Griffuelhes. |
| Ouvriers Cordonniers de Perpignan. | — |
| Cuirs et Peaux du canton de Mouy. | Klemczynski. |
| Cordonniers de Liancourt. | — |
| — de Beauvais. | — |
| Ouvriers sur Cuirs et Peaux d'Issoudun. | Meunier. |
| — en Chaussures, Cuirs et Peaux réunis du Mans. | Richer. |
| — et Ouvrières en Cuirs et Peaux de la confection militaire de Clermont-Ferrand. | Orfeuvre. |

# DESSINATEURS

| | |
|---|---|
| Dessinateurs de l'arrondissement de Nantes. | Blanchard. |

# EMPLOYÉS DE COMMERCE

| | |
|---|---|
| Employés des deux sexes de Nantes. | Cleuet. |
| — d'Albi. | — |
| — de Mézières. | — |
| — de Boulogne-sur-Mer. | — |
| — d'Angoulême. | — |
| Commis et Employés de Montpellier. | L. Niel. |
| Employés de Commerce et d'Industrie de Carcassonne. | — |
| — banlieue-ouest de Paris. | Sellier. |
| Artistes Lyriques, de Paris. | — |
| Femmes sténographes, dactylographes de Paris. | — |
| Employés de Saint-Germain-en-Laye. | — |
| Clercs d'Huissiers du département de la Seine. | — |
| Employés de Commerce, Demoiselles et Garçons de magasin de Toulon. | — |
| — de l'arrondissement de Versailles. | — |
| — d'Orléans. | — |
| — de Roanne. | Rousseau. |

## EMPLOYÉS DE COMMERCE *(Suite)*

| ORGANISATIONS | DÉLÉGUÉS |
|---|---|
| Employés de Reims. | Rousseau. |
| — Châlons-sur-Marne. | — |
| — des deux sexes de Bergerac. | — |
| Voyageurs et Représentants de Commerce de Paris. | — |
| Employés de Commerce d'Alençon. | — |
| — d'Angers. | — |
| Commis et Employés de Commerce de Fézenas. | Devilar. |
| Employés de Commerce, d'Industrie et de Bureau de Troyes. | — |
| Courtiers-Représentants de Commerce et Emloyés d'abonnement de Paris. | — |
| Employés d'Abbeville. | Guérin. |
| — d'Amiens. | — |
| — de Grenoble. | — |
| — et Employés de Cette. | Crébassa. |
| — de la Côte-d'Or. | Delarbre. |
| — de Magasins et similaires des deux sexes du Havre. | Dumour. |
| Comptables et Teneurs de livres du département de la Seine. | Thévenin. |
| Choristes de Paris. | Antoine. |
| Employés réunis de Bourges. | Hervier. |
| — de Commerce et d'Industrie de Valence. | Barthelon. |
| — de Commerce et d'Industrie de Périgueux. | Teyssandier. |
| — des diverses industries de Poitiers. | Limousin. |
| — de Commerce de Lille. | Philippe. |
| — et Voyageurs des deux sexes de Saint-Brieuc. | Collet. |
| — de Commerce de Nice. | L. Morel. |
| — de Commerce de Belfort. | Traut. |
| — des deux sexes de Perpignan. | Bertrand. |
| — de l'Oise. | Klemczynski. |
| — des deux sexes de Narbonne. | Cousteau. |
| — de Commerce de Saint-Etienne. | Jullien. |
| Comptables et Employés assimilés des deux sexes de Saint-Nazaire. | Gautier. |
| Employés de Commerce et de Bureau de Clermont-Ferrand. | Orfeuvre. |

### GAZ-ÉCLAIRAGE

| ORGANISATIONS | DÉLÉGUÉS |
|---|---|
| Allumeurs de Gaz du département de la Seine. | Biemser. |
| Employés du Gaz de Paris. | — |

### GUERRE (Magasins de la)

| ORGANISATIONS | DÉLÉGUÉS |
|---|---|
| Magasin régional d'Amiens. | Galice. |
| Ouvriers et Ouvrières du Magasin central de Nantes. | — |
| Ouvriers et Ouvrières du Magasin central de Toulouse. | — |
| Ouvriers et Ouvrières du Magasin central de Rennes. | — |
| Employés du Magasin central de Clermont-Ferrand. | — |
| Ouvriers et Ouvrières de la Guerre, campement militaire de Toulon. | — |
| Ouvriers et Ouvrières de la Guerre, campement militaire d'Alger. | — |
| Ouvriers et Ouvrières de l'Habillement et campement militaire de Montpellier. | L. Niel. |
| Habillement militaire de Reims. | Guernier. |

### GUERRE (Personnel de la)

| ORGANISATIONS | DÉLÉGUÉS |
|---|---|
| Ouvriers et Employés de l'Artillerie de Nantes. | Berlier. |
| Personnel civil libre de la direction d'Artillerie de La Rochelle. | — |

## ORGANISATIONS — DÉLÉGUÉS

| ORGANISATIONS | DÉLÉGUÉS |
|---|---|
| Atelier de construction de Rennes. | Berlier. |
| Arsenal de terre de Toulon. | — |
| Personnel civil libre de la section technique d'Artillerie de Paris. | — |
| — libre des Etablissements militaires de Puteaux, Mont-Valérien et Versailles. | — |
| — du dépôt de matériel d'Artillerie de Clermont-Ferrand. | — |
| — de la Manufacture nationale d'armes de Saint-Etienne. | — |
| — de l'Etablissement militaire de Tarbes. | — |
| — de la direction d'Artillerie de Grenoble. | Barthelon. |
| — des Etablissements militaires de Valence. | — |
| — libre de l'Arsenal de Toulouse. | Valette. |
| — du Génie du Gouvernement militaire de Paris. | — |
| — des deux sexes des Etablissements militaires de Bourges | Lucain. |
| — de la Manufacture d'armes de Tulle. | Vaysse. |
| Ouvriers civils de l'Arsenal de la Guerre de Cherbourg. | Laurens. |

### HABILLEMENT

| ORGANISATIONS | DÉLÉGUÉS |
|---|---|
| Tailleurs d'habits de Tours. | Pétiot. |
| — du Mans. | Richer. |
| Ouvrières Lingères et similaires de Limoges. | Desbordes. |
| Tailleurs d'habits de Montpellier. | L. Niel. |
| Coupeurs-Chemisiers de Lyon. | Maréchal. |
| Tailleurs d'habits de Bordeaux. | Dupouy. |
| Tailleurs, Lingères et parties similaires de Marseille. | Charpentier. |
| Ouvriers et Ouvrières de l'Habillement de Vaucluse. | Yvetot. |
| Coupeurs-Chemisiers de Toulouse. | Marty. |
| Coupeurs en Confections de Lille. | Bour. |
| Coupeurs-Tailleurs d'Amiens. | Cleuet. |
| Ouvriers et Ouvrières Tailleurs et Couturières de Grenoble. | Ferrier. |
| Ouvriers et Ouvrières Tailleurs et Couturières de la Seine. | Chambron. |
| Ouvrières de l'Habillement d'Amiens. | M^me Delucheux. |
| Habillement et parties similaires de Limoges. | Arnoux. |
| Ouvriers et Ouvrières Tailleurs de Nice. | — |

### HORTICOLES

| ORGANISATIONS | DÉLÉGUÉS |
|---|---|
| Garçons Jardiniers et Maraîchers de Narbonne. | Cousteau. |
| Ouvriers de la terre et parties similaires de Vitry. | Lambert. |
| Ouvriers Jardiniers de Côte-d'Or. | Delarbre. |
| « Les Jardiniers » de Paris. | Bled. |

### INSCRITS MARITIMES

| ORGANISATIONS | DÉLÉGUÉS |
|---|---|
| Pêcheurs et Marins du commerce réunis de France, du Havre. | Montagne. |
| Marins du commerce réunis de France, de Marseille. | Monatte. |
| Pêcheurs et Marins réunis de France, de Dunkerque. | Dret. |
| Marins et Pêcheurs de la Courantille, de Cette. | Jannot. |
| Inscrits Maritimes de Saint-Nazaire. | Gautier. |

### LITHOGRAPHIE

| ORGANISATIONS | DÉLÉGUÉS |
|---|---|
| Reporteurs-Lithographes de la Seine. | Thil. |
| Ouvriers lithographes et similaires de la Somme. | — |
| — Imprimeurs Lithographes de Limoges. | — |

## LITHOGRAPHIE *(Suite)*

| ORGANISATIONS | DÉLÉGUÉS |
|---|---|
| Dessinateurs-Ecrivains et Graveurs-Litho- graphes de la Seine. | Thil. |
| La Résistance des Imprimeurs Lithographes de la Seine. | — |
| Ouvriers Lithographes et parties similaires du Nord. | — |
| Imprimeurs Lithographes de Bordeaux. | — |
| Lithographes de Clermont-Ferrand. | — |
| Dessinateurs-Chromistes, Ecrivains et Gra- veurs Lithographes de Bordeaux. | — |
| Ouvriers Ecrivains-Graveurs, Dessinateurs- Lithographes, de Rennes. | Frédouët. |
| — Imprimeurs Lithographes de Ren- nes. | — |
| Lithographes de Toulouse. | — |
| Imprimeurs Lithographes de Nantes. | — |
| — — de Rouen et d'El- beuf. | — |
| Lithographes d'Angoulême. | — |
| — de Nimes. | — |
| Ecrivains-Graveurs-Dessinateurs de Nantes | — |
| Lithographes de Dôle. | — |
| — Valréas. | — |
| — Marseille. | Schwab. |
| — Angers. | — |
| — Graveurs et papetiers de Saint-Etienne. | — |
| — Besançon. | — |
| — Belfort. | — |
| — Grenoble. | — |
| — Dijon. | — |
| — Papetiers-Reliers de Reims | Guernier. |
| — Poitiers. | Limousin. |
| — Tours. | Petiot. |

## LIVRE

| ORGANISATIONS | DÉLÉGUÉS |
|---|---|
| Travailleurs du Livre d'Alençon. | Keufer. |
| Travailleurs du Livre de Châteauroux. | — |
| Ouvriers d'Imprimerie et de Reliure de Cons- tantine. | — |
| Typographes d'Albi. | — |
| Fondeurs-Typographes de Paris. | — |
| Imprimeurs-Conducteurs de Paris. | — |
| Typographes de Rouen. | — |
| — Alger. | — |
| — Clermont-Ferrand. | Liochon. |
| — Saint-Amand. | — |
| — Fougères. | — |
| — Saint-Quentin. | — |
| — Bayonne. | — |
| Travailleurs du Livre et similaires Roannais. | — |
| Typographes de Nantes. | Hamelin. |
| — Angoulême. | — |
| — Orléans. | — |
| — Chambéry. | — |
| — Lunéville. | — |
| Imprimerie Rémoise. | — |
| Typographes de Versailles. | Jusserant. |
| — Nancy. | — |
| — Nevers. | — |
| — Flers. | — |
| — Thouars. | — |
| — Senlis. | — |
| — Montargis. | — |
| — Compiègne. | — |
| — Amiens. | Lecointe. |
| — Abbeville. | — |
| — Saint-Etienne. | Landrin. |
| — Périgueux. | — |
| — Charleville. | — |
| — Grenoble. | — |
| — Meaux. | Lepart. |

| ORGANISATIONS | DÉLÉGUÉS |
|---|---|
| Typographes de Lagny. | Lepart. |
| Typographie parisienne. | Sergent. |
| Union typographique Toulousaine. | Reymond. |
| Typographes de Saint-Brieuc. | Collet. |
| — Montauban. | Falandry. |
| — Cahors. | — |
| — Belfort. | Traut. |
| — Dijon. | — |
| — Montluçon. | Desforges. |
| — Rochefort-sur-Mer. | Roux. |
| — Nimes. | Valentin. |
| Litho-typographique de Montpellier. | — |
| Typo-lithographique de Béziers. | — |
| Typographes de Marseille. | — |
| Typo-lithographique de Cette. | — |
| Typographes de Lille. | Masson. |
| — Bordeaux. | — |
| — Limoges. | Arnoux. |
| — Cherbourg. | Laurens. |
| — Dunkerque | Dekooninck. |
| — Saint-Nazaire. | Gautier. |
| Imprimerie de Poitiers. | Limousin. |
| Typographes de Tours. | Petiot. |
| Correcteurs et Teneurs de copie de Paris. | Monatte. |
| Typographes de Valence. | Barthelon. |

## MAÇONNERIE

| ORGANISATIONS | DÉLÉGUÉS |
|---|---|
| Union de la bâtisse de Marsillargues. | Sertillanges. |
| Ouvriers Maçons de Clermont-Ferrand. | — |
| — Maçons de Reims. | — |
| — Terrassiers de Clermont-Ferrand. | — |
| Internationale des Ouvriers Tailleurs de pierres, Maçons, Terrassiers et similaires de Nancy. | — |
| Tailleurs de pierres, Carriers, Maçons et similaires d'Ancy. | — |
| Terrassiers et Manœuvres d'Albi. | — |
| Ouvriers Maçons de Toulouse. | Ch. Bousquet. |
| — Marbriers de Toulouse. | — |
| — Terrassiers de Toulouse. | — |
| Couvreurs-Zingueurs de Toulouse. | — |
| Ouvriers Maçons de Rennes. | Beaupérin. |
| — Plâtriers de Rennes. | — |
| — Tailleurs de pierres de Perpignan. | Bertrand. |
| — Maçons, Plâtriers et Cimentiers de Perpignan. | — |
| — Maçons, Plâtriers du Havre. | Fauny. |
| Tailleurs de pierres de Dijon. | Delarbre. |
| Plâtriers de Dijon. | — |
| Tailleurs de pierres et Ravaleurs de Reims. | Guernier. |
| Ouvriers Maçons et similaires d'Alais. | Gilbert. |
| — Maçons d'Albi. | — |
| — Stucateurs de Paris. | Bled. |
| Manœuvres, Aides-Maçons de Marseille. | Francia. |
| Internationale des Ouvriers Maçons de Mar- seille. | Degan. |
| Union de la Bâtisse d'Orléans. | Constant. |
| Tailleurs de Pierres et Maçons de Rochefor- sur-Mer. | Roux. |
| Ouvriers Maçons et parties similaires de Nar- bonne. | Cousteau. |
| — en Bâtiment de Châteauroux. | Lochet. |
| — Terrassiers, Mineurs et Manœuvres de Vichy. | Sanet. |
| — Tailleurs de pierres de Vichy. | Perrin. |
| — Maçons de Vichy. | Coulon. |
| — Maçons de Saint-Brieuc. | Collet. |
| — Cimentiers de la Loire. | Jardy. |
| — Maçons de Saint-Etienne. | Zacharie. |
| Internationale des Ouvriers Maçons limou- sinant de Marseille. | Tardieu. |
| Maçonnerie, Pierre et parties similaires de la Seine. | Baritaud. |
| Ouvriers Cimentiers et Gâcheurs de Marseille | Weter. |

## MAÇONNERIE *(Suite)*

| ORGANISATIONS | DÉLÉGUÉS |
|---|---|
| Ouvriers Mineurs et Terrassiers de Marseille. | Raynaud. |
| — Carriers des Grivats, de Cusset. | Perrin. |
| Tailleurs de pierres, Maçons et Terrassiers de Cette. | Jannot. |
| Maçons, Tailleurs de pierres et Plâtriers d'Arles. | Durand. |
| Maçons, Tailleurs de pierres et Plâtriers d'Auxerre. | Avis. |
| Ouvriers Maçons et similaires de Saint-Quentin. | Démarest. |
| Terrassiers, Puisatiers et Mineurs de carrières du Rhône. | Legouhy. |
| Ouvriers Maçons de Bourges. | Magnard. |
| Tailleurs de pierres de Bourges. | — |
| Terrassiers-journaliers de Bourges. | — |
| Union internationale des Ouvriers Plâtriers-Peintres de Saint-Etienne. | Soulageon. |

### MARÉCHAUX

| | |
|---|---|
| Ouvriers Maréchaux de Marseille. | Hardy. |
| — — du département de la Seine. | — |
| — — de Bordeaux. | — |
| — — de Rouen. | — |
| — — du département de Seine-et-Oise. | — |
| — — de Montpellier. | L. Niel. |

### MARINE

| | |
|---|---|
| Laboratoire central de la Marine. | Sivan. |
| Poudrerie de Ruelle. | — |
| Travailleurs réunis de l'Etablissement d'Indret. | — |
| — — du port de Rochefort-sur-Mer. | — |
| — — du port de Lorient. | Le Gall. |
| — — du port de Brest. | — |
| — — du port de Cherbourg. | Laurens. |
| — — du port de Toulon. | Berthon. |

### MÉCANICIENS

| | |
|---|---|
| Ouvriers Mécaniciens d'Angers. | Coupat. |
| — — de Saint-Dié. | — |
| — — de Caen. | — |
| — — de Corbeil. | — |
| — — de Reims. | — |
| Ouvriers Ajusteurs-Tourneurs, Raboteurs de Nantes. | — |
| Ouvriers Mécaniciens de Tarbes. | — |
| — — de Chartres. | — |
| — — de Soissons. | — |
| — — de Montzeron-Toutry. | Voilin. |
| — — de Persan-Beaumont. | — |
| — — de la Seine. | — |
| — Mécaniciens-Electriciens de Saint-Etienne. | Soulier. |
| — Ajusteurs, Mouleurs, Tourneurs, Mécaniciens de Bordeaux. | Dupouy. |
| — Tourneurs en optique de Paris. | Labe. |
| — Tourneurs-Robinettiers de Paris. | — |
| — Mécaniciens de Poitiers. | Limousin. |
| — — de Jeumont. | Beauvais. |
| — — de Cherbourg. | Laurens. |
| International des Ouvriers Mécaniciens de Marseille. | Gras. |
| Ouvriers Mécaniciens de Saint-Quentin. | Desmaret. |
| — — de Toulouse. | Baudonnet. |
| — — de Dijon. | Delarbre. |
| — — de Meaux. | Lepart. |
| — — d'Albert. | Tellier. |

## MENUISIERS

| ORGANISATIONS | DÉLÉGUÉS |
|---|---|
| Ouvriers Menuisiers de Roanne. | Bruon. |
| — — Bordeaux. | — |
| — — d'Orléans. | — |
| — — Voiron. | — |
| — Parqueteurs de la Seine. | — |
| — Menuisiers de la Seine. | — |
| — — Mans. | Richer. |
| — — Angers. | Batronneau. |
| — — Saint-Brieuc. | Collet. |
| — — Lyon. | Valléty. |
| — — Bourges. | Hervier. |
| — — Châteauroux. | Lochet. |
| — — Cherbourg. | Laurens. |
| — — Rochefort. | Roux. |
| — — Marseille. | Guiet. |

### MÉTALLURGISTES

| | |
|---|---|
| Ouvriers Horlogers de Scionzier. | Galantus. |
| Tourneurs-Repousseurs de la Seine. | — |
| Métallurgistes du Lot-et-Garonne, Fumel. | — |
| Ouvriers en Scie de la Seine. | — |
| Graveurs-ciseleurs de la Seine. | — |
| Ouvriers Horlogers et sur Métaux de Badevel. | — |
| — Ferblantiers en articles de ménage de Bordeaux. | — |
| L'Avenir des Ouvriers Chaudronniers en fer de Roubaix. | Merrheim. |
| Ouvriers Métallurgistes de Charleville. | — |
| — — d'Hennebont. | — |
| Ouvriers Cartouchiers de Seine et Seine-et-Oise. | — |
| Travailleurs réunis de l'atelier des Coteaux, Le Pellerin. | — |
| Ouvriers Métallurgistes de Vivier-au-Court. | — |
| — — de Troyes. | — |
| — — de Lorient. | — |
| — et Ouvrières Estampeurs, Découpeurs et Outilleurs de Paris. | Reitsz. |
| — en constructions mécaniques de Lure. | Braun. |
| — Métallurgistes de Nevers. | — |
| — — de la Seine. | — |
| — — de Decazeville. | Latapie. |
| — — de Bayonne. | — |
| — — de Montpellier. | — |
| — — de Saint-Uze. | — |
| — en Limes de Sainte-Hélène. | — |
| — en Limes de la Seine. | — |
| — en Instruments de chirurgie de Paris. | — |
| — Métallurgistes de Pamiers. | — |
| — — de Corbeil. | — |
| — en Instruments de précision de Paris. | — |
| — en Limes de Meurthe-et-Moselle. | Blanchard. |
| — Métallurgistes de Villerupt. | — |
| — — d'Homécourt. | — |
| — — de Coutances-aux-Forges. | — |
| — — de Basse-Indre. | — |
| — — de Jarville. | — |
| — — de Nancy. | — |
| — Serruriers-Mécaniciens de Tours. | Coignard. |
| — Métallurgistes de Brest. | Le Laun. |
| Métallurgie de Montluçon. | Fonty. |
| — Métallurgistes de Denain. | Henin. |
| — — de Marseille. | Ginouvès. |
| — des Constructions mécaniques de la Sarthe. | Richer. |
| Chaudronniers en fer de Lyon. | Bonnefoux. |
| Ouvriers Métallurgistes de Bourges. | Hervier. |

## MÉTALLURGISTES *(Suite)*

| ORGANISATIONS | DÉLÉGUÉS |
|---|---|
| Ouvriers Ferblantiers-Plombiers, Zingueurs, de Grenoble. | Perrier. |
| — Métallurgistes du Cateau. | Bara. |
| — Ferblantiers-Zingueurs de la Loire. | Jardy. |
| — Métallurgistes de Rochefort-sur-Mer. | Roux |
| — — de Saint Florent-du-Cher. | Diette. |
| — — d'Issoudun. | — |
| — — de Flize. | Taffet. |
| — — de Mohon. | — |
| — — de Monthermé. | — |
| — — de Limoges. | Arnoux. |
| — — de Dijon. | Braud. |
| — — de Fraisans. | — |
| — — de Sens. | — |
| — — de Dôle. | — |
| — — de Bourg-en-Bresse. | — |
| — — d'Auxerre. | — |
| — — de Dunkerque. | Willart. |
| Travailleurs des Industries électriques de Paris. | Pataud. |
| Travailleurs sur cuivre du Vimeu. | Colombel. |
| Ouvriers Métallurgistes de Toulouse. | Fournié. |
| — — du Havre. | Bouchereau. |
| — de l'Orfèvrerie lyonnaise. | Smolenski. |
| Union de la Métallurgie de Lille. | Devernay. |
| Ouvriers Métallurgistes d'Anzin. | Hénin. |
| — — de Saint-Denis. | Lenglet. |
| — — de Saint-Chamond. | Gagnat. |
| — — du Vimeu. | Depoilly. |
| Métallurgie de Boulogne-sur-Mer. | Queval. |
| Ouvriers Métallurgistes de Saint-Nazaire. | Gautier. |
| — Litiers en Fer, cuivre, de Lyon. | Legouhy. |
| — Métallurgistes de Châteauroux. | Loche. |
| — — de Saint-Claude. | Caze. |
| Bijouterie Lyonnaise. | Naton. |
| Union Métallurgique de Nantes. | Giron. |
| Ferblantiers-Zingueurs de Lyon. | Chazeaud. |
| Ouvriers Métallurgistes de Tulle. | Vaysse. |
| — — d'Amiens. | G. Morel |
| — — de Mazières. | Hervier. |
| — — de Vizille. | Ferrier. |
| — — de Grenoble. | — |

## MINEURS

| | |
|---|---|
| Ouvriers Mineurs de La Talandière. | André. |
| — — du bassin d'Aubin. | Combes. |
| — — de Saint-Bel, Sourcieux et Saint-Pierre-la-Palud. | Mayoud. |
| — — d'Alais. | Merzet. |
| — — de Saint-Martin-de-Valgues. | — |
| — — de Montceau-les-Mines. | — |
| — — de Firminy. | — |
| — — de Brassac-les-Mines. | — |
| — — de Doyet. | — |
| — — de la Loire. | Beauregard. |
| — Argileurs-Mineurs de Kremlin-Bicêtre. | Garand. |
| — Mineurs de l'Aveyron. | Pouget. |

## MODELEURS

| | |
|---|---|
| Modeleurs-Mécaniciens de la Seine. | Yvetot. |

## MOULEURS

| | |
|---|---|
| Ouvriers Fondeurs en fer de la Seine. | Sauvage. |
| Ouvriers Mouleurs en fer et en cuivre de Toulouse. | — |
| — — en métaux de Roanne. | — |

| ORGANISATIONS | DÉLÉGUÉS |
|---|---|
| Ouvriers Mouleurs de Nouzon. | — |
| — — en métaux de Chauny. | — |
| — — en métaux de Valence. | Tauvage. |
| — — en fer et en cuivre de Nantes. | — |
| — — en métaux de Lyon. | — |
| — — en métaux de Marquise. | — |
| — — de Saint-Etienne. | Malliquet. |
| — — Tours. | Petiot. |
| — — Roubaix. | Griffuelhes |
| — — du Mans. | Richer. |
| — — de Grenoble. | Ferrier. |
| — — Noyauteurs de Marseille. | Vital. |
| — — de la Ferté-Saint-Aubin. | — |
| — — de Pontchardon. | — |
| — — en métaux d'Etampes. | — |
| — — de Persan-Beaumont. | — |
| — — en métaux de Caen. | — |
| — — en métaux de Flers. | — |
| — — d'Essonnes. | — |
| — — du Havre. | — |
| — — de Stenay. | Hamebard. |
| — — de Saint-Michel. | — |
| — — de Cambrai. | — |
| — — en métaux de Denain. | — |
| — — de Jeumont. | — |
| — — de Ferrière-la-Grande. | — |
| Ouvriers de Fonderies de Lille. | — |
| Ouvriers Mouleurs de Charleville. | — |
| — — de Saint-Quentin. | — |
| — — d'Hirson. | — |
| — — en métaux de Creil. | Deneux. |
| — — de Noyon. | Klemczynski. |
| — — en métaux d'Albi. | Gibert. |
| — — en fer et en cuivre de Castres. | Merrheim |

## OUVRIERS MUNICIPAUX

| | |
|---|---|
| Cantonniers et similaires de Lyon. | Caillot. |
| Jardiniers municipaux de Lyon. | — |
| Ouvriers du Service municipal de Lyon. | — |
| Paveurs-Dresseurs et Piqueurs de grès de Lyon. | — |
| Ouvriers égoutiers de Lyon. | Grandsart. |
| — municipaux de Rennes. | — |
| — Egoutiers de Paris. | — |
| Personnel non gradé des Hôpitaux, Hospices et Asiles de nuit de la Seine. | — |
| Cantonniers, Ouvriers et Ouvrières des Services réunis de la direction des travaux de Paris. | — |
| Personnel du Service des écoles municipales de Paris. | — |
| Service des Eaux concédées de Paris. | — |
| Travailleurs et Employés municipaux de Brest. | Roullier. |
| Travailleurs municipaux de Reims. | Rousseau. |
| — — de Grenoble. | Robert-Barillon. |
| — — de Bourges. | Hervier. |
| Employés municipaux de Paris. | Janvion. |
| Ouvriers de la Voirie de Lille. | Inghels. |

## PAPIER

| | |
|---|---|
| Ouvriers de la Reliure-Dorure de Paris. | Delaine. |
| — et Ouvrières du Papier de Clichy. | — |
| Reliers-Maroquiniers, Doreurs, Papetiers de Dijon. | — |
| Ouvriers Papetiers d'Essonnes. | — |
| — en Cartonnages de Paris. | — |
| — Papetiers de Brignoud. | David. |
| — Papetiers-Reliers de Lille. | Dujardin. |
| — Reliers, Doreurs, de Limoges. | Arnoux. |

## PEINTRES

| ORGANISATIONS | DÉLÉGUÉS |
|---|---|
| Ouvriers Peintres de Bordeaux. | Robert. |
| — — de Saint-Quentin. | — |
| — — de Versailles. | — |
| — et Ouvrières Doreurs sur bois de Paris. | — |
| — Peintres en bâtiment de Toulouse. | — |
| — — — de Bourges. | — |
| — — — de Biarritz. | — |
| — — et similaires de Reims. | — |
| — — en bât'ment de Levallois-Perret. | — |
| — — de Lille. | Coolen. |
| — — sur toiles cirées de Bourges. | Hervier. |
| — — en bâtiment de St-Brieuc. | Collet. |
| — — de Cherbourg. | Laurens. |
| — — de Poitiers. | Limousin. |
| — — en bâtiment de la Seine. | Duchêne. |
| — — — de Grenoble. | David. |
| — — — de Périgueux. | Craissac. |

## PORTS ET DOCKS

| | |
|---|---|
| Dockers arrimeurs des bois du Nord, Bordeaux. | Vendangeon. |
| Ouvriers du port de Nantes. | — |
| Arrimeurs et Manœuvres du port de Bordeaux. | — |
| Terrassiers-Mineurs et Manœuvrés des docks Sursol. | — |
| Ouvriers Charretiers, Chargeurs et Camionneurs de Marseille. | Delhome. |
| — Charbonniers des ports de Marseille. | — |
| — Manœuvres de régie de Rochefort-sur-Mer. | Tremoullet. |
| — Arrimeurs du port de Tonnay. | — |
| — des quais et docks de Rochefort et Tonnay. | — |
| — en bois du Nord et sapins de Cette. | — |
| — en bois Merrains de Cette. | Crebassa. |
| — Charbonniers du Port de Cette. | — |
| Gardes de quais de Cette. | — |
| Ouvriers des ports et docks de Marseille. | Barry. |
| Portefaix-Emballeurs de Marseille. | — |
| Ouvriers du port de Rouen. | Viche. |
| — du port de Dunkerque. | Dekooninck. |
| — Charbonniers de Saint-Nazaire. | Gautier |
| — du port de Saint-Nazaire. | — |
| — Voiliers du Havre. | Cheuret. |
| — du port du Havre. | — |
| — Journaliers des docks-entrepôts du Havre. | — |
| — Camionneurs du Havre. | — |

## POSTES, TÉLÉGRAPHES, TÉLÉPHONES

| | |
|---|---|
| Ouvriers des postes, télégraphes, téléphones de Caen. | Martin. |
| — des postes, télégraphes, téléphones d'Alençon. | — |
| Ouvriers des postes, télégraphes, téléphones de Paris. | — |

## MAIN-D'ŒUVRE DES P. T. T.

| | |
|---|---|
| Ouvriers de Main-d'œuvre des postes, télégraphes, téléphones de Paris. | Biendiné. |
| — de Main-d'œuvre des postes, télégraphes, téléphones de Poitiers. | Limousin. |

## PRESSES TYPOGRAPHIQUES

| | |
|---|---|
| Conducteurs Typographes et Minervistes de Dijon. | Marie. |
| — Pointeurs-Margeurs-Minervistes de la Seine. | — |

| ORGANISATIONS | DÉLÉGUÉS |
|---|---|
| Minervistes, Margeurs et Pointeurs de Lyon. | Chazeaud. |
| Conducteurs Typographes de Lyon. | |

## SABOTIERS

| | |
|---|---|
| Sabotiers de Poitiers. | Limousin. |
| — Galochiers, Pareurs et Monteurs de Moulins. | Morgand |
| — de Limoges. | Desbordes. |

## SELLERIE

| | |
|---|---|
| Malletiers de Paris. | J. Bled. |
| Bourrellerie-Sellerie de Paris. | |

## TABACS

| | |
|---|---|
| Ouvriers et Ouvrières de la Manufacture de tabac de Morlaix. | Sergent. |
| — aux tabacs de Marseille. | — |
| — et Ouvrières des tabacs (Section de Pantin), Pantin. | Malardé. |
| — des tabacs (Section de Riom), Riom. | — |
| — des tabacs de Dijon. | — |
| — des tabacs du Mans. | — |
| — des tabacs d'Orléans. | — |
| — des tabacs de Limoges. | — |
| — des tabacs de Bordeaux. | — |
| — des tabacs de Lille. | M. Dujardin. |
| — des tabacs de Chateauroux. | Lochet. |

## TEXTILE

| | |
|---|---|
| Passementiers à la barre de Paris. | J. Bled. |
| L'Industrie Textile de Fourmies. | Dhooghe. |
| Union des travailleurs du Textile de Reims. | — |
| Apprêteurs d'étoffes de Roanne. | — |
| Industrie textile de Lille. | A. Bauche. |
| Professionnelle ouvrière du tissage de Lannoy. | — |
| Textile de l'Oise. | Deneux. |
| — de Beauvois-Fontaine. | Inghels. |
| Union fraternelle des Teinturiers-Apprêteurs de Reims. | L. Richard. |
| Trieurs de laine de Reims. | V. Renard. |
| Textile d'Houplines. | — |
| Cotonniers de Bolbec. | — |
| Textile de Maxonchamp. | — |
| Travailleurs de l'Industrie cotonnière de Condé-sur-Noireau. | — |
| Poix du Nord, Nord. | — |
| Ouvriers et Ouvrières en drap de Romorantin. | — |
| Fraternel de l'Industrie textile d'Armentières. | — |
| Pareurs de Saint-Quentin. | F. Démaret. |
| Tisseurs, Tisseuses de Saint-Quentin. | A. Nicolas. |
| Bonnetiers de Moreuil. | G. Petit. |
| Tisseurs-Fileurs d'Amiens. | G. Brandicourt. |
| Liniers et Lainiers de Lisieux. | — |
| Tisseurs de Saint-Maurice-sur-Moselle. | — |
| Textile de Comines. | A. Decourcelle. |
| — de Plainfaing-Fraize. | — |
| — de Bagnères-de-Bigorre. | — |
| Teinturiers et Apprêteurs d'Amiens. | — |
| Ouvriers et Ouvrières se rattachant à la Bonneterie de Troyes. | E. Clévy. |
| Ouvriers et Ouvrières de la Bonneterie d'Aix-en-Othe. | — |
| Ouvriers Tisseurs de Solesmes. | C. Flament. |
| Trieurs de laines de Tourcoing. | — |
| Industrie textile du Cateau. | — |
| Travailleurs du tissus de Tourcoing. | — |
| Industrie textile d'Erquinghem-Lys. | — |

## TEXTILE *(Suite)*

| ORGANISATIONS | DÉLÉGUÉS |
|---|---|
| Ouvriers textile de Granges. | A. Pierpont. |
| Tapisserie d'art d'Aubusson. | — |
| Ouvrière textile de Tourcoing. | — |
| Usine des Charbonniers de Saint-Maurice-sur-Moselle. | — |
| Association d'industrie textile d'Hazebrouck. | — |
| Rebrousseurs et Commis de bonneterie de Troyes. | E. Pouget. |
| L'Avenir du Textile d'Héricourt (Haute-Saône). | P. Traut. |
| Ouvriers et Ouvrières de soieries de Vizille. | David. |
| Passementiers à la main de Paris. | Alibert. |
| Textile de Pont-de-Nieppe. | Pollet-Venant. |
| Industrie textile de Lavelanet. | P. Delesalle. |
| Industrie linière de Bohériés-Vadencourt. | H. Cnudde. |
| Cotonniers de Lillebonne. | — |
| Ouvrière Textile de Neuvilly. | — |
| Rubaniers de Comines. | — |
| Filatures de lin, chanvre et jute de Lille. | L. Bergot. |
| Tisseurs d'Haspres (Nord). | — |
| Ouvriers et Ouvrières de filature de Dunkerque. | — |
| Ouvriers de l'Industrie textile de Gérardmer. | — |
| Travailleurs de l'Industrie textile de la Somme. | Bastien. |
| Ouvriers et Ouvrières en tissus de Saint-Menges. | Guernier. |
| Industrie lainière de Reims. | — |
| Bâches, toiles, tentes et sacs de Marseille. | Bonifay. |
| Travailleurs de l'Industrie textile de Saint-Etienne. | Jourjon. |
| Ouvriers et Ouvrières de la filature de Tourcoing. | Pierpont. |
| Ouvriers de l'industrie cotonnᵉ de Malaunay. | Viche. |

## TONNELIERS

| | DÉLÉGUÉS |
|---|---|
| Ouvriers Tonneliers de Saint-Macaire. | Vendangeon. |
| Tonneliers de Preignac. | — |
| — Barsac. | — |
| — Saint-Maixent. | — |
| — Cette. | Jannot. |
| — Langoiranx. | Dupouy. |
| — Rions. | — |
| — Béguet. | — |
| — Langon. | — |
| — Paillet. | — |
| — Charenton. | Voilin. |
| — Reims. | Richard. |
| — Montpellier. | L. Niel. |
| Hommes de chais et Entonneurs de Béziers. | Auzoulat. |
| Tonneliers de Béziers. | — |
| Tonneliers d'Orléans. | Constant. |

## TRANSPORTS EN COMMUN

| | DÉLÉGUÉS |
|---|---|
| Ouvriers et Employés des tramways de l'Est Parisien. | Mazaud. |
| Employés des tramways de Tours. | Coignard. |
| Tramways de la nouvelle Compagnie Lyonnaise. | Suau. |
| Ouvriers et Employés du Chemin de fer Métropolitain. | Tesche. |
| Postiers de Paris. | Goirand. |
| Personnel de la Compagnie des tramways de Paris et du département de la Seine. | — |
| Employés de tramways de Limoges. | — |
| Personnel de la Compagnie générale des Omnibus de Paris. | — |
| Cochers de voiture de place du département de la Seine. | Mazaud. |
| Tramways de Reims. | Rousseau. |
| Cochers et Camionneurs de Reims. | Guernier. |
| Employés des tramways de Brest. | Delesalle. |

| ORGANISATIONS | DÉLÉGUÉS |
|---|---|
| Ouvriers et Employés des tramways électriques de Cette. | Jannot. |
| Agents des voies ferrées de Vizille. | David. |
| Employés de la Société Grenobloise de tramways électriques. | — |
| — des tramways électriques d'Avignon. | Tesche. |
| — et Ouvriers des tramways à air comprimé de Cusset-Vichy. | Perrin. |
| — des tramways à vapeur, mécaniciens, chauffeurs, conducteurs, ouvriers du dépôt Stéphanois. | Malliquet. |
| — des tramways électriques de Poitiers. | Limousin. |

## TRANSPORTS et MANUTENTIONS DIVERSES

| | |
|---|---|
| Caissiers, Vanniers, parties similaires (Région d'Epernay). | Richon. |
| Manœuvres et Hommes de peine du Havre. | Fauny. |
| Camionneurs et assimilés de Grenoble. | David. |
| Camionneurs et Rouliers de Limoges. | A. Arnoux. |
| Garçons de magasin, Cochers livreurs, Hommes de peine et parties similaires du département de la Seine. | Tabard. |
| Ouvriers irréguliers de Narbonne. | Cayré. |
| Charretiers Camionneurs de Mazamet. | Tabard. |
| Hommes de peine de Casteljaloux. | — |
| Charretiers de la ville de Beaucaire. | — |
| Manœuvres et Manutentionnaires de Lyon. | — |
| Hommes de peine, Manœuvriers de Toulouse. | — |
| Garçons Camionneurs, Groupeurs, Rouliers de Toulouse. | — |
| Layettiers, Emballeurs du département de la Seine. | — |
| Ouvriers emballeurs de chiffons et parties similaires de la Seine. | — |
| Ouvriers Camionneurs, Charretiers, Charbonniers et Domestiques du Roulage de Roubaix. | — |

## VERRIERS

| | |
|---|---|
| Verriers de Rive-de-Gier. | Delesalle. |
| — de Charleville. | Delzant. |
| — de Masnières. | — |
| — de Fresnes-Escautpont. | — |
| — réunis (verre noir), de Bordeaux. | — |
| — de Dorignies. | — |
| — d'Eu. | Monnier. |
| — de Nesles-Normandeuse. | — |
| — de Feuquières. | Klemczynski. |
| — de Martainneville. | Lecoeur. |
| — (verre noir), de Montluçon. | Desforges. |
| — de Incheville. | Monnier. |
| — de Blangy-sur-Bresles. | — |
| — des Essarts-Varimpré. | — |
| — de la Tréport-Neuve. | — |
| — du Val d'Aulnois. | — |
| — d'Aumale. | — |
| — du Vieux-Rouen. | — |
| — de Romesnil. | — |

## VOITURE

| | |
|---|---|
| Ouvriers en voiture de Vichy Cusset. | Sanet. |
| — d'Orléans. | Constant. |
| — et Ouvrières en voiture du département de la Seine. | Turpin. |
| — en voiture et parties similaires de Moulins-sur-Allier. | Brunel. |
| — en voiture de Lille. | Bondues. |
| — — de Lyon. | Bordat. |
| — — de Bourges. | Brunel. |

## SYNDICATS ISOLÉS

| ORGANISATIONS | DÉLÉGUÉS |
|---|---|
| Ouvriers des scieries mécaniques de Lyon. | **Laurent.** |
| Préparateurs en pharmacie, Garçons de laboratoire et parties similaires. | **Laporte.** |
| Scieurs mécaniques d'Angers. | **Guinodeau.** |

| ORGANISATIONS | DÉLÉGUÉS |
|---|---|
| Scieurs, Découpeurs, Mouluriers du département de la Seine. | **Thomas.** |
| Ouvriers en monnaies et médailles. | **Person.** |
| Tordeurs d'huile et métiers connexes de Dunkerque. | **Dekooninck.** |

## BOURSES DU TRAVAIL

Pour l'énumération des Bourses du travail ayant participé au Congrès, se reporter au tableau précédant le compte rendu de la Conférence des Bourses.

# Liste des Organisations dont les mandats n'ont pas été admis

| | |
|---|---|
| Sculpteurs sur bois et Mouluriers de Lyon. | Dreyer. |
| Menuisiers en sièges de Lyon. | Bordat. |
| Ouvriers Ebénistes de la Seine. | Arbogast. |
| Tourneurs sur bois de Lyon. | Chazeaud. |
| Alimentation périgourdine. | Teyssandier. |
| Ouvriers Boulangers et Meuniers de l'Aube. | — |
| Ouvriers du Bâtiment de Narbonne. | Cayré. |
| Ouvriers des Mines de Ciment d'Allas. | Teyssandier. |
| Ouvriers Chau'ourniers et simil. de St-Astier. | — |
| Groupe des chemins de fer de Creil. | — |
| Sténographes commerciaux de Lyon. | Catinot. |
| Employés de Commerce, de Bureau et d'Industrie de Lyon. | Laurent. |
| Employés de commerce du Gers. | Voilin. |
| Employés de commerce des deux sexes d'Avignon | Cleuet. |
| Employés de coopératives de Paris. | — |
| Employés de Commerce des deux sexes d'Indre-et-Loire. | Rousseau. |
| Ouvriers civils et Ouvrières des Magasins administratifs de la Guerre, de la Seine. | Galice. |
| Personnel civil libre des Etablissements militaires de l'Artillerie de Lyon. | Bouchet. |
| Travailleurs du Gaz de Paris. | Biemser. |
| Ouvriers Gaziers de Périgueux. | Teyssandier. |
| Ouvriers et Ouvrières en confection pour Hommes de Lyon. | Guilhaudon. |
| Ouvriers et Ouvrières de l'Habillement militaire de Lyon. | |
| Ouvriers du Magasin central, Habillement et Campement de Lille. | Galice. |
| Typographes de Lyon. | Landrin. |
| International des Ouvriers Meuniers et Rizeurs de Marseille. | Fantini. |

| | |
|---|---|
| Travailleurs réunis de la Fonderie nationale du Moulin-Blanc de Brest | Roullier. |
| Ouvriers Mécaniciens Roubaisiens. | Merrheim. |
| Ouvriers Monteurs-Tourneurs en articles de fumisterie de Paris. | — |
| Ouvriers Etireurs au blanc de la Seine. | — |
| Ouvriers en Limes de Lyon. | — |
| Ferblantiers en articles de ménage de Lyon. | Galantus. |
| Ouvriers Serruriers de Lyon. | Vuillerme. |
| Travailleurs de la Teinture et similaires de Lyon. | Buffin. |
| Ouvriers Liseurs de dessins de Roubaix. | Bergot. |
| Travailleurs de l'industrie cotonnière de Rouen. | Viche. |
| Ouvriers de la Passementerie lyonnaise. | Renard. |
| Ouvriers et Ouvrières Passementiers et similaires de Lyon. | Denis. |
| Ouvriers et Ouvrières du Tissage mécanique de Lyon. | — |
| Cochers et Conducteurs de Tramways de Lyon. | Goirand. |
| Ouvriers des Postes, Télégraphes et Téléphones de l'Ain. | Grime. |
| Ouvriers des Postes, Télégraphes et Téléphones d'Annecy. | — |
| Ouvriers des Postes, Télégraphes et Téléphones de Saint-Etienne. | — |
| Ouvriers des Postes, Télégraphes et Téléphones d'Avignon. | — |
| Ouvriers des Postes, Télégraphes et Téléphones de Lyon. | — |
| Manouvriers de Neuville-sur-Saône. | Guerry. |
| Ouvriers Verriers de Saint-Germer. | Delzant. |
| Ouvriers Verriers de Creil. | — |
| Membres de l'Enseignement public du Cher. | Hervier. |

# RAPPORTS DES COMITÉS & DES COMMISSIONS

## POUR L'EXERCICE 1904-1906

## Rapport du Comité confédéral

*Les deux sections réunies.*

CAMARADES,

En débutant, nous ne pouvons mieux faire que de reproduire certains passages des conclusions du rapport du Comité des Fédérations soumis au dernier Congrès.

Nous écrivions, parlant de la besogne accomplie :

« Les organisations peuvent apprécier cette besogne. Elles en ont les matériaux. Et de l'examen qu'elles feront, se dégagera l'importance du rôle qu'a joué notre organisation et de la situation qu'elle occupe.

« Un coup d'œil jeté, une simple comparaison établie entre ce que nous étions il y a peu d'années et ce que nous sommes aujourd'hui, diront qu'il y a un mouvement ouvrier réel très intense, dont l'action continue se répercute partout, attirant vers elle les regards comme les préoccupations de nos adversaires.

« Hier, notre organisation passait son chemin, ignorée de la foule comme des dirigeants, aujourd'hui elle apparaît comme un factum prépondérant.........

« Les syndicats qui, par leurs organismes généraux, ont su coordonner leur action, constituent des éléments nécessaires, parvenus à un degré de force, qui les classe, pour tous les esprits, comme les défenseurs naturels des travailleurs.

« La lutte contre les bureaux de placement a montré ce degré de force qu'il faudra développer par une plus grande intensité de propagande.

« *Ce sera l'œuvre de demain.* »

C'est de cette œuvre que nous allons parler, en essayant de montrer le chemin parcouru depuis le dernier Congrès.

### Le Congrès de Bourges

Deux ans à peine se sont écoulés depuis le Congrès de Bourges ! Années bien vite passées pour qui songe à l'énorme besogne tracée par le Congrès !

Dix-huit mois d'une activité fiévreuse et sans arrêt, se poursuivant à travers des difficultés intérieures et extérieures, tel est l'héritage légué au Comité confédéral par le Congrès.

Le Congrès avait, par une résolution motivée, chargé le Comité de mener une agitation allant en grandissant et en s'intensifiant pour la réalisation de la journée de huit heures. Il avait décidé que, dans un court délai, une active et incessante propagande devait commencer pour prendre fin au 1er mai 1906, terme fixé pour entrer dans la période d'application de la dite réforme.

Il s'agissait, dans l'esprit du Congrès, d'amener le travailleur à conquérir, par son seul effort, une des revendications essentielles du monde ouvrier.

Créer, chez le salarié, un état d'esprit favorable à la réduction de la durée du travail, lui montrer les moyens de l'obtenir, l'entraîner par un mécanisme naturel dans un élan revendicatif, lui inculquer la ténacité et la persévérance dans l'effort, telles étaient les intentions du Congrès. C'était vouloir enlever le travailleur à son inaction, l'appeler à une compréhension plus juste de ses droits et le faire participer à sa propre libération.

En décidant une semblable agitation, le Congrès avait présent à l'esprit l'effort dépensé par les organisations syndicales en vue de faire disparaître les bureaux de placement payants, et il voulait donner à leurs préoccupations, un stimulant pour une tâche déterminée.

Et cette décision coïncidait avec la croissance du mouvement syndical qui, en se développant, suscitait dans l'esprit des travailleurs organisés, un désir et un besoin d'activité et de lutte.

Le Congrès a voulu exprimer, en les reflétant, ce désir et ce besoin.

Par lui, la classe ouvrière était mise à même de donner la mesure de sa vigueur : vigueur offensive et soutenue.

Contrairement à la campagne contre les bureaux de placement, l'agitation décidée à Bourges était le résultat d'une discussion survenant dans une période de calme et d'attente. Contre les bureaux de placement, luttèrent bien plus les événements que les volontés, que celles-ci n'eurent qu'à utiliser. En un mot, la campagne naquit des circonstances, tandis que l'agitation pour les huit heures naissait de la confiance en elles-mêmes qu'avaient acquises les organisations ouvrières.

Et cette confiance créatrice de volonté et d'énergie provenait de l'essor considérable de la Confédération générale du Travail dans ces dernières années. Pouvait-il en être autrement ? Nous ne le croyons pas. La caractéristique de la classe ouvrière de notre pays, née des traditions et du milieu, est de développer le champ d'action et d'étendre la limite des revendications immédiates au fur et à mesure qu'augmentent les forces ouvrières organisées. Est-ce un bien ? Est-ce un mal ? Qui voudrait répondre victorieusement à ces questions ? Disons simplement que c'est dans la lutte et par la lutte, que croît en force et en conscience le mouvement syndical auquel nous collaborons.

## Ce qu'a voulu le Congrès

Le vigoureux mouvement du 1er mai dernier a-t-il répondu à ce que s'était proposé le Congrès de Bourges ? Oui, car il faut tenir compte de l'esprit autant que de la lettre de la résolution.

Sans doute, bien des esprits jugeront téméraire cette affirmation ! C'est parce qu'ils s'arrêteront plutôt à la rigoureuse lettre d'un texte ou d'une discussion, au lieu de tenir compte des mobiles qui l'inspirent et du but poursuivi.

Rappelons en peu de mots les conditions dans lesquelles fut abordée la discussion sur la journée de huit heures.

Tous les Congrès nationaux corporatifs, les Congrès fédéraux, s'étaient prononcés par des vœux pour le principe de la journée de huit heures. Là s'était arrêtée la besogne de tous les Congrès. Ceux-ci terminés, chacun retournait à l'atelier pour y séjourner de longues heures, car les vœux des Congrès constituaient sur ce point des manifestations sans portée immédiate de quelques travailleurs avides d'améliorations. La classe ouvrière, dans sa grande généralité, était hostile aux courtes journées. Elle voyait, dans ces courtes journées, une diminution de salaire par suite d'un raisonnement étrange : qu'à un grand nombre d'heures de travail correspondait un salaire élevé.

Néanmoins, les manifestations des Congrès avaient leur utilité ; elles marquaient, en l'aiguillant, une orientation vers un moindre effort pour chaque salarié. Mais, répétons-le, c'était plutôt à la partie de la classe ouvrière, imbue d'idées revendicatrices, que s'adressaient ces manifestations.

C'est qu'à tout militant, agité par des préoccupations sociales, il apparaît bien que la réduction de la journée de travail doit être placée au premier plan comme étant de nature à apporter au travailleur des avantages supérieurs. En effet, au point de vue social, mieux vaut lutter pour une courte journée que pour un salaire élevé. Ajoutons que le salaire élevé découle d'une courte journée.

Cependant, malgré les répugnances de la grande masse des travailleurs pour les courtes journées, grâce à l'effort des organisations, le nombre des grèves motivées par la réduction des heures de travail s'était accrue durant ces dernières années. Cette augmentation montre qu'en dépit d'un état d'esprit déplorable, la nécessité des plus courtes journées pénétrait les cerveaux. Pénétration bien lente, il est vrai ! et qui demandait, pour gagner en profondeur et en étendue, un immense effort.

Le Congrès a voulu donner cet immense effort, afin de répandre dans la grande masse ouvrière, les idées qui animent les militants et les organisations syndicales. Le problème à résoudre tout d'abord était donc, par une propagande vigoureuse, d'atteindre chez lui le travailleur resté étranger au mouvement syndical. Il fallait poser devant l'opinion publique ignorante, la question de la durée du temps de travail et la rendre sympathique à cette amélioration.

Là seulement, résidait l'obstacle à surmonter pour les syndicats désireux de tenter un effort en vue de la diminution des heures de travail.

Ce but a été atteint ! Et il était indispensable de l'atteindre afin que les travailleurs placent en tête de leurs revendications la question du temps du travail. De la sorte, sous le jeu des efforts ouvriers s'abaissera, pour le salarié, la durée du séjour quotidien dans l'atelier, l'usine, le chantier, le magasin, etc.....

Formulons, pour clore cette partie, le souhait de voir les organisations entrer résolûment dans la voie tracée par le Congrès.

## Le repos hebdomadaire

Le Congrès, en confiant au Comité le soin de mener l'agitation pour les huit heures, l'avait chargé de la lutte pour le repos hebdomadaire. Il y avait, pour le Comité, une double besogne à accomplir : lutter pour la conquête des huit heures et pour le repos hebdomadaire.

Chez les travailleurs ne jouissant pas du repos hebdomadaire, ils étaient encore nombreux ceux qui n'en reconnaissaient pas toute la nécessité. Non pas parce que le travail ininterrompu leur agréait, mais parce que, accoutumé à ce genre de travail, ils ne concevaient pas une amélioration dans le sens d'un repos renouvelé et à date fixe. Là encore il s'agissait de transformer l'état d'esprit du travailleur. Ça été la tâche du Comité et des organisations plus particulièrement intéressées.

Cette double tâche, malgré la diversité du mode d'application, procédait du même esprit et tendait au même but : réduire pour l'ouvrier la durée du temps du travail et augmenter ses moments de loisir et de repos.|

Par cette connexité, la propagande er. faveur du repos hebdomadaire se répercutait sur celle relative aux huit heures et réciproquement. C'est en commun que travaillaient les ouvriers désireux de conquérir, qui le repos hebdomadaire, qui les huit heures.

Depuis longtemps déjà, un projet de loi sur le repos hebdomadaire attendait, dans les cartons, le bon vouloir des sénateurs. Il y a quelques mois, leur assemblée avait manifesté une vive répugnance pour la réforme. L'échec paraissait donc certain.

Les intéressés, forts de leurs droits, n'en poursuivaient pas moins le but désiré. L'agitation se continua à laquelle prirent part, sous des formes diverses, toutes les corporations ne jouissant pas d'un jour de repos par semaine. Les coiffeurs étaient à la veille de conclure des conventions avec les patrons pour la fermeture des magasins un' jour sur sept, lorsque le Sénat, sous la pression de la classe ouvrière, votait la loi accordant à tous les salariés, sauf quelques exceptions, vingt-quatre heures de repos par semaine.

Notre intention n'est pas de discuter la loi. Il appartient aux corporations intéressées et au Congrès de se prononcer. Nous ne saurions donc empiéter sur leurs attributions.

## Administration

Le Congrès de Bourges, pour faciliter et simplifier la besogne des trésoriers, décidait, si les ressources le permettaient, de confier à une seule personne les diverses comptabilités. De plus, la Commission de contrôle, formée de un délégué par fédération, ayant un siège à Paris, serait prise en dehors des membres du Comité.

Le Comité eut donc, pour premier soin, d'examiner si les ressources permettaient de payer un fonctionnaire nouveau. Une somme de 250 francs était nécessaire. Les recettes et les dépenses de chaque section, la situation du journal, furent soumises au Comité. Les chiffres indiqués montraient que la nouvelle dépense serait un grand sacrifice, susceptible d'absorber les ressources si une augmentation des recettes ne se produisait.

Cependant, le Comité, soucieux de tenir compte du désir formulé par le Congrès, décida à l'unanimité la création d'une fonction nouvelle rétribuée et, dans une séance postérieure, le camarade Lévy, dont le rapport à Bourges avait été bien apprécié par la Commission de contrôle, fut désigné.

Cette nomination portait à quatre le nombre des fonctionnaires de la C. G. T. : le secrétaire de la section des Fédérations, celui de la section des Bourses, celui du journal et le trésorier.

Rappelons que chacune des sections paye sur sa caisse son secrétaire, la caisse du journal paye le sien ; quant au trésorier, il est payé par les deux sections et par le journal, soit 100 francs par chaque section et 50 francs par le journal.

## La C. G. T. et la Bourse du Travail de Paris

Il est inutile de rappeler longuement les incidents de l'année 1905, relatifs à la Bourse du travail de Paris. La solution en appartient aux organisations y ayant leur siège. Si nous en parlons, c'est parce que le nouveau règlement régissant la Bourse ayant remis l'administration sous le contrôle du Préfet, celui-ci en profita pour tenter de paralyser la campagne menée par la C. G. T.

On était convaincu en haut lieu, d'après nous ne savons quels renseignements, que la C. G. T., ayant la jouissance gratuite de ses locaux et le bénéfice moral qui s'attachait à la Bourse du travail, trouvait là le moyen d'agir. Il fallait mettre fin, estimait-on en haut lieu, à cette sorte de patronage, en excluant de la Bourse la C. G. T. Le prétexte invoqué fut le numéro de la *Voix du Peuple*, publié à l'occasion du départ de la classe, et le dépôt de la vente du *Manuel du Soldat* dans la Bourse. L'administration préfectorale, maîtresse de la Bourse, en tolérant que l'immeuble servît de dépôt à la publication de feuilles anti-militaristes, se rendait, paraît-il, notre complice. Elle prétendit que cette pro-pagande était contraire à l'esprit de la loi de 1884 sur les syndicats profession-nels et, après avoir suggéré à la presse des sommations bruyantes, elle décida, le 12 octobre 1905, notre exclusion.

Le mieux était donc pour le Comité de se mettre chez lui, afin de recouvrer une plus grande liberté d'action, et un local provisoire fut loué; immédiatement le déménagement s'opéra.

Avant même qu'il fut question d'exclusion, personnellement nous avions réu-ni quelques camarades dans le courant de septembre, afin de leur montrer le grand intérêt qu'il y avait à rechercher un immeuble dans lequel pourraient se réfugier les organisations.

Cette façon de voir fut acceptée, des mesures prises et la recherche d'un immeu-ble commença. Malheureusement, cette recherche fut laborieuse et, après bien des difficultés, un grand local était trouvé et loué pour une longue période. Il était temps, il était même un peu tard !

Une circulaire fut adressée aux Fédérations ayant leur siège à Paris, les avi-sant de la location faite. Il leur était offert une place moyennant une location à payer pour l'immeuble. Quelques Fédérations répondirent par l'affirmative, d'autres arguèrent de leur impossibilité d'assumer de nouvelles charges, les autres, enfin, ne répondirent pas à la circulaire.

La C. G. T. prit possession de son nouveau local, suivie par d'autres organi-sations. Comme celles-ci, la C. G. T. paye un loyer concordant avec l'emplace-ment occupé par elle. Ajoutons que les organisations ayant leur siège à la *Maison des Fédérations*, nom donné au local, viennent de monter une imprimerie pour la confection des travaux des organisations. Le bénéfice, le jour où le matériel sera payé, servira à faire vivre la *Maison des Fédérations*. Il reste à construire une immense salle à l'usage des organisations. Pour cette besogne, le concours des syndicats et des militants sera demandé sous peu. La *Maison des Fédé-rations* est convaincue que son appel sera entendu.

Pour parer au coup du préfet, et afin de ne pas diminuer, par les frais du local, la propagande confédérale, les quatre membres du bureau proposèrent d'aban-donner, sur leurs appointements, la somme de 25 francs par mois, soit au total, 100 francs par mois. Ces 100 francs sont suffisants pour faire face aux dépenses nouvelles de la C. G. T.

## Rapports Internationaux

¶Les organisations ont pu suivre, par la *Voix du Peuple*, les incidents qui s'éle-vèrent lors de la Conférence internationale d'Amsterdam. Sur l'avis de convo-cation pour ladite Conférence, le Comité avait décidé de demander que fussent examinés à la Conférence, les points suivants : *Antimilitarisme, Grève générale* et *la Journée de huit heures*.

Le secrétaire du bureau international qui est aussi le secrétaire de la Confé-dération allemande, répondit que ces questions ne pouvaient être portées à l'or-dre du jour, car elles sortaient du cadre de la discussion. Il est utile de reproduire la correspondance à ce sujet, échangée entre le Comité et le bureau international.

Paris, le 7 avril 1905.

*Camarade C. Legien, secrétaire international, Berlin.*

CAMARADE,

Le Comité confédéral, saisi de votre invitation pour la Conférence internationale qui se tiendra, à Amsterdam, le 25 juin prochain, m'a chargé de vous soumettre, avant toute décision, son désir de faire mettre à l'ordre du jour de cette Conférence, l'*Antimilitarisme* et la *Grève générale*, ainsi que la question de la *Journée de huit heures*.

Je dois vous rappeler que, il y a deux ans, les deux premières questions : l'*Antimilitarisme* et la *Grève générale* avaient été soumises par nous à la Conférence de Dublin. Nous eûmes le regret de constater qu'il ne fut pas donné suite à notre proposition. Or, vous comprendrez que si, cette année, il devait être fait un accueil aussi indifférent à nos propositions, notre présence à une Conférence où nous n'aurions pas voix au chapitre serait superflue. Nous aurions donc à examiner, dans ce cas, si nous devons ou non, participer à ladite Conférence.

Nous n'avons pas la prétention de demander qu'on accepte les propositions que nous pouvons faire ; il suffit qu'on veuille nous entendre. Libre ensuite à chacun de donner aux idées émises et discutées la suite jugée bonne.

Agréez, camarade, nos fraternelles salutations.

*Pour la Confédération générale du Travail, et par mandat, le secrétaire-adjoint*

E. POUGET.

A cette lettre, le 22 avril, le camarade Legien répondait :

CAMARADES,

A mon avis, la Conférence des secrétaires des centres syndicaux n'est point l'endroit pour une discussion relative à la Grève générale ou à l'Antimilitarisme. Donc, je ne mettrai pas ces points à l'ordre du jour de la Conférence ; c'est à elle-même de se prononcer pour ou contre la discussion de ces questions.

Pourtant, votre organisation refusant de prendre part aux délibérations d'une Conférence qui n'admettrait point ces questions, il me semble préférable que la question de mettre ces points à l'ordre du jour soit examinée d'avance par les centres syndicaux.

Mais, pour leur poser cette question, j'attends votre consentement exprès ; veuillez donc me donner votre avis au plus tôt, et j'agirai selon votre désir, en soumettant aux centres votre proposition de mettre à l'ordre du jour les points suivants : *Antimilitarisme, Grève générale* et *Journée de huit heures*.

Ayant reçu votre réponse, je ne tarderai pas à demander l'information nécessaire, si toutefois vous ne jugez pas mieux de remettre la décision à la Conférence même.

Agréez, camarades, nos fraternelles salutations.

C. LEGIEN.

Le 5 mai, par la lettre suivante, le camarade Pouget confirmait au Secrétaire international la résolution formelle du Comité confédéral :

CAMARADE,

En France, nous avons des relations internationales syndicales une conception particulière : nous prétendons qu'une Conférence internationale, telle que celle qui découle de l'affiliation des centres syndicaux au Secrétariat international doit avoir pour premier résultat un échange d'idées, afin que l'éducation de tous bénéficie de l'expérience de chaque pays.

D'où il suit que, à notre avis, toutes discussions ayant trait aux idées, tendances et tactiques diverses sont du ressort de la Conférence internationale. Et nous ne comprenons pas que vous, secrétaire international, vous vous arrogiez le droit de contrôle sur l'ordre du jour proposé à la Conférence. Chaque centre syndical doit avoir pleine liberté pour porter à la connaissance des autres centres, par voie de discussion à la Conférence internationale, les questions qu'il juge utile de soumettre à l'appréciation des camarades d'autres pays.

L'autonomie de chaque centre doit être complète, et un secrétariat qui s'arrogerait un droit de contrôle dépasserait ses fonctions. Cette observation, nous avons déjà eu l'occasion de vous la formuler lorsque, à propos de notre demande tendant à convoquer une Conférence internationale pour examiner l'attitude du prolétariat international en face de la guerre russo-japonaise, vous avez consulté les centres adhérents en formulant, en même temps, une appréciation personnelle.

En ce faisant, vous sortiez de votre rôle de secrétaire international, et, à notre avis, aujourd'hui encore, vous l'outrepassez en déclarant que telles ou telles questions dépassent la compétence de la Conférence internationale.

Malgré cela, nous voulons bien, par esprit de condescendance, — tout en déclarant une telle consultation anormale, — que vous consultiez les organisations adhérentes sur les points que nous désirons être mis à l'ordre du jour. Nous vous prions, cependant, de faire cette consultation en évitant tout commentaire pouvant laisser percer votre opinion personnelle et indiquant que vous êtes opposé à la mise à l'ordre du jour des questions proposées par nous.

J'ajoute que notre décision, que je vous ai communiquée antérieurement, est formelle : si les questions suivantes : *Grève générale*, *Antimilitarisme*, *Journée de huit heures*, ne sont pas mises à l'ordre du jour de la Conférence internationale, nous aurons le regret de ne pas envoyer de délégués à Amsterdam, jugeant inutile d'offrir à des délégués un voyage de tel agrément que celui qu'ont subi nos délégués lors de la Conférence de Dublin.

Agréez, camarade, nos fraternelles salutations. *Le Secrétaire-adjoint* : E. POUGET.

Au reçu de la lettre ci-dessus, le camarade Legien adressait aux centres syndicaux affiliés, la lettre suivante, qu'il accompagnait de la correspondance échangée entre lui et la C. G. T· et que nous avons publiée ci-dessus :

CAMARADES,

La Confédération générale du Travail propose à la Conférence internationale des secrétaires des centres syndicaux, ayant lieu, le 23 juin, à Amsterdam, de discuter les questions suivantes :

*L'Antimilitarisme* ;

*La Grève générale* ;

*La Journée de huit heures.*

Pour motiver la proposition, j'ajoute ici la correspondance avec la Confédération.

Je vous prie de vouloir bien me faire parvenir immédiatement la décision de votre centre, pour que je puisse remettre la résolution prise sans délai aux camarades de France, ceux-ci ayant décidé de faire dépendre leur présence à la Conférence du contenu de cette résolution même.

Agréez nos fraternelles salutations. C. LEGIEN.

Les réponses des pays, parvenues, le secrétariat international nous adressa les résultats de la consultation dans une lettre qui ne nous parvint pas, l'adresse était incomplète. Elle revint à son envoyeur durant la conférence. Réexpédiée, elle arriva trop tard pour permettre au délégué de se rendre à Amsterdam.

Par la presse, le Comité connut les travaux de la Conférence. Le procès-verbal vient de nous être envoyé ces temps derniers.

La presse nous transmit une proposition de l'Allemagne, motivée par les incidents relatés plus haut. En voici le texte :

« Sont exclues des discussons toutes les questions théoriques et toutes celles qui ont trait aux tendances et à la tactique du mouvement syndical dans les différents pays.

« Les premières questions doivent être traitées par les Congrès ouvriers internationaux, les dernières doivent être décidées par les Congrès nationaux ».

Le procès verbal qui nous est envoyé par le bureau international, ne contient pas le deuxième paragraphe. Cependant, il ressort de la discussion relatée par le procès-verbal, que ce paragraphe fut discuté, et nulle part il n'en est fait mention. Le procès-verbal est contenu dans le 2° rapport international dont un exemplaire fut envoyé à chaque Bourse et à chaque Fédération.

## Guerre à la guerre

⌐ Chacun a présent à l'esprit les événements du commencement de l'année. Un conflit international faillit éclater à propos du Maroc. Le Comité voulant faire connaître son sentiment, vota le texte qui suit, et il décida l'envoi d'un délégué à Berlin, comme il est indiqué plus loin.

Pour apprécier l'intérêt que présentait le manifeste, il faut se reporter au moment même où il fut lancé; Des modifications s'étant produites peu après dans la situation internationale pour des motifs qui n'échappent à personne.

## CONFÉDÉRATION GÉNÉRALE DU TRAVAIL

### *Guerre à la guerre !*

TRAVAILLEURS,

Demain peut-être nous serons en face d'un fait accompli : LA GUERRE DÉCLARÉE !

Depuis cinq ans, un parti colonial français dont Delcassé fut l'homme-lige, prépare la conquête du Maroc. Capitalistes et officiers poussent à l'invasion de ce pays. Les uns pour tripoter et s'enrichir, les autres pour ramasser dans le sang galons et lauriers.

L'Allemagne, capitaliste et militariste, désireuse d'avoir, elle aussi, sa part du butin, s'est interposée.

Les gouvernants allemands et français, fidèles serviteurs des intérêts capitalistes seuls en cause, ont élevé ces querelles entre agioteurs à l'état de conflit aigu.

Pour assouvir les appétits illimités de cette coalition d'intérêts, les dirigeants des deux pays sont prêts à lancer les unes contre les autres, les masses ouvrières d'Allemagne et de France.

Qui ne frémit à l'horreur de ces carnages ? Des millions d'hommes s'entrechoquant... fusils à tir rapide, canons et mitrailleuses accomplissant leur œuvre de mort...

Qui pourrait calculer les milliards gaspillés, arrachés au travail du paysan et de l'ouvrier ?...

Ce tableau n'a rien d'exagéré. Actuellement on arme dans les ports de guerre ; l'armée de terre est prête à partir.

En juin 1905, la déclaration de guerre ne fut évitée que par le départ de Delcassé. Depuis lors, la guerre est à la merci du moindre incident. *C'est tellement vrai que le 19 décembre 1905 l'ordre de rappel à l'ambassadeur d'Allemagne à Paris ayant été connu par le gouvernement français, les communications télégraphiques restèrent suspendues pendant quatre heures, afin que le ministère put, si besoin était, lancer les ordres de mobilisation en toute célérité.*

La presse sait ces choses... et elle se tait.

Pourquoi ? C'est qu'on veut mettre le peuple dans l'obligation de marcher, prétextant d'HONNEUR NATIONAL, de guerre inévitable, parce que défensive.

Et de la conférence d'Algésiras, qu'on nous présente comme devant solutionner pacifiquement le conflit, peut sortir la guerre.

Or, *le peuple ne veut pas la guerre* ! S'il était appelé à se prononcer, unanimement il affirmerait sa volonté de paix.

La Classe ouvrière n'a aucun intérêt à la guerre. Elle seule en fait tous les frais, — payant de son travail et de son sang ! C'est donc à elle qu'il incombe de dire bien haut QU'ELLE VEUT LA PAIX A TOUT PRIX !

TRAVAILLEURS,

Ne nous laissons pas abuser par le mot : « Honneur national ». Ce n'est pas une lâcheté que de faire reculer la horde de financiers qui nous conduisent aux massacres.

D'ailleurs, en Allemagne comme en France, la communion d'idées est formelle sur ce point : *le prolétariat des deux pays se refuse à faire la guerre* !

Ainsi que nous, autant que nous, nos frères, les travailleurs d'Allemagne veulent la paix. Comme nous, ils ont horreur des tueries. Comme nous, ils savent qu'une guerre, en satisfaisant les intérêts capitalistes, est préjudiciable à la cause de l'Emancipation ouvrière.

Donc, par notre action commune et simultanée, forçons nos gouvernements respectifs à tenir compte de notre volonté :

Nous voulons la paix ! Refusons-nous à faire la guerre !

LE COMITÉ CONFÉDÉRAL.

Ce texte fut imprimé à des milliers d'exemplaires et adressé aux Bourses et aux syndicats isolés. C'est avec sympathie que les organisations accueillirent cet appel, car les demandes furent si nombreuses qu'elles nécessitèrent plusieurs tirages supplémentaires.

Le secrétaire confédéral partait à Berlin pour proposer aux camarades allemands l'organisation d'une démonstration internationale, simultanée à Berlin et à Paris. Dans l'affirmative, le délégué devait inviter la Confédération allemande à envoyer des délégués à Paris pour prendre la parole dans cette démonstration et il avait mandat de mettre à la disposition des allemands, des délégués français pour la manifestation de Berlin.

Le délégué a noté, dans la *Voix du Peuple*, n° 277, le résultat de ses démarches. Les camarades allemands opposèrent un refus motivé : la législation impériale ne permettant pas aux syndicats de semblables manifestations, car il y aurait danger pour les organisations qui seraient dissoutes.

Le Comité, en prenant connaissance de ces résultats, après discussion, décida qu'il y avait lieu, le bureau international étant sans intérêt, de continuer à solder les cotisations mais à ne plus avoir de rapports réguliers.

Par cette décision, le Comité entendait affirmer la nécessité d'un lien international, sans vouloir collaborer à un travail fait uniquement de paperasses et de statistiques, d'autant que les organisations françaises ne répondaient pas, en majorité, aux demandes de renseignements alimentant ces paperasses et ces statistiques.

## Le droit syndical

Ces derniers mois, les ouvriers et employés de l'Etat se sont vus contester, par leur patron, le droit de se syndiquer. Les intéressés, pour vaincre les résistances, s'étaient décidés à l'action. Malgré l'Etat, un syndicat de facteurs et un d'instituteurs furent organisés. Le Gouvernement n'osa pas les dissoudre, mais il refusa tout rapport en vue de solutionner les points corporatifs intéressant ces catégories.

Un Comité formé des organisations de tous les travailleurs de l'Etat et des communes fut constitué à l'effet de mener la propagande, afin de vaincre les résistances du Gouvernement et du Parlement. De nombreuses réunions furent organisées, une propagande active fut menée.

Le secrétaire confédéral participa à cette agitation et le soin d'organiser les manifestations du 28 janvier lui fut confié. Ce jour-là, plus de soixante réunions eurent lieu dans des villes différentes, appelant les travailleurs de l'Etat et des communes à revendiquer le droit syndical.

Satisfaction ne leur a pas été donnée encore. Il est question d'amalgamer la loi de 1884 et la loi sur associations. Que peut-il sortir de cet amalgame ? Rien de bon, à notre avis. Disons en terminant que, lorsque les instituteurs auront un fort groupement national, de même que les facteurs, ils auront, ce jour-là, conquis, les uns et les autres, le droit au syndicat.

## La coopération

Le Comité fut saisi par la *Bellevilloise*, coopérative parisienne, d'une demande d'entrevue. Celle-ci eût lieu, et les délégués de la coopérative soumirent une proposition. Après discussion et pour la clore, la résolution suivante fut adoptée. Elle donnait satisfaction au Comité et à la coopérative : « Le C. C., saisi par la « *Bellevilloise* d'une proposition relativement à la situation faite à une coopé-« rative remplissant les conditions syndicales, par une grève générale de la cor-« poration à laquelle appartiennent les ouvriers occupés par elle ;

« Déclare s'en rapporter aux organisations syndicales pour tenir compte, « dans leur lutte, de tout élément de succès que peut leur procurer une coopé-« rative donnant satisfaction à ses ouvriers sur les points, objet de la grève, « par des avantages matériels, sous forme de soupes communistes et autres « concours. »

## L'agitation

Nous avons à résumer le travail accompli par la Commission nommée par le Comité confédéral pour organiser la propagande et l'agitation. Cette Commission fut formée peu de temps après le Congrès de Bourges.

Au début même de l'agitation, le Comité fut frappé de l'attitude prise par certaines organisations, relativement à la résolution de Bourges. Ces organisations ne se gênaient nullement pour critiquer et discréditer. Leur but était de rendre impossible — ou tout au moins de le paralyser — un mouvement prêt à commencer. Aux difficultés inhérentes à l'agitation elle-même, allaient s'ajouter les obstacles que des organisations sèmeraient à dessein.

Pour mettre fin à cette campagne de dénigrement, le Comité décida d'envoyer un questionnaire aux Bourses et aux Fédérations, qui ferait connaître par les réponses, les organisations désireuses de prêter un concours à la C. G. T. Ce concours devait se manifester de plusieurs façons. Le questionnaire les indiquait. En même temps, la Commission se mettait à l'œuvre. Après avoir rédigé les affiches relatives aux huit heures et au repos hebdomadaire, elle lançait un nouvel appel aux organisations en vue d'alimenter l'agitation.

Certaines votèrent des versements initiaux, d'autres des cotisations mensuelles. Le rapport financier donne les renseignements à ce sujet.

Voici l'affiche pour les huit heures, elle fut tirée à plus de 100.000 exemplaires.

## CONFÉDÉRATION GÉNÉRALE DU TRAVAIL

### *Nous voulons la journée de 8 heures.*

#### Camarades de travail !

La réduction à **huit heures** de la durée de travail est une des plus constantes préoccupations de la classe Ouvrière. La nécessité de cette amélioration a été démontrée souvent et avec abondance de preuves.

#### La réduction de la durée de travail s'impose tant au point de vue Physique, que Moral et que Social

Au point de vue physique, il est de toute évidence que les longues journées surmènent l'organisme et le prédisposent à des maladies nombreuses.

Au point de vue moral, les longues journées sont terriblement pernicieuses ; elles ravalent l'être humain au rôle végétatif de bête de somme, entravent l'épanouissement de ses sentiments, l'empêchent de se créer un intérieur, d'aimer, de penser ! Puis encore, les longues journées prédisposent à l'alcoolisme qui aveulit la race et nous rend plus dociles à l'exploitation capitaliste.

Au point de vue social, la diminution de la journée de travail a, pour conséquence immédiate, l'atténuation du chômage, — une des plus hideuses plaies qu'engendre la production incohérente sous le régime capitaliste.

Donc, il y a **intérêt personnel** et **intérêt social** — c'est-à-dire INTÉRÊT DE SOLIDARITÉ — à réduire le plus possible la durée du travail.

En effet, chacun de nous, outre le bénéfice immédiat et personnel qui découle de la réduction des heures de travail, a la satisfaction de s'associer à une besogne de solidarité : en travaillant moins nous-mêmes, nous créons, pour nos frères sans travail, la possibilité d'embau-che, à l'atelier ou à l'usine. D'autre part un moindre labeur élève notre dignité, nous rend plus conscients, plus forts et, par conséquent, plus aptes à défendre nos intérêts sociaux et préparer l'émancipation intégrale.

Ainsi il est de toute nécessité de **CONQUÉRIR LA JOURNÉE DE HUIT HEURES** et aussi son corrolaire logique **LE REPOS HEBDOMADAIRE**

Aujourd'hui encore, des corporations entières, principalement celles qui servent d'intermédiaires entre le producteur et le consommateur (ouvriers de l'alimentation, employés, coiffeurs, cochers, garçons de magasin, etc., etc., etc.), sont traitées en parias et astreintes à fournir des journées de 12 à 15 heures, souvent même 18 heures de travail quotidien pour ces corporations, la

### Conquête du Repos hebdomadaire

est un acheminement vers celle de la journée de **huit heures.**

L'une implique l'autre ! Et c'est justement cette concordance inéluctable qui solidarise les intérêts de tous les travailleurs et fait que l'intérêt des uns n'est que la répercussion des intérêts des autres.

## Que faut-il faire ?

C'est la question qui s'est posée au Congrès corporatif de Bourges.

Devons-nous, comme on a eu trop tendance à le faire, continuer à nous en reposer sur le bon vouloir des législateurs ?

Non ! De nous-mêmes doit venir l'amélioration à notre sort ! Les libertés ne se mendient pas : elles s'arrachent de haute lutte !

Donc, en conclusion, le Congrès de Bourges décida d'indiquer une date (assez éloignée pour que nous puissions tous nous mettre d'accord), et il a été convenu qu'à partir de cette date les travailleurs ne devront pas consentir à travailler plus de huit heures. Les huit heures ac-complies, ils sortiront des ateliers, des usines, abandonneront les chantiers, signifiant ainsi au Patron leur volonté de n'être plus exploités — en attendant mieux — que huit heures par jour.

Comme de juste, à la réduction de la durée de travail ne devra pas correspondre une réduction de salaire, ni une augmentation du prix des produits. Nous voulons que l'amélioration conquise soit réelle. Cela va dépendre de nous. Pour qu'elle le soit, il faut qu'elle comporte une réduction des privilèges capitalistes.

La date choisie est celle du 1er mai 1906, donc

## A partir du 1er Mai 1906, nous ne ferons que huit heures !

Camarades ! Il ne s'agit pas d'attendre que d'autres s'occupent de notre sort. C'est à chacun de nous d'agir. L'effort doit venir d'en bas, de tous, de partout !

Agissons ! Agissons sans trêve ni répit ! Faisons chacun de la propagande dans notre milieu ! Que, dès maintenant, tous les Syndicats se préoccupent d'imposer la journée maximum de Huit Heures dans leur corporation ! Que dans tous les centres, que dans toutes les Bourses du Travail se forment des comités d'agitation pour les Huit heures !... Et, par nos efforts concordants et infatigables, nous créerons un courant d'opinion qui brisera toutes les résistances !

Vouloir, c'est pouvoir !

Voulons donc la journée de Huit heures... et nous l'aurons !

Mais, ne nous y trompons pas : la conquête de la journée de Huit heures n'est qu'un acheminement vers un but plus grandiose. Ce que nous poursuivons, c'est l'abolition de l'exploitation humaine. La bataille sociale ne peut finir que quand l'expropriation capitaliste accomplie, le peuple sera maître de ses destinées.

LE COMITÉ CONFÉDÉRAL.

Voici celle ayant trait au Repos hebdomadaire tirée à 50.000 exemplaires.

## CONFÉDÉRATION GÉNÉRALE DU TRAVAIL

### Le repos hebdomadaire pour tous les salariés !

TRAVAILLEURS !

Des catégories entières de nos camarades, — Employés, Coiffeurs, Ouvriers de l'Alimentation, des Transports, etc., — sont encore privés d'un jour de repos par semaine.

C'est monstrueux et révoltant ! Il y a là une inégalité, aussi choquante pour ceux qui sont astreints à travailler le dimanche, que pour ceux qui se reposent ce jour-là !

Il faut que cela cesse ! C'est la moindre des choses que tous, tant que nous sommes, après avoir trimé six jours à l'enrichissement d'un patron, nous ayons une journée à nous !

Les camarades privés du *Repos hebdomadaire* s'agitent pour le conquérir. Ils agissent ! Ils ne mendient pas cette réforme : par l'ACTION SYNDICALE, ils veulent la réaliser.

Déjà, dans bien des centres, des résultats partiels ont été arrachés au Patronat. De plus, sous la pression consciente des travailleurs intéressés, le Parlement qui, depuis dix ans, laissait un projet de loi en chantier, s'est enfin décidé à légiférer sur le *Repos hebdomadaire*. Le Sénat, appelé à se prononcer, triture, amende, rogne, avec tout le mauvais vouloir qui le caractérise.

CAMARADES,

Que ces premiers résultats nous soient un stimulant ! Redoublons d'efforts !

Il ne suffit pas que les travailleurs intéressés agissent. Il est indispensable qu'ils soient vigoureusement appuyés dans leur action pour la conquête de cette amélioration primordiale, par ceux qui en bénéficient déjà.

Il faut que la Classe ouvrière soit solidaire ! Il faut que, toute entière, elle exige :

**UN REPOS ININTERROMPU D'UN MINIMUM**
**DE TRENTE-SIX HEURES PAR SEMAINE.**

Donc, que les patrons réfractaires au Repos hebdomadaire le sachent : l'Action solidarisée de tous les Travailleurs s'exercera contre eux, par des manifestations populaires, par le *Boycottage*, par le *Sabottage*.

Qu'ils sachent aussi que le vote d'une loi sur le *Repos hebdomadaire* ne nous satisfera pas. Nous savons que les lois ouvrières restent lettre morte, si les travailleurs n'en imposent pas l'application.

C'est pourquoi nous agirons, — toujours et quand même !

Puis, après avoir arraché de haute lutte le Repos hebdomadaire, nous nous trouverons, — travailleurs de toutes les corporations, — unis en un bloc compact, pour conquérir la *Journée de Huit heures*, qu'au 1er Mai 1906 nous imposerons au Patronat.

LE COMITÉ CONFÉDÉRAL.

La première de ces affiches fut tirée en circulaires à 400,000 exemplaires.

Des étiquettes gommées furent également imprimées. La vente — on ne put, à la dernière heure, faire face à toutes les demandes — s'éleva à 6 millions.

Une première brochure fut éditée et vendue à 150,000 exemplaires.

Une deuxième spéciale au bâtiment, fut vendue à 50,000 exemplaires.

Une troisième fut éditée en avril dernier et écoulée à 20,000 exemplaires.

Une quatrième, sur la demande de la Fédération des Blanchisseurs et relative à cette profession très limitée, fut tirée à 5,000 exemplaires.

Des réunions nombreuses furent organisées dans le pays ; partout se manifesta une activité sans égale. En lisant les ordres du jour des réunions corporatives, on y lisait : la journée de huit heures ou le repos hebdomadaire. Il nous serait impossible de donner, même approximativement, le nombre des réunions et des meetings de propagande tenus.,

Disons que rien ne fut ménagé par la Commission pour donner à l'agitation le plus d'étendue et de vigueur possible.

En décembre dernier, une tournée comprenant plus de 80 villes fut organisée. Une affiche spéciale fut rédigée et envoyée en province, ainsi que celles des huit heures et du repos hebdomadaire, éditées dans les premiers jours de l'agitation. Avec elles partaient les brochures publiées, ainsi que celles ayant trait au repos hebdomadaire, éditée par la Fédération des Coiffeurs.

En avril, c'était une deuxième tournée opérée dans les mêmes conditions.

Ajoutons à cela une affiche particulière aux paysans du Midi, sur la journée de 6 heures. Elle est la reproduction, sauf quelques modifications de celle pour les huit heures. Deux délégués étaient partis pour parcourir les centres vignerons du Cher et de la Nièvre.

Qui oserait affirmer, aujourd'hui, que toute cette besogne n'a pas porté ses fruits ? Et cependant, malgré l'activité déployée dans des milieux et dans des corporations, encore au dernier moment, bien des camarades doutaient. Les uns, parce qu'ayant été adversaires au premier jour de l'agitation, ne croyaient pas à son succès, d'autres, en voyant approcher le terme fixé, étaient enclins à des hésitations causées par la crainte d'un échec.

Nous ne pouvons mieux faire pour cette partie, que d'inviter les camarades à se reporter aux procès-verbaux de la Conférence des Fédérations, des 5 et 6 avril dernier. Ils y puiseront bien des enseignements. C'est pour cette raison que nous nous abstenons de tout long exposé sur cette Conférence.

Ouverte le 5, la conférence se clôtura le 6 au soir, après avoir adopté l'ordre du jour suivant :

## CONFÉDÉRATION GÉNÉRALE DU TRAVAIL

### Résolution de la Conférence des Fédérations.

La Conférence des Fédérations corporatives, après examen de l'active propagande faite depuis 18 mois, en conformité avec la résolution du Congrès de Bourges tendant à la conquête de la journée de huit heures ; après avoir entendu, tant des Bourses du Travail que des Fédérations, l'exposé de leurs situations respectives, appelée à délimiter dans quelles formes l'action doit s'ouvrir, décide :

D'engager les travailleurs à dresser — si ce n'est déjà chose faite — leurs cahiers des revendications portant sur la diminution du temps du travail et sur toutes autres améliorations particulières à leur corporation pour être soumis aux patrons, leur fixant un délai qui ne devra pas dépasser le 1er mai 1906 ;

**D'inviter les travailleurs à participer, le jour du 1er mai, à un chomage de solidarité qui sera une manifestation de la puissance d'action du prolétariat organisé.**

D'autre part, la Conférence indique aux organisations comme mode d'action pour la réalisation de leurs cahiers de revendications les deux formes suivantes :

**Ou bien la cessation du travail la huitième heure accomplie — ou bien arrêt complet du travail le 1er mai jusqu'à satisfaction.**

Dans le premier cas, les travailleurs, les huit heures faites, quitteront l'usine, l'atelier ou le chantier. Dans le second cas, c'est la grève se poursuivant jusqu'à complète satisfaction.

Entre ces deux tactiques, la Conférence laisse le choix aux organisations qui auront pu s'inspirer des nécessités de leur milieu. Mais elle leur rappelle que la diminution du temps de travail ne doit pas entraîner une diminution du salaire.

La Conférence compte sur l'activité des militants et des organisations ouvrières pour apporter au mouvement tous leurs efforts et leur rappelle que les résultats acquis seront proportionnés à l'énergie déployée. Elle compte aussi que les travailleurs élèveront leur conscience à la hauteur de leurs intérêts et que, dans un puissant et solidaire effort, ils arracheront au patronat un peu de mieux-être et de liberté.

## Le 1ᵉʳ Mai

On connaît la campagne faite par un journal réactionnaire. Des articles rendus sensationnels par un savant dosage de citations et de nouvelles, allait nous aider dans notre besogne. Le gouvernement prit peur. De là, les mesures arbitraires qui suivirent. La grève des mineurs se prolongeant au grand désespoir des compagnies et de nos démocrates dirigeants, provoqua des incidents dont la justice allait se servir. Des arrestations nombreuses furent opérées. Le camarade Monatte, de notre Comité, était du nombre des incarcérés.

La justice, ayant perquisitionné chez lui, prétendit avoir trouvé des documents démontrant qu'entre la C. G. T. et la réaction, existait un accord. D'autres perquisitions eurent lieu chez des camarades et dans les bureaux de la C. G. T. Le Parquet recherchait la provenance des fonds de l'organisation confédérale. Rien ne fut trouvé. Les livres de comptabilité étaient en lieu sûr, mais les brouillards et les carnets à souche furent mis sous les yeux du commissaire. Il ne releva rien.

Trois jours après, la veille du 1ᵉʳ mai, c'était — dans le but de compromettre la C. G. T., — l'arrestation du secrétaire et du trésorier confédéral. S'inspirant de l'exemple de 1899, lors de la grève du bâtiment, le pouvoir espérait par cette manœuvre, arrêter le mouvement, en lui donnant des origines et des intentions suspectes. Si les travailleurs se laissaient prendre, c'était l'agitation étouffée, d'où pour la bourgeoisie et pour nos dirigeants républicains, la tranquillité désirée.

Que l'on songe à la frayeur qui s'empara de la bourgeoisie ! Ce fut une fuite amusante des capitaux, émigrant à l'étranger au nom du patriotisme le plus pur. Ce fut l'entassement de provisions dans les caves, obligeant par la suite leurs courageux propriétaires, à une digestion laborieuse pour leurs délicats estomacs. Qui dépeindra ces journées vécues, la peur des bourgeois, leur crétinisme et leur lâcheté ! Il y a là matière à séduire un esprit doté d'une plume alerte. Le Ministre de l'Intérieur nous ménage peut-être cette surprise. Dans ce cas, nous demanderons avec lui à son collègue de l'Instruction publique, la permission de répandre dans les écoles son œuvre d'historien.

A Paris, dans certaines villes de province, la manifestation fut imposante. Les travailleurs y participèrent nombreux. Il serait difficile d'en indiquer le nombre. Ce qui est à retenir, c'est que jamais semblable effervescence ne s'était produite. La classe ouvrière, sous l'impulsion des organisations ouvrières actives, se levait pour réclamer plus de repos et plus de loisirs.

Disons-le, les événements du jour et ceux qui suivirent, allaient étonner et surprendre bien des camarades ; soit qu'ils fussent sympathiques ou non au mouvement.

Les grèves qui éclatèrent le 2 mai furent nombreuses. Nous allons les énumérer et s'il nous arrive d'en omettre une, on voudra nous excuser, car il est possible de faire un oubli ou de commettre une erreur dans l'exposé de faits si nombreux et d'un enchevêtrement si compliqué.

La Fédération du Livre avait, au 18 avril, afin de profiter des circonstances favorables pour son industrie, fait la mise-bas pour les ouvriers travaillant dans les maisons refusant les conditions de travail élaborées par les syndicats. Dans plusieurs villes, les patrons accédèrent aux demandes des ouvriers, dans d'autres villes, il fallut recourir à la grève. A Paris, la grève fut importante. Il reste, au moment où nous écrivons, encore des grévistes: à Paris, ils sont plus de 500. C'est la grève qui aura le plus duré.

Puis, le 25 avril, à Paris, les bijoutiers et orfèvres partaient à leur tour. Trois semaines après, le travail était repris moyennant quelques satisfactions accordées par le patronat. Ajoutons que, pour ces corporations, le meilleur moment n'était pas arrivé, c'est au mois d'octobre et suivants que le travail battant son plein, la lutte eût été préférable.

Le 2 mai, ce sont les ouvriers de la voiture, les terrassiers, les charpentiers, les menuisiers, les peintres, les maçons et tailleurs de pierres, les monteurs levageurs, les lithographes, qui se mettaient en grève. Les imprimeurs-conducteurs et certaines catégories du papier avaient suivi la corporation des typos. L'ameublement, comprenant les ébénistes, les sculpteurs, les menuisiers en siège, etc., partait lui aussi. C'était, au bas mot, pour ces corporations, un chiffre de plus de 150,000 grévistes.

D'autres grévistes vinrent grossir ce chiffre ; c'étaient les métallurgistes, comprenant les mécaniciens, les mouleurs en cuivre, les ferblantiers, les ouvriers du bronze, les chaudronniers en cuivre, etc. Leur chiffre, pour le département de la Seine, dépassa 50,000.

C'est dans plusieurs de ces corporations que se produisirent les faits les plus curieux. L'Union des Mécaniciens, peu de jours avant le 1er mai, dans une réunion, avait déclaré qu'il n'y avait pas lieu de faire grève, la corporation n'étant pas prête. De son côté, le syndicat des métallurgistes qui compte des mécaniciens, avait fait de la propagande en faveur de l'agitation. Ce dernier étant moins nombreux, il semblait que la corporation ne bougerait pas. Le contraire se produisit. Les non-syndiqués, tant de Puteaux que d'ailleurs, déclarèrent les premiers la grève et celle-ci fut conduite en dehors de toute intervention officielle des organisations. Les syndiqués étaient hostiles à la grève, les non-syndiqués la déclaraient. Nous nous garderons de tout commentaire susceptible d'être mal interprété. Nous exposons simplement les faits.

En province, l'agitation fut moins intense que nous l'avions espéré. A Lorient, la grève fut générale durant plusieurs jours. A Hennebont, la grève dure au moment où nous écrivons. A Brest, l'arbitraire s'exerça sans autre limite que le bon vouloir ministériel. Le 4 mai, la Bourse était fermée, dix-huit camarades choisis parmi les plus militants, étaient incarcérés. A Rosières, dans le Cher, plus de 600, à Montluçon, plus de 3,000 métallurgistes entraient en conflit. Là, encore, le pouvoir montra son profond mépris des travailleurs, en mettant toutes ses forces de répression à la disposition des patrons. Dans d'autres localités, les grèves surgirent. Nous ne pouvons en donner la liste, ce serait trop long. Déjà notre rapport s'allonge plus que ne le permet la place dont nous disposons.

Nous abrègerons en nous bornant à signaler que la plupart des conflits durèrent de longues semaines. La classe ouvrière fit montre d'une énergie et d'une persévérance insoupçonnées pour d'aucuns.

Bien des considérations se dégagent du mouvement. Nous voudrions que les militants aient pu saisir toute la valeur sociale des faits auxquels nous avons participé. C'est là le seul moyen d'acquérir le sens de la lutte qui fait encore défaut. Ce qu'on ne saurait trop répéter, c'est que c'est dans les agitations de cette nature et de cette ampleur que le sens de la lutte qui manque, se développera.

Qu'il nous soit permis d'indiquer les réflexions que nous ont suggéré les dix-huit mois de propagande et une lutte de plusieurs semaines.

Très peu de camarades escomptaient le mouvement qui s'est produit et cela pour plusieurs raisons.

D'abord, parce que les militants, peu accoutumés à des mouvements d'ensemble, ne s'étaient pas fait une idée exacte des moyens à employer pour intensifier et rendre fructueuse la propagande. Malgré les soins de la Commission des huit heures, les efforts manquaient de cohésion. Puis, et c'est là le plus grand défaut, les organisations attendaient de l'organisme confédéral, toutes les indications sur la besogne à faire. Il est même possible d'ajouter que des ouvriers attribuaient à la C. G. T. le pouvoir d'édicter une mesure générale pour tous les patrons, les obligeant à réduire la journée de travail. C'était se tromper étrangement ! La C. G. T. ne constitue pas un gouvernement capable de décider de telle réforme et, à aucun moment, elle ne peut substituer son effort et sa volonté à l'effort et à la volonté des travailleurs. Ces derniers se sont donnés une organisation les reliant localement et nationalement pour intensifier et coordonner la force de propagande qui réside en eux. Mais cette force de propagande ne peut être exercée que par eux et pour eux.

Il appartenait à chaque Bourse et à chaque Fédération d'agir dans son milieu, en faisant converger, grâce à l'organisation confédérale, ses efforts vers le même objet. Le travailleur agissant dans son syndicat, celui-ci dans sa Bourse et dans sa Fédération, et ces dernières dans la C. G. T. pour la meilleure utilisation de nos ressources et de nos efforts.

Mais, à aucun moment, l'un de ces facteurs ne pouvait attendre de l'autre la réalisation de la besogne lui incombant. Il fallait une propagande de chacun faite sur le même plan, marchant de front pour aboutir à un résultat désiré par tous. Chaque corporation avait à traiter du problème posé, selon qu'il se présentait, pour ses membres, dans la production à laquelle ils sont astreints ; les questions d'ordre corporatif et technique se solutionnent dans les organismes fédéraux, pour se mélanger et se fondre dans le groupement général des travailleurs.

Certes, espérer que du premier coup, la perfection serait atteinte eût été naïf et bien sot ! La classe ouvrière, dans son œuvre de libération, a besoin de s'aguerrir et, pour y parvenir, il lui faut lutter. Ce qu'il importe! C'est que tout effort d'amélioration apporte un progrès dans notre expérience de la lutte, et qu'au fur et à mesure de son développement, notre initiative et notre vigueur en soient fortifiées.

C'est assez parlé de ce point de notre rapport. Pour conclure, retenons trois choses. D'une part, que le Gouvernement a été un excellent auxiliaire pour nous ; il a fait la besogne que son rôle lui assigne et sur laquelle nous comptions. Elle entrait dans le cadre de nos moyens d'action. C'est ainsi, qu'en décembre dernier, lors de l'interpellation à la Chambre, sur l'antimilitarisme dans les Bourses du Travail, nous avions demandé au citoyen Sembat de provoquer, de la part du Gouvernement, une bonne déclaration de guerre. La tournure académique prise par la discussion la prolongeant, le ministère était renversé avant son épuisement. Nous ne pûmes obtenir ce que nous désirions.

La presse suppléa à l'interpellateur ; le gouvernement eût la frousse et les hommes qui le composent, réputés si forts, ne se bornant pas à des mesures de préservation sociale, — au point de vue bourgeois s'entend, — allèrent jusqu'à l'arbitraire en accentuant l'œuvre réactionnaire de tous les ministères précédents.

D'autre part, que, malgré l'hostilité de plusieurs organisations, l'indifférence de bien d'autres, l'absence d'une préparation étudiée et arrêtée chez d'aucunes, les syndicats ont donné une réelle preuve de vigueur et d'énergie. La démonstration est faite que le jour où chacun voudra apporter sa part d'effort, de grandes réformes seront devenues réalisables.

Et qu'ensuite, dans tout événement, il y a toujours une part d'imprévu qui doit entrer en ligne de compte lorsqu'on dresse des prévisions et des pronostics.

Nous avons compté sur le Gouvernement, sur nous-mêmes et sur l'imprévu, autant de facteurs nécessaires dans les circonstances du moment. Et, s'il était permis de formuler un regret, nous ajouterions que davantage eût pu être fait par nous tous. Il suffisait de vouloir.

Arrêtons-nous là !

Nous avons essayé de donner un aperçu du mouvement et nous avons voulu provoquer chez le travailleur d'utiles réflexions. L'avenir dira si nous avons été compris et approuvé.

## Affaires diverses

Mais cette besogne n'a pas empêché le Comité de faire face à d'autres besoins. Les grèves de Limoges motivèrent de sa part un appel qui fut affiché dans le pays par les soins des Bourses du Travail, contenant une protestation contre les faits qui marquèrent cette grève.

Les mesures prises par des municipalités à l'égard des Bourses de leur localité, provoquèrent une protestation qui fut également adressée à toutes les Bourses.

Lors de la discussion du projet de loi sur les retraites ouvrières, une affiche fut éditée rappelant la résolution du Congrès de Lyon et contenant le texte de l'ordre du jour du Comité confédéral (juillet 1901).

Peu de temps après, nouvelle protestation contre l'application, par le Gouvernement, des lois scélérates aux camarades poursuivis à l'occasion du numéro de la *Voix du Peuple* relatif au *Conseil de revision*.

Nous aurions voulu reproduire les textes de ces protestations, car elles constituent autant de documents utiles à conserver, mais c'eut été beaucoup trop allonger le rapport.

## La Commission des grèves et de la grève générale

L'agitation pour les huit heures constituant une absorbante préoccupation pour les organisations et les sous-comités de grève générale, le Comité décida de suspendre le fonctionnement de la caisse de la Commission des grèves et de la grève générale, jusqu'après le 1er mai 1906, afin de ne pas gaspiller les ressources des organisations.

## CONCLUSIONS

Il nous reste à finir ce long rapport. Nous le ferons en peu de mots.

Les organisations connaissent le travail du Comité accompli depuis le Congrès de Bourges. Aussi est-ce avec confiance qu'il attend leur décision au prochain Congrès.

L'œuvre de cette période de deux ans est la continuation de l'œuvre soumise aux derniers Congrès. C'est dire que le Congrès d'Amiens estimera comme nous, qu'avec des ressources aussi limitées que celles dont nous disposions, tout le possible a été fait.

Pour le Comité confédéral,

Le *Secrétaire* :
V. GRIFFUELHES

# RAPPORT FINANCIER

## Commission de propagande des 8 Heures

---

### Etat par Fédérations et Bourses du Travail
### des souscriptions et cotisations du 20 Décembre 1904 au 31 Mai 1906.

**Fédérations.** — Agricoles, 102 fr. ; Alimentation, 108 fr. ; Allumettiers, 177 fr. ; Ardoisiers, 500 fr. ; Ameublement, 352 fr. ; Artistes musiciens, 10 fr. ; Bâtiment, 247 fr. ; Bijouterie, 485 fr. ; Bûcherons, 147 fr. 50 ; Céramique, 45 fr. ; Carriers, 10 fr. ; Charpentiers, 360 fr. ; Chapellerie, 10 fr. ; Coiffeurs, 220 fr. ; Chemins de fer, 200 fr. ; Cuirs et peaux, 161 fr. ; Culinaire, 40 fr. ; Employés, 59 fr. ; Fourrure, 105 fr. ; Galochiers, 10 fr. ; Gantiers, 5 fr. ; Guerre, 100 fr. ; Habillement, 165 fr. ; Lithographie, 629 fr. ; Livre, 43 fr. ; Maçonnerie, 502 fr. 75 ; Modeleurs-mécaniciens, 125 fr. ; Marine, 447 fr. ; Mineurs, 720 fr. ; Maréchaux, 48 fr. ; Menuisiers, 21 fr. ; Travailleurs municipaux, 133 fr. ; Mouleurs, 21 fr. ; Métallurgistes, 1.456 fr. 95 ; Mécaniciens, 35 fr. ; Papier, 64 fr. ; Ports et docks, 5 fr. ; Presses typo, 6 fr. ; P. T. Téléphones, 111 fr. ; Peintres, 275 fr. ; Selleriebourrellerie, 90 fr. ; Tabacs, 50 fr. ; Textile, 338 fr. ; Teinturiers, 25 fr. ; Transports, manœuvres et manutentions diverses, 80 fr. ; Transports, 214 fr. 25 ; Verriers, 193 fr. ; TOTAL : 9,240 fr. 45.

Syndicats isolés, 237 fr. 40 ; Individuelles, 59 fr. 70 ; Diverses collectes, réunions et conférences, 188 fr. 30. — TOTAL : 485 fr. 40.

**Bourses du travail.** — Brest, 170 fr. ; Paris, 1,000 fr. ; Macon, 10 fr. ; Roche fort, 185 fr. ; Roubaix, 50 fr. ; Vichy, 25 fr. ; Moulins, 23 fr. ; Montpellier, 50 fr. ; Vierzon, 78 fr. ; Limoges, 60 fr. ; Bagnères-de-Bigorre, 17 fr. ; Arles, 90 fr. ; Constantine, 25 fr. ; Tarare, 20 fr. ; Cholet, 50 fr. ; Saint-Nazaire, 15 fr. ; Clermont-Ferrand, 19 fr. ; Rennes, 150 fr. ; Besançon, 40 fr. ; Narbonne, 10 fr. ; Boulogne-sur-Mer, 53 fr. ; Orléans, 15 fr. ; Alençon, 5 fr. 35 ; Villefranche, 30 fr. ; Saint-Denis, 2 fr. 25 ; Cette, 20 fr. ; Béziers, 10 fr. ; Thiers, 5 fr. ; Angers, 40 fr. ; Perpignan, 45 fr. ; Bédarieux, 2 fr. ; Albi, 36 fr. ; Biarritz, 20 fr. ; Marseille, 100 fr. ; Rive-de-Gier, 8 fr. ; Lorient, 285 fr. ; Mehun-sur-Yèvre, 18 fr. ; Angers, 40 fr. ; Grenoble, 25 fr. ; Agen, 24 fr. ; Le Vimeu, 5 fr. — TOTAL : 2,875 fr. 60.

| Récapitulation. — | Fédérations ......... | 9.240 fr. | 45 |
|---|---|---|---|
| | Divers ............. | 485 | 40 |
| | Bourses ........... | 2.875 | 60 |
| | | 12.601 fr. | 45 |

Pour éviter une trop longue nomenclature, nous avons totalisé par Fédérations les versements des syndicats. Pour les Bourses du travail, ce sont les versements effectués par elles-mêmes.

## Bilan de la Commission des Huit Heures du 20 Décembre 1904 au 31 Mai 1906

| RECETTES | | | DÉPENSES | | |
|---|---|---|---|---|---|
| Cotisations régulières d'organisations | 6.725 | 15 | Correspondance . . . . | 773 | 40 |
| Souscriptions d'organisations . . . . . | 5 876 | 25 | Délégations . . . . . | 5.239 | 20 |
| Souscriptions individuelles | 98 | 40 | Divers et postaux . . . | 2.504 | 20 |
| Vente de brochures 8 heur. | 4.659 | 50 | Imprimés. . . . . . | 10.565 | 65 |
| Vente de brochure du batiment . . . . . | 400 | 50 | Main-d'œuvre, travaux divers. . . . . . . | 1.225 | 05 |
| Vente, étiquettes, timbres, affiches, etc, . . . . | 4.166 | 55 | Indemnité du Secrétaire . | 920 | » |
| | | | | 21.227 | 80 |
| | | | En caisse au 31 mai 1906. | 698 | 55 |
| | 21.936 | 35 | | 21.926 | 35 |

### Dépenses

La correspondance comprend les dépenses d'affranchissement du Secrétaire de la Confédération et du Secrétaire de la Commission des huit heures, les envois de reçus et de circulaires divers ; avis ; affiches ; convocations ; télégrammes ; envois de documents, etc., etc.

*Délégations.* — Lemoux à Auxerre, Nevers, 25 fr ; Tesche à Montceau, 15 fr. ; Bousquet à Reims, 30 fr. ; Luquet au Havre, supplément, 8 fr. ; Antourville à Toulouse, Bordeaux, Angers, Poitiers, Tours, 50 fr. ; Jacoby à Grenoble, 66 fr. 55 Yvetot, à Fougères, Angers, Le Mans, 30 fr. 50 ; Robert, tournée du Nord, 201 fr. 15 ; Klemzinski, tournée de l'Est, 173 fr. 35 ; Marie, tournée du Midi, 320 fr. 75 ; Merrheim, tournée du Centre et Midi, 205 fr. 70 ; Lemoux, tournée de Bretagne, 191 fr. 10 ; Desplanques, tournée du Midi, 324 fr. 25 ; Niel, tournée du Midi, 176 fr. 90 ; Jacoby, tournée du Midi, 180 fr. 50 ; Nicolet, chez les bûcherons du Cher, 200 fr. 65 ; Merzet, tournée du Nord et du Pas-de-Calais, 241 fr. 90 ; Bron, tournée du Midi, 162 fr. 50 ; Bron, 2me tournée du Midi, 67 fr. 70; Félix Roche, tournée fédération habillement, notre part, 35 fr. 35; Niel, conférence Toulouse, 29 fr. 70 ; Merrheim à Lorient, Hennebont, 50 fr. 35 ; Merzet, Loire, Gard, Aveyron, 172 fr. 15 ; Lemoux, chez les bûcherons du Cher, 150 fr. ; Delaisi, enquête en Franche-Comté, 100 fr. ; Merzet, chez les mineurs, 129 fr. 80 ; Bruon, tournée du Centre, 230 fr. 10 ; Lévy à Montceau-les-Mines, 63 fr. 70 ; Marck à Dunkerque et Armentières, 91 fr. 50 ; Alibert à Nemours, 4 fr. ; Desjardins au Havre, 48 fr. ; Marck à Boulogne-sur-Seine, 2 fr. ; Klemzinski à Levallois-Perret, 5 fr. ; Lemoux, tournée de l'Ouest, 206 fr. 90 ; Bled à Saint-Claude, 40 fr. ; Conches à Brest, 120 fr. ; Grangier à Saint-Etienne, 88 fr. ; Victor, Centre et Midi, 202 fr. 35 ; Bron, Midi, 73 fr. 50 ; Dret, Sud-Est, 96 fr.; Lenoir à Castres, 75 fr. ; Cléret à Rochefort-sur-Mer, 72 fr. 40 ; Dret, diverses délégations, 25 fr. ; Jacoby, tournée de Bretagne, 175 fr. ; Beausoleil, tournée du Midi, 266 fr. 65.

Pour certaines délégations, les organisations ont payé soit le séjour, soit le chemin de fer.

*Divers et postaux.* — Expéditions d'affiches ; imprimés ; brochures ; achat de registres ; papiers d'emballage ; fournitures diverses, etc.

*Imprimés.* — Numéro exceptionnel de la *Voix du Peuple*, 258 fr. 45 ; étiquettes gommées, 2,494 fr. 75 ; affiches diverses, 2,515 fr. ; timbres, 325 fr. 45 ;

chansons, 145 fr. 55 ; circulaires, 1,329 fr. 95 (une de ces circulaires a été tirée à 300,000 exemplaires) ; brochures 8 heures et bâtiment, 3,109 fr. 20 ; brochure Fédération des blanchisseurs, 185 fr., et le reste des imprimés divers, factures, appels, étiquettes pour colis, etc.

*Main-d'œuvre et travaux divers.* — Paiement de nombreux services de pliage, mise sous bandes d'affiches et circulaires ; confections de colis postaux ; services de bandes et d'enveloppes ; affichages.

*Indemnités aux secrétaires.* — 7 mois à 80 fr. au camarade Delesalle, et 3 mois à 120 fr. au camarade Robert.

*Le Trésorier,*

**A. LÉVY.**

# RAPPORT

DU

# Comité des Fédérations Nationales

CAMARADES,

Dans notre rapport du dernier Congrès (Bourges 1904), nous avions, par suite du développement de notre organisation, pu nous déclarer satisfait du changement qui s'était opéré durant l'exercice que le rapport clôturait.

Les événements de cette dernière période nous permettent d'enregistrer de nouveaux progrès, tant par l'augmentation du nombre d'organisations adhérentes que par l'étendue de la propagande faite et l'intensité de l'action accomplie.

Il nous paraît inutile de nous arrêter longuement sur nos travaux. Le rapport qui précède donne, sur l'œuvre réalisée, les indications nécessaires. Nous ne pourrions que tomber dans des redites. Il nous suffira de montrer les changements opérés, nous en rapportant aux camarades pour tirer des exposés, que la place rend trop restreints, tout l'intérêt qu'ils dégagent.

Nous nous bornerons à dire à ce début que l'utilité et l'importance des Fédérations nationales sont incontestables. L'esprit le plus prévenu ne saurait se cantonner dans l'isolement volontaire. Il trouve place dans ces organismes nationaux, s'il veut réellement coopérer à la lutte ouvrière.

## Désignation du Bureau et des Commissions

Conformément aux règles des précédentes élections, le Comité constitua le Bureau et les Commissions de la façon suivante :

Le camarade Griffuelhes, des Cuirs et Peaux, comme Secrétaire ; Pouget, des Mineurs, comme Secrétaire-adjoint.

La Commission du journal fut formée des camarades : Dellesalle, Latapie, Lenoir, Luquet, Pouget et Robert.

La Commission des grèves et de la grève générale fut formée des camarades : Bousquet, Desjardins, Dubéros, Gentric, Morice, Tabard.

A ces douze camarades s'en adjoignaient douze autres désignés par le Comité des Bourses, pour former ensemble les dites Commissions.

## Situation confédérale. — Adhésions

Par le tableau ci-dessous, nous donnons la liste des organisations fédérales adhérentes lors du dernier Congrès et celles qui le sont aujourd'hui, à la date du 1er juin 1904 et du 1er juillet 1906.

*Organisations adhérentes*
*au 1ᵉʳ juin 1904*

1. Féd. des trav. Agric. du Midi.
2. Féd. nat. des trav. de l'Alimentation.
3. Féd. nat. des Allumettiers.
4. Féd. nat. de l'Ameublement.
5. Féd. nat. des Artistes-Musiciens.
6. Féd. du Bâtiment.
7. Féd. de la Bijouterie-Orfèvrerie.
8. Féd. des synd. ouv. des Blanchisseurs.
9. Féd. nat. des ouv. Brossiers et Tablettiers.
10. Féd. nat. des synd. de Bûcherons.
11. Féd. nat. des ouv. Carriers.
12. Féd. nat. de la Céramique.
13. Féd. des synd. ouv. de la Chapellerie française.
14. Féd. nat. des Charpentiers.
15. Synd. nat. des trav. des Chemins de Fer.
16. Féd. nat. des synd. de Coiffeurs.
17. Féd. nat. des synd. ouv. de la Confection militaire.
18. Synd. nat. des Correcteurs.
19. Féd. des chamb. synd. de Coupeurs et Brocheurs en chaussures.
20. Féd. nat. des Cuirs et Peaux.
21. Féd. Culinaire.
22. Féd. nat. des Employés.
23. Féd. nat. des ouv. et ouv. des Magasins administratifs de la Guerre.
24. Féd. nat. du personnel civil des établissements de la Guerre.
25. Féd. nat. des synd. de l'Habillement.
26. Féd. Lithographique.
27. Féd. des trav. du Livre.
28. Féd. nat. des synd. de la Maçonnerie.
29. Féd. de la Maréchalerie.
30. Féd. nat. des trav. réunis de la Marine de l'Etat.
31. Féd. des ouv. Mécaniciens.
32. Féd. des ouv. Menuisiers.
33. Union féd. des ouv. Métallurgistes.
34. Section nat. des trav. sur Cuivre.
35. Union féd. des ouv. Mineurs.
36. Féd. des ouv. Modeleurs-Mécaniciens.

*Organisations adhérentes*
*au 1ᵉʳ juillet 1906*

1. Féd. des trav. Agric. du Midi.
2. Féd. nat. des trav. de l'Alimentation.
3. Féd. nat. des Allumettiers.
4. Féd. nat. de l'Ameublement.
5. **Féd. nat. des Ardoisiers.**
6. Féd. nat. des Artistes-Musiciens.
7. Féd. du Bâtiment.
8. Féd. de la Bijouterie-Orfèvrerie.
9. Féd. des synd. ouv. des Blanchisseurs.
10. Féd. nat. des ouv. Brossiers et Tablettiers.
11. Féd. nat. des synd. de Bûcherons.
12. Féd. nat. des ouv. Carriers.
13. Féd. nat. de la Céramique.
14. Féd. des synd. ouv. de la Chapellerie française.
15. Féd. nat. des Charpentiers.
16. Féd. nat. des trav. des Chemins de Fer.
17. Féd. nat. des synd. de Coiffeurs.
18. **Féd. des Chauffeurs, Conducteurs, Mécaniciens, Electriciens, Automobilistes, etc.**
19. Féd. nat. des synd. ouv. de la Confection militaire.
20. Féd. nat. des Cuirs et Peaux.
21. **Féd. des Dessinateurs de France.**
22. **Féd. nat. de l'Eclairage.**
23. Féd. nat. des Employés.
24. **Féd. des ouv. Ferblantiers-Boitiers.**
25. **Féd. nat. des ouv. Gantiers de France.**
26. Féd. nat. des ouv. et ouv. des Magasins administratifs de la Guerre.
27. Féd. nat. du personnel civil des établissements de la Guerre.
28. Féd. nat. des synd. de l'Habillement.
29. **Féd. nat. des ouv. Horticoles.**
30. Féd. Lithographique.
31. Féd. des trav. du Livre.
32. Féd. nat. des synd. ouvr. de la Maçonnerie.
33. Féd. de la Maréchalerie.
34. Féd. nat. des trav. réunis de la Marine de l'Etat.
35. **Féd. nat. des synd. Maritimes.**
36. Féd. des ouv. Mécaniciens.

*Organisations adhérentes*
*au 1er juin 1904*
(SUITE)

37. Féd. des Mouleurs en métaux.

38. Féd. des Industries du Papier.

39. Féd. nat. des synd. de Peinture.

40. Féd. nat. des Ports et Docks.

41. Synd. nat. des ouv. des Postes, Télégraphes et Téléphones.

42. Féd. des ouv. d'art et employés des Poudreries et Raffineries.

43. Féd. nat. des ouv. Sabotiers et Galochiers.

44. Féd. des synd. de la Sellerie-Bourrellerie.

45. Féd. nat. des ouv, et ouv. des Manufactures de Tabacs.

46. Féd. ouv. de la Teinturerie-Apprêt.

47. Féd. nat. de l'Industrie textile.

48. Féd. franç. des trav. du Tonneau.

49. Féd. nat. des Transports.

50. Féd. nat. des corp. réunies des Transports et Manutentions.

51. Féd. des trav. Municipaux et Départementaux.

52. Féd. nat. des Verriers.

53. Féd. nat. des synd. et groupes ouv. de la Voiture.

*Organisations adhérentes*
*au 1er juillet 1906*
(SUITE)

37. Féd. des ouv. Menuisiers.

38. Union féd. des ouv. Métallurgistes.

39. Union féd. des ouv. Mineurs.

40. Féd. des ouv. Modeleurs-Mécaniciens.

41. Féd. des Mouleurs en métaux.

42. Féd. des Industries du Papier.

43. Féd. nat. des synd. de Peinture.

44. **Féd. nat. des Pelletiers-Fourreurs, Lustreurs, Coupeurs de poils, etc.**

45. Féd. nat. des Ports et Docks.

46. Synd. nat. des ouv. des Postes, Télégraphes et Téléphones.

47. Féd. des ouv. d'art et employés des Poudreries et Raffineries.

48. **Féd. nat. des ouv. des Poudreries et Raffineries.**

49. **Féd. nat. des trav. des Presses typographiques.**

50. Féd. nat. des ouv. Sabotiers et Galochiers.

51. Féd. des synd. de la Sellerie-Bourrellerie.

52. Féd. nat. des ouv, et ouv. des Manufactures de Tabacs.

53. Féd. ouv. des Teinturiers-dégraisseurs.

54. **Féd. ouv. de la Teinture, apprêts et parties similaires.**

55. Féd. nat. de l'Industrie textile.

56. Féd. franç. des trav. du Tonneau.

57. Féd. nat. des Transports.

58. Féd. nat. des corp. réunies des Transports et Manutentions.

59. Féd. des trav. Municipaux et départementaux.

60. Féd. nat. des Verriers.

61. Féd. nat. des synd. et groupes ouv. de la Voiture.

Ce tableau montre que trois organisations ont disparu. Ce sont : le Syndicat national des Correcteurs, rentré dans la Fédération du Livre ; la Fédération des Coupeurs, Brocheurs en chaussures, rentrée dans la Fédération des Cuirs et Peaux ; la section du Cuivre, rentrée dans l'Union fédérale des Ouvriers Métallurgistes. Une quatrième, la Fédération Culinaire, a été suspendue pour les raisons indiquées plus loin.

Douze fédérations nouvelles ou anciennes ont fait leur adhésion. Ce sont : la Fédération des Ardoisiers (nouvelle) ; la Fédération des Chauffeurs-Conducteurs, Mécaniciens, etc. (réadmise) ; la Fédération des Dessinateurs (nouvelle) ;

la Fédération de l'Eclairage (nouvelle) ; la Fédération des Ferblantiers-Boîtiers (ancienne) ; La Fédération des Gantiers (ancienne) ; la Fédération Horticole (nouvelle) ; la Fédération des Syndicats Maritimes (ancienne) ; la Fédé-
ration des Pelletiers-Fourreurs, Lustreurs, etc. (nouvelle); La Fédération des
ouvriers des Poudreries (ancienne) ; la Fédération des Presses typographiques
(nouvelle) ; la Fédération de la Teinture-Apprêt (nouvelle).

A ces organisations, il faut ajouter les Syndicats des Scieurs et Mouluriers
à la mécanique d'Angers, Hermes, Lyon et Paris, qui forment une section.
Le Comité n'a pu, à son grand regret, constituer une fédération par suite du
trop petit nombre de syndicats de cette catégorie. Furent également admis durant
cet exercice, le Syndicat des Tordeurs d'huile de Dunkerque, ceux des Marins-
Pêcheurs de Cette, de Mèze, et le Syndicat de la main-d'œuvre exceptionnelle
des Postes, Télégraphes et Téléphones.

Les quatre organisations disparues du registre confédéral, ramènent le chiffre
des Fédérations adhérentes, lors du Congrès dernier, à 49. Les douze organisations ayant adhéré depuis, portent ce chiffre à 61.

Le nombre des Fédérations adhérentes étant de 61, soit une augmentation de
8 unités dans la période de deux ans.

Pour mémoire, rappelons que, en 1902, le nombre des Fédérations nationales
était de 30, soit dans une période de quatre ans, une augmentation du double :
61 au lieu de 30.

Ces chiffres, à eux seuls, montrent le chemin parcouru, et ils prouvent l'empressement apporté par les syndicats à se relier, par l'organe de leur Fédération
nationale, à l'organisme confédéral. Mais ces chiffres seraient néanmoins incom-
plets si nous n'y ajoutions les chiffres du tableau qui va suivre.

Nous rappelons que la Fédération des Chauffeurs-Conducteurs, Mécaniciens
et Automobilistes, avait été suspendue en 1901 par le Comité, parce que son président avait participé à la création de la Bourse indépendante, qualifiée de
Jaune. Le Congrès de Lyon de la même année avait changé la suspension en
radiation.

En août 1904, cette organisation avait demandé sa réadmission, prétextant
que les individus pour lesquels elle avait été radiée, avaient disparu, chassés
de l'organisation. Le Comité, à ce moment, ne crût pas être en mesure de donner
satisfaction à l'organisation précitée ; certains de ses actes légitimant, sinon une
suspicion, tout au moins une réserve.

En février de l'année courante, nouvelle demande de réadmission, coïncidant
avec une demande d'admission adressée à l'Union des Syndicats de la Seine,
par le Syndicat de Paris, au sein duquel sont pris les membres du Comité
fédéral de l'organisation nationale. L'Union des Syndicats ayant admis, après
enquête, le Syndicat, le Comité ne pouvait que s'en rapporter à la décision de
l'Union, et il vota la réadmission de la Fédération des Chauffeurs-Conducteurs,
etc., à partir du 1er mars.

## Situation fédérale

Voici le tableau donnant le nombre des Syndicats appartenant aux Fédérations pour quatre périodes, correspondant à la publication des répertoires
qui contiennent la nomenclature des organisations confédérées :

| | Juillet 1902 | Janvier 1903 | Avril 1904 | Juillet 1906 |
|---|---|---|---|---|
| 1. Féd. Agricole du Midi................. | | | 96 | 106 |
| 2. Féd. de l'Alimentation................. | 43 | 45 | 49 | 62 |
| 3. Féd. des Allumettiers ................. | | | | 6 |
| 4. Féd. de l'Ameublement................. | 41 | 45 | 49 | 50 |

| | Juillet 1902 | Janvier 1903 | Avril 1904 | Juillet 1906 |
|---|---|---|---|---|
| 5. Féd. des Ardoisiers................ | • | • | • | • |
| 6. Féd. des Artistes-Musiciens........... | • | • | 25 | 24 |
| 7. Féd. du Bâtiment................ | • | 8 | 34 | 94 |
| 8. Féd. de la Bijouterie-Orfèvrerie......... | 8 | 10 | 6 | 15 |
| 9. Féd. des Blanchisseurs............... | • | 4 | 4 | 4 |
| 10. Féd. des Brossiers-Tablettiers.......... | • | • | 12 | 11 |
| 11. Féd. des Bûcherons............... | • | 40 | 63 | 85 |
| 12. Féd. des Carriers................ | • | • | 6 | 6 |
| 13. Féd. de la Céramique.............. | 19 | 20 | 20 | 24 |
| 14. Féd. de la Chapellerie............. | 31 | 31 | 27 | 30 |
| 15. Féd. des Charpentiers.............. | • | • | 15 | 15 |
| 16. Synd. des Chemins de Fer........... | 152 | 152 | 156 | 178 |
| 17. Féd. des Coiffeurs............... | 8 | 20 | 30 | 35 |
| 18. Féd. des Chauffeurs-Conducteurs, etc..... | • | • | • | 8 |
| 19. Féd. de la Confection militaire......... | • | • | 9 | 10 |
| 20. Féd. des Cuirs et Peaux............ | 34 | 38 | 54 | 64 |
| 21. Féd. des Dessinateurs............. | • | • | • | 4 |
| 22. Féd. de l'Eclairage............... | • | • | • | • |
| 23. Féd. des Employés............... | 28 | 29 | 36 | 85 |
| 24. Féd. des Ferblantiers-Boîtiers......... | • | • | • | • |
| 25. Féd. des Gantiers................ | • | • | • | 6 |
| 26. Féd. des Magasins de la Guerre........ | • | • | 15 | 16 |
| 27. Féd. des Etablissements de la Guerre...... | • | • | 19 | 23 |
| 28. Féd. de l'Habillement............. | • | • | • | 45 |
| 29. Féd. Horticole................. | • | • | • | 10 |
| 30. Féd. des Syndicats maritimes......... | • | • | • | 48 |
| 31. Féd. Lithographique.............. | 27 | 28 | 28 | 39 |
| 32. Féd. du Livre................. | 161 | 159 | 159 | 180 |
| 33. Féd. de la Maçonnerie............. | 40 | 48 | 91 | 122 |
| 34. Féd. de la Maréchalerie............ | 13 | 13 | 8 | 7 |
| 35. Féd. de la Marine................ | • | • | 9 | 9 |
| 36. Féd. des Mécaniciens.............. | 20 | 40 | 42 | 54 |
| 37. Féd. des Menuisiers.............. | • | • | 16 | 22 |
| 38. Union des Métallurgistes............ | 111 | 121 | 148 | 173 |
| 39. Union des Mineurs............... | • | • | 10 | 21 |
| 40. Féd. des Modeleurs-Mécaniciens........ | • | • | 6 | 7 |
| 41. Féd. des Mouleurs............... | 86 | 88 | 91 | 79 |
| 42. Féd. du Papier................. | 12 | 13 | 22 | 24 |
| 43. Féd. de la Peinture............... | 12 | 20 | 34 | 40 |
| 44. Féd. des Pelletiers............... | • | • | • | 8 |
| 45. Féd. des Ports et Docks............ | 21 | 23 | 34 | 60 |
| 46. Synd. des P. T. T............... | 88 | 93 | 93 | 94 |
| 47. Féd. des Poudreries.............. | • | • | • | • |
| 48. Féd. des ouv. d'art des Poudreries....... | • | • | • | • |
| 49. Féd. des Presses typographiques........ | • | • | • | • |
| 50. Féd. des Sabotiers-Galochiers......... | • | • | 10 | 16 |
| 51. Féd. de la Sellerie-Bourrellerie......... | 7 | 11 | 10 | 9 |
| 52. Féd. des Tabacs................ | • | • | 23 | 25 |
| 53. Féd. des Teinturiers-Dégraisseurs....... | • | • | 6 | 6 |
| 54. Féd. de la Teinture.............. | • | • | • | • |
| 55. Féd. du Textile................ | 16 | 48 | 93 | 114 |
| 56. Féd. du Tonneau................ | • | • | 12 | 47 |

| | Juillet 1902 | Janvier 1903 | Avril 1904 | Juillet 1906 |
|---|---|---|---|---|
| 57. Féd. des Transports................... | . | . | . | 33 |
| 58. Féd. des Transports et Manutentions...... | . | . | 12 | 29 |
| 59. Féd. des Trav. Municip. et Départem...... | . | . | . | 34 |
| 60. Féd. des Verriers....................... | . | 8 | 22 | 49 |
| 61. Féd. de la Voiture..................... | 19 | 23 | 30 | 33 |
| Totaux ................... | 1043 | 1220 | 1792 | 2399 |

Par ces quatre chiffres « totaux », on constate une augmentation constante du nombre des syndicats confédérés. Depuis le dernier Congrès, l'augmentation est de 607 syndicats. Depuis celui de Montpellier, le nombre a plus que doublé, soit de 1043 à 2,399. C'est là, dans une période de quatre ans, un progrès énorme, nous pourrions dire prodigieux.

En 1904, trois organisations n'avaient pas donné leur effectif ; il est aujourd'hui de 112 syndicats, qui font une augmentation réelle de 495.

Dans ce chiffre, rentre l'effectif des Fédérations nouvellement adhérentes, soit 84 syndicats, et l'augmentation des Fédérations confédérées à cette époque, pour un chiffre de 411. Faisons observer que 7 Fédérations n'ont pas donné la liste de leurs syndicats adhérents.

Ces chiffres peuvent se passer de commentaires, ils expliquent le rôle important que joue la C. G. T.

## Demandes d'adhésion repoussées

La Fédération des Chauffeurs-Mécaniciens des Chemins de fer (dite Guimbert, du nom de son fondateur), ne fut pas admise comme faisant double emploi avec le Syndicat national des Chemins de fer. De plus, il faut ajouter que les statuts et le caractère de cette organisation ne cadraient pas avec le mouvement syndical défini dans nos Congrès.

La Fédération des Employés du contrôle des Tramways de la Seine ne fut pas acceptée, parce que ne remplissant pas les conditions nécessaires. Les contrôleurs de tramways étant assimilables à des contremaîtres, le Comité ne pouvait accepter un groupement de cette catégorie. Le Syndicat des Journalistes professionnels fut également refusé. Le Comité estima que la profession de journaliste était peu précisée et n'assurait pas à ses membres l'indépendance morale. Il en fut de même pour le Syndicat national des Employés de coopératives. Ce Syndicat est formé de travailleurs venus de toutes les corporations et que les circonstances ou les nécessités ont fait employés de coopératives. Cette origine ne saurait être méconnue, a pensé le Comité ! De là, pour chacun de ces travailleurs, le devoir d'appartenir au Syndicat de sa profession. Si le travailleur est employé à la vente, il doit appartenir au Syndicat des employés de diverses catégories, s'il est boulanger, il doit appartenir au Syndicat des boulangers.

## Organes corporatifs fédéraux

Afin de compléter les renseignements contenus dans les tableaux qui précèdent, il nous faut noter que le nombre des organes corporatifs des Fédérations confédérées, a augmenté. De 20 il s'est élevé à 25.

Voici les noms des Fédérations qui possèdent un organe :

**Agricole**, Alimentation, Ameublement, Bijouterie, **Bûcherons**, **Céramique**,

Chapellerie, Chemins de fer, Coiffeurs, Cuirs et peaux, Employés, **Gantiers,** Habillement, **Horticole,** Lithographie, Livre, Maréchalerie, Mécaniciens, Métallurgie, Mouleurs, Papier, Postes, Télégraphes et Téléphones, Tabacs, Verriers, Voiture.

Les cinq nouveaux appartiennent aux Fédérations suivantes : Agricole (nouveau), Bûcherons (nouveau), Céramique (nouveau), Gantiers (ancien), Horticole (nouveau).

## Propagande. — Activité fédérale

Le Comité eût à faire face à de nombreuses demandes de délégués pour aller parler dans des réunions syndicales, tant en province qu'à Paris. Les frais furent toujours à la charge des organisations. Nous n'en donnerons pas la liste, Ce serait fastidieux.

De nombreuses Fédérations manifestèrent le désir de voir un délégué confédéral assister à leur Congrès. Il fut donné satisfaction à toutes les demandes. Comme nous l'avons déjà dit, le rôle des délégués n'est pas d'intervenir dans la marche de la Fédération qui tient son Congrès. Il doit simplement donner les renseignements qui peuvent lui être demandés, se bornant à apporter, par sa présence, une marque toute morale de sympathie et de solidarité pour les délégués des organisations ouvrières, de la part de la C. G. T.

Voici la liste des Congrès avec le nom du délégué confédéral :

Congrès de l'Habillement, à Grenoble (août 1904) ; délégué : Griffuelhes.

Congrès des Peintres, à Grenoble (fin août 1904) ; délégué : Pouget.

Congrès des Bûcherons, à Auxerre (4 septembre 1904) ; délégué : Griffuelhes.

Congrès de la Maçonnerie, à Clermont-Ferrand (mai 1905) ; délégué : Latapie.

Congrès des Sabotiers, à Châteauroux, (juin 1905) ; délégué : Dubéros.

Congrès du Bâtiment, à Narbonne (juin 1905) ; délégué Bousquet.

Congrès des Verriers, à Rive-de-Gier (septembre 1905) ; délégué : Delesalle.

Congrès des Bûcherons, à la Guerche (septembre 1905) ; délégué : Dumas.

Congrès des Mineurs, à Decazeville (mars 1906) ; délégué : Griffuelhes.

Congrès des Peintres, à Saint-Quentin (avril 1906) ; délégué : Sauvage.

Congrès de la Céramique, à Limoges (juillet 1906) ; délégué : Griffuelhes.

Congrès de la Chapellerie, à Chazelles-sur-Lyon (juillet 1906) ; délégué : Griffuelhes.

Manifestation protestataire organisée par le Syndicat national des Postes, Télégraphes et Téléphones, à Lyon (avril 1905) ; délégué : Luquet.

—o—

D'autres Fédérations nationales tinrent des Congrès pendant cette période de deux ans. Les voici énumérées :

Allumettiers (septembre 1904), à Paris.

Alimentation (septembre 1904), à Bourges.

Verriers (septembre 1904), à Blangy.

Horticole, constitution (décembre 1904), à Paris.

Confection militaire (avril 1905), à Toulouse.

Ports et Docks (mai 1905), à Bordeaux.

Chemins de fer (mai 1905), à Paris.

Mineurs (mai 1905), à Paris.

Marine de l'Etat (juin 1905), à Paris.

Céramique (juin 1905), à Montereau.

Livre (juin 1905), à Lyon.

Lithographique (juin 1905), à Saint-Etienne.

Magasins de la Guerre (juin 1905), à Paris.

Etablissements de la Guerre (juin 1905), à Paris.

Ouvriers des Poudreries (juin 1905), à Paris.

Tabacs (juin 1905), à Paris.

Ameublement (août 1905), à Toulouse.

Employés (août 1905), à Nantes.

Textile (août 1905), à Rouen.

Agricole (août 1905), à Perpignan.

Dessinateurs (août 1905), à Saint-Nazaire.

Municipaux et départementaux (septembre 1905), à Tours.

Métallurgie (septembre 1905), à Paris.

Cuirs et Peaux (septembre 1905), à Chaumont.

Transports et Manutentions (septembre 1905), à Paris.

Gantiers (septembre 1905), à Saint-Junien.

Horticole (septembre 1905), à Orléans.

Pelletiers-fourreurs (octobre 1905), à Paris.

Syndicats maritimes (octobre 1905), à Cette.

Voiture (novembre 1905), à Angers.

Mouleurs (novembre 1905), à Bordeaux.

Confection militaire (novembre 1905), à Paris.

Ouvriers d'art et des Poudreries (novembre 1905), à Paris.

Etablissements de la Guerre (novembre 1905), à Paris.

Marine de l'Etat (novembre 1905), à Paris.

Ouvriers des Poudreries (novembre 1905), à Paris.

Ports et Docks (avril 1906), à Rochefort.

Chemin de fer (avril 1906), à Paris.

Tabacs (juin 1906), à Paris.

Etablissements de la Guerre (juin 1906), à Paris.

Dessinateurs (juillet 1906), à Paris.

Nous voudrions marquer les résolutions, en en donnant le texte, prises dans ces différents Congrès, ayant trait au perfectionnement de l'organisation fédérale, à l'agitation et aux grèves. Mais une forte brochure serait nécessaire. Bornons-nous à signaler le courant qui se manifeste pour une élévation continue de la cotisation fédérale, le nombre plus élevé des organes fédéraux, le besoin d'activité et de lutte se traduisant par un nombre croissant de grèves.

On ne saurait trop le répéter. Les Congrès fédéraux sont d'une utilité incontestable. Ils constituent le meilleur moyen de développement et de croissance de nos Fédérations nationales. C'est pourquoi le Comité a suivi avec intérêt et sympathie ces différentes assises et a répondu par l'affirmative à toutes les demandes de délégués.

## Les grèves

On a vu, par le rapport qui précède, que le Comité confédéral a cru devoir suspendre le fonctionnement de la Commission des Grèves et de la Grève générale. Il était donc du devoir du Comité de faire face aux besoins nécessités par les grèves.

Des délégués furent envoyés partout sur les champs de grève, partout où il en fut demandé. Ces délégués avaient, comme à l'ordinaire, mandat de se mettre à la disposition des grévistes dans ce qu'ils jugeaient nécessaires de réaliser.

C'est ainsi que : le camarade Bousquet alla à Brest, en mars 1905, pour une grève de plusieurs corporations ; les camarades Lévy et Antourville, à Limoges, en avril 1905, pour les céramistes ; le camarade Mallardé, à Ville franche, en juin 1905, pour les tisseurs ; les camarades Lévy et Lenoir, à Reims, en juin 1905, pour le bâtiment ; le camarade Beausoleil, à Limoges, en juin 1905, pour les cordonniers ; le camarade Merrheim, à Saint-Etienne, en août 1905, pour les teinturiers ; les camarades Merrheim, à Lorient ; Lévy, à Brest ; Desplanques, à Guérigny ; Yvetot, à Indret, en novembre 1905, pour la grève des arsenaux de la marine ; le camarade Pommier, à Douarnenez, en décembre 1905, pour les sardiniers ; les camarades Quillent, Monatte, Delzant, Lévy, Luquet, à Lens, en mars 1905, pour la grève des mineurs.

Rappelons que la grève des céramistes de Limoges, fut marquée par l'assassinat du jeune Vardelle, victime de l'armée nationale ; la grève des arsenaux mit debout plusieurs milliers de nos camarades, réclamant, à nos dirigeants républicains, la liberté de pensée ; la grève des mineurs, suscitée par la terrible catastrophe de Courrières, qui ensevelit dans les mines plus de 1,200 travailleurs, fut le théâtre d'incidents divers, tous présents à notre mémoire.

## Affaires diverses. — Suspension

La Fédération culinaire fut l'objet d'une plainte de la part du Syndicat des Cuisiniers de Paris. Nous ne pouvons mieux faire que de reproduire la circulaire qui fut adressée aux Syndicats appartenant à ladite Fédération.

Paris, le 2 mars 1906.

CAMARADE SECRÉTAIRE,

Il y a quelques mois, le Comité était saisi d'une plainte contre la Fédération culinaire, déposée par le Syndicat des Cuisiniers de Paris. Ce dernier prétendait que la Fédération avait perdu le caractère ouvrier qui convient à une organisation syndicale. Des faits furent apportés qui firent un devoir au Comité d'en rechercher la non-valeur ou le bien-fondé.

Une Commission d'enquête fut désignée. Elle entendit les deux parties contradictoirement. Le Syndicat des Cuisiniers exposa longuement les griefs ; la Fédération put répondre à ces griefs et les réfuter.

L'enquête terminée, la Commission fit son rapport devant le Comité. Après discussion, le Comité, conformément aux statuts, suspendit la Fédération culinaire jusqu'au Congrès d'Amiens (septembre prochain).

Ce Congrès aura à prononcer, en la rendant définitive, la radiation de ladite organisation. Naturellement, la Fédération culinaire aura le droit de présenter sa défense.

Voici les raisons qui ont motivé la suspension indiquée ci-dessus :

1° Pour avoir constitué dans le Syndicat un groupe secret qui faisait du placement ;

2° Sur demande de l'Union des Syndicats de la Seine, ce syndicat fut mis en demeure d'éliminer de son sein les éléments patronaux. Une réunion eût lieu, l'ancien conseil fut révoqué, et ses membres, pour protester contre cette mesure, formèrent un nouveau groupement, rue Mandar, et intentèrent un procès au Syndicat ;

3° Le *Progrès culinaire* a fait une campagne anti-syndicale. Notamment, en insérant, en première page du numéro du 16 juillet 1905, un article qui dit au sujet d'un syndicat de Marseille : « *Cette fois ça y est : patrons et ouvriers, la main dans la main, comprenant leurs intérêts mutuels engagés entre eux, viennent de combler le fossé qui les séparait* ». Dans le numéro du 1er juillet 1905, il est reproduit un article que, dans son numéro du 15 juin, le journal patronal des Restaurateurs avait publié. Ce journal patronal invitait les syndicats de l'Alimentation à le reproduire « *tant il reflète*, disait le journal, *l'opinion et les sentiments des ouvriers sérieux et du patronat* ».

Ces deux derniers faits furent tout particulièrement retenus par le Comité comme de nature à légitimer une suspension de l'organisation incriminée.

La Commission d'enquête demandait, en conclusion de son rapport, à ce que tout d'abord les syndicats adhérents à la Fédération culinaire fussent informés de l'importance des griefs formulés contre leur Fédération et qu'ensuite fut prononcée la suspension.

Le Comité estima qu'une mesure s'imposait immédiatement et décidait la suspension, chargeant son bureau d'informer par circulaire les syndicats de ladite Fédération de la décision prise.

C'est pour ces raisons que vous est adressée la circulaire présente. Nous y avons résumé les motifs pour lesquels le Comité a cru devoir suspendre votre Fédération.

En conséquence, la Fédération culinaire n'est plus confédérée.

Pour le Comité :
*Le Secrétaire* : V. GRIFFUELHES.

Le Congrès aura à reconnaître le bien-fondé des griefs légitimant, aux yeux du Comité, la suspension, en rendant celle-ci définitive ou à en déclarer la non-valeur.

## Label typographique

Le Congrès de Bourges, saisi de la question du label typographique, avait décidé que les marques corporatives devaient porter le signe confédéral. En conséquence, il refusait de faire sien le label créé par la Fédération du Livre.

S'inspirant de ce vote, la Fédération du Livre, dans son Congrès de Lyon (juin 1905), décida de modifier sa marque.

Une nouvelle marque fut établie, les labels furent fabriqués et, ce travail fait, la marque fut soumise au Comité. Celui-ci, placé en face d'un lancement terminé et de dépenses déjà faites, accepta la marque, tout en regrettant qu'elle ne portât pas les mots : *Confédération générale du Travail*. Le Comité regrettait également de n'être sollicité, pour l'approbation, qu'après le fait accompli.

## Exonération

La Fédération nationale des Ports et Docks, ayant eu à soutenir de rudes luttes qui avaient absorbé ses ressources, demanda au Comité, l'exonération de ses cotisations, qui lui fut accordée. L'exonération va du 1er avril 1904 au 31 décembre 1905.

## Manuel du paysan

La Fédération agricole du Midi saisit le Comité d'une demande relative à la publication d'une brochure de propagande, sous le titre de : *Manuel du Paysan*. Le Comité accéda à cette demande et chargea le Comité fédéral agricole de la rédaction du texte.

Le texte établi, la publication fut faite et, à plusieurs milliers d'exemplaires, répandue dans les milieux intéressés.

## CONCLUSION

Mieux que toutes les affirmations et tous les exposés, les faits montrent le progrès syndical réalisé en ces dernières années. Nous avons voulu, par les tableaux et les renseignements contenus dans le présent rapport, faire naître et se fortifier l'impression d'un fort mouvement ouvrier. Nous avons voulu permettre à chacun de mesurer le développement des organisations confédérées, l'augmentation de leur nombre, leur activité allant en s'intensifiant. Et toute cette besogne de croissance et d'action se réalisant sous l'impulsion des organismes fédératifs, groupés dans la Confédération générale du Travail.

Sommes-nous parvenus à faire partager nos convictions et nos impressions aux organisations et aux militants ?

Au Congrès d'Amiens de répondre !

*Pour le Comité :*

*, Le Secrétaire :* V. GRIFFUELHES.

## Situation financière de la Section des Fédérations, du 1er Juin 1904 au 31 Mai 1906.

| FÉDÉRATIONS. | EFFECTIF au 31 mai 1904. | EFFECTIF au 31 mai 1906. | MOIS PAYES. | SOMMES versées. | RESTE DÙ |
|---|---|---|---|---|---|
| 1. Travailleurs agricoles du Midi | 3.000 | 4.405 | 1er avril 1904 au 31 mars 1906 | 413 25 | 3 mois. |
| 2. Travailleurs de l'Alimentation | 2.000 | 2.500 | 1er juillet 1904 au 30 avril 1906 | 214 » | 2 mois. |
| 3. Allumettiers | 1.500 | 1.500 | 1er juillet 1904 au 30 septembre 1906 | 122 » | » |
| 4. Amenblement | 2.000 | 2.000 | 1er avril 1904 au 30 juin 1906 | 216 » | » |
| 5. Ardoisiers (adhésion 1er août 1904) | » | 6.000 | 1er août 1904 au 31 mai 1906 | 324 » | 3 mois. |
| 6. Artistes musiciens (adhésion 1er mai 1904) | 2.500 | 2.500 | 1er mai 1904 au 31 octobre 1904 | 60 » | 20 mois. |
| 7. Bâtiment | 1.200 | 4.000 | 1er avril 1904 au 30 avril 1906 | 224 35 | 2 mois. |
| 8. Bijouterie, Orfèvrerie | 1.100 | 1.800 | 1er avril 1904 au 30 juin 1906 | 109 20 | » |
| 9. Blanchisseurs | 400 | 400 | 1er janvier 1904 au 31 mai 1906 | 12 40 | 1 mois. |
| 10. Brossiers | 200 | 250 | 1er novembre 1903 au 30 juin 1906 | 28 40 | » |
| 11. Bûcherons | 4.000 | 6.000 | 1er juillet 1904 au 31 mars 1906 | 435 60 | » |
| 12. Carriers | 900 | 200 | 1er octobre 1903 au 30 avril 1906 | 24 80 | 2 mois. |
| 13. Céramique | 2.200 | 2.200 | 1er juillet 1904 au 30 juin 1906 | 211 60 | » |
| 14. Chapellerie | 1.200 | 1.400 | 1er juillet 1904 au 30 juin 1906 | 134 40 | » |
| 15. Charpentiers | 400 | 400 | 1er juillet 1904 au 30 juin 1906 | 38 40 | » |
| 16. Chauffeurs-Conducteurs automobilistes (adhésion 1er mars 1906) | » | 1.000 | 1er mars 1906 au 30 avril 1906 | 8 » | 1 mois. |
| 17. Chemins de fer (syndicat national) | 11.450 | 24.275 | 1er juin 1904 au 31 mai 1906 | 1.414 60 | 1 mois. |
| 18. Correcteurs | 200 | » | 1er juillet 1904 au 31 décembre 1904 | 2 40 | Adhère au Livre.. |
| 19. Coiffeurs | 2.000 | 2.000 | 1er juillet 1904 au 30 juin 1906 | 192 » | » |
| 20. Confection militaire | 500 | 500 | 1er juillet 1904 au 30 juin 1906 | 42 » | » |
| 21. Coupeurs-Brocheurs | 600 | » | 1er mai 1904 au 30 novembre 1904 | 16 40 | Fus. à la Fédéral. des Cuirs et Peaux. |
| 22. Cuirs et Peaux | 2.200 | 4.000 | 1er juillet 1904 au 30 juin 1906 | 302 40 | » |
| 23. Culinaire | 1.000 | » | 1er juillet 1904 au 31 décembre 1905 | 72 » | Suspend. en nov. 1905. |
| 24. Dessinateurs (adhésion 1er mars 1906) | » | 1.200 | 1er mars au 30 avril 1906 | 9 60 | 2 mois. |
| 25. Éclairage (adhésion 1er mai 1905) | » | 5.200 | 1er mai 1904 au 30 juin 1906 | 122 80 | 3 mois. |
| 26. Employés | 9.875 | 3.000 | 1er juillet 1903 au 30 juin 1906 | 762 » | » |
| 27. Ferblantiers-Boîtiers (adh. 1er juin 1905) | » | 500 | 1er juin 1905 au 31 décembre 1906 | 14 » | 6 mois. |
| 28. Magasins adm. de la Guerre | 700 | 500 | 1er juillet 1904 au 30 juin 1906 | 64 80 | » |
| 29. Pers. civils des Établissements de la Guerre | 4.000 | 4.000 | 1er juillet 1904 au 30 septembre 1906 | 432 » | » |
| 30. Gantiers (adhésion 1er décembre 1904) | » | 500 | 1er décembre 1904 au 31 mars 1906 | 32 » | 3 mois. |
| 31. Habillement | 400 | 1.565 | 1er juillet 1904 au 30 juin 1906 | 102 35 | » |
| 32. Horticole (adhésion 1er janvier 1905) | » | 500 | 1er janvier 1905 au 31 janvier 1906 | 26 » | 5 mois. |
| 33. Lithographique | 2.000 | 2.000 | 1er juillet 1904 au 30 juin 1906 | 192 » | » |
| 34. Livre | 10.000 | 10.000 | 1er juillet 1904 au 31 mai 1906 | 920 » | 1 mois. |
| 35. Maçonnerie, Pierre, etc. | 3.000 | 3.000 | 1er juillet 1904 au 31 mai 1906 | 240 » | 1 mois. |
| 36. Maréchalerie | 1.250 | 1.250 | 1er juillet 1904 au 30 septembre 1906 | 135 » | » |
| 37. Marine et de l'État (Travailleurs) | 12.000 | 12.000 | 1er juillet 1904 au 30 juin 1906 | 1.128 » | » |
| 38. Mécaniciens | 5.000 | 5.000 | 1er juillet 1904 au 31 décembre 1905 | 360 » | 6 mois. |
| 39. Menuisiers de France | 2.400 | 2.150 | 1er juillet 1904 au 31 mars 1906 | 135 60 | 3 mois. |
| 40. Métallurgie | 10.000 | 14.000 | 1er juin 1904 au 30 avril 1906 | 1.072 » | 2 mois. |
| 41. — section de cuivre | 250 | » | 1er juin 1904 au 31 décembre 1905 | 138 » | Passée à la Métallurg. |
| 42. Mineurs (adhésion 1er mai 1904) | 3.500 | 4.325 | 1er mai 1904 au 30 juin 1906 | 423 25 | » |
| 43. Modeleurs-Mécaniciens | 300 | 300 | 1er juillet 1904 au septembre 1905 | 21 60 | 6 mois. |
| 44. Mouleurs | 5.000 | 5.000 | 1er avril 1904 au 31 mai 1905 | 520 » | 1 mois. |
| 45. Papier | 4.000 | 4.000 | 1er octobre 1903 au 31 décembre 1905 | 408 » | 6 mois. |
| 46. Peinture | 1.000 | 4.000 | 1er juillet 1904 au 30 juin 1906 | 96 » | » |
| 47. Pelletiers-Fourreurs (adh. 1er septemb. 1904) | » | 400 | 1er septembre 1904 au 30 juin 1906 | 35 20 | » |
| 48. Pharmacie (Préparateurs) adh. 1er fév. 1905 | » | » | Sur cotisations | 10 » | » |
| 49. Ports, Docks et Fleuves | 5.000 | 5.000 | 1er janvier 1905 au 30 juin 1906 | 130 » | Lyon, de 1er avr. 1904 au 1er j. 1906 |
| 50. Postes, Télégr. Téléphones, (syndic. nation.) | 3.000 | 3.000 | 1er avril 1904 au 31 mars 1906 | 288 » | 3 mois. |
| 51. Poudreries (ouvriers d'art) | 200 | 400 | 1er septembre 1904 au 30 juin 1906 | 22 40 | » |
| 52. Poudreries, Raffineries (adh. 1er juil. 1905) | » | 1.500 | 1er juillet 1905 au 30 juin 1906 | 72 » | » |
| 53. Presses typographiques (adh. 1er déc. 1904) | » | 900 | 1er décembre 1904 au 31 mai 1906 | 64 40 | 1 mois. |
| 54. Sabottiers-galochiers | 300 | 260 | 1er juin 1904 au 30 juin 1906 | 24 40 | 6 mois. |
| 55. Sellerie-Bourrellerie | 600 | 600 | 1er avril 1904 au 31 décembre 1905 | 64 80 | » |
| 56. Tabacs | 10.000 | 10.000 | 1er avril 1904 au 31 décembre 1905 | 810 » | 6 mois. |
| 57. Teinture et apprêts | 1.000 | 1.000 | 1er juin 1904 au 31 décembre 1905 | 72 » | 6 mois. |
| 58. Textile | 7.400 | 13.000 | 1er avril 1904 au 31 mars 1906 | 718 » | 3 mois. |
| 59. Tonneau | 500 | 500 | 1er janvier 1904 au 30 juin 1906 | 60 » | » |
| 60. Transports | 4.000 | 6.000 | 1er juin 1904 au 30 avril 1906 | 576 » | 2 mois. |
| 61. Transports, manœuvres et manutentions diverses | 1.200 | 1.500 | 1er août 1904 au 30 avril 1906 | 126 » | 2 mois. |
| 62. Travailleurs municipaux | 4.200 | 5.000 | 1er juin 1904 au 30 avril 1906 | 634 40 | 2 mois. |
| 63. Verriers | 2.400 | 3.800 | 1er juillet 1904 au 30 juin 1906 | 262 » | » |
| 64. Voiture | 4.200 | 2.000 | 1er juillet 1904 au 30 avril 1906 | 129 60 | 3 mois. |

## SYNDICATS ISOLÉS

| | EFFECTIF au 31 mai 1904. | EFFECTIF au 31 mai 1906. | MOIS PAYES. | SOMMES versées. | RESTE DÙ |
|---|---|---|---|---|---|
| 1. Cannes et Parapluies, Paris | 100 | 100 | 1er mai 1904 au 31 mai 1906 | 125 » | 1 mois. |
| 2. Facteur de pianos et orgues, Paris | 340 | 350 | 1er juin 1904 au 30 novembre 1904 | 102 » | 19 mois. |
| 3. Jardiniers de Paris | 250 | » | 1er mai 1904 au 31 décembre 1904 | 100 » | Passé à la Fédération horticole. |
| 4. Travailleurs de terre Vitry-sur-Seine (adhésion 1er septembre 1904) | » | 50 | 1er septembre 1904 au 31 décembre 1904 | 10 » | id. |
| 5. Jardiniers, Orléans (adhésion 1er juil. 1904) | » | 70 | 1er juillet 1904 au 31 décembre 1904 | 42 » | id. |
| 6. Jardiniers, Lyon (adhésion 1er sept. 1904) | » | 100 | 1er septembre 1904 au 30 novembre 1904 | 15 » | id. |
| 7. Cultivateurs de la Région Est de Paris (adhésion 1er novembre 1904) | » | 30 | 1er novembre 1904 au 31 décembre 1904 | 3 » | id. |
| 8. Main-d'œuvre de P. T. T., Paris (adhésion 1er mars 1906) | » | 1.050 | 1er mars 1906 au 31 mai 1906 | 13 20 | 1 mois. |
| 9. Marins-pêcheurs, Art Trainant, Cette (adhésion 1er avril 1905) | » | 46 | 1er avril 1905 au 31 mars 1906 | 27 25 | 3 mois. |
| 10. Marins-Pêcheurs de l'Étang de Thau (adhésion 1er mai 1904) | » | 50 | 1er mai 1904 au 31 janvier 1905 | 20 » | 16 mois. |
| 11. Marins-pêcheurs, Courantille-Cette | 100 | 100 | 1er juillet 1904 au 30 juin 1905 | 60 » | 12 mois. |
| 12. Marins-pêcheurs, Mèze (adh. 1er avril 1905) | » | » | 1er avril 1905 au 31 décembre 1905 | 22 50 | Démiss. Pas. à la Fédér. Insc. Marit. |
| 13. Mineurs de Saint-Éloy-les-Mines | 48 | » | 1er février 1905 au 30 avril 1905 | 7 20 | Passé à la Fédération des Mineurs. |
| 14. Monnaies et médailles | 130 | 150 | 1er août 1904 au 30 juin 1906 | 172 50 | » |
| 15. Préparateurs en Pharmacie | 50 | » | 1er juillet 1904 au 30 octobre 1904 | 10 » | Passé à la Fédération des Préparat. |
| 16. Professeurs de l'enseignement libre | 36 | 37 | 1er juillet 1904 au 31 mai 1905 | 15 50 | 15 mois. |
| 17. Scieurs, découpeurs, Hermes (adhésion 1er avril 1905) | » | 70 | 1er avril 1905 au 31 décembre 1905 | 28 80 | Passé à la Fédération des Dressiers. |
| 18. Scieurs découpeurs, Paris | 100 | 100 | 1er mars 1904 au 31 décembre 1905 | 410 » | 6 mois. |
| 19. Scieurs découpeurs, Lyon (adh. 1er août 1905) | » | 40 | 1er août 1905 au 31 décembre 1905 | 4 05 | 6 mois. |
| 20. Scieurs découp., Angers (adh. 1er août 1904) | » | 60 | 1er août 1904 au 31 décembre 1905 | 51 » | 6 mois. |
| 21. Tordeurs d'huile, Dunkerque (adhésion 1er juillet 1904) | » | 290 | 1er juillet 1904 au 31 décembre 1905 | 201 » | 6 mois. |
| | 119.000 | 202.373 | | | |

Sur 64 Fédérations adhérentes, 3 ont fusionné avec d'autres organisations, une a été suspendue.

Sur 21 Syndicats isolés, 8 ont adhéré depuis à une Fédération et un a démissionné pour adhérer à la Fédération des Inscrits maritimes.

Fédérations en retard de leur paiement : Fédération des Artistes-musiciens, 20 mois ; Fédération des Ferblantiers-boîtiers, 6 mois ; Fédération des Tabacs, 6 mois ; Fédération de la Teinture et apprêts, 6 mois. Les Préparateurs en pharmacie n'ont versé que 10 francs, acompte depuis le 1er février 1905, date de leur adhésion.

Syndicats en retard de leur paiement : Facteurs de pianos et orgues Paris, 19 mois ; Marins-pêcheurs de l'étang de Thau, 6 mois ; Marins-pêcheurs de la Courantille-Cette, 12 mois ; Professeurs de l'enseignement libre, 15 mois ; Scieurs-découpeurs Paris, 6 mois ; Scieurs-découpeurs Angers, 6 mois.

Quelques jours après la clôture des comptes, les organisations suivantes se sont mises à jour de leurs cotisations : Fédération de l'Alimentation ; Fédération des Chauffeurs-mécaniciens ; Fédération des Modeleurs-mécaniciens ; Fédération des Ardoisiers ; Union syndicale de la main-d'œuvre de P. T. T. ; Fédération horticole ; Fédération des Sabotiers ; Fédération du Textile ; Fédération des Gantiers ; Syndicat des Tordeurs d'huile Dunkerque ; Syndicat des Scieurs-Découpeurs Lyon ; Fédération du Papier ; Fédération des Mécaniciens.

Les organisations portées comme devant 3 mois, doivent être considérées comme à jour de leurs cotisations, les comptes ayant été arrêtés le 31 mai 1905.

## Bilan de la Section des Fédérations du 1er Juin 1904 au 31 Mai 1906

| RECETTES | | DÉPENSES | |
|---|---|---|---|
| Cotisations | 17.650 10 | Correspondance | 379 60 |
| Vente de Labels | 998 50 | Imprimés | 3.103 60 |
| Vente Brochures et Cartes postales | 408 55 | Frais de bureau et divers | 2.280 35 |
| Divers | 858 95 | Cotisations diverses | 524 15 |
| Cotisations à la Grève générale | 78 25 | Appointements Secrétaire et Trésorier | 7.575 »» |
| Versement de la section des Bourses pour le répertoire | 592 50 | Délégations | 3.457 65 |
| | | Impression du répertoire | 1.185 »» |
| | | Mobilier | 301 80 |
| | | Loyer de la C. G. T. | 516 90 |
| | 20.586 85 | | 19.324 05 |
| En caisse le 31 mai 1904 | 1.357 15 | En caisse le 31 mai 1906 | 2.619 95 |
| | 21 944 »» | | 21.944 »» |

### Recettes

*Vente de labels.* — Les galvanos, les labels-caoutchouc et les affiches-labels.

*Brochures et cartes postales.* — La vente des rapports internationaux, de manuels du paysan et les cartes postales antimilitaristes.

*Divers.* — Remboursement par la Section des Bourses et la *Voix du Peuple*, de 300 fr. 30, sur le loyer payé par la C. G. T. à la cité Riverin ; 264 francs, part de la section des Bourses pour l'affiche « Guerre à la Guerre » ; 100 francs, part de la Section des Bourses pour les cotisations au Secrétariat international, et 58 fr. 65, l'encaisse, au 30 septembre 1905, de la Commission de la Grève générale, versé à la Section des Fédérations, par décision du Comité confédéral.

*Cotisations pour la propagande de la Grève générale.* — Les cotisations que quelques organisations ont continué à verser après le 30 septembre 1905. Nous devons citer parmi ces dernières : les Sous-comités des grèves d'Albi, de Bourges, Vierzon ; les syndicats métallurgistes : de Fumel, de Vendôme, d'Orléans, du Boucau.

## Dépenses

*Correspondance.* — Lettres du secrétaire et du trésorier ; envois de fonds pour les grèves, depuis le 1er octobre 1905.

*Imprimés.* — Affiches pour Cluses, 67 fr. 70 ; rapport de Bourges, 507 fr. ; affiches Limoges, 103 fr., ; 5,000 brochures « Aux paysans », 201 fr. 15 ; affiches « Guerre aux syndicats », 98 fr. ; Affiches « Retraites ouvrières », 111 fr. ; affiches Grèves des Terrassiers, 152 fr. ; affiches « Guerre à la Guerre », 498 fr. ; affiches « Contre l'arbitraire », 189 fr. 25 ; 100 rapports internationaux, 75 fr.; affiches pour Cluses, 82 fr. 20 ; impressions affiches-labels ; clichés labels ; carnets de reçus ; avis de paiement ; en-têtes de lettres, etc., etc.

*Frais de bureau et divers.* — Les dépenses du secrétaire jusqu'au 1er janvier 1906 ; expéditions de brochures et divers ; achats de livres ; travaux divers, main-d'œuvre exceptionnelle ; transports et emballage Bibliothèque Le Carpentier ; affichages divers ; papier d'emballage ; abonnement à l'*Officiel* ; fournitures pour machine à écrire ; reliure ; 200 fr., indemnité de maladie à Griffuelhes sur 500 fr. votés pour lui par le Comité.

*Cotisations diverses.* — 324 fr. 15, cotisations à la Commission de la Grève générale ; et 200 fr. au Secrétariat international. Sur les 200 fr., la Fédération des Bourses a payé sa part, soit 100 fr.

*Appointements.* — Secrétaire, 5,825 fr. ; trésoriers, 1,750 fr. A partir du 1er novembre 1905, les secrétaires et trésorier se sont imposés de 25 fr. par mois pour que la Confédération ne souffre point de l'expulsion de la Bourse du travail. En conséquence, les appointements mensuels du secrétaire et du trésorier se trouvent réduits à 225 fr. Il est entendu, toutefois, que le trésorier reçoit les appointements des trois caisses de la Confédération de la façon suivante : Section des Fédérations, 100 fr. ; Section des Bourses, 100 fr. ; Journal, 50 fr.

*Délégations.* — Luquet : Lorient, Brest, Nantes, 163 fr. 50 ; Griffuelhes, Bourges, 14 fr. ; Vibert, de Brest à Dinan, 50 fr. ; Griffuelhes, Congrès de l'Habillement, 82 fr. ; Griffuelhes à Bourges, 28 fr. ; Pouget, Congrès des Peintres, 68 fr.; Griffuelhes, Congrès des Bûcherons, 38 fr.; Robert, trésorier, Congrès de Bourges, 120 fr. ; Griffuelhes, secrétaire, Congrès de Bourges, 96 fr. ; Delalé, grève d'Issoudun, 90 fr. ; Griffuelhes à Blangy, 27 fr. ; Latapie, Mineurs de Saint-Etienne, 52 fr. ; Desjardins, Textile d'Angers, 30 fr. ; Griffuelhes, grèves agricoles, 173 fr. 50 ; Yvetot à Rouen, 12 fr. 50 ; Griffuelhes à Bourges, 25 fr. 45 ; Bousquet à Fontenay-le-Comte, 50 fr. ; Bousquet à Brest, 100 fr. ; Luquet au Congrès de P. T. T. Lyon, 60 fr. ; Lévy, grève Limoges, 77 fr. ; Antourville, Limoges, 104 fr. 60 ; Latapie, Congrès de la maçonnerie, Clermont-Ferrand, 50 fr. ; Malardé à Villefranche, 90 fr. 60 ; Dubéros, Congrès des sabotiers, 52 fr. ; Lévy à Reims, grève du bâtiment, 27 fr. ; Lenoir à Reims, 19 fr. 40 ; Bousquet,

Congrès du bâtiment, 110 fr. ; Beausoleil à Limoges, 50 fr. ; Merzet à Chavigny, 48 fr. 25 ; Merrheim à Saint-Etienne, 53 fr. 50 ; Delesalle, Congrès des verriers, 65 fr. ; Desplanques à Guérigny, 70 fr. ; Yvetot à Indret, 40 fr. ; Merrheim à Lorient; 100 fr. 25 ; Pommier à Douarnenez, 50 fr. ; Lévy à Amiens, 20 fr. ; Griffuelhes à Berlin, 272 fr. ; Griffuelhes à Amiens, 25 fr. ; Marck à Villers-Cotterêts, 21 fr. 15 ; Lévy à Lens, 51 fr. ; Quillent à Lens, 59 fr. 25 ; Lévy à Lens, 71 fr. 95 ; Delzant à Lens, 70 fr. ; Griffuelhes à Decazeville, 123 fr. ; Luquet à Lens, 98 fr. 70 ; Testaud à Lille, 42 fr. 45 ; Griffuelhes à Lens, 38 fr. ; Monatte à Lens, 150 fr. ; Sauvage à Saint-Quentin, 39 fr. 20, etc., etc.

*Mobilier.* — Les meubles achetés pour servir à la cité Riverin et qui, depuis, sont installés rue de la Grange-aux-Belles. L'installation que nous avions à la Bourse du travail appartenait à l'administration préfectorale.

*Le Trésorier,*

**A. LÉVY.**

# RAPPORT MORAL

DE LA

# Section des Bourses du Travail

## Appréciations d'ensemble

Jamais, depuis son origine, l'organisation syndicale, en France, ne s'était affirmée aussi prospère et aussi forte.

Autant par le nombre sans cesse croissant des groupements syndicaux adhérents à ses deux sections, que par l'action exercée par tous ses groupements, la puissance de la Confédération Générale du Travail s'est manifestée. Aujourd'hui, plus qu'hier, son influence est considérable. Les forces d'oppression comptent maintenant avec les forces ouvrières qui sont plus menaçantes à mesure quelles s'accroissent.

L'œuvre accomplie par la C. G. T. et par les militants de ses deux sections, n'est pas pour amoindrir son importance. On en pourra juger, en ce qui concerne la Section des Bourses, par le présent Rapport.

## Action et Prospérité

Ce Rapport des travaux du Comité des Bourses est la récapitulation des événements les plus importants et des faits les plus saillants intéressant particulièrement les Bourses du Travail ou Unions de Syndicats, et sur lesquels le Comité eût à discuter ou à se prononcer.

Ce Rapport est aussi l'exposé du développement incessant de la Section des Bourses et la démonstration de sa situation morale très satisfaisante.

Les organisations adhérentes à la Section des Bourses sauront apprécier les efforts faits par les militants de bonne volonté auxquels elles ont donné leur confiance et qui forment le Comité fédéral. Elles reconnaîtront que la propagande faite par beaucoup d'entre eux fut considérable. Aussi, est-ce avec la plus grande confiance que le Comité présente à leur examen, à leur discussion et à leur approbation, le résumé de ses travaux durant l'exercice 1904-1905.

Cependant, la tâche tracée par les précédents Congrès et par la Conférence de Bourges, n'a pas été entièrement accomplie. Le Comité lui-même s'en rend compte et ne regrette rien, car la besogne d'organisation un peu délaissée, ne le fut qu'au profit de l'action. L'agitation entreprise en vue du 1er mai 1906, compense et justifie le retard apporté à la solution de certaines questions, à l'établissement définitif de certains services. Au surplus, ce qui fut remis à un autre temps n'en sera que mieux étudié et, par conséquent, plus sûrement et plus solidement établi.

Aussi bien, comme nous allons le démontrer, l'agitation n'a pas accaparé le Comité et son Bureau, au point de nuire au développement de la Section des Bourses, ni à l'administration normale des affaires courantes. Par suite des délégations répétées ou prolongées du secrétaire, par suite de ses deux incarcérations successives, quelques ennuis, quelques malentendus, quelques retards ont pu se produire, mais le Comité sut faire face à ces difficultés, pour que les organisations n'aient pas à se plaindre des conséquences de la propagande faite par les militants de la C. G. T. Elles ont, d'ailleurs, presque toutes démontré qu'elles approuvaient cette propagande.

## Des chiffres

Comme rien n'est aussi éloquent que des chiffres, un tableau comparatif peut démontrer la prospérité de la Section des Bourses et la vitalité de ses organisations adhérentes.

Malgré l'arbitraire du gouvernement et de ses préfets, malgré les attitudes variées et les caprices des municipalités qui, en bien des endroits, ont entravé l'éclosion ou le développement des Bourses du Travail ou Unions locales, celles-ci se sont pourtant considérablement multipliées. En voici la preuve :

## Tableau comparatif du développement annuel des Bourses du Travail en France
### de 1895 à 1906

| ANNÉES | NOMBRE DE BOURSES | NOMBRE DE SYNDICATS | AUGMENTATION ANNUELLE | |
|---|---|---|---|---|
| | | | EN BOURSES | EN SYNDICATS |
| Juin 1895 . . . . . . | 34 | 606 | » | » |
| — 1896 . . . . | 46 | 862 | 12 | 256 |
| — 1897 . . . . | 46 | 862 | » | » |
| — 1898 . . . . | 51 | 947 | 5 | 85 |
| Septembre 1899. . . | 54 | 981 | 3 | 34 |
| Juin 1900 . . . . | 57 | 1.065 | 3 | 84 |
| — 1902 . . . . | 83 | 1.112 | 26 | 47 |
| — 1904 . . . . | 110 | 1.349 | 27 | 237 |
| — 1906 . . . | 135 | 1.609 | 25 | 260 |

Toutes ces Bourses, sauf quelques exceptions, étaient adhérentes jusqu'en 1902 à la Fédération des Bourses et, depuis, à la Confédération Générale du Travail, Section des Bourses. On le voit, c'est encore en ces dernières années que l'augmentation s'est le plus accentuée. Depuis le 30 juin 1904, c'est trente Bourses nouvelles qui ont adhéré, comportant exactement 217 syndicats payants. En voici la nomenclature, avec leur date d'adhésion :

| NOMS DES BOURSES OU UNIONS LOCALES | NOMBRE DE SYNDICATS | DATES D'ADHÉSION |
|---|---|---|
| Ardennes | 6 | 1er septembre 1905. |
| Auch | 7 | 1er août 1904. |
| Avignon | 14 | 1er juillet 1905. |
| Bédarieux | 5 | 1er octobre 1904. |
| Caen | 10 | 1er juin 1906. |
| Cahors | 12 | 1er mai 1905. |
| Castres | 13 | 1er octobre 1904. |
| Chauny | 5 | — |

| NOMS DES BOURSES ou Unions locales | NOMBRE de Syndicats | DATES d'adhésion |
|---|---|---|
| Charenton | 5 | 1er janvier 1906. |
| Cherbourg | 13 | 1er décembre 1904. |
| Clichy | 6 | 1er mars 1905. |
| Evreux | 5 | 1er août 1905. |
| Guerche (La) | 10 | 1er février 1906. |
| Issoudun | 6 | 1er avril 1906. |
| Ivry | 5 | 1er juin 1904. |
| La Roche-sur-Yon | 5 | 1er juin 1904. |
| Lunéville | 6 | 1er octobre 1905. |
| Mazamet | 5 | 1er août 1905. |
| Meaux | 8 | 1er août 1905. |
| Mèze | 5 | 1er janvier 1906. |
| Montauban | 8 | 1er juillet 1904. |
| Pau | 12 | 1er décembre 1904. |
| Puteaux | 9 | 1er février 1906. |
| Romorantin | 4 | 1er juillet 1905. |
| Roubaix | 7 | 1er juillet 1904. |
| Soissons | 5 | 1er janvier 1905. |
| Tunis | 5 | 1er juillet 1904. |
| Vaucluse | 7 | 1er mars 1906. |
| Villefranche | 7 | 1er août 1904. |
| Vimeu-Escarbotin (Le) | 2 | 1er juillet 1905. |

## Transformation nécessaire

Trente Bourses de plus en deux années, presque autant en voie d'adhésion ! N'est-ce pas là un motif déjà de vouloir une autre organisation ? Cette multiplication incessante des Bourses du Travail ou Unions locales, n'est-ce pas l'urgence même qui s'impose de simplifier l'organisation syndicale en décentralisant un peu ses rouages, en développant encore l'importance des groupements adhérents à la C. G. T. (Section des Bourses) ? De même que pour les Fédérations de métiers l'accroissement en nombre et en conscience des syndicats d'une même industrie, les incitent à fusionner pour être moins épars et plus forts, de même les Unions locales se transformeront, se transforment déjà, en Unions départementales ou régionales.

Bien entendu, le Comité des Bourses, animé du plus sincère esprit fédéraliste, fera tout pour que cette transformation s'accomplisse sans heurt et sans froissement pour l'autonomie des Bourses. C'est par l'entente des Bourses d'un même département ou d'une même région, que nous espérons arriver à un bon résultat.

## Ombres au tableau

Si les Bourses ou Unions locales ont raison de se réjouir de l'extension du mouvement syndical et d'être fières de la part qu'elles y prennent par l'activité de leurs militants, il ne nous appartient pas de leur cacher ce que nous déplorons autant qu'elles : les disparitions et les démissions ; les rivalités et les conflits. Les motifs de cela, on les connaît. C'est avec eux seulement que disparaîtra le mal. Des Bourses ont disparu faute de subvention, comme d'autres vivent sans agir à cause des subventions. Les rivalités et les conflits, en outre de la question des subventions, ont une autre cause : la politique. C'est rarement la lutte ouvrière contre l'exploitation ou l'autorité qui cause ces pertes. On s'en rend compte par le tableau ci-dessous :

| NOMS DES BOURSES | NOMBRE de SYNDICATS | DATES D'ADHÉSION | DATES DE DISPARITION | MOTIFS DONNÉS |
|---|---|---|---|---|
| Avignon . . . | 5 | 1er juillet 1905. | 20 novembre 1905. | Cotisation trop élevée. |
| Constantine . . | 8 | 1er juillet 1902. | 4 novembre 1905. | Contre tactique anti-militariste. |
| Lons-le-Saulnier . | 5 | Janvier 1900. | Octobre 1904. | Défaut de paiement. |
| Mustapha . . . | 6 | Octobre 1905. | Octobre 1906. | Fusion avec Alger. |
| Saumur. . . . | 9 | Janvier 1903. | Janvier 1906. | Manque de subvention. |
| Tunis . . . . | 5 | 7 août 1904. | Mars 1905. | Dissoute. |
| Vallée-de-l'Ilers . | 5 | Janvier 1902. | Octobre 1904. | Défaut de paiement. |

Les Bourses d'Avignon et de Constantine n'ont pas maintenu leurs démissions très longtemps. Avignon sous le titre de Fédération du Vaucluse est admise à nouveau. Constantine au moment où paraît ce rapport est également réadmise.

Notons en passant, qu'en regard des Bourses qui disparaissent, faute de subvention, bien plus nombreuses sont celles qui s'affranchissent de la subvention. et se rendent autonomes. C'est une heureuse compensation.

## Conflits des Bourses

Selon les indications du Congrès de Bourges et de la Conférence des Bourses, le Comité tenta de concilier les différends au sein des Bourses et de faire disparaître les obstacles à l'union des travailleurs entre eux, soit au point de vue administratif, soit au point de vue des personnalités.

A **Mustapha**, la fusion avec la Bourse d'Alger s'opéra sans difficulté. Ce n'était pas pour copier l'administration étatiste qui fit fusionner la commune de Mustapha avec la ville d'Alger et la fit devenir un faubourg de celle-ci, que l'on trouva naturel de faire à peu près la même opération. Non. Si la Bourse de Mustapha est devenue une annexe de la Bourse d'Alger, conservant ses services administratifs et d'utilité ouvrière ; si les syndicats de Mustapha sont devenus des sections des syndicats d'Alger, c'est parce que, à la transformation d'un organisme d'oppression ouvrière et de protection patronale, doit répondre la transformation d'un organisme d'émancipation et de défense ouvrières. Nos camarades d'Algérie l'ont compris. Aussi, la fusion se fit-elle tout à fait aisément, parce que la logique et l'intérêt le commandaient.

A **Versailles**, les difficultés se tranchèrent moins aisément. Il s'agissait d'inviter formellement la Bourse du Travail de Versailles à réintégrer le Syndicat des Coiffeurs, exclu pour un motif que le Congrès de Bourges sut apprécier à sa valeur. La Bourse du Travail de Versailles ne céda pas aux premières exhortations, ni aux premières démarches du Comité des Bourses. Elle resta suspendue, comme adhérente à la Section des Bourses jusqu'au jour où elle se décida à la réintégration du Syndicat des Coiffeurs, qui se fit enfin, après une démarche de la Fédération des Coiffeurs, à la suite de laquelle le Secrétaire du Comité des Bourses fut appelé à Versailles. Le conflit prit fin après les explications des militants entr'eux et une exhortation heureuse du secrétaire.

A **Tulle**, où l'on espérait que le temps serait le meilleur des médiateurs, l'on fut déçu. Au lieu de s'apaiser, les raisons du conflit restant les mêmes, l'hostilité entre personnalités s'aggrava, la scission entre syndicats s'accentua. Un groupe de syndicats importants, sous le nom de « Ruche rouge », demanda son adhésion à la C. G. T. (Section des Bourses) comme Union locale, se conformant aux principes et aux statuts de la Confédération. Le Comité des Bourses désigna un de ses membres, le camarade Tesche, pour aller à Tulle tenter l'accord des syndicats entre eux. Il rencontra à la Bourse du Travail municipale la plus partiale façon d'envisager une entente possible, il ne put obtenir la moindre concession. A la « Ruche rouge », les camarades montraient de la bonne volonté en vue d'un rapprochement, pourvu que ce qu'il y avait d'anormal dans la Bourse municipale disparut.

Après une enquête scrupuleusement faite et des efforts restés stériles en vue d'un rapprochement, le délégué du Comité s'en revint avec un rapport très impartial aux conclusions duquel le Comité se rallia à l'unanimité, y compris le délégué de Tulle, le camarade Sellier.

Ces conclusions se résumaient dans la résolution de reconnaître la « Ruche rouge » comme seule Union des Syndicats de Tulle et de ne considérer comme syndicats confédérés, que ceux groupés dans cette Union et adhérents à leur fédération de métier ou d'industrie.

Le Comité est convaincu d'avoir au mieux exercé les pouvoirs qui lui furent confiés dans le but de trancher les trois cas ci-dessus. A son tour, il demande au Congrès d'Amiens d'approuver ses efforts et de ratifier ses décisions, sur le cas de Tulle, en particulier.,

## Autres cas difficiles

**Tours**. — Depuis que la municipalité de Tours a dans son sein des hommes s'étiquetant socalistes, dont l'un, ancien militant syndicaliste devenu patron, la Bourse du Travail de Tours est devenue un véritable champ-clos pour les rivalités entre militants ouvriers. Cela dure depuis plusieurs années et surtout depuis la mort du camarade Cochet, auquel succéda le camarade Moïse Coignard, lequel n'était pas le candidat de la municipalité, mais des syndicats, comme secrétaire de la Bourse du Travail de Tours.

A plusieurs reprises, avec la plus grande prudence, le Comité des Bourses tenta l'accord entre les syndicats ouvriers de Tours, sans y parvenir.

A Tours, un syndicaliste est déclaré adversaire de la municipalité, s'il n'épouse pas la politique socialiste (!) du conseil municipal. S'il veut que la politique soit ailleurs qu'à la Bourse du Travail, soit en dehors des questions économiques et syndicales, il est voué à la haine des politiciens locaux qui entraveront son action et sa propagande par plus d'un moyen. La municipalité proposera le retrait de la subvention aux syndicats et à l'Union des syndicats ouvriers de Tours. Elle menacera de fermer la Bourse du Travail ou obligera l'Union des syndicats à accepter, dans l'immeuble municipal, les organisations plutôt politiques que syndicales, voire même les syndicats jaunes.

Cet état d'antagonisme continuel entre la Bourse du Travail et la municipalité de Tours, entre les militants syndicalistes et les politiciens municipaux, a beaucoup nui aux propagandistes des syndicats et de la Bourse, dans leur travail d'organisation et d'action syndicales.

Pour échapper autant que possible à l'hostilité municipale, les syndicats qui ne font pas de politique ont eu recours au Comité des Bourses. Celui-ci, selon le désir des syndicats ouvriers de Tours, a déclaré ne reconnaître comme syndicats confédérés, seulement ceux qui sont restés fidèles ou se sont ralliés à l'Union des syndicats d'Indre-et-Loire, unique adhérente à la C. G. T. (Sect. des Bourses).

**Lyon**. — Après Paris, la ville de Lyon se place immédiatement parmi les centres ouvriers importants, propices à l'éclosion des revendications sociales sur le terrain économique. Pourtant, si forte que soit l'organisation syndicale à Lyon, elle est bien loin d'être ce qu'elle devrait être. Longtemps, trop long-

temps, les divisions politiques, les questions personnelles, ont eu leur répercussion sur le terrain syndical et ont considérablement gêné l'union des syndicats entre eux. Les ouvriers de Lyon ont payé chèrement et paient encore leur
faiblesse. Ce n'est pas impunément qu'ils se sont laissés absorber par l'action
politique au détriment de l'action économique ! Ils n'ont pas fini d'expier la
mollesse qui les a détournés de l'action syndicale pour les entraîner derrière les
politiciens. Ils ont pu voir leurs militants ouvriers syndicalistes, mais politiciens avant tout, devenus conseillers municipaux, être d'accord contre eux,
avec le maire de Lyon, le prétendu socialiste Augagneur ! Ils ont participé,
encouragé, approuvé tous les actes d'autorité, d'arbitraire du futur gouverneur
de Madagascar. Ils ont aidé celui-ci à maîtriser par ses mouchards, les militants
lyonnais. Ils ont adopté la mise en application des procédés odieux employés
contre la Bourse du Travail de Lyon, lorsque celle-ci manifesta son intention
d'être libre chez elle. Aujourd'hui encore, on fait sentir aux syndicats lyonnais
leur faiblesse, en les faisant se diviser à plaisir avec l'appât d'une subvention.

Malgré tout, l'union actuelle des syndicats de Lyon et banlieue, d'après les
conseils et les exhortations du Comité des Bourses (qui délégua à plusieurs reprises son secrétaire dans ce but), fonctionne normalement, grâce à l'énergie
et à la ténacité des militants lyonnais qui veulent désormais maintenir leurs
syndicats en dehors de toute politique, conformément au principe de la C. G. T.

Pour que ces camarades courageux réussissent et ne se lassent point dans
leurs efforts, il faut que le Congrès, pour Lyon comme pour Tours, et pour toutes
les Bourses dans le même cas, se prononce formellement sur l'obligation, pour
les fédérations de métiers et d'industrie, d'exclure de leur sein, les syndicats
qui se refuseront à adhérer à l'organisation locale, départementale ou régionale
confédérée. Cela, à charge de réciprocité, par les Bourses du Travail, envers les
syndicats non adhérents à leur fédération confédérée.

Il n'y a pas d'autre moyen d'unifier sérieusement et définitivement les syndicats rouges sur le terrain économique.

A propos du conflit entre la Bourse du Travail de Lyon et sa municipalité,
le Comité des Bourses n'a pas manqué l'occasion qu'il avait, d'affirmer son désir
de voir toutes les Bourses s'affranchir totalement de la tutelle néfaste des municipalités et du contact dangereux des politiciens.

Le Congrès d'Amiens et la Conférence, nous en sommes convaincus, donneront
raison au Comité des Bourses sur ces points essentiels de l'organisation confédérale.

Ce qui se passe à Tours, ce qui s'est passé à Lyon, n'est pas unique en France.
On va le voir.

## Répression contre les Bourses du Travail

Les organisations ouvrières, au fur et à mesure de leur développement sur
le terrain économique, se verront l'objet d'actes arbitraires, de mesures répres-
sives. Cela se comprend : plus elles prendront de l'importance dans le monde
ouvrier et deviendront, pour les travailleurs, un refuge et une citadelle, plus
elles porteront ombrage à l'autorité et menaceront le règne des exploiteurs.

C'est ce qui explique la multiplicité des retraits de subventions municipales,
des perquisitions brutales dans certaines Bourses du Travail et la fermeture de
plusieurs d'entre elles, pendant ces deux dernières années et surtout aux environs du 1er mai. C'est ce qui explique les arrestations et les condamnations des
militants les plus sincères, les plus actifs, auxquels leurs organisations ont rendu
hommage en leur maintenant l'estime et la confiance, qui est leur seule ambition.

La *Voix du Peuple* a narré les péripéties de la lutte et a enregistré, à mesure
qu'ils se produisaient, les actes dont nous parlons.

Pour ne pas revenir sur tous, rappelons seulement que, faute de subvention, la Bourse du Travail de **Saumur** est disparue. Nous pensons que les syndicats qui la composaient réussiront à lui survivre, dès qu'il y aura un lien solide pour les relier entre eux, c'est-à-dire une Union locale de syndicats.

Il y a longtemps que le Comité des Bourses a, pour la première fois, préconisé la formation d'Unions locales et invité les syndicats réunis ensemble à ne considérer la Bourse du Travail (l'immeuble) que comme secondaire. En réalité, les organisations adhérentes à la Section des Bourses, ne sont point les Bourses du Travail, mais les Unions locales de syndicats. Ce sont celles-ci qui doivent créer les Bourses du Travail. Ajoutons que les Unions locales doivent survivre aux Bourses du Travail, si celles-ci, pour une raison ou pour une autre, disparaissaient.

A **Paris**, la municipalité, le gouvernement, la police, la presse de toutes nuances, les élus ouvriers et les quelques tristes individus qui se sont faits leurs auxiliaires, ont réussi à rendre la vie impossible aux syndicats parisiens, soucieux de leur dignité, logés dans l'immeuble de la rue du Château-d'Eau. La plupart en sont sortis ou se disposent à en sortir pour suivre leurs Fédérations à la Maison des Fédérations siège de la C. G. T. Ils n'avaient pas mieux à faire. L'Union des syndicats de la Seine, elle-même, en a pris la décision.

La Bourse du Travail d'**Ivry**, pour conserver son autonomie, s'est affranchie de la tutelle municipale.

Bien d'autres Bourses encore furent fermées ou leurs syndicats privés de subventions. Nous pensons que ce sera pour ces Unions locales, l'occasion d'essayer de se tirer d'affaire par leurs propres forces. Elles y gagneront en indépendance, en dignité et en esprit combatif.

A **Alger**, au moment d'une grève, la municipalité, affolée par la propagande révolutionnaire et antimilitariste des militants syndicalistes, ferma la Bourse d'Alger et supprima naturellement la subvention. Loin de décourager les camarades d'Alger, cela leur donna du cœur à la besogne. L'édification d'une Bourse autonome couronna leurs efforts, montrant aux autorités l'inutilité de leur arbitraire.

A **Oran**, les mêmes causes eurent à peu près les mêmes effets. Il y eût grève d'ouvriers et ouvrières des tabacs d'Oran. Les grévistes se montraient résolus à recourir à l'action directe : immédiatement, on ferma la Bourse du Travail.

Ainsi, les syndicats n'ont un asile municipal qu'à condition qu'il serve à leur réunions en période calme. Aussitôt qu'entre le capital et le travail un conflit s'engage et qu'un immeuble est nécessaire aux grévistes, on le leur interdit On veut que les Bourses du Travail soient les temples de la résignation, de la conciliation, et qu'y prêchent leurs doctrines, les seuls apôtres de la légalité et de la paix sociale, ou de l'accord des exploiteurs et de leurs exploités, ainsi que les patriotes et les militaristes.

C'est sans doute avec cette dernière façon de comprendre la lutte qu'on vit la Bourse du Travail de **Constantine**, démissionnaire de la Confédération Générale du Travail (Section des Bourses) pour une raison qu'on ne nous a pas cachée : « Nous sommes ici, disait en substance la lettre de démission, des colons français qui serions jetés à la mer par les Arabes, si l'armée française n'était là pour nous protéger. »

Un tel motif de démission nous dispense de toute appréciation. Il est heureusement des syndicats à Constantine qui ont voulu revenir sur cette décision.

## Commission Juridique

Comme dans les précédents Rapports du Comité des Bourses, le présent Rapport pourrait énumérer les nombreuses demandes de renseignements juridiques qui lui sont parvenues et auxquelles, toujours, le secrétaire a donné, — autant que possible, — la plus prompte réponse. Toujours intéressantes sont ces demandes et toujours utiles sont les réponses, pour des cas qui se répètent souvent. Presque toujours ce fut sur les accidents du travail que portaient les questions posées. Aussi, bien qu'il fut décidé à la Conférence de Bourges qu'une énumération instructive des renseignements demandés et des renseignements donnés serait publiée en brochure par les soins du Comité de la Section des Bourses, celui-ci n'a pas mis cette décision à exécution, parce qu'au moment où le Bureau songeait à le faire, une brochure sur les accidents du travail fut publiée par l'Union des Syndicats de la Seine. L'auteur de cette brochure, ainsi que de différents articles de juridiction ouvrière, parus dans la *Voix du Peuple*, est le camarade *Quillent*, secrétaire du Conseil judiciaire de l'Union des Syndicats, président du Conseil des Prud'hommes de Paris. C'est également ce militant qui, avec son dévouement et sa compétence connus, répondit le plus souvent aux renseignements que le secrétaire de la Section des Bourses ne se jugeait pas en état de fournir lui-même avec exactitude. Ajoutons même qu'il fut très difficile de réunir au complet la Commission juridique et qu'il était plus court d'aller chez un ou deux des plus dévoués avocats-conseils de cette Commission, que d'attendre sa réunion pour solutionner un cas difficile.

Les secrétaires et militants des Bourses qui ont eu à se renseigner en matière juridique auprès du secrétariat de la Section des Bourses, attesteront, au besoin, l'utilité incontestable de son intermédiaire.

## Relations du Secrétariat avec les Bourses

En outre, le secrétaire, au nom du Comité, répondit à une multitude d'autres renseignements concernant spécialement les Bourses dans leur développement, leur organisation, leurs rapports avec les syndicats. A chaque occasion, leur autonomie fut respectée. Des avis, des conseils, des indications, jamais d'obligations, jamais d'ordres.

A plusieurs reprises, des invitations à une agitation nécessaire ou au respect des statuts.

Tel fut, à peu près, l'objet des relations du Comité avec les Bourses.

## Interventions du Comité

**Cluses.** — Les graves événements de Cluses sont assez présents à la mémoire des militants du monde ouvrier, pour que nous n'ayons pas à les rappeler. Ce qu'il faut que nous rappelions, c'est la participation du Comité des Bourses à l'agitation faite en faveur des grévistes massacrés par leurs exploiteurs féroces.

A l'approche du procès, surtout, le Comité des Bourses, par les soins de son secrétaire, invita les Bourses à organiser des meetings de protestation contre les complaisances gouvernementales et judiciaires à l'égard des patrons assassins. Il engagea les militants de partout à faire le nécessaire pour que l'indignation ouvrière ne diminue pas au moment où un jugement de classe pouvait encore frapper les ouvriers victimes et acquitter les meurtriers. Il fallait, si l'on jetait un tel défi à la classe ouvrière, que celle-ci ne restât pas muette et sans vie. Cette attitude des ouvriers syndiqués a dû certainement contribuer à l'acquittement des ouvriers.

**Limoges.** — Là, ce ne furent pas les patrons qui fusillèrent les ouvriers, mais les troupiers de France mis au service de l'exploiteur américain Haviland, qui tirèrent à bout portant sur des grévistes sans armes. En outre de plusieurs blessés et d'un mort, des arrestations nombreuses furent opérées.

Sous des inculpations les plus graves, on menaçait de juger et de condamner sévèrement les meilleurs militants

En présence de ces faits, le Comité des Bourses ne se contenta pas d'un ordre du jour de protestation : mais il délégua deux de ses membres auprès du Ministre de la Justice. Les camarades Bousquet et Yvetot s'entretinrent avec M. Chaumié qui leur fit la promesse formelle, bien que la justice fut saisie de cette affaire, d'obtenir la grâce des inculpés, si ceux-ci n'étaient pas des émeutiers non grévistes. Deux jours après, une quinzaine de camarades furent mis en liberté. Les grâces du 14 juillet et l'amnistie d'octobre 1905, délivrèrent les autres. Il est d'ailleurs très rare qu'une démarche où que ce soit, n'ait eu un résultat lorsqu'elle était faite au nom du Comité des Bourses.

A cette occasion, le secrétaire de la Bourse du Travail de Limoges vint à Paris et assista à une séance du Comité des Bourses. Il en profita pour féliciter le Comité de son intervention et le remercier des démarches faites en faveur des militants de Limoges.

**Arrestations d'ouvriers.** — Dans sa réunion du 31 janvier 1905, le Comité des Bourses décidait qu'une protestation serait adressée à la presse quotidienne contre l'arrestation arbitraire des camarades Antourville et Roullier, à la sortie d'un meeting organisé au Tivoli-Vaux-Hall, en faveur des révolutionnaires russes. Ces arrestations avaient été faites par des policiers affolés par l'éclat d'une bombe lancée contre eux, avenue de la République, à l'issue du meeting.

Toutes ces interventions ont eu des résultats. Mais il est d'autres interventions individuelles des membres du Bureau de la Section des Bourses, faites chaque fois qu'ils étaient sollicités en faveur d'un camarade arrêté ou en danger d'être condamné.

C'est au Congrès de dire s'il désapprouve toutes ces démarches entreprises auprès des autorités, à titre de solidarité envers les camarades. La dignité des délégués n'eût à souffrir de la moindre atteinte, leur attitude n'étant nullement celle d'humbles solliciteurs. Le Comité n'a de remords pour aucune. Une organisation ouvrière doit profiter de l'influence que lui donne son importance aux yeux de toutes les autorités bourgeoises, pour empêcher ses militants les plus humbles comme les plus connus, d'être des victimes de classe de la bourgeoisie.

## Appels à la solidarité

A différentes occasions, le Comité des Bourses fut sollicité de faire appel à la solidarité des Bourses. Par la *Voix du Peuple* et par circulaires spéciales, adressées particulièrement à chaque Bourse du Travail ou Unions locales, le Comité appuya les appels en faveur de la Bourse du Travail du Havre et des Employés de tramways de Cette, pour ne citer que ces deux cas.

La Bourse du Travail du **Havre**, malgré les efforts persévérants d'une poignée de militants, n'arrivait pas à faire face à ses charges. Le Comité des Bourses transmit son appel en l'appuyant. Bien surchargés par les frais de la lutte, par les secours aux grèves, par les suppressions de subventions, les Bourses du Travail répondirent quand même à l'appel et, si peu qu'elles firent parvenir à la Bourse du Travail du Havre, celle-ci comprit que la solidarité n'était pas chose vaine entre les Bourses fédérées, avec l'intermédiaire efficace du Comité de la Section des Bourses. D'autres Bourses encore furent secourues de même façon.

Pour les **Employés des tramways électriques de Cette**, sur la demande de la Bourse du Travail de Cette, un appel fut lancé qui donna quelques résultats encourageants aux vaillants grévistes de Cette.

## Antimilitarisme. — Relations à établir entre syndiqués et soldats

La Fédération des Bourses, avant que l'Unité ouvrière fut proclamée, ne négligea jamais la question si importante de l'antimilitarisme. La Section des Bourses n'a pas dérogé à la tradition.

C'est ainsi que le Comité des Bourses, toujours soucieux de relier plus étroite-ment entre eux les ouvriers syndiqués et les soldats, étudia les propositions qui lui étaient présentées comme susceptibles d'établir de façon plus efficace, des liens moraux et matériels de fraternité entre les camarades de la caserne et ceux de l'usine ou des champs.

Dans sa séance du 13 janvier 1905, on présentait au Comité des Bourses la proposition d'adresser tous les ans une circulaire à chaque syndicat, quelques jours avant le départ de la classe. Cette circulaire aurait eu pour but d'inviter instamment les Syndicats à faire parvenir assez tôt, à leur Bourse du Travail ou directement à la Section des Bourses, les noms et la destination des ouvriers syndiqués de leur syndicat, qui partent à la caserne. Ces renseignements aussi-tôt obtenus, auraient été classés par le Bureau de la Section des Bourses et chaque Bourse du Travail aurait reçu le nom et la profession du camarade en-caserné dans la localité.

Malheureusement, cette proposition n'était que le renouvellement d'une pro-position bien antérieure et mise en exécution, mais qui ne donna pas les résul-tats qu'on en attendait, pour différentes raisons dont la suivante est une des principales : des syndicats et non des moindres, ont créé des caisses de secours à leurs syndiqués soldats, ils leur font parvenir ces secours et des journaux corporatifs avec une louable prudence. Ces syndicats craignent qu'en donnant la liste de leurs syndiqués partant à la caserne à d'autres organisations, même centrales, celles-ci n'aient pas la même prudence et fassent parvenir à ces cama-rades des lettres ou des publications compromettantes. C'est un souci bien légi-time, mais on nous permettra de trouver que cette méfiance à notre endroit est singulièrement exagérée, car les militants de la Section des Bourses les plusinsou-ciants pour eux-mêmes des conséquences d'une propagande qu'ils jugent utile, ne feraient rien qui puisse compromettre un jeune soldat auprès de ses chefs.

Enfin, cette proposition fut la cause d'une discussion intéressante sur ce sujet et suscita une autre proposition que le Comité prit en considération et dont le Bureau aurait tenté la réalisation si les circonstances lui en avaient donné le temps. Voici, à peu près, cette autre proposition :

*Proposition.* — « Etant donné d'abord que les Bourses ont une permanence quoti-dienne, et qu'ensuite un militant serait matériellement incapable de recevoir chez lui aussi bien et aussi souvent qu'il le voudrait, un militaire sympathique ;

« Que, de plus, les relations par correspondances avec les soldats, ou les invi-tations qui leur pourraient être faites de se rendre à la Bourse du Travail ou au syndicat de la localité où ils sont en garnison, risquent beaucoup de leur créer des ennuis graves vis-à-vis de leurs chefs ;

« Pour ces motifs, est proposée :

« La création d'une petite *Carte de reconnaissement.* Le soldat qui en serait possesseur n'aurait qu'à l'exhiber au secrétaire de l'organisation syndicale ou au militant auquel il se présenterait. Cette carte porterait le nom et la pro-fession du porteur et une marque spéciale de la C. G. T. ou de son syndicat. »

Le Congrès ou la Conférence des Bourses, que les liens entre soldats et syndiqués ne peuvent laisser indifférent, examinera et donnera son avis sur la proposition.

L'initiative des Bourses dans la propagande antimilitariste n'a pas toujours été suivie de l'effort désirable.

Quelques Bourses seulement ont organisé des meetings ou des soirées éduca-tives à l'occasion du départ de la classe. La question antimilitariste, inséparable de la question syndicale, n'a pas été agitée avec assez d'intensité, surtout à l'approche du 1er mai dernier. Cependant, jamais une manifestation comme celle-là n'a fait sentir l'urgence qu'il y avait de redoubler d'activité.

Le Comité des Bourses, de son côté, n'a pas eu l'occasion de faire autre chose que continuer la publication et la diffusion du *Manuel du Soldat*. Certes, le chiffre de tirage (200,000) atteint à ce jour, serait des plus satisfaisants, si nous faisions de cette brochure une simple affaire de vente. Mais il y a la propagande qui s'est relâchée. Car cette brochure n'a rien perdu de son importance et de son actualité, puisque tous les ans des conscrits nouveaux, des jeunes ouvriers, ont besoin de notre propagande. Les militants se trompent eux-mêmes en se figurant qu'une brochure perd de sa valeur, parce qu'elle est connue, très connue d'eux et qu'elle n'est plus nouvelle. Qu'ils la propagent parmi les jeunes et ils verront que la même bonne impression éprouvée par eux lorsqu'ils la lurent pour la première fois, les conscrits, les jeunes soldats l'éprouveront, si cette brochure leur est encore inconnue. Sans cette fâcheuse illusion, ce n'est pas 200,000, mais 500,000 exemplaires du *Manuel du Soldat* que la Section des Bourses aurait pu écouler.

Cependant, il faut reconnaître que, comme le Comité des Bourses, les Bourses du Travail et les syndicats ont, en grand nombre, manifesté leur sympathie et leur confiance aux militants ouvriers, condamnés pour leur ardeur dans la propagande antimilitariste, corollaire de la propagande syndicaliste.

Les marques de sympathies prodiguées par les organisations syndicales aux militants ouvriers en prison, l'appui moral et matériel qui leur a été donné, prouvent assez que la classe ouvrière discerne ceux des siens qui mettent à son service toute leur activité de militants syndicalistes et toutes leurs convictions révolutionnaires. Un tel encouragement leur suffit.

## Pour les révolutionnaires russes

Pas un moment le Comité des Bourses ne s'est désintéressé des phases successives de la révolution du peuple russe.

La Section des Bourses ne manqua pas, chaque fois qu'elle en eût les moyens et l'occasion, de participer à l'agitation en faveur des ouvriers et paysans russes en révolte.

C'est ainsi qu'elle participa à un grand meeting au Tivoli-Vaux-Hall, à Paris. Il est vrai que ce ne fut pas précisément la C. G. T. qui fut l'organisatrice de ce meeting et qu'une protestation dût être adressée en son nom au *Comité socialiste*, organisateur réel de ce meeting, auquel la C. G. T. avait participé parce qu'on avait trompé ses délégués en leur disant qu'il était organisé par des réfugiés russes. Ce qui était faux.

En outre, de cette participation de ses militants aux meetings en faveur des révolutionnaires russes, le Comité des Bourses, en janvier 1905, adressa à toutes les Bourses adhérentes à la Section, une circulaire spéciale, encourageant les Bourses à une agitation intense en faveur du peuple russe en révolte.

## Pour le repos hebdomadaire et la journée de huit heures

Sans nuire à la partie consacrée à l'action du Comité confédéral pour la propagande des Huit heures, contenue dans le rapport de la C. G. T., la Section des Bourses peut dire en quelques lignes l'action particulière qu'elle a exercée.

C'est au mois de mars 1905 que fut adressée aux Bourses du Travail ou Unions locales de syndicats, la circulaire suivante :

CONFÉDÉRATION GÉNÉRALE DU TRAVAIL — SECTION DES BOURSES

« Aux camarades Secrétaires et Militants des Bourses du Travail ou Unions
« locales de Syndicats. »

« CHERS CAMARADES,

« Relativement aux Huit heures, à peu près toutes les Bourses du Travail ou Unions locales se disposent à seconder les efforts de la Confédération générale du Travail pour que, conformément à la décision du Congrès de Bourges, les travailleurs aient obtenu, au *Premier Mai* 1906, la *Journée de Huit heures de travail* au plus et sans diminution de salaire.

« Le Prolétariat organisé de France a maintenant une occasion sans pareille de prouver sa force et sa vitalité. Une fois conquise de haute lutte par la classe ouvrière, cette journée de huit Heures contribuera certainement à affermir le prolétariat, dans sa confiance en lui-même. Ce succès sera le présage de succès plus importants encore qui nous achemineront sûrement vers l'émancipation intégrale des travailleurs par eux-mêmes.

« Mais en attendant, et pour nous affirmer de suite, n'est il pas nécessaire de revendiquer et d'obtenir immédiatement le *Repos hebdomadaire*, pour tous ceux de nos camarades qui ne l'ont pas encore ?

« Dans certaines villes où il existe des Bourses du Travail, il nous a été donné le salutaire exemple de l'action directe à entreprendre sur le patronat, pour que le *Repos hebdomadaire* de trente-six heures consécutives soit accordé à ceux qui en sont privés. Si nous voulons que cette revendication soit un fait acquis, imitons les camarades qui ont agi !

« Des corporations très fortes et très intéressantes, nationalement organisées, comme celles de l'Alimentation, des Coiffeurs, des Employés, etc., sont décidées à obtenir, coûte que coûte, le *Repos hebdomadaire*. Elles ont le droit de compter sur la solidarité effective des autres corporations.

« Allons-nous, syndicalistes militants, qui jouissons pour la plupart du *Repos hebdomadaire*, laisser ces camarades des autres corporations (moins heureuses que les nôtres) agir seuls ? — Non !

« C'est parce que nous connaissons l'intérêt physique, moral et social qu'il y a de bénéficier du *Repos hebdomadaire*, que nous devons le vouloir pour tous, comme nous voulons pour tous la *Journée de Huit heures*.

« A l'œuvre donc, pour le *Repos hebdomadaire*, **de suite** et pour la *Journée de Huit heures* au **Premier Mai** 1906.

« Dans chaque Bourse du Travail, il y a urgence pour les syndicats à se réunir entre eux et à décider d'une action commune à entreprendre immédiatement.

« Afin de marcher tous d'accord et avec ensemble pour la *Conquête des Huit heures*, obtenons vite le *Repos hebdomadaire* pour tous !

« Actuellement, le Sénat semble disposé à adopter définitivement un projet de loi relatif au *Repos hebdomadaire*. C'est déjà le résultat de l'agitation faite par les travailleurs. C'est un motif pour ceux-ci de redoubler d'efforts. Soyons persuadés qu'une loi ne donnera jamais le *Repos hebdomadaire* dans les conditions où le veulent ceux des travailleurs qui savent qu'une réforme ne se donne pas, mais qu'il faut l'arracher !

« Nous comptons sur vous, chers camarades, pour faire le nécessaire, dès maintenant, en vue d'une agitation intense pour le *Repos hebdomadaire* qui est corollaire de l'action pour les *Huit heures*, et qui est une condition du succès de cette dernière revendication.

« Bon courage et fraternels saluts.

« Pour le Comité des Bourses,

Le Secrétaire,

G. YVETOT.

Le Comité des Bourses, comme on le voit, ne manqua jamais une occasion d'entretenir la confiance et l'enthousiasme des travailleurs en secondant, dans les Bourses du Travail ou Unions locales, les efforts des différentes Fédérations en lutte pour l'obtention du Repos hebdomadaire, sans négliger l'action pour les Huit heures. Inutile d'insister sur les multiples exhortations faites aux militants de partout, par les militants du Comité des Bourses qui n'ont jamais marchandé leurs efforts.

De leur côté, les Bourses du Travail n'ont pas trompé l'attente du Comité. Elles ont organisé les meetings, reçu les militants, distribué et affiché les imprimés. La plupart d'entre elles ont été les véritables foyers d'agitation qu'elles devraient être toutes et toujours.

Le Congrès d'Amiens pensera sans doute que la Section des Bourses fit mieux de se joindre à l'action, à toute l'action, entreprise en faveur des Huit heures, que de dépenser son activité en des questions secondaires, sur lesquelles les congrès corporatifs se sont prononcés.

## Congrès d'hygiène

A plus forte raison, le Comité des Bourses devait décliner l'invitation qui lui était faite par une institution bourgeoise étrangère à l'organisation syndicale, d'assister à un Congrès d'Hygiène. Il passa à l'ordre du jour sur cette invitation, les syndicats adhérents à la C. G. T. ayant la faculté de porter eux-mêmes l'étude ou la discussion d'une telle question à leur comité fédéral ou au congrès corporatif.

## Congrès des accidents du travail

Ce ne sont certainement pas les mêmes raisons qui incitèrent le Comité des Bourses à ne pas s'associer aux travaux de ce Congrès organisé par des groupements syndicaux.

Le Comité des Bourses ne crut pas de son rôle de s'occuper d'un Congrès organisé à la Bourse du Travail de Cette sur les accidents du travail, parce qu'il estimait d'abord que l'autonomie des Bourses était à respecter en cette circonstance comme en toute autre, dès l'instant qu'il n'y avait aucune dérogation aux statuts confédéraux et que les décisions des Congrès nationaux de la C. G. T. n'étaient aucunement violées ; ensuite, il estima également qu'il n'y avait pas lieu pour la Section des Bourses de participer à un Congrès spécial sur une question particulière qui pouvait tout au plus faire l'objet d'une question à porter à l'ordre d'un Congrès corporatif ou de la Conférence des Bourses. En tout cas, le Comité des Bourses ni son bureau n'ont rien fait qui puisse faire croire à son hostilité contre ce congrès ou contre ses organisateurs. Le silence du Comité des Bourses à ce sujet fut la preuve de sa neutralité.

## Syndicats d'Instituteurs

Avant son dernier Congrès (Alger 1902), la Fédération des Bourses s'était occupée de la question des instituteurs. C'est à ce X^me Congrès des Bourses du Travail que furent formulées les propositions les plus catégoriques en faveur des syndicats d'instituteurs. A ce moment, on se demandait seulement s'il fallait accepter les Amicales d'instituteurs dans les Bourses du Travail. Depuis, l'idée a fait du chemin. Depuis, le Comité des Bourses n'a cessé d'encourager à la formation de syndicats d'instituteurs et à leur admission dans les Bourses du Travail.

Ce n'est qu'en ces deux dernières années que la question a pris beaucoup plus d'importance. La Section des Bourses est satisfaite de l'avoir mise en route.

Plusieurs lettres de Bourses du Travail sont venues nous demandant des renseignements précis sur l'admission des syndicats d'instituteurs. Le Comité des Bourses ne fit, chaque fois, que se reporter à la décision du Congrès d'Alger, et la question, en s'amplifiant, devenait une question tout à fait corporative et, par conséquent, du ressort de la Section des Fédérations.

Dans une de ses séances de l'exercice courant, le Comité constata que sa tâche avait été, depuis 1902, de s'appliquer à transformer les *Amicales d'instituteurs* en *Syndicats ouvriers*, en invitant les militants ouvriers de partout à les admettre comme tels dans les Bourses du Travail. Il s'est maintenant créé des syndicats d'instituteurs en bien des endroits. Les Bourses du Travail d'Amiens, Bourges, Perpignan, Toulon, etc., ont chacune en leur sein un syndicat d'instituteurs. La question ne se posait plus.

Pourtant un certain nombre de militants conservaient encore une certaine méfiance envers ces syndicats d'instituteurs. L'appoint des instituteurs dans les organisations ouvrières ne fût pas aussi bien accueilli partout. Même au Comité des Bourses, le secrétaire dût soulever à nouveau la question afin de donner aux camarades adversaires de l'entrée des instituteurs dans les groupements syndicaux de la C. G. T., l'occasion d'exposer leurs motifs de méfiance à ce sujet.

Dans sa séance du 11 août 1905, le Comité s'engagea dans une intéressante discussion sur la question. Suivant qu'ils étaient *pour* ou *contre* l'entrée des instituteurs dans le mouvement ouvrier, chacun des militants du Comité des Bourses qui prirent part à la discussion exposa ses idées sur la question. Le principal grief contre les instituteurs était celui-ci : « Les instituteurs étant fonctionnaires de l'Etat ou se jugeant tels, espèreront toujours plutôt une amélioration possible à leur sort par l'Etat lui-même, suivant la confiance qu'ils mettront en lui, que par leurs propres forces, par leur association et avec l'appui des autres syndicats ou de la C. G. T., qu'ils méconnaissent ou dédaignent. Leur mentalité syndicale est à faire. »

A cet argument fut opposé cet autre : « Les instituteurs sont tous les jours plus nombreux, qui comprennent combien leur tâche, est ingrate d'enseigner selon les dogmes de l'Etat ; ils sont plus nombreux aussi, ceux qui comprennent combien ils sont exploités et voués à un sort longtemps misérable s'ils ne savent s'unir et imposer à leur patron, l'Etat, des réformes et des améliorations immédiates à leur condition. Enfin, la plupart des instituteurs qui ont manifesté quelque velléité de conscience de classe ont compris que travailleurs et exploités eux-mêmes, ils avaient le devoir de s'unir aux travailleurs dont ils instruisaient les enfants, en se groupant comme eux, pour lutter avec eux, en vue de leur émancipation. »

Après cette discussion qui était utile, le Comité décida de continuer à marcher dans la bonne voie où il s'était engagé depuis le Congrès d'Alger.

L'acharnement mis par certains gouvernants, par certains législateurs pour empêcher la formation des syndicats d'instituteurs ; l'intimidation, les menaces qui leur ont été faites par les autorités académiques pour empêcher leurs Amicales ou leurs syndicats d'entrer dans les Bourses du Travail et surtout d'adhérer à la C. G. T., leur a indiqué, mieux que notre propagande, la nécessité de s'unir à nous par devoir de solidarité, et par intérêt de classe.

Le Comité de la Section des Bourses se félicite d'avoir beaucoup fait en faveur des syndicats d'instituteurs.

## Employés d'Octroi

A une Bourse de Travail qui nous demandait s'il y avait lieu d'admettre en son sein un syndicat d'employés d'octroi déguisé en association pour se conformer à la loi, il lui a été répondu, au nom du Comité des Bourses qui examina le cas : « Si la Bourse du Travail, dont nous respectons avant tout l'autonomie, considère cette association d'employés d'octroi comme un syndicat et que cette association consente aux mêmes charges, aux mêmes devoirs que les autres syndicats adhérents à la Bourse du Travail, celle-ci peut l'accepter et doit lui donner les mêmes avantages dont jouissent les autres, syndicats. »

## L'Office

### *Sa situation en 1904-1905.*

Ce chapitre fit toujours l'objet d'une question spéciale en dehors des faits de l'exercice en cours. Aussi, nous n'en parlerons ici que très sommairement.

A la fin de l'année 1904, il n'y avait plus d'argent pour continuer le service de l'*Office national ouvrier de Statistique et de Placement.*

Le délégué de l'Office fit connaître la situation au Comité des Bourses. Une somme de plus de 300 francs était déjà due pour l'impression de la feuille hebdomadaire.

Au commmencement de l'année 1905, le Comité examina la situation de l'Office. Elle était plutôt mauvaise.

Le budget du Commerce, auquel se rattache la subvention de l'Office n'était pas encore voté au Sénat. Au cas où la subvention aurait été votée, on ne pouvait espérer la toucher avant le mois de juillet. Le délégué à l'Office jugeait inutile d'augmenter la dette à l'imprimeur. Le Comité discuta pour savoir s'il y avait lieu de continuer ou non l'impression de la feuille. A l'unanimité moins six voix, il fut décidé de continuer la publication de la feuille qu'on dût cependant suspendre à la fin de l'année 1905, faute d'argent pour continuer, la subvention n'ayant pu encore être touchée.

### *La Subvention*

Enfin, au milieu d'avril 1905, la subvention était votée. Mais le Comité des Bourses trouva inadmissible la suppression du chapitre spécial affecté habituellement, dans le budget du Commerce, à l'Office national ouvrier de statistique et de placement. Le Comité vota une résolution qui consistait à n'accepter la subvention qu'à la condition qu'elle ne fut pas comprise dans la somme globale d'un chapitre attribué à une destination autre que l'Office.

Enfin, c'est à grand peine, qu'au commencement de cette année, on put obtenir de quoi payer les dettes faites par l'Office.

### *Circulaires et articles contre l'Office*

C'est à ce moment que le secrétaire de la Bourse du Travail de Reims fit paraître des articles contre l'Office et l'emploi de sa subvention. De plus, il adressa une circulaire du même genre à la plupart des Bourses. Des calomnies, des injures et des allusions malveillantes, formaient tout le contenu des articles et de la circulaire en question.

Le Comité donna la solution qui lui sembla convenable, à cette inqualifiable façon d'agir du secrétaire de la Bourse du Travail de Reims. Les Bourses ont, sans doute, encore présente à la mémoire, la circulaire qui leur fut adressée par le Bureau au nom du Comité des Bourses. Leur opinion doit être faite.

Le plus regrettable de tout cela, c'est que trois ou quatre séances du Comité des Bourses furent presque entièrement consacrées à discuter ces faits. C'est pourquoi nous les rappelons ici.

## Viaticum

Ainsi qu'on s'en rendra compte par un rapport spécial sur la question du Viaticum, le Comité des Bourses s'appliqua à exécuter la décision de la Conférence de Bourges qui se résumait ainsi :

« Etant données les difficultés pratiques qui existent encore pour établir le viaticum obligatoire, la Conférence des Bourses, reconnaissant la nécessité de développer progressivement l'application du principe du viaticum, propose de maintenir le *statu quo*, modifié par l'obligation du livret, et renvoie à l'étude des Bourses et des Syndicats le projet de la Commission qui sera étudié au prochain Congrès. Ce projet sera suivi des critiques apportées par Niel, et le rapporteur pourra faire valoir l'économie du projet. »

De plus, le vœu avait été formulé de demander des renseignements à l'étranger. Sauf ce dernier point, le Comité des Bourses et son Bureau se sont bornés à exécuter ces décisions. La Conférence des Bourses, nous l'espérons, prendra une résolution définitive pour que cette institution du viaticum soit un fait accompli et que le Comité des Bourses n'ait plus, selon ses indications, qu'à assurer le fonctionnement du Viaticum des Bourses.

## Unions départementales ou régionales

Pour cette question également, le Congrès corporatif l'ayant mis à son ordre du jour, des rapports seront fournis à son sujet.

Les Bourses se rendront facilement à l'évidence qu'il y a nécessité d'encourager partout où il sera possible, la création d'Unions départementales ou régionales.

En effet, la multiplication des Bourses du Travail ou Unions locales, n'englobant chacune que les syndicats de la même ville, sont toujours plus rares. Les Unions locales s'étendent bien plus loin que les limites d'une ville ou d'un centre industriel.

D'autre part, l'organisation syndicale est entrée dans une phase nouvelle. Nous n'en sommes plus à la trentaine de Bourses du Travail ou Unions locales, disséminées aux quatre coins du pays. Il n'y a maintenant que quelques localités, peu ou pas industrielles, où les syndicats soient inconnus. De plus, l'importance de nos Unions elles-mêmes, leur fait un devoir de moins compter sur l'organisme central qu'est la C. G. T. (Section des Bourses), et de décentraliser un peu l'action et la propagande syndicales. Le Comité des Bourses, fidèle aux principes fédéralistes sur lesquels est basée la Section des Bourses, devait, de lui-même, faciliter la décentralisation. C'est l'intérêt moral et l'intérêt matériel de l'organisation syndicale qui l'exigent. C'est le développement logique du syndicalisme fédéraliste qui l'impose. Les Bourses du Travail ou Unions locales l'ont déjà compris, puisque beaucoup d'entre elles sont d'ores et déjà formées en Unions départementales. A la Conférence et au Congrès d'Amiens nous ne doutons pas qu'il sera donné mandat à la Section des Bourses de s'organiser en vue de constituer des Unions départementales ou régionales de toutes ses Bourses ou Unions locales actuellement adhérentes, sans froisser l'autonomie d'aucune et sur les indications qui seront adoptées à Amiens.

## Propositions et vœux du dernier Congrès

**Viaticum.** — Nous avons dit comment le Comité avait mis à exécution les décisions prises à Bourges au sujet du *Viaticum*.

**Appointements.** — Suivant les indications données par la Conférence des Bourses, le Comité décida le maintien des appointements du secrétaire à 250 fr. par mois.

Sur la proposition même des permanents du Bureau confédéral, la somme de 25 francs par mois fut retranchée sur les appointements de chaque fonctionnaire, pour le local provisoire de la C. G. T., depuis son départ de la Bourse du Travail de Paris.

**Délégations.** — Le Comité a maintenu le prix de 15 francs par jour, y compris le salaire, pour ses militants en délégation. Cependant, de grandes économies ont été réalisées sur ce point par les permanents qui sont allés en délégation et n'ont compté que leurs dépenses indispensables.

**Brochures de renseignements syndicaux.** — Une brochure spéciale sur les moyens de former des syndicats et des Unions locales de syndicats ou Bourses du Travail, est restée à l'état de projet. L'urgence d'une telle brochure donnera l'occasion au Comité des Bourses de la réaliser après le Congrès d'Amiens, où des modifications pourraient être apportées aux statuts de la Section des Bourses, en particulier, du fait de la mise à l'ordre du jour de la question des Unions départementales.

**Fascicule de renseignements juridiques.** — Nous avons dit, au cours de ce rapport, les raisons qui nous ont fait négliger ce projet.

**Exactitude des délégués au Comité.** — La Conférence des Bourses avait formulé le vœu que soit appliqué l'article des statuts concernant les délégués au Comité qui s'absentent plus de trois fois sans excuse. Le Comité prit la résolution de se conformer à ce vœu. Cependant, le Bureau, bien qu'il convoquât chaque fois individuellement les membres du Comité, dut constater que la plupart des militants, accaparés par les réunions et les délégations, négligeaient de s'excuser. Il eut été bien rigoureux de leur appliquer l'article des statuts concernant leurs absences réitérées sans excuses et cependant excusables. D'autre part, si le Bureau avait pris sur lui de demander le changement de certains délégués qui ne vinrent aux séances où il s'agissait de voter contre leur mandat, on n'eût pas manqué de le taxer de partialité. Le Bureau constata simplement les présences motivées de ces délégués et leurs absences sans excuses. C'est plutôt aux Bourses qu'il appartient de s'occuper de leurs délégués. Parmi les délégués venus subitement au Comité des Bourses, pour la nomination du Bureau, la plupart n'en font déjà plus partie ou sont rarement revenus.

**Referendum sur la subvention.** — Il n'y eût pas lieu de faire un referendum sur la subvention, mais le Comité usa du referendum chaque fois qu'il fût nécessaire.

**Placement.** — L'agitation incessante en faveur des huit heures obligea le Comité à négliger cette question et à remettre à une autre époque, l'enquête auprès des Bourses sur leur façon de faire le placement et d'en communiquer les résultats aux Bourses, afin qu'elles puissent s'inspirer du système de placement qui lui semblera le meilleur.

**Nomination du Bureau.** — Les Bourses se souviennent des incidents qui ont entouré les élections du secrétaire de la Section des Bourses. Elles ont eu connaissance des manœuvres employées contre le Bureau actuel par certains délégués. S'il plaît au Congrès ou à la Conférence des Bourses de connaître en détail les incidents de cette élection, un rapport oral les édifiera.

## CONCLUSION

En cette période d'action syndicale de deux années, qu'on peut appeler *période de la conquête des Huit heures*, c'est en commun que, le plus souvent, les deux sections ont agi, selon leurs attributions distinctes et selon leurs moyens particuliers.

C'est ce qui explique la brièveté relative du rapport de la Section des Bourses.

Aux Unions locales ou Bourses du Travail, nous le présentons, afin qu'elles l'examinent, le discutent et donnent sur tous les faits qu'il relate, sur tous les espoirs qu'il forme, les appréciations, approbatives ou non, qu'il leur conviendra.

La Conférence des Bourses voudra bien tenir compte de la part qu'a prise la Section des Bourses à toute l'agitation syndicale faite, en conformité du Congrès de Bourges. D'ailleurs, la situation actuelle de la Section des Bourses prouve assez éloquemment combien efficace est l'action. C'est elle qui a contribué à l'éclosion d'unions locales dans des régions où les organisations syndicales n'avaient encore jamais existé. C'est à l'action qu'on doit le développement de bien des Bourses du Travail anciennes.

Et puis, la guerre faite contre certaines Bourses par les municipalités, n'est-elle pas aussi la preuve, pour toutes les Bourses, qu'il y a urgence à ce qu'elles se rendent autonomes. C'est là une des conditions principales pour le bon fonctionnement des Bourses qui veulent rester dans le principe fédéraliste.

Une autre condition importante d'indépendance et de prospérité des Bourses du travail, c'est surtout qu'elles sachent se maintenir scrupuleusement sur le terrain économique, loin des discussions et des divisions politiques. Leur vitalité, l'union de leurs membres est partout subordonnée à l'observation de ce principe : pas de politique au sein des Bourses du Travail.

Que les Bourses du Travail ou Unions locales soient composées de syndicats dits « réformistes » et de syndicats dits « révolutionnaires », il n'y aura pas motif à division entre eux, s'ils s'abstiennent de mêler l'action politique à l'action économique. Celle-ci se suffit à elle-même pour le rôle qu'elle s'assigne : améliorations immédiates du sort des travailleurs aux points de vue moral et matériel ; et pour le but qu'elle veut atteindre : suppression du patronat et du salariat.

La *Section des Bourses* est restée ce que fut la *Fédération des Bourses*, c'est-à-dire qu'elle ne dévia jamais de son droit chemin sur le terrain économique. C'est pourquoi, en toute indépendance, elle a pu agir. Jamais les militants syndicalistes sincères auxquels les Bourses ont confié le mandat de les représenter au Comité des Bourses, ne laisseront celui-ci s'écarter de son principe fondamental : la lutte économique dégagée de toute influence possible de la politique et des politiciens.

Ce ne sont pas les subventions gouvernementales qui ont pu troubler notre tactique syndicale révolutionnaire. Ce ne sont pas les condamnations de nos militants qui nous empêcheront de faire la propagande antimilitariste et antipatriote, toujours plus nécessaire, si nous voulons sérieusement le triomphe de nos revendications par la Grève générale, première phase de la Révolution sociale.

Pour le Comité des Bourses :

*Le Secrétaire* :

Georges YVETOT.

*Dans sa séance extraordinaire du 3 août, le Comité, à l'unanimité, adopta ce rapport.*

| BOURSES FÉDÉRÉES. | EFFECTIF des syndicats 1904 | EFFECTIF de syndicats 1906 | POUR LES MOIS DE : | SOMMES versées | RESTE DU |
|---|---|---|---|---|---|
| 1. Aix | 6 | 6 | 1er avril 1904 au 31 mars 1906 | 50 40 | » |
| 2. Agen | 18 | 18 | 1er avril 1904 au 31 décembre 1905 | 133 » | 6 mois. |
| 3. Agde | 5 | 5 | 1er avril 1904 au 31 mars 1906 | 42 » | 3 mois. |
| 4. Alais | 7 | 7 | 1er avril 1904 au 31 mars 1906 | 60 » | 3 mois |
| 5. Albi | 7 | 8 | 1er avril 1904 au 30 juin 1906 | 73 50 | » |
| 6. Alençon | 10 | 5 | 1er juillet 1904 au 31 décembre 1905 | 31 50 | 6 mois. |
| 7. Alger | 15 | 15 | 1er janvier 1905 au 31 décembre 1905 | 63 » | 6 mois. |
| 8. Amiens | 7 | 30 | 1er avril 1904 au 30 juin 1906 | 162 75 | » |
| 9. Angers | 30 | 31 | 1er avril 1904 au 31 mars 1906 | 252 » | 3 mois. |
| 10. Angoulême | 16 | 16 | 1er avril 1904 au 31 décembre 1905 | 117 60 | 6 mois. |
| 11. Ardennes (Fédération des) (Adhésion 1er sept. 1905) | » | 6 | 1er septembre 1905 au 30 juin 1906 | 25 20 | » |
| 12. Arles | 6 | 6 | 1er juillet 1904 au 30 juin 1906 | 50 40 | » |
| 13. Auch (Adhésion 1er août 1904) | » | 7 | 1er août 1904 au 30 septembre 1905 | 42 20 | 9 mois. |
| 14. Auxerre | 5 | 5 | 1er juillet 1904 au 30 juin 1906 | 42 » | » |
| 15. Avignon (Adhésion 1er juillet 1905) | » | 14 | 1er juillet 1905 au 38 septembre 1905 | 15 25 | Démissionnaire. |
| 16. Bagnères-de-Bigorre | 10 | 7 | 1er janvier 1905 au 30 juin 1906 | 73 50 | » |
| 17. Bayonne | 10 | 13 | 1er janvier 1904 au 30 juin 1904 | 24 15 | 24 mois. |
| 18. Bédarieux (Adhésion 1er octobre 1904) | » | 5 | 1er octobre 1904 au 31 octobre 1905 | 20 50 | 9 mois |
| 19. Belfort | 14 | 13 | 1er janvier 1904 au 30 juin 1906 | 136 90 | » |
| 20. Besançon | 15 | 15 | 1er avril 1904 au 30 juin 1906 | 141 75 | » |
| 21. Béziers | 18 | 18 | 1er juillet 1904 au 30 juin 1906 | 151 20 | » |
| 22. Blois | 5 | 5 | 1er juillet 1904 au 30 juin 1906 | 42 » | » |
| 23. Bordeaux | 36 | 36 | 1er avril 1904 au 30 juin 1906 | 327 40 | » |
| 24. Boulogne-sur-Mer | 8 | 8 | 1er juillet 1904 au 31 mars 1906 | 64 » | 3 mois. |
| 25. Bourges | 14 | 14 | 1er janvier 1903 au 30 septembre 1905 | 132 30 | 9 mois. |
| 26. Bourg | 5 | 5 | 1er janvier 1904 au 30 juin 1906 | 52 20 | » |
| 27. Brest (Fermée par le Gouvernement) | 6 | 4 | 1er juillet 1904 au 31 décembre 1905 | 63 » | 6 mois. |
| 28. Brives | 9 | | | » » | 30 mois. |
| 29. Caen (Adhésion 1er juin 1906) | » | 10 | | » » | » |
| 30. Cahors (Adhésion 1er mai 1905) | » | 12 | 1er mai 1905 au 30 novembre 1905 | 29 40 | 9 mois. |
| 31. Calais | 6 | 6 | | » » | 33 mois. |
| 32. Carcassonne | » | 13 | 1er janvier 1904 au 31 décembre 1905 | 42 » | 6 mois. |
| 33. Castres (Adhésion 1er octobre 1904) | » | 13 | 1er octobre 1904 au 30 juin 1906 | 105 85 | 1 t. au 4e trim. 1906. |
| 34. Cette | 25 | 25 | 1er juillet 1904 au 31 décembre 1905 | 158 » | 6 mois. |
| 35. Chalon-sur-Saône (Exonérée jusq. 31 décembre 1904) | » | 5 | 1er janvier 1905 au 31 décembre 1905 | 21 » | 6 mois. |
| 36. Chartres | 8 | 5 | 1er janvier 1904 au 31 décembre 1905 | 42 » | 6 mois. |
| 37. Châteauroux | 6 | 8 | 1er juillet 1902 au 30 juin 1906 | 134 40 | » |
| 38. Chauny (Adhésion 1er octobre 1904) | » | 5 | 1er octobre 1904 au 31 décembre 1905 | 15 95 | 12 mois. |
| 39. Charenton (Adhésion 1er janvier 1906) | » | 5 | 1er janvier 1905 au 31 mars 1906 | 5 25 | 3 mois. |
| 40. Cherbourg (Adhésion 1er décembre 1904) | » | 13 | 1er décembre 1904 au 30 septembre 1905 | 49 » | 9 mois. |
| 41. Cholet | 5 | 5 | 1er janvier 1905 au 31 décembre 1905 | 21 » | 6 mois. |
| 42. Clermont-Ferrand | » | 18 | 1er octobre 1903 au 30 juin 1906 | 139 65 | » |
| 43. Clichy (Adhésion 1er mars 1905) | » | 6 | 1er mars 1905 au 31 mars 1906 | 26 60 | 3 mois. |

| BOURSES FÉDÉRÉES | EFFECTIF de syndicats 1904 | EFFECTIF de syndicats 1906 | POUR LES MOIS DE : | SOMMES versées | RESTE DU |
|---|---|---|---|---|---|
| 44. Cognac | 11 | 11 | 1ᵉʳ janvier 1904 au 30 juin 1906 | 120 » | » |
| 45. Commentry | 5 | 5 | 1ᵉʳ avril 1904 au 30 juin 1906 | 47 25 | » |
| 46. Constantine (Démissionnaire) | 8 | » | 1ᵉʳ avril 1904 au 30 septembre 1905 | 50 40 | » |
| 47. Creil (Fédⁿ de l'Oise), (Exonérée jusq. 1ᵉʳ juin 1905) | 14 | 13 | 1ᵉʳ juin 1905 au 31 mai 1906 | 54 40 | Le siège est à Hermes |
| 48. Dijon | 20 | 20 | 1ᵉʳ avril 1904 au 31 mars 1906 | 168 25 | 2 mois. |
| 49. Dunkerque | 16 | 16 | 1ᵉʳ janvier 1904 au 31 mars 1906 | 151 20 | 3 mois. |
| 50. Elbeuf | 6 | 6 | 1ᵉʳ juillet 1903 au 31 décembre 1903 | 12 60 | 30 mois. |
| 51. Epernay | 8 | 7 | 1ᵉʳ avril 1904 au 30 juin 1906 | 65 75 | » |
| 52. Evreux (Adhésion 1ᵉʳ août 1905) | » | 5 | Août 1905 | 4 75 | 19 mois. |
| 53. Fontenay-le-Comte | 6 | 7 | 1ᵉʳ juin 1904 au 30 juin 1905 | 30 45 | 12 mois. |
| 54. Fougères | 11 | 11 | 1ᵉʳ avril 1903 au 30 juin 1906 | 146 35 | » |
| 55. Givors | 5 | 5 | 1ᵉʳ juillet 1904 au 30 juin 1906 | 42 » | » |
| 56. Grenoble | 26 | 26 | 1ᵉʳ avril 1904 au 30 juin 1906 | 245 70 | » |
| 57. Guerche (La) (Adhésion 1ᵉʳ février 1906) | » | 10 | 1ᵉʳ février 1906 au 30 juin 1906 | 10 50 | 2 mois. |
| 58. Issoudun (Adhésion 1ᵉʳ avril 190⁷) | » | 6 | | » » | 3 mois. |
| 59. Issy-les-Moulineaux | 5 | 5 | 1ᵉʳ janvier 1905 au 30 avril 1906 | 32 20 | 2 mois. |
| 60. Ivry (Adhésion 1ᵉʳ juin 1904) | 5 | 5 | 1ᵉʳ juin 1904 au 31 décembre 1905 | 33 20 | 6 mois. |
| 61. La Rochelle | 9 | 9 | 1ᵉʳ juin 1904 au 30 juin 1906 | 40 85 | 12 mois. |
| 62. La Roche-sur-Yon (Adhésion 1ᵉʳ juin 1904) | 5 | 5 | 1ᵉʳ juin 1904 au 30 juin 1906 | 43 75 | » |
| 63. Laval | 6 | 6 | 1ᵉʳ juin 1904 au 31 mars 1906 | 44 10 | 3 mois. |
| 64. Le Havre (Exonérée depuis le 31 mars 1904) | 10 | 10 | | » » | » |
| 65. Le Mans | 13 | 13 | 1ᵉʳ avril 1904 au 31 mars 1906 | 109 20 | 3 mois. |
| 66. Levallois-Perret | 8 | 8 | 1ᵉʳ janvier 1904 au 31 mars 1906 | 79 10 | 3 mois. |
| 67. Lille | 15 | 15 | 1ᵉʳ juillet 1904 au 31 mars 1906 | 109 50 | 3 mois. |
| 68. Limoges | 40 | 40 | 1ᵉʳ juillet 1904 au 30 juin 1906 | 336 » | » |
| 69. Lorient | 15 | 15 | 1ᵉʳ avril 1904 au 31 décembre 1905 | 94 50 | 6 mois. |
| 70. Lunéville (Adhésion 1ᵉʳ octobre 1905) | » | 6 | 1ᵉʳ octobre 1905 au 31 mars 1906 | 11 55 | 3 mois. |
| 71. Lyon | 43 | 45 | 1ᵉʳ avril 1905 au 31 décembre 1905 | 185 » | 6 mois. |
| 72. Macon | 5 | 5 | 1ᵉʳ janvier 1904 au 31 décembre 1905 | 42 » | 6 mois. |
| 73. Mazamet (Adhésion 1ᵉʳ août 1905) | » | 5 | 1ᵉʳ août 1905 au 30 juin 1906 | 21 25 | 3 mois. |
| 74. Marseille | 47 | 70 | 1ᵉʳ juin 1904 au 30 juin 1906 | 612 50 | » |
| 75. Meaux (Adhésion 1ᵉʳ août 1905) | » | 8 | 1ᵉʳ août 1905 au 31 mai 1906 | 21 70 | 1 mois. |
| 76. Mèze (Adhésion 1ᵉʳ janvier 1906) | » | 5 | 1ᵉʳ janvier 1906 au 30 juin 1906 | 10 50 | 3 mois. |
| 77. Mehun-sur-Yèvre | » | 5 | 1ᵉʳ janvier 1904 au 31 mars 1906 | 47 25 | 3 mois. |
| 78. Montauban (Adhésion 1ᵉʳ juillet 1904) | » | 8 | 1ᵉʳ juillet 1904 au 31 décembre 1905 | 52 50 | 6 mois. |
| 79. Montluçon | 10 | 10 | 1ᵉʳ avril 1904 au 31 décembre 1905 | 73 50 | 6 mois. |
| 80. Montpellier | 20 | 20 | 1ᵉʳ juillet 1904 au 30 juin 1906 | 168 » | » |
| 81. Moulins | 9 | 9 | 1ᵉʳ avril 1904 au 30 juin 1906 | 76 95 | 3 mois. |
| 82. Nancy | 13 | 13 | 1ᵉʳ avril 1903 au 30 juin 1904 | 68 20 | 24 mois. |
| 83. Nantes | 29 | 29 | 1ᵉʳ décembre 1903 au 31 janvier 1906 | 260 » | 5 mois. |
| 84. Narbonne | 13 | 16 | 1ᵉʳ avril 1904 au 30 juin 1906 | 148 05 | » |
| 85. Nevers | 10 | 10 | 1ᵉʳ avril 1904 au 30 juin 1906 | 94 55 | » |
| 86. Nice (Féd. des Syndic. des Alpes-Maritimes), exonérée | 18 | 11 | 1ᵉʳ janvier 1905 au 31 décembre 1905 | 54 60 | 6 mois. |
| 87. Nîmes | 10 | 10 | 1ᵉʳ janvier 1904 au 31 décembre 1905 | 84 » | 6 mois. |
| 88. Niort | 5 | 5 | 1ᵉʳ avril 1904 au 31 décembre 1905 | 36 75 | 6 mois. |
| 89. Oran | 9 | 11 | 1ᵉʳ juillet 1904 au 30 juin 1905 | 46 20 | 12 mois. |
| 90. Orléans | 12 | 12 | 1ᵉʳ juillet 1904 au 31 mars 1906 | 88 20 | 3 mois. |
| 91. Paris | 100 | 100 | 1ᵉʳ juillet 1904 au 30 juin 1906 | 840 » | » |
| 92. Pau (Adhésion 1ᵉʳ décembre 1904) | 6 | 12 | 1ᵉʳ décembre 1904 au 31 décembre 1905 | 54 60 | 6 mois. |
| 93. Périgueux | 6 | 6 | 1ᵉʳ avril 1904 au 31 mars 1906 | 50 40 | 6 mois. |
| 94. Perpignan | 10 | 10 | 1ᵉʳ avril 1904 au 31 mars 1906 | 94 50 | » |
| 95. Poitiers | 8 | 10 | 1ᵉʳ octobre 1903 au 30 septembre 1904 | 39 » | 21 mois. |
| 96. Puteaux (Adhésion 1ᵉʳ février 1906) | » | 9 | | » » | 5 mois. |
| 97. Reims | 20 | 20 | 1ᵉʳ juillet 1904 au 30 juin 1906 | 168 » | » |
| 98. Rennes | 17 | 17 | 1ᵉʳ avril 1904 au 30 juin 1906 | 160 65 | » |
| 99. Rive-de-Gier | 5 | 5 | 1ᵉʳ janvier 1904 au 30 juin 1906 | 52 70 | » |
| 100. Roanne | 10 | 12 | 1ᵉʳ avril 1904 au 30 juin 1906 | 107 10 | » |
| 101. Rochefort-sur-Mer | 12 | 14 | 1ᵉʳ avril 1904 au 30 juin 1906 | 108 » | » |
| 102. Romans | 12 | 12 | 1ᵉʳ janvier 1904 au 30 septembre 1904 | 37 80 | 21 mois. |
| 103. Romorantin (Adhésion 1ᵉʳ juillet 1905) | » | 4 | 1ᵉʳ juillet 1905 au 30 juin 1906 | 19 95 | » |
| 104. Roubaix (Adhésion 1ᵉʳ juillet 1904) | » | 7 | 1ᵉʳ juillet 1904 au 31 mars 1906 | 92 45 | 3 mois. |
| 105. Rouen | 18 | 18 | 1ᵉʳ octobre 1903 au 30 juin 1906 | 207 90 | » |
| 106. Saint-Amand | 6 | 7 | 1ᵉʳ avril 1904 au 31 décembre 1905 | 49 35 | 6 mois. |
| 107. Saint-Brieuc | 8 | 6 | 1ᵉʳ avril 1904 au 30 juin 1906 | 58 80 | » |
| 108. Saintes | 5 | 5 | | » » | 39 mois. |
| 109. Saint-Claude | 5 | 5 | 1ᵉʳ juillet 1904 au 31 mars 1906 | 36 75 | 3 mois. |
| 110. Saint-Chamond | 6 | 10 | 1ᵉʳ octobre 1903 au 31 mars 1905 | 50 45 | 3 mois. |
| 111. Saint-Denis | 25 | 25 | 1ᵉʳ avril 1904 au 31 mars 1905 | 36 75 | 15 mois. |
| 112. Saint-Étienne | 10 | 10 | 1ᵉʳ avril 1904 au 30 juin 1906 | 236 25 | » |
| 113. Saint-Nazaire | 20 | 20 | 1ᵉʳ avril 1904 au 30 juin 1906 | 168 » | 3 mois. |
| 114. Saint-Quentin | 9 | » | 1ᵉʳ janvier 1904 au 30 juin 1904 | 20 10 | » |
| 115. Saumur (Disparue) | » | 5 | 1ᵉʳ janvier 1904 au 31 mars 1906 | 26 25 | 3 mois. |
| 116. Soissons (Adhésion 1ᵉʳ janvier 1905) | » | 5 | 1ᵉʳ avril 1904 au 31 décembre 1905 | 36 75 | 6 mois. |
| 117. Tarare | 10 | 10 | 1ᵉʳ mars 1904 au 31 mars 1906 | 98 » | » |
| 118. Tarbes | 5 | 5 | 1ᵉʳ juillet 1904 au 30 juin 1906 | 44 75 | » |
| 119. Thiers | 15 | 15 | 1ᵉʳ juillet 1904 au 31 décembre 1905 | 220 50 | 6 mois. |
| 120. Toulon | 28 | 28 | 1ᵉʳ avril 1904 au 31 décembre 1905 | 180 » | 6 mois. |
| 121. Toulouse | 5 | 4 | 1ᵉʳ avril 1904 au 31 mars 1905 | 102 45 | 3 mois. |
| 122. Tourcoing | 20 | 28 | 1ᵉʳ avril 1904 au 31 décembre 1905 | 174 50 | 6 mois. |
| 123. Tours | 5 | 12 | 1ᵉʳ juillet 1904 au 31 mars 1906 | 88 20 | 3 mois. |
| 124. Troyes | 10 | 8 | 1ᵉʳ avril 1904 au 30 juin 1906 | 80 25 | » |
| 125. Tulle | » | » | Juillet 1902 | 1 75 | (Fermée par ordre du Bey). |
| 126. Tunis (Adhésion 1ᵉʳ juillet 1904) | 10 | 10 | 1ᵉʳ janvier 1904 au 30 juin 1906 | 104 80 | » |
| 127. Valence | » | 7 | 1ᵉʳ mars 1904 au 31 mai 1906 | 7 35 | 1 mois. |
| 128. Vaucluse (Fédérat. départem¹ᵉ). (Adhés. 1ᵉʳ mars 1906) | » | 5 | 1ᵉʳ avril 1904 au 30 juin 1906 | 47 25 | » |
| 129. Versailles | 12 | 12 | 1ᵉʳ janvier 1904 au 30 juin 1906 | 124 » | » |
| 130. Vichy | 9 | 9 | | » » | » |
| 131. Vienne (Exonérée depuis le 30 septembre 1901) | 7 | 7 | 1ᵉʳ avril 1904 au 30 juin 1906 | 65 95 | » |
| 132. Vierzon | » | 7 | 1ᵉʳ août 1904 au 30 avril 1906 | 51 45 | 2 mois. |
| 133. Villefranche-sur-Saône (Adhésion 1ᵉʳ août 1904) | » | 5 | 1ᵉʳ août 1904 au 31 décembre 1904 | 21 » | 18 mois. |
| 134. Villeneuve-sur-Lot (Adhésion 1ᵉʳ juillet 1905) | » | 2 | 1ᵉʳ juillet 1905 au 30 juin 1906 | 8 75 | » |
| 135. Vimeu-Escarbotin (Le) (Adhésion 1ᵉʳ juillet 1905) | » | | | | |
| **Totaux** | **1.349** | **1.609** | | | |

Sur 136 Bourses adhérentes, 129 ont versé des cotisations.

Le Havre, exonérée depuis le 1er avril 1901, a recommencé à payer à partir du 1er janvier 1906. Vienne est exonérée depuis le 30 septembre 1901. Les Bourses de Caen et d'Issoudun, d'adhésion récente, n'avaient rien à payer. Celles de Brives et de Saintes, n'ont rien versé depuis le Congrès de Bourges. Les Bourses suivantes sont en retard dans leurs paiements : Alger, 6 mois ; Auch, 9 mois ; Bédarieux, 9 mois ; Bourges, 9 mois ; Chauny, 12 mois ; Elbeuf, 30 mois ; Evreux, 19 mois ; Fontenay-le-Comte, 12 mois ; Lorient, 6 mois ; Lyon, 6 mois ; Montauban, 6 mois ; Montluçon, 6 mois ; Nancy, 24 mois ; Nice, 6 mois ; Niort, 6 mois ; Oran, 12 mois ; Poitiers, 21 mois ; Romans, 21 mois ; Saint-Denis, 15 mois ; Tarare, 6 mois ; Toulon, 6 mois

Les Bourses qui doivent le trimestre courant doivent être considérées comme étant à jour de leurs cotisations, les comptes ayant été arrêtés le 31 mai.

A partir du 1er janvier 1905, c'est l'Union des Syndicats de Lyon et de la banlieue qui remplace, à la Section des Bourses du travail, la Bourse du travail de Lyon, et la Bourse de Tulle est remplacée par la *Ruche Rouge*, depuis le 1er janvier 1906.

La Bourse du travail de Brest, en retard de 6 mois, est fermée par mesure gouvernementale. Celles de Saint-Denis, Evreux, Bédarieux, s'excusent et demandent quelques jours de crédit pour divers motifs : grèves, organisations du placement, conflits divers, etc.

Nous avons considéré comme disparues, les Bourses de la Vallée de l'Hers et de Lons-le-Saunier, dont nous n'avons pas de nouvelles depuis des années.

La Bourse du travail de Saumur, portée comme ayant payé jusqu'au 30 juin 1904, est dissoute.

Les Bourses suivantes ont payé leurs cotisations quelques jours après le 31 mai : Carcassonne, Clermont-Ferrand, Chartres, Cherbourg, Ivry, Puteaux, Aix, Lille, Alais, Agen, Saint-Quentin, Nîmes, Cette, La Rochelle, Cahors, Toulouse, Meaux, Clichy, Roubaix, Le Havre, Tourcoing, Levallois-Perret, Charenton, Angoulême, Dunkerque, Chalon-sur-Saône, Cholet, Bayonne, Nancy, Nantes, Boulogne-sur-Mer, Bayonne, Calais, Macon, Agde, Bordeaux, Le Mans, Lijon, Alençon, Pau, Périgueux, Villeneuve-sur-Lot, Saint-Amand, Saint-Claud.

## Bilan de la Section des Bourses du 1er Juin 1904 au 31 Mai 1906

| RECETTES | | DÉPENSES | |
|---|--:|---|--:|
| Cotisations | 11.821 10 | Correspondance | 457 80 |
| Vente de Brochures | 972 30 | Imprimés | 3.560 15 |
| Remboursement de l'Office | | Cotisations diverses, | 290 70 |
| | 2.773 25 | Appointements | 7.725 »» |
| | | Divers et frais de bureau | 544 30 |
| | | Délégations | 575 70 |
| | | Loyer et installation | 691 95 |
| | 15.566 65 | | 13.845 60 |
| En caisse le 31 mai 1904 | 714 65 | En caisse au 31 mai 1906 | 2.435 70 |
| | 16.281 30 | | 16.281 30 |

### Recettes

*Brochures.* — Vente des *Manuel du Soldat*. Sur ce chapitre, il nous reste dû environ 300 fr.

*Remboursement de l'Office.* — Versement à la Section des Bourses de l'encaisse de l'Office, au 24 février 1906, pour rembourser les dépenses d'impressions, d'indemnité au secrétaire et envois de feuilles hebdomadaires, etc. Sommes avancées par la Section des Bourses pour le service de l'Office de Statistique et de Placement.

Ce remboursement a été effectué par décision du Comité fédéral.

### Dépenses

*Correspondance.* — Lettres des secrétaires et trésorier, et envois des feuilles hebdomadaires pour l'Office de Statistique.

*Imprimés.* — Rapport du Congrès de Bourges, 253 fr. 50 ; frais d'envoi du rapport confédéral, 137 fr. ; Affiches « Retraites ouvrières, Guerre à la Guerre, et Contre l'arbitraire»; «Manuel du Soldat» et feuilles de l'Office, du 1er décembre 1904 au 5 octobre 1905.

*Cotisations diverses.* — 190 fr. 70 à la Commission des Grèves et de la Grève générale, et 100 fr., notre part au Secrétariat international.

*Appointements.* — Du secrétaire, à 200 fr. par mois, du 1er juin 1904 au 30 septembre 1904, et 250 fr. par mois jusqu'au 30 octobre 1905, et les mois suivants, 225 fr., soit pour le secrétaire, 5,575 fr. Du trésorier, une avance de 250 fr. pour ses appointements à l'Office pour décembre 1904, et 105 fr. par mois à partir du 1er janvier 1905 jusqu'au 30 octobre 1905, à partir de cette date, comme pour les secrétaires, il laisse 25 fr. par mois, soit un total de 1,850 fr., et enfin, 300 fr. versés à Delesalle, secrétaire-adjoint, pour les mois de mars, avril, mai 1906.

*Frais de bureau et divers.* — Envois de colis postaux, affichages divers ; chauffage, éclairage, travaux exceptionnels ; réparations diverses.

*Délégations.* — Griffuelhes à Tours, 36 fr. ; Yvetot à Bourges, 97 fr. 20 ; Luquet à Tours, 30 fr. ; Lévy à Bourges, 70 fr. ; Griffuelhes à Bourges, 48 fr. 75 ; Niel, grèves agricoles, 75 fr. 25 ; Griffuelhes à Berlin, 136 fr., et d'autres petites délégations.

*Loyer et installation.* — Achat de meubles et diverses dépenses pour la cité Riverin et la rue de la Grange-aux-Belles. Notre part de loyer dans ces deux locaux.

*Le Trésorier,*

Albert LÉVY.

# Rapport de la " Voix du Peuple "

Depuis le Congrès de Bourges, la *Voix du Peuple* a eu à subir l'arbitraire gouvernemental qui s'est manifesté à son égard, tant dans l'ordre judiciaire, que dans l'ordre administratif et postal.

Le mobile de ces persécutions, il faut le trouver dans l'arrière-pensée des Pouvoirs publics d'enrayer la propagande syndicaliste et, principalement, de paralyser la campagne d'agitation pour les Huit heures.

Le premier acte de ces persécutions se manifesta par l'exclusion de la C. G. T., de l'immeuble municipo-préfectoral, dénommé Bourse du Travail. Le prétexte excipé fut la propagande antimilitariste faite, en octobre 1905, par le numéro de l'*Appel de la classe*, publié par *La Voix du Peuple*. Ce numéro était semblable, en allure, aux numéros de même ordre publiés précédemment sans encombre. Donc, l'attitude prise en la circonstance par l'administration préfectorale et gouvernementale était bien la caractéristique d'une volonté d'entraver la propagande syndicale.

Le résultat fut loin d'être atteint. Dans le local provisoire de la Cité Riverin, la *Voix du Peuple* continua son œuvre de vulgarisation syndicale. C'est alors que fut tenté contre elle un coup de haut arbitraire : en vertu des *lois scélérates*, et de par le bon plaisir du préfet de police, son numéro sur le *Conseil de Revision* (février 1906) était saisi à l'imprimerie, sous presse, avant la mise en vente, — par conséquent, dans des conditions d'arbitraire on ne peut plus odieuses. Pour donner un semblant d'excuse à ce coup de force, des poursuites furent engagées, pour la forme, contre les camarades : Griffuelhes, comme imprimeur-gérant ; Pouget, comme éditeur ; Grandjouan, comme dessinateur ; Delessalle, comme auteur d'un article.

Jamais il ne fut donné suite à ce procès ; aucune instruction ne fut engagée et, au bout de six mois — sans que les camarades aient été interrogés, — l'amnistie vint liquider une situation ennuyeuse pour la magistrature qui ne savait de quelle inculpation colorer son arbitraire.

Cette saisie eut, sur le développement matériel de la *Voix du Peuple*, une répercussion fâcheuse, — et d'ailleurs momentanée. Un commissaire de police avait, au cours d'une perquisition aux bureaux du journal, emporté un jeu de bandes d'abonnés. Nous eûmes ultérieurement la preuve que, nanties de cette série d'adresses, police et magistrature en usèrent pour intimider certains abonnés.

D'autre part, sous prétexte qu'ordre avait été donné de saisir le numéro du *Conseil de Revision*, des employés des postes, — dont on ne saurait trop flétrir les instincts de basse police, — continuèrent, pendant plus de deux mois, à saisir, au fur et à mesure de leur parution, les numéros de la *Voix du Peuple*, qui leur tombaient sous la main.

De ces diverses manœuvres arbitraires, il résulta une désorganisation des services qui se traduisit par quelques désabonnements.

Si l'on ajoute que, grâce à la mauvaise administration postale, — même quand ses employés ne s'avilissent pas à des agissements policiers, — la *Voix du Peuple*, n'arrive à destination qu'avec de préjudiciables retards (ou même n'arrive pas du tout !), on s'étonnera moins que nous ayons eu à subir des désabonnements.

Ce ne sont que des désagréments momentanés, — regrettables au point de vue matériel, mais non au point de vue moral ; s'ils ont eu l'inconvénient de grever le budget du journal, car ils ont entraîné à des pertes matérielles, ils ont, d'autre part, été la preuve que la *Voix du Peuple* accomplit la fonction propagandiste qui fait sa raison d'être ; si son influence était nulle ou moins considérable, les dirigeants la persécuteraient avec moins d'acharnement.

Il suffira, pour se rendre compte de son influence, de rappeler que son action s'est manifestée, outre sa périodicité normale, par des numéros antimilitaristes publiés chacun à une trentaine de mille d'exemplaires et par des numéros du 1er mai qui furent tirés : celui du 1er mai 1905, à 85,000 exemplaires, et celui du 1er mai 1906, (portant les numéros 288 et 290), à 70,000 exemplaires.

En raison de la dépression momentanée, causée par les persécutions et la mauvaise distribution postale, la *Voix du Peuple* est, depuis dix mois, à peu près stationnaire. Son tirage hebdomadaire est d'environ 6,300 exemplaires. Au moment où fut établi le rapport présenté au Congrès de Bourges, en 1904, son tirage était de 5,800, répartis comme suit :

| | |
|---|---:|
| Expédié à nos dépositaires directs | 2.300 |
| Livré pour le service des messageries Hachette | 375 |
| —        —        bibliothèques des gares | 115 |
| Abonnés | 2.100 |
| Pour la vente à la Bourse du Travail, à Paris, pour les services et les collections | 400 |
| | 5.790 |

Depuis lors, il s'est produit une trop légère augmentation qu'indiquent les chiffres suivants :

| | |
|---|---:|
| Expédié à nos dépositaires directs | 2.200 |
| Livré pour le service des messageries Hachette | 1.150 |
| —        —        bibliothèques des gares | 105 |
| Abonnés | 2.350 |
| Pour la vente à Paris, pour les services et les collections | 400 |
| | 6.205 |

La légère diminution qui se constate dans la livraison faite pour le service des bibliothèques des gares, est le résultat d'une interdiction de vente par la Compagnie du Métropolitain de Paris, dans les bibliothèques installées dans ses gares, interdiction prononcée à la suite d'articles publiés sur l'exploitation de son personnel.

## Les syndicats abonnés

Le Congrès de Montpellier (1902) stipula que les syndicats confédérés devaient être abonnés à la *Voix du Peuple*, et que cet abonnement était une des conditions de l'affiliation confédérale.

Étant donné que les syndicats ne sont confédérés que par l'intermédiaire de leur Fédération corporative et de leur Bourse du Travail, il est de toute évidence que, pour être au courant du mouvement confédéral, il y a pour eux nécessité d'être abonnés à l'organe de la C. G. T.

De cette décision, simplement logique et qui ne porte aucunement atteinte à l'autonomie des syndicats, il s'en faut que tous en aient tenu compte et s'y soient conformés. Le tableau suivant indique dans quelle proportion se répartissent, par Fédérations, les syndicats abonnés :

| FÉDÉRATIONS | NOMBRE DE SYNDICATS | SYNDICATS ABONNÉS |
|---|---|---|
| Agricoles du Midi. | 113 | 82 |
| Alimentation | 62 | 28 |
| Allumettiers | 6 | 5 |
| Ameublement. | 49 | 25 |
| Artistes-Musiciens | 24 | 4 |
| Bâtiment | 94 | 62 |
| Bijouterie | 15 | 11 |
| Blanchisseurs | 4 | 2 |
| Brossiers-Tabletiers | 11 | 5 |
| Bûcherons. | 84 | 51 |
| Carriers | 6 | 3 |
| Céramique. | 24 | 12 |
| Chapeliers. | 30 | 8 |
| Charpentiers | 15 | 3 |
| Syndicat national des Chemins de fer | 176 | 15 |
| Chauffeurs-Mécaniciens | 8 | 2 |
| Confection militaire | 10 | 3 |
| Coiffeurs | 39 | 10 |
| Cuirs et Peaux | 57 | 26 |
| Dessinateurs | 5 | . |
| Employés | 85 | 22 |
| Gantiers | 6 | . |
| Magasins administratifs de la Guerre | 14 | 1 |
| Personnel civil des Etablissements de la Guerre. | 23 | 3 |
| Habillement | 45 | 14 |
| Horticulture | 9 | 3 |
| Inscrits maritimes | 49 | 4 |
| Lithographie | 39 | 17 |
| Livre | 163 | 54 |
| Maçonnerie en Pierre. | 120 | 56 |
| Maréchaux | 7 | 2 |
| Marine de l'Etat | 9 | 9 |
| Mécaniciens | 53 | 15 |
| Menuisiers. | 22 | 13 |
| Métallurgie | 172 | 114 |
| Mineurs | 23 | 11 |
| Modeleurs-Mécaniciens | 7 | 4 |
| Mouleurs | 78 | 28 |
| Municipaux | 34 | 8 |
| Papier | 24 | 8 |
| Pelletiers-Fourreurs | 6 | 4 |
| Peintres | 41 | 15 |
| Ports et Docks | 67 | 10 |
| Postes, Télégraphes, Téléphones | 93 | 9 |
| Presses typographiques | 6 | 6 |
| Sabotiers | 16 | 10 |
| Sellerie-Bourrellerie | 9 | 3 |
| Tabacs | 25 | 15 |
| Teinturiers | 6 | 1 |

| FÉDÉRATIONS | NOMBRE DE SYNDICATS | SYNDICATS ABONNÉS |
|---|---|---|
| Textile. . . . . . . . . . . | 104 | 47 |
| Tonneau . . . . . . . . . . | 47 | 11 |
| Transports en commun . . . . . . . | 33 | 18 |
| Manutentions diverses . . . . . . | 28 | 15 |
| Verriers . . . . . . . . . . | 46 | 29 |
| Voiture . . . . . . . . . | 32 | 13 |

## Le développement de la *Voix du Peuple*

Au cours de la campagne d'agitation qui a eu pour aboutissant le mouvement gréviste du 1er mai, il a été donné à tous les militants de regretter l'insuffisante périodicité de la *Voix du Peuple*. Plus que jamais, en ces moments de suractivité, a été désiré un organe de périodicité plus rapprochée.

Il faut bien avouer que, tant que ces désirs resteront imprécis et vagues, aucune modification dans la périodicité de la *Voix du Peuple* ne pourra être examinée. Le meilleur, pour atteindre ce but, serait de développer le journal dans sa forme actuelle : accroître sa vente, augmenter son nombre d'abonnés. *La Voix du Peuple* devrait être en vente dans toutes les Bourses du Travail, — et elle n'est vendue que dans peu ! — D'autre part, le tableau ci-dessus indique combien nombreux sont encore les syndicats non abonnés.

C'est dans ces deux ordres d'idées — développer la vente et les abonnés — que doivent converger les efforts. Cependant, outre cela, il y aurait possibilité de s'engager dans une voix dont, au 1er mai dernier, la Bourse du Travail de Brest a démontré, expérimentalement, le côté pratique.

La Bourse du Travail de Brest, désireuse d'avoir un organe à elle, a préféré, au lieu de créer un petit journal local, s'aboucher avec nous pour avoir une édition spéciale de la *Voix du Peuple*, pouvant tenir avantageusement lieu de cet organe local. En conséquence, pendant trois numéros, nous avons publié une édition régionale pour le Finistère avec changement de toute la quatrième page. La mise en état de siège de Brest, au 1er mai et l'arrestation des militants de la Bourse du Travail, a momentanément suspendu cette publication.

L'expérience n'en est pas moins concluante. L'accueil fait à cette édition régionale indique que ce qui a été possible dans le Finistère, peut l'être en d'autres régions, — et ce, avec des avantages pour les camarades de la région. — N'est-il pas évident que, typographiquement, il y a, la plupart du temps, davantage de matière dans une page de la *Voix du Peuple* que dans certains organes de Bourses du Travail ? Donc, le camarade qui recevrait un journal contenant, en quatrième page, le contenu de l'organe de sa Bourse du Travail et, en les trois autres, le meilleur de la *Voix du Peuple*, ne perdrait pas au change.

La mise en pratique de ce mode de publication serait, aujourd'hui, d'autant plus facile que les organisations syndicales ont leur imprimerie à la *Maison des Fédérations*.

Cependant, il faut se rendre compte que les organisations ayant un organe à elles, aient de l'hésitation à lui substituer une édition particulière de la *Voix du Peuple*, malgré les avantages qui en pourraient résulter au point de vue de la propagande. On peut pourtant supputer quel puissant organe pourrait se réaliser si toutes les sommes utilisées à publier des organes locaux l'étaient à faire paraître la *Voix du Peuple* dans les formes indiquées ci-dessus.

Quoique cela, ce qui est possible, c'est que les organisations qui n'ont pas encore d'organe et qui désirent en créer un, examinent la proposition d'une édition de la *Voix du Peuple*. Il ne s'agit plus, en ce cas, de supprimer un organe existant, pour lequel on a de l'attachement, mais de choisir un mode de publication permettant une plus intense propagande.

Sur ce point, le Congrès pourra donner une indication, mais en dernier ressort
la solution relèvera, évidemment, des organisations intéressées.

Il nous faut, ici, en conclusion, réitérer les critiques présentées précédemment ! il est regrettable de constater que soit si lent le grandissement de la
*Voix du Peuple*. Les travailleurs syndiqués ne s'intéressent pas assez à sa vitalité, n'aident pas suffisamment à son développement. Il nous suffira de rappeler,
à ce propos, qu'au cours de l'année 1905, une nouvelle tentative fut faite pour
mettre le journal en vente dans les kiosques de Paris. Or, au bout de quelques
mois d'expérience coûteuse, il fallut y renoncer. Et pourtant, pour que ce service pût se continuer, sans déficit, il eût suffi qu'un millier de syndiqués achetassent régulièrement la *Voix du Peuple*.

Connaissant le point faible, tâchons d'y remédier. Telle qu'elle est, la *Voix
du Peuple* a rendu et rend de grands services ; sa besogne de propagande économique est excellente. A nous de faire effort pour perfectionner et rendre plus
puissant et plus efficace cet outil de propagande.

Pour la Commission du Journal :

*Le Secrétaire :*

Emile POUGET

# RAPPORT FINANCIER DU JOURNAL

## du 1er Juin 1904 au 31 Mai 1905

| MOIS | ABONNÉS | VENTES | | | | NUMÉROS exceptionnels | SOUSCRIPTION | TOTAUX |
|---|---|---|---|---|---|---|---|---|
| | | au Bureau | Paris | départements et extérieur | par Hachette | | | |
| 1904 Juin | 1.092 15 | 47 35 | 101 55 | 204 75 | 146 60 | » » | » » | 1.592 40 |
| Juillet | 685 15 | 36 05 | 20 35 | 240 » | 119 90 | 14 » | » » | 1.115 45 |
| Août | 838 45 | 43 65 | 54 35 | 543 70 | 164.40 | 14 » | » » | 1 678 55 |
| Septembre | 807 85 | 49 20 | 44 55 | 123 65 | 94 65 | » » | » » | 1.119 90 |
| Octobre | 517 » | 51 65 | 11 95 | 430 55 | 112 » | 216 70 | » » | 1.339 85 |
| Novembre | 732 50 | 26 50 | 45 60 | 468 05 | 177 20 | 535 » | » » | 2.004 85 |
| Décembre | 1.945 15 | 18 75 | 21 65 | 328 85 | 125 » | 102 05 | » » | 2.541 45 |
| 1905 Janvier | 2 032 65 | 26 25 | 23 45 | 401 25 | 111 25 | 596 80 | » » | 3.211 65 |
| Février | 1.370 25 | 24 50 | 70 50 | 518 70 | 179 40 | 24 50 | » » | 2 187 85 |
| Mars | 1.121 15 | 25 70 | 14 25 | 434 70 | 152 45 | 7 » | » » | 1.755 25 |
| Avril | 997 40 | 23 85 | 57 10 | 449 45 | 111 10 | 820 05 | » » | 2 458 95 |
| Mai | 1.220 50 | 13 50 | 55 50 | 544 20 | 195 40 | 471 30 | » » | 2 500 40 |
| | 13.400 20 | 386 90 | 520 80 | 4 687 85 | 1.689 35 | 2.821 40 | » » | 23.306 55 |

## du 1er Juin 1905 au 31 Mai 1906

| MOIS | ABONNÉS | VENTES | | | | NUMÉROS exceptionnels | SOUSCRIPTION | TOTAUX |
|---|---|---|---|---|---|---|---|---|
| | | au Bureau | Paris | départements et extérieur | par Hachette | | | |
| 1905 Juin | 1.188 50 | 7 70 | 37 » | 458 25 | 122 25 | 163 10 | » » | 1.976 80 |
| Juillet | 928 60 | 14 50 | 127 20 | 456 25 | 138 80 | 1 50 | » » | 1.666 85 |
| Août | 955 30 | 10 65 | 94 95 | 492 95 | 228 05 | 5 » | » » | 1.786 90 |
| Septembre | 628 70 | 29 45 | 15 25 | 549 80 | 110 40 | 56 » | » » | 1.389 60 |
| Octobre | 568 05 | 24 » | 32 50 | 396 70 | 128 45 | 340 45 | » » | 1.508 15 |
| Novembre | 1.421 70 | 30 25 | » » | 495 75 | 181 25 | 65 50 | » » | 2 194 45 |
| Décembre | 1.651 50 | 32 » | 128 15 | 351 25 | 152 90 | » » | » » | 2.315 80 |
| 1906 Janvier | 1.588 20 | 30 25 | 10 75 | 383 95 | 229 20 | 5 » | » » | 2.247 35 |
| Février | 1.098 75 | 28 40 | 20 85 | 273 25 | 165 65 | 404 65 | » » | 1.991 55 |
| Mars | 1.062 25 | 35 » | 32 25 | 335 85 | 154 60 | 28 » | » » | 1 667 95 |
| Avril | 1.191 85 | 45 » | 24 60 | 315 70 | 127 15 | 1.131 45 | »* » | 2 835 75 |
| Mai | 1.295 50 | 19 » | 455 60 | 517 35 | 215 55 | 288 25 | 298 80 | 3 090 05 |
| | 13.596 90 | 306 20 | 979 10 | 5.047 05 | 1.954 25 | 2.488 90 | 298 80 | 24.671 20 |

Dépenses du Journal

| MOIS | FRAIS de Bureau | APPOINTE-MENTS | FRAIS | | | PROPAGANDE et Publicité | LOYER et Installation | PROCÈS | TOTAUX |
|---|---|---|---|---|---|---|---|---|---|
| | | | d'Impres-sion | d'Expédi-tion | des Nos exceptionn[els] | | | | |
| **du 1er Juin 1904 au 31 Mai 1905** | | | | | | | | | |
| 1904 Juin . . . . . | 84 » | 395 » | 728 95 | 296 60 | » » | » » | » » | » » | 1 504 55 |
| Juillet . . . . | 62 50 | 350 » | 865 95 | 371 60 | » » | » » | » » | » » | 1.650 05 |
| Août . . . . | 100 40 | 415 » | 846 » | 376 05 | » » | » » | » » | » » | 1.737 45 |
| Septembre . . . | 93 50 | 415 » | 294 40 | 297 30 | » » | » » | » » | » » | 1.100 20 |
| Octobre . . . . | 76 05 | 350 » | 834 80 | 293 30 | 20.75 | » » | » » | » » | 1.574 90 |
| Novembre . . . | 102 15 | 350 » | 943 » | 276 » | 400 15 | » » | » » | » » | 2 071 30 |
| Décembre . . . | 110 55 | 395 » | 1.155 70 | 353 30 | 155 » | » » | » » | » » | 2 169 55 |
| 1905 Janvier . . . | 239 45 | 410 » | 1.469 85 | 298 70 | 367 » | » » | » » | » » | 2 785 » |
| Février . . . | 133 » | 400 » | 1.187 25 | 310 60 | 117 25 | » » | » » | » » | 2.148 10 |
| Mars . . . . | 98 65 | 425 » | 698 80 | 382 35 | » » | » » | » » | » » | 1.604 80 |
| Avril . . . . | 272 40 | 400 » | 1.090 45 | 317 55 | 516 60 | » » | » » | » » | 2.596 70 |
| Mai . . . . | 161 90 | 400 » | 1.650 05 | 347 65 | 20 » | » » | » » | » » | 2.579 60 |
| | 1.534 55 | 4.705 » | 11.764 90 | 3.921 » | 1.596 75 | » » | » » | » » | 23.522 20 |
| **du 1er Juin 1905 au 31 Mai 1906** | | | | | | | | | |
| 1905 Juin . . . . | 148 65 | 445 » | 1 108 05 | 406 30 | 267 70 | » » | » » | » » | 2.375 70 |
| Juillet . . . . | 140 80 | 400 » | 1.202 45 | 308 » | 3 » | » » | » » | » » | 2.053 95 |
| Août . . . . | 133 80 | 400 » | 959 95 | 292 60 | 18 » | » » | » » | » » | 1.804 35 |
| Septembre . . . | 41 60 | 175 » | 1.151 55 | 351 65 | 19 » | » » | » » | » » | 1.416 85 |
| Octobre . . . | 28 15 | 325 » | 564 80 | 217 35 | 281 55 | » » | » » | » » | 2.178 35 |
| Novembre . . . | 136 50 | 425 » | 1.248 95 | 367 90 | » » | » » | » » | » » | 2 417 15 |
| Décembre . . . | 218 90 | 675 » | 863 85 | 363 80 | 71 90 | » » | 223 70 | » » | 1.861 40 |
| 1906 Janvier . . . | 225 10 | 400 » | 805 40 | 285 30 | » » | » » | 145 60 | 58 65 | 2.078 65 |
| Février . . . | 264 50 | 315 » | 935 05 | 210 90 | 294 55 | » » | » » | » » | 1.934 90 |
| Mars . . . . | 170 20 | 385 » | 769 85 | 362 55 | 10 75 | 236 55 | » » | » » | 2.175 80 |
| Avril . . . . | 41 95 | 121 75 | 957 15 | 389 45 | 333 55 | » » | 331 95 | » » | 3.186 90 |
| Mai . . . . | 224 50 | 600 » | 1.430 » | 353 75 | 442 65 | 56 » | 80 » | » » | 3.186 90 |
| | 1.774 65 | 4.666 75 | 11 996 75 | 3 909 55 | 1 742 65 | 292 55 | 781 25 | 58 65 | 25.222 80 |

## Bilan du Journal du 1ᵉʳ Juin 1904 au 31 Mai 1906

| RECETTES | | DÉPENSES | |
|---|---|---|---|
| Abonnements . . . | 26 977 10 | Frais d'impressions. . . | 23.761 65 |
| Vente Province . . . . | 9.734 90 | Appointements . . . . | 9 371 75 |
| Vente Paris . . . . . | 1.499 90 | Frais d'expédition . . . | 7.830 55 |
| Vente Bureaux . . . . | 693 10 | Frais numéros exception- | |
| Vente Hachette . . . . | 3.643 60 | nels. . . . . . . | 3.339 40 |
| Vente numéros exception- | | Frais de bureaux et divers. . | 3.309 20 |
| nels. . . . . . . | 5 310 30 | Propagande et publicité. . | 292 55 |
| Souscriptions . . . . | 298 80 | Loyer et installation . . | 781 25 |
| | ——— | Procès . . . . . | 58 65 |
| | 48 177 70 | | ——— |
| En caisse au 31 mai 1904 . | 1.295 55 | | 48 745 00 |
| | ——— | En caisse au 31 mai 1905 . | 728 25 |
| | 49.473 25 | | ——— |
| | | | 49 473 25 |

La publication des tableaux comparatifs des recettes et des dépenses, nous dispense de donner un détail des chapitres du bilan. Toutefois, nous devons faire remarquer que l'encaisse au 31 mai 1904, est supérieure à celle du 31 mai 1906. Quelques explications sont donc indispensables.

A l'arrêt des comptes de 1904, le journal devait à l'imprimeur quatre numéros, soit environ 600 francs, payés en juin 1904. Nous ne devons, à l'arrêt des comptes, fin mai 1906, que deux numéros, soit une différence de 300 francs.

Sur le chapitre *appointements*, le journal eût à payer le trésorier à 50 francs par mois depuis le 1ᵉʳ janvier 1905, soit, pour 17 mois, 850 francs. Depuis quelque temps, nous avons réalisé une économie sur le pliage et l'expédition du journal, cela nous a permis de couvrir les dépenses supplémentaires occasionnées par les absences du secrétaire du journal et du trésorier ; l'impression des ban des pour tous les abonnés et une augmentation assez sensible de frais d'impression, depuis notre départ de l'imprimerie de la Presse. Un essai de vente dans les kiosques, à Paris, a coûté environ 700 francs. La saisie du numéro du Conseil de revision 1906 a été aussi une cause de diminution de recettes.

Nous ne faisons pas entrer en ligne de compte les dépenses pour la propagande (service du journal à des organisations non abonnées), elles balancent une recette *souscription*, don généreux d'un ami du journal.

Notre exclusion de la Bourse du travail, rue du Château-d'Eau, nous a obligé à acheter du mobilier, à payer notre chauffage et éclairage et diverses dépenses d'installation et de déménagement se montant à plus de 70 ofrancs. Nous devons dire aussi que la Bourse du travail de Brest a contracté une dette de 333 francs qu'elle n'a pas pu nous régler à cause de l'incarcération des membres de son Conseil et sa fermeture. L'Union des syndicats du département de la Seine nous doit aussi 280 francs pour numéros du tirage au sort et du départ de la classe. Quelques organisations et correspondants restent devoir au total : 400 francs pour achat de numéros exceptionnels.

En résumé, si nous tenons compte des dépenses occasionnées par notre départ des locaux préfectoraux de la rue du Château-d'Eau, la saisie du numéro spécial du tirage au sort de 1906, essai de vente dans les kiosques de Paris, et des sommes qui nous restent dues, la situation financière du journal peut apparaître à tous comme satisfaisante.

Le *Trésorier*,

A. LÉVY.

# RAPPORT FINANCIER

DE LA

# Commission des Grèves et de la Grève générale

Bilan de la Commission des Grèves et de la Grève Générale
du 1er Juin 1904 au 30 Septembre 1905

| RECETTES | | DÉPENSES | |
|---|---|---|---|
| Cotisations | 960 55 | Correspondance | 206 55 |
| Brochures | 58 40 | Délégations | 458 70 |
| | | Divers et Postaux | 178 65 |
| | | Imprimés | 276 » |
| | 1.018 95 | | 1.119 90 |
| En caisse le 31 mai 1904 | 159 60 | En caisse le 30 sept. 1905 | 58 65 |
| | 1 178 55 | | 1.178 55 |

## Recettes

*Brochures.* — Quelques paiements arriérés de brochures « Grève générale, réformiste et révolutionnaire ».

*Cotisations.* —Versements de la section des Fédérations se montant à 248 fr. 25, du 1er juin 1904 au 28 février 1905 ; versements de la section des Bourses se montant à 190 fr. 60, du 1er juin 1904 au 28 février 1905. Le reste, quelques syndicats de la métallurgie et des sous-comités de Bourges, d'Albi, de Paris.

## Dépenses

*Correspondance.* — Les envois de fonds aux grèves ; lettres d'envoi ; dépêches ; plusieurs circulaires appels aux grèves ; manifestes pour les Russes, 60 fr. 45 ; circulaires pour les mouleurs, 39 fr. 45 ; circulaires pour Villefranche et Limoges, 18 fr. 15, etc., etc.

*Divers et postaux.* — Confection, service de bandes ; travail de récapitulation de comptes de grèves ; colis postaux ; affichage manifestes russes ; expédition des diverses circulaires, etc.

*Délégations.* — Lévy à Sommedieu, 55 fr. 80 ; Honoraires avocat pour Verdun, 70 fr. ; Espanet à Issoudun, 19 fr. ; Lévy à Issoudun, 30 fr. ; Yvetot à Darnetal, 15 fr. ; Jacoby à Villedieu, 52 fr. 25 ; Griffuelhes à Lorient et Brest, 86 fr. 65 ; Beausoleil à Mouy, 30 fr.

*Imprimés.* — 20,000 bandes blanches, 22 fr. ; circulaires pour les agricoles, 20 fr. ; circulaires pour la grève de la Rhurr et la Russie, 106 fr. ; grèves Paris, circulaires, 52 fr. ; circulaires fondeurs, 19 fr. ; circulaires Villefranche et Limoges, 21 fr., etc., etc.

A partir du dernier Congrès et pour faciliter la comptabilité, les comptes de la Commission des Grèves et de la Caisse des Grèves, ont fait l'objet de deux comptabilités distinctes.

La somme de 273 fr. 25 qui formait l'encaisse au 31 mai 1904, a été versée dans les caisses respectives de la façon suivante, comme le bilan l'indique : 159 fr. 60 à la caisse de la Commission des Grèves et 113 fr. 65 à la Caisse des Grèves.

Par décision du Comité confédéral, l'encaisse de la Commission des Grèves, à la date du 30 septembre 1905, soit 58 fr. 65, a été versé à la section des Fédérations. A partir de cette époque, ladite section prend à sa charge les diverses dépenses de cette Commission, mais, en échange, reçoit les versements qui pourraient parvenir pour la propagande ou pour paiement de brochures.

## Bilan de la Caisse des Grèves du 1er Juin 1904 au 31 mai 1906

| RECETTES | | DÉPENSES | |
|---|---|---|---|
| Souscriptions aux grèves . | 37.488 95 | Versement aux grèves . . | 36.566 75 |
| | 37.488 95 | | 36.566 75 |
| En caisse le 31 mai 1904 . | 113 65 | En caisse le 31 mai 1906 . | 1 035 85 |
| | 37.602 60 | | 37.602 60 |

L'encaisse de 1,035 fr. 85 est le reliquat de la souscription en faveur des grévistes des 8 heures, réparti quelques jours après la clôture des comptes par la Commission des huit heures.

Le Trésorier.

A. LEVY.

# RAPPORT

# de la Commission de Contrôle

Fonctionnant conformément à la décision du Congrès de Bourges, votre Commission de contrôle a pu, dès sa constitution, établir un contrôle régulier et effectif des recettes et dépenses de notre organisation centrale.

La besogne fut délicate par suite de l'indifférence de plusieurs fédérations qui négligèrent d'envoyer un délégué à cette Commission, et de la multiplicité des caisses; elle nous fut cependant facilitée par la clarté même de la comptabilité, clarté qui résulte de l'existence de livres spéciaux à chaque caisse particulière. Nous ne pouvons que confirmer et attester la sincérité et l'exactitude des rapports financiers dont les détails et l'ensemble vous sont fournis par le trésorier.

Pour conclure, la Commission de contrôle émet le vœu que, dans l'intérêt de son bon fonctionnement, un camarade de ladite Commission soit convoqué à toutes les réunions du Comité général, à titre d'auditeur, à seule fin de se rendre compte des dépenses votées par le Comité.

Fait à Paris, le 17 juin 1906.

Contrôleurs : Bidault ; Dassé ; Quemeneur ; Clolus ; Bidaret ; Boyot ; Guillou.

Le Secrétaire,

VIGNAUD.

Ont assisté à une séance : Blot, Fédération des Maréchaux remplaçant Brumeau, qui avait assisté à quatre séances.

| Lefevre, | Fédération des Bijoutiers, | 1 séance. |
| Boyot, | — des Travailleurs Municipaux, | 4 — |
| Michelot, | — de l'Alimentation, | 2 — |
| Desmoulin, | — des Lithographes, | 2 — |
| Laffitte, | — des Charpentiers, | 3 — |
| Gaillard, | — des Magasins de la Guerre, | 3 — |
| Boulogne, | — des Préparat. en Pharmacie, | 3 — |
| Durand, | — des Teinturiers, | 3 — |
| Dassé, | — des Allumettiers, | 6 — |
| Bidault, | — des Peintres, | 6 — |
| Bidoret, | — de l'Ameublement, | 6 — |
| Lacroix, | — du Livre, | . |
| Delamarre, | — des Chapeliers, | 5 — |
| Quemeneur, | — des Chemins de Fer, | 12 — |
| Clolus, | — des Transports et Manut., | 10 — |
| Guillou, | — de la Bourrellerie-Sellerie | 9 — |
| Vignaud, | — des Coiffeurs, | 17 — |

Pour la Commission de contrôle :

Le Secrétaire :

VIGNAUD.

# CONGRÈS NATIONAL CORPORATIF DE 1906

Tenu à AMIENS, les 8, 9, 10, 11, 12 et 13 Octobre

---

# Compte rendu des Travaux.

---

## SÉANCE DU 8 OCTOBRE (Matin)

La séance est ouverte à 10 heures, sous la présidence du camarade **Cleuet**, secrétaire général de la Bourse du Travail d'Amiens, assisté des membres de la Commission d'organisation du Congrès.

Au nom de cette dernière, le camarade Cleuet souhaite la bienvenue à tous les délégués, et prononce l'allocution suivante :

CAMARADES,

Dans son allocution de bienvenue, notre camarade Hervier, disait, au dernier Congrès corporatif tenu à Bourges :

« Vous me permettrez, camarades, d'être bref en ces paroles de bienvenue, « le temps est trop précieux pour tous pour en gaspiller la moindre parcelle. »

J'imiterai l'exemple du camarade Hervier.

Laissez-moi donc vous affirmer, d'abord, nos sincères sentiments de solidarité. Laissez moi vous dire que le prolétariat amiénois, heureux de vous recevoir, vous adresse ses meilleurs, ses plus sincères souhaits de bienvenue.

Nous avons tous, les militants de la Bourse du Travail d'Amiens, travaillé sincèrement pour organiser, le plus parfaitement possible, ces grandes assises ouvrières. Et si cette organisation péchait par quelques points, excusez-nous, je vous en prie, car depuis plusieurs mois, nous nous sommes débattus au milieu de difficultés et d'obstacles nombreux. Pour vous en donner une idée, sachez seulement, qu'il y a une dizaine de jours, nous n'avions pas encore de salle pour la tenue du Congrès. (Les différents locaux disponibles dans notre cité, nous ayant échappé les uns après les autres et, malgré un traité en règle, avec le propriétaire de la plus grande salle).

Le prolétariat d'Amiens n'a pas, cependant, ménagé ses efforts pour vous rendre le plus agréable possible, votre séjour parmi nous : grande fête de bienvenue ce soir, soirée du Théâtre du Peuple, mercredi ; réceptions intimes des délégués de leur Fédération par les syndicats d'Amiens, les autres jours de la semaine.

Toutes nos soirées seront largement remplies. Elles donneront à tous une occasion unique de se connaître plus intimement et d'échanger leurs impressions.

Si nous sommes tous exacts aux séances du Congrès, si nous savons, dans les discussions passionnées qui auront lieu, ne pas abuser de cette « course à la tribune », pour laquelle trop de camarades sont de fervents adeptes, nous aurons largement le temps, pendant le cours de cette semaine, d'examiner les points importants soumis à nos délibérations, sans qu'il soit besoin de recourir à ces séances de nuit, si fatigantes pour tous. Huit à neuf heures pour les discussions, chaque jour, est un laps de temps qu'on ne peut dépasser sans courir le risque d'avoir des séances au cours desquelles l'énervement inévitable de tous peut créer de regrettables choses.

Ce n'est pas pour vous faire une leçon, camarades, que je vous dis toutes ces choses ; je suis encore trop jeune militant pour me permettre d'irrévencieux conseils aux vieux pionniers de l'organisation syndicale. C'est simplement pour que notre vœu le plus cher se réalise, c'est-à-dire que le XV° Congrès national corporatif marque une étape sérieuse du prolétariat en marche vers la conquête de son émancipation intégrale.

C'est dans cet esprit, camarades, que je déclare ouverte la première séance de notre Congrès.

Le camarade Clouet donne lecture de l'ordre du jour suivant :

« Avant l'ouverture des débats du XV° Congrès national corporatif, les
« camarades délégués à ces importantes assises du Travail, adressent un salut
« fraternel et ses encouragements aux camarades qui, en grève actuellement,
« luttent pour la conquête d'un peu plus de bien-être et de liberté.

« Une quête sera faite à la sortie de notre deuxième séance et le produit
« en sera distribué par les soins de la C. G. T., aux organisations en grève. »

**Cousteau**, Bourse du Travail, Narbonne.

L'ordre du jour est adopté. La quête aura lieu à l'issue de la séance du soir.

## Vérification des Pouvoirs

**Griffuelhes.** — Nous avons examiné 7 à 800 mandats, hier et avant-hier ; il en reste 300 ou 400 parvenus dans la soirée d'hier et ce matin. Tant pour revoir la première que pour examiner la dernière catégorie, il y a lieu comme à Bourges de désigner une commission de vérification à raison de un membre par Fédération nationale. — Adopté.

### COMMISSION DE VÉRIFICATION

Sont désignés les camarades dont les noms suivent :

| | |
|---|---|
| *Alimentation* | **Antourville.** |
| *Ouvriers agricoles* | **Ader.** |
| *Bâtiment* | **Etard.** |
| *Bijouterie* | **Lefebvre.** |
| *Brossiers* | **Klemczynski.** |
| *Bucherons* | **Bornet.** |
| *Céramique* | **Tillet.** |
| *Chapellerie* | **Allibert.** |
| *Chemins de fer* | **Roberjot** |
| *Cuirs et peaux* | **Dret.** |
| *Employés* | **Sellier.** |
| *Personnel civil de la guerre* | **Berlier.** |
| *Inscrits maritimes* | **Montagne.** |

| | |
|---|---|
| *Lithographie* | Thil. |
| *Livre* | Reymond. |
| *Maçonnerie* | Sertillanges. |
| *Maréchalerie* | Hardy. |
| *Marine* | Sivan. |
| *Mécaniciens* | Beauvais. |
| *Menuisiers* | Bruon. |
| *Métallurgistes* | Latapie. |
| *Mineurs* | Merzet. |
| *Mouleurs* | Vital. |
| *Travailleurs municipaux* | Grandsart. |
| *Peinture* | Robert. |
| *Ports et docks* | Trémoulet. |
| *Postes et télégraphes* | Martin. |
| *Presses typographiques* | Marie. |
| *Tonneliers* | Puzoulat. |
| *Tabacs* | Malardé. |
| *Textile* | Clévy. |
| *Transport et manutentions diverses* | Tabard. |
| *Verriers* | Monnier. |
| *Voiture* | Bondues. |

Quelques Fédérations qui, pour leurs Syndicats, n'entrevoient pas de discussion sur la validité des mandats, se récusent pour cette Commission.

Un camarade ayant demandé si les Bourses du Travail et les Fédérations, qui n'ont que voix consultative au Congrès, doivent verser des droits d'admission, au même titre que les Syndicats, **Griffuelhes** répond qu'il en a été fait ainsi à Bourges, Il est donc convenu qu'il en sera de même à Amiens.

**Cleuet** fait observer que la Commission de vérification tranchera tous les différends. Il invite les camarades de la Commission à commencer immédiatement leurs travaux et propose de se réunir l'après-midi, à 3 heures, pour la séance du soir.

### NOMINATION DU BUREAU

Le camarade **Robert**, des peintres, rappelle le mouvement gréviste de Grenoble et propose de nommer un délégué de cette ville pour exercer la présidence.

*Présidence* : **David**, de Grenoble.
*Assesseurs* : **Hervier** et **Bousquet**.

La séance est levée.

---

## SÉANCE DU 8 OCTOBRE (Soir)

La séance est ouverte à 3 heures 1/2.

Le camarade **David**, au nom du prolétariat de Grenoble, remercie les congressistes de l'honneur qu'ils lui ont fait en le désignant à la présidence.

Il donne lecture de la dépêche suivante :

*Union métallurgique Toulouse envoie salut fraternel. (Courouleau).*

Au nom de la Commission de vérification des mandats, qui n'a pas terminé ses travaux — 3 ou 400 mandats sont encore arrivés le matin, — il demande au Congrès de vouloir bien lever la séance. Les secrétaires des Syndicats, des Fédérations et des Bourses du Travail sont priés de se tenir à la disposition de la Commission pour les mandats contestés.

Le camarade **Thoret** demande au Congrès de commencer immédiatement ses travaux.

Le camarade **Janvion** trouve qu'il y a des questions neutres qui peuvent être discutées avant que la Commission n'ait terminé ses travaux. La question du travail aux pièces, par exemple.

Le **Président** affirme que les travaux de la Commission seront terminés pour la séance du lendemain matin et prie les congressistes d'attendre le rapport sur la validation des mandats.

Un camarade demande une suspension de séance d'une heure et demie.

D'autres camarades estiment que la présence de tous les délégués est nécessaire pour la discussion des questions à l'ordre du jour ; il faut donc attendre que la Commission ait statué.

**Cleuet** s'étonne de l'empressement au travail manifesté par les délégués. Alors que tous les mandats des délégués et les droits d'adhésion devaient être envoyés au moins *8 jours* à l'avance au Comité d'organisation, celui-ci n'avait reçu que 100 mandats réguliers samedi matin. La plupart des mandats sont arrivés hier. Nous en avons encore reçu 3 ou 400 ce matin, et par le courrier de onze heures, dit-il. Comment voulez-vous, dans ces conditions, que la Commission puisse terminer ses travaux dans le délai que vous lui fixez. Vous pouvez avoir confiance dans sa diligence, son rapport sera prêt pour la séance de demain.

Un camarade demande que les délégués dont les mandats sont contestés puissent être entendus par la Commission.

Mis au voix, le renvoi de la séance à mardi matin 8 heures, est adopté. Le Bureau est maintenu.

Le Président, avant de lever la séance, informe les congressistes qu'une fête de bienvenue leur est offerte le soir à 8 h. 1/4 au Cirque, par la Bourse du Travail et l'Union Coopérative. Ils les invite à s'y rendre et remercie en leur nom les organisateurs.

---

## SÉANCE DU 9 OCTOBRE (Matin)

Séance ouverte à 9 heures.

*Président* : **David**.
*Assesseurs* : **Hervier** et **Bousquet**.

**Thil**, rapporteur de la Commission de la vérification des mandats, donne lecture de son rapport et des conclusions de cette commission :

Suivant l'appel de la C. G. T. et en conformité du vœu du précédent Congrès de Bourges, quelques délégués de Fédérations commençaient, dès le samedi, la vérification des mandats parvenus à la Commission d'organisation, et le dimanche, ces camarades continuaient leur besogne et avaient examinés environ 700 mandats. Il est à regretter que bon nombre d'organisations n'aient pas cru devoir adresser leurs mandats plus tôt, et c'est la raison pour laquelle encore une journée prise sur la durée du Congrès a été indispensable pour l'entière vérification de tous les pouvoirs.

La Commission estime que, tout en constatant un mieux sensible, il y a lieu, dans l'avenir, de fixer, comme dernier délai pour la réception des mandats, la semaine qui précèdera le Congrès. C'est pour nous le seul moyen de ne pas perdre un temps précieux pour tous. Une des raisons des difficultés occasionnées par la réception tardive des mandats, réside dans la confection des reçus du montant du droit d'adhésion. Nous voudrions que le Congrès décide que, doré-navant, les sommes dues soient adressées par les syndicats à leurs Fédérations qui, elles, n'auraient à effectuer qu'un versement global.

Dans sa besogne, la Commission s'est cantonnée dans les conditions statu-taires et a refusé tous les mandats émanant de syndicats ne remplissant pas la double obligation, c'est-à-dire l'adhésion à sa Fédération et à sa Bourse du Travail ou Union locale. La Commission s'est bornée à confirmer la résolution de Bourges qui fait un devoir, à chaque délégué, d'appartenir lui-même à un syndicat remplissant la double obligation statutaire.

En raison de la prolongation du travail de la Commission, il n'a pu être pro-cédé à un contrôle s'appliquant aux délégués, et elle n'a pu qu'inviter les mem-bres de la Commission du Congrès, à exiger, en échange de la carte de dé-légué, la vue du livret syndical. Certains délégués, malgré les indications don-nées, ont omis de se munir de cette pièce, aussi, la décision de Bourges n'a-t-elle pas reçu toute son application. La Commission invite le Congrès à renou-veler la résolution précitée en lui demandant d'arrêter les mesures qui en as-surent l'entière application.

Comme nous le disons plus haut, la Commission n'a pas cru devoir examiner les différents cas soulevés par des syndicats ne remplissant pas les conditions statutaires, elle a passé outre, rapidement, sur toute discussion, se rappelant la volonté nettement exprimée par le dernier Congrès, sur le respect des statuts. Elle invite, pour clore cette partie, le Congrès à agir de même pour que, au plus vite, l'ordre du jour soit abordé.

Ces considérations établies et ces propositions formulées, nous passons à l'é-numération du nombre des mandats classés par Fédération.

## Mandats non contestés

| | | | |
|---|---|---|---|
| Agricoles | 28 | Horticoles | 5 |
| Alimentation | 41 | Inscrits maritimes | 5 |
| Allumettiers | 6 | Lithographie | 30 |
| Ameublement | 17 | Livre | 61 |
| Ardoisiers | 2 | Maçonnerie | 49 |
| Bâtiment | 48 | Maréchalerie | 6 |
| Bijouterie | 8 | Marine de l'Etat | 9 |
| Brossiers | 7 | Mécaniciens | 26 |
| Bûcherons | 12 | Menuisiers | 15 |
| Céramique | 24 | Métallurgie | 84 |
| Chapellerie | 9 | Mineurs | 13 |
| Chemins de fer | 36 | Modeleurs-Mécaniciens | 1 |
| Coiffeurs | 16 | Mouleurs | 37 |
| Chauffeurs-mécaniciens | 3 | Travailleurs municipaux | 14 |
| Confections militaires | 1 | Papier | 8 |
| Cuirs et peaux | 49 | Peinture | 8 |
| Dessinateurs | 2 | Ports et docks | 25 |
| Employés | 47 | Syndicat national des P. T. T. | 3 |
| Eclairage | 3 | Main d'Œuvre P. T. T. | 3 |
| Ferblantiers | c | Presses typographiques | 5 |
| Magasins de la guerre | 9 | Sabottiers | 4 |
| Personnel de la guerre | 16 | Sellerie | 3 |
| Habillement | 17 | Tabac | 13 |

| | | | |
|---|---|---|---|
| Teinturiers dégraisseurs | 1 | Transports, Manœuvres et Manuten- | |
| Teinturiers apprêts | 1 | tions diverses | 16 |
| Textile | 63 | Verriers | 21 |
| Tonneaux | 16 | Voitures | 8 |
| Transports | 18 | Syndicats isolés | 6 |

## Mandats contestés

| | |
|---|---|
| Alimentation | 2 refusés : Boulangers de l'Aube, pas à la Bourse ; Alimentation Périgourdine, pas fédérée. |
| Ameublement | 3 refusés : Sculpteurs sur bois, Menuisiers en siège, tous deux non adhérents à l'Union de Lyon, et les Tourneurs sur bois de Lyon, non à l'Union et non fédérés. |
| Bâtiment | 1 Professionnels du bâtiment de Narbonne, non à la Bourse. |
| Chemins de fer | 1 Creil, non à la Bourse. |
| Chauffeurs-Mécaniciens | 1 Lyon, pas à l'Union. |
| Confections militaires | 1 Lyon, pas à l'Union. |
| Employés | 6 Employés coopérative Paris, pas à l'Union ; Avignon, Tours, pas à l'Union ; Auch, pas fédéré ; Sténographes et Employés de Lyon, tous deux, non à l'Union. |
| Eclairage | 1 Travailleur gaz de Paris, pas à l'Union. |
| Magasins de la Guerre | 2 Paris, pas à l'Union ; Lille, pas à l'Union. |
| Personnel de la Guerre | 1 Lyon, pas à l'Union. |
| Habillement | 1 Conféctionneurs de Lyon, pas à l'Union. |
| Livre | 1 Lyon, pas à l'Union. |
| Métallurgie | 6 Ferblantiers en articles de fumisterie et Limes, et Serruriers de Lyon, 3, pas à l'Union ; Etireurs au banc et Monteurs en articles de Fumisterie, Paris, pas à l'Union ; Mécaniciens, Roubaix, pas à l'Union. |
| Travailleurs municipaux | 4 Cantonniers, Jardiniers, Eaux de la ville, Paveurs, tous quatre de Lyon, pas à l'Union. |
| Syndicat national des P.T.T. | 2 Lyon et Avignon, pas à l'Union. |
| Teinturiers-apprêts | 1 Lyon, pas à l'Union. |
| Textiles | 5 Tissage mécanique, Passementiers et Passementerie de Lyon, 3 pas à l'Union ; Tisseurs, Dessins de Roubaix, 2 pas à la Bourse. |
| Transports | 2 Compagnie Lyonnaise et Cochers, conducteurs de Lyon, 2 pas à l'Union. |
| Transports, manœuvres et manutentions diverses. | 1 Manœuvres de Neuville, pas à l'Union. |
| Verriers | 2 Creil et Saint-Germer, pas à la Bourse. |
| Syndicats isolés | 2 Instituteurs du Cher, fédération non confédérée ; Poudrerie du Moulin-Blanc, pas fédérée. |

Total des admis...................... 993
Total des refusés..................... 47

Total ....................... 1.040 répartis dans 55 Fédérations.

Bourses du travail : 60 ; refusée : 1, Lyon.
Cahors sous réserve d'envoyer mandat, comme suite à la dépêche.

Pour la Commission : *Le rapporteur* : **G. Thil.**

**Le Président** annonce au Congrès que quelques mandats sont arrivés hier, à 7 heures, il demande si le Congrès veut les admettre.

**Thil** dit que le Congrès doit les refuser impitoyablement.

Le délégué du Textile de Rouen, **Viche**, dit que ce syndicat est adhérent à sa Bourse et remplit toutes les conditions pour être admis. Il insiste donc pour son admission.

**Antourville** demande que les Boulangers-Meuniers de Troyes, voient leur situation liquidée de suite. Ils ont été exclus de leur Bourse à raison de leurs opinions politiques. Le secrétaire dit, au contraire, que c'est parce qu'ils sont rentrés à la Bourse municipale malgré une décision contraire.

**Le Président** demande que le cas des mandats arrivés en retard, soit d'abord examiné par le Congrès.

**Delesalle** et **Delaisse** veulent qu'on les accepte. Il peut y avoir des retards à la poste.

**Saint-Venant** élève une protestation à propos des formules de mandats qui ne sont pas arrivées aux syndicats. Il a fallu en demander à plusieurs reprises, et, cependant, ces formules ne sont pas parvenues.

Le Congrès décide que les mandats arrivés sont admis, mais que ce sont les derniers ; ceux qui arriveront par la suite seront refusés.

**Guerry**, de la Bourse du Travail de Lyon, demande à s'expliquer sur les incidents de Lyon. Il les passe longuement en revue et il montre les origines du conflit, entre la Municipalité de cette ville et la Bourse.

Le maire, à l'occasion de l'Exposition, demanda la liste des syndicats adhérents à la Bourse pour l'obtention des bourses de voyage à ladite Exposition. Une liste fut dressée qui fut reconnue inexacte. De là, le conflit. A propos des 25,000 fr. votés pour les chômeurs, un gaspillage se produisit et les syndicats furent reconnus responsables. De là, une accentuation du conflit. Au cours d'une réunion pour laquelle le droit des pauvres devait être perçu, l'employé chargé de cette perception fut quelque peu malmené. La subvention de la Bourse fut supprimée et ne fut rétablie qu'après adoption d'un règlement voté par le Conseil municipal. Une propagande fut faite et 65 adhésions parvinrent à l'Union qui accepta le règlement. Ce n'est qu'au mois de juillet 1905, que l'existence de l'Union fut définitivement assurée. Son siège fut transféré en dehors de la Bourse et imposa aux syndicats la sortie de la Bourse.

**Janvion** demande la parole pour une motion d'ordre.

Le Congrès manifeste son intention de laisser le camarade Guerry continuer son discours.

**Guerry.** — La Municipalité, depuis, a donné, en grande partie, satisfaction aux syndicats et la situation est devenue normale.

Il dépose la proposition suivante :

« Considérant que les divisions entre les organisations syndicales font la fai-
« blesse de la classe ouvrière organisée à la grande joie du patronat ; qu'en outre,
« les syndicats lyonnais n'ont jamais été divisés sur une question de principe,
« mais sur des personnalités ;

« Demande aux délégués présents, d'accepter, à titre de conciliation, aussi
« bien les syndicats de la Bourse du Travail que ceux de l'Union des syndicats,
« représentant, au même titre, le syndicalisme nettement posé sur le terrain
« confédéral :

« Estime que c'est le seul moyen de chercher un terrain d'entente et demande
« la nomination d'une commission de cinq membres qui, d'accord avec les
« délégués de la Bourse, de l'Union et de la Fédération départementale, établi-

« ront un principe qui mettra d'accord les syndicats lyonnais et qui sera soumis
« à l'approbation des syndicats intéressés. »

Pour la Bourse du Travail de Lyon, et par ordre :

*Le Secrétaire-général* : **Guerry J.**

**Chazeau** réfute les dires de Guerry et dit que ce ne sont pas des personnalités
qui ont divisé les militants. Il déclare que le règlement s'oppose à l'admission
des mandats de la Bourse de Lyon.

Il lit le règlement intérieur de la Bourse dans lequel il est dit que les syndicats
doivent répondre de la moralité de leur délégué. Il montre les fausses accusations
dont sont l'objet les syndicats qui ne sont pas entrés dans l'immeuble municipal. Il montre que le citoyen Lavaud, qui était chargé de tenter un rapprochement entre les organisations, n'a rien fait pour cela, au contraire.

Le Congrès vote la clôture avec sept orateurs inscrits.

**Legouhy**, de Lyon, dit que les délégués de l'Union des syndicats auraient pu
pratiquer de la même façon que Guerry, mais ils ne l'ont pas voulu, la question
étant connue de tous les délégués du Congrès. Il montre que certains membres
de la Bourse sont plus préoccupés de défendre leurs intérêts personnels que
ceux des travailleurs. Les membres de la Bourse reconnaissent leur erreur. Il
leur était facile, cependant, de réaliser l'union au moment de la délégation du
camarade Lavaud. A ce moment, aucun des griefs et des calomnies du *Tramway*,
journal de Lyon, ne fut formulé. Si on admettait les délégués de la Bourse,
ce serait une division plus grande que celle qui existe. Il rappelle les procédés
employés par ces hommes pour déconsidérer et même faire arrêter les militants. Lui-même a été traîné en police correctionnelle par leur faute. Il cite le
citoyen Barnes, qui exploite indignement les chômeurs de Lyon.

Il conclut à la non-acceptation des délégués de la Bourse municipale de
Lyon.

**Arbogast**, secrétaire de la fédération de l'Ameublement, demande de ne pas
se prononcer au pied levé pour les exclusions. Il veut l'union sincère de tous
les syndicats.

**Vitre** affirme que la Bourse du Travail est composée de syndicats révolutionnaires. Il rappelle la lettre adressée par la Confédération du Travail pour l'u-
nion et les conditions qu'elle impliquait : dissoudre le conseil d'administration
et quitter les locaux. Il dit qu'une délégation est allée voir le Maire pour organiser les cours professionnels. Le camarade Lavaud a demandé au Maire si
Guerry avait exigé la fermeture de la Bourse, le 1er mai. Le Maire lui répondit
qu'il avait fait supprimer la réunion parce que le syndicat des Platriers-peintres
n'était pas adhérent à la Bourse. Nous voulons l'union complète, sans tiraillements. Les personnalités doivent disparaître. Il ajoute que les Bourses ne peuvent pas être indépendantes lorsqu'elles touchent une subvention et termine
en déclarant que les congressistes feront œuvre de solidarité s'ils acceptent tous
les délégués au Congrès.

**Buffin** montre la solidarité de tous les syndicats qui se sont retirés de la Bourse
pour protester contre la décision du Maire. Nous avons réorganisé la Bourse du
Travail. Les agents de la sûreté étaient en permanence à l'Office du Travail
alors que l'Union adhérait encore à la Bourse. 15 délégués lyonnais, représentant 50 syndicats sont présents à Amiens. Il fait appel à la Confédération
générale du Travail et aux congressistes pour que la Bourse soit admise.

Il termine en déclarant que les délégués de la Bourse ne sont pas seuls subventionnés, puisque des délégués de l'Union ont demandé une subvention au Conseil municipal et au Conseil général.

**Landrin** est d'accord avec **Legouhy** sur l'impossibilité de l'entente à Lyon.
Tous les syndicats, dit-il, ont protesté contre les mesures du maire Augagneur.

A Lyon, le syndicalisme ne peut pas vivre sans subvention. L'Union n'a pu assurer un local aux syndicats qui se réclament d'elle.

La Bourse du Travail compte 60 syndicats ; les syndicats adhérents à l'Union sont moins nombreux. Beaucoup de syndicats restent dans l'expectative, tel celui des lithographes. Si vous repoussez la Bourse du Travail, vous augmenterez les sentiments de discorde et vous ferez la division. On nous reproche d'inonder la presse bourgeoise de notre prose. Pourquoi l'Union lui envoie-t-elle ses communications ? Il termine en faisant appel à l'Union des travailleurs en lutte contre la bourgeoisie.

**Robert Léon**, des peintres, fait la critique de la conduite du journal le *Tramvvay* qui, dit-il, essaie de jeter la déconsidération sur les camarades adhérents à l'Union. Il déclare qu'il ne condamne pas le camarade qui dérobe à la propriété pour s'assurer sa subsistance. Il adhère à la proposition Legouhy demandant que la Confédération du Travail délègue un camarade à Lyon pour faire l'accord entre les partis en litige. Il ajoute que, parmi les 60 syndicats adhérents à la Bourse, quelques-uns accusent une réelle vitalité, mais que les autres sont fictifs. Il espère que la décision du Congrès d'Amiens fera déserter la Bourse et l'Office du Travail et qu'alors, les dissidents iront à l'Union.

**Yvetot** constate qu'au Congrès de Bourges le conflit de la Bourse de Tulle occasionna les mêmes discussions que celui de la Bourse de Lyon, C'est toujours la même répétition. Il en serait de même dans notre prochain Congrès si un conflit éclatait dans une autre ville. Nous devons maintenir ce que nous avons créé. C'est à ceux qui ont quitté l'Union confédérée à s'y faire réintégrer.

Lorsqu'il se rendit à Lyon, il constata que l'Union locale des syndicats et de ceux de la banlieue fut décidée à l'unanimité. Le Comité des Bourses pensait que tout était fini. La scission se produisit à Lyon parce que le maire Augagneur en fit une question de politique et de subvention. Si nous mettons les questions de sentiment, de sympathie ou d'anti-sympathie pour les uns et les autres de côté, nous devons souhaiter que l'union se fasse à Lyon. Que tous les militants soient larges et tolérants. Il propose la nomination d'une commission de 6 ou 7 membres, délégués de la province, pour trancher le différend.

**Marie** déclare que si le Congrès admet la Bourse du Travail de Lyon, rien n'empêcherait d'admettre, dans un prochain Congrès, les Bourses créées par la Préfecture de police. Il existe à Lyon, une Union locale adhérente à la Confédération générale du Travail. Les divisions, selon lui, ne datent pas de 1900, mais seulement du Congrès de Bourges et de l'agitation en faveur de la journée de 8 heures et du 1er mai. Deux forces étaient en présence : la Confédération et les pouvoirs publics. Nous ne pouvons pas donner raison à ceux-ci contre celle-là. Il est opposé à la proposition du précédent orateur.

D'autres camarades viennent ajouter quelques explications. Un camarade demande la parole pour une motion d'ordre.

Le Président donne lecture de la motion Janvion, d'abord repoussée par le Congrès et que le camarade Yvetot développe. La voici :

« Le Congrès renvoie à une commission d'examen ou de contentieux, les
« litiges particuliers de Bourse à municipalité, et décide, enfin, le deuxième
« jour, de traiter son ordre du jour. »

**Janvion**, *de l'Union des Syndicats de la Seine.*

**Doizié** déclare que les camarades de Lyon ne peuvent pas être ici pour délibérer et qu'on ne peut pas violer les statuts. Comme le Congrès est toujours souverain, par exception, ne soyons pas intransigeants, admettons-les, mais à titre consultatif, ajoute-t-il, pour que notre décision ne soit pas une cause de division.

Le camarade **Griffuelhes** aurait voulu que le Congrès imitât les Congrès précédents, surtout pour ce cas qui n'est qu'un cas d'espèce. Il rappelle les décisions des Congrès de Lyon, de Montpellier, de Bourges. Les statuts disent : Il ne peut y avoir qu'une Bourse ou Union par ville. Or, il existe une Union, à Lyon, qui remplit les qualités exigibles pour être admise au Congrès.

Si vous décidez autrement, vous aurez créé un précédent qui pourrait se retourner contre vous. Restons dans les statuts, quels que soient les regrets que nous éprouvions, reconnaissons que les camarades de Lyon savaient dans quelle situation ils se trouvaient en venant à Amiens.

**Griffuelhes** appuie la proposition Yvetot. Il souhaite que la Commission se réunisse le plus tôt possible. Elle appréciera, elle fera l'accord et mettra un terme à une solution difficile qui ne doit pas durer. Mais il est entendu que le Congrès n'aura pas à revenir sur le cas ; il n'aura qu'à enregistrer le travail de la Commission.

Plusieurs délégués ayant demandé le vote par mandat, **Griffuelhes** répond que ce vote est impossible, parce que le Congrès n'est pas constitué, puisque les mandats non contestés ne sont pas validés.

**Niel** dit qu'il peut y avoir confusion en votant la proposition Griffuelhes. Il demande que la Commission soit composée, mi-partie des délégués des Fédérations et mi-partie des Bourses, et indique quels seront leurs pouvoirs.

Un autre délégué appuie la proposition.

**Thil**, rapporteur, demande le respect des statuts.

Après échange d'observations, les 993 mandats non contestés sont validés ainsi que celui du Textile de Rouen.

Après une discussion à laquelle prirent part les camarades **Griffuelhes, Coupat, Antourville, Klemczynski**, le Président met aux voix l'ensemble du rapport de la Commission de la vérification des mandats. Ce rapport est adopté à l'unanimité moins 14 voix.

On vote ensuite sur le principe de la Commission qui est adopté également, puis sur la nomination des membres de cette Commission. Sont nommés : les camarades **David, Devernay, Niel, Cousteaux, Ader, Delzant, Bonnay**.

**Le Président** donne lecture du télégramme suivant :

*« Camarades syndicalistes carhaisiens envoient salut fraternel prolétariat organisé. »*

Il met aux voix l'ordre du jour suivant :

« Les travailleurs de France, réunis à Amiens, en leur XV⁵ Congrès corpo-
« ratif, envoient leur salut fraternel aux travailleurs de Russie en lutte contre
« les infamies du tzarisme et de ses soutiens et ne doutent pas qu'ils sauront
« continuer la lutte jusqu'à leur complet affranchissement. »

> **Eug. David, M. Teyssandier, Delesalle, A. Bousquet, E. Laval, Bled,**
> **P. Hervier, A. Burdeau, Aug. Alibert, J.-B. Médard.**

Il est adopté à l'unanimité.

**Dooghe.** — Je profite de la présence du Directeur du *Réveil du Nord* pour souligner l'attitude de cet organe au cours des derniers événements du Pas-de-Calais et pour déposer cet ordre du jour :

« Le Congrès proteste énergiquement contre les infamies du journal, *Le*
« *Réveil du Nord* qui ne cesse de jeter les suspicions et ordures sur toutes les
« organisations confédérées, qui n'a pas craint d'insulter abominablement
« les militants syndicalistes et les ouvriers en grève dans le Pas-de-Calais,
« en les traitant de « professionnels du cambriolage » et qui, en outre, fut l'ins-

« tigateur éhonté du fameux complot dont le gouvernement actuel, aussi per-
« fide que tous ses prédécesseurs, s'est servi pour enrayer le mouvement d'éman-
« cipation des 8 heures. »

**Braud, Dumoulin, Robert**, *des Peintres*, **Dooghe**.

**Inghels.** — Je ne défends pas, loin de là, le *Réveil du Nord* ; il ne faut pas
croire que c'est le journal du Parti dans le Nord. Cependant, je trouve qu'il y
a à prendre et à laisser dans la tactique des libertaires au cours des évènements
du Nord. On ne parle pas non plus de l'organe anarchiste de Tourcoing, le
*Combat*, qui a déversé des tombereaux d'injures contre nos militants.

Après discussion, il est décidé que le Congrès se prononcera à la séance du soir
sur cet ordre du jour. Le bureau est nommé :

*Président* : **Guérard**.
*Assesseurs* : **Galantus et Alibert**.

La séance est levée à midi.

---

## SÉANCE DU 9 OCTOBRE *(Soir)*

*Président* : **Guérard** (Chemin de fer).
*Assesseurs* : **Galantus** (Métallurgie) ; **Allibert** (Chapellerie).

La séance est ouverte à 2 h. 1l2.

**Guérard**, président. — Avant d'ouvrir les débats, je tiens à insister auprès des
délégués au nom du Bureau et du Comité confédéral, pour qu'ils bannissent de la
discussion toutes acrimonies personnelles, qui ne peuvent que passionner le
débat et rendre difficile notre tâche.

Le bureau a été saisi d'une série de propositions relatives à des témoignages de
sympathie à envoyer aux camarades qui luttent pour leur émancipation ; l'unanimité des délégués ne saurait que les approuver. Il reste différentes questions relatives au cas de la Bourse de Lyon ; elles tombent évidemment à la
suite de notre décision de ce matin.

Le Syndicat des gens de maison de Paris nous a adressé un témoignage de
sympathie.

**Delaine** (papier). — Je voudrais que mon nom figurât dans la liste des délégués de Fédération publiés au compte rendu distribué ce matin. Si je n'ai pas fait
partie de la Commission de vérification des mandats, c'est que je n'ai pu être
présent par suite de retard du train.

**Guérard**, président. — Nous en sommes restés ce matin à la discussion de la
proposition de Dooghe, relative au *Réveil du Nord*.

**Bousquet**. — Les paroles prononcées ce matin par Inghels sont fort regrettables, et j'approuve énergiquement le blâme déposé par Dooghe contre le *Réveil
du Nord* qui, lors du mouvement de mai, a véritablement joué le rôle de mouchard
patronal. Inghels a donc eu tort de déclarer que les libertaires ont empêché
l'unité minière. Les mineurs viennent de nous montrer l'inexactitude de cette
allégation en excluant de l'organisme unifié qu'ils ont constitué hier, les députés
qui ont toujours été l'obstacle fondamental de leur unité. Il est indispensable de
mettre à l'index le *Réveil du Nord*, organe du politicien Basly, qui a eu honte
lui-même au Congrès minier de sa trahison envers la classe ouvrière.

**Monatte**. — Je ne voudrais pas que l'on pût interpréter comme une atteinte au
droit de critique, la proposition déposée par Dooghe ; c'est pourquoi je tiens à
faire passer sous les yeux du Congrès, des coupures du *Réveil du Nord*, conte-

nant des attaques grossières contre les militants de la Confédération. Et, non seulement contre les militants appartenant à la tendance libertaire, mais contre les socialistes.

Voici ce qu'on dit, de Delzant, secrétaire de la Fédération des Verriers :

« Il en est arrivé une bien bonne à un autre camarade qui pratique, dans le Syndicat des verriers, la profession de rentier, le compagnon Delzant, venu de Fresnes pour se mêler au mouvement organisé par les Parigots sans place contre le Syndicat des mineurs. Delzant avait projeté de se faire arrêter, et l'avait raconté, en ajoutant qu'étant en prison, il se rendrait intéressant et poserait sa candidature dans le bassin houiller. Malheureusement ,il avait été entendu par un policier qui, dès qu'il le vit arrêté par les gendarmes, s'empressa de le faire relâcher. Delzant faisait une tête ».

Voici comment le même organe commente l'arrestation de Broutchoux :

« Broutchoux était lâché le matin par la Fédération ; c'était un homme perdu, redevenant l'isolé qu'il était, lors qu'avec un argent dont on ne sait la source, il vint des régions d'où l'avait exilé la justice de son pays, s'installer dans le Pas-de-Calais.

« Mis en prison, il se disait que son Comité fédéral ne pourrait pas l'abandonner, que l'union était rendue impossible, parce que, par amour-propre, ceux qui le lâchaient le matin, ne le lâcheraient plus tant qu'il serait en prison...

« Et maintenant, il s'agit de savoir si les véritables mineurs qui se sont laissés entraîner à la division derrière ce gibier de bagne, vont sacrifier l'intérêt de leurs camarades honnêtes aux combinaisons de ce sacripant.

« Ou bien si, se débarrassant des parasites du dehors, c'est-à-dire des Broutchoux, des Monatte, et des autres vautours de l'anarchie, ils vont tendre la main... »

Mais inutile de s'arrêter aux broutilles, et arrivons au lancement du grand complot, que Clémenceau a trouvé de toutes pièces dans la poche des militants socialistes, et qui lui a permis de faire emprisonner les délégués des organisations ouvrières et de la Confédération.

D'abord, on qualifie comme suit l'organe de la *Fédération syndicale minière* :

« A l'inverse de tous les journaux ouvriers disparus, et dont les noms sont encore sur toutes les lèvres, une feuille pseudo-anarchiste se crée, dans un milieu réfractaire, (les résultats numériques de divers scrutins l'ont bien prouvé). Quoique rédigée par des gens plus ou moins tarés, et pour la plupart, étrangers au pays et à la corporation, elle se maintient, continue à paraître sans s'inquiéter des résultats désastreux de sa vente, multiplie les services gratuits, et vit pour injurier les socialistes et le vieux syndicat, sans jamais s'attaquer aux compagnies ni à la réaction.

« Qui donc, sinon le patronat, paie les frais de cette feuille de choux... »

Voici maintenant un extrait typique de l'article reproduit dans la *Voix du Peuple*, et qui, publié dans le *Réveil du Nord*, amena notre arrestation :

« Il sera dit que la bande de misérables anarchistes envoyés dans le Pas-de-Calais par la Confédération du Travail, n'aura pas laissé une occasion de semer la division dans le prolétariat minier, et d'attaquer traîtreusement par derrière, les vaillants représentants du Syndicat des mineurs, pendant que ceux-ci font front aux compagnies exploiteuses et menteuses.

« Le référendum les avait anéantis, et, en même temps que les Lévy et les Sorgue francfilaient vers Paris, les Monatte et les Delzant allaient essayer ailleurs leurs talents pour la propagande de l'incendie, du cambriolage et de la mendicité à main armée. »

J'ai terminé, camarades, ces quelques citations destinées à permettre au Congrès de se rendre compte du bien fondé de la proposition de Dooghe ; j'ajoute qu'en la circonstance, les socialistes ont servi fidèlement M. Clémenceau, qui s'est retranché derrière le *Réveil du Nord*, pour expliquer l'invention du fameux complot.

**Clévy** (textile). — J'ai le droit de m'étonner, d'accord avec nombre de délégués, que l'on fasse ici au *Réveil du Nord*, les honneurs d'un pareil débat. Pourquoi n'enveloppe-t-on pas dans la même réprobation, tous les organes de la Presse bourgeoise qui, au moment du premier mai, se sont mis si fidèlement au service de M. Clémenceau.

En tous cas, répondant à la dernière affirmation de Monatte, je dis que nous ne permettrons pas que par des moyens détournés, on attaque une forme de l'organisation prolétarienne qui a toujours su faire son devoir et prendre conscience de ses responsabilités. Puisqu'il s'agit de condamner les journaux qui, en attaquant les militants ouvriers font le jeu du patronat, pourquoi ne vient-on pas parler ici de cette feuille anarchiste *Le Combat*, qui, au moment de notre congrès de Tourcoing, injuriait les militants de la Fédération textile, sous couvert de faire de la propagande syndicale, essayant de discréditer les meilleurs d'entre nous et de salir les socialistes. Si nous ne demandons pas que les militants de la Confédération fassent de la propagande socialiste, nous voudrions aussi qu'ils s'abstiennent d'injurier certains camarades au profit de la politique anarchiste.

C'est pourquoi je demande qu'à la motion de Dooghe, on ajoute un amendement flétrissant l'attitude de toute la presse bourgeoise.

La proposition Dooghe et l'amendement Clévy sont adoptés.

**Guérard**, président. — Je demande au Congrès, conformément aux statuts, de désigner la Commission de vérification des comptes du trésorier.

Sont désignés :

Rousseau (employés) ; Ader (agricole) ; Lucain (guerre) ; Falandry (livre) ; Hervier (Bourges) ; Coignard (Tours) ; Klemczynski (Oise) ; David (Grenoble) ; Montclard (Marseille) ; Valentin (Montpellier).

## Discussion des Rapports

**Guérard**, président. — L'ordre du jour appelle le rapport du Comité confédéral.

**Griffuelhes** estime que chaque Syndicat ayant reçu ce rapport et chaque délégué l'ayant sous les yeux, il est inutile d'en donner lecture.

Le camarade Voilin a la parole.

**Voilin** (mécaniciens Paris). — Camarades,

Le rapport du Comité confédéral contient, à l'adresse de notre organisation (page 17), le passage suivant relatif à la grévé de 1906 et à sa préparation à Paris :

« ...D'autres grévistes vinrent grossir ce chiffre : c'étaient les métallurgistes, comprenant les mécaniciens, les mouleurs en bronze, les chaudronniers en cuivre, etc. Leur chiffre, pour le département de la Seine, dépassa 50,000.

« C'est dans plusieurs de ces corporations que se produisirent les faits les plus curieux. L'Union des Mécaniciens, peu de jours avant le 1er mai, dans une réunion, avait déclaré qu'il n'y avait pas lieu de faire grève, la corporation n'étant pas prête. De son côté, le Syndicat des Métallurgistes, qui compte des mécaniciens, avait fait de la propagande en faveur de l'agitation. Ce dernier étant moins nombreux, il semblait que la corporation ne bougerait pas. Le contraire se produisit. Les non syndiqués, tant de Puteaux que d'ailleurs, déclarèrent les premiers la grève, et celle-ci fut conduite en dehors de toute intervention officielle des organisations. Les syndiqués étaient hostiles à la grève, les non syndiqués la déclaraient. Nous nous garderons de tout commentaire susceptible d'être mal interprété. Nous exposons simplement les faits ».

Ces « renseignements » sur le mouvement de mai et sa préparation, dans la mécanique, à Paris, sont absolument inexacts et constituent une véritable infamie de la part de ceux qui les ont écrits ; nous allons le démontrer.

Le 20 septembre 1904, le Congrès de Bourges adoptait une résolution relative à la journée de huit heures. Dès le 1er novembre suivant, notre journal commençait la propagande ; les numéros suivants, décembre 1904, janvier, février, mars, avril 1905, etc. contenaient tous des articles relatifs à la décision de Bourges. Certains de ces journaux furent distribués gratuitement à 20,000 exemplaires aux portes des ateliers de mécanique.

En juillet 1905, une brochure de 24 pages fut faite par l'Union des Mécaniciens de Paris ; elle traitait de la réduction des heures de travail, faisait un appel en faveur de l'organisation syndicale, en prévision de la lutte à engager.

Cette brochure, tirée à 50,000 exemplaires, fut distribuée à la porte de tous les ateliers de Paris et du département.

A partir de décembre 1904, des séries de réunions commencèrent à être organisées, des affiches furent apposées ; des milliers de journaux de propagande furent distribués ; ces distributions se renouvelèrent fréquemment.

L'Union des syndicats de la Seine ayant, de son côté, organisé des réunions, l'Union des Mécaniciens fit appel, par affiches, à ses membres pour qu'ils s'y rendent en nombre et apportent ainsi leur appoint à ces manifestations en faveur de la journée de huit heures.

En février 1906, pour intensifier la propagande dans notre corporation et celles s'en rapprochant, et sur l'initiative de l'Union des Mécaniciens, un Comité de propagande en commun était constitué avec des syndicats locaux des ouvriers en instruments de précision, des tourneurs décolleteurs, de la voiture. De grandes réunions furent organisées par section, elles furent annoncées par affiches ; des convocations furent distribuées par milliers aux portes des ateliers.

Les frais de propagande de l'Union des Mécaniciens, dans la seule période écoulée du Congrès de Bourges au 1er mai, se sont élevés à 5,133 francs.

L'assemblée du 4 mars 1905 avait à son ordre du jour : « La diminution des heures de travail et la journée de huit heures. » Il y fut décidé de présenter immédiatement aux syndicats patronaux les revendications de la corporation, y compris le maximum de dix heures de travail par jour. Ces demandes furent faites et, dans la suite, les heures supplémentaires cessèrent.

Les assemblées du 17 juin et du 21 octobre portaient la même question à l'ordre du jour. Une assemblée extraordinaire avait lieu le 21 janvier 1906, avec le même et exclusif ordre du jour.

Dans cette réunion, l'ordre du jour suivant fut voté :

### ORDRE DU JOUR : (1)

« L'Assemblée générale, après avoir entendu le rapport du Conseil d'adminis-
« tration, les explications fournies par divers camarades et l'exposé des réponses
« faites par les collègues de nombreuses maisons de mécanique, constatant que,
« devant l'organisation créée par notre organisation, les heures ont été diminuées
« depuis quelques semaines et que peu nombreuses sont les maisons où le tra-

---

(1) *Réveil des Mécaniciens* de février 1906.

« vail dépasse dix heures ; qu'en somme, le résultat que nous voulions obtenir
« est atteint.

« Considérant qu'il s'agit maintenant de conserver ce maximum de dix heu-
« res, en attendant l'époque fixée par le Congrès de Bourges, et empêcher
« toute surproduction d'ici là, et que tous les syndiqués doivent s'employer
« pour arriver à ce résultat ; l'Assemblée décide que la campagne en faveur
« des 8 heures continuera afin d'amener le plus grand nombre d'adhérents
« à cette idée ; décide, en outre, que tout syndiqué perdant son travail pour
« refus de faire plus de dix heures, aura droit à l'indemnité de résistance (1).

« L'Assemblée décide également qu'une réunion spéciale aura lieu avant
« le 1er mai pour examiner les résultats de la propagande à cette époque et
« les résolutions à prendre, et que, d'ici là, le Conseil d'administration se met-
« tra en relation avec les organisations similaires du département de la Seine
« pour une action concertée donnant plus de chance de succès. »

Une assemblée extraordinaire eut lieu le 17 avril, et l'ordre du jour suivant
y fut voté :

### ORDRE DU JOUR :

« Les membres de l'Union corporative des Ouvriers Mécaniciens, réunis
« en Assemblée générale, le 17 avril, après avoir entendu l'exposé de la situa-
« tion actuelle dans la corporation, après avoir entendu les différents cama-
« rades qui ont traité de la question de la diminution des heures de travail,
« regrettent d'avoir à constater que la propagande faite par l'organisation
« syndicale n'a pas donné les résultats qu'on était en droit d'attendre, et n'a
« pu vaincre l'indifférence des ouvriers de la corporation.

« Néanmoins, si les membres de l'Union corporative des Ouvriers Méca-
« niciens ne peuvent d'ores et déjà se prononcer pour une action générale,
« ils estiment qu'il est nécessaire que les camarades qui tenteront un mouve-
« ment dans leurs ateliers soient soutenus ; aussi les membres de l'Union dé-
« cident que les avantages accordés par une précédente assemblée aux cama-
« rades syndiqués qui auront refusé de faire des heures supplémentaires et
« de travailler le dimanche seront continués ; que les syndiqués travaillant
« dans des ateliers où un mouvement pourra être fait seront énergiquement
« soutenus par l'organisation ; décident aussi que la propagande tendant à
« diminuer le nombre des heures de travail et à assurer le repos du dimanche
« sera continuée. »

En conséquence de l'ordre du jour ci-dessus, le Conseil d'administration
de l'Union corporative des Ouvriers Mécaniciens a lancé un appel qui fut affiché dans Paris et le département de la Seine.

Cet ordre du jour et l'appel du Conseil étaient la conséquence de l'examen
de la situation dans les ateliers. En effet, malgré l'active propagande faite,
les facilités données à tous en faisant des réunions aux sorties même des ateliers, les auditeurs étaient en nombre dérisoire. Les militants syndiqués, ceux
qui connaissaient déjà la question, étaient présents ; les non syndiqués, ceux
que nous voulions amener à nous pour faire un mouvement réellement sérieux,
ne se montraient pas.

Malgré tout, notre active propagande avait porté ses fruits, et, la veille du
1er mai, la plupart des patrons mécaniciens avaient décidé eux-mêmes que
les ateliers seraient fermés ; ils avaient décidé aussi de résister énergiquement
à toute demande de diminution des heures de travail et d'augmentation des
salaires, ainsi qu'en témoigne la circulaire suivante, adressée à tous les patrons

---

(1) L'indemnité de résistance est de 4 francs par jour,

par la Chambre syndicale des mécaniciens, chaudronniers et fondeurs de Paris. Les résolutions y contenues avaient été adoptées à l'unanimité.

## RÉSOLUTION

*Confidentiel.*

« 1° Il est décidé qu'aucune réduction de la journée de travail à huit heures « ne sera consentie ;

« 2° Ecartant le fait du chômage pendant la journée du 1er mai, tel qu' « était pratiqué jusqu'alors en chaque endroit, il est décidé que le fait de quit- « ter le travail sans préavis au bout de la huitième heure sera considéré com- « me une rupture du contrat de travail méritant une sanction. Cette sanction « est laissée à l'appréciation de chaque établissement.

« Les ouvriers qui abandonneront le travail au bout de la huitième heure, « en manifestant l'intention de ne plus faire dorénavant que huit heures, « devront être prévenus immédiatement, par voie d'affiches ou autrement, « que leur acte entraîne une rupture du contrat de travail et que le travail- « ne sera repris qu'aux anciennes conditions ;

« 3° Il est décidé, en outre, que toute demande collective d'augmentation « de salaire, formulée à l'occasion du 1er mai, sera également repoussée. »

Conformément aux résolutions ci-dessus, le repos du 1er mai ne fut entravé nulle part par les patrons, au contraire. Le 2 mai, le travail fut repris, les ouvriers de la maison Belleville, de Saint-Denis, et de plusieurs autres maisons où, conformément aux indications de notre assemblée générale, il paraissait possible de faire quelque chose, formulèrent des demandes de réduction d'heures de travail. A la maison Belleville, une solution intervint rapidement et le patron accepta la semaine anglaise : dix heures par jour et repos le samedi après-midi et le dimanche.

Ce succès, dans une maison occupant près de 2,000 ouvriers, fut un stimulant puissant ; des demandes analogues furent présentées dans d'autres ateliers ; sur le refus presque général des patrons, quelques grèves furent déclarées ; les patrons y répondirent par un véritable lock-out, mettant des milliers d'ouvriers sur le pavé. Quelques maisons : De Dion, 2,500 ouvriers ; Panhard, 1,800 ouvriers ; Renaud, 1,200 ouvriers ; Vinot-Deguingand, Bardon, Gladiator, etc., sur une simple demande des ouvriers ou sur leur sortie le soir, avant l'heure règlementaire, pour se concerter, fermèrent complètement leurs ateliers.

Dès la première heure, les délégués de l'Union des Mécaniciens et de la Fédération, les Conseillers prud'hommes de la corporation, etc., répondirent aux demandes de réunions qui avaient lieu un peu partout ; puis, devant le nombre toujours croissant des maisons en grève, le Conseil de l'Union des Mécaniciens décida de centraliser les efforts des différents comités de grève.

A cet effet, le 1er mai, une réunion avait lieu au siège de l'Union, 66, rue Fontaine-au-Roi ; 38 maisons de mécanique en grève y étaient représentées par près de 80 délégués ; étaient en outre présents, les délégués de l'Union des mécaniciens et du syndicat des ouvriers métallurgistes de la Seine.

Le camarade Coupat, en quelques mots, dit le but de cette première réunion établir un comité pour présenter collectivement les réclamations aux Chambres syndicales patronales ; centraliser les efforts de tous pour soulager ceux qui, non syndiqués, ne pourraient supporter la grève. Il ajouta que cette première réunion avait été faite au siège de notre syndicat, mais qu'il était préférable, pour l'avenir, et afin que les non syndiqués ne puissent élever de critiques sur le lieu de réunions, de prendre une salle neutre. Le Progrès social, rue de Clignancourt, fut choisi ; les réunions y eurent lieu par la suite. Dès la première réunion, à notre siège, une commission fut nommée parmi les délégués d'ateliers, deux membres de chacun des syndicats : mécaniciens et métallurgistes y furent adjoints.

Pendant le mois qui suivit, les délégués de l'Union des mécaniciens assistèrent régulièrement aux réunions journalières du Comité.

Le 14 mai, les patrons, qui avaient organisé le lock-out, décidèrent de faire une reprise du travail. Des lettres furent envoyées avec des coupe-files aux ouvriers que l'on jugeait les plus souples, et des rentrées en masse eurent lieu chez De Dion, Panhard, Renaud, etc. Seuls les militants, parmi lesquels les syndiqués, refusèrent de rentrer. Les ouvriers de quelques maisons où les syndiqués étaient en nombre, résistèrent énergiquement, et la grève se prolongea ; mais la rentrée faite par les patrons avait porté un coup sensible au mouvement, et, les uns après les autres, les ouvriers reprenaient le travail, laissant dehors les militants qui refusaient de signer des conditions de travail contraires à leur dignité. L'Union des mécaniciens compta 500 victimes qui s'embauchèrent, par la suite, très difficilement. Les indemnités de grève et du chômage qui en fut la suite, s'élevèrent à 50,000 francs, dont 21,000 francs lui furent remboursés par la Fédération des Mécaniciens. Fin septembre, nous avons encore des victimes qui n'ont pas travaillé depuis le 1er mai, étant boycottées par le patronat.

Plusieurs assemblées générales de notre syndicat eurent lieu pendant la période critique ; dans l'une, il fut décidé que les ouvriers syndiqués qui travaillaient, ayant obtenu satisfaction, s'imposeraient de 1 franc par jour, pour les non syndiqués ; les souscriptions apportées à l'Union des mécaniciens furent toutes transmises au Comité central de grève et distribuées aux non syndiqués.

Voilà, camarades, un récit écourté de la grève de mai 1906, en ce qui concerne notre corporation.

Comme il est facile de s'en rendre compte, rien n'est plus faux que le passage du rapport du Comité confédéral qui nous concerne ; la longue et complète propagande faite par l'Union des Mécaniciens est passée sous silence ; on montre les syndiqués contre le mouvement, alors que, dans toutes les grèves, les syndiqués ont fait leur devoir jusqu'au bout et ont été victimes ; la majorité des délégués au Comité central étaient des syndiqués ; on déclare que la grève a été faite en dehors de toute intervention officielle des organisations, alors que des délégués des organisations étaient présents, officiellement, à chaque réunion, que les lettres adressées aux employeurs l'ont été par les soins des syndicats intéressés.

Pourquoi ces allégations fausses en tous points ? Pourquoi cette négation absolue de tout ce qui a été fait par l'Union des ouvriers Mécaniciens de la Seine ?

Nous espérons que vous demanderez des explications au camarade Griffuelhes, qui ne pourra pas équivoquer.

Le citoyen Griffuelhes n'ignore pas la propagande intense que nous avons faite, les nombreuses réunions organisées, la brochure faite et distribuée partout. Le 8 septembre 1905, un paquet de brochures lui fut adressé, et une lettre envoyée disait tout ce que nous faisions.

A chaque réunion organisée par nous, une affiche partait au siège de la Confédération qui était ainsi tenue au courant de notre action incessante ; on ne peut arguer de l'ignorance des faits.

La vérité est que le citoyen Griffuelhes a voulu porter un coup à notre organisation. Déjà, dans une réunion à la Bourse du Travail de Paris, tenue récemment, il attaquait et menaçait les grandes organisations ouvrières, les grands syndicats. Cela, a-t-il dit depuis, au nom du Syndicat des cordonniers.

Cette fois il n'a pas craint d'user de son titre de Secrétaire de la Confédération pour faire cette mauvaise besogne ; la haine l'a entraîné jusqu'à salir les syndiqués pour glorifier les non syndiqués.

Si quelqu'un était qualifié pour donner des leçons aux ouvriers mécaniciens de Paris, ce n'est certes pas le citoyen Griffuelhes ; qu'il nous dise d'abord ce qu'il a fait dans sa corporation ; combien de réunions a-t-il organisées avec le Syndicat des cordonniers de la Seine ?

Si quelqu'un était qualifié pour critiquer notre organisation, ce n'est pas le citoyen Griffuelhes, secrétaire de la Confédération, qui ne dit pas un mot contre les organisations qui n'ont absolument rien fait comme propagande pour atteindre le but fixé par le Congrès de Bourges et qui réserve toutes ses critiques aux organisations qui ont fait œuvre sérieuse.

C'est pourquoi nous protestons énergiquement contre l'odieux passage du rapport confédéral que nous avons cité, afin que les faits soient connus et que justice nous soit rendue par ceux qui liront les attaques dont notre syndicat a été l'objet de la part du citoyen Griffuelhes.

**Turpin.** — Contrairement aux affirmations de Voilin, je déclare que notre organisation a été victime de l'attitude des mécaniciens au moment du mouvement de mai. Ils avaient pris, à notre égard, des engagements très fermes de nous seconder dans notre action. Le jour où nous avons voulu protester contre cette attitude, à une réunion de l'Union, on nous a interdit l'entrée de la salle. Le comité de grève était entre les mains de non syndiqués qui se refusaient à toute intervention syndicale, dilapidaient les fonds. Le délégué des mécaniciens est même venu publiquement critiquer notre action.

**Griffuelhes.** — Je suis vraiment étonné de l'attitude des mécaniciens, car en rédigeant le rapport, je n'ai eu à aucun moment la moindre intention malveillante. Et si j'avais obéi à un parti pris de dénigrement, j'aurais inséré des appréciations également malveillantes à l'égard du Livre. Or, rien de semblable ne se trouve dans le rapport. Les mécaniciens se plaignent que le rapport constate une décision prise par l'Union des Mécaniciens de Paris. Voilà qui est surprenant. Que dit le rapport :

« L'Union des Mécaniciens, peu de jours avant le 1er mai, dans une réu-
« nion, avait déclaré qu'il n'y avait pas lieu de faire grève, *la corporation*
« *n'étant pas prête* ».

Voyons maintenant ce que dit l'ordre du jour de cette réunion. La brochure qui vient d'être lue par le délégué des mécaniciens le contient. En voici le principal passage :

« Les membres de l'Union corporative des Ouvriers Mécaniciens, réunis en
« assemblée générale le 17 avril, après avoir entendu l'exposé de la situation
« actuelle dans la corporation, après avoir entendu les différents camarades
« qui ont traité de la question de la diminution des heures de travail,
« *regrette d'avoir à constater que la propagande faite par l'organisation syndi-*
« *cale n'a pas donné les résultats qu'on était en droit d'attendre, et n'a pu vaincre*
« *l'indifférence des ouvriers de la corporation* ».

En termes clairs, cette partie de l'ordre du jour dit que *la corporation n'est pas prête*. Or, le rapport ne dit pas autre chose. L'affirmation qu'il contient n'est pas inexacte. Le rapport ne dit, dans aucune de ses parties, que les mécaniciens n'ont rien fait, puisque j'ai reçu au fur et à mesure de leur apparition, leur affiche et la brochure lancée par eux. Je n'ai à aucun moment nié cette besogne. D'ailleurs, pour confirmer l'affirmation du rapport, prenez le compte rendu de la conférence des Fédérations, il y a été déclaré, les 5 et 6 avril, par les délégués mécaniciens, que malgré toute la propagande faite, ils ne pouvaient pas compter sur un soulèvement le jour du 1er mai. Je n'ai fait que reproduire cette opinion, corroborée par l'ordre du jour dont j'ai parlé tout à l'heure, ordre du jour du 17 avril, et émettre cette affirmation impossible à contester, que vous n'aviez pas déclaré la grève. J'ai donc le droit d'être surpris en entendant parler d'infamie. Il faut reconnaître que le mot a dépassé la mesure.

Le gros reproche que l'on me fait, c'est d'avoir dit que c'étaient les non syndiqués qui avaient déclaré la grève ; c'est cependant rigoureusement exact. Les délégués des organisations ont été mis à l'écart par le Comité de la Grève. Si Coupat, Lauche, Voilin, Briat, Latapie et quelques autres, pouvaient à grand-peine se faire entendre au Comité ou aux réunions grévistes, on en éliminait Galantus et Merrheim, parce que non mécaniciens.

J'ai voulu simplement, sans intention malveillante, faire ressortir ce fait que des non syndiqués ont fait grève et les premiers.

**Coupat.** — C'est inexact !

**Griffuelhes.** — Si, en tous cas, votre opinion est fondée, nous ne différons que sur des questions de fait, et il était vraiment déplacé de venir qualifier si sévèrement mon rapport, en l'accusant d'infamie à votre égard.

Et d'ailleurs, pourquoi votre délégué n'assistait-il pas à la séance du Comité confédéral où fut adopté le rapport ? Il eût suffi d'une intervention de sa part pour que je supprime du rapport tout ce qui aurait pu froisser vos susceptibilités.

**Coupat.** — Je remercie Griffuelhes du ton de sa réponse et ne puis que souhaiter que l'on ne s'en écarte pas pendant toute la durée du Congrès.

D'abord, le procès-verbal de la conférence des Fédérations contient une petite inexactitude à notre égard. Je n'ai pas dit que les mécaniciens d'Angers feraient neuf heures, j'ai dit, et mon affirmation a été corroborée par Ménard, qui assistait à la conférence des Fédérations, que la grève Bessonneau rendrait difficile, sinon impossible, un mouvement, à Angers, des Mécaniciens, au 1er mai. A part cela, dans leur ensemble, mes déclarations sont reproduites assez fidèlement au compte rendu.

Je n'en dirais pas autant de la partie de la brochure qui reproduit les interventions du camarade Struth qui, avec moi, représentait la Fédération.

Si j'ai pris la parole, c'est surtout pour répondre aux affirmations du camarade Turpin, de la voiture, au sujet de notre attitude au 1er mai. Contrairement à ce qu'il a déclaré, la Fédération des Mécaniciens et l'Union, à Paris, ont fait le maximum de propagande en faveur de la journée de huit heures.

Mais nous avons rencontré en face de nous l'indifférence générale de la corporation. Nous avons multiplié les affiches, les distributions de brochures, appels dans les réunions, dans les ateliers, et même dans les réunions syndicales, il nous était impossible de saisir un état d'esprit favorable au mouvement. Aux assemblées générales, les collecteurs interrogés nous assuraient que dans leur propre maison, 10, 20, 50 ouvriers, au maximum, paraissaient disposés à le seconder, sur plusieurs centaines d'ouvriers occupés dans l'établissement. Quels engagements voulez-vous que nous prenions avec une pareille inertie ? En réalité, il n'y aurait eu aucun mouvement si une maison particulièremet importante, la maison Belleville, n'avait, avant le 1er mai, accédé à notre revendication de la semaine anglaise, 10 heures par jour et 5 heures le samedi.

Ce résultat, obtenu presque sans débat, réveilla les énergies ouvrières, particulièrement dans les maisons d'automobiles. Les mécaniciens firent ressortir que puisque la maison Belleville pouvait accéder à la revendication de la semaine anglaise, les bénéfices colossaux des entreprises d'automobiles, qui permettaient à l'une d'entre elles, il y a quelque temps, de coter à 40,000 francs, des actions émises à 1,000, devaient à fortiori, donner un argument solide à la demande de réduction des heures du travail. Nous aurions peut-être, certainement, mieux abouti à ce résultat, la plupart des patrons étant disposés à céder, si une brute férocement réactionnaire, si l'ignoble brute qui a nom De Dion, embrigadant les petits patrons sous la menace d'un gigantesque trust de l'automobile qui devait étrangler leurs maisons, ne s'était mis en travers du mouvement.

Malgré tout, dans nombre de maisons où une élite ouvrière, animée du meilleur esprit de solidarité avait entrepris la lutte, de notables résultats ont été atteints.

En tout cas, l'affirmation de Griffuelhes, que le mouvement fut mené par les non syndiqués, est matériellement inexacte. Tous les membres du comité de la grève étant syndiqués, soit à la Métallurgie, soit aux Mécaniciens. Ce n'est que l'intervention d'une brebis galeuse, d'un être répugnant qui, à plusieurs reprises avait trahi moralement et matériellement la confiance de ses camarades, qui vint jeter la suspicion sur les militants syndicalistes. Mais l'honnêteté des membres du Comité, et particulièrement de son trésorier, du camarade Ferraudi, syndiqué à la Métallurgie, et, contrairement à ce qu'a eu l'air de déclarer Turpin, était hors de doute, et pas un seul instant ne fut suspecté. Si quelques individus et je l'ignore, se sont livrés aux dilapidations qu'a signalées Turpin, il faudra leur faire ce que j'ai fait au triste sire auquel j'ai fait allusion tout à l'heure, et les chasser des organisations ouvrières en leur crachant notre mépris à la face.

**Turpin.** — Je n'accuse pas le Comité de Clignancourt.

**Coupat.** — Ce que je regrette, et c'est par là que je termine, c'est que le rapport, et c'est ce qui explique l'acrimonie des syndiqués de Paris qui s'est manifestée par des phrases un peu vives de l'intervention de Voilin, a semblé méconnaître les efforts des syndiqués qui ont été et sont encore victimes.

Comme conclusion, je propose que, dorénavant, les épreuves du rapport confédéral soient communiquées, avant tirage, aux organisations intéressées, pour qu'elles puissent y faire leurs observations.

**Gras** (Mécaniciens de Marseille), répond que le syndicat des mécaniciens a fait tous ses efforts pour faire aboutir la journée de huit heures ou, tout au moins, la réduction des heures de travail. Que les critiques formulées par Charpentier sont inexactes, attendu que les victimes patronales ont surtout été nombreuses dans notre syndicat.

**Charpentier** apporte un témoignage intéressant aux paroles de Griffuelhes. A Marseille, les mécaniciens furent sans direction pour le 1$^{er}$ mai.

Il est partisan de l'entente cordiale réclamée par Coupat. Dans sa localité, les Métallurgistes s'entendent bien. Il demande pourquoi, alors que les mécaniciens étaient décidés à faire grève, prêts à marcher, ils ne reçurent pas l'ordre de commencer le mouvement pour la journée de huit heures avec transaction sur neuf heures.

**Coupat** répond que l'Union des syndicats ne peut donner d'ordre au syndicat de Marseille, pas plus que lui, personnellement.

Il dépose le vœu suivant :

« Les organisations mises en cause dans le rapport du Comité confédéral, « recevront communication, avant l'impression, du passage du rapport les con- « cernant. »

Adopté à l'unanimité moins 2 voix.

**Braun** constate que l'Union des Mécaniciens a fait de la propagande pour le 1$^{er}$ mai, mais n'en fit pas pour les huit heures. Les mécaniciens étaient réfractaires, ils disaient que c'était de la folie. Il espère qu'à l'avenir les organisations seront unies et d'accord pour marcher ensemble vers le but final. Il espère que les discussions disparaîtront et que la métallurgie fera l'entente nécessaire.

**Latapie** estime que le mouvement des métallurgistes aurait réussi si les mineurs n'avaient pas été divisés. Dans les Syndicats de l'Union fédérale, 13.000 syndiqués sur 14,000, ont fait grève pour la réduction des heures de travail.

A Paris, il n'en fut pas de même, la grève de l'automobilisme échoua parce qu'on ne voulut pas que les représentants des organisations ouvrières prissent la parole. Il est regrettable que nous ayons été débordés. Après avoir fait l'historique de la grève de Puteaux-Suresnes, il fait un appel à l'entente, à la fraternité étroite des camarades qui constitueront alors la plus puissante organisation.

**Voilin** déclare que dans diverses maisons, les syndiqués mécaniciens ont commencé le mouvement pour la réduction des heures de travail. Il constate que Puteaux ne compte que 300 syndiqués, sur 8 ou 10,000 ouvriers mécaniciens. Les huit dizièmes des victimes de la grève sont syndiqués. Cette discussion a du bon. Il appuie les paroles de Latapie et espère une entente prochaine.

**Griffuelhes** annonce qu'il parlera de lui-même. On me reproche, dit-il, de ne pas assister aux séances de mon syndicat. Je répondrai que, couché pendant huit mois, je ne pus y aller. Depuis j'y vais. Le 17 décembre dernier, à la réunion du syndicat, rendant compte de mon mandat, je faisais voter deux résolutions, l'une concernant le refus du règlement municipal de la Bourse du Travail, et l'autre, le refus de la subvention.

Le délégué de mon syndicat, présent ici, votera avec moi sur toutes les questions à l'ordre du jour.

**Keufer.** — Il m'est particulièrement agréable de constater la modération et la courtoisie avec lesquelles le camarade Griffuelhes a répondu aux critiques faites par le camarade Coupat. A mon tour, je ferai quelques observations sur le rapport du Comité confédéral en ce qui concerne le mouvement organisé dans la Fédération du Livre en faveur de la réduction des heures de travail. Je trouve que le rapport est trop sobre d'appréciations et de détails sur les résultats obtenus par la Fédération du Livre. Tous les militants qui ont assisté au Congrès de Bourges se souviennent de l'importante place qu'ont prise les critiques contre notre organisation dans la discussion. Cette discussion a été alimentée par les incessantes appréciations contre notre méthode d'action, contre nos divers services fédératifs. C'était bien le moins, il me semble, que le rapport signale ce que la Fédération du Livre avait fait et obtenu : ç'eût été une légitime réparation à la suite des attaques lancées à Bourges contre nous.

Puisque les délégués Coupat et Latapie ont fait un exposé sur la situation et de la manière dont le mouvement a été dirigé dans leurs corporations, le Congrès ne trouvera pas mauvais que je dise aussi ce qu'a fait la Fédération du Livre et de l'attitude qu'elle a prise. Tout d'abord, je dois faire remarquer que la Fédération du Livre, en aucune circonstance, n'a combattu le principe de la journée de huit heures. Dès le Congrès de Bourges, elle s'est prononcée en faveur de ce principe ; mais avec non moins de franchise, de sincérité, elle a déclaré qu'il était plus pratique de procéder graduellement, en réclamant d'abord la journée de neuf heures. C'est cette règle de conduite qui a guidé constamment le Comité central de la Fédération du Livre au cours des nombreuses délégations organisées dans les premiers mois qui ont précédé le mouvement.

De grands efforts ont été accomplis, des grèves nombreuses ont été déclarées, de lourdes charges ont été supportées pour soutenir les nombreux grévistes syndiqués et non-syndiqués du Livre.

Les résultats obtenus ont été très importants : dans plus de 150 villes nous avons obtenu la journée de neuf heures, et dans d'autres villes nous avons obtenu la journée de neuf heures et demie avec augmentation proportionnelle de salaire. Si je cite ces faits, ces résultats, c'est seulement pour essayer de mettre à néant les accusations dirigées contre la Fédération du Livre, c'est pour montrer que, malgré tout, elle a su faire son devoir.

Enfin, en citant l'action exercée par la Fédération du Livre, nous réfutons victorieusement les critiques faites au sujet de nos divers services de chômage,

-de maladie, considérés comme du mutualisme, qui ont fait considérer les Travailleurs du Livre comme incapables de lutter pour la défense des intérêts généraux de la corporation et du prolétariat.

La lutte pour la réduction des heures de travail, l'effort considérable réalisé en faveur de toute la corporation et des travailleurs similaires, démontre d'une façon irréfutable que la Fédération du Livre ne s'est pas bornée à faire du mutualisme, mais que tout autant que d'autres organisations considérées comme libertaires ou révolutionnaires, la corporation du Livre s'est élevée jusqu'à la défense des intérêts généraux, jusqu'à des revendications ayant un caractère social de première importance.

Cette remarque était absolument indispensable, après les manifestations d'hostilité dont la Fédération du Livre avait été l'objet.

Maintenant, camarades, j'aborde l'autre question sur laquelle je veux entretenir le Congrès et qui a une réelle importance. Il s'agit des relations rompues avec le Secrétariat international, dont le siège est actuellement à Berlin. Ce Secrétariat, auquel appartient la Confédération française, se réunit tous les ans en Conférence internationale. A deux reprises, le Comité confédéral français avait proposé de mettre à l'ordre du jour les trois questions suivantes : l'antimilitarisme, la grève générale, la journée de huit heures. C'est parce que le Secrétariat international avait refusé, suivant la correspondance publiée dans le rapport du Comité confédéral, de porter à l'ordre du jour du Congrès d'Amsterdam les trois questions citées plus haut, que le Comité confédéral français a refusé de prendre part au Congrès. J'estime, malgré les motifs invoqués dans la correspondance de Pouget, que le Comité confédéral ne devait pas rompre ses relations avec le Secrétariat international.

Ces relations sont très importantes ; elles peuvent donner aux revendications ouvrières un caractère international, conditions souvent indispensables pour rendre efficaces les revendications.

Je trouve que l'attitude du Comité confédéral a été intransigeante en renonçant d'assister à la Conférence internationale, sous prétexte que ses propositions n'ont pas été prises en considération. C'est une manière de faire très maladroite, elle est absolument contraire aux opinions constamment exprimées dans les milieux ouvriers : il vaut mieux rester adhérent à une organisation et y combattre pour y défendre ses idées, plutôt que de se retirer ou de démissionner. C'est ce que devait faire le Comité confédéral, au lieu de s'abstenir de sa propre autorité.

Les relations normales, régulières, avec le Secrétariat international ont leur nécessité pour étudier en commun l'action, la défense des intérêts du prolétariat, et aussi pour assurer l'aide mutuelle des corporations dans les luttes qu'elles ont à soutenir. C'est d'ailleurs ce qui s'est produit pour la Fédération du Livre : le Secrétariat typographique international a donné un admirable exemple de solidarité internationale pendant nos grèves pour la journée de neuf heures.

Et enfin, nous ne pouvons pas prétendre que nous sommes seuls en possession de la vérité dans la marche, dans la direction à suivre ; nous avons aussi à apprendre beaucoup de choses intéressantes dans les conférences internationales, ou tout au moins par les rapports constants avec les travailleurs étrangers, par les idées et par les moyens d'action qu'ils préconisent.

En résumé, je persiste à réclamer que la Confédération du Travail, malgré toutes les raisons qui ont pu être invoquées, même si le Secrétariat refuse de porter à l'ordre du jour de ses séances les questions proposées par le Comité confédéral, devra prendre part aux Conférences du Secrétariat international. J'invite donc le Congrès à donner ce mandat au Comité confédéral.

**Bousquet** dit qu'il ne peut y avoir d'internationalisme sans anti-militarisme, or, le secrétariat international n'a pas voulu discuter l'anti-militarisme, la grève générale. Cela est arbitraire, car aucune organisation ne peut et ne doit refuser les questions posées à l'ordre du jour.

Quand Griffuelhes a été à Berlin et que Legien, député et secrétaire des syndicats allemands ne voulut point se prononcer sur l'anti-militarisme, à propos du conflit du Maroc, et cela pour les intérêts électoraux, Griffuelhes aurait dû consulter les syndicats avancés allemands, qui, eux, auraient donné une réponse favorable. Donc, si les rapports doivent être repris, c'est à condition que la Conférence internationale discutera l'antimilitarisme et la grève générale, car avec les soldats armés, pas d'internationalisme et sans grève générale, pas de révolution économique.

**Pouget** explique que ce n'est pas la première fois que le secrétariat international refuse de discuter les questions de l'anti-militarisme et de la grève générale. A la Conférence de Dublin, nos délégués allèrent avec un rapport sur ces questions, avec texte français, allemand et anglais. Par suite du mauvais fonctionnement de la Conférence, ce rapport ne put être déposé.

C'est après avoir constaté ce mauvais vouloir que, lorsque vint en question la participation à la Conférence d'Amsterdam, le Comité confédéral fut amené à poser, pour condition de sa participation que, cette fois, les deux questions proposées, auxquelles, vu l'actualité, fut ajoutée la « journée de huit heures », seraient mises à l'ordre du jour.

Le secrétaire international, le camarade Legien opposa un refus ; mais, devant l'insistance du Comité confédéral, il consentit à consulter les centres syndicaux nationaux ; seulement, au lieu de conserver la neutralité qui sied à un secrétaire, il trouva moyen d'influer sur la décision à intervenir en faisant connaître son avis, en même temps qu'il annonçait le referendum.

Pouget avait été désigné comme délégué, sous condition expresse de la discussion des questions posées. Aucune réponse n'étant venue, il s'en tint à la décision formelle du Comité, et c'est pourquoi la France ne participa pas à la Conférence d'Amsterdam.

Pouget ajoute que, pour couper court à des propositions du genre de celles la France, Legien, au nom de l'Allemagne, fit décider à Amsterdam que, désormais les conférences internationales ne discuteraient plus de questions de principe et qu'elles se borneraient à des points d'administration syndicale. D'où il résulte que l'autonomie des organisations nationales est violée et que, de plus, les Conférences internationales n'ont plus besogne utile à faire.

Il est partisan que se continuent les relations internationales, mais à la condition que le secrétariat remplisse franchement sa fonction et qu'il soit un organisme de transmission entre les groupements nationaux et non un bureau d'étouffement. Il ajoute que, pour que le groupement international ne soit pas tout de façade, il faut que les délégués aux Conférences internationales ne soient pas, obligatoirement, les secrétaires confédéraux.

**Coupat** trouve que le refus du secrétariat international ne fut pas définitif. Ce n'est pas en refusant de participer aux conférences que vous ferez partager vos vues. Il est indispensable que nous ayons des relations internationales pour réglementer certaines questions. Il montre les résultats obtenus par le Livre, grâce à son internationalisme. Notre devoir est d'aller aux conférences ; si vos idées sont bonnes vous les ferez partager, mais ne boudez pas et ne mettez pas le prolétariat français au ban du prolétariat international.

**Niel** rappelle l'action merveilleuse de la Fédération du Livre et soulève une observation au sujet de la section de Montpellier, qui, décidée à marcher pour la journée de 8 heures ou 8 h. 1/2, se trouva paralysée en apprenant que la Fédération avait décidé de ne pas soutenir les sections qui marcheraient pour tout autre journée que celle de 9 heures.

Il demande à Griffuelhes quelle était la réponse définitive du secrétariat international au sujet des trois questions posées par la C. G. T.

**Keufer** trouve que la question soulevée par Niel est peu importante vu l'ensemble du mouvement accompli par la Fédération du Livre.

**Garnery** ne critique pas la tactique des camarades du Livre. La bijouterie a marché pour les huit heures. On nous oppose la tactique. Ce n'est pas une façon d'aider les autres.

**Griffuelhes** dit qu'il faut examiner si les conférences sont utiles, le travail appréciable, si elles donnent des résultats et si on doit y participer.

En réponse à la question de Niel, il ajoute que certains centres se sont prononcés pour une question, d'autres pour une autre. En résultat, à une faible majorité d'une voix, il y avait consentement pour que soit posée la question de la grève générale. Donc, étant donné la décision du Comité confédéral, si la lettre de Legien, avisant du résultat de ce referendum, ne fut pas retournée à son expéditeur, par suite d'insuffisance d'adresse, Pouget fut parti à la Conférence d'Amsterdam. Il ajoute que pour empêcher que, dorénavant, la France puisse poser des questions similaires à l'ordre du jour des Conférences internationales, Legien a fait voter la motion excluant les questions d'ordre général des futures conférences.

Devant ce parti pris d'étouffer toute discussion, puisque la question a été posée, il vaut mieux s'expliquer nettement. Jusqu'ici, le Comité confédéral n'avait pas voulu, pour ne pas froisser la susceptibilité des Anglais et de l'Allemagne, proclamer l'inanité de ces Conférences internationales. Or, il faut le reconnaître, la besogne qui y est faite se réduit à zéro. Après les explications qu'il va fournir, il laissera le Congrès juge de leur inutilité.

A Stuttgart, en 1902, quand il fut délégué, l'ordre du jour n'était pas connu. C'est là que fut définitivement constitué le Bureau international. Pour sa part, il avait demandé que ce secrétariat fût un simple organe de transmission. Il ne sait comment la traductrice chargée de transposer en allemand sa motion, la traduisit; ce qu'il sait, c'est que sa proposition ne parut pas au procès-verbal — et qu'il n'en fut pas tenu compte.

Le siège du secrétariat fut fixé à Berlin et sa fonction fut de transmettre les appels de grève, lancés par les Confédérations nationales. De plus, appuyé par les délégués de la Suisse, il avait demandé que les Conférences internationales fussent des sortes de Congrès ; l'Allemagne proposa la tenue de simples Conférences — ce fut adopté.

Voilà tout le bilan de la première Conférence !

Quant à celle de Dublin, où il se rendit avec Yvetot, ce fut encore plus typique, le résultat fut : quatre jours de voyage pour trois heures de conférence ! La Conférence se réunit un après-midi à 2 heures et, à 5 heures, c'était fini !

Quant à la besogne, elle se limita à compléter la résolution de Stuttgart, en ce qui concerne le mode de transmission des demandes de secours de grève ; à décider la publication de rapports sur le mouvement syndical dans les divers pays et à fixer tous les deux ans, la tenue des Conférences internationales.

De délégués internationaux, on était 7 à 8 à Stuttgard et une dizaine à Dublin. En cette dernière ville, la Conférence se tenait en même temps que le Congrès de la Confédération anglaise (Fédération du Travail) ; il y eut une cinquantaine de délégués anglais assistant à la Conférence et ils parlaient fort et longtemps, si bien que les délégués des autres nations purent à peine dire quelques mots.

Le lendemain, on venait nous chercher pour nous amener à l'hôtel où étaient descendus les délégués allemands ; c'était pour nous faire assister à un entretien devant réunir tous les délégués et le secrétaire de la Confédération anglaise. Là, nous apprîmes que les allemands étaient décidés à se plaindre de l'incorrection des anglais. Leurs griefs étant les nôtres, nous ne pouvions que nous rallier à une initiative qui, si elle était venue de notre part, eût été jugée inconvenante. Le secrétaire anglais présent, le secrétaire international formula une protestation portant sur plusieurs points, en des termes que nous jugeâmes trop durs. Il y avait, comme le déclara le secrétaire anglais, inexpérience, il n'y avait pas mauvaise volonté à notre avis.

Des observations n'en étaient pas moins justifiées.

Ajoutons que, servis par le hasard, nous eûmes la chance d'échouer dans un hôtel où une personne parlait français.

Voilà ce qu'ont donné ces Conférences internationales. Que nous continuions à y participer, parfaitement! mais à condition qu'on y fasse quelque chose. Il ne faut pas que subsiste dans le secrétariat international l'état d'esprit actuel.

Après ces observations, en ce qui touche le secrétariat et les Conférences internationales, Griffuelhes — en réponse à Bousquet — relate dans quelles conditions s'effectua, en janvier dernier, au moment des incidents du Maroc, sa délégation à Berlin.

Il y alla, avec mandat du Comité confédéral de s'aboucher avec la Commission syndicale d'Allemagne (l'équivalent du Comité confédéral), à l'effet d'organiser simultanément, à Berlin et à Paris, avec des orateurs allemands en cette dernière ville et français à Berlin, une grande Démonstration contre la guerre. Il fut accueilli par un refus formel.

Il arriva au siège des Syndicats, juste au milieu d'une séance de la Commission syndicale. Il exposa le motif de sa délégation et il lui fut objecté que la législation régissant les syndicats allemands s'opposait, de leur part, à une action de ce genre ; les syndicats risqueraient de subir les rigueurs de la loi. Pour tourner la difficulté, les camarades allemands proposèrent d'aller trouver le Parti socialiste qui organiserait la Démonstration, avec des délégués des syndicats ; de cette façon, la difficulté serait tournée.

Griffuelhes observa qu'il n'avait pas mission de s'aboucher avec un parti politique; il ajouta que, par courtoisie, il accompagnerait la délégation allemande ; quant à l'organisation de la Démonstration internationale, il était évident que chaque nation participante conserverait pour son organisation, son autonomie. Le principal était donc d'aboutir à réaliser cette Démonstration que les Allemands organiseraient à leur guise et, de même, les Français à Paris.

On se rendit au Reichstag, où se trouvait Singer. Les délégués des syndicats lui expliquèrent le but du voyage de Griffuelhes. Singer demanda à quelle date pourrait avoir lieu la Démonstration. Griffuelhes répondit (on était au 16 janvier) qu'elle s'imposait vite, étant donné la gravité des événements. Singer objecta qu'en Allemagne, le 21 janvier, en faveur de la Russie, étaient organisés, partout, de grands meetings — d'où impossibilité matérielle d'en organiser de nouveaux à une date proche.

Singer demanda ensuite si le Comité confédéral agissait ou agirait de concert avec le P. S. ? Griffuelhes répondit que, sur ce point, le Comité confédéral ne s'écarterait pas de son terrain et qu'il ne dérogerait pas à son autonomie. Singer alla trouver Bebel et il revint en disant que, pour que la Démonstration pût avoir lieu, il faudrait que le Comité confédéral s'abouchât avec le Parti socialiste de France.

Sur cette réponse, Griffuelhes se retira. Sa mission était terminée Il n'avait pas mandat pour s'adresser à un autre organisme ; eût-il voulu (ce qu'il ne pouvait faire de sa propre initiative), s'aboucher avec les syndicats « localistes » qu'il ne l'eût pu, ne connaissant ni Berlin, ni la langue du pays. Il rentra donc en France, rapportant de sa délégation des impressions qui venaient confirmer

ses impressions des premiers contacts avec les camarades étrangers. Il ajoute qu'il garde de son séjour à Berlin un souvenir plutôt mauvais, car il ne rencontra pas cette courtoisie prévenante qui facilite les rapports et atténue les difficultés. En formulant des regrets, il désire que nul délégué ne les transforme en plaintes, leur laissant ce qu'il leur donne lui-même, un caractère documentaire permettant d'apprécier exactement la nature et la valeur des rapports internationaux.

Quant aux résolutions des Conférences, les organisations ont montré par leur attitude combien elles s'en souciaient. Pour établir le rapport annuel décidé à Stuttgart, les Fédérations en majorité ne donnent pas les renseignements nécessaires. Aux deux demandes qui leur ont été adressées, c'est à peine si une dizaine a répondu. Pour le rapport qui a paru l'année dernière, ajoute Griffuelhes, il lui a fallu se servir des renseignements que personnellement il avait recueillis. De là, des erreurs, sans doute, dont il ne saurait être rendu responsable.

Ces explications montrent qu'en dehors des impressions qu'il a rapportées des Conférences — et que les circonstances l'ont forcé à faire connaître — les organisations par leur attitude ne sont pas enthousiastes de la besogne faite. Il est donc naturel de demander l'extension de cette besogne dont l'insuffisance ne légitime pas de fortes dépenses occasionnées par l'envoi de délégués.

C'est en s'inspirant de ces considérations que le Comité confédéral a décidé de continuer à payer sa cotisation mais de ne plus assister aux délibérations des conférences.

**Niel** demande ce qui aurait été fait dans le cas où la lettre de Legien serait parvenue assez tôt.

**Griffuelhes** déclare que Pouget se serait rendu à la Conférence d'Amsterdam.

La discussion est close. Deux ordres du jour sont en présence. L'ordre du jour Keufer-Coupat est ainsi conçu :

« Le XVe Congrès de la C. G. T., après avoir entendu les explications fournies « par le camarade Griffuelhes, déclare que, quels qu'aient été les résultats « donnés jusqu'à ce jour par les conférences internationales, il est nécessaire « que la C. G. T. y soit toujours représentée à l'avenir. »

**A. Keufer, P. Coupat, Niel.**

L'ordre du jour Delesalle est ainsi conçu :

« Le Congrès, après avoir entendu critiques et réponses sur le passage du « rapport relatif aux « rapports internationaux », approuve l'attitude du Co- « mité confédéral d'avoir momentanément suspendu les relations avec le secré- « tariat international qui a refusé d'inscrire à l'ordre du jour des conférences « internationales, les questions de la Grève générale, la journée de huit heures « et l'anti-militarisme ;

« Il invite le Comité confédéral à reprendre les relations avec le secrétariat « international en demandant à nouveau l'inscription à l'ordre du jour des ques- « tions précédemment refusées. »

**P. Delessalle.**

Addition Pouget :

« Au cas où le secrétariat international s'y refuserait, s'abritant derrière la « motion adoptée à Amsterdam, dont il ne voudrait pas demander l'annulation « à la prochaine conférence, le comité confédéral est invité à entrer en rapports « directs avec les centres nationaux affiliés, en passant par-dessus le secréta- « riat international. »

**Pouget.**

La priorité est demandée pour l'ordre du jour Delesalle-Pouget. Adopté.

Cet ordre du jour est ensuite adopté.

Le **Président** donne la parole à **Cleuet** qui annonce aux camarades qui auront des rectifications à faire au procès-verbal distribué le matin, qu'ils doivent aller le trouver dans la salle de la Commission d'organisation (salle attenant à celle du Congrès). Pour l'exposition des imprimés des Bourses, il prie les secrétaires ayant des imprimés de les lui remettre de suite, car il n'a encore reçu que 10 réponses avec envoi d'imprimés. Si non, l'exposition n'aura pas lieu.

Le **Président** procède à la nomination du bureau pour la séance de demain.

Sont nommés :

*Président* : **Berthon**.
*Assesseurs* : **Dooghe**, **Sauvage**.

Avant de lever la séance, il donne lecture de l'adresse suivante :

« Le Syndicat des Charpentiers de la ville de Lyon adresse son salut fraternel aux Membres du XV⁰ Congrès corporatif, réunis à Amiens.

« Il regrette de ne pouvoir se faire représenter à ces assises solennelles du prolétariat, ayant eu à subir une longue grève de 3 mois, qui a absorbé toutes les ressources du syndicat. »

Par ordre : le Secrétaire, Genin.

La séance est levée à 7 heures.

---

## SÉANCE DU 10 OCTOBRE (Matin)

*Président* : **Berthon**.
*Assesseurs* : **Sauvage**, **Dooghe**.

**Berthon**, président. — Je remercie les camarades congressistes du témoignage de sympathie qu'ils ont manifesté aux travailleurs de la marine, en appelant un des leurs à la présidence. Avant d'ouvrir la séance, je tiens à signaler au Congrès l'attitude du Ministre de la marine, qui a interdit au camarade Le Gall d'assister à ces assises prolétariennes. Je demande au Congrès la permission de lui donner lecture d'une communication de Le Gall à ce sujet.

*Aux camarades du Congrès, aux organisations ouvrières,*

CAMARADES,

Délégués à Amiens par les syndicats des arsenaux de Brest et de Lorient, c'est avec plaisir que nous comptions prendre part aux travaux du Congrès et y discuter les questions intéressant au plus haut point tout le prolétariat dont les travailleurs de la marine ne veulent pas être séparés. Mandatés par des ouvriers qui, quoi qu'employés par l'Etat-patron, ne se croient pas en dehors ni au-dessus des autres corporations, ne veulent pas être assimilés à des pseudo-fonctionnaires égoïstes et ont fait plusieurs fois preuve de solidarité. C'est cependant avec regret que nous nous excusons d'abandonner le Congrès et que nous vous demandons de suppléer, s'il est possible, à notre absence, pour la représentation de nos organisations.

Du reste, camarades, voici, à notre décharge, les faits qui nécessitent ce manquement à notre mandat.

Conformément aux règlements maritimes, nous avons sollicité de notre administration une permission pour venir à Amiens au nom des syndicats de Brest et de Lorient. Cette permission, tout d'abord accordée, signée et paraphée par la direction de l'arsenal, fut, au moment même où on allait nous la transmettre, annulée par M. l'amiral Pephau, préfet maritime de Brest, qui maintint sa décision malgré une démarche de notre part et pour les raisons suivantes :

1° Il y avait du travail à l'arsenal et notre absence était préjudiciable à la production ;

2° Le Congrès, qui n'était pas spécial aux organisations de la marine, n'était d'aucune importance ;

3° On ne pouvait tolérer que nous y allions, parce que l'on y discutait des questions antimilitaristes ;

4° Parce que telle était sa volonté.

Malgré notre remarque que l'absence de deux hommes sur 4,800 était insignifiante, que les ouvriers de l'arsenal étaient les meilleurs juges de l'importance du Congrès et qu'assister à une discussion sur l'anti-militarisme n'impliquait pas nécessairement l'adoption de telle ou telle manière de voir à ce sujet notre demande fut donc rejetée.

Sur l'avis de notre Conseil d'administration, nous nous sommes rendus à Paris et avons sollicité du Ministre de la marine l'autorisation refusée. Nous lui avons fait remarquer, en plus de ce que nous avions dit au préfet maritime : que des permissions semblables nous ont été accordées, il y a deux ans, pour Bourges, et aux délégués des syndicats jaunes il y a très peu de temps, pour le Congrès de la Fédération des jaunes qui n'englobe cependant pas non plus que des organisations de la marine ; que cette année même une permission refusée au citoyen Goude, par l'amiral Péphau, pour assister au Congrès socialiste de Chalon, fut accordée immédiatement par le Ministre ; que les délégués du port de Toulon ont reçu l'autorisation qu'on nous refuse, ce qui rend licite à Toulon, ce qui est illicite à Brest ; que le droit de se syndiquer, de se fédérer et confédérer, ayant été reconnu aux ouvriers de la marine, il y avait, par suite du refus qu'on nous infligeait, une atteinte portée à la liberté syndicale et à la liberté individuelle, et qu'il y avait dans tout cela une différence de traitement injustifiée qui ne pouvait que mécontenter le personnel ouvrier à qui l'on reproche cependant une perpétuelle agitation.

Après vingt-quatre heures d'attente, le Ministre nous a fait répondre que, ne l'ayant pas prévenu télégraphiquement et fait juge de la question avant de quitter Brest, nous avions contrevenu à la discipline hiérarchique, anéanti, par là, le bien fondé de notre réclamation, rendu impossible l'autorisation qu'il eût pu nous donner et qu'il nous intimait l'ordre de rejoindre notre port.

Le Ministre de la marine acquiesça, malgré tout, à la décision du préfet maritime de Brest et rien ne put faire changer l'ordre qui nous fut intimé et auquel nous obéissons, comme nous l'avons déclaré, contraints et forcés par l'impérieuse nécessité du gagne-pain et le cœur soulevé par l'arbitraire que nous jugeons nous être infligé.

Voilà, camarades, les causes qui nous empêchent de remplir notre mandat ; nous comptons sur les excuses des organisations qui comprendront, par notre cas, qu'il y a encore beaucoup à faire, et un travail incessant avant que d'imposer une entière liberté syndicale à notre République si radicale et qui se targue d'un libéralisme qu'elle veut encore agrémenter de lois prétendues ouvrières.

Quand elle s'arrête un moment de nous emprisonner, elle nous interdit l'étude et la discussion de nos intérêts.

Pour les délégués de Brest : **F. Le Gall.**

**Henriot.** — Je tiens à joindre ma protestation à celle des travailleurs de la marine, et je m'étonne que l'on interdise à ces camarades ce qu'on permet aux allumettiers.

**Malardé.** — La Fédération des tabacs joint sa protestation à celle des allumettiers

**Berlier.** — Au nom des travailleurs de la guerre, je proteste d'autant plus volontiers qu'aucune mesure identique n'a été prise contre nos camarades.

**Martin**, des postes et télégraphes, **Galice**, des magasins de la guerre ; **Biendiné**, des mains d'œuvres des P. T. T. ; **Montagne**, des inscrits maritimes ; le délégué des monnaies et médailles, y joignent leur protestation.

La proposition suivante est adoptée à l'unanimité :

« Le Congrès proteste contre l'arbitraire gouvernemental qui, par tous les
« moyens veut empêcher les ouvriers du port de prendre contact avec leurs
« camarades des autres corporations. »

**Laurent**, *du port de Cherbourg.*

## Rapport du Comité confédéral (*Suite*)

**Dret** (cuirs et peaux). — Je me demande s'il était nécessaire d'ouvrir ici une discussion sur la besogne accomplie au moment du 1er mai, d'autant plus, et je le regrette, que le cadre du rapport confédéral était trop restreint pour permettre à toutes les Fédérations d'exposer les résultats de leur action. Notre Fédération, comme celle du bâtiment, de la voiture, a fait son devoir ; le rapport du Comité confédéral est muet à ce sujet, et nous n'avons jamais pensé à appliquer à cette omission l'épithète d'infamie, employée par les mécaniciens.

**Hardy** (maréchaux). — Mon intervention a pour objet une rectification aux procès-verbaux de la Conférence des Fédérations. Contrairement à ce que contient ce compte rendu, pages 6 et 7, je n'ai jamais dit que nous étions obligés de maintenir nos camarades au syndicat, la trique à la main. J'ai dit que les grèves antérieures et l'isolement de nos camarades, rendaient difficile un mouvement, qu'il faudrait surveiller, la trique à la main.

**Delesalle.** — Comme auteur du procès-verbal, je tiens à déclarer que la rectification d'Hardy, sur ce point, est légitime.

**Hardy.** — Je n'ai jamais dit non plus que la journée de huit heures était un four complet. Mais bien que le mouvement serait un four complet.

**Thil** (lithographie). — Ceux qui assistaient au Congrès de Bourges se souviennent que, pour les décisions du mouvement des huit heures, l'unanimité dans le vote a été réalisée. La lithographie a fait tout son devoir ; la lithographie est peut-être la seule organisation qui a appliqué intégralement la décision de Bourges, a failli en mourir et faire sombrer dans le mouvement, 20 ans d'efforts et de travail. Je tiens tout d'abord à protester contre l'insuffisance de l'effort donné par les confédérés qui ont à peine versé 6 centimes par tête. Les lithographes ont donné 31 centimes, cela est bien insuffisant, certes, mais si tous les confédérés eussent fait le même sacrifice, plus de 60,000 francs, au lieu de 12,000 eussent été mis à la disposition de la Confédération. La Métallurgie n'a versé que 0 fr. 15 par tête et la typographie, 43 francs pour 10,000 membres. Je dis que le rapport confédéral n'est pas l'expression de la vérité ; il eût dû faire ressortir l'insuffisance de l'effort accompli, et souligner l'attitude des délégués qui, à Bourges, ont voté la journée de huit heures, sans essayer même de mettre leur décision en pratique, et de respecter la signature qu'ils avaient donné à Bourges. Les conditions de notre mouvement ont été particulièrement entravées par l'attitude de la typographie. La solidarité professionnelle qui nous lie a été signalée à la Confédération pour qu'elle pût intervenir. A Paris, nous avons eu 40 jours de grève, des sacrifices considérables ont été imposés à tous, fonctionnaires permanents et syndiqués touchaient la même indemnité. Tout a été contre le mouvement ; l'inaction des camarades des chemins de fer a été une grande désil-

lusion. S'ils ne pouvaient prendre part à l'action du 1er mai, ils pouvaient souscrire, ils n'ont rien fait.

C'est ce qu'aurait dû faire ressortir le rapport confédéral.

C'est pourquoi je dépose la proposition suivante : « A la suite du rapport il
sera établi une liste des organisations représentées au Congrès de Bourges
qui votèrent à l'unanimité l'application de la journée de huit heures au 1er mai
1906. Cette liste ou énumération, sans aucun commentaire, sera divisée en
trois parties indiquant : 1° Les organisations qui ont respecté les décisions de
Bourges ; 2° celles qui, sans les respecter intégralement ont quand même fait
un mouvement pour la diminution des heures de travail : 3° celles enfin qui,
après avoir pris cet engagement ,n'ont absolument rien tenté pour sa réalisation. Ceci dans le but de faire comprendre à tous les confédérés que, sans être
un concile, il y a une sorte d'honnêteté syndicale à respecter les décisions d'un
Congrès ou alors, ne plus à l'avenir, les prendre simplement comme des principes dont il n'y a plus à se préoccuper une fois le Congrès terminé ».

**Arnoux** (métallurgie). — Les chiffres produits par le camarade Thil sont
fort discutables. En regard des chiffres qu'il donne, de cotisation individuelle
il faudrait peut-être mettre la proportion des salaires. Je dis qu'en ce sens,
les camarades métallurgistes ont fait un effort supérieur à celui des lithographes.

**Turpin** (voiture). — Je ne viens pas faire l'apologie de notre mouvement,
mais seulement critiquer certaines attitudes de la Confédération ; il s'agit de
la maison des Fédérations de la rue Grange-aux-Belles ; son bail est trop court,
relativement aux sacrifices d'aménagement consentis. Au sujet de la *Voix du
Peuple*, nous protestons contre la campagne politique qu'elle a faite, et nous cri-
tiquons aussi l'attitude des militants syndicalistes qui collaborent à la grande
presse politique; je demande qu'on le leur interdise. Ils auraient pu beaucoup
plus utilement nous prêter la main pour défendre nos revendications. Alors que
plusieurs de nos camarades étaient en prison, que nous demandions leur concours aux secrétaires confédéraux, ils répondent qu'ils n'avaient pas le temps,
mais le trouvant bien pour se faire interviewer par la presse capitaliste et poser
devant l'objectif des photographes. Je demande que les secrétaires de la Confédération défendent nos intérêts au lieu de se faire de la réclame dans la presse
bourgeoise.

**Antourville.** — Je tiens à ajouter quelques observations à la question qui vient
d'être soulevée par Turpin, et à protester contre certains actes des secrétaires,
accomplis sans que le Comité ou les Commissions compétentes aient été consultées. Sur le point particulier de la délégation à Berlin, contrairement à ce qu'a
dit Griffuelhes, qui a parlé d'un mandat qu'il avait reçu de s'entretenir avec
Legien, le Comité n'a pas été consulté. Quand j'ai protesté, on m'a objecté le
caractère secret que devaient garder les démarches. Je trouve que cette attitude
est des plus regrettables.

**Malardé.** — Je proteste contre les paroles d'Antourville, et tiens à déclarer
que j'étais présent au Comité à la séance où fut prise la décision.

**Griffuelhes.** — Ce que dit Antourville est absolument inexact.

**Antourville.** — Je maintiens formellement ce que j'ai dit, c'est à moi même
que Griffuelhes a dit avoir agi de lui-même après avoir consulté quelques camarades. Je ne veux pas incriminer outre mesure les secrétaires confédéraux,
si les commissions n'ont pas fonctionné, c'est peut être de la faute de leurs
membres. Néanmoins, je crois que la netteté de la discussion gagnerait à ce que
les rapports confédéraux soient déposés plus tôt. Nous avons à protester contre
la *Voix du Peuple* qui, dans ces derniers temps surtout, a banni les articles révolutionnaires. La commission du journal n'a jamais fonctionné, Pouget a été
obligé de tout faire. Je voudrais que, dorénavant, on justifie l'élimination de
la copie transmise par les délégués mandatés des organisations.

Au lieu de réunir la commission pour statuer sur les articles, on consultait individuellement ses membres dans des conditions qui rendaient toute discussion impossible.

Laissé à l'initiative d'un seul, le journal, ces derniers temps, surtout, a été un véritable recueil d'attaques contre le gouvernement, au lieu d'un organe vraiment syndicaliste. Nous connaissons suffisamment ces gens pour qu'il soit utile de tant s'en occuper ; il y a eu des abus. Il faut éviter qu'on sacrifie l'organisation confédérale à des ressentiments personnels. Je crois qu'on remédierait à cet état de choses, si le secrétaire du journal, au lieu d'être nommé par la commission, l'était comme les autres secrétaires, par le comité confédéral.

Je dépose une proposition dans ce sens.

Les extraits des procès-verbaux du Comité confédéral n'ont pas paru dans la *Voix du Peuple*, ils auraient été plus intéressants pour les organisations que les polémiques personnelles.

**Duchène** (peintres de Paris). — J'ai une petite rectification à faire au procès-verbal de la Conférence des Fédérations, où on dit que le Bâtiment a organisé des comités d'action et que les peintres agissent seuls. C'est exactement le contraire qui s'est produit.

**Aucolin** (bâtiment). — C'est le camarade Etard, du Bâtiment, qui a organisé les comités d'action.

**Marie** (presses typographiques). — Le rapport confédéral laisse cette impression que les décisions de Bourges ont été appliquées par certaines organisations et non par d'autres, il eût été nécessaire que le rapport confédéral soit plus exact sur ce point, et signale les organisations qui ont violé les décisions de Bourges à titre d'indication.

**Perrault** (terrassiers). — Je me demande si nous sommes réunis ici pour entendre les organisations faire leur propre apologie, et voir paraître leur nom dans les journaux. Les autres critiques contre le journal ne sont poussées que par des questions personnelles.

**Latapie**. — Contrairement à Perrault, je crois que le grand tort des organisations françaises, est né de pas dire assez ce qu'elles font chez elles. Dans les Congrès internationaux, on nous reproche avec raison de ne pas faire assez de statistique, si Thil avait fait une statistique exacte, il n'eût pas apporté contre nous les critiques qu'il a soulevées.

Arnoux a déjà répondu au sujet des salaires, certains métallurgistes gagnent de 1 fr. 50 à 3 francs par jour. Combien a-t-il été fait de conférences par la lithographie ? Plus de 180 ont été faites par nous et nous ont coûté 3,000 francs, à ajouter à notre souscription confédérale. Nous avons eu, en 1905, 62 grèves avec plus de 5,000 grévistes ; défalquez-les de nos 14,000 payants et faites la proportion des souscriptions individuelles. Nous ne sommes pas ici pour nous donner des galons, mais pour tirer des enseignements de nos agissements réciproques. Que les lithographes en tirent de notre action révolutionnaire !

**Guérard**. — Nous sommes ici pour discuter non les organisations, mais bien l'œuvre du comité confédéral. Nous avons été mis en cause par Thil, c'est pourquoi je suis à la tribune. Comme Latapie, je pourrais lui répondre que la moyenne des petits salaires est à peine de 3 francs ; si on comprend les gros emplois de 60 et 100,000 francs par an, la moyenne des traitements est, dans les chemins de fer, de 1,400 francs par an.

Chaque fois que l'on a fait appel à nous, nous avons versé 100 francs. Les souscriptions étaient d'ailleurs inutiles puisque 1,200 francs restent en reliquat.

Pourquoi le mouvement de mai a-t-il échoué ?

A Bourges, aucun délégué n'était mandaté pour la décision prise par le Congrès. Celui-ci a exprimé des opinons individuelles et non celles des organisations. Contrairement à l'opinon du comité confédéral, j'estime que le 1er mai 1906 n'a

9

pas répondu à l'attente. Cela prouve que nous avions raison de demander qu'on ne fixe pas une date précise. Le Comité confédéral n'a même pas cherché à faire appliquer la décision de Bourges, qui basait le mouvement exclusivement sur les huit heures.

On n'a pas pu arriver à un résultat parce que la méthode de vote appliquée dans les congrès corporatifs, ne peut donner une idée exacte de la valeur des votes du Congrès. C'est pourquoi, à Bourges, nous avions demandé la représentation proportionnelle. Nous aurions pu savoir ainsi, combien de travailleurs étaient réellement disposés à cesser de travailler, la huitième heure, au 1er mai 1906.

Ce chiffre aurait donné, aux travailleurs, une énergie et une confiance nécessaires au succès du mouvement.

La décision de Bourges était inapplicable dans les chemins de fer. Comment voulez-vous que nos camarades quittent leur poste après leurs huit heures de travail ?

Il faut conclure de tout cela que le prolétariat ne doit s'engager qu'à bon escient dans une action quelconque. Quand on comprendra que les délégués, ici, ne doivent être que l'expression de l'opinion de leurs camarades de travail, nos Congrès auront alors l'importance qui permettra de donner à leurs décisions, l'autorité nécessaire pour qu'elles puissent aboutir.

Et il faudra aussi qu'en venant dans les Congrès, on sache sur quoi on est appelé à discuter. Dans quelles mesures les organisations seront engagées, c'est pourquoi il est nécessaire de libeller les ordres du jour d'une façon précise et méthodique. Je n'insiste pas sur la représentation proportionnelle, mais je souligne qu'on ne pourra imposer aux organisations l'exécution des décisions, tant que les délégués n'engageront pas la responsabilité de leurs mandants d'une façon plus effective.

J'ai aussi une déclaration à faire au sujet de la *Voix du Peuple*, organe des organisations confédérées. J'estime qu'il est inadmissible que cet organe admette des articles critiquant, comme il l'a fait pour les chemins de fer, une organisation confédérée. C'est pourquoi je dépose la motion suivante :

« Aucun article visant une organisation ne sera inséré s'il n'est revêtu « du cachet de cette organisation. »

**Jusserand** est d'accord avec les camarades qui l'ont précédé à la tribune, pour reconnaître qu'il était nécessaire et utile que chaque organisation expose les efforts accomplis et les résultats obtenus par elle, en vue de la réduction des heures de travail. Par conséquent, on reproche à tort, à la Fédération du Livre, d'avoir fait son apologie ; elle n'a pas plus droit à ce reproche que les métallurgistes, les mécaniciens, etc., qui ont, eux aussi, examiné les résultats de leur action pour les huit heures. Si nous nous sommes un peu plus étendus sur ces résultats, c'est en raison des attaques qui nous avaient été prodiguées. Thil reproche aux organisations de n'avoir pas exécuté les décisions du Congrès de Bourges ; mais on nous permettra de répondre que ceux qui se sont bornés à revendiquer énergiquement les neuf heures et à les obtenir, ont mieux suivi les indications du Congrès que ceux qui ont revendiqué les huit heures, sans obtenir aucun résultat.

Si les lithos et les presses typographiques ont revendiqué les huit heures et ont voulu obtenir de la Fédération du Livre qu'elle les revendique avec eux, c'est parce qu'ils n'avaient rien à risquer et rien à compromettre.

Ce qui est vrai, c'est que si les lithos ont obtenu neuf heures dans quelques sections de province, cette réforme est due en grande partie à l'action faite par les typographes qui, partout où les lithos ont voulu lutter avec eux, les ont soutenus et encouragés.

Ce qui est également vrai, c'est que la Fédération du Livre a consenti plus de sacrifices financiers en faveur des lithos que leur propre organisation, ceci pour répondre au reproche d'égoïsme qui nous a été adressé par Thil.

Si Thil, sous couleur de modestie, expose les sacrifices personnels des fonctionnaires de la Litho pendant la grève, les fonctionnaires des autres organisations ont également fait des sacrifices, mais ne les'étalent pas à la tribune.

**Chazeaud** demande le renvoi de tout ce qui concerne les huit heures, au moment où la question viendra à l'ordre du jour.

**Robert.** — J'ai à répondre à Antourville, d'abord sur la délégation de Griffuelhes, ensuite sur la question de la *Voix du Peuple*. Cette délégation a bien été confiée par le Comité confédéral ; l'article refusé était de Bousquet, il venait de Clairvaux, il critiquait une méthode d'action syndicaliste, qui avait consisté, pour afficher sans timbre, à poser des candidatures fictives pour les huit heures.

**Ader** (travailleurs agricoles). — Les travailleurs agricoles ont, eux aussi, participé d'une façon active au mouvement syndicaliste. Je trouve tout à fait légitime la proposition de Guérard, et j'y ajoute la proposition que les organisations qui mettent une question à l'ordre du jour, soient tenues de fournir un rapport.

**Bousquet.** — Je reproche amicalement à Pouget une certaine dictature et une certaine mollesse dans la *Voix du Peuple*, au point de vue du mouvement général. Je ne ferai pas de reproches aux camarades de s'être défendu dans la question du complot, ils ont bien fait. Mais j'ai trouvé bien naïf de la part de Pouget d'aller demander à un ministre s'il serait arrêté le lendemain. C'est pourquoi je m'associe à la proposition d'Antourville, relative à la nomination du secrétaire du journal, et à celle de Guérard, relative aux articles timbrés. La *Voix du Peuple* doit être l'organe des organisations et non des individus.

**Niel.** — J'ai quelques observations à faire relatives à la Fédération culinaire suspendue par le Comité confédéral, jusqu'à décision du Congrès. Je ne viens pas défendre ici une organisation taxée de jaunisse, mais je dis que les deux points sur lesquels on s'est basé, sont absolument insuffisants ; il s'agit d'articles publiés dans le journal de cette Fédération. Ces articles engageaient-ils l'organisation toute entière et non seulement leurs auteurs ? Dans ce journal il y a eu des articles absolument libertaires d'un camarade de Montpellier.

J'ai aussi une observation à présenter relative à l'Office de statistique et de Placement ; je regrette qu'il ne fonctionne plus, car il aurait été, dans l'avenir, appelé à rendre de très grands services. Je demande enfin, si, à l'instar de la presse bourgeoise il ne serait pas possible, d'insérer, chaque semaine, une revue de la presse corporative, ne serait-ce qu'une colonne ou une colonne et demie par semaine.

**Antourville.** — La Fédération culinaire a été suspendue comme contenant des syndicats mixtes composés de patrons et d'ouvriers, qu'elle s'est refusée à exclure ; son secrétaire et Comité fédéral font partie d'un de ces syndicats.

**Clévy.** — La Fédération textile a à protester contre l'insertion, dans la *Voix du Peuple*, d'un article préconisant une division au sein de cette organisation. Si les individus peuvent penser ce que bon leur semble, nous trouvons inadmissible que l'organe de la Confédération fasse œuvre de désagrégation fédérale et de propagande anarchiste. Je dépose une protestation en ce sens.

**Griffuelhes.** — J'ai à répondre à des griefs de deux ordres différents. D'abord, à discuter des actes confédéraux, ensuite des actes personnels.

Je m'étonne qu'Antourville, délégué au Comité confédéral, qui jusqu'à ce jour n'avait formulé aucune critique, vienne ici me reprocher d'être allé à Berlin sans mandat. La plus élémentaire bonne foi demandait qu'avant de soulever ces griefs il se renseigne et il aurait appris la vérité. La réunion où fut décidée la délégation eut lieu sur l'avis de nombreux délégués qui la jugeaient urgente ; elle fut convoquée par télégrammes. J'en appelle aux délégués présents au Congrès. Après que fut décidée la délégation, sur la proposition de Luquet, on discuta et approuva le texte de l'affiche : « Guerre à la Guerre ». Et s'il fut gardé le silence sur ces décisions, c'est que, vu la gravité des événements, on ne voulait pas permettre à la presse, qui poussait à la guerre, par une interprétation abusive des résultats de cette délégation, d'affirmer qu'il n'y avait pas unité de vues sur la question, entre les travailleurs d'Allemagne et ceux de France.

En ce qui concerne les critiques formulées par les délégués de l'Alimentation, reprochant la non-insertion d'un article de Bousquet, désapprouvant et traitant d'acte politique le fait d'avoir posé des candidatures des huit heures, je rappelle qu'aux élections municipales de 1904, je fus, dans des circonstances identiques et dans les mêmes conditions, candidat dans les 80 quartiers de Paris. Il s'agissait alors de la suppression des bureaux de placement. Et je m'étonne que l'acte, qui, en 1904 parce qu'il intéressait l'Alimentation fut demandé et appuyé par les mêmes camarades qui protestent aujourd'hui, soit estimé condamnable et mauvais.

Au sujet de la Fédération culinaire, le rapport indique suffisamment les raisons autres que celles qu'a indiquées Niel, de l'exclusion de la Fédération culinaire. J'invite les délégués à s'y reporter.

J'arrive maintenant au fait personnel soulevé par Turpin ; la fin des déclarations de ce camarade est particulièrement agressive. Pour ma dignité, j'ai le droit d'y répondre. Turpin a insinué que ma collaboration à *l'Humanité* m'a empêché de faire mon travail. J'estime avoir le droit de faire ce que bon me semble en dehors de mes 8 heures de travail. J'ai la liberté d'agir tout comme les autres et d'écrire ma pensée, si elle n'est pas contraire à ma mission d'organisation prolétarienne. Je réclame la liberté pour moi, je ne la nie à personne, et si le Congrès voulait m'interdire le droit d'écrire où bon me semble, je lui déclarerais que j'ai vécu avant d'être secrétaire de la Confédération, et que je vivrais encore.

Au sujet des 8 heures, je suis surpris d'entendre parler d'insuccès ; à mon avis il y a eu de grands et bons résultats ; j'ai toujours dit qu'une décision, quelle qu'elle fut, ne pouvait avoir de caractère impérieusement obligatoire pour les organisations confédérées. Quand nous prenons une résolution de la nature de celle de Bourges, nous la prenons au point de vue théorique et elle a par son texte et son contenu un caractère d'absolu. C'est là le propre de toute résolution qui ne peut dans le détail fixer les conditions que chacun devra remplir et respecter. La résolution constitue le point extrême d'une action à créer, duquel doivent se rapprocher les organisations. Dans leur besogne, elles ont à tenir compte des contingences et des milieux, tout en donnant à la résolution une interprétation devant se traduire par la plus grande réalisation de la réforme visée.

Le Congrès de Bourges avait assigné un but aux efforts des organisations, c'est vers ce but que devaient s'orienter leurs efforts. Le caractère de la résolution, nous l'avons constamment indiqué, Pouget et moi, tant dans la *Voix du Peuple* qu'ailleurs. En janvier 1905, Pouget, dans le *Mouvement socialiste*, écrivait une étude sur les huit heures. Plus tard, dans la *Voix du Peuple*, je revenais sur cette interprétation, deux mois avant le 1er mai, c'était un nouvel article que les circonstances soulignaient. A la Conférence des Fédérations, trois semaines avant le 1er mai, je faisais à nouveau, longuement exposées, les mêmes déclarations. De telle sorte qu'il est permis de dire, qu'à chaque époque de l'agitation, nous avons indiqué son caractère et son objet.

Il était, en effet, impossible d'agir différemment, car nous avions à nous pénétrer de l'esprit de la résolution et non simplement de la lettre. De leur côté les syndicats avaient à tenir compte de leur milieu, des éléments qui les agitent et des circonstances de leur action.

En tenant compte de ces observations, je dis que le rapport est bien l'expression fidèle des résultats de ce mouvement. Je dis qu'il y a eu des résultats, dont l'importance est de premier ordre. Pendant dix-huit mois, la classe ouvrière a été aiguillée sur une propagande. Elle a été familiarisée avec l'idée de la réalisation de la journée de huit heures et il en est résulté un mouvement d'ensemble d'une ampleur qui ne s'était encore jamais vue.

Aujourd'hui, dans tous les milieux, l'idée de la réduction des heures de travail a pénétré, les esprits les plus réfractaires se sont ouverts. Et il ne faut pas l'oublier : l'atmosphère morale doit précéder les réalisations, — or, cette atmosphère, la campagne des huit heures, l'a créée. Il n'y a plus qu'à continuer l'œuvre commencée.

Les ordres du jour suivants sont lus et adoptés sans observations :

« Nous demandons que les quêtes de solidarité pour les camarades en lutte,
« soient continuées, comme à Bourges, pendant toute la durée du Congrès
« considérant qu'une assez forte somme fut recueillie au dernier congrès ».

P. Hervier, Braud, Lagarde, Lucain, Magnard, Bornet.

« Le Congrès tiendra ses séances de 8 heures du matin à midi, et de 2 h. 1|2
« à 6 h. 1|2 du soir. »

« Un ordre du jour de sympathie aux Tonneliers de la Gironde, en lutte depuis deux mois contre le patronat, aux grévistes de Rosières depuis cinq mois, à ceux de Pamiers depuis deux mois et demi. »

Signé : Vandeangeon, Dupouy et Merrheim.

La séance est levée à midi.

Le Secrétaire de séance : Sellier, des Employés.

## SÉANCE DU 10 OCTOBRE (Soir)

*Président* : **Broutchoux.**
*Assesseurs* : **Dret** et **Cheytion.**

Le **Président** donne lecture de la lettre suivante émanant du syndicat des Charbonniers des Port de Marseille :

CAMARADES,

Le Syndicat des Charbonniers des ports de Marseille envoie à tous les camarades délégués, représentant les syndicats alliés à la Confédération générale du Travail, et réunis à Amiens à l'occasion du XVe Congrès national corporatif, un salut cordial et ses souhaits sincères pour la réussite complète des travaux du Congrès.

En attendant le mouvement libérateur révolutionnaire qui doit faire triompher les idées sociales, sur les vieilles doctrines surannées de la bourgeoisie, acceptez, camarades, pour les congressistes, le salut fraternel de vos frères de travail.

Le Secrétaire : Galice.

**Griffuelhes** fait une rectification au procès-verbal au sujet de sa réponse aux mécaniciens.

Il rappelle que Coupat a dit hier, que les rédacteurs du manifeste des Mécaniciens l'avaient rédigé sous l'empire de la mauvaise humeur et que lui, a établi sa bonne foi. Ce qui devait être constaté au procès-verbal.

**Luquet** rappelle que Clévy a dit, à propos du *Réveil du Nord*, que ce journal mène une campagne de classe bourgeoise.

**Charpentier** dit qu'il se demande si c'était sur ordre qu'on n'avait pas marché et qu'ensuite il n'a jamais parlé de transaction sur la journée de huit heures à neuf heures ; il n'a jamais fait de transaction.

**Bousquet** dit qu'hier il a dit que Basly n'a pas osé entrer au Congrès des Mineurs, alors qu'il était à la porte de la Bourse du Travail.

**Inghels** dit, qu'hier, il n'a voulu que faire une déclaration sans se solidariser en aucune façon avec le *Réveil du Nord*. Il proteste contre les paroles de Monatte disant que le *Travailleur* agissait de la même façon.

**Antourville** voudrait qu'il fût dit qu'il a demandé l'acceptation des boulangers de Troyes.

**Monatte** estime que la partie de sa déclaration doit être au procès-verbal.

**Latapie** déclare qu'il tient à ce que ce qu'il a dit figure au procès-verbal.

**Guérard** déclare qu'hier il a dit que c'était pour éviter un incident qu'il avait dit que les paroles de Monatte ne figureraient pas au procès-verbal. Il donne lecture de l'amendement Clévy.

Amendement Clévy à la proposition de Dooghe, relative au *Réveil du Nord* :

« Le Congrès étend sa réprobation aux journaux, quels qu'ils soient, qui combattent des militants par des injures et des calomnies. »

**Moret** demande que tout ce qui se dit ici soit inscrit au procès-verbal.

**Parvy** dit qu'il est très facile de proposer que tout ce qui a été dit doit figurer au procès-verbal. Car lorsque la clôture est prononcée, il serait facile au dernier orateur de produire des allégations sans qu'on puisse y répondre.

**Keufer** fait remarquer qu'il est impossible aux secrétaires de noter toutes les observations qui sont faites et qu'il y a lieu de laisser aux orateurs le soin d'envoyer leurs rectifications aux secrétaires. (*Approbations*).

**Dret** déclare qu'après avoir assisté à des réunions aussi calmes qu'hier soir et ce matin, il est véritablement étrange d'assister à un pareil tapage à propos d'une rectification au procès-verbal. Il semble vraiment que ce n'est pas véritablement les paroles inscrites au procès-verbal qui gênent certains camarades, mais plutôt la personnalité du camarade Broutchoux qui les gêne. Le Bureau se solidarise avec Broutchoux et invite le Congrès à discuter avec calme, car le prolétariat tout entier a les yeux sur nous en ce moment. Il espère que le Congrès le comprendra.

**Laporte** annonce que les tisseurs viennent de faire une déclaration qui montre qu'ils ne sont pas d'accord. Les uns disent qu'ils veulent montrer comment la « Confédération traite les travailleurs du Nord. » Laporte proteste contre ces paroles.

**Clévy** dit que si on veut sortir du Congrès en se comprenant, il faut qu'on sache que la neutralité est l'égide sous laquelle tous doivent se placer. Il est utile que les phrases en question ne doivent pas figurer au procès-verbal.

**Moret** dit qu'hier Monatte n'a pas protesté contre les paroles de Guérard. Il est inutile d'y revenir.

**Merrheim** demande au Congrès d'être logique avec lui-même. Hier, Guérard a dit que le dernier alinéa de Monatte concernant le *Travailleur*, ne figurerait pas au procès-verbal, Monatte n'a pas protesté, il est logique qu'il ne figure pas au procès-verbal. Maintenant, en passant, je prends acte de la déclaration de Clévy qui se réclame de la neutralité syndicale ; j'espère que nous le trouverons avec nous, en une autre circonstance, pour la neutralité.

**Arbogast** dit qu'il ne faut pas continuer la discussion à propos du procès-verbal ; il y a d'autres choses à discuter.

## Discussion des Rapports (Suite)

**Pouget** rappelle la fable du Meunier, son fils et l'âne ; il observe que ce matin Bousquet a, pour la première fois, élevé des critiques contre la *Voix du Peuple* parce que pas assez révolutionnaire. Aux précédents congrès, c'est le contraire qui a toujours été déclaré. Pourquoi ces critiques ? Pour un article refusé ?...

**Bousquet** dit qu'il faut noter tous les faits de grèves.

**Pouget** lui répond qu'il est quelquefois impossible de publier toute la copie parvenant au journal. Mais, pour le cas particulier que cite Bousquet, il faudrait que les camarades prennent l'habitude d'envoyer rapidement des communications. à la *Voix du Peuple* ; or, les événements intéressants qui devraient lui parvenir de première main, on est obligé souvent de les extraire des quotidiens. Par exemple, l'Union des Syndicats de la Seine qui se plaint, sait bien que ses communications ne parviennent jamais directement ; quand elles sont publiées, c'est qu'elles ont été coupées dans les quotidiens.

Sur la proposition Guérard, Pouget dit qu'il ne demande pas mieux que de la voir adopter. Seulement, il tient à noter sa portée : son adoption implique que toute discussion sur la tactique deviendra difficile ; un syndiqué ne pouvant plus faire allusion à son organisation, sans le visa de celle-ci. Il ajoute qu'au Comité confédéral, le délégué des Chemins de fer déclara que les articles auxquels fait allusion Guérard ne dépassaient pas le ton de la libre discussion.

Il y a une proposition d'ouvrir une Revue de la Presse Syndicale. Pouget en reconnaît l'utilité ; il a même essayé, à diverses reprises, de créer cette rubrique ; mais, toujours, au dernier moment, l'abondance de copie l'a obligé à passer outre.

Au sujet de l'article visé par la Fédération du Textile, il ajoute que cet appel du Syndicat Textile de Reims n'a pas le caractère qui lui est attribué et il demande qu'il n'en soit question qu'après la discussion sur les relations politico-syndicales, attendu que cet article est la conséquence de la Résolution du Congrès de Tourcoing.

**Liochon** dit que lorsque une organisation s'alliera, par exemple, momentanément au Parti socialiste, est-ce qu'un appel à la division pourra être publié. Il croit que la Confédération n'a pas ce droit.

**Pouget** dit que la question viendra tout à l'heure.

**Niel** demande si Pouget est partisan de la Tribune syndicale ?

**Pouget** répond que cette revue de la presse aura son utilité ; mais il craint la trop grande abondance de copie.

**Dret** fait la proposition suivante :

« Je propose que toute discussion ayant trait ou se rattachant à la question des rapports à établir entre le Parti socialiste et la C. G. T. soit discutée quand « viendra cette dernière question ; cela pour avancer les travaux du Congrès ».

**Dret.**

Plusieurs membres demandent l'ordre du jour du Congrès.

**Laporte** dit que les griefs contre la *Voix du Peuple* ne sont pas de même nature. Il pense que les évènements dirigent les individus. Il se peut que des camarades apportent des propositions selon leurs tempéraments et leurs opinions.

**Ferrier** demande la clôture et le vote par mandat.

**Lévy**, au nom du Bureau, demande le vote sur les rapports.

**Griffuelhes** donne des indications sur le vote.

**Jusserand** fait observer qu'on se prépare à faire voter sur tous les rapports, même sur celui de la section des Bourses.

**Yvetot** déclare que le rapport du Comité des Bourses est à la disposition de tous, pour la discussion. Il voudrait le voir discuter. Toutes les questions contenues dans le rapport de la Section méritent qu'on s'y arrête et qu'on les discute. On verra de plus en plus la Section des Bourses inviter ses adhérentes à éliminer la politique et à se passer des subventions.

**Etard** demande des renseignements qui touchent au rapport.

**Tesche** dit que dans son esprit les rapports financier et des Bourses sont réservés. Il rappelle son ordre du jour :

« Le Congrès apppprouve les rapports présentés par les divers services du Comité de la C. G. T. sous bénéfice des observations qui ont été présentées au cours de la discussion et des réponses qui ont été faites. »

**Niel** dit que tout le monde sait que le Congrès doit s'occuper du rapport de la Section des Bourses. Le rapport d'Yvetot doit donc être discuté ici, par le Congrès.

**Guernier** formule quelques critiques. On signale 135 bourses; il y en a deux qui ne comptent pas. Vaucluse-Avignon. Si on s'en rapporte à la discussion d'hier, il est certain que la Confédération sera amoindrie d'ici quelques années, si on ne prend pas des mesures. Des difficultés se sont élevées entre Bourses. Qu'a-t-on fait pour aplanir ces difficultés ? Les Bourses les ont aplanies elles mêmes.

L'Office a disparu. Il proteste contre le mot « inqualifiable » qui a été employé à propos de ses articles. C'est sur les documents de l'Office qu'il a pris ses renseignements; il se plaint que la Section des Bourses se soit laissée devancer par l'Union des Syndicats de la Seine. Il parle du mode de placement qui devait être l'objet d'une enquête auprès des Bourses. Il voudrait la suppression de la Fédération des Bourses.

**Guérard** dit qu'il n'a qu'une observation à formuler.

Le rapport dit que « les condamnations des militants n'empêcheront pas la propagande antimilitariste et antipatriotique ». Guérard ajoute qu'il ne critique personne. Les camarades ont agi en leur nom personnel et non au nom de la Confédération. Il demande que le Congrès ne se prononce pas sur cette partie du rapport.

**Delesalle** dit que les congrès précédents se sont prononcés en faveur de la propagande antimilitariste, et qu'au comité cela a été décidé à l'unanimité pour ce qui concerne les numéros spéciaux de la *Voix du Peuple*. La brochure le *Manuel du Soldat* a été éditée en vertu de décisions du Congrès d'Alger.

**Antourville** accepte pleinement le rapport.

Il estime qu'une proposition pareille ne peut se placer en ce moment.

Au sujet de l'antimilitarisme, il dit que cette propagande est utile et légitime, et décidée par les congrès.

**Morel** approuve le rapport des Bourses.

**Sauvage** dit qu'il y a simplement une erreur de rédaction. Il est de cœur avec les camarades antimilitaristes, mais le Comité n'a pas été consulté sur la rédaction de l'affiche.

**Laval** ne comprend pas la question soulevée par Guérard. A Bourges, on n'a rien désapprouvé de ce qui avait été fait depuis le congrès d'Alger. Les camarades poursuivis sont aussi intéressants que les camarades condamnés.

**Yvetot**. — Vous voyez, camarades, combien j'avais raison de vouloir la discussion du rapport de la Section des Bourses. Les Bourses ont participé au mouvement des huit heures comme elles avaient participé à celui des Bureaux de placement. Leur part est grande dans toute l'agitation syndicale. Il est juste qu'on ne dédaigne pas de discuter leur action. Les attaques sont moins contre le comité des Bourses que contre la tactique révolutionnaire de son bureau. On a fait des critiques, je vais y répondre.

Au lendemain du Congrès de Bourges, tout le monde croyait que tout irait bien, car ce Congrès avait adopté en bloc les rapports des Comités. On va voir qu'il n'en fut pas ainsi.

Pour le cas d'Avignon, ce n'est pas une erreur, ou si c'en est une, elle est corrigée dans un autre endroit du rapport. Avignon, dont le secrétaire était alors un typographe palmé, donna sa démission de Bourse adhérente à la Section des Bourses. Aucun motif ne fut donné. Mais la Fédération du Vaucluse, peu de temps après, demanda son adhésion. C'est ainsi que figurent Avignon et la Fédération de Vaucluse sur l'énumération des Bourses ou Unions locales adhérentes à la Section des Bourses.

En ce qui concerne la délégation Lavaud, le Comité ne pouvait prévoir les reproches qui ont été adressés à Lavaud par les camarades de Lyon, aussi bien du côté des adhérents à l'Union, que de celui des adhérents à la Bourse municipale. Les épithètes de « joli coco » et les accusations d'ivresse n'émanaient pas de nous. Lavaud nous demanda l'autorisation de parler au nom de la .C G. T. dans une tournée que lui procurait ses vacances. Il passait à Saint-Claude et à Lyon. Le Comité mandata Lavaud selon son désir et lui donna la corvée d'essayer l'accord des organisations syndicales lyonnaises. S'il ne s'en est pas acquitté au gré des intéressés, c'est à eux de réclamer. Les procès-verbaux sont là pour les renseigner sur le rapport de Lavaud.

J'en arrive aux principaux griefs à propos de l'Office.

L'échec des réformistes, à Bourges, ne les désarma pas. En vue de l'élection des membres du bureau confédéral, on manœuvra. L'élection du camarade Griffuelhes se fit assez bien. Les délégués des Fédérations ne manœuvrèrent point contre lui. Il n'en fut pas de même du secrétaire de la Section des Bourses. Comme par enchantement, des Bourses ou Unions locales composées de 3 et 4 syndicats se constituèrent et, subitement, envoyèrent des mandats de délégués à mes confrères du Livre qui vinrent, avec un ensemble merveilleux, voter contre moi. Malgré tout, je fus élu, et les délégués ne reparurent presque plus au Comité. Le candidat qui m'était opposé vint trois fois au Comité. Plusieurs de ces nouveaux délégués votèrent contre le secrétaire, tout en ayant en mains un mandat contraire, Quelques-uns sont ici. Après l'échec de Bourges, après l'échec des élections du Bureau et de la Commission, ils se découragèrent sans doute. Guernier, lui, ne se découragea pas. La Chambre discutait le budget ; la Bourse de Reims lançait une circulaire et des articles de journaux à certaines Bourses. Circulaires et journaux ne nous parvinrent à la C. G. T. qu'indirectement, car nous y étions calomniés et un sénateur, un député et Biétry, lui-même, trouvèrent là des arguments contre la C.G.T. et ses militants.

Guernier a reproché le peu de travail de l'Office ; son manque de renseignements. Mais, si les Bourses avaient répondu, les renseignements eussent abondé. C'est donc contre les Bourses que se retourne la critique. C'est par économie que l'on inséra les renseignements des mouleurs qui se trouvaient tout composés à la même imprimerie. Levy, plusieurs fois, donna des rapports et des renseignements sur l'Office. A Bourges, notamment, toutes les explications furent données et Guernier fut muet sur les critiques qu'il formula depuis.

Pour le *referendum* sur l'emploi de la subvention, les Bourses comprennent bien qu'on ne pouvait leur demander à quoi elles voulaient voir attribuer l'argent de la subvention avant de l'avoir touché. D'ailleurs, le Comité ne fut pas intolérant puisqu'il repoussa toute mesure d'évincement de la Bourse ou de blâme contre elle. Il se contenta de faire parvenir à toutes et aux intéressés, la circulaire suivante :

## Confédération Générale du Travail. — Section des Bourses

*Aux secrétaires et représentants formant des Comités de Bourses du Travail ou Unions locales,*

CAMARADES,

« Dans sa séance du 10 février dernier, le Comité des Bourses eût à discuter la circulaire et les deux articles de journaux adressés à *certaines* Bourses par le secrétaire de la Bourse du Travail de Reims.

« Ces articles et cette circulaire avaient trait à la subvention de l'Office national ouvrier de statistique et de placement. Ils tendaient à induire en erreur les Bourses du Travail qui ne sont au courant de ce qu'est cet Office et des services qu'il peut rendre, ni de la façon dont fut obtenue et employée la subvention destinée à son fonctionnement.

« Le Comité croit nécessaire, non pas de réfuter les articles et la circulaire en question, mais de prévenir les Bourses et de les mettre en garde contre des manœuvres dont le but est de surprendre leur bonne foi pour les inciter à ne voir, dans les fonctionnaires de la C. G. T. et de ses organismes, que des individus ne représentant pas l'esprit des syndiqués qui composent l'organisation syndicale dont ils appliquent les décisions.

« Il suffira aux militants des Bourses du Travail, de bien vouloir se rendre compte des rapports publiés sur l'Office pour qu'ils s'aperçoivent combien sont dénués de loyauté les articles et la circulaire de Reims. Par les rapports moraux et financiers que le Comité a fait, chaque année, parvenir aux Bourses adhérentes, celles-ci ont été mises au courant des démarches faites, de tous les résultats obtenus, lorsqu'il s'est agi d'avoir une subvention pour l'Office. Aussi bien, elles ont eu connaissance des services rendus par l'Office.

« A la conférence de Bourges, ainsi qu'aux précédents Congrès des Bourses du Travail, ces rapports ont été discutés. A toutes les questions posées, il a été répondu. Les délégués aux Congrès de Paris, Nice, Alger et à la Conférence de Bourges, n'ignorent rien, absolument rien, de ce qui concerne l'Office.

« Le signataire des articles incriminés se trouvait cependant à la Conférence de Bourges. Aucune observation semblable à celles écrites dans les articles et la circulaire ne fut faite par lui.

« C'est, qu'à ce moment, il ne s'agissait pas encore de prendre, par des manœuvres loyales et anti-solidaires, la revanche haineuse d'adversaires battus par un Congrès corporatif, déçus par le résultat des élections aux fonctions et aux commissions de la C. G. T. D'ailleurs, en présence de tous, sous le danger d'une riposte facile, l'équivoque n'eût pas été possible. C'est pourquoi les griefs portés contre l'Office, les manœuvres entreprises pour que ne fut pas votée la subvention ne se firent pas jour à la Conférence de Bourges. Il fallait attendre pour tromper mieux.

« Nous sommes assurés, qu'à moins d'un parti-pris et d'un absolutisme tendancieux, aucune Bourse du Travail ou Union locale de syndicats, ne sera dupe des manœuvres du secrétaire de la Bourse du Travail de Reims. Elles préféreront toutes s'en rapporter au rapport du Congrès de Bourges.

« Dans cet espoir, le Comité passe à l'ordre du jour, après le vote d'envoi de la présente circulaire. (Séance du 10 mars 1905).

« Pour le Comité : *Le Secrétaire*, G. YVETOT.

Cela prouve que le Comité prit la seule décision que méritaient de tels faits. Il ne fut pas bien méchant. Guernier est partisan de la disparition de la Section des Bourses. C'est, qu'en effet, il est ennuyeux de voir des camarades venir faire, dans les Bourses du Travail, de la propagande syndicale révolutionnaire et anti-militariste. Il vaudrait mieux qu'on laisse en paix les fonctionnaires de certaines Bourses qui craignent pour leur sinécure et qui sont peu enclins à employer leur temps et leurs moyens à la propagande syndicale.

Notre propagande ne ménage pas des sinécures, elle offre des périls.

Il y a un autre courage à faire de la propagande syndicale et anti-militariste, qu'à faire de la propagande syndicale et politique. Si l'on a fait de l'action antimilitariste en dehors de la C. G. T., c'est que la C. G. T. n'en faisait pas suffisamment. Il fait allusion à l'affiche anti-militariste, à son action personnelle à Rouen, à Nantes et à Troyes, à la propagande dans les grèves. Chaque fois qu il y a une grève des boulangers, les soldats mitrons sont envoyés pour remplacer les camarades en grève. La propagande antimilitariste est nécessaire, c'est ce que dit la fin du rapport approuvé par le Comité des Bourses.

Les Bourses du Travail ont décidé dans leurs Congrès antérieurs de faire et d'approuver la propagande anti-militariste. Lorsque le Comité décida d'adresser un referendum pour payer son secrétaire en prison, toutes les Bourses répondirent qu'il serait payé intégralement, le Comité ne jugea pas nécessaire, comme Guérard le demande, de changer la fin du rapport. Guérard, autrefois, faisait de la propagande anti-militariste et de grève générale. Que ne continue-t-il encore ?

**Guérard** répond qu'il en fait encore et n'a pas changé d'opinion.

**Yvetot** termine en disant que les Bourses du Travail font toutes la propagande nécessaire et qu'elles doivent continuer. Au 1er mai, Paris et le Nord notamment furent inondés de soldats. Clémenceau n'aurait pas osé agir ainsi s'il avait vu se faire une propagande antimilitariste plus active.

Je crois avoir dit tout ce qui était à dire sur les reproches faits au Comité. Ils se résument aux attaques d'un seul délégué, le secrétaire de la Bourse du Travail de Reims et les critiques portent seulement sur l'Office qui est indépendant de la Section des Bourses.

**Lévy** attend au bureau qu'on apporte la circulaire dans laquelle il est dit que les camarades Lévy et Yvetot empochent la subvention.

**Guernier** donne lecture de la circulaire de la Bourse de Reims.

### CAMARADES,

« Par ce même courrier, nous vous adressons, comme nous le faisons d'ailleurs chaque mois, le Bulletin de notre Bourse et nous appelons tout particulièrement votre attention sur l'article de notre secrétaire général relatif à l'Office de statistique et de placement.

« Les sentiments qui nous ont guidé en publiant cet article sont ceux que vous avez éprouvés ou que vous éprouverez vous-mêmes en apprenant que les décisions de la Conférence des Bourses sont considérées comme nulles et non avenues par le Bureau fédéral. On ne nous fera pas croire, en effet, que les députés qui intervinrent lors de la discussion de la subvention à l'Office, le firent de leur propre mouvement. Ils ont été engagés à le faire et documentés par ceux qui ont un intérêt immédiat et personnel à la conservation de cette subvention.

« Ainsi donc, non seulement il n'y a pas eu de referendum, comme l'avait demandé la Conférence des Bourses, mais la proposition de Châteauroux, tendant à employer cette subvention à l'installation du téléphone dans toutes les Bourses du Travail, est elle-même dédaignée par nos camarades parisiens. C'est pour un Office de placement qui ne place personne, qui ne peut placer personne, que ces dix mille francs sont demandés et seront employés.

« Il nous apparaît que le moment est venu pour les Bourses de province, de jouer un rôle moins passif entre les mains des camarades de la Capitale. Si le gouvernement subventionne le placement, c'est directement aux Bourses que doit aller cette subvention. S'il subventionne la Fédération des Bourses, nous demandons encore à être consultés sur l'emploi de cette subvention.

« Vous protesterez avec nous, camarades, contre la dictature que veut nous imposer Paris. Paris est grand, mais il n'est pas à lui seul toute la France.

« Et puisque la Conférence des Bourses a décidé qu'un referendum serait organisé pour savoir quel emploi serait fait de la subvention, si vous pensez comme nous que l'Office est inutile et que la subvention à lui accordée, doit être répartie entre toutes les Bourses, vous vous joindrez à nous pour l'exiger, vous mandaterez en ce sens votre délégué à la Fédération des Bourses.

« Quoi que vous décidiez, la Bourse de Reims serait heureuse de connaître votre décision. Nous vous prions donc de bien vouloir nous faire parvenir le résultat de votre délibération.

« Recevez, camarades, l'assurance de notre fraternelle solidarité. «

Reims, le 15 décembre 1904.

LA COMMISSION ADMINISTRATIVE.

Il déclare que le placement ne peut pas se centraliser à Paris. Nous avons compris, à la Conférence des Bourses, que ce placement était inutile, puisque nous avons décidé à l'unanimité de lancer un referendum sur l'emploi des dix mille francs.

**Bousquet** demande à Guernier s'il n'est pas payé, pour ses fonctions de secrétaire, par la subvention de la Bourse de Reims.

**Lévy** dit que c'est la première fois qu'il a connaissance de la circulaire. L'Office a été créé pour demander des renseignements sur l'état du travail. Nous sommes allés trouver des députés rapporteurs du budget du commerce, c'est là que nous avons expliqué à M. Sembat le rôle de l'Office. Il y a des situations fort embarrassantes souvent. Nous refusons de toucher la subvention parce qu'elle serait prise sur les caisses de chômage. Nous sommes chez nous dans les ministères. Ceux qui demandent des subventions pour les Bourses du Travail, c'est leur argent qu'on leur restitue. Si les organisations veulent être fortes, il faut qu'elles étudient les moyens, avec leurs propres ressources, d'établir cet Office et d'organiser la propagande générale ainsi que les divers services indispensables au bon fonctionnement d'une organisation telle que la C. G. T.

**Yvetot** répond à **Morel** au sujet du rapport qui énumère seulement les travaux de l'exercice entre deux Congrès.

**Le Président** annonce que le rapport de la Commission de contrôle des finances est prêt. Il donne la parole au camarade **Klemczinski**, rapporteur.

## RAPPORT DE LA COMMISSION DE CONTRÔLE
### élue par le XVᶜ Congrès national corporatif.

Le dernier Congrès national, en votant les dispositions présentées par sa Commission de contrôle tendant à simplifier, en le complétant, le système de comptabilité confédérale, a facilité les travaux de la Commission de ce Congrès.

Nous croyons utile de rappeler les améliorations réclamées alors par les contrôleurs dans les conclusions de leur rapport et votées unanimement :

1º Nécessité d'un comptable-trésorier assurant un travail méthodique, régulier ;

2º Système de comptabilité permettant un établissement rapide et précis de la situation financière ;

3º Commission de contrôle constituée en dehors des membres du Comité confédéral, à raison de un délégué par Fédération siégeant à Paris.

Nous avons plaisir à constater que ces résolutions ont été strictement mises en application par le Comité confédéral.

## 1º Le Trésorier permanent.

Depuis le 1er janvier 1905, le camarade Lévy, précédemment trésorier de la Section des Bourses et de différents services auxiliaires et dont les qualités comptables ne peuvent être discutées, centralise la comptabilité générale des divers services confédéraux.

## 2º Système de comptabilité.

La Confédération comprend un assez grand nombre de rouages déterminant une complication de comptes qu'il fallait atténuer par une simplification des opérations et une méthode de comptabilité tout à fait spéciales.

C'est à cette simplification n'excluant rien des détails contrôlables que le Trésorier s'est employé avec la Commission permanente de contrôle siégeant à Paris et voici l'explication de son mécanisme :

Quatre services permanents exigent des comptabilités particulières. Ce sont :

    1º La Section des Fédérations ;
    2º La Section des Bourses ;
    3º Journal *La Voix du Peuple* ;
    4º Les grèves.

La cinquième, celle de la grève générale, est disparue avec une encaisse versée à la section des Fédérations.

Il faut ajouter à ces groupes réguliers, les opérations temporaires nécessitées par les circonstances. La campagne des huit heures, pour ce dernier exercice, a un service spécial avec une comptabilité particulière.

Des livres spéciaux, adaptés aux détails des opérations se rapportant à leurs services, permettent aux contrôleurs de voir à la fois, l'ensemble et les détails des comptes, et cela à n'importe quel moment.

Les travaux de contrôle, comme les statistiques, peuvent se faire rapidement et aucune confusion ne peut se produire.

## 3º Commission de contrôle.

D'après les décisions de Bourges, 37 Fédérations ayant leur siège à Paris, devaient envoyer leur délégué à cette Commission. Le rapport de cette Commission vous donne les noms et présences des délégués. Cette Commission a donc fonctionné régulièrement, ainsi que les visas mensuels le constatent.

### ‚ EXAMEN DES COMPTES

La Commission de contrôle a estimé que la décision de Bourges la dispensait d'entrer dans les difficultés d'une vérification de détail, cette dernière étant faite par la Commission permanente siégeant à Paris.

Le secrétaire de cette Commission a d'ailleurs facilité notre tâche en nous fournissant les explications nécessaires.

Nous nous sommes donc bornés à un collationnement des chiffres, à leurs rapprochements avec ceux contenus dans les rapports qui sont entre vos mains.

Nous avons répété les opérations et fait les totalisations dans un sens inverse à la méthode employée par le comptable et avons retrouvé les mêmes chiffres dans les bilans.

Seules, des différences insignifiantes existent dans l'affectation des sommes indiquées aux divers chapitres en même temps que des erreurs typographiques se sont produites.

Voici les chiffres des encaisses au 31 mai 1906, relevés par la Commission

permanente de contrôle, d'accord avec le Trésorier et après l'exactitude reconnue par nos pointages justificatifs :

| | | |
|---|---:|---:|
| Section des Fédérations | 2.619 fr. | 95 |
| Section des Bourses | 2.434 | 90 |
| Caisse des grèves | 1.035 | 85 |
| Journal | 728 | 05 |
| Huit heures | 698 | 55 |
| Total | 7.517 fr. | 30 |

## TENUE DES LIVRES, ETC.

Les livres sont d'une tenue irréprochable, non seulement dans le soin qui ne
serait pas une garantie suffisante, mais dans l'enchaînement et la justesse
des opérations.

Des dispositifs de comptabilité ont été employés pour que la comptabilité
ne soit pas inaccessible aux moins initiés et les plus méticuleux ne pourraient y
trouver de critique sérieuse.

Nous avons examiné les factures classées méthodiquement et par mois dans
des chemises spéciales. Les pièces comptables portent un numéro d'ordre se
retrouvant sur les livres et facilitant les recherches.

Les notes indiquant les frais de délégation, contiennent le détail de ces frais,
suivant le vœu formé à Bourges, c'est-à-dire les frais de voyage, de séjour
et ceux des journées de travail payées.

## CONCLUSIONS

La comptabilité est tenue d'une façon très satisfaisante et capable de satisfaire les plus méticuleux. Les organisations peuvent être assurées que les comptes
représentant le produit des efforts matériels de leurs membres, sont scrupuleusement établis.

La Commission n'a à faire que des observaitons d'une importance secondaire.
Il serait désirable que les Fédérations ayant leur siège à Paris mettent plus
d'empressement à assurer le fonctionnement normal de la Commission de contrôle, en veillant à leur représentation dans son sein. Le Comité confédéral est
décidé à informer, à l'avenir, les Fédérations dont les délégués négligeraient
leurs attributions.

Les organisations qui ont des rapports financiers avec la Confédération,
feraient bien de ne pas perdre de vue qu'un reçu sur papier blanc, ou détaché
d'un livret à souche non numéroté à l'impression, ne constitue pas un élément
de comptabilité sérieuse. La Commission les invite à posséder des carnets à
souche et à opérer sur ce point comme la Confédération le fait elle-même. Sous
le bénéfice de ces légères remarques, nous vous demandons d'approuver entièrement le rapport financier qui vous est soumis par le Comité confédéral.

A. **Klemczinski**, rapporteur; **V. Montclard**, Marseille; **E. Valentin**, Montpellier ; **Eug. David**, Grenoble ; **Falandry**, Livre-Toulouse ; **M. Coignard**, Tours ; **Rousseau**, Reims ; **Ader P.**, Agricoles-Midi ; **P. Hervier**, Bourges ; **Lucain**, Bourges.

Le rapport de la Commission de contrôle est adopté à mains levées.

**Le Président** donne lecture des motions déposées par le Bureau pour le mode
de votation :

« Je demande la division pour le vote des rapports ». — **Antourville**.

« Le Congrès, comprenant que la division des votes exprimera d'une façon absolue la volonté des organisations ;

« Estimant que la responsabilité de chacun des organismes confédéraux « doit être strictement limitée à son action propre ;

« Décide :

« D'émettre un vote distinct et par mandat sur chacun des rapports présen-« tés, soit donc :

« 1er vote sur le rapport des Fédérations ;

« 2e vote sur le rapport de la *Voix du Peuple* ;

« 3e vote sur le rapport du Comité des Bourses ;

« 4e vote sur le rapport du Trésorier-comptable. »

**Devilar**, délégué, Courtiers Paris, Employés Troyes et Pézenas.

« Pour éviter toute confusion sur le rapport de la C. G. T., nous demandons « la division du vote en trois parties : Section des Fédérations ; *Voix du Peuple* ; « Section des Bourses.

« Nous demandons, en outre, le vote par mandats pour la *Voix du Peuple* « et la Section des Bourses. »

**Falandry**, Montauban et Cahors ; **Sergent**, Livre-Paris ; **Limousin**, Poitiers.

La division pour le vote des rapports est adoptée. On procède au vote des commissions de scrutin.

*Rapport du secrétaire de la C. G. T.* — Sont nommés : Hardy, Protat, Coolen, Ferrier, Coustaud, Darnis, Médard, Mario.

*Rapport du secrétaire de la « Voix du Peuple ».* — Sont nommés : Robert, Chazeau, Ménard, Gilliat, Griffon, Duchêne, Turpin, Monclart.

*Rapport du secrétaire de la Section des Bourses.* — Sont nommés : Latapie, Vitre, Morel, Fanny, Guernier, Biendiné, Chambron, Dumoulin.

## L'Esperanto

Pendant le scrutin, le camarade **Robert Léon** développe la motion suivante :

*Aux camarades congressistes.*

Lors du Congrès de Bourges, par suite de la multitude des questions qui figuraient à l'ordre du jour, celle relative aux moyens d'étude et de mise en pratique d'une langue internationale ne pût être discutée. Quoique figurant à nouveau à l'ordre du jour du Congrès d'Amiens, il en serait probablement de même cette fois, si vous ne nous accordiez les dix minutes — que nous nous engageons à ne pas dépasser — pour vous donner quelques brèves explications sur ce sujet si intéressant.

L'*Esperanto*, langue neutre internationale, remarquablement facile en comparaison des autres langues vivantes, jouera, tôt ou tard, dans le monde des travailleurs, un rôle considérable. Il sera, pour la démocratie ouvrière internationale, ce qu'a été le latin pour la société religieuse du moyen-âge, c'est-à-dire le moyen facile de parler ou correspondre avec les autres pays. Grâce à lui, l'ouvrier français, par exemple, arrivera à s'entendre aussi bien avec l'ouvrier allemand ou anglais, qu'avec l'ouvrier russe, chinois ou italien. Au lieu d'apprendre plusieurs langues ce qui — vu son labeur quotidien — lui est absolument impossible, au lieu, au prix d'extrêmes efforts, d'apprendre même une seule langue qui ne le mettrait en relations qu'avec une fraction infime du monde des pro-

— 118 —

létaires, l'ouvrier n'aura qu'à apprendre une langue *plus facile* que n'importe laquelle et commune à tous.

Nous disons plus facile car il est prouvé qu'avec une intelligence moyenne et une simple éducation primaire, on peut lire, écrire, parler et comprendre l'*Espéranto*, en suivant les cours une heure par jour pendant trois mois seulement.

Par sa constitution l'*Espéranto* est pour chacun, quelle que soit sa langue nationale, la langue qui, de toutes les langues étrangères, a le plus d'analogie, avec la sienne. Cela tient à ce que l'auteur n'a pas inventé sa langue de toutes pièces, mais a constitué son dictionnaire à l'aide des racines communes à nos langues d'Europe et que, de ces racines, il a tiré une foule de mots à l'aide de préfixes et de terminaisons dont le sens est constant. Pour tous donc, le dictionnaire est le *plus simple possible*.

La grammaire est aussi des plus facile parce qu'elle est débarrassée de toutes les irrégularités qui compliquent à plaisir toutes nos langues nationales. Les verbes, par exemple, qui sont souvent si difficiles même dans notre langue maternelle, n'offrent ici aucune difficulté. Une terminaison suffit pour chaque temps, et, il n'y a pas un seul verbe irrégulier.

Nous répondra-t-on qu'une langue internationale n'est qu'une utopie ? Ce mot ne peut nous effrayer car nous savons que l'utopie d'hier est la réalité d'aujourd'hui, comme l'utopie d'aujourd'hui sera la réalité de demain. Mais, en fait, l'*Esperanto* existe, il se parle et s'écrit comme toute autre langue. Ses Congrès de Boulogne-sur-Mer et de Genève ont prouvé sa vigoureuse vitalité ! Or, il est absurde de s'inscrire en faux contre un fait patent.

Puisque donc l'*Esperanto* existe, puisque sans nier les difficultés inhérentes à toute langue qui veut tout exprimer — il n'en est pas moins infiniment plus facile que toute autre langue ; *puisqu'à lui seul il permettra les relations entre camarades de tous pays* ; puisque, enfin, nous voyons en lui l'outil indispensable de notre propagande internationale, le Congrès confédéral d'Amiens — et ce ne sera pas la résolution la moins utile — doit en recommander l'étude à tous nos camarades prolétaires de tous les pays.

Il nous suffira d'en appeler à la mémoire de tous les congressistes qui ont assisté à des Congrès internationaux pour montrer l'extrême difficulté qu'entraînent les sept ou huit langues qu'on y est, à l'heure présente, obligé de parler et l'énorme économie de temps qui résulterait de l'emploi d'une seule langue dans ces Congrès où la traduction plus ou moins fidèle absorbe le plus clair du temps des congressistes.

Nous croyons donc que le Congrès Confédéral ferait besogne des plus utiles en s'associant aux vœux émis en faveur de l'*Esperanto*, dans les congrès corratifs des Peintres, des Employés, des Chapeliers, des Céramistes, etc., etc., et de plus, en votant l'ordre du jour suivant que nous avons l'honneur de lui proposer :

« Le Congrès :

« Considérant que l'émancipation intégrale des travailleurs ne peut s'opérer « qu'internationalement mais que les différences de langage sont une entrave « matérielle et presqu'insurmontable à l'entente des prolétaires de tous les « pays ;

« Constatant l'extrême facilité d'apprentissage de la langue *Esperanto* et les « éminents services qu'elle est appelée à rendre à la classe ouvrière organisée « nationalement et internationalement ;

« Par ces motifs,

« Le XVe Congrès Confédéral invite les secrétaires de Fédérations Natio- « nales, de Bourses du Travail, de syndicats ouvriers et les militants desdites

« organisations, à faire la plus active propagande pour l'étude, la pratique et
« l'extension de la langue internationale *Esperanto* et à créer à cet effet, par-
« tout où ce sera possible, des cours du soir pour tous les travailleurs. »

Pour la Fédération Nationale des syndicats de peinture
et parties assimilées,

Le *délégué* : Léon **Robert.**

**A. Bousquet** ; **Sellier**, Employés ; **Marie** ; **Janvion** ; **P. Hervier**, Bourges ;
**Bornet**, Bûcherons ; **Ch. Dooghe**, Reims ; **Gouly**, Toulouse ; **Yvetot** ;
**Eug. David**, Peinture ; **Tabard** ; **Robert** et **Ferrier**, Grenoble ; **Peyon** ;
**A. Montagne**, Inscrits maritimes du Hâvre ; **Antourville**, Alimentation.

Le rapport et l'ordre du jour en faveur de l'*Esperanto* sont adoptés à l'unanimité.

Les *secrétaires de séance* :

**Lecointe**, des Typographes ; **Sellier** et **Hémery**, des Employés.

---

## SÉANCE DU 11 OCTOBRE (Matin)

*Président* : **Reisz.**
*Assesseurs* : **Robert-Barillon** et la citoyenne **Delucheux.**

**Reisz**, président. — Le camarade Vedel, de la Bourse de Thiers, a déposé la
proposition suivante :

« Le Congrès, considérant qu'il est impossible, dans le court délai qui lui
« reste, de discuter toutes les questions portées à l'ordre du jour ;
« Considérant, d'autre part, que les questions se rattachant à la propagande
« sont les plus importantes et celles qui doivent être discutées les premières ;
« Décide de grouper et de discuter simultanément les questions 2, 3, 5, en
« réservant le point C ; 7, 8, 11, et les points L, N, O, P et H des questions
« diverses. »

**Renard**. — Je crois cette question prématurée et que chaque question doit
venir à son heure.

**Janvion**. — Je propose que l'ordre du jour suive son cours normal. (Adopté).

### Les Huit heures

La discussion est ouverte sur la question des huit heures.

**Bousquet** dit que l'Alimentation n'étant pas touchée matériellement par la
question des huit heures, a néanmoins soutenu cette revendication, et a versé
des fonds à la C. G. T. L'Alimentation a lutté pour l'obtention du repos hebdomadaire, corollaire des huit heures et obtenu des résultats. Aujourd'hui,
l'Alimentation, de l'arrière-garde où elle se trouvait est passée à l'avant-garde
du prolétariat et, dorénavant, elle est prête à donner le même effort que les
corporations de l'industrie pour la grève générale émancipatrice.

**Robert.** — La plupart des corporations ont agi énergiquement au moment
du 1er mai. Il s'agit, pour la Confédération, de continuer le mouvement.

Il est nécessaire qu'à chaque mouvement, quel qu'il soit, la revendication primordiale de la réduction des heures de travail, soit placée au premier plan.
Le Congrès doit manifester son opinion d'une façon précise.

**Tabard**. — Pourquoi le mouvement de Mai n'a-t-il pas donné davantage ? C'est par le manque de solidarité entre les organisations. Il est nécessaire que les organisations puissantes prêtent leur concours à celles qui ne peuvent agir elles-mêmes. Que les organisations qui groupent par établissement un nombre considérable d'ouvriers, appuient les revendications des autres.

**Clément** (serruriers). — La tactique employée au $1^{er}$ mai 1906 n'ayant pas abouti aux résultats qu'on en attendait, il s'agit d'employer une autre tactique. C'est celle que nous avons préconisée au Comité d'act on du bâtiment. Désormais, nous fractionnerons nos mouvements de façon à ce que les camarades qui travaillent, soutiennent les chômeurs de leur souscription. J'indique le moyen au Congrès ; employons le, avant dix ans nous aurons abouti !

**Legouhy** (Lyon). — Pendant la campagne des huit heures, nous avons eu, coalisées contre nous, toutes les forces du capitalisme gouvernemental. La première bataille a été perdue ; en poursuivant énergiquement notre action, nous gagnerons la seconde. Contrairement à Clément, je crois qu'il est impossible d'obtenir quoi que ce soit par des mouvements partiels qui seront étouffés par la force capitaliste. La vraie méthode est de cesser de faire des grèves de moutons, comme au $1^{er}$ mai, et d'agir d'une façon plus énergique. Généralisons la grève, la force publique disséminée ne pourra plus nous étrangler.

**Antourville**. — Les militants des organisations syndicales ont fait largement leur devoir et il y a eu un résultat obtenu ; l'état d'esprit de la masse a été favorablement influencé par notre propagande. La Confédération du Travail a bien rempli la mission de propagande qui lui était dévolue ; le seul reproche qu'on peut lui adresser, c'est peut-être de n'avoir pas suffisamment généralisé le mouvement de Mai, en coordonnant les efforts des organisations. Bien des Fédérations d'industrie ont, elles aussi, fait tout leur devoir, mais certaines Fédérations locales n'ont pas collaboré d'une façon aussi efficace au mouvement des huit heures. Les Bourses doivent cependant avoir une grande influence dans la propagande des huit heures. Leurs représentants doivent bien se pénétrer de l'importance de leur mission. Les Bourses seront les centres de l'action anti-militariste et anti-patriotique, corollaire indispensable de toute propagande syndicale. Il est nécessaire de poursuivre le mouvement et cesser de faire du $1^{er}$ mai, un jour de fête ouvrière plus ou moins officielle, mais un jour de revendication révolutionnaire.

**Delaine** (papetiers). — Notre Fédération aurait voulu, elle aussi, agir énergiquement au moment du $1^{er}$ mai. Nous avons été gênés par d'autres actions corporatives. Je demande que, désormais, les organisations conservent leur complète liberté d'action.

**Maucolin** (bâtiment). — Le Bâtiment a été au premier rang pour la campagne de la journée de huit heures. A Paris, comme dans la France entière, nous avons fait une grosse faute en indiquant, par avance, aux patrons la date de notre mouvement et en facilitant ainsi la formation d'un organe patronal de résistance. Il est inexact de dire que nous devons être prêts d'avance ; cela est inutile ; les patrons seront toujours mieux prêts que nous. Il faudra que dans ce Congrès on décide d'un commun accord, de nous entendre pour un mouvement général. En vingt-quatre heures nous pouvons obtenir satisfaction. Les chemins de fer sont d'une importance considérable en la circonstance. Les mandataires de cette organisation eussent dû le faire sentir aux travailleurs de la voie ferrée.

**Henriot** (allumettiers). — Nous sommes tous d'accord pour poursuivre la réduction des heures de travail, mais, immédiatement, une inconséquence se dégage. Certaines corporations ne s'opposent pas à faire des heures supplémentaires. Or, c'est là la question qu'il faudrait d'abord résoudre. Puisque la réduction des heures de travail, ne pourra atténuer le chômage que très légèrement, les organisations doivent s'opposer d'une façon absolue à ce que leurs membres fassent des heures supplémentaires.

Il ne faudrait pas faire comme certains syndicats, qui, après avoir obtenu la journée de neuf heures, sont revenus en arrière et ont consenti à faire dix heures. je dépose en ce sens une proposition.

**Lefèvre** (chauffeurs-mécaniciens). — Il nous a été impossible de donner à notre mouvement, dans notre corporation, l'ampleur nécessaire. Si nous avions quitté l'usine, nous aurions été immédiatement remplacés. Il eût été nécessaire d'être appuyés par les camarades des autres professions.

**Gauthier** (Saint-Nazaire). — Un point m'est apparu oublié par tous les camarades : la question financière. Il faudrait pourtant s'inquiéter de nos ressources . Si vous voulez que la propagande puisse s'intensifier, donnez-lui le nerf de la guerre. Il faut que les camarades fassent des sacrifices, et nous donnent des moyens de faire de la propagande.

**Fauny** (Le Havre). — Je tiens à déclarer que si nos organisations du Havre sont devenues actives et vivaces, c'est grâce à la propagande confédérale des huit heures. Il faut continuer la lutte en ce sens.

**Malardé.** — Je dis que les tactiques sont propres aux Fédérations et doivent varier avec leurs conditions professionnelles. C'est pourquoi je tiens à répondre à Henriot, au sujet de l'allusion qu'il a faite à notre égard. Quand nous avons demandé au Ministre des finances, la journée de neuf heures, nous nous sommes engagés à assurer la production. L'administration, vu l'insuffisance du matériel et l'augmentation de la consommation, était prête à faire des achats à l'étranger. Nous avons consenti à faire dix heures pendant quelques jours, pour empêcher les critiques de la presse bourgeoise qui se seraient produites contre nous et nos revendications.

**Henriot.** — Je n'ai nullement entendu viser les tabacs, ni nos camarades de la guerre, je sais qu'ils ont résisté à l'état de chose que j'ai signalé.

**Reisz**, président, donne lecture de quelques propositions parvenues au bureau.

**Pouget.** — Je demande qu'on nomme une commission pour coordonner ces propositions, mais je tiens à insister sur la nécessité de donner au mouvement une date précise. De tels mouvements sont d'ordre général et social, les préoccupations particularistes des corporations doivent s'effacer devant l'intérêt général, c'est pourquoi, avant de nommer une commission, je demande qu'on décide si oui ou non on veut fixer une date. '

**Coupat.** — J'appelle l'attention des délégués qui représentent les corporations capables de faire un mouvement à une date déterminée. Je ne parle pas de ceux qui sont dans les ateliers de l'Etat qui, quoi qu'on en dise est meilleur patron que les nôtres. Je connais nombre de travailleurs qui quittent l'industrie privée pour travailler dans les ateliers publics, et je n'en connais pas qui font le contraire. Il importe que seuls les intéressés puissent décider. Ils connaissent leurs conditions corporatives mieux que ceux des autres professions. Si le Congrès veut faire une besogne pratique, qu'il ne s'occupe pas des questions de détail. Qu'on fixe l'année définitivement, aussi loin que possible, pour que nous puissions reformer nos cadres. J'aurais voulu qu'ici, on envisage la possibilité d'intensifier la propagande syndicale, pour rendre les ouvriers conscients, capables de poser des revendications et de les faire aboutir. Vous faites onze heures, faites en dix et demie, puis dix, neuf, etc., vous arriverez ainsi aux huit heures. Pas de décision platonique ; pensez à vos mandants et demandez-vous si vous pouvez appliquer vos décisions.

**Sergent.** — Vous savez quels sont les résultats du 1er. mai. Dans chaque corporation il y a un métier initial, duquel dépendent les autres. Dans l'imprimerie, par exemple, les typos sortis de l'atelier, il était inutile d'en faire sortir les imprimeurs ou les papetiers ; n'ayant plus rien à faire, ils auraient été plutôt une gêne pour le patron. Laissons donc chaque corporation libre de sa méthode d'action. Fixez une année, mais que la date soit fixée par les corporations.

**Reisz**, président. — J'ai reçu du camarade Paul Meunier, d'Issoudun, la résolution suivante qui mettra tout le monde d'accord :

« Le Congrès décide de laisser au Comité confédéral le soin de fixer la date du
« mouvement pour la journée de huit heures, après consultation des organisa-
» tions intéressées. »

Adopté.

Sont désignés pour faire partie de la Commission des Huit heures : Delesalle, Sauvage, Bornet, Dooghe, Devilar, Robert, Turpin, Malardé, Janvion, Charpentier, David, Merzet, Braud, Tillet, Lefèvre, Dargent, Raymond, Thil, Montilat, Rousseau.

## Travail aux pièces

**Coupat.** — La question du travail aux pièces est une question particulièrement complexe. Je sais que dans la métallurgie il y a une tendance à supprimer le travail aux pièces et à le remplacer par le travail à la journée. Je sais cependant nombre de cas où le travail à la journée cause de grands inconvénients. Les rivalités et jalousies entre ouvriers sont généralement victimes de ces rivalités, qui aboutissent à la substitution du travail aux pièces au travail à la journée.

J'ai vu maintes fois les ouvriers conscients et syndiqués, réclamer, dans les ateliers, le travail aux pièces. Je me demande si une simple résolution de Congrès pourra aboutir aux résultats que vous désirez. La résolution qu'on votera ici, devrait avoir ce double point de vue d'envisager les moyens de réduire, dans la mesure du possible, le travail aux pièces et réduire les inconvénients du travail à la journée.

Je connais et vous connaissez tous les inconvénients maintes fois proclamés du travail aux pièces, surproduction, sweating-system, favoritisme. Il y a un moyen, maintes fois employé, de parer à ces inconvénients, c'est l'association des ouvriers dans la production, qui égalise les salaires et permet, dans certains cas de substituer au chef d'équipe un camarade désigné par les ouvriers eux-mêmes. C'est le système de la commandite. Il a aussi cet avantage de développer chez les ouvriers, l'esprit de l'association. Il est matériellement impossible de supprimer le travail aux pièces dans nombre d'ateliers ; cherchons à en supprimer les inconvénients.

**Reisz.** — Il y a quinze camarades inscrits, je propose qu'ils forment une commission et nous apportent un travail sur lequel nous statuerons ; ce sont :

Anzoules (Béziers), Coupat, Clément, Yvetot, Chambron, David, Delaine, Combe, Philbois, Turpin, Doizié, Sergent, Jusserand, Alibert, Charpentier, Dooghe.

**Rousseau.** — Je demande à ce que la question du travail à domicile soit jointe à celle de la journée de huit heures ou à celle du travail aux pièces.

Adopté. — Rousseau est adjoint à la deuxième commission.

Le Congrès décide de soumettre toutes les questions à l'étude préalable des commissions, sauf l'article 5, § C et l'article 8.

Ces deux premières commissions fusionnent pour étudier l'article 1 ; Berthon y est ajouté.

## Lois ouvrières en projet

**Merrheim**. — J'ai demandé la parole car je ne crois pas que la quatrième question puisse être traitée au sein d'une commission. En effet, qui de nous connait à fond les projets de loi en question ? Personne ! Sur quoi discuterions nous ?

Pour notre part, Latapie, Galantus et moi, nous avons demandé à un juriste de nos amis de faire un résumé succinct de ce que pouvait être le projet gouvernemental sur les contrats collectifs. Je l'ai sous les yeux ; si vous le voulez, je lirais à la tribune quelques passages de ce résumé et vous verrez que c'est l'étranglement complet du syndicalisme, des grèves, de toute l'action fédérale et confédérale.

Chose plus grave, ce projet sur le contrat collectif exclut de nos rangs les travailleurs de l'Etat. Voici ce projet :

### Résumé du rapport sur le projet du gouvernement concernant le Contrat collectif

Le projet de loi s'intitule : *Projet de loi sur le contrat de travail.*

Il a été déposé sur le bureau de la Chambre, le 2 juillet 1906, par le Ministre de la justice et le Ministre du commerce.

L'article 1er définit le contrat de travail :

« Le contrat par lequel une personne s'engage à travailler pour une autre, qui s'oblige à lui payer un salaire calculé, à raison de la durée du travail, soit à proportion de la qualité ou de la quantité du travail accompli, soit d'après toute autre base entre l'employeur ou l'employé. »

On dit que le contrat est « individuel », lorsqu'il se forme entre un employeur unique et un employé unique. (Article 2).

La plupart du temps, l'ouvrier entre dans un atelier sans discussion, suivant des conditions plus ou moins connues, généralement inscrites au règlement d'atelier, auquel il est présumé se soumettre.

Le contrat de travail se borne donc, en pratique, à un contrat d'embauchage c'est-à-dire qu'il n'y a pas de discussion des conditions du travail, entre l'ouvrier et le patron. C'est pourquoi il faut dire qu'il n'y a pas, dans la pratique industrielle, au sens propre du mot, contrat ou discussion sur le travail, mais acceptation des conditions fixées par le patron, acceptation découlant du fait de l'entrée dans l'usine ou embauchage.

Les grèves, les syndicats, ont pour objet d'imposer au patron la discussion, de substituer au contrat individuel d'embauchage ce que l'on a appelé le contrat collectif du travail, « cette forme nouvelle du contrat, dit l'exposé des motifs de la loi, qui n'a pas encore reçu de consécration légale. »

La réglementation de ce contrat collectif constitue la partie la plus originale du projet de loi gouvernemental : il a précisément pour but de donner une valeur légale aux contrats collectifs signés par les syndicats ou les comités de grève, et, comme dit l'exposé des motifs, de définir juridiquement et de favoriser les conventions collectives qui permettent aux ouvriers de la grande industrie, aux employés du grand commerce, de conclure, avec leurs employeurs, sur un pied de réelle égalité, leurs contrats de travail.

En passant, il y a lieu de faire observer que le mot : contrat collectif est inexact, au point de vue de la terminologie juridique. Comme définissent MM. Fontaine et Picquenard dans leur *Louage de travail* (n° 286), le contrat collectif de travail est proprement le contrat par lequel un groupe d'individus, agissant simultanément et de concert, engage ses services envers un employeur ou un groupe d'employeurs.

« On donne également, dans le *langage courant*, le nom de contrat collectif de travail, à des conventions ne comportant pas d'engagements de services. »

C'est la même distinction que fait le projet de loi : Ne devraient être appelés contrats collectifs que les contrats d'équipe ou de commandite. Quant aux conditions élaborées entre syndicats et patrons, ce ne sont que des conventions, c'est-à-dire des règlements de travail ou d'atelier, ne créant pas l'obligation de travailler, mais « déterminant les conditions générales auxquelles devront satisfaire les contrats de travail individuels (ou d'embauchage), passés entre employeurs et employés, parties à la convention. »

1° Quel est, au point de vue judiciaire, la valeur actuelle des conventions collectives de travail ;

2° Quelles règles le projet gouvernemental prétend-il imposer à ces conventions collectives, pour les rendre obligatoires ?

1° La jurisprudence reconnaît aux syndicats l'aptitude à discuter les conditions du travail ; mais les conventions qu'ils signent avec les patrons obligent-ils les patrons à leur égard, considérés comme groupement représentant les ouvriers, ou n'obligent-elles les ouvriers et patrons qu'à titre individuel ; c'est-à-dire, les syndicats ont-ils le droit de plaider contre un patron qui n'exécute pas les conventions passées avec eux, ou le droit n'appartient-il qu'aux ouvriers ?

C'est là une question très délicate, dont on ne comprend bien la portée que lorsqu'on est soi-même un peu praticien, homme de loi ou de chicane ! Car si, au point de vue du bon sens, il semble que le syndicat *parlant* au nom des ouvriers et *s'obligeant* pour eux, devrait être en droit de plaider en leur nom, *en toutes circonstances*, il n'en est plus de même au point de vue juridique; car le syndicat ne représentant pas *en droit* tous les ouvriers, on se demande quels ouvriers il représente ? Les conventions syndicales ne mentionnant pas les noms de tous les travailleurs qui doivent profiter de leurs clauses, le tribunal ignore dans quelle mesure les ouvriers syndiqués ont entendu s'obliger ; et ceux qui ont adhéré au syndicat après la convention peuvent-ils être considérés comme devant profiter de cette convention ?

Le syndicat n'a pu parler qu'au nom de ses membres ; la convention syndicale ne peut valoir, *en droit*, au regard des non-syndiqués, au regard des syndiqués dissidents, au regard des nouveaux syndiqués.

Il y a là des difficultés que l'on comprend mieux si on les reporte dans les relations d'individu à individu; on comprend que les tribunaux ne peuvent admettre sans preuves précises, que X. a été engagé par Z., prétendant parler en son nom. On conçoit que la liberté des individus est liée à la difficulté des preuves; c'est cela qui est reporté en matière de conventions syndicales ; les tribunaux, organes du droit civil, ne pouvant reconnaître le principe syndicaliste révolutionnaire : la représentation des ouvriers par le syndicat, quelque soit le nombre de ses adhérents.

Il y a d'autres difficultés d'ordre juridique. C'est un principe que *Nul ne plaide par procureur*. Cela veut dire que ceux qui ont des revendications à faire, doivent les faire valoir eux-mêmes (avec l'assistance d'un avoué).

Or, admettre les syndicats à défendre directement les intérêts de leurs membres, c'est autoriser ceux-ci à se défendre *par procuration*. Cependant, direz-vous, la loi reconnaît aux syndicats le droit de plaider ; oui, mais exclusivement sur ses intérêts directs à lui, et, comme dit un jugement du tribunal de commerce de la Seine (4 février 92), il peut ester en justice, mais seulement pour la défense des intérêts communs et collectifs en vue desquels il a été créé ; d'où il suit qu'il n'est recevable que dans les instances où le jugement à intervenir est de nature à intéresser l'association et non l'un ou plusieurs des membres du syndicat à l'exclusion des autres. »

On voit combien la règle : nul ne plaide par procureur, restreint le domaine de la défense, par les syndicats, des conventions collectives.

Observons, en outre que la plupart des conventions collectives sont conclues sans détermination de durée ; dans ce cas, la jurisprudence leur applique la règle des contrats individuels à durée indéterminée. Des conventions collectives de ce genre peuvent donc être rompues à n'importe quel moment par l'une des parties contractantes, sauf application de l'article 1780 sur la rupture abusive.

En un mot, dans l'état présent dans la jurisprudence, les conventions collectives sont réputées valables, mais sous cette réserve que les syndicats, parties aux conventions, ne peuvent plaider que sur les clauses qui ont un caractère collectif, les intéressant directement.

Ils ne pourraient, au contraire, plaider pour obliger le patron à payer aux ouvriers des heures supplémentaires qu'il leur doit, parce que ce sont là des intérêts individuels, considérés comme n'intéressant que les ouvriers lésés par l'inexécution du patron. En un mot, les syndicats ne peuvent plaider contre le patron pour l'obliger à exécuter la convention collective ; « la demande en exécution d'un contrat collectif ne tend pas, en effet, à la défense des intérêts généraux ou syndicaux, mais à la défense d'un certain nombre des membres du syndicat, et en vertu de la règle : Nul en France, ne plaide par procureur, le syndicat n'est pas recevable à citer en justice, à l'occasion de cette demande, laquelle ne peut être formée qu'au nom de ceux ayant seuls qualité pour l'intenter. » (Fontaine [1] et Picquenard, *Louage du travail*, n° 299).

Le syndicat peut plaider pour faire respecter certaines clauses intéressant tous les ouvriers : sur le tarif, la durée de travail, par exemple, parce que de telles clauses sont valables pour tous les ouvriers qui sont ou pourront être employés par le patron.

Ces distinctions sont souvent difficiles à maintenir et, en fait, les décisions judiciaires manquent souvent de netteté.

Au regard de la jurisprudence, les conventions collectives *ne remplacent pas* les contrats individuels ; la convention collective établit simplement les conditions de travail générales qui deviennent les conditions de travail pour tous ceux qui voudront bien s'embaucher chez le patron qui les a signées. C'est ce qui résulte des définitions précédemment posées.

D'où cette conclusion importante : « C'est que de l'accord collectif ne résulte au profit du patron et contre tel ou tel ouvrier, aucune action en reprise de travail aux nouvelles conditions, en dommages-intérêts au cas de résistance. » [2].

Le seul résultat des conventions collectives au regard des intérêts individuels de ceux qui peuvent en réclamer le bénéfice, c'est que leurs contrats individuels, en cas de contestation, et *sauf clause contraire*, seront interprétés conformément aux règles de la convention collective. Les ouvriers ne sont pas obligés, par cette convention, de rentrer à l'usine, d'une part, et les patrons, d'autre part, ne sont pas obligés de contracter avec tel ou tel ouvrier ; mais, s'il y a embauchage, sans réserve ni de part, ni d'autre, c'est l'accord collectif qui « vaudra comme base de fait des contrats individuels. »

Voilà la jurisprudence ; reste à examiner le projet de réforme.

2° Le projet du gouvernement a pour objet de contrarier un certain nombre de ces règles, qui, bien entendu, ne sont nocives pour les ouvriers que dans la mesure de leur faiblesse.

Le projet conserve, conformément aux principes généraux du Code civil, la distinction entre le contrat individuel et le contrat collectif. C'est ce que l'on dit à l'article 12 :

« Préalablement à la formation du contrat individuel de travail, des conven-

(1) Directeur du travail au Ministère du Commerce.
(2) Félix Moissenet. Etude sur les contrats collectifs.

tions collectives de contrat peuvent être conclues entre un ou plusieurs employeurs et un syndicat ou groupement d'employés, ou entre les représntants des uns et des autres, spécialement mandatés à cet effet, soit dans la forme prévue par les statuts des syndicats, soit par tout autre procédé. »

Le but de ces conventions est de « déterminer certaines conditions auxquelles doivent satisfaire les contrats individuels. »

Alors que dans le droit actuel il est possible aux ouvriers ou aux patrons de déroger aux clauses des conventions collectives, le projet, par l'article 16, défend ces dérogations.

L'article 15 détermine l'applicabilité de ces conventions ; il les rend obligatoires (à moins de dispositions contraires insérées dans la convention ou dans les statuts du syndicat), pour tous les employés « et employeurs qui sont, au moment où la convention est passée, membre du syndicat ou de la collectivité partie à la convention, ou qui, postérieurement, adhèrent au syndicat ou à la convention. Cela supprime la difficulté relative au droit de ceux qui viennent au syndicat postérieurement aux conventions.

La convention collective est donc obligatoire directement pour les membres du syndicat, signataires de la convention, même si le syndicat disparaît : le fait d'adhérer au syndicat donne le bénéfice de la convention, même à ceux qui n'en faisaient pas partie au moment où elle fut élaborée. Cet article 15 a donc pour but d'obliger le patron et le syndicat au respect de la convention.

Pour combien de temps peut être donné effet à la convention collective ? Aux termes de l'article 14, cette durée ne peut être supérieure à cinq ans ; à défaut de stipulation spéciale, elle vaudra pour un an.

Cinq ans, c'est bien long, étant donné la mobilité du régime industriel.

L'article 20 étend le droit des syndicats à ester en justice, en rejetant la jurisprudence qui leur dénie le droit de défendre les revendications individuelles de leurs membres :

« Les syndicats qui sont intervenus comme partie à la convention collective relative aux conditions de travail, peuvent exercer toutes les actions qui naissent de cette convention collective en leur faveur *ou en faveur de leurs membres, avec leur consentement.*

« Ils peuvent spécialement agir pour obtenir l'exécution de la convention ou des dommages-intérêts au cas d'inexécution, soit contre les parties, individus ou syndicats, avec lesquels ils ont passé la convention collective, soit contre ceux de leurs membres qui n'auraient pas respecté les règles posées par la convention collective. »

Enfin, dernière règle relative à la publicité : la convention collective, aux termes de l'article 13, « doit être déposée, *à peine de nullité,* au secrétariat du Conseil de Prud'hommes, au greffe de la justice de paix du lieu où elle a été passée.»

3° Le projet du Gouvernement n'a pas exclusivement pour objet la réglementation du contrat collectif, mais aussi du contrat individuel et des règlements d'atelier.

Sur le contrat individuel, cette règle aux termes de laquelle les conditions du règlement d'atelier ne seront réputées acceptées par l'ouvrier embauché, que si elles ont été publiées, et, si l'employeur établit qu'elles ont été portées à la connaissance personnelle de l'employé. » (Art. 10).

L'article 23 autorise, *nonobstant toute clause contraire,* les ouvriers à vérifier eux-mêmes ou par délégués les mesures, pesées, etc., dont dépendent la rénumération de leur travail.

Si l'ouvrier à la tâche est interrompu dans son travail par le fait du patron (interruption accidentelle d'un moteur, par exemple), il a droit à une indemnité correspondante au préjudice. Toute convention contraire est nulle (art. 34). En jurisprudence, la question était très discutée et généralement tranchée contre l'ouvrier.

Article 35 : Dans les entreprises à participation aux bénéfices, le patron est tenu de fournir les justifications de son calcul.

Article 36. — Les retenues faites à titre de cautionnement faites sur le salaire ne peuvent excéder un dixième de chaque paye.

Article 40. — « L'employeur n'a, en aucun cas, le droit de retenir les objets ou instruments servant au travail qui appartiennent à l'ouvrier. Il est responsable, sous les conditions du droit commun. Toute convention contraire est nulle. »

Article 41. — Oblige l'employeur à laisser à l'ouvrier « le temps nécessaire pour l'accomplissement de ses devoirs civiques et de famille. »

Il faudrait ajouter : syndicaux.

L'article 46 institue l'obligation du délai congé dans le contrat de travail à durée indéterminée, sauf le droit de faire augmenter ou diminuer après enquête, par le juge de paix, la durée de ce délai, dans une région (art. 47). En jurisprudence, il est admis que ce délai-congé peut être supprimé par le règlement d'atelier. La violation de l'article 46 donne droit à des dommages-intérêts (art. 52).

Article 53 : « Ces dommages ne se confondent pas avec ceux auxquels peut donner lieu ,en outre, la résolution abusive du contrat par la volonté d'une des parties contractantes. »

Article 54 : « Les parties ne peuvent renoncer à l'avance au droit éventuel de demander des dommages-intérêts ».

ART. 56. — « La grève est, sauf manifestation contraire de la volonté de l'une ou de l'autre partie, une suspension de contrat de travail.

« Le refus, par l'une des parties, de recourir à la procédure de conciliation ou à l'arbitrage dans les formes instituées par les lois spéciales, sera considéré comme une rupture du contrat, du fait de cette partie.

« Dans les services publics et dans les établissements industriels de l'Etat, dont le fonctionnement ne saurait être interrompu sans compromettre les intérêts de la défense nationale, la grève, ou cessation concertée du travail, est ipso-facto une rupture de contrat de travail. »

Ces dispositions sont très importantes.

Le premier paragraphe tend à abroger la jurisprudence de la Cour de cassation, qui considère toute grève comme un cas de rupture du contrat de travail ; mais il faut faire bien attention qu'il suffira au patron d'aviser ses ouvriers de chercher du travail ailleurs pour que légalement le contrat de travail soit rompu.

D'après cet article, en cas de contestation, ce sera au juge d'examiner s'il y a eu rupture, et cet examen, il le fera en recherchant l'intention des belligérants.

Je suppose qu'il y ait grève du fait des ouvriers : est-ce que le patron aura le droit de la considérer, d'autorité, comme un cas de rupture du contrat de travail ? L'article 56 ne paraît pas lui refuser ce droit, puisqu'il s'en remet à la volonté « de l'une et de l'autre partie » ; mais alors, comment fonctionneront à son égard les articles 52 et 53 sur le délai-congé et la rupture abusive du contrat de travail ? Le texte n'est pas très clair : il semble bien que si le patron veut rompre le contrat avec les grévistes, il devra se soumettre à la condition du délai-congé, et que les tribunaux pourront le condamner à des dommages-intérêts s'ils estiment cette rupture abusive.

Mais il est permis de douter que la jurisprudence considèrera comme abusif le renvoi des grévistes par le patron. Celui-ci se mettra, en outre, en règle avec l'article 52, en donnant 8 jours de paie à ses ouvriers congédiés: mais la jurisprudence considérera-t-elle que le patron est tenu de payer l'indemnité de congé à des ouvriers ne travaillant pas ? Car, aux termes de l'article 48, le délai-congé n'est supposé accordé qu'à des ouvriers travaillant. Cet article dispose, en effet : « Pendant la période de délai-congé, l'ouvrier disposera de deux heures au moins par jour, pour chercher du travail. »

Tout cela manque de netteté.

Le texte devrait être ainsi rédigé :

« La grève et le lock-out ne sont jamais une cause de rupture de contrat de « travail, sauf manifestation contraire de la volonté *de la partie* qui a pris l'initiative de l'arrêt dans le travail, »

« La partie qui a pris l'initiative de l'arrêt dans le travail est soumise aux « règles contenues dans les articles 52 et 53. »

Le deuxième paragraphe de l'article 56 est intéressant en ce sens que ce sont surtout les patrons qui refusent de recourir à la procédure de l'arbitrage. Le fait, pour eux, de refuser, les exposerait donc à des dommages-intérêts pour rupture abusive.

Le troisième paragraphe de l'article 56 est inacceptable, en ce sens qu'il a pour but de sortir de la solidarité ouvrière et des organisations qui la réglementent, les ouvriers des arsenaux et des ateliers de la guerre, et même les ouvriers des postes, télégraphes et téléphones. C'est au moment où les ouvriers et employés de l'Etat se rapprochent des organisations ouvrières, que le Congrès national des Syndicats doit particulièrement protester contre un projet de législation qui peut-être anodin en soi (puisqu'il légalise la théorie admise en fait par le gouvernement), permet de prévoir des textes spéciaux pour enrayer la propagande prolétarienne dans le mécanisme des services publics. Le Congrès national doit réclamer un même droit pour tous les ouvriers, sans tenir compte de celui qui les emploie, patrons, Etat-patron ou Etat puissance publique.

Quant aux règlements d'atelier, il est décidé (dans les entreprises industrielles où il existe des règlements d'atelier), qu'ils doivent stipuler toutes les conditions du travail : salaire, heures, durée du délai-congé, fournitures à faire à l'ouvrier hygiène (art. 23).

Ces règlements doivent être publiés : sinon ils ne sont pas exécutoires (art. 26). Ils peuvent être l'objet d'observations de la part des ouvriers, soit au patron, soit au Président du Conseil des Prudhommes, soit au juge de paix ; mais le patron n'est pas obligé d'en tenir compte.

Cette règle pourra être une occasion d'agitation qui restera légale.

En résumé, toute la partie relative aux conventions collectives paraît devoir être considérée comme favorable aux intérêts syndicaux, sauf une réserve faite pour l'article 19 ; elle donne en effet une valeur obligatoire à des conventions que la jurisprudence morcelle ; notamment, elle autorise les syndicats à défendre les intérêts individuels de leurs membres.

La partie relative aux règlements d'atelier paraît aussi favorable : dans tous les cas, elle ne retire rien aux ouvriers, ni aux syndicats.

Les règles relatives au contrat individuel se bornent, en somme, à formuler des règles d'équité.

Doit être rejetée, au contraire, la partie relative aux grèves, d'abord pour obscurité, ensuite pour antisyndicalisme.

Ces dernières observations supposent, bien entendu, que la Fédération de la Métallurgie ne repousse pas *a priori* toute intervention légale. Il faut d'ailleurs observer qu'il y a intervention déjà : toute la question est de savoir si l'intervention projetée est meilleure, au point de vue syndical, que la jurisprudence.

L'article 12 autorise à passer des conventions collectives, non seulement les syndicats, mais les « groupements d'employés ». Le texte n'est pas très clair, mais il semble bien qu'il a pour objet de légaliser des conventions collectives qui seront passées par des ententes d'ouvriers qui ne seront pas syndiqués. Il y a là un danger : mais en demandant que les conventions ne soient passées que par les syndicats, il faut faire bien attention que cela équivaudrait étant donné la fréquence de plus en plus grande des conventions collectives, à créer le *Syndicat obligatoire* : ce serait la première règle l'instituant.

Cette éventualité me paraissant dangereuse, il me semble que la Fédération devrait reprendre sa discussion rien que pour l'envisager. Avec le syndicat obligatoire, la commission mixte devient un organe nécessaire du régime industriel : la loi voudra bientôt l'imposer, puisqu'il n'y aura plus que deux parties en présence.

S'il doit y avoir syndicat obligatoire, ce ne devra être que l'œuvre de la lutte syndicale ; est-il prudent de donner ouverture à la loi, par voie indirecte, sur le développement de cette obligation ? Toute la question est là.

Comme vous venez de l'entendre par cette rapide lecture, je n'ai pas exagéré en disant que c'était l'étranglement du syndicalisme. A côté des restrictions que ce projet contient, en en excluant les travailleurs de l'Etat, contre lequel nous devons protester pouvons-nous à la C. G. T. où nous luttons pour qu'il sorte de nos conflits un « Droit nouveau » s'opposant au « Droit romain » qui nous étouffe, accepter un pareil projet qui groupe, en lui même, les lois telles que l'arbitrage obligatoire, puisque si l'une des parties refuse l'arbitrage, il y a rupture du Contrat de travail. C'est le droit de grève supprimé.

Autres dangers : il donne force de lois aux règlements d'ateliers, peut rétablir les commissions mixtes. Je ne crois pas que ce soit là notre désir et je rappellerais aux camarades du Nord les commissions mixtes d'Armentières ; nous en avons trop souffert pour les vouloir rétablir. Nos camarades typographes en ont fait également la triste expérience cette année. C'est pourquoi nous devons protester contre ce projet, que je regrette de ne pouvoir analyser plus longuement, mais dont ce résumé justifie amplement notre protestation, notre affirmation révolutionnaire de vouloir nous placer strictement sur le terrain économique, pour créer le droit nouveau.

Des lois ! on nous en fera autant qu'on exigera qu'on nous en fasse ; mais si toutes sont basées sur le « Droit romain » elles n'auront aucun effet ; elles n'existeront pas parce que nous tournerons dans le cercle vicieux qu'est le Code. Quand le législateur du Parlement veut nous en faire sortir par une loi, la magistrature, par ses arrêts, nous barre la route.

Je puis vous rappeler un exemple typique : la loi sur la suppression des bureaux de placement, n'a-t-elle pas eu un effet totalement annulé par une décision de la Cour de cassation ? C'est pourquoi, au nom de la Métallurgie, je vous demande de voter l'ordre du jour suivant :

« Considérant que les lois ouvrières en projet, telles que celles sur l'arbitrage obligatoire, participation aux bénéfices, contrat collectif du travail, représentation dans les conseils des Sociétés industrielles, ont pour objet d'entraver le développement du syndicalisme et d'étrangler le droit de grève, et notamment diviser la classe ouvrière en ne reconnaissant pas aux travailleurs de l'Etat les mêmes libertés qu'à ceux de l'industrie privée.

« Considérant que l'Etat patron est tenu au même titre, si ce n'est davantage, en vertu des principes de liberté dont il se réclame, à laisser aux travailleurs de l'Etat la même liberté qu'aux travailleurs de l'industrie privée.

« Le Congrès proteste énergiquement contre tout projet qui les exclurait et repousse tous ceux qui auraient pour objet de diminuer les libertés ouvrières.

« Considérant que le droit nouveau auquel nous aspirons et vers lequel tendent tous les efforts des Syndicats, Bourses du Travail, Fédérations et C. G. T., ne peut sortir que des luttes ouvrières sur le terrain économique ; le Congrès invite les Fédérations à se préparer à faire une agitation énergique au moment où elle deviendrait nécessaire, contre tout projet tendant à l'étranglement de l'action syndicale. »

Adopté.

## FORMATION DES COMMISSIONS

Il est procédé ensuite à la formation des commissions.
Leur besogne est ainsi délimitée :

*Première Commission :*

Continuation de la propagande des 8 heures.
Travail aux pièces.
Réduction des heures de travail.
Minimum de salaire ;
Repos hebdomadaire ;
Organisation de la propagande.

*Deuxième Commission :*

Modification aux statuts ;
Réunion des syndicats de métiers ;
Rapports des coopératives et syndicats ;
Des timbres et acquits confédéraux .

*Troisième Commission :*

De l'admission des syndicats dans les Bourses ;
Création de fédérations départementales et régionales.

*Quatrième Commission :*

De la suppression des poisons profe sionnels.

*Cinquième Commission :*

Questions diverses.

**Darnis** (Marseille) invite les Congressistes à faire des séances de nuit. Le temps restant pour la fin des travaux du Congrès, lui paraissant trop court. Il dépose une motion en ce sens.
La motion mise aux voix est repoussée.

## RÉSULTATS DU SCRUTIN :

### Rapport des Fédérations et du Comité confédéral

Le premier tour accuse les chiffres suivants :

Votants : 927.

| | |
|---|---|
| Pour | 781 |
| Contre | 115 |
| Blancs | 21 |
| Bulletins contestés | 10 |
| | 927 |

### Rapport de la Voix du Peuple

Votants : 974.

| | |
|---|---|
| Pour | 638 |
| Contre | 292 |
| Blancs | 34 |
| Contestés (dont 3 pour et 7 contre) | 10 |
| | 974 |

Rapport de la Section des Bourses

Votants : 937.

| | |
|---|---|
| Pour | 675 |
| Contre | 214 |
| Blancs | 48 |
| | 937 |

Le bureau est maintenu pour la séance de l'après-midi.

*Le Secrétaire de séance* : **H. Sellier.**

---

## SÉANCE DU 11 OCTOBRE (Soir)

*Président* : **Reisz.**

*Assesseurs* : **Robert** et la citoyenne **Delucheux.**

**Le Président** donne lecture de l'ordre du jour suivant : ·

« Devant les graves évènements qui viennent de surgir à Toulouse et les pro-
« vocations meurtrières des patrons boulangers, qui ont mis nos camarades syn-
« diqués dans le droit de légitime défense, le XVe Congrès national corporatif
« d'Amiens envoie aux grévistes boulangers toulousains leurs témoignages de
« sympathie et les engagent à lutter énergiquement pour la conquête définitive
« du repos hebdomadaire par roulement. »

> **Falandry, Marty-Rolland, Reymond, Raynaud, Ferrère, Fournier. Bous-
> quet Charles, Valette, Gouby, Baudonnet,** délégués de Toulouse -
> **Bousquet,** secrétaire de la Fédération de l'Alimentation.

**Falandry** donne des renseignements sur la grève de Toulouse. Les patrons boulangers, dit-il, ont tiré sur les travailleurs et même se sont rués sur eux, le couteau à la main.

**Bousquet** dit que pour l'application d'une loi, les patrons se ruent sur les ouvriers. Il remercie Falandry qui vient de déclarer que la municipalité de Toulouse ne suivrait pas les errements de l'ancienne. Il appuie l'ordre du jour déposé. Il dit que les travailleurs doivent répondre du tac au tac aux provocations du patronat.

## Rapports entre les Syndicats et les Partis politiques

**Le Président** fait la communication suivante :

Au nom des organisations suivantes : Papeteries d'Essonnes, de Ballancourt ; Relieurs-papetiers de Dijon ; Travailleurs du papier de Clichy ; Reliure-dorure, Paris, Limoges, je dépose l'ordre du jour suivant :

« Etant donné que l'unité la plus parfaite ne règne pas encore dans le syndi-
« calisme français et qu'il serait désastreux pour les syndicats ouvriers de faire
« de nouveaux conflits au sein de ces organismes, en créant des rapports immé-
« diats avec les partis politiques, quel que soit leur nuance.

« Considérant, d'autre part, que les militants syndicalistes sont en même
« temps, et pour la plupart des adhérents des partis politiques, socialistes ou
« autres, que, par là même il leur est facile de manifester sur ce terrain leurs
« principes d'émancipation sociale ;

« Considérant, enfin, que la neutralité la plus absolue, qui est la force et

« la puissance d'action même de chacune de ces organisations, ne saurait être
« violée sans porter la désagrégation dans ces deux pouvoirs en présence ; par
« ces motifs, le Congrès passe à l'ordre du jour. »

Délaine.

**Reisz** donne lecture d'une question préalable qui vient de lui être remise :

**Motion préalable**

Les soussignés :

« Considérant que la polémique qui s'est produite au sujet de la proposition
« formulée par la Fédération du Textile : Rapports de la C. G. T. et des partis po-
« litiques, a suffisamment éclairé cette question pour qu'il ne soit pas nécessaire
« de procéder à une discussion au Congrès, et que les syndicats sont en grande
« majorité réfractaires, non seulement au principe de la proposition, mais en-
« core à toute discussion de ce genre, ne pouvant qu'avoir une répercussion
« dangereuse dans l'organisation syndicale, en même temps qu'elle créerait
« un précédent mauvais pour l'avenir.

« Demandent au Congrès de passer à l'ordre du jour sur la proposition du
« Textile et cela, sans discussion. »

> **Bled**, Fédération horticole, Jardiniers de Paris, Stucateurs de Paris,
> Sellerie-bourellerie de Paris et Malletiers ; **E. Laval**, Epiciers de la
> Seine ; **J.-B. Médard**, Gens de maison, Paris et Seine ; **Baritaud**, Ma-
> çonnerie-Pierre, Paris ; **Bornet**, Fédération des Bûcherons ; **Constant**,
> Bourse d'Orléans ; **Tabard**, Transports, manœuvres et manutentions
> diverses ; **Lefèvre**, Bijoutiers.

Une autre proposition analogue est déposée :

« La Chambre syndicale des Ouvriers Serruriers en Bâtiment du département
de la Seine et les organisations soussignées ;

« Considérant que la discussion de cette question serait préjudiciable aux
« intérêts de classe du Prolétariat organisé, Demandent : la question préalable
« et décident de passer à l'ordre du jour ;

« Désirant ainsi que les Congrès corporatifs, véritables assises du travail
« ne s'occupent, dorénavant, que des questions véritablement économiques
« et corporatives et repoussant énergiquement toute ingérence et affiliation
« politique quelconque, qui ne feraient que semer la division parmi les travail-
« leurs ;

« Laissant ainsi toute liberté de conception et d'agir en matière politique
« aux syndiqués, en dehors de leur organisation économique ;

« Considérant également que les statuts syndicaux mentionnent tous, ou
« presque tous, qu'aucune question d'aucune école ne sera traitée dans les or-
« ganisations syndicales. «

> **L. Clément**, Serruriers de Paris ; **Griffon**, Pâtissiers de la Seine ; **Bruon**,
> Fédération des Menuisiers de Paris ; **E. Vénot**, Bouchers de
> Paris, **Blanchart**, dessinateurs, Tailleurs d'Habits, Boîtiers-Fer-
> blantiers, Métallurgistes de Basse-Indre ; ; Voiture, Vichy ; Terras-
> siers, Vichy ; Voiture, Paris ; Voiture, Moulins ; Voiture, Bourges ;
> Tailleurs de pierres de Vichy ; Tramways de Vichy ; Carriers des Gri-
> vais, Vichy ; Voitures Lyon ; Bijoutiers, Lyon ; Coupeurs-Chemisiers
> de Lyon ; Maçons de Vichy ; **Bahoneau**, d'Angers ; **L. Ménard** ; **Legou-
> hy**, des Litiers de Lyon ; **E. Thumon**, succursales, Mécanique ; **Collet**,
> du Bâtiment de Saint-Brieuc, le Livre et Employés ; **P. Beaupérin**,
> Bourse de Rennes ; **H. Gauthier**, Bourse de Saint-Nazaire, Métallurgis-

tes de Saint-Nazaire, Dessinateurs, Ouvriers du Port, Ouvriers Charbonniers, Comptables, Employés, Typographes, Inscrits maritimes ;
**Bouchereau**, ouvrier métallurgiste ; **Gilliard**, des Monteurs-Levageurs,
Paris ; **Grandsart**, Egoutiers de Paris, Cantonniers de Paris, Travailleurs
municipaux de Rennes, Personnel des Ecoles de Paris, Personnel non
gradé del'Assistance publique ; Service des baux concédés des Eaux
de Paris ; Egoutiers de Lyon ; Chambre syndicale des Chauffeurs-
Conducteurs du département de la Seine ; **Lefèvre**.

Puis une troisième :

« Le Congrès, considérant que s'abstenir d'une discussion constitue toujours
« un mauvais système, favorable à l'équivoque et aux polémiques dangereuses
« et prolongées ;
« Décide d'entendre la proposition du Textile et de passer à la discussion. »

**C. Devilar**, *délégué*, Courtiers Paris ; Employés Troyes et Pézenas.

**Bousquet** dit que la question est importante. Doit-on accepter la question
préalable ? Doit-on discuter ? Au Congrès de l'Alimentation, on a été partisan
de l'ordre du jour pur et simple. Un camarade que j'estime beaucoup avait exigé
la discussion de cette question. C'est en raison de cela que je suis chargé de discuter la question. Il déclare qu'il discutera avec calme. Il faudra citer des noms ;
tâchons de ne pas nous froisser.

**Clément** dit, qu'aux assises du travail, toute discussion de ce genre doit disparaître de l'ordre du jour. Les journaux bourgeois et autres guettent nos divisions. Ne leur en donnons pas le triste spectacle.

**Robert** dit qu'il ne prend pas parti pour le moment, il demande un orateur
pour et un orateur contre, sur la question préalable.

La clôture est demandée et votée. Trois minutes seront données à chaque
orateur inscrit à ce moment.

**Bled** dit qu'il a déposé la première motion préalable. Tout le monde connaît
la question du Textile. On peut donc se prononcer sur la question préalable.

**Tabard** dit qu'en hésitant à savoir comment on terminerait le Congrès, il
ne doit pas y avoir de question politique à ce Congrès. Il faut donc passer à
l'ordre du jour. Il ne connaît que l'unification. Il ne faut pas discuter les questions qui divisent.

**Lévy** dit qu'il se refuse à discuter ,au nom de ses mandants, qui ne s'incline-
ront pas devant le vote.

**Marie** croit qu'on doit examiner si la proposition n'est pas un acheminement vers la violation des statuts.

**Cousteau**, au nom de ses mandants, déclare qu'il est impossible de marcher la
main dans la main avec n'importe quel parti politique.

**Doizié**. — Je dis qu'il n'y avait pas lieu de décider ce matin, qu'on discuterait ce soir, si on est décidé à ne pas le faire. En tout cas, il faudra voter par
mandat.

**Parvy** dit qu'il faut respecter les opinions des autres. Il va examiner les arguments apportés pour la question préalable. On n'a oublié qu'une chose : dire
que les statuts de la Confédération sont toujours révisables. La question, dit-on,
est politique. C'est là une question d'appréciation. Il faut tout voir avec courage, avec sang-froid.

**Dret**, au nom des Cuirs et Peaux, dit qu'il est contre la proposition. Mais il
craint que dans un temps relativement rapproché, on puisse dire que ceux qui
sont contre, ont eu peur. Il faut la discuter.

**Hamelin** dit que personne n'a posé la question préalable. Ce n'est pas sérieux de dire maintenant qu'on ne discutera pas. Le Comité aurait dû ne pas la mettre à l'ordre du jour si elle n'est pas statutaire.

**Morgand** dit que peut-être les camarades qui sont contre ont peur. Il faut discuter et écouter tous les orateurs.

**Delaine** dit qu'il ne faut plus qu'on puisse dire qu'on a peur. Tout le monde connaît la question. Il faut la discuter.

**Gaillard** demande son tour de parole.

**Laval** dit qu'on s'est plaint, hier, de ce que les rapports n'avaient pas té reçus à temps. Ce n'est pas le cas pour la question. Ici, les mandats sont ferme .

**Le Président** donne lecture d'un ordre du jour déposé par **Broutchoux** :

« Le Congrès d'Amiens, considérant que la Fédération du Textile, dans son
« dernier Congrès national, a déjà porté atteinte à son unité corporative par
« l'adoption d'une motion établissant des rapports entre le Parti syndicaliste
« et les partis politiques, déclare passer à la discussion de la proposition du
« Textile, afin de maintenir l'unité confédérale. »

**Broutchoux.**

**Bieuler** demande la discussion.

**Morel** dit qu'il repousse la discussion.

**Thil**. — Le Congrès ne doit pas suivre les Conseils municipaux ou généraux où on oppose la question préalable. La question est posée, il faut la discuter.

**Luquet**. — Il devra sortir de cette question la tranquillité pour l'avenir. La proposition n'a rien de syndical. C'est là une proposition politique. A l'avenir, des propositions semblables ne devront plus trouver leur place dans un Congrès ouvrier.

**Sauvage** regrette que la question préalable ait été posée. Il voudrait que tout le monde soit d'accord pour discuter afin d'être débarrassé, une fois pour toutes, des questions politiques.

**Le Président** invite au calme.

**Renard** dit qu'une émotion a été soulevée à propos de cette question, dans le monde ouvrier. Il remercie le Congrès d'avoir montré qu'il voulait aborder la question et de s'être refusé à l'élaguer de l'ordre du jour. Quel que soit le résultat, nous ne quitterons pas la Confédération. Nous ne ferons pas comme certains, dans la *Voix du Peuple*, qui déclarent qu'ils s'en iraient si la proposition était votée. La proposition a pour effet d'empêcher la politique spéciale qui se fait à la Confédération. Quand on fait de l'*anti-militarisme*, quand on fait de l'*anti-patriotisme*, quand on prêche l'abstention, on fait de la politique. Nous avons, dans ce cas, le droit d'introduire notre politique spéciale. Cela est très juste. Le syndicat n'est pas autre chose que ce que la loi a voulu qu'il fut : un organe qui doit défendre les salaires, la dignité des travailleurs, les conditions de vie, etc. Le syndicat ne peut pas sortir de sa sphère sans avoir une épée de Damoclès suspendue sur la tête de ses administrateurs.

*La loi sur les accidents, la loi sur le repos hebdomadaire*, ne sont-elles pas des lois sociales ? Pouget n'a-t-il pas approuvé cette loi qui s'étend aux ouvriers inorganisés. Bousquet a dit qu'elle était réformatrice. Pourquoi alors, repousser la loi pour n'accepter que l'action directe et violente.

Dans le Nord, les syndicats achalandent les coopératives, les coopératives aident le mouvement politique. Je sais que la politique n'a pas donné grand chose, mais pourquoi le reprocher aux camarades qui ont milité pour qu'elle donne quelque chose ? Dans le Nord, les députés sont choisis en raison de leur valeur. La pièce de cent sous, les soulographies, sont impuissantes. Ce sont des militants qui sont sortis des rangs des travailleurs. Ils remplissent leur mandat. C'es aux travailleurs à prendre leurs précautions. Nous acceptons les subventions, mais nous pouvons nous en passer. Le conseil municipal peut disparaître, les comités sont assez puissants pour que le mouvement ne s'en trouve pas amoindri. Nous avons bâti des maisons qui sont à nous et là, nous sommes chez nous ! Lorsque les gendarmes veulent y pénétrer, nous pouvons les mettre dehors. Nous sommes, dans le Nord, 315 syndicats, 76,000 syndiqués, 12 coopératives fédérées avec 30.000 membres, 300 groupes avec 8.500 cotisants, nous avons de nombreux conseillers municipaux, 8 députés et 105,000 électeurs socialistes. Si partout on savait faire converger ainsi l'action, on obtiendrait de grands résultats. J'ai beaucoup de respect pour les camarades qui sont à la tête des organisations modérées. Mais je suis, moi, collectiviste-révolutionnaire. Nous avons, dans nos syndicats, des radicaux, des nationalistes, nous respectons leurs croyances. Mais vous, que faites-vous lorsque vous votez la grève générale expropriatrice ? Vous ne respectez pas les opinions du radical. Pas plus, vous ne respectez les opinions du nationaliste lorsque vous faites de l'*anti-patriotisme* et de l'*anti-militarisme*. Ces choses ne peuvent se faire qu'au groupe politique. Nous faisons de l'anti-militarisme, mais nous divisons le travail. C'est dans nos groupes politiques que cela se passe. Vous demandez tout, à l'action directe ! Les Anglais l'ont fait pendant trente ans. Là-bas, dans le Textile, les cotisations sont élevées ; les hommes sont syndiqués dans la proportion de 95 % et les femmes dans celle de 75 %. Les fileurs Anglais gagnent des salaires plus élevés qu'en France. Dans le Nord il y a différentes catégories de tisseurs à la main, qui gagnent peu, parce que le groupement y manque. Ce qui n'empêche pas ceux qui sont organisés de gagner des salaires plus élevés que ceux qui n'ont pas de groupement.

Les Anglais ont fini par comprendre qu'à leurs grosses cotisations, les patrons pouvaient répondre par des lock-out. Ce qu'ils firent. Les ouvriers furent empêchés de pratiquer le Picketing, de faire la propagande en faveur de la grève. Les syndicats furent responsables des actes de leurs membres et condamnés à de fortes amendes.

C'est alors que les travailleurs anglais furent obligés de prendre position dans la lutte politique et ils ont pénétré au Parlement afin de faire tourner la législation en faveur de la classe ouvrière.

Sans mêler la politique dans les syndicats, on peut s'occuper des lois ; on en parlait ce matin, à propos du contrat de travail et d'autres projets. C'est la preuve qu'on ne peut pas s'en désintéresser.

Les ouvriers ont ainsi à barrer la route à l'action patronale sur le terrain politique. Le syndicat ne peut pas tout faire. Qu'on y réfléchisse. Si une situation révolutionnaire se produisait aujourd'hui pourriez-vous, avec vos syndicats actuels, avec vos organisations, régler la production, organiser l'échange ? Non, vous seriez obligés de vous servir de la machinerie gouvernementale.

Nous ne demandons pas de faire de la politique dans les syndicats, nous demandons si vous ne croyez pas utile l'usage du suffrage universel, utiles certaines réformes légales en faveur de la classe ouvrière.

Nous voulons toutes les actions, comme dans le Nord.

Nous vous demandons si vous ne voulez pas prendre à la politique ce qu'elle peut vous donner de bon ?

J'appartiens au P. O. F. depuis vingt-cinq ans. J'estime qu'il a fait quelque chose pour les travailleurs. Nous croyons qu'il faut faire de l'action syndicale, coopérative et se servir de l'action politique.

Je vais vous donner lecture de notre projet de résolution :

« Considérant qu'il y a lieu de ne pas se désintéresser des lois ayant pour but d'établir une législation protectrice du travail qui améliorerait la condition

11.

sociale du prolétariat et perfectionnerait ainsi les moyens de lutte contre la classe capitaliste ;

« Le Congrès invite les syndiqués à user des moyens qui sont à leur disposition en dehors de l'organisation syndicale afin d'empêcher d'arriver au pouvoir législatif, les adversaires d'une législation sociale protectrice des travailleurs ;

« Considérant que des élus du parti socialiste ont toujours proposé et voté les lois ayant pour objectif l'amélioration de la condition de la classe ouvrière ainsi que son affranchissement définitif ;

« Que tout en poursuivant l'amélioration et l'affranchissement du prolétariat sur des terrains différents, il y a intérêt à ce que des relations s'établissent entre le Comité confédéral et le Conseil national du Parti socialiste par exemple pour la lutte à mener en faveur de la journée de huit heures, de l'extension du droit syndical aux douaniers, facteurs, instituteurs et autres fonctionnaires de l'Etat ; pour provoquer l'entente entre les nations et leurs gouvernements pour la réduction des heures de travail, l'interdiction du travail de nuit des travailleurs de tout sexe et de tout âge ; pour établir le minimum de salaire, etc., etc.

« Le Congrès décide :

« Le Comité confédéral est invité à s'entendre toutes les fois que les circonstances l'exigeront, soit par des délégations intermittentes, ou permanentes avec le Conseil national du Parti socialiste pour faire plus facilement triompher ces principales réformes ouvrières.

« Mandat est donné aux délégués de la Fédération textile qui la représenteront au Congrès confédéral d'Amiens de soutenir ladite résolution ».

Voilà tout ce que nous demandons. Il faut entretenir un courant de sympathie entre tous ceux qui défendent la classe ouvrière.

Est-ce que Griffuelhes ou autres n'entretiennent pas certaines relations avec des députés socialistes, lorsqu'une interpellation est nécessaire.

Je réponds au citoyen Latapie disant : il faut plutôt nous entendre avec les radicaux-socialistes, car ils sont plus nombreux à la Chambre. Oui, ils sont plus nombreux, pour vous mater !...

*Quelques voix.* — Et Briand ? Et Millerand.

**Renard.** — On m'a opposé Millerand. J'appartiens à un parti qui a considéré comme un acte de trahison son entrée dans un ministère.

Briand ? il vous a monté le coup pendant 15 ans ! A vous, mais pas à nous ! Je crois me souvenir qu'à l'enterrement de Louise Michel, cette noble et bonne femme que je vénère, Briand était à côté de vous. Il n'était pas à côté de nous. Et si Zévaès n'avait pas été adoré par nos camarades de l'Isère vous ne pourriez pas nous l'opposer. Dans le Nord, nous ne baisons pas le paletot de nos députés. Si vous marchiez avec nous, aucune force ne pourrait s'opposer au mouvement ouvrier.

**David, Ferrier,** de Grenoble, protestent ; ils demandent à répondre à cet acte d'accusation à l'adresse du prolétariat de l'Isère qui a toujours su faire son devoir et remplir ses obligations en toutes occasions.

**Renard** dit n'avoir pas voulu attaquer les camarades présents de Grenoble. Ceux-ci maintiennent leur droit de défense.

**Renard.** — Vous avez parlé personnalités, j'ai répondu. Vous n'êtes pas plus sûrs de vos hommes, dans le mouvement syndical, qu'on ne peut l'être dans le mouvement politique. Et ce n'est pas parce que mon fusil peut péter par la culasse que je ne dois pas m'en servir, car 99 fois sur 100 il partira dans la direction de l'ennemi.

J'ai terminé. Si partout on faisait ce que nous avons fait, il n'y a pas de parti qui pourrait résister à la Confédération unie au Parti socialiste. C'est parce qu'il a donné des garanties, parce qu'il veut la suppression du salariat, parce qu'il va comme vous au même but, que nous vous demandons de vous adresser à lui quand son action peut converger avec l'action syndicale.

Mais, quelle que soit votre résolution, nous resterons à la Confédération. Nous ne ferons pas comme ces malheureux qui, battus à notre Congrès, ont menacé de faire une scission. Nous avons fondé, avec vous, l'unité ouvrière. Nous entendons la maintenir avec vous et travailler avec vous à l'émancipation totale du prolétariat.

Le Congrès doit blâmer les tentatives de division qui se sont manifestées avant que la proposition n'ait été examinée.

**Dhooghe.** — Je serai un peu long parce que Renard a insisté sur la circulaire envoyée après le Congrès de Tourcoing.

**Dhooghe** lit la circulaire suivante :

## Aux Travailleurs de l'Industrie Textile

CAMARADES,

Les déclarations de vos délégués, d'une part, des polémiques ardentes autant que nombreuses, d'autre part, doivent vous avoir fait réfléchir profondément aux conséquences probables des décisions prises par votre dernier Congrès fédéral. La portée et le caractère de gravité extrême d'une de ces décisions ont dû vous plonger dans une embarrassante perplexité. Nous sommes convaincus qu'il y aura gêne dans vos Syndicats, lorsqu'il faudra dire aux ouvriers sans opinion prononcée, tout aussi bien qu'aux travailleurs radicaux ou libertaires, aux ouvriers syndicalistes désintéressés, que la Fédération du textile va, désormais s'occuper de politique, faire de l'agitation syndicalo-électorale, dépenser le meilleur de ses forces à soutenir tels candidats contre tels autres, et limiter son action dite ouvrière et économique à la transmission au Parti socialiste unifié, des vœux et desiderata de vos organisations.

En décidant de mettre la Fédération en rapports constants avec le Conseil national du P. S. U., soit par le moyen d'une organisation permanente, soit par des délégations temporaires, le Congrès, sous l'instigation du Comité fédéral, a commis une grosse faute. En établissant un système de relations continues entre les Syndicats et un parti politique, cette assemblée de vos délégués proclamait que dorénavant il n'y aura place dans ces syndicats que pour les adhérents ou électeurs de ce parti. Et elle invitait implicitement tous les autres travailleurs à s'en retirer.

Cette faute, source néfaste de discorde et de divisions dans les Syndicats, ne doit pas pouvoir vous être imputée, c'est par erreur qu'on la dit conséquente à votre volonté. Il n'est pas possible en effet, que vous ayez, avant le congrès, discuté la question au fond, et assez sérieusement pour en prévoir une solution dans le sens et dans la forme de celle qui a été voulue à Tourcoing, ni les désordres syndicaux qui peuvent en résulter.

Vous êtes trop sincèrement syndicalistes, trop soucieux de l'autonomie syndicale et de votre liberté d'action, pour avoir laissé sciemment mettre vos syndicats à la remorque d'un parti, et introduire la politique aux dissensions électorales dans vos organisations d'intérêt, politiquement éclectiques. Vous savez trop bien que les travailleurs n'ont toujours obtenu des patrons que ce qu'ils savaient *exiger* et *prendre* ; vous savez trop bien que l'ouvrier *ne doit compter que sur lui-même* s'il veut s'émanciper et vivre mieux, pour avoir voulu annihiler l'action ouvrière spécifique en plaçant vos syndicats et votre devenir à la merci des forbans de la politique.

Vous êtes, cependant, censés vouloir le contraire et on a dit, avant et après le Congrès de Tourcoing, que vous demandiez à tous les syndicats de France de faire ce que vous entendiez faire vous mêmes : de lier leurs destinées à celle de l'Unité socialiste parlementaire.

On l'a dit avant Tourcoing, nous le répétons. En effet votre Comité fédéral disposant d'éléments de domination et de prérogatives qu'il serait trop long de discuter ici, s'est permis de faire inscrire en votre nom — deux mois avant que vous puissiez le discuter — à l'ordre du jour du Congrès d'Amiens, la fameuse proposition tendant à établir des rapports entre la Confédération et le P. S. U. Sachant qu'ils iraient à Tourcoing, comme à Amiens d'ailleurs, les poches bourrées de mandats, et sûrs de l'appui des gros Syndicats socialistes du Nord — syndicats composés d'ouvriers appartenant à toutes les corporations : textile, bâtiment, mouleurs, débitants, etc., — vos représentants fédéraux s'autorisèrent *ipso-facto*, selon leur bonne volonté, à considérer comme acquis le vote qui allait mettre la Fédération et les Syndicats textiles sous la dépendance des négriers de la politique, et ils jetaient, *toujours en votre nom*, le brandon de discorde parmi toutes les organisations du pays.

On l'a dit après Tourcoing. On a crié aux prolétaires de toutes les parties du monde que vous aviez décidé, à la majorité de 45 syndicats contre 23, d'entrer en rapports constants avec le P. S. U. Ce qui n'a pas été montré, c'est la manière dont on s'est servi pour obtenir ce vote. Le cumul des mandats des syndicats sincères mais naïfs, imprudents ou mal renseignés, a permis au Comité fédéral de se forger sa prétendue majorité. Qu'on en juge : Pour les 45 syndicats, Renard avait 12 mandats; Inghels en avait 9; Lepers en avait 4 ; etc. Le vote ainsi obtenu est un vote de surprise qui, à nos yeux, ne peut avoir aucune signification. Etant donnés les sentiments que nous vous connaissons, il est permis de dire qu'un referendum, organisé sur cette question dans la Fédération, ne donnerait plus aux « divisionnistes » du Nord la majorité anormale dont ils se targuent insolemment aujourd'hui et dont ils ne pourraient ainsi abuser plus longtemps. C'est d'ailleurs par un referendum qu'il eût fallu prendre l'avis des syndicats fédérés sur cette question néfaste de l'introduction de la politique dans leur sein. Puisqu'on ne l'a pas fait avant le congrès de Tourcoing, nous allons, nous, le faire, avant celui d'Amiens où il faudra montrer que s'il y a, dans la Fédération textile, des syndicats politiciens, il en reste cependant qui veulent rester « *Syndicalistes* » et indépendants de toute secte comme de tout parti.

Camarades du Textile,

Au moment où votre Fédération, malgré l'opportunisme de sa direction, allait être à même, par le nombre important de ses organisations adhérentes, de vous rendre quelques services, on dénature son action, on va la prostituer aux marlous politiciens.

Au moment où l'action de la Confédération générale du Travail commence à porter ses fruits, au moment où elle a, en conséquence, le plus besoin d'être soutenue et renforcée, afin que les réformes, qu'elle amène, puissent entrer dans la pratique, on va tenter de la détruire.

Si vous le permettez, si vous laissez faire le Comité exécutif de votre Fédération, c'est désormais une affaire entendue, *en toute circonstance et à toute occasion*, des politiciens étrangers à votre corporation, et souvent à votre classe, se mêleront à vos affaires ; votre organisation fédérale sera mise en tutelle et marchera dans le sillage — voire sous la direction — du P. S. U. *Les travailleurs non unifiés seront placés dans l'obligation d'abandonner votre cause et de déserter vos Syndicats.*

Disons-le, ce n'est pas là le but que vous vous êtes assignés en vous organisant corporativement ; ce n'est pas là cette besogne tant promise en faveur de l'union de tous les exploités contre tous les exploiteurs, union essentiellement indispen-

sable à l'œuvre d'amélioration de votre sort. Ce n'est pas là faire du syndicalisme, vous le direz, *ce n'est pas là ce que vous voulez.*

Vous direz cela et dissiperez ainsi le brouillard équivoque dans lequel on
voulait vous perdre.

Si vous ne disiez pas que vous êtes pour l'autonomie des syndicats et pour
l'indépendance de leur action, ce serait désespérant. Oui,ce serait douter à jamais
de toute possibilité de suppression du salariat, de libération de votre classe misé-
rablement asservie, s'il suffisait d'un peu de ruse politicienne pour réussir,en un
temps donné, à vous faire dévier un mouvement prolétarien de rénovation
sociale, que ni les patrons ultra-millionnaires, ni les gouvernants à poigne ou
roublards, n'avaient pu canaliser jusque-là.

Mais vous vous direz que « l'Emancipation des Travailleurs ne peut être que
l'œuvre des Travailleurs eux-mêmes » et vous ne serez pas victimes du mirage
de la politique. Le salut est en vous, vous n'aurez de confiance qu'en vous-mêmes.
Vous n'avez pas dans les syndicats, à discuter la question de savoir si les députés
de tel parti sont plus aptes que les autres à la défense de vos intérêts. Vous ne
voulez laisser le soin de cette défense à d'autres qu'à vous-mêmes.

N'est-ce pas là, Camarades, ce que vous pensez ? Si, n'est-ce pas. Eh bien,
dites-le donc bien haut pour qu'on sache bien que vous n'êtes plus les « taillables
et corvéables à merci ».

Pour vous, comme pour nous, le syndicat est *une organisation de sauvegarde
et de libération.* C'est le Cercle d'Etudes et le Comité d'action du prolétariat, le
centre nerveux du mouvement ouvrier. C'est par l'organisation et la lutte syndicales que nous entendons aller vers la liberté et le bien-être, ce n'est que par là,
d'ailleurs, que nous croyons qu'il sera possible d'y arriver.

C'est ce syndicalisme là, celui dont les principes furent posés par la Confédération générale du Travail, que nous voulons défendre contre ceux qui, par la
division, voudraient le domestiquer. C'est ce syndicalisme là que nous vous adju-
rons de ne point trahir.

Il vous appartient, Camarades, de dire le dernier mot dans une affaire qui
passionne tous les travailleurs. Il vous appartient de dire comment vous entendez voir mener et mener vous mêmes l'Action syndicale dans le Textile. Si vous
consentez à ce que cette action soit liée et fatalement subordonnée aux questions
électorales, si vous êtes prêts à faire du syndicalisme en même temps que l'arme
de combat des batailles économiques, le bélier puissant dont vous vous serviez
pour démolir les dernières bastilles et vous sauver du dernier esclavage : le
Salariat.

Nous attendons votre réponse.                    Pour le Syndicat,

                                   *Le Secrétaire :* **Ch. Dhooghe.**

— Voilà, camarades, ce que nous avons envoyé avec la circulaire que voici.

Je tiens à montrer combien le camarade **Pouget** a été prudent.

La partie relative à la démission du syndicat de la Fédération n'a pas été
insérée dans la *Voix du Peuple.* Je reconnais l'action syndicale et coopérative,
mais je dénie les bienfaits de l'action politique. Il faut remarquer la qualité des
intentions des camarades du Nord, pour leur proposition.

Les termes de notre circulaire ne s'adressent à aucun des syndiqués du Nord.
Il y a beaucoup de volonté dans la proposition, il n'y a pas de raisons. Il critique
l'emploi des 25.000 francs accusés par Renard pour l'action politique. Renard
s'est escrimé ici à vouloir unir des choses qui ne le pouvaient pas. L'union ne
pourrait servir qu'à avantager exclusivement la politique et à lui subordonner
l'action syndicale.

Les résultats obtenus par les camarades dunkerquois l'ont été parce qu'ils
furent énergiques dans leurs revendications.

L'action ouvrière est jugée nécessaire, indispensable au prolétariat pour obtenir son émancipation.

Il y aurait danger à établir quelque rapport que ce soit entre la C. G. T. et les partis politiques. Il fait allusion aux paroles de Guesde. Aucun parti n'a été aussi partisan de l'action légale que le parti socialiste. Nous pouvons craindre que notre action soit subordonnée si nous faisions alliance avec vous.

Vous nous dites que vous ne faites pas de politique, mais tout ce qui ne tend pas à exercer les forces particulières du prolétariat pour la lutte des classes, ne peut que lui être funeste. Pour nous ,syndicalistes, il faut surtout exercer l'initiative ouvrière.

Nous qui savons les forces dont dispose la bourgeoisie et sachant l'existence du prolétariat dans cette société, il nous semble qu'il y a un antagonisme irréductible entre ces deux classes. S'il fallait sous prétexte que notre patron est notre ennemi ne pas négocier avec lui nous n'obtiendrions jamais aucun réultats.

Ce qu'il faut surtout discuter ici c'est de l'utilité ou de la non utilililté des relations avec l'Etat. Les libertaires ne veulent pas qu'une tierce personne vienne s'occuper de leurs affaires. S'il nous fallait faire une résolution et accepter le concours de l'Etat, nous resterions couchés. Si nous étions en action de révolution il faudrait que le prolétariat n'ait qu'à compter sur lui-même.

Je regrette que nos camarades du Nord ne songent pas à cette éducation ouvrière.

Je ne ferai pas d'exorde ; je ne conclurai pas sans vous dire : Si vous voulez que vos organisations restent des organisations de lutte, vous ne le ferez pas en y introduisant de la politique.

Je demande au Congrès ce que nous ferons, si vous ne serez pas un arbitre entre nous, car nous allons être contraints de quitter la Fédération. Insistez auprès de nos camarades du Textile pour qu'ils fassent leur action à l'émancipation économique de nos camarades. A Roubaix, la situation est épouvantable pour la plupart des ouvriers. Faites donc l'accord entre nous.

**Tillet** dit qu'il vient, au nom de la Fédération de la Céramique, présenter une proposition qui diffère quelque peu de celle du Textile ; mais avant il tient à déclarer, afin de dissiper certaines insinuations qui se sont produites concernant une décision du Congrès de la Céramique, tenu en juillet dernier, repoussant à l'unanimité toute immixtion politique dans les syndicats.

Il est vrai que cette décision a été prise, mais non au sujet de la question du Textile, mais bien au sujet d'un paragraphe que nos camarades céramistes all - mands nous proposaient d'insérer dans les statuts internationaux, et qui disait que les Fédérations nationales adhérentes au Secrétariat international devraient respecter et suivre les décisions des Congrès internationaux socialistes.

Tandis que la proposition du Textile n'a été présentée et discutée qu'au sein de la Fédération et organisations y adhérant, où la majorité s'est prononcée pour différer de celle du Textile, la considérant comme prématurée et pas assez comprise dans les masses du prolétariat.

Puis il dit que dans la proposition qu'il présente au nom de la Fédération, il reste bien entendu que toute immixtion politique, quelle qu'elle soit, ne devra pas se produire au sein des organisations, en un mot que les deux organismes devront faire leur action parallèlement l'une de l'autre, sans toutefois se confondre, c'est-à-dire qu'il pourra y avoir entre elles une entente et non unité.

Il donne lecture de la proposition :

*Proposition présentée au Congrès par la Fédération nationale de la Céramique sur la question des rapports de la C. G. T. et des partis politiques.*

« Le Congrès confédéral d'Amiens ;

« Considérant que les organisations syndicales poursuivent l'établissement d'une législation qui améliore les conditions de travail et qui perfectionne les moyens de lutte du prolétariat.

« Considérant, d'autre part, que si la pression, l'action directe, exercées par les syndicats sur les pouvoirs publics ont une valeur indiscutable, il est au moins aussi vrai qu'elles ne sauraient être suffisantes et que l'action menée au sein même des assemblées qui ont pouvoir de légiférer est un complément nécessaire que, seul un parti politique est en état de fournir :

« Considérant que le parti socialiste — organisation politique du prolétariat — poursuit la réalisation des revendications syndicales et seconde la classe ouvrière dans les luttes qu'elle soutient contre le patronat ; qu'il est donc le parti qui mène cette action complémentaire ;

« Le Congrès se prononce en faveur d'un rapprochement entre la Confédération générale du travail et le parti socialiste. Il décide que chaque fois que les deux organisations seront d'accord sur le but à atteindre, l'action des syndicats pourra se combiner temporairement, par voie de délégation avec celle du parti socialiste, sans que ces deux organismes puissent jamais se confondre.

« Le Congrès, malgré son désir d'entente, croit cependant prématurée la réglementation des rapports entre les deux organisations par la création d'un organisme quelconque, et préfère s'en remettre aux évènements du soin de préparer celui qui sera le meilleur, parce qu'il sortira des faits eux-mêmes.

« D'ailleurs, le Congrès, constatant que dans maintes circonstances et dans de nombreux centres l'entente existe, ou est en voie de réalisation, enregistre avec plaisir cette tendance vers l'harmonie des efforts ; fait des vœux pour qu'elle s'accentue et décide d'attendre pour la création du rouage qui faciliterait les rapports de la Confédération générale du travail avec le parti socialiste, le moment où l'entente entrée définitivement dans les mœurs se sera imposée à tous comme une nécessité évidente.

« En attendant, et dans l'espoir que le parti socialiste usera de réprocité, le congrès demande aux militants de mettre fin à des polémiques qui, en divisant les forces ouvrières, en lassant les énergies, servent seulement les intérêts du patronat et du capitalisme. »

*Le délégué :* **J. Tillet.**

**Bousquet** critique la discussion établie par Renard. Il trouve qu'on ne fait pas de politique à la C. G. T. Renard a parlé des lois ouvrières.

Nous sommes tous nés sous toutes et nous subissons toutes les lois capitalistes. Je dis avec Dhooghe que nous ne pouvons pas discuter avec le pouvoir législatif. La politique est impossible dans le Syndicat où les camarades viennent par intérêt ou par éducation. Si on y faisait de la politique, les militants seuls y resteraient. Le parti socialiste m'a fait ce que je suis. Guesde disait que tout homme qui est incapable de défendre ses intérêts professionnels est incapable de défendre des intérêts collectifs. Je conteste au parti socialiste de faire une transformation du système économique actuel parce qu'il n'est pas essentiellement un parti de classe comme l'est le parti syndical. Il y a dans ce parti une anti-thèse de classe, parce que chez nous, dans les syndicats rouges, nous n'acceptons que des salariés.

Le parti socialiste comprenant des patrons dans son sein, nous ne pouvons faire alliance avec lui. Rappelez-vous la division qui existait à la Bourse du Travail, dans les diverses écoles socialistes. L'accouplement est prématuré car on risquerait de réveiller des haines qui ne seraient pas profitables qu'à la bougeoisie, les socialistes auraient à faire une œuvre de salubrité. Renard a encore dit que l'anti-militarisme était une question politique ; mais, dans toutes les grèves, nous trouvons des soldats contre nous. Nous sommes obligés de prendre des décisions contre cet état de fait. Voilà pourquoi la question anti-militariste n'est pas politique, mais économique. Nous ne voulons plus faire de révolution politique (où nous ne faisons que changer de maîtres), mais une révolution économique.

Les syndicats ne doivent pas rester dans la légalité. Le syndicat ne doit pas être une œuvre de conservation sociale, mais une œuvre de destruction capitaliste. Il est nécessaire de sortir de la légalité, car la classe capitaliste met immédiatement ses tribunaux au service de la légalité ; plus un état est corrompu, plus on y fait de lois.

Au début de la C. G. T., les socialistes n'avaient pas tant de sollicitude pour la classe ouvrière. Nous avons le droit de nous méfier ; nous sommes une force, on compte avec nous ; nous sommes d'accord et nous ne faisons pas cet accouplement prématuré.

Il termine en lisant l'ordre du jour suivant :

« Considérant que tous les partis politiques, même le Parti socialiste unifié, « ne sont, avant tout, que des groupements d'opinions ayant un but primordial, « celui de faire élire des membres au Parlement ;

« Que, dans ces groupes d'affinités, la lutte de classe, base fondamentale « du syndicalisme révolutionnaire s'y trouve anéantie par le fait que, patrons « millionnaires et prolétaires affamés s'y rencontrent forcément d'accord, « parce que, combattant au même plan pour un programme commun ;

« Tandis que le syndicat, groupement exclusivement d'intérêts, ne réunit « que les éléments d'une même classe en vue d'une transformation économique, « primant toute opinion philosophique, et qui supprimera la classe exploitrice « et dirigeante ;

« Attendu qu'il découle clairement de ces constatations qu'il existe un « antagonisme profond qui s'oppose à toute relation, à toute entente récipro- « que entre le syndicat ouvrier révolutionnaire et le parti politique ;

« Le Congrès, vu les articles fondamentaux de la Confédération générale du « Travail et la neutralité politique que doit conserver tout syndicat confédéré, « se prononce catégoriquement contre tout rapprochement ou rapports, quels « qu'ils soient, entre la C. G. T. et un parti politique quelconque. »

    **Amédée Bousquet**, Boulangers de la Seine, Boulangers d'Angers, Boulangers de Grenoble, Boulangers de Corbeil-Essonnes, Meuniers de Corbeil-Essonnes, Meuniers de la Seine, Cuisiniers de Toulouse, Liquoristes de Marseille, Boulangers de Bordeaux ; **Antourville**, Encanteurs de Bordeaux, Chocolatiers de Noisel, Charcutiers de la Seine, Dames de cafés-restaurants.

**Niel.** — Je déclare, dès le début, que je serai un peu long et je m'en excuse devant le Congrès. Il m'est impossible de dire en peu de temps tout ce que j'ai à dire contre la proposition du Textile, et j'espère que le Congrès voudra bien être assez indulgent pour me supporter jusqu'au bout.

La question que nous discutons en ce moment est certainement la plus importante qui touche au syndicalisme. C'est la question des questions, peut-on dire, puisqu'elle passionne le prolétariat depuis ses premières tentatives d'organisation et qu'elle se pose simultanément dans tous les pays du monde. Elle met à découvert les points les plus délicats de la lutte que le prolétariat est obligé de mener pour s'émanciper, et pose ainsi la question même du syndicalisme sous tous ses aspects.

Il faut se réjouir que cette question ait été posée. Le prolétariat est mûr pour aborder toutes les discussions, même les plus épineuses, et le premier avantage de celle-ci, c'est qu'elle nous aura obligés, les uns et les autres, à préciser la doctrine syndicale, peut-être même à créer la doctrine syndicale, jusqu'ici plus virtuellement consentie que réellement pratiquée.

Cette question n'est pas nouvelle. Elle est née, pour ainsi dire, avec le manifeste communiste d'Engels et Karl Marx, publié en 1848. Ce manifeste proclame la nécessité de la lutte politique, et c'est cette opinion que la lutte politique est supérieure à tous les autres moyens d'action, que nous retrouvons dans toute l'histoire du marxisme ou dans toute la vie du guesdisme qui prétend la continuer.

Dans les statuts de l'Internationale, rédigés sous la dictée, pour ainsi dire, de Marx, en 1865, à Londres, il est dit que les travailleurs doivent se servir de l'action politique. Bakounine et sa fraction combattent ces statuts et leur esprit politique, et cela amène dans l'Internationale tellement de conflits, que cette merveilleuse association en meurt. De 1876 à 1886, les Congrès ouvriers sont exclusivement politiques, c'est le triomphe du guesdisme. De 1886 à 1895, les syndicats s'étant multipliés et fédérés, tiennent des Congrès économiques ; mais leur esprit, grâce aux guesdistes qui veulent absolument subordonner l'action syndicale à l'action électorale, est surtout politique. Ceci amène une nouvelle scission, à Nantes, en 1894. En 1896, se tient à Londres le Congrès historique où furent aux prises les politiciens et les syndicalistes. On se rappelle avec quel dédain Guesde lui-même traitait les syndicats à ce Congrès, quand il disait : « Pour faire un syndicat ? Peuh ! c'est pas difficile : il suffit d'acheter un timbre en caoutchouc de 25 sous ! »

Enfin, aujourd'hui, en 1906, la même question revient, posée encore par un guesdiste. Si j'avais eu quelques doutes sur les intentions de Renard, la persistance et l'obstination avec lesquelles les guesdistes ont toujours essayé de subordonner l'action syndicale, me convaincraient suffisamment. Mais aujourd'hui, le syndicalisme est plus fort que jamais. Il peut subir sans crainte ce nouvel assaut, comme aussi il est obligé d'indiquer de quelle façon il entend vivre en dehors et à côté des partis politiques.

**Une voix.** — Il n'y a plus de parti guesdiste.

**Niel.** — C'est possible, mais il y a encore des guesdistes, et c'est sans la moindre haine, sans le moindre sentiment de mépris à leur égard, que j'expose ce qui a été toujours leur tactique en matière d'action ouvrière.

Du reste, comment pourrais-je en vouloir à ceux qui ne pensent pas ou qui n'agissent pas comme moi ? Qui peut dire qu'il n'y a qu'un moyen d'émancipation, et qui peut dire quel est celui-là ? Je dis même mieux : n'y aurait-il, théoriquement, qu'un seul moyen efficace, que je vous mets au défi de l'employer tous. La vie n'est pas faite d'uniformité, mais de variété à l'infini. Il y a autant de tempéraments, d'aptitudes et de goûts, presque, qu'il y a d'individus sur la terre. Et vous voudriez que tous ces différents hommes agissent de la même façon ?

Non, il peut y avoir, il y a plusieurs moyens d'émancipation. Le syndicalisme en est un comme un autre, meilleur que d'autres, certainement, qui peut même se produire sans le concours des autres, mais qui n'exclut pas les autres.

Pour discuter, ici, impartialement cette question, il est indispensable que, pour un instant, nous nous dépouillions autant que possible, de nos passions politiques. Rien n'est plus difficile que de parler de cela entre militants, parce que les militants ont une tendance naturelle à obéir à leurs passions politiques, plutôt qu'à la froide raison. Ensuite, il faut nous transporter par la pensée au sein même de nos organisations, où nous verrons que si nous sommes parvenus nous-mêmes au *point d'arrivée* du syndicalisme, beaucoup de nos collègues ne sont encore qu'au *point de départ*, et cela nous inspirera d'utiles réflexions sur les dangers que nous ferions courir au syndicalisme en voulant le confondre avec le parti qui inspire nos diverses passions politiques.

D'abord, qu'est-ce que le syndicalisme ?

On peut dire que le syndicalisme est une forme d'action employée par des malades contre le mal — plus-exactement par les ouvriers contre les patrons. — Le mal, c'est les patrons, c'est-à-dire le patronat, le capitalisme et tout ce qui en découle. Les malades, ce sont les ouvriers. Or, comme on est *ouvrier* avant d'être *citoyen*, on trouve chez le salarié l'individu économique avant l'individu politique. Ce qui fait que si sur le terrain politique tous les citoyens politiques ne se ressemblent pas encore, sur le terrain économique tous les ouvriers se ressemblent déjà. Et cela explique que si l'union de tous les citoyens est encore très difficile, l'association de tous les ouvriers est très possible.

Je m'excuse d'avoir l'air de faire un cours de syndicalisme à des militants qui en savent tous autant que moi. Mais l'occasion est trop belle pour que chacun ici n'essaie pas de faire comprendre de quelle façon il conçoit le syndicalisme, avec sa forme particulière et ses arguments particuliers.

Le mal dont souffrent tous ces malades, c'est l'injustice sociale qui découle de l'exploitation de l'homme par l'homme, base du régime capitaliste. Ce mal frappe tous les ouvriers d'une façon égale.

Quand un patron veut diminuer les salaires à ses ouvriers, il ne les diminue pas d'un sou à ses ouvriers réactionnaires, de deux sous aux républicains, de trois sous aux socialistes, de quatre sous aux anarchistes, de cinq sous aux croyants, de six sous aux athées, etc. Il les diminue d'une façon égale à tous ses ouvriers, quelles que soient leurs opinions politiques ou religieuses, et c'est cette égalité dans le mal qui les atteint, qui leur fait un devoir de se solidariser sur un terrain où les différences politiques ou religieuses ne les empêcheront pas de se rencontrer. Ce terrain, c'est tout simplement le syndicalisme, puisqu'aussi bien le syndicalisme a pour objet de s'occuper de la question des salaires.

Une fois réunis sur ce terrain de neutralité absolue, les ouvriers lutteront ensemble pour résister à une baisse des salaires ou pour en obtenir une hausse ; pour résister à toute augmentation de la journée de travail ou pour en obtenir une diminution ; pour faire obtenir des règlements d'atelier ou des conditions de travail donnant plus de bien-être et plus de liberté ; pour faire respecter leur dignité toujours menacée par l'arrogance de ceux qui ont un coffre-fort dans la tête à la place du cerveau. Enfin, comme cette lutte leur permettra de voir bientôt l'antagonisme irréductible qui sépare les exploiteurs des exploités, l'impossibilité d'en finir jamais si ça ne change pas, ils orienteront leurs luttes vers une transformation sociale, ce qui leur permettra de mettre dans leurs statuts généraux : « Suppression du salariat et du patronat ».

L'action syndicale est donc celle qui s'exerce sur le terrain économique, par tous les ouvriers, contre le mal économique. Ce n'est pas autre chose que l'*action directe* sous toutes ses formes et tous ses caractères de calme ou de bruit, de modération ou de violence ; c'est la pure lutte de classes.

Et maintenant, qu'est-ce que l'action politique ?

L'action politique, c'est celle qui est inspirée par les préoccupations morales des *citoyens*, qui voudraient établir entre les hommes des relations sociales conformes à leurs désirs.

Elle est exercée par ceux qui croient que les rapports entre les hommes ne pourront jamais être réglés sans l'Etat ; par ceux qui croient que les réformes ne peuvent venir que de la loi ; par ceux qui affirment l'impossibilité de transformer la société sans faire la conquête des pouvoirs publics ; par ceux qui veulent aider leur action économique par l'action de la loi ; enfin, même par ceux qui cherchent dans une lutte contre tous les Etats, la solution à tous les problèmes de la sociologie.

Cette forme d'action n'oppose pas nécessairement toujours les hommes des classes différentes. Les groupements qui en découlent sont des groupements d'affinités, beaucoup plus que des groupements d'intérêt social immédiat. C'est ainsi que, sur ce terrain, il peut y avoir des patrons avec des ouvriers, des bourgeois avec des socialistes, des millionnaires avec des pauvres, des riches avec des anarchistes.

Considérée, donc, de ce côté, l'action des ouvriers peut se morceler en autant de fractions qu'il y a de conceptions politiques, car si l'accord est facile entr'eux sur la nécessité de se grouper tous contre le mal patronal qui les frappe présentement, il est beaucoup plus difficile sur la nécessité d'une transformation sociale.

Voilà les deux actions avec leur caractère particulier et leurs différences. Peut-on les associer et contracter entre elles une alliance ?

Ici se pose le point culminant du débat.

La conscience politique du prolétariat, quel que soit le degré de son développement et de sa clarté, est antérieure à sa conscience économique. La confiance des ouvriers en les moyens politiques est plus ancienne, et encore aujourd'hui plus étendue — plus étendue quant au nombre — que leur confiance en les moyens économiques. Si, quand le syndicalisme est né dans sa forme et son esprit actuels, il avait trouvé une classe ouvrière unanimement d'accord sur la forme politique de son action, la question serait vite tranchée. Le syndicalisme pourrait contracter l'alliance avec cette forme politique commune à tous les travailleurs, et il n'y aurait alors aucun danger de division ou de scission.

Mais quand notre syndicalisme est venu au monde, il a trouvé la classe ouvrière déjà éparpillée dans divers courants politiques, et ce qui rend son action délicate, ce qui constitue le propre de son caractère particulier, c'est qu'il a à opérer son œuvre au milieu de tous ces ouvriers essaimés dans tant de milieux politiques différents.

Si donc vous alliez le syndicalisme à un courant politique quelconque, étant donnée l'extrême susceptibilité des passions politiques, vous écartez, par là-même tous les ouvriers des autres courants politiques, et le syndicalisme manque totalement son but.

D'ailleurs, avec quel courant politique faut-il faire l'alliance ? Avec celui dont l'idéal est le même que l'idéal syndical, nous répondent les socialistes du Textile. Et c'est cette communauté d'idéal, ajoutent-ils, qui implique la communauté d'action et l'entente organisée.

La communauté d'idéal existe, sans doute, entre les syndicalistes parvenus au point d'arrivée, dont l'éducation sociale est à peu près complète, c'est-à-dire entre les militants du syndicalisme et le socialisme. Mais nous savons tous que cette communauté d'idéal n'est pas partagée encore par de nombreux syndiqués et ce sont ceux-là qui m'intéressent et que je serais désolé de voir sortir de nos organisations, car j'ai la conviction que si nous savons les y maintenir par une sage neutralité politique dans notre attitude, avant peu de temps ils aboutiront à notre but et partageront notre idéal.

Mais, du reste, il n'y a pas, en politique, que les socialistes qui partagent notre idéal. Il y a aussi les anarchistes. Et que diraient les socialistes si l'on venait proposer, aujourd'hui, une alliance du syndicalisme avec l'anarchisme ?

**Coupat.** — Elle est déjà faite, celle-là, citoyen Niel.

**Niel.** — Si elle est faite, je le déplore ; et tous mes efforts n'auront pas d'autre objet que de la défaire.

Il y a aussi des Universités populaires qui orientent leur éducation vers notre but. Il y a enfin un coopératisme qui poursuit le même but que le syndicalisme. Pourquoi ferait-on l'alliance avec les socialistes parlementaires seuls plutôt qu'avec les autres.

Je sais bien qu'il y a certains socialistes qui verraient aussi d'un bon œil un accord entre la Confédération et la Bourse des coopératives. Il y en a même qui, à l'instar des Belges — et le Nord n'est-il pas limitrophe de la Belgique ? — affirment que l'action du travailleur doit s'exercer simultanément dans le syndicat, dans le groupe politique socialiste et dans la coopérative à base politique. C'est l'opinion du citoyen Jégou qui, dans une assemblée de la Bourse des coopératives socialistes, disait que l'on ne ferait rien tant que ces trois ac tions ne seraient pas officiellement associées, et qui disait qu'il porterait cette question au Congrès socialiste de Limoges.

J'en profite, camarades, pour vous mettre en garde contre la proposition d'entente avec la Bourse des coopératives socialistes, proposition portée à notre propre Congrès et qui est de nature, il me semble, à éveiller quelques soupçons. Il semble qu'il y a là un moyen indirect de faire au syndicalisme la déviation qu'il sera impossible de lui faire faire avec le parti socialiste.

Ces mêmes camarades ajoutent : « Le socialisme est un arbre dont les fruits s'appellent : syndicalisme, groupe politique et coopérative. » Il résulterait de cela qu'on ne pourrait être ni syndiqué, ni coopérateur, sans avoir déjà une claire conscience socialiste. Je crois que l'image serait beaucoup plus exacte renversée : le socialisme est le fruit d'une bonne éducation préalable dans le syndicat, dans la coopérative et dans le groupe d'opinion. Mais le jour me paraît encore loin où nous pourrons manger ce fruit.

**Renard.** — Dans le Nord, cela est déjà fait.

**Niel.** — Et puis, je pose cette question à Renard : Pourquoi voulez-vous faire l'alliance et non la fusion ? Si l'alliance est possible, la fusion complète l'est aussi. En effet, l'alliance n'est possible, nous l'avons vu, qu'à la condition que tous les travailleurs, ou tous les syndiqués, soient socialistes. Si tous les travailleurs sont socialistes, voulez-vous me dire à quoi serviraient, l'un à côté de l'autre, deux groupements ayant mêmes éléments, même caractère, même esprit ? Il n'y a qu'à les fondre l'un dans l'autre et n'en faire qu'un. Ce sera bien plus simple.

Or, vous n'osez pas demander la fusion, parce que vous la sentez impossible. Pour les mêmes raisons, j'affirme que l'alliance est aussi impossible. Vous reconnaissez vous-même que tous les syndiqués ne sont pas encore socialistes, et que les deux actions distinctes sont utiles. Dans l'intérêt de votre thèse, l'alliance n'est pas plus possible que la fusion, parce qu'elle chasserait de bons éléments des syndicats, et l'action syndicale en serait fortement anémiée. Au contraire, n'y a-t-il pas intérêt socialiste, et même révolutionnaire ou anarchiste, à ce que le syndicat puisse recueillir dans son sein le plus grand nombre possible d'ouvriers ?

L'alliance est donc impossible avec le courant socialiste, comme avec tout autre courant politique.

Mais si l'on ne peut pas créer l'état d'alliance avec le parti socialiste, doit-on créer ou entretenir à son égard l'état de guerre ?

Ce n'est pas un secret pour personne qu'il y a guerre, actuellement, entre les deux éléments syndicalistes les plus militants : socialistes et anarchistes. S'il en fallait une preuve nouvelle à toutes celles que je vais donner, on la trouverait dans certaines attitudes et dans certaines paroles de ce Congrès même.

Quand nous nous tournons du côté des anarchistes, on nous dit : « Ce sont les socialistes qui ont commencé ! » Et quand nous nous tournons du côté des socialistes, on nous répond : « Ce sont les anarchistes qui ont commencé ! » Qui a commencé exactement ? Je n'en sais rien ; et bien malin serait celui qui le pourrait dire. Cette question, c'est l'éternel casse-tête philosophique de la poule et de l'œuf. Est-ce la poule qui a fait l'œuf ? Est-ce l'œuf qui a fait la poule ? Je ne me charge pas de le débrouiller.

Il me suffit de constater que l'état de guerre est un fait, pour affirmer que

ce serait un crime ouvrier de le continuer ; ne pouvant déterminer qui l'a déclarée le premier, il faut absolument, dans l'intérêt supérieur du syndicalisme,
que les deux adversaires déposent les armes en même temps.

Les anarchistes entretiennent l'état de guerre, quand ils font de la propagande
abstentionniste dans les syndicats. Cette propagande abstentionniste est
tellement considérée par les libertaires comme l'exercice d'une opinion politique, que l'un d'eux, ici présent, et non des moins sympathiques, le camarade
Monatte, disait hier qu'on avait tort de leur reprocher d'être allé faire de la
politique anarchiste dans le Nord, « puisqu'ils n'y étaient pas allés faire de la
propagande anti-électorale ».

Ils expliquent le droit de faire cette propagande abstentionniste en disant
que leur politique est de principe pur et non de personnes. Que diraient-ils
si, en période électorale, et sans s'occuper le moins du monde des candidats,
les socialistes, ou les républicains, ou les réactionnaires qu'il peut y avoir
dans les syndicats, proposaient au syndicat une simple discussion *de principe*
des divers programmes politiques ?

Les anarchistes entretiennent encore la guerre, quand ils décident ou proposent, avant même de savoir quelle conduite ils tiendront, que tous les syndiqués
ayant un mandat politique quelconque, seront exclus de tous les postes de
confiance dans le syndicat. Je connais pourtant certains ouvriers, conseillers
municipaux, qui font d'excellents fonctionnaires syndicaux. Et ce n'est pas
parce que Basly aura eu une attitude dans le syndicalisme minier, qu'il faut
jeter l'anathème sur tous ceux de nos camarades ouvriers qui auront un mandat
politique. « C'est une mesure préventive », disent les libertaires, sans se douter
peut-être, de tout ce qu'il y a de contradictoire dans ces paroles, pour des
hommes qui se plaignent toujours — avec raison — des mesures préventives
que les gouvernements prennent souvent contre eux...

La guerre est aussi entretenue par les libertaires, quand ils lancent l'épithète de « politiciens ! » à tout propos, comme la suprême flétrissure à l'adresse
de camarades qui ont encore une foi sincère en la politique.

**Un délégué.** — A vous entendre, on dirait qu'il n'y a que les anarchistes
qui soient coupables de tous les méfaits.

**Niel.** — N'ayez pas peur, le tour des socialistes va venir !

**Le Président.** — N'interrompez pas l'orateur, si vous voulez qu'il puisse
distribuer aussi aux socialistes leur volée de bois vert.

**Niel.** — Enfin, les anarchistes entretiennent la guerre, quand ils insultent
tous les élus politiques, après s'être servis d'eux pour obtenir des subventions
ou des faveurs pour eux ou leurs amis.

Ces camarades prétendent justifier leur attitude en disant que le syndicalisme suffit à tout, et que puisqu'ils consacrent eux-mêmes toute leur activité au syndicalisme, les autres n'ont qu'à faire comme eux et envoyer toute
leur politique à la balançoire.

Il serait bon, pourtant, qu'ils se missent d'accord entre eux. L'un d'eux,
après avoir narré un fait-divers quelconque, écrivait dans un des derniers
numéros du *Libertaire* : « Ce qui prouve, une fois de plus, que « l'éducation
« économique » que donnent les syndicalistes ne saurait suffire à préparer
« des hommes nouveaux, totalement libérés des préjugés sociaux soigneuse-
« ment entretenus par l'Etat, l'Eglise et l'Ecole dans les cerveaux des mal-
« heureux. »

Ce libertaire affirme donc que le syndicalisme ne saurait suffire et que le
travailleur doit compléter son éducation ailleurs. Mais alors, chacun doit
être libre de compléter son éducation dans le groupe socialiste, le groupe libertaire ou ailleurs. Dans sa misère sociale, l'ouvrier est pris par le ventre, par
le cœur et par l'esprit. Que le syndicalisme ait pour principal et plus immédiat

objet de lui permettre de se défendre contre la misère du ventre — la plus sensible de toutes — c'est entendu. Mais on ne doit rien reprocher à celui qui cherche à se garantir ailleurs contre les misères du cœur ou de l'esprit.

Mais les socialistes aussi entretiennent la guerre.

Ils l'entretiennent quand ils perpétuent l'œuvre de division de leurs devanciers, en tentant par tous les moyens de noyer le syndicalisme dans leur politique particulière. Ils ne peuvent pas dire qu'ils ne sont pas conscients de la gravité de leur acte, eux qui savent que tous les syndiqués ne sont pas socialistes.

Ils l'entretiennent aussi, quand ils ont l'hypocrisie et la canaillerie de mettre dans leurs propositions d'alliance un alinéa disant que si l'alliance n'est pas possible par en haut, avec la Confédération, les groupes socialistes locaux, les fédérations socialistes départementales, devront user de tous les moyens pour contracter alliance soit avec des syndicats, soit avec les Bourses du Travail soit avec les Fédérations professionnelles. Ainsi, l'œuvre de désorganisation qu'on n'aura pas pu faire par en haut, en haine parfois du syndicalisme qui éclipse quelques vedettes socialistes, on la fera par en bas, en minant souterrainement l'édifice syndical.

Les socialistes entretiennent encore la guerre quand ils insultent à jet continu les militants de la Confédération, en les traitant de « repris de justice », « professionnels du cambriolage », etc., etc.

**Une voix.** — Les socialistes ne peuvent pas être responsables des fautes d'un seul.

**Niel.** — C'est entendu. Mais pourquoi les Basly, les Lamendin, et tous les militants du parti ont-ils laissé, sans protester, se produire de telles insultes lancées par un membre de leur parti contre des militants syndicalistes ? Le parti socialiste tout entier aurait dû se lever, au nom des principes syndicalistes qu'il défend, et protester le premier contre de pareilles insultes à l'égard de militants syndicalistes.

Enfin, les socialistes entretiennent la guerre quand, je ne dirai pas par mépris, mais par antipathie chronique, ils essaient de diminuer la valeur sociale de l'action syndicale, qui ne serait qu'une vulgaire œuvre de réforme, par rapport à celle de l'action politique qui, elle, serait une belle œuvre de révolution.

Je ne veux pas animer cette querelle de savoir laquelle de ces deux actions est la supérieure. Je constate seulement que les syndicats sont une des plus précieuses sources qui alimentent et fertilisent tous les partis révolutionnaires, que cette fonction les place à un poste d'honneur, et cela me suffit.

Mais je dois dire que, considérées dans leur œuvre immédiate, ces deux actions sont toutes deux réformistes, et considérées dans leur but, elles sont toutes deux révolutionnaires.

Voilà l'état de guerre et voilà ce qu'il est urgent de faire cesser.

Si on fait l'alliance avec le parti socialiste, ou bien c'est la scission à bref délai, ou bien c'est provoquer les anarchistes à tel point qu'ils auront raison alors de faire leur politique anarchiste dans les syndicats.

Si les anarchistes continuent leur guerre, c'est encore la division à brève échéance, ou bien c'est provoquer les socialistes à un tel point qu'ils auront raison, alors, de faire leur politique socialiste dans les syndicats. Dans un cas, comme dans l'autre, c'est la mort du syndicalisme.

Si les militants sont bien pénétrés de leur rôle et de leurs intérêts, ils établiront une solide neutralité politique, en mettant une sourdine à leurs passions politiques dans les syndicats, surtout maintenant qu'ils savent que cette neutralité doit faire sûrement des adeptes nouveaux à leur opinions sociales.

Comment ! nous aurions le moyen de faire avec le syndicalisme ce qu'on n'a jamais pu faire sans lui : grouper *tous* les ouvriers sur un terrain qui les oblige à réfléchir sur l'iniquité sociale et les conduit à nos conclusions, et nous briserions bêtement ce moyen par nos entêtements politiques ? Qui voudrai assumer une telle responsabilité ?

Si l'on ne peut faire ni alliance, ni guerre, que faut-il faire, alors ?

*Il faut conserver le* statu quo, *en lui insufflant un esprit nouveau.*

L'esprit nouveau, c'est la reconnaissance publique, revêtue de l'autorité morale d'un Congrès aussi important que le nôtre, que, quelle que soit la différence de leurs opinons politiques, les syndiqués — et à plus forte raison les militants — ne doivent ni se mépriser, ni s'injurier, ni se combattre. L'esprit nouveau, c'est conserver des relations de respect et de cordialité à l'égard les uns des autres, c'est envelopper le syndicalisme d'une atmosphère de sympathie réciproque, et reconnaître que toute autre serait irrespirable. L'esprit nouveau, c'est comprendre que le problème social est le plus complexe des problèmes, et qu'il peut y avoir, à côté du syndicalisme, d'autres actions qui concourent aussi plus ou moins à la solution de ce problème.

L'unité de tactique et de pensée est encore loin d'être réalisée. Il y a des courants nombreux, des divergences nombreuses partout : en politique, en religion, en socialisme, en anarchisme, en coopératisme, en syndicalisme. Cette variété est l'image même de la vie. Aucun homme, aucun groupe, ne peut tout faire. Que chacun œuvre selon son tempérament, dans le milieu qu'il lui plaît. La division du travail, après tout, est la méthode la plus scientifique et la plus fructueuse.

Il devient tellement évident que l'on peut tirer quelque chose de bon, même des lois, que des libertaires eux-mêmes commencent de le reconnaître, comme l'a fait Pouget dans la *Voix du Peuple*, à propos du repos hebdomadaire.

Quand cet esprit nous aura suffisamment pénétrés, quand cette atmosphère sera suffisamment répandue, les accords accidentels, nécessités par des circonstances exceptionnelles, se feront mieux que s'ils étaient prescrits par des règlements ou par des décisions de Congrès.

Le syndicalisme ainsi compris, sera la plus haute école d'éducation révolutionnaire du prolétariat.

Nous ne tarderons pas, alors, à recueillir les fruits de nos concessions réciproques sous forme d'adhésions nouvelles, de craintes plus grandes inspirées à nos dirigeants et à nos patrons, de résultats partiels plus rapides et plus nombreux, toutes choses, on en conviendra, de nature à précipiter les évènements et à hâter l'avènement du monde nouveau que nous entrevoyons déjà dans nos rêves de suprême justice...

**Le Président** demande qu'on envoie des noms pour le bureau du lendemain après-midi, la matinée étant consacrée aux réunions des Commissions nommées par le Congrès.

Sont nommés ;

*Président* : **Niel.**
*Assesseurs* : **Cousteaux** et **Perraud.**

## SÉANCE DU 12 OCTOBRE (Soir)

*Président :* **Niel.**
*Assesseurs :* **Cousteau** et **Perrault.**

**Le Président** lit la protestation suivante émanant du Syndicat des Menuisiers :

« Les Camarades du Syndicat des Menuisiers d'Amiens, réunis avec les cama-
« rades délégués de la corporation au Congrès d'Amiens ;
« Protestent énergiquement contre l'arrestation et la détention du cama-
« rade Sorrel, secrétaire du Syndicat des Menuisiers de Grenoble ;
« Protestent également contre l'expulsion de la compagne de notre camarade,
« qui a été contrainte de gagner la frontière immédiatement en sortant de
« prison ;
« Envoient au camarade Sorrel, l'expression de leurs sympathies les plus
« sincères et leurs saluts fraternels. »

« Pour les Menuisiers : C. Bruon. »

Il a reçu du camarade Lavaud une protestation. Le Congrès désire en avoir
connaissance. Elle est ainsi conçue :

« Paris ce 10 Octobre 1906.

« *Aux Congressistes réunis à Amiens.*

« Camarades,

« Je vous prie d'écouter cette courte protestation :
« Chargé d'un mandat délicat à Lyon, par la Fédération des Bourses, je
« sacrifiais une période de repos en province pour l'accomplir.
« Il m'immobilisait 3 jours à Lyon et m'obligeait avant, par sa précipitation,
« à quitter l'itinéraire fixé par mon billet. Néanmoins, je l'accomplissais *gratui-*
« *tement* et *impartialement*.
« Dès mon arrivée, à l'issue de la réunion provoquée par l'Union des Syndicats
« (dans laquelle je n'avais *indiqué aucune opinion*), j'étais aimablement traité
« de *jaune*. Ensuite et malgré cela, j'ai proposé et exigé à la réunion de la
« Bourse d'être assisté de 6 camarades de l'Union, ce qui fut accepté.
« Pendant mon ennuyeux séjour à Lyon, je n'ai à personne, vous entendez
« bien à personne, fait connaître mon sentiment sur mon mandat.
« Revenu à Paris, en toute indépendance, j'ai exprimé une opinion que je
« crois exacte. Alors, il suffit de ne pas penser comme Chazeaud et ses amis, pour
« être disqualifié et traité d'ivrogne ?
« Je plains Chazeaud avec lequel je me suis mis d'abord en relations à Lyon,
« et cela quelques minutes, après mon arrivée d'avoir de pareils moyens, qui ont
« dû surprendre ceux qui, depuis 30 ans, me voient sur la brèche, et connaissent
« ma sobriété ; mais je regrette surtout que ceux qui m'ont délégué à Lyon, qui
« savent que ce mandat onéreux a été loyalement rempli, qui me connaissent
« depuis plus de 15 ans à la Fédération des Bourses, je regrette sincèrement
« qu'ils n'aient pas eu le courage de défendre un absent contre Chazeaud qui,
« à Lyon, fut très humble et très empressé près de moi, dans l'intérêt évident
« de me produire une impression favorable à laquelle il n'est malheureusement
« pas arrivé.
« A vous, camarades, il vous reste à méditer combien il est dangereux de ne
« pas saluer le civisme et le passé de syndicaliste à la mode Chazeaud.

« Ceci dit, malgré les moyens mesquins de certains des nôtres, je reste avec
« vous l'ardent partisan du mouvement anti-militariste et de la grève générale
« et je pense qu'il sera fait justice de l'infamie de Chazeaud à mon égard.

« votre dévoué, **J.-B. Lavaud**.

« Syndiqué depuis 34 ans. »

## Rapports entre les Syndicats et les Partis politiques
*(Suite de la discussion)*

**Pouget** dit qu'on pourrait mettre 5 orateurs pour et 5 contre. On pourrait
choisir un camarade de chaque nuance. Ceci pour arriver à un résultat rapide.

**David**, au nom du Prolétariat de l'Isère, demande à défendre ledit prolétariat
contre les appréciations de Renard.

**Doizié** croit qu'il faut limiter le temps. Il demande qu'on choisisse des orateurs (en nombre limité) parmi ceux qui ont déposé des propositions.

**Charpentier** estime que malgré la hâte avec laquelle on se propose de terminer
ce débat, il faut permettre aux camarades libertaires de répondre au camarade
Niel.

**Pouget** dit que les orateurs seront choisis parmi tous ceux qui sont pour ou
contre, et par ceux-ci.

**Keufer** dit qu'il se réserve de parler dans le débat contre toute politique à
la Confédération.

**Philippe** dit qu'on peut discuter la question du textile, et après, mais après
seulement, sur celle soulevée par Keufer.

**Berlier** dit que la question doit se limiter et propose de donner la parole aux
délégués de Grenoble après que la question sera vidée. Il proteste contre la
façon de faire de certains. On croirait que seuls quelques congressistes ont le
droit de parler. Plusieurs doivent partir pour se trouver au travail lundi. Il faut
donc aller vite.

**Merrheim** demande au Congrès de bien vouloir limiter la discussion à 5 camarades, le nombre des orateurs de chaque côté.

Le Congrès décide de limiter le nombre des orateurs.

**Latapie** : Il y a deux éléments et la tendance du syndicalisme révolutionnaire.
Il demande de désigner 5 orateurs de chacune des deux tendances et 5 du syndicalisme révolutionnaire.

**Le Président** dit qu'il n'y a que deux tendances, deux courants.

Le Congrès décide qu'il y a trois courants et 9 orateurs parleront à raison de
3 par courant.

*Suspension de séance.*

*
* *

*Reprise de la séance.*

Un délégué du syndicat des courtiers et représentants dit, qu'en ce moment,
il y a grève chez les courtiers (section des Classes Laborieuses). Deux conflits,
déjà anciens, sont très intéressants. Celui actuel, des « Classes laborieuses »,
donne des inquiétudes. Il demande aux membres du Congrès de boycotter les
succursales de cette maison. Ce sera là de la bonne besogne.

Le Congrès s'associe à cette demande.

Liste des orateurs qui devaient parler sur la proposition du Textile :

Philippe, Laporte, Cousteau, Montagne, Broutchoux, Marty-Rollan, Keufer,
Robert, Craissac, David, Parvy, Clément, Gagnut, Bienner, Charpentier, Clévy,

Drel, Tabard, Andrieu, Thil, Coupal, Palaud, Cheytion, Legouhy, Chazeaud, Devilar, Ferrier, Bruon, Gouby, Laval, Combes, Jamut, Ader, Ponty, Gautier, Braun, Braud, Lalapie, Merrheim, Rouillier, Yvetot, Sellier.

**Le Président** met aux voix une proposition tendant à ce que le camarade Renard parle le dernier.

Adopté.

Par suite de la décision du Congrès, les orateurs suivants prendront seuls la parole :

1er groupe : Merrheim, Broutchoux et Lalapie ; 2e groupe : Keufer, Doizié et Coupat ; 3e groupe : Philippe, Parvy et Renard.

**Le Président** donne la parole à Merrheim.

**Merrheim.** — Avant d'aborder le sujet qui m'amène à cette tribune, je tiens à protester contre ceux qui, hier, faisaient allusion à Bourchet.

Ils ont voulu établir un rapprochement entre son départ et l'attitude de certains députés qu'on a critiqués à cette tribune ; comme pareilles insinuations ont déjà été lancées contre Bourchet à Bourges, l'ayant remplacé à la Métallurgie, il ne m'est pas possible de les laisser se renouveler ici, et je tiens à déclarer au Congrès que Bourchet n'a commis aucun acte malhonnête. Parti librement, il travaille ajourd'hui de son métier de tourneur-robinettier, aussi je ne permettrai à personne de l'attaquer et pour ceux qui essaieront de le faire, il me trouveront devant eux pour le défendre.

Ceci dit, je regrette vivement que le citoyen Renard m'ait obligé à prendre part à ce débat. J'aurais voulu ne pas y participer, mais il a apporté au Congrès de telles erreurs de chiffres, pour donner plus de force à sa thèse, qu'il est impossible de ne pas rétablir la vérité.

Pour montrer combien la double action politico-syndicale avait donné de résultats tangibles dans le Nord, Renard nous a dit notamment : « Nous avons 315 syndicats, 76,000 syndiqués, et il a conclu en disant : *voilà ce que nous avons fait.* »

Or, citoyen Renard, mieux que personne, vous saviez qu'il fallait défalquer de ces 315 syndicats, au moins 130 syndicats jaunes. Vous avez, en effet, relevé vos chiffres de syndicats et de syndiqués dans l'Annuaire du Ministère du Commerce de 1905.

J'ai, après vous, refait les mêmes calculs et retrouvé les mêmes chiffres, que vous ne vous êtes pas contenté seulement d'apporter à cette tribune, mais que vous avez également cités dans l'*Ouvrier Textile*, organe de votre Fédération, numéro du 1er octobre. Le doute n'est donc pas possible et pourtant, mieux que quiconque, vous êtes à même de connaître la situation.

Vous savez qu'à Tourcoing, notamment, il y a 119 syndicats jaunes, à Roubaix 7, à Lille, Armentières, qu'il y en a également comptant des centaines de membres, quelques-uns plus de 1,000, pourquoi les comptez-vous à votre actif, comme le résultat de la propagande de votre Parti ?

Je ne pense pas que vous vouliez compter, comme œuvre de votre Parti, tous les syndicats jaunes ou indépendants du Nord ?

Ce ne sont pas, que je sache, des organisations de lutte prolétarienne; puisqu'elles vous combattent autant sur le terrain politique qu'économique.

Si je prends le chiffre des syndiqués, j'y retrouve les mêmes erreurs, que je voudrais croire involontaires ; les mineurs qui, sur l'Annuaire, sont portés en deux syndicats pour 8,000 membres, viennent de payer à leur Fédération unifiée pour 900 membres. Le syndicat du Textile de Roubaix que vous comptez comme ayant 6,200 adhérents, en a, à peu près, 3,000, si nous prenons vos propres chiffres du Congrès de Tourcoing, que nous ne pouvons pas suspecter, puisqu'ils ont servi de base pour la R. P.

**Renard** dit qu'il avait pris tous les syndicats sans faire de questions d'espèces.

**Merrheim.** — C'est possible, mais vous n'aviez pas le droit de prendre ces chiffres pour dire au Congrès : Voilà ce que nous avons fait dans le Nord.

Vous n'aviez pas le droit non plus, pour donner plus de force à votre argumentation, d'écrire dans l'*Ouvrier Textile*, après avoir cité les mêmes chiffres : « L'Unité la plus complète est réalisée sur ce terrain : syndical, coopératif et politique. » Quand on apporte des chiffres dans une question aussi grave, nous avons le droit d'exiger qu'ils ne soient pas faux.

Indépendamment des syndicats jaunes, il y en a d'autres, tels ceux du bassin de Maubeuge, dont la plupart sont des comités électoraux d'un député radical. Pourquoi les comptez-vous encore comme l'œuvre de votre Parti ?

Prenons le bassin d'Anzin, où il y a plus de 30,000 ouvriers de la Métallurgie, nous y trouvons bien trois députés socialistes, mais seulement 600 syndiqués, à des organisations qui ne suivent pas votre tactique. Vous êtes glorieux à tort de vos cathédrales, elles ont, peut-être, de belles façades, mais c'est tout ; Roubaix, proclamée la « Ville sainte », la Mecque du socialisme, est une cité de souffrances et de misères. Il est peu de villes où l'on trouve des salaires aussi bas ; mieux que personne vous le savez, camarade Renard ; ainsi à Roubaix, pour l'article « Robes », quel est l'ouvrier qui pourrait dire, au long d'une année, qu'il gagne, en le tissant, neuf francs par semaine. Je prétends que c'est la conséquence de votre tactique. Est-ce que le Syndicat Textile de Roubaix ne compte pas dans son sein des Maçons, Chaudronniers, Mécaniciens, Charretiers, en un mot, des hommes de toutes les corporations, sans que jamais le Parti ait essayé de les grouper dans leurs syndicats respectifs ; Guesde, lui-même, n'a-t-il pas maintes fois déclaré que le syndicat était une blague ? J'ai donc le droit de vous dire que, syndicalement parlant, vous n'avez jamais fait complètement votre devoir dans le Nord. Aussi, quand je vous entends parler de légalité, dire que les syndicats ne doivent pas sortir de la légalité, je ne puis que m'étonner de votre attitude, vous qui, tant de fois, à Roubaix, m'avez demandé d'en sortir de la légalité.

**Renard.** — Je ne vous ai jamais connu à Roubaix !

**Merrheim.** — Je vous y ai connu et me suis séparé du Parti, le jour où, après m'avoir recommandé de bourrer mon fusil avec mon bulletin de vote, il m'a demandé de le décharger pour en faire sortir un candidat. Aujourd'hui, nous n'avons plus les mêmes manières de voir, vous faites du syndicat un groupement inférieur, incapable d'agir par lui-même ; vous ne voulez pas qu'il sorte de la légalité pour que, sur le terrain politique, il ne puisse gêner votre action. Nous affirmons, au contraire, qu'il est un groupement de lutte intégrale, révolutionnaire et qu'il a pour fonction de briser la légalité qui nous étouffe, pour enfanter le « Droit nouveau » que nous voulons voir sortir de nos luttes.

Si j'ai tant insisté sur Roubaix, c'est que cette ville personnifie bien l'action que vous préconisez ici.

En terminant, je tiens encore à relever le dernier point de votre argumentation.

Vous nous avez dit que nous devrions porter aux députés nos désidérata, nos projets de loi. Je prétends que nous n'avons pas à le faire. Qu'ils s'inspirent des délibérations de nos Congrès, c'est leur droit, leur devoir même. Mais je me refuse à leur dire : nous voulons cela ; car je sais bien qu'aussi bien intentionnés qu'ils soient, par suite de la mauvaise organisation que nous subissons et dont les travailleurs, seuls, sont les victimes, ils ne pourront jamais nous donner complète satisfaction. Laissons donc au syndicat sa fonction propre de véritable lutte de classe ; que son action soit une lutte incessante contre toutes les légalités, tous les pouvoirs, toutes les forces oppressives, disons-nous bien que nous n'avons pas le droit de l'en distraire pour d'autres besognes.

Voilà ce que vous ne voulez pas comprendre ; vous ne voulez pas voir qu'il ne doit y avoir que deux classes : celle des exploités contre les exploiteurs, et qu'entre les deux il y a, il y aura toujours l'Etat, qui, avec des baïonnettes, sert de tampon entre les deux classes et nous empêche d'avoir satisfaction.

**Keufer** déclare qu'en présence de la gravité de la question actuellement soumise à l'appréciation du Congrès, il importe de parler franc. Il pense, en raison des idées que les délégués manifestent, que la liberté de la parole sera complète et qu'il pourra exprimer librement sa pensée.

Tous nous pouvons constater, dit Keufer, qu'un profond malaise existe dans nos organisations syndicales et à la Confédération. Cela tient aux divisions provoquées par les divergences de vues sur la direction que doivent suivre la Confédération et les syndicats.

En jetant un coup d'œil en arrière, on se rappelle que, dès le Congrès de Zurich, en 1893, les députés socialistes allemands, Bebel, Singer, Liebknecht, firent adopter la motion que ne pourraient assister aux Congrès ouvriers les délégués qui seraient hostiles à l'action parlementaire. Au Congrès de Londres, en 1896, eût lieu une vive discussion entre les délégués ouvriers et les nombreux représentants du Parti socialiste français, parmi lesquels presque tous les députés du Parti ; on voulait exclure les représentants des syndicats, régulièrement mandatés, qui se déclaraient anti-parlementaires..

A une voix de majorité, cette proposition d'exclusion fut repoussée.

Depuis cette époque, les hommes politiques, les parlementaires ont évolué, et ils ne sont plus absolus dans leurs idées, ils sont devenus syndicalistes.

Il en est de même des libertaires, des anarchistes qui ont longtemps combattu les syndicats ; ils ne voyaient là que des organisations ouvrières aristocratiques, dans lesquelles ne pouvaient entrer les « unskilled », comme disent les Anglais. Ces adversaires d'autrefois, dont nous pourrions peut-être en retrouver quelques-uns dans ce Congrès, ont aussi modifié leur opinion, à tel point que ces anti-syndicalistes de naguère sont devenus des syndicalistes actifs, les apôtres du syndicalisme révolutionnaire. C'est ainsi que la Confédération du Travail a pris une direction qui, selon moi, ne lui appartient pas, qui n'est pas celle qui lui avait été désignée au Congrès de Limoges. En effet, les délégués qui y assistaient étaient unanimes pour donner à la Confédération sa mission réelle, celle de rallier les forces ouvrières, de provoquer l'organisation du prolétariat et assurer son action sur le terrain économique, en dehors de tout parti politique, de toute école philosophique ; elle devait garder une sincère, une complète neutralité.

C'est cette neutralité qui, depuis le Congrès de Limoges, a été violée. Je ne méconnais pas l'activité déployée par ceux qui, depuis, ont dirigé la Confédération ; ils ont prouvé quelle influence peut exercer une minorité active sur une masse indifférente ou insouciante. C'est ce qui explique que la Confédération a pu prendre la direction actuelle : anti-parlementaire, à tendance anarchiste, anti-militaire, anti-patriotique.

C'est ce moment que le Parti socialiste, par l'intermédiaire de la Fédération du Textile, a choisi pour établir des relations normales, temporaires ou permanentes, avec la Confédération du Travail, en vue d'une action révolutionnaire commune.

Je l'ai déjà dit autre part, ces relations ne peuvent pas s'établir, elles ne peuvent aboutir à une entente finale, parce qu'il y a une divergence profonde, absolue, entre la méthode d'action et le but poursuivi par les deux organismes.

Ce que veulent les libertaires syndicalistes, ce n'est pas seulement repousser le parlementarisme pour lui préférer l'action directe, la pression exercée par les syndicats ; non, leur but final est de supprimer l'Etat, de faire disparaître tout gouvernement de personnes, pour confier aux syndicats, aux fédérations, aux Bourses du Travail, le gouvernement des choses, la production, la répartition, l'échange, c'est-à-dire le communisme libertaire et intégral.

Le parti socialiste, au contraire, en attendant l'avènement final et très éloigné du pur idéal communiste, poursuit la suppression de la propriété et du patronat, pour instituer l'Etat socialiste-collectiviste, comme le régulateur du travail et le dispensateur de la richesse, par la conquête des pouvoirs publics.

Il y a entre ces deux solutions une opposition, au fond, irréductible, et l'entente ne pourrait pas durer longtemps si elle devait se produire, entre les représentants des deux conceptions, et cela d'autant moins que les anarchistes accusent à l'avance l'Etat collectiviste de devenir plus despotique que l'Etat bourgeois.

Voilà pourquoi il y a une opposition capitale entre le parti socialiste qui poursuit la transformation sociale par l'action parlementaire et la conquête des pouvoirs publics, et les syndicalistes libertaires, anti-parlementaires résolus, décidés à supprimer cet organisme social, l'Etat.

Et pourtant, il est bon de le signaler, les plus fervents libertaires reconnaissent que dans l'état social actuel, en présence de la faiblesse des organisations syndicales — le délégué des Garçons de magasins et des garçons livreurs, en réunion de commission, l'a déclaré — l'intervention des pouvoirs publics, de la loi, est nécessaire pour protéger les faibles. L'intervention des syndicalistes, partisans de l'action directe, auprès des membres du Parlement, auprès du gouvernement, indiquent bien que l'on ne peut repousser d'une façon absolue la protection légale. Et alors on s'explique les candidatures ouvrières pour arriver au Parlement. Cela ne m'empêche pas de déclarer qu'il y aurait danger à fonder de trop grandes espérances sur l'action légale, sur l'intervention de l'Etat ; il y a lieu de redouter aussi les conséquences des candidatures ouvrières. Que se portent candidats ceux qui se trouvent dans les rangs du syndicat, c'est bien ; mais il est funeste que ceux qui ont conquis la confiance de leurs camarades — chose difficile à réaliser dans le monde ouvrier, par l'exagération même des principes démocratiques, — il est funeste que ceux-là quittent leurs fonctions syndicales pour devenir des candidats aux fonctions politiques. Ils sèment le scepticisme parmi les travailleurs et favorisent l'accusation de n'avoir agi qu'en vue de se faire un tremplin de leur fonction syndicale. — La vérité, c'est que les militants qui représentent une véritable force sociale, qui possèdent la confiance de leurs camarades, doivent rester avec eux et mettre leurs aptitudes au service de leur corporation.

D'autre part, les camarades Bousquet et Dhooghe ont reconnu eux-mêmes que cette intervention des syndicats auprès des fonctionnaires de l'Etat était inévitable. Et alors, pourquoi se montrer anti-parlementaire intransigeant ? Pourquoi nier l'utilité de la protection légale ?

Il ne peut donc être contesté que l'action syndicaliste et l'action politique, pendant une longue période transitoire, si ce n'est toujours, devront s'exercer avec profit.

Mais dans l'intérêt même de cette double action, en raison des divisions inévitables qu'une action commune pourrait produire — l'expérience l'a prouvé — il faut renoncer à une entente permanente ou temporaire entre la Confédération, entre les syndicats et le Parti ouvrier. Chacun de ces organismes a son terrain d'action tout indiqué, délimité ; leur action sera convergente et non commune ni subordonnée.

Pour aboutir à une action parallèle, l'entente officielle n'est pas nécessaire ; par leur caractère socialiste, les membres du Parti ont l'obligation, en raison des principes qu'ils professent, doivent être les défenseurs des intérêts ouvriers, ils doivent spontanément agir dans ce sens.

Mais en affirmant la nécessité de cette action séparée, j'entends également que la Confédération, mieux que par le passé, doit observer une sincère neutralité, non seulement vis-à-vis du Parti ouvrier, mais vis-à-vis de tous les partis, et aussi en s'abstenant de faire de l'anti-militarisme, de l'anti-patriotisme et de propager les doctrines anarchistes. Ce n'est pas là le rôle de la Confédération.

Avec mes camarades, je reconnais que nous devons employer nos efforts pour obtenir que l'armée n'intervienne plus dans les grèves, et cette neutralité de l'armée imposera aussi de plus lourdes responsabilités à ceux qui dirigent les mouvements ouvriers.

Mais les dirigeants de la Confédération violent la neutralité qu'elle doit observer en prenant parti pour telle ou telle doctrine, au milieu des rivalités qui se manifestent aujourd'hui.

L'anti-militarisme et l'anti-patriotisme appartiennent au domaine des opinions, et le camarade Pouget et ses amis ont affirmé que les syndicats ne devaient être que des groupements d'intérêts et non d'opinions, tous les salariés peuvent y être abrités sans que leurs convictions philosophiques aient à en souffrir.

La Confédération n'est pas une Église qui peut prétendre imposer un dogme quelconque. Personne aujourd'hui, pas plus les anarchistes que les partisans d'autres doctrines, ne peuvent affirmer l'infaillibilité de leurs conceptions. La sociologie — objet de tant de controverses, — les lois si compliquées qui gouvernent les phénomènes sociaux, ne peuvent pas être invoquées avec la même certitude scientifique que les lois du la mécanique ou de la physique. Par conséquent, dans les organisations syndicales et à la Confédération, on ne doit pas affirmer la supériorité de telle ou telle doctrine, c'est aux seuls individus, dans leur pleine liberté, de se prononcer. Ne pas respecter la neutralité absolue qui est dans le rôle de la Confédération, c'est semer la division dans les rangs ouvriers, c'est nuire à l'unité morale du prolétariat français, qui ne peut pas se réaliser exclusivement, il est vrai, par les organisations syndicales qui ont exclusivement un rôle économique à remplir.

L'action anti-militariste, anti-patriotique de la Confédération, est un obstacle sérieux, certain, au développement des syndicats. Elle blesse les convictions de nombreux travailleurs qui ont une autre idée de la mission des organisations corporatives. Persévérer dans cette voie, c'est préparer la désorganisation des groupements ou, tout au moins, c'est en réduire les effectifs et les rendre impuissants.

Je conclus donc en déclarant que la Confédération doit observer une neutralité absolue, non seulement au point de vue politique, mais au point de vue philosophique, en écartant la propagande libertaire, anti-militariste et anti-patriotique, idées qui sont exclusivement du domaine individuel. Libre à chacun de les propager ou de les combattre, hors des syndicats.

C'est pour ces diverses raisons que je dépose la proposition suivante au nom d'un certain nombre de mes camarades :

« Le Congrès confédéral réuni à Amiens,

« Considérant :

« Que dans l'intérêt de l'union nécessaire des travailleurs dans leurs organisa-
« tions syndicales et fédérales respectives, et pour conserver le caractère ex-
« clusivement économique de l'action syndicale, il y a lieu de bannir toutes dis-

« cussions et préoccupations politiques,philosophiques et religieuses du sein de
« l'organisme confédéral.

« Que la Confédération générale du travail, organe d'union et de coordination
« de toutes les forces ouvrières, tout en laissant à ses adhérents entière liberté
« d'action politique hors du syndicat, n'a pas plus à devenir un instrument
« d'agitation anarchiste et anti-parlementaire, qu'à établir des rapports offi-
« ciels ou officieux, permanents ou temporaires, avec quelque parti politique ou
« philosophique que ce soit ;

« Affirme que l'action parlementaire doit se faire parallèlement à l'action,
« syndicale, cette double action pouvant contribuer à l'œuvre d'émancipation
« ouvrière et à la défense des intérêts corporatifs. »

    **P. Coupat**, Fédération des Mécaniciens ; **A. Keufer**, Fédération du Livre ;
**L. Malardé**, Fédération des Tabacs ; **H. Sellier**, Fédération des Employés
Bourse du Travail de Puteaux ; **E. Guernier**, Bourse du Travail de
Reims ; **L. Rousseau**, Employés Reims, Châlons-sur-Marne ; **Limou-
sin**, Bourse du Travail de Poitiers ; **Liochon**, Livre ; **Masson**, Typogra-
phes de Lille ; **Hamelin**, Livre ; **Sergent**, Typographie parisienne ;
**Jusserand**, Typographie parisienne ; **Richard**, Teinturiers de Reims ;
**Richon**, Bourse du Travail d'Epernay ; **Thévenin**, Comptables de Paris ;
**Traut**, Bourse de Belfort ; **Valentin**, Typos de Montpellier.

**Philippe.** — En abordant cette tribune, je serais bref, aussi bref que possible.
D'ailleurs, c'est notre devoir à tous.

Je m'étonne que beaucoup de camarades aient vu dans la proposition du
Textile, l'introduction de la politique dans les syndicats. Ce n'est pas là notre
opinion. Rien dans l'esprit, ni dans la lettre de la proposition, ne permet de
trouver semblable chose. La question est posée par les évènements. Le prolétariat croit qu'il y a un autre moyen que le syndicat pour arriver à des améliorations dans sa situation. Quand j'entendais Merrheim dire, tout à l'heure, que
l'action directe était supérieure au bulletin de vote, je ne pouvais m'empêcher de penser, et je lui dis que dans les pays où il n'y a pas de suffrage universel, les travailleurs font la révolution pour l'obtenir. Déjà, des membres de
la C. G. T. ont des relations, dans l'intérêt des travailleurs, avec des députés
socialistes. Nous voulons voir ces rapports établis au grand jour, sans aucune
cachotterie. Niel disait hier que l'Internationale était morte de la politique.
Je dois rectifier cette appréciation. Guesde est le disciple de Karl Marx et pense
comme lui que la politique doit être bannie de nos syndicats. Karl Marx a toujours banni la politique de l'Internationale.

Dans le Nord, il y a 60,000 syndiqués, et ce chiffre n'est pas exagéré.

Nous pensons que les baïonnettes des soldats ne doivent pas se dresser contre
les travailleurs en grève. De cet anti-militarisme, nous en sommes. Mais nous
pensons que si les syndicats doivent faire de l'anti-militarisme et de l'anti-
patriotisme, il faut, à l'entrée d'un membre dans un syndicat, lui dire ce à
quoi il s'engage, il faut lui dire qu'il devient anti-militariste et anti-patriote.

Les lois sont accordées en grande partie par l'action parlementaire : Le repos
hebdomadaire a été obtenu par elle et c'est là un moyen qu'on ne doit pas refuser. Nous voulons qu'il n'y ait plus de politique à la C.G.T. et c'est pourquoi
il faut voter la proposition du Textile.

**Broutchoux.** — J'ai reçu mandat du camarade Cousteau, au nom de la Bourse
du Travail de Narbonne qui déclare qu'elle n'a jamais demandé le concours des
politiciens, je proteste, au nom du camarade Braud, de Dijon, contre le traité
de philosophie de Niel.

Les jeunes doivent, ici, être entendus. Je ne veux pas de la cathédrale de

Renard, même si on y met à l'intérieur le dogme de Niel. Nous avons réuni tous les mineurs et cela en dehors de la politique, de toute politique. Nous ne devons pas nous effrayer des mots. Politicien, pour moi, n'a aucun sens blessant.

**Niel.** — Si le mot politicien n'a aucun sens blessant dans votre pensée, consentiriez-vous alors à dire le camarade politicien comme vous dites les camarades antiparlementaires.

**Broutchoux.** — Oui, certainement.

Si tous les travailleurs doivent s'entendre pour réclamer des améliorations, ils doivent aussi faire la guerre à tous les parasites, à tous sans exception.

Nous n'empêcherons pas nos adhérents syndiqués de rester patriotes, mais, quand dans une grève les soldats sont devant nous, il faut bien que le syndicat agisse. Nous combattons tous les parasites, le curé, les magistrats qui sont de cette catégorie. La magistrature est encore un instrument de classe. Rappelez-vous le jugement Jaluzot. Le même jour, un pauvre travailleur de passage fut condamné impitoyablement pour une peccadille. Le syndicat a une supériorité réelle sur tous les partis, même sur le parti socialiste qui, à Lens, compte dans ses rangs des agents de police, des huissiers, etc. Donc, pas de rapports possibles. Le syndicalisme, pour nous, doit se dresser contre l'État qui est destiné à maintenir la balance actuelle entre les classes. Il ne peut pas en être autrement. Les gouvernements sont tous réactionnaires. On enregistre les volontés du peuple, quitte à ne rien lui donner. Le ministère actuel en est un exemple. Clemenceau a fait envahir par les soldats les Maisons du Peuple, les soupes communistes, etc. Si Clemenceau a fait cela, que feront les autres ? Notre syndicat des mineurs a demandé l'entente avec le syndicat Basly, nous avons trouvé contre l'unité, Goniaux et Cadot, parce qu'ils avaient peur qu'on leur reproche de s'allier avec un syndicat qu'on traitait d'anarchiste. Il eût été préférable, au lieu de voir deux camarades gagner 25 francs, obtenir, pour les mineurs, 8 francs pour 8 heures. Un candidat se sert, selon le cas, des intérêts des commerçants ou de celui des ouvriers. Quand les bourgeois nous traitent de brigands, c'est que nous faisons de la bonne besogne. Le Procureur de Béthune déclara avoir pris son réquisitoire dans l'*Humanité*, lors de mon passage devant le Tribunal de Béthune. Le chef de ce journal avait intérêt pour sa politique, à dénaturer nos actes.

On dit que Bakounine et Kropotkine sont des anarchistes raisonnables et nous, qui appliquons leurs doctrines, on nous traite de bandits.

Je prétends que l'anti-militarisme doit se faire dans les syndicats. Rouanet, un socialiste, déclare que l'armée dans les grèves, est attentatoire à la liberté de la grève. Et il a raison.

Le syndicat, s'il doit se confiner dans la légalité, est un bien piètre instrument.

Il est plus difficile d'être syndiqué que d'être électeur. Au syndicat, il faut faire un effort, pour être électeur, pas d'effort à faire.

Forcément, devant la barrière capitaliste formée par les baïonnettes, les travailleurs font de l'action directe. Les patrons ne se soumettent pas aux lois tant aimées par les socialistes du Nord. Et les soldats sont là pour les protéger.

Des travailleurs organisés ont obtenu la journée de huit heures sans le secours de l'action législative.

On constate des anomalies stupéfiantes.

Le ministre Dubief, à Lille, a été conspué par les socialistes du Nord. Quelques temps après, deux ministres, Bienvenu-Martin et Ruau sont venus à Lens pour inaugurer une maison du Peuple jaune. Les camarades du Pas-de-Calais ont demandé l'appui des camarades du Nord pour conspuer ces ministres. Le

*Travailleur* refusa d'insérer notre appel. Nous avons accueilli au cri de : « A Limoges ! » les deux ministres en question.

On prétend qu'il y a trois courants. On dit que la C. G. T. a fait une politique anarchiste. Il faut discuter. Est-ce que l'A. I. A. a demandé à faire alliance avec la C. G. T. ?

**Niel.** — Je regrette d'avoir à déclarer que Broutchoux commet une erreur absolue; dans un récent numéro du *Libertaire*, il y avait l'ordre du jour du Congrès que l'A. I. A. devait tenir à Limoges ; et parmi les questions il y en avait une ayant trait aux relations à établir entre l'A. I. A. et la Confédération.

**Coupat** dit que si Basly a fait de la politique au syndicat il a eu tort.

**Broutchoux** rappelle la convention d'Arras. Il montre que les Compagnies minières ont maintenu la date de cette convention, malgré la baisse des salaires. Basly et Lamendin ont dit que c'était grâce à leur influence que cela était obtenu. C'est donc qu'ils n'étaient pas dangereux pour les dividendes des Compagnies.

J'aime mieux voir la C. G. T. s'engager dans la voie des Pivoteau et des travailleurs de Fressenneville, que dans celle suivie par les Millerand, les Augagneur et autres charlatans.

**Cousteau.** — La Bourse du Travail de Narbonne répudie toute politique dans les syndicats. Si nous avons été trompés autrefois, aujourd'hui nous ne nous laisserons plus berner par les charlatans politiques. Comme je l'ai déjà dit, hier encore : A bas toutes les politiques. Toutes les lois sont mal faites. L'inspecteur du Travail de Carcassonne, fonctionnaire du Gouvernement, était avec les patrons contre les ouvriers, pour l'application du repos hebdomadaire. Le Syndicat des Employés lui a même voté un blâme et demandé sa révocation.

**Doizié** déclare qu'il ne sera pas disert. Il ne veut pas essayer de faire prédominer un mode d'action sur un autre. Si je votais, je repousserais la proposition du textile ; mais je ne veux pas infliger de blâme aux politiciens qui comptent, parmi eux, de bons syndiqués.

Je désire qu'on écarte la politique des syndicats, mais qu'on n'aggrave pas la situation en y faisant de la politique abstentionniste et anti-militariste.

Nous entendons toujours les mêmes injures à la Confédération du Travail.

Il lit l'ordre du jour suivant :

« Considérant qu'un syndicat doit grouper dans son sein tous les membres
« d'une corporation sans distinction d'opinions politique ou religieuse ;

« Considérant que l'adhésion à un parti politique quelconque aurait pour
« résultat certain de diviser les syndicats en autant de fractions qu'il existe
« de nuances politiques ou philosophiques et que ce serait l'émiettement, c'est-
« à-dire la mort des syndicats ;

« Considérant aussi que si le syndicat a le devoir de conserver son autonomie
« et de ne pas introduire la politique dans son sein, ce devoir implique qu'il
« ne doit pas tolérer davantage la politique d'abstention électorale dirigée le
« plus souvent contre un Parti qu'un grand nombre d'ouvriers considèrent
« comme le Parti de leur classe ;

« Le Congrès corporatif d'Amiens ;

« Repousse énergiquement toute tentative de fusion ou de confusion avec un
« parti politique quelconque ;

« Emet le vœu que la Confédération générale du Travail, en lutte contre le
« patronat et le Parti socialiste, parti d'opposition aux intérêts capitalistes,
« doivent observer, vis-à-vis l'un de l'autre, la neutralité la plus absolue. »

**L. Doizié**, Bourse de Cahors ; **Vaysse**, de Tulle.

**Doizié** fait remarquer ensuite aux camarades anti-votards, que leur action anti-votarde n'est pas exclusive. Nont-ils pas envoyé Luquet et Bousquet aux conseils des Prud'Hommes, qui n'est pas un terrain de lutte, pas plus que le Conseil supérieur du Travail.

**Parvy** regrette d'être obligé de parler si tard. Vous avez entendu, dit-il, le secrétaire de la Céramique déposer une proposition dont je suis un des pères, et, à ce titre, je serais un père dénaturé, si je ne venais prendre la défense de ce qui est un peu mon enfant.

Il faut savoir exactement, pour juger la question des rapports, ce que c'est qu'un syndicat. Niel disait qu'il était la réunion de tous les ouvriers, de tous les exploités, à quelques opinions politiques, philosophiques ou religieuses, mais lorsque vous leur avez dit cela, vous vous hâtez de leur dire que vous poursuivez la disparition du salariat, du patronat. Je considère que pour être partisan de cela, il faut être autre chose qu'un simple radical, radical-socialiste, opportuniste ou clérical, et comme la disparition du salariat n'est pas l'opinion de tous les syndiqués, vous comprenez que l'air ne serait pas respirable pour ceux qui ne sont pas des éléments de transformation sociale.

Puisqu'on ne reconnaît pas l'utilité du Parlement et de la politique, les membres de la C. G. T. en ont fait lorsqu'ils s'adressèrent à Sembat pour amener son intervention dans l'affaire anti-militariste. Cette façon de procéder est la même qu'emploient les patrons lorsqu'ils refusent de traiter avec les organisations syndicales, qu'ils ne veulent traiter qu'avec leurs ouvriers, et cela individuellement.

Je ne vous demande pas d'inscrire dans les statuts d'établir des rapports avec ce que vous appelez les politiciens.

On nous a dit que les rapports de la C. G. T. avec le Parti socialiste ne pouvaient s'effectuer parce que, dans le Nord, il y avait des ouvriers misérables. Ce n'est pas un argument. Lorsque vous avez exercé votre action directe, lorsque vous avez forcé, par votre agitation, le Parlement à faire une loi, cette loi est-elle parfaite ? Vous vous en plaignez. Mais, qu'avez-vous fait pour que cette loi soit bonne ?

Ceux qui parlent de politique se font un devoir de frapper sur le socialisme et sur celle des « sales politiciens », comme ils disent.

La Fédération nationale de la Céramique considère qu'à côté de l'action directe que nous préconisons, il y a d'autres moyens d'actions ; il ne faut pas imposer un seul credo à la classe ouvrière. Nous ne nous contentons pas du simple bulletin de vote. Je suis un de ceux qui croient, j'ai appartenu au parti Guesdiste, que tous les moyens sont bons qui peuvent amener le prolétariat à sa libération.

Dans la situation actuelle, il y a un danger à établir des rapports avec la C. G. T. et nous lisons dans la déclaration de la Céramique :

« La Fédération de la Céramique va soumettre à l'étude des syndicats adhérents, la motion suivante qui sera proposée et défendue par ses délégués au Congrès d'Amiens, lorsque viendra en discussion la proposition du Textile :

« Le Congrès confédéral d'Amiens,

« Considérant que les organisations syndicales poursuivent l'établissement d'une législation qui améliore les conditions de travail et qui perfectionne les moyens de lutte du prolétariat.

« Considérant, d'autre part, que si la pression, l'action directe, exercées par les syndicats sur les pouvoir publics ont une valeur indiscutable, il est au moins aussi vrai qu'elles ne sauraient être suffisantes et que l'action menée au sein même des assemblées qui ont pouvoir de légiférer est un complément nécessaire que, seul un parti politique est en état de fournir ;

« Considérant que le parti socialiste — organisation politique du prolétariat

— poursuit la réalisation des revendications syndicales et seconde la classe ouvrière dans les luttes qu'elle soutient contre le patronat ; qu'il est donc le parti qui mène cette action complémentaire ;

« Le Congrès se prononce en faveur d'un rapprochement entre la Confédération générale du travail et le parti socialiste. Il décide que chaque fois que les deux organisations seront d'accord sur le but à atteindre, l'action des syndicats pourra se combiner temporairement par voie de délégation avec celle du parti socialiste, sans que ces deux organismes puissent jamais se confondre :

« Le Congrès, malgré son désir d'entente, croit cependant prématurée la réglementation des rapports entre les deux organisations, par la création d'un organisme quelconque, et préfère s'en remettre aux évènements du soin de préparer celui qui sera le meilleur, parce qu'il sortira des faits eux-mêmes.

« D'ailleurs, le Congrès, constatant que dans maintes circonstances et dans de nombreux centres l'entente existe, ou est en voie de réalisation : enregistre avec plaisir cette tendance vers l'harmonie des efforts ; fait des vœux pour qu'elle s'accentue et décide d'attendre, pour la création du rouage qui faciliterait les rapports de la Confédération générale du travail avec le parti socialiste, le moment où l'entente entrée définitivement dans les mœurs se sera imposée à tous comme une nécessité évidente.

« En attendant et dans l'espoir que le parti socialiste usera de réciprocité, le Congrès demande aux militants de mettre fin aux polémiques qui, en divisant les forces ouvrières, en lassant les énergies, servent seulement les intérêts du patronat et du régime capitaliste. »

Nous ne voulons pas jeter la discorde dans l'organisation syndicale. Quelle que soit la décision que vous prendrez, le vote que vous émettrez, nous ne sommes pas de ceux qui disent que nous nous retirons de la C.G.T. parce que nous serions en minorité.

**Laporte** demande une séance de nuit pour terminer cette discussion.

**Coupat** demande comment il fera pour assister à la séance de nuit et à la séance de commission qui a lieu à 9 heures.

La séance de nuit est repoussée.

La discussion est renvoyée à demain matin.

Le Président lit la communication suivante :

« La réunion de demain samedi commencera à huit heures précises du matin quel que soit le nombre des délégués présents. »

S. Greux.

On procède à la nomination du bureau pour la séance du 13 octobre, matin :

*Président* : **Soulageon**.
*Assesseurs* : **Braud** et **Roulier**.

La séance est levée.

*Les Secrétaires de séance* :

**Lecointe**, des Typographes ; **Sellier**, **Hémery**, des Employés.

## SÉANCE DU 13 OCTOBRE (Matin)

Président : **Soulageon**.
Assesseurs : **Braud** et **Roullier**.

Un ordre du jour est parvenu au Bureau. Il est ainsi conçu : ]

« Le XVᵉ Congrès corporatif réuni à Amiens, proteste énergiquement contre
« les condamnations infligées aux camarades de Saint-Claude pour lesquels
« on a appliqué l'interdiction de séjour, et dénonce la fourberie des Pouvoirs
« publics ; déclare qu'on ne peut avoir aucune confiance en ceux qui sont
« chargés de rendre la justice et adresse ses fraternelles sympathies aux cama-
« rades San-Claudiens condamnés et se solidarise avec eux. »

**Braud, Cazet.**

Adopté.

## Rapports entre les Syndicats et les Partis politiques

### (Suite de la discussion)

**Latapie** trouve qu'il n'y a pas que des anarchistes et des socialistes au Congrès, il y a les syndicalistes purs. Il faut que nous disions, dit-il, qu'il y a une
doctrine nouvelle : le syndicalisme.

Les syndicats ont pour but immédiat : la législation du travail toute entière,
accidents du travail, diminution des heures du travail, repos hebdomadaire, etc.
Mais au syndicat, un camarade opportuniste ou réactionnaire qui obtient une
augmentation de salaire, doit savoir que le patron lui reprendra cette augmentation à la première occasion. Il faut donc lui montrer que le syndicat a un autre
but encore : la suppression du salariat.

La Fédération de la Métallurgie est une Fédération socialiste dans la bonne
acception du terme. Nous y affirmons la doctrine réformiste et la doctrine
révolutionnaire. C'est donc nous qui aurions dû porter la question posée par le
Textile. Nous ne l'avons pas voulu. Quand un camarade vient à notre syndicat,
il sait à quoi il s'engage, s'il signe notre règlement.

Il donne lecture de quelques passages des statuts :

« Considérant que par sa seule puissance le travailleur ne peut espérer réduire
à merci l'exploitation actuelle dont il est victime ;

« Considérant aussi que les travailleurs n'ont à compter sur la Providence-
Etat, superfétation sociale dont la raison d'être est de veiller au maintien des
privilèges des dirigeants ;

« Que, d'autre part, ce serait s'illusionner que d'attendre notre émancipation
des gouvernants, car — à les supposer animés des meilleures intentions à notre
égard — ils ne peuvent rien de définitif, attendu que l'amélioration de notre
sort est en raison directe de la décroissance de la puissance gouvernementale....

« Le but de cette Union est de resserrer les liens de solidarité et d'unir, en un
seul bloc, tous les travailleurs des métaux sans distinction de profession, d'âge,
de sexe, de race ou de nationalité, afin d'arriver à constituer le travail libre,
affranchi de toute exploitation capitaliste, par la socialisation des moyens de
production au bénéfice exclusif des producteurs et collaborateurs des richesses ;
c'est-à-dire de réaliser la devise communiste : « de chacun selon ses forces et
à chacun suivant ses besoins. »

« D'autre part, l'Union devra se faire un devoir de démontrer, par des faits
palpables, à ses adhérents, que leur affranchissement intégral ne saurait avoir
sa source, même dans l'augmentation des salaires, le salariat n'étant qu'une

forme déguisée de l'esclavage antique, pas plus qu'ils n'ont à compter sur
les réformes inappliquées qu'ils ont, de haute lutte, arrachées aux dirigeants ;
« Les secrétaires fédéraux ou tous autres fonctionnaires indemnisés par l'U-
nion fédérale, ne peuvent faire acte de candidat à une fonction publique quelconque, sans immédiatement se voir retirer de droit leurs attributions ainsi
que leurs indemnités. »

Le syndicat doit lutter contre toutes les puissances : puissance religieuse,
puissance de l'Etat, puissance du militarisme, puissance de la magistrature. Les
collectivistes qui veulent s'emparer de l'Etat pour le détruire, ne devraient
pas se plaindre du syndicalisme, qui veut commencer par cette destruction.

Le syndicat doit donc lutter contre toutes ces puissances oppressives.

Mais nous affirmons pour nos membres le droit de faire individuellement ce
qui leur convient.

La journée de dix heures n'a été obtenue que grâce à la puissance des travailleurs. Les législateurs ont enregistré purement et simplement.

En 1903, moi, qu'on a qualifié d'anarchiste, voilà ce que j'écrivais :

« Je sais que vous préféreriez me voir préconiser l'abstention électorale,
eh bien ! sachez que « libertaire », je ne relève d'aucune chapelle politique, et
que, dans ma pensée, j'estime qu'un abstentionniste conscient est un homme
de révolution, mais que ceux qui se révèlent abstentionnistes à l'issue d'un meeting, sont des individus sur lesquels nous n'avons pas à compter. La théorie de
l'abstention préconisée en réunions publiques est une vaste blague, car une opinion semblable ne peut s'inculquer que dans des cerveaux libérés de tous préjugés.

« Pour nous, et nous l'avons dit maintes fois, que les syndicats n'ont pas plus
à faire de la politique anarchiste que de la politique socialiste.

« Et maintenant, que les camarades sachent bien que dans le sein de notre
Fédération, il ne saurait y avoir des opportunistes, des radicaux, des socialistes de diverses écoles ou des anarchistes, pas plus que des croyants ou des athées ;
nous considérons qu'il n'y a que des exploités, quelles que soient leurs convictions. »

Peut-on faire un reproche aux révolutionnaires de dire que le travailleur ne
doit pas compter seulement et spécialement sur le bulletin de vote ? Une autre
besogne plus importante lui reste à faire et le syndicat est seul capable de la
lui faciliter.

Il faut que pour la première fois les congressistes se prononcent sur la doctrine nouvelle. Il faut que le syndicalisme soit une théorie entre les théories
anarchistes et socialistes. Cette doctrine, d'ailleurs, se suffit à elle-même.
Niel a eu tort de prendre à partie les socialistes et les libertaires ; s'il y en a qui
ne font pas leur devoir, il y en a qui le font. Je conclus au rejet de la proposition de la Fédération du Textile.

**Coupat.** — Mon intervention a expressément pour but de demander au Comité confédéral d'observer, sur le terrain syndical, la plus stricte neutralité
entre anarchistes et socialistes.

Conservé pendant longtemps, jusqu'au Congrès de Lyon, même, cet esprit
de neutralité a permis le développement considérable de la Confédération
générale du Travail, c'est un événement d'ordre politique qui a fait dévier
l'attitude de l'organisme confédéral sur un autre terrain ; je veux dire la constitution d'un certain ministère et l'entrée d'une personnalité politique au gouvernement ; socialistes révolutionnaires et anarchistes coalisés, pendant trois
ans, ont mené au sein de l'organisme confédéral et dans le journal confédéral
*La Voix du Peuple*, la lutte contre ce ministère. Les libertaires, insensiblement,
ont pénétré l'organisme central de la Confédération et en ont pris la direction.

Un excès de prosélytisme politique de leur part, a créé, dans les syndicats, des dissensions et des divisions regrettables. On a voulu créer de toutes pièces une méthode d'action officielle de la Confédération. Sans considérer que l'immense variété des conditions professionnelles, cause une variété identique dans la méthode et dans les procédés, on a voulu obliger tous les syndicats à adhérer à la méthode libertaire préconisée par la Confédération. Nombreux sont les délégués qui, ici, sont venus nous signaler des violations du principe de neutralité syndicale, par des délégués en mission de la C. G. T. J'estime que libertaire en délégation pour son organisation syndicale, ou socialiste agissant dans les mêmes conditions, doivent s'abstenir de tout prosélytisme anti-parlementaire ou électoral.

Les militants qui sont à la tête de la Confédération, observent-ils cette neutralité ? Beaucoup d'entre nous sont allés dans les bureaux de la *Voix du Peuple*, Qu'ont-ils vu en entrant ? Une affiche du *Père Peinard*, représentant un élu qui, son pantalon déboutonné, montre vous savez quoi, au corps électoral. Je trouve dans un numéro récent de la *Voix du Peuple*, numéro du 23 au 30 septembre, sous le titre : Cabotinage en France, à la suite de quelques lignes que j'approuve d'ailleurs pleinement, l'affirmation suivante : «....Bientôt, après les cabotins du boulevard, vont entrer en fonctions les cabotins du Palais-Bourbon ; on peut dire ce que les premiers rapportent, mais on ne saurait dire ce que coûtent les seconds. »

Je demande si le Congrès couvrira ces violations formelles de la neutralité.

Si vous estimez qu'ils sont légitimes, approuvez-les par un ordre du jour. Vous affirmerez par là, que le prosélytisme libertaire peut, sans inconvénient, s'exercer dans nos syndicats.

Vous contribuerez à rendre l'organisme confédéral impossible pour les militants syndicalistes, qui, en immense majorité, ont foi en leur bulletin de vote, ont foi en l'action politique.

D'un autre côté, je dis aux socialistes du Textile que, membre du Parti, il m'est impossible de voter leur proposition, dans l'intérêt même de la classe ouvrière. Les travailleurs groupés sur le terrain syndical, sont souvent obligés de compter avec une majorité parlementaire qui n'est pas socialiste. Concevez-vous, nos camarades de la guerre et de la marine, qui ont besoin de tous les concours politiques pour obtenir satisfaction à leurs légitimes revendications, s'adressant au seul Parti socialiste ? Cela serait désastreux pour leur cause. Etes-vous bien certains, d'autre part, que les élus du Parti socialiste peuvent tous efficacement défendre les intérêts ouvriers ? Sont-ils tous choisis suffisamment dignes ? Vous en citerais-je un, député d'une circonscription de la Seine, qui, médecin et journaliste, a cru nécessaire d'ajouter à ses 25 francs de député, les ressources qui lui ont été fournies par les compagnies d'assurances qu'il a servi longtemps contre les ouvriers victimes d'accidents et qu'il sert encore dans les expertises légales qui lui sont confiées.

La Confédération ne doit pas plus être libertaire que socialiste ou radicale. Il y a dans son sein des travailleurs appartenant à ces diverses tendances, il y en a même qui sont catholiques. Voulez-vous les en chasser ? Pour nous, qui ne croyons pas à l'obtention de résultats durables par les soubresauts impulsifs de ce que les anarchistes appellent les minorités conscientes, le syndicat doit grouper le maximum de travailleurs de la même corporation, et fatalement, ceux-ci du fait qu'ils seront syndiqués en vue de la défense d'intérêts immédiats, arriveront à l'idéal social de tous les ouvriers conscients : la suppression du salariat. Mais pour cela, il ne faut pas que par une politique quelconque, qui froisse leurs convictions personnelles, on les éloigne *à priori* du syndicat.

La Confédération, pour être puissante et remplir le rôle d'émancipation ouvrière qu'elle s'est dévolue, doit être ouverte à tous. C'est seulement ainsi qu'elle pourra, non seulement conquérir les améliorations au sort du prolétariat, mais conserver les avantages obtenus par les luttes antérieures, et les efforts des prolétaires luttant sur tous les terrains. C'est le sens de notre ordre du jour.

**Renard.** — Notre proposition avait surtout pour but de donner lieu à un vaste débat, afin que les différentes tendances qui se manifestent ici sur le rôle de la Confédération, puissent être largement développées.

Quel que soit le rôle réservé à notre proposition, ce résultat a été obtenu.

Je répondrai tout d'abord au reproche que m'a fait Merrheim d'avoir compté les syndicats jaunes dans le chiffre d'effectif syndical dans la région du Nord que j'ai donné hier.

Cela est exact, mais n'enlève aucune force à mon argumentation ; le chiffre que j'ai donné n'a pas été utilisé dans l'ordre de mes arguments pour sa valeur propre, mais bien comme terme de comparaison. Quand j'ai dit que le département du Nord, avec ses 76,000 syndiqués était, pour la force de nos organisation, le second de notre pays, j'ai compté également, dans tous les autres départements, le chiffre global de syndiqués, sans faire de distinction, ni défalquer l'effectif des syndicats jaunes. J'estime également que si, à Roubaix et dans d'autres localités, comme nous l'a reproché Merrheim, le syndicat textile groupe des camarades d'autres professions, travaillant dans la même usine que les tisseurs, ils n'en sont pas moins syndiqués, et qu'on est mal venu d'attribuer à l'action socialiste, la faiblesse de l'organisation syndicale dans certaines régions du Nord, alors qu'ici, tout près, il y a une région soumise à l'influence libertaire qui, sur 25,000 ouvriers du Textile, groupe 50 syndiqués.

D'ailleurs, comme l'a dit Coupat, il n'y a pas si longtemps que les libertaires sont syndiqués, il n'y a pas si longtemps qu'ils proclamaient, qu'il « leur suffisait de poignard, de faux, de piques, de revolver et de flingots, pour watriner toute la clique des exploiteurs et des sergots », il n'y a pas si longtemps encore que le *Père Peinard* cognait de son tire-pied sur les prolos assez poires pour s'avachir dans les syndicats.

Aujourd'hui, les temps sont changés, les libertaires sont rentrés au syndicat et y font prédominer leur esprit. Nous ne demandons pas que le nôtre y domine, quoi qu'en aient dit nos contradicteurs; nous ne demandons pas la fusion. Ce que nous voulons, c'est qu'on ne se serve pas de l'organisme syndical comme d'un instrument de combat contre le Parti socialiste, et que les deux modes d'action du prolétariat, action politique ou action syndicale, convergent au même but sans dissensions fratricides. Je ne suis pas le seul à défendre cette manière de voir. On a dit dans la discussion d'hier, qu'on voulait établir des syndicats suivant la méthode de Kropotkine, eh bien! j'ai ici un numéro des *Temps nouveaux*, où Kropotkine, au sujet du Congrès de Mannheim, préconise l'entente que nous demandons.

Niel a dit que l'ouvrier était travailleur d'abord, citoyen ensuite, c'est exact, mais il est l'un et l'autre. Il nous a encore dit : « Vous demandez l'entente, l'alliance intermittente, pourquoi pas la fusion ? » Je pourrais à mon tour lui demander : « Puisque vous êtes pour l'affranchissement total du prolétariat — comme nous du reste ! — pourquoi ces congrès et pourquoi pas la révolution libératrice de suite ? » Ce que nous demandons d'abord, c'est ce qu'ont bien compris les travailleurs de Belgique, d'Allemagne, des Pays scandinaves, et même, ces dernières années, nos camarades anglais.

Ce que nous voulons, c'est, en un mot, que les rapports officieux et clandestins actuels, entre les militants syndicalistes et le Parti socialiste, s'étalent au grand jour. Notre proposition est une proposition de loyauté.

Vous direz si le syndicat doit être en même temps un groupe politique ou s'il doit se borner à l'étude des questions de travail, entretenant avec le parti politique, le minimum de relations indispensables.

Qu'on ne parle pas ici de tentative d'intrusion politique de notre part. Relisez notre journal, relisez l'*Ouvrier Mécanicien*, la *Typographie*, jamais un mot de politique, dites-nous s'il en est de même de la *Voix du Peuple* ; dites-nous si ce n'est pas faire œuvre de politique néfaste, qu'insérer dans l'organe confédéral, le factum divisionniste dont Dooghe a donné lecture hier. Je termine, camarades, en priant nos camarades de l'Isère de ne pas prendre en mauvaise part, l'expression que j'ai employée hier, au sujet de l'évolution des travailleurs de Grenoble vis-à-vis du renégat Zévaès. Ce n'est certes pas pour les militants conscients que j'ai parlé, mais bien pour la masse inéduquée.

**David** (de Grenoble). — Les délégués de Grenoble prennent acte des paroles que vient de prononcer le camarade Renard, au sujet du prolétariat organisé de Grenoble et de l'Isère. {

**Griffuelhes.** — Les reproches formulés, dit-il, portent sur la méthode et l'esprit de la C. G. T. Il faut donc insister sur le caractère de son mouvement.

Et d'abord, constatons que Merrheim a détruit par des chiffres, la base de l'exposé de Renard ; il a prouvé que la méthode qu'il préconise n'a pas donné de grands résultats, attendu l'inexactitude des chiffres produits. Et qu'on ne nous dise pas que les syndicats jaunes sont peu importants et ne rentrent pas pour une grosse part dans les chiffres que vous avez donnés. Il y a plusieurs syndicats jaunes en dehors de Roubaix qui comprennent chacun plus d'un millier de membres ; à Lille, il y en a deux, à Armentières, etc. En outre, dans le Nord, il faut distinguer plusieurs régions : Lille, Roubaix, Tourcoing, le Cambrésis, d'un côté. Mais Dunkerque et Valenciennes échappent à l'influence des amis de Renard. Donc, de ce fait, les chiffres avancés diminuent encore de valeur.

Si encore vous aviez apporté la preuve d'immenses résultats. Mais non ! Grâce à vos chiffres faux, on serait en droit de conclure que votre œuvre s'évanouit presque,

Et puis, vous citez les Anglais, nous disant qu'après 50 ans d'action directe, ils viennent au Parlementarisme. Vous ajoutez qu'ils ont les plus hauts salaires et les plus courtes journées. Cela, c'est le résultat de leur action directe. Quant aux effets du parlementarisme chez eux, le moins est d'attendre pour les enregistrer. Il y a donc là une contradiction qui se retourne contre vous,

Vous prétendez que ce que vous demandez existe déjà, sous forme de rapports occultes entre la C. G. T. et les parlementaires, C'est inexact ! En deux circonstances, j'ai eu des rapports personnels avec deux députés, Sembat et Wilm. Ils m'avaient demandé de les documenter pour interpeller. Je l'ai fait et chaque fois qu'un député, répondant à la mission qu'il s'est donnée, voudra se renseigner, je le documenterai avec plaisir. Mais, en ces circonstances, ces députés ne faisaient que leur devoir et il n'y a pas à leur en avoir gratitude.

Au delà de la proposition de Renard, qui pose une question de fait, il en est une plus importante, celle de Keufer, qui, parlant d'unité morale, reproche à la C. G. T. de l'avoir détruite.

Cette unité morale ne peut exister. Dans tout groupement il y a lutte et non division. L'acceptation de son ordre du jour constituerait une négation de la vie, qui est faite du choc des idées.

De plus, Keufer insiste trop sur la présence des libertaires au sein du Comité confédéral ; ils n'y sont pas aussi nombreux que le veut la légende. Mais, c'est une tactique pour faire surgir un péril libertaire, afin de constituer un bloc pour annihiler ce péril. Au lieu de vagues affirmations, il fallait produire des faits, des résolutions, des documents émanant de la C. G. T. et inspirés par l'unique objectif anarchiste. Il n'y en a pas ! Qu'il y ait chez certains d'entre nous des idées libertaires, oui ! mais qu'il en naisse des résolutions anarchistes, non !

Coupat a dit qu'avant 1900, la C. G. T. n'avait pas prêté le flanc aux critiques. Oui, parce qu'elle n'existait pas. Il a ajouté que l'entrée de Millerand au ministère a donné naissance à cet esprit. Rappelons des faits peu connus :

A peine Millerand ministre, parut une déclaration signée de Keufer, Baumé Moreau, en faisant suivre leur nom de leur qualité de secrétaire d'organisation, etc., approuvant son acte. Est-ce que pareille déclaration ne constituait pas un acte politique ? Et quel pouvait en être le résultat ? Puis, à l'Union des Syndicats de la Seine, on vint proposer un banquet à Millerand. N'était-ce pas encore un acte politique pour un but bien défini ? Seul, je m'y opposai. On manœuvrait alors pour introduire l'influence du gouvernement au sein de la Bourse du Travail, — et c'est en réaction à cette tendance qu'est venu l'essor de la C. G. T.

Au lendemain de Chalon, les membres de la Commission de la Bourse du Travail reçurent, pour eux et leurs familles, une invitation à une soirée du ministre du commerce ; deux jours après, nouvelle invitation, — de Galliffet celle-là ! — pour un carrousel.

Que voulait-on ? Nous domestiquer ! Nous fûmes deux à protester et à propagander contre. Nous dévoilâmes ces manœuvres et, petit à petit, nous finîmes par faire voir clair aux camarades.

L'explosion de vitalité de la C. G. T. résulte de ces événements. Il y eut une coalition d'anarchistes, de guesdistes, de blanquistes, d'allemanistes et d'éléments divers pour isoler du pouvoir les syndicats. Cette coalition s'est maintenue, elle a été la vie de la Confédération. Or, le danger existe encore. Il y a toujours des tentatives pour attirer au pouvoir les syndicats, — et c'est cela qui empêchera l'unité morale.

Où l'unité morale peut se faire, c'est si on cherche à la réaliser contre le pouvoir et en dehors de lui. Or, comme il en est qui sont pour ces contacts, ceux qui s'opposent à ces relations empêcheront l'unité morale dont parle Keufer.

Ce qu'il faut voir, c'est que ce n'est pas l'influence anarchiste, mais bien l'influence du pouvoir, qui entraîne à la division ouvrière.

Exemple, les mineurs. La désunion ouvrière fut la conséquence de la pénétration du pouvoir. En 1901, on s'opposa à la grève pour ne pas le gêner et pour ne pas contrarier l'œuvre « socialiste » de Millerand-Waldeck-Rousseau. Joucaviel, qui avait tout fait pour s'opposer à la grève, a reconnu, après quatre ans, que le pouvoir n'avait pas tenu les promesses faites, que le gouvernement avait roulé les mineurs.

Est-ce les anarchistes de la C. G. T. qui ont créé ce conflit ? Non ! Pas plus qu'ils n'ont créé celui des Travailleurs municipaux.

En ce qui concerne ceux-ci, le conflit a son origine entre ceux qui voulaient que l'organisation marche à la remorque de l'administration et ceux qui s'y opposaient.

En réalité, d'un côté, il y a ceux qui regardent vers le pouvoir et, de l'autre, ceux qui veulent l'autonomie complète contre le patronat et contre le pouvoir. C'est en ce sens que s'est manifestée l'action de la C. G. T., et le développement considérable qui en a été la conséquence infirme la thèse du Textile : l'accroissement de la Confédération a été parallèle à l'accentuation de sa lutte. Il n'y a donc pas nécessité de modifier un organisme qui a fait ses preuves ; mais au contraire, de déclarer que la C. G. T. doit rester telle que ces dernières années.

Admettons que la proposition du Textile soit votée ! Elle créerait des rapports entre la C. G. T. et le Parti. Or, qui dit rapport, dit entente ; qui dit entente, dit accord ! Comment s'établirait cet accord fait de concessions mutuelles, entre un Parti qui compte avec le pouvoir, car il en subit la pénétration, et nous qui vivons en dehors de ce pouvoir. Nos considérations ne seraient pas toujours celles du Parti, d'où impossibilité matérielle d'établir les rapports demandés.

De même qu'il faut repousser l'ordre du jour du Textile, de même il faut repousser celui du Livre qui voudrait limiter l'action au rayon purement corporatif et nous ramener au trade-unionisme anglais. Ce serait rétrécir le cadre de l'action syndicale et lui enlever toute affirmation de transformation sociale. Le Congrès ne voudra pas cela Ce serait méconnaître le processus historique de notre mouvement. Ce serait une reculade et ce n'est pas au moment où il y a accentuation d'action qu'il pourrait y avoir reculade de principe.

**Guérard**. — Il y a une affirmation de neutralité.

**Griffuelhes**. — Oui, mais en outre, il y a, dans cet ordre du jour, les considérants qui ont une autre portée. D'ailleurs, en voici le texte. Le premier paragraphe parle de bannir toutes discussions et préoccupations politiques, philosophiques, etc... Classez-vous dans les préoccupations politiques et philosophiques, l'affirmation de la suppression du salariat.

**Coupat** dit que, dans leur esprit, cela est entendu.

**Griffuelhes**. — Pourquoi ne pas le dire clairement ?

Et parlant de l'affiche rappelée par Coupat, **Griffuelhes** observe que cela remonte à 1901, — époque ou Guérard était secrétaire de la C. G. T,

**Guérard**. — Cette affiche était tellement drôle, qu'elle prêtait à rire.

**Coupat** dit qu'il ne va pas au Comité confédéral sans y voir des choses qui le blessent.

**Griffuelhes**. — Sur les critiques relatives à l'antimilitarisme, si la Confédération a publié des journaux sur ce sujet, c'est parce qu'elle en a reçu le mandat en 1900, sur la proposition de Fribourg, aujourd'hui conseiller municipal de Paris. Depuis, nul Congrès n'est revenu sur cette décision, et j'ose espérer que celui-ci ne reviendra pas sur elle.

Il demande en terminant que le Congrès vote sur la proposition du Textile, puisqu'on s'affirme sur un ordre du jour catégorique résumant ses déclarations.

**Niel** dépose l'ordre du jour suivant :

« Considérant que le syndicalisme a pour but l'amélioration quotidienne du « sort de la classe ouvrière, et la suppression du patronat et du salariat ;

« Considérant que pour donner à son action son maximum d'effet, le syndica-« lisme doit pouvoir recueillir dans son sein tous les travailleurs sans distinc-« tions politiques ou confessionnelles ; que, pour cela, il lui est impossible de « s'inféoder à aucun parti politique ;

« Considérant que malgré la diversité d'opinions qu'il renferme, le syndica-« lisme exerce, sur le terrain économique, une action sociale dont l'utilité et « l'efficacité ne sont plus discutables ;

« Considérant qu'en dehors des organisations syndicales il peut y avoir des « organisations de différentes natures qui, sous une autre forme et sur un autre « terrain, poursuivent aussi comme but la suppression du patronat et du salariat;

« Considérant que de nombreux ouvriers syndiqués exercent leur action so-« ciale simultanément sur le terrain économique des syndicats et sur le terrain « politique de groupes différents ;

« Considérant qu'il serait contraire aux statuts de la C. G. T. et préjudiciable « à l'organisation ouvrière que le syndicalisme fût systématiquement associé « ou opposé à l'un quelconque de ces groupements politiques ;

« Le Congrès repousse toute espèce d'alliance avec tout parti ou secte poli-« tique que ce soit ;

« Il déclare, en outre, que le syndicalisme se suffit à lui-même pour réaliser

« son œuvre de lutte de classe en exerçant son action directement contre le
« patronat et contre toute force capitaliste d'oppression physique ou morale
« des travailleurs. »                                                    **L. Niel.**

. **Coupat et plusieurs délégués.** — Nous déclarons accepter l'ordre du jour Niel.
**Le Président** donne lecture de divers ordres du jour :

« Bourse du Travail d'Angoulême (Charente), est hostile à la campagne com-
« mencée (Textile du Nord), sur les rapports à établir entre la C. G. T. et les
« partis politiques. La question économique étant la seule qui nous semble
« intéressante et utile à discuter, et à poursuivre, dans nos syndicats.

« Ne répugne pas à voir des syndiqués investis de fonctions politiques, par
« lesquelles ils peuvent aider à la conquête de plus de largeur de vue dans la
« résolution des lois ouvrières ;

« Elle serait désolée de voir nos syndicats dégénérés en comités électoraux. »

Pour la Bourse du Travail d'Angoulême :
*Le délégué* : **Etard.**

« Les syndicats adhérents à la Bourse du Travail d'Angers :
« Considérant que les syndicats ne pouvant et ne devant être qu'un moyen
« transitoire pour arriver à la suppression du salariat, ne doivent lutter, pour·
« leur affranchissement intégral, que sur le terrain économique ;
« Considérant que l'immixtion de la politique dans les syndicats ne peut être
« qu'une cause de discorde, l'expérience nous l'ayant démontré ;
« Pour ces raisons, repoussent toute idée de rapports des syndicats avec les
« partis politiques. »

Pour les syndicats :
*Les délégués* : **Bahonneau, Karcher, Guimaudeau.**

*Addition à l'ordre du jour repoussant la proposition du Textile.*

« Considérant que l'intervention des élus dans les grèves ou dans les mouve-
« ments ouvriers est toujours funeste ;
« Considérant que toujours le prolétariat fut dupé dans ses grèves par l'in-
« trusion, sur le champ de lutte de politiciens trompeurs ;
« Le Congrès engage les syndicats et organisations ouvrières à repousser
« tout concours des élus dans les mouvements du prolétariat. »

**Charpentier,** Bourse du Travail de Marseille ; **Teyssandier,** Bourse du
Travail de Périgueux ; **Chazeaud,** Union des Syndicats Lyonnais ;
**Legouhy,** Tapissiers de Lyon ; **E. Laval,** Epiciers de Paris ; **Bécirard,**
Chaussure de Lyon ; **Cheytion,** Cultivateurs de Coursan ; **Cousteau,**
Bourse du Travail de Narbonne.

. « La Bourse du Travail de Narbonne :
« Considérant que la politique dans les syndicats est néfaste à la bonne mar-
« che vers l'émancipation intégrale que les prolétaires réclament ;
« Le Congrès rejette purement et simplement le vœu porté à l'ordre du jour
« par le Textile et réclame le *statu quo* sur cette importante question. »

**M. Cousteau,** Bourse du Travail de Narbonne.

« Le Congrès confédéral d'Amiens, .
« Considérant que les organisations syndicales poursuivent l'établissement
« d'une législation qui améliore les conditions de travail et qui perfectionne
« les moyens de lutte du prolétariat ;
« Considérant, d'autre part, que si la pression, l'action directe, exercées par

« les syndicats sur les pouvoirs publics ont une valeur indiscutable, il est au
« moins aussi vrai qu'elles ne sauraient être suffisantes et que l'action menée
« au sein même des assemblées qui ont pouvoir de légiférer est un complément
« nécessaire que, seul un parti politique est en état de fournir ;

« Considérant que le Parti socialiste — organisation politique du prolétariat —
« poursuit la réalisation des revendications syndicales et seconde la classe ou-
« vrière dans les luttes qu'elle soutient contre le patronat ; qu'il est donc le
« parti » qui mène cette action complémentaire ;

« Le Congrès se prononce en faveur d'un rapprochement entre la Confédé-
•« ration générale du Travail et le Parti socialiste. Il décide que chaque fois
« que les deux organisations seront d'accord sur le but à atteindre, l'action des
« syndicats pourra se combiner temporairement, par voie de délégation avec
« celle du Parti socialiste, sans que ces deux organismes puissent jamais se con-
« fondre ;

« Le Congrès, malgré son désir d'entente, croit cependant prématurée la ré-
« glementation des rapports entre les deux organisations, par la création d'un
« organisme quelconque, et préfère s'en remettre aux événements du soin de
« préparer celui qui sera le meilleur, parce qu'il sortira des faits eux-mêmes ;

« D'ailleurs, le Congrès constatant que dans maintes circonstances et dans de
« nombreux centres l'entente existe, ou est en voie de réalisation, enregistre
« avec plaisir cette tendance vers l'harmonie des efforts; fait des vœux pour qu'elle
« s'accomplisse et décide d'attendre, pour la création du rouage qui faciliterait
« les rapports de la Confédération générale du Travail avec le Parti socialiste,
« le moment où l'entente entrée définitivement dans les mœurs se sera imposée
« à tous comme une nécessité évidente ;

« En attendant et dans l'espoir que le Parti socialiste usera de réciprocité,
« le Congrès demande aux militants de mettre fin à des polémiques qui, en divi-
« sant les forces ouvrières, en lassant les énergies, servent seulement les intérêts
« du patronat et du régime capitaliste. »

**J. Tillet**, Fédération de la Céramique.

**Renard** demande la division pour le vote sur l'ordre du jour qu'il a déposé.
Cette division mise aux voix à mains levées n'est pas votée.

Devant cette décision, **Renard** déclare que les camarades partisans de la
proposition du Textile, ne prendront pas part au vote.

*Résultats du vote :*

Contre.................................... 724
Pour .................................... 34
Blancs.................................... 37

**Griffuelhes** lit l'ordre du jour suivant :

« Le Congrès confédéral d'Amiens confirme l'article 2, constitutif de la C. G. T.

« La C. G. T. groupe, en dehors de toute école politique, tous les travailleurs
« conscients de la lutte à mener pour la disparition du salariat et du patronat... ;

« Le Congrès considère que cette déclaration est une reconnaissance de la
« *lutte de classe* qui oppose, sur le terrain économique, les travailleurs en révolte
« contre toutes les formes d'exploitation et d'oppression, tant matérielles que
« morales, mises en œuvre par la classe capitaliste contre la classe ouvrière ;

« Le Congrès précise, par les points suivants, cette affirmation théorique :

« Dans l'œuvre revendicatrice quotidienne, le syndicalisme poursuit la coor-
« dination des efforts ouvriers, l'accroissement du mieux-être des travailleurs
« par la réalisation d'améliorations immédiates, telles que la diminution des
« heures de travail, l'augmentation des salaires, etc. ;

« Mais cette besogne n'est qu'un côté de l'œuvre du syndicalisme ; il prépare

« l'émancipation intégrale, qui ne peut se réaliser que par l'expropriation ca-
« pitaliste ; il préconise comme moyen d'action la grève générale et il considère
« que le syndicat, aujourd'hui groupement de résistance sera, dans l'avenir,
« le groupement de production et de répartition, base de réorganisation sociale ;

« Le Congrès déclare que cette double besogne, quotidienne et d'avenir,
« découle de la situation des salariés qui pèse sur la classe ouvrière et qui fait
« de tous les travailleurs, quelles que soient leurs opinions ou leurs tendances
« politiques ou philosophiques, un devoir d'appartenir au groupement essentiel
« qu'est le syndicat ;

« Comme conséquence, en ce qui concerne les individus, le Congrès affirme
« l'entière liberté pour le syndiqué, de participer, en dehors du groupement cor-
« poratif, à telles formes de lutte correspondant à sa conception philosophique
« ou politique, se bornant à lui demander, en réciprocité, de ne pas introduire
« dans le syndicat les opinions qu'il professe au dehors ;

« En ce qui concerne les organisations, le Congrès décide qu'afin que le syn-
« dicalisme atteigne son maximum d'effet, l'action économique doit s'exercer
« directement contre le patronat, les organisations confédérées n'ayant pas, en
« tant que groupements syndicaux, à se préoccuper des partis et des sectes
« qui, en dehors et à côté, peuvent poursuivre en toute liberté, la transforma-
« tion sociale. » ✗

**Marie** ; **Cousteau** ; **Menard** ; **Chazeaud** ; **Bruon** ; **Ferrier** ; **E. David**,
B. d. T. Grenoble ; **Latapie** ; **Médard** ; **Merrheim** ; **Delesalle** ; **Bled** ;
**Pouget** ; **E. Tabard** ; **A. Bousquet** ; **Monclard** ; **Mazau** ; **Braun** ; **Gar-**
**nery** ; **Luquet** ; **Dret** ; **Merzet** ; **Lévy** ; **G. Thil** ; **Ader** ; **Yvetot** ; **Delzant** ;
**H. Galantus** ; **H. Turpin** ; **J. Samay**, Bourse de Paris ; **Robert** ; **Bornet** ;
**P. Hervier**, Bourse du Travail de Bourges ; **Dhooghe**, Textile de Reims;
**Roullier**, Bourse du Travail de Brest ; **Richer**, Bourse du Travail du
Mans ; **Laurent**, Bourse du Travail de Cherbourg ; **Devilar**, Courtiers
de Paris; **Bastien**, Textile d'Amiens; **Henriot**, Allumettiers ; **L. Morel**,
de Nice; **Sauvage** ; **Gauthier**.

**Niel.** — L'ordre du jour présenté par le bureau confédéral étant, dans son
esprit, absolument conforme au mien, je retire celui que j'ai présenté et je me
rallie à celui de Griffuelhes. Je demande simplement pour le mien, qu'il soit
inséré dans la brochure du Congrès.

**Jusserand** fait la déclaration suivante au nom du Livre. Nous voterons la proposition Griffuelhes en faisant toutes nos réserves sur la grève générale, étant donné que le Livre y est momentanément hostile, parce qu'elle condamne l'intrusion de toute politique dans les syndicats et au sein de la C. G. T.

**Monatte.** — Après la déclaration de Jusserand, au nom de la Fédération du
Livre, disant que les délégués du Livre voteront la proposition Griffuelhes,
mais en faisant des réserves, je tiens, au nom de mon syndicat, celui des correcteurs d'imprimerie, adhérent à la Fédération du Livre, à déclarer que je
voterai la proposition Griffuelhes sans faire aucune réserve.

*Résultats du vote :*

Pour ............................ 830
Contre ........................... 8
Blanc ............................ 1

**Griffuelhes** lit la proposition suivante :

« Les soussignés, ayant constaté l'impossibilité de discuter utilement le grand
« nombre de questions qui figurent à l'ordre du jour du XVe Congrès confédéral

« proposent que dans l'avenir il ne puisse figurer plus de quatre questions re-
« vêtant un caractère général et différent, et dont le choix sera arrêté par un
« referendum aux Fédérations et aux Bourses. »

> Coupat ; H. Galantus ; Pataud ; Soulageon ; Arnoux ; E. Guérard ; G. Thil ;
> Voilin ; A. Luqüet ; J. Tillet ; Léon Desborde ; Léon Robert ; G. Yvetot ;
> J. Latapie ; A. Keufer ; Braud ; A. Hamelin ; A. Nicolas; A. Kleme-
> zynski (Oise) ; V. Renard ; Ch. Dooghe ; E. Poujet ; Griffuelhes ;
> Dret.

La séance de l'après-midi aura lieu à 1 heure et demie.

---

## SÉANCE DU 13 OCTOBRE (Soir)

Le Président **Renard**, (Textile), ouvre la séance à 2 heures.

Le XVe Congrès confédéral déclare se sólidariser à tous les camarades en
grève et leur envoie l'expression de sa fraternelle sympathie.

Il donne lecture de la dépêche suivante :

« Adresse à Merrheim télégramme suivant que te prie de lire devant Congrès :
« votre discours sur Syndicat textile Roubaix contient nombreuses erreurs in-
« conscientes ou voulues pour vous permettre de prouver vos allégations,
« nous vous offrons, devant travailleurs roubaisiens, débat public contradic-
« toire où nous répondrons à vos calomnies. — **Lefèvre**. »

**Renard**, président, donne lecture des ordres du jour, protestations et communications suivantes :

« Les Fédérations nationales du personnel Civil des Etablissements de la
« Guerré, des Ouvriers civils et Ouvrières des Magasins administratifs de la
« Guerre, portent à la connaissance du Congrès d'Amiens, la situation dans
« laquelle elles vont se trouver par suite des intentions de M. Etienne, Minis-
« tre de la guerre, de vouloir introduire, dans les magasins et ateliers de la guerre,
« l'élément militaire en remplacement du personnel civil :
« Protestent avec la dernière énergie contre la circulaire arbitraire parue au
« bulletin officiel du 1er octobre 1906, concernant l'embuscade de l'armée auxi-
« liaire dit, demi-bons. Cette circulaire donne ordre à MM. les Directeurs et
« officiers gestionnaires des Etablissements de la guerre, de bien vouloir lui
« fournir des renseignements sur la quantité des demi-bons susceptibles d'être
« appelés pour remplacer le personnel civil dans les services des Magasins
« administratifs et des Etablissements de son département ;
« Il ne peut être admissible que l'armée auxiliaire, dit demi-bons, reconnue
« par le Parlement pour ne pas avoir les aptitudes nécessaires pour faire un
« soldat bon, ne peut avoir les qualités exigées pour le personnel civil, qui
« doit, avant d'être admis dans les Etablissements de la Guerre, subir la visite
« d'un médecin et être reconnu par cet homme de science, de bonne consti-
« tution ;
« En substituant l'élément militaire au personnel civil, le Ministre de la
« guerre violerait les droits acquis de son personnel par leur ancienneté dans ses
« établissements ;
« Propose au Congrès d'Amiens la motion suivante :
« Le Congrès d'Amiens proteste énergiquement contre la substitution de

« l'élément militaire à l'élément civil purement ouvrier, tant dans l'industrie
« privée que dans les établissements de l'Etat ;

« Considérant qu'une telle mesure, si elle se réalisait, aurait pour conséquence
« immédiate d'accroître le nombre des chômeurs déjà trop considérable ;

« Pour ces raisons, le Congrès invite le Ministre de la guerre à rapporter
« la circulaire parue au bulletin officiel du 1er octobre dernier, et invite égale-
« ment toutes les corporations de l'industrie à joindre leurs efforts aux travail-
« leurs de l'Etat, afin que ceux-ci sortent triomphants de cette crise des plus
« funestes au prolétariat organisé. »

Par mandat :
*Le délégué au Congrès* : **A. Galice.**

**G. Berthon** ; de la Marine ; **H. Henriot**, des Allumettiers ; **Berlier**; **Valette**;
**J. Vaysse**, de la Guerre ; **E. Lucain** ; **Person**, des Monnaies et Médailles ;
**E. Barthelon** ; **L. Laurent**, des Arsenaux de la Guerre et de la Marine,
Cherbourg ; **L. Malardé**, Fédération des Tabacs.

« Depuis sept mois, les Verriers à bouteilles de Rive-de-Gier sont en lutte
« contre leurs exploiteurs. Par solidarité, les Verriers à vitres travaillant dans
« la même usine ont, après trois mois de chômage, refusé de commencer la nou-
« velle campagne ;

« Ne parvenant pas à vaincre nos camarades, les patrons, propriétaires des
« logements, veulent mettre leurs familles à la rue. Un jugement rendu par le
« tribunal de Saint-Etienne, les oblige à sortir des logements pour le 20 courant,
« faute de quoi ils seront expulsés ;

« Le Congrès proteste contre ce jugement et encourage les camarades dans
« leurs revendications. »

**Delzant, Monnier, Lecoeur.**

« Les Receveurs grévistes des *Classes Laborieuses*, réunis le vendredi 12 oc-
« tobre 1906, à 5 heures du soir, salle des Conférences, à la Bourse du Travail ;

« Après avoir entendu le compte rendu journalier du Comité de la grève
« approuvent pleinement sa conduite et ses décisions ; s'engagent à ne reprendre
« le travail qu'après complète satisfaction ;

« Envoient leur salut fraternel aux camarades réunis au Congrès d'Amiens
« et se séparent aux cris de « Vive le Syndicat ! Vive la grève ! »

*Le Secrétaire du Comité de la grève,*      *Le Délégué du Conseil,*
**H. Pugoul.**                               **E. Jumel.**

« Camarades,

« Depuis le 23 août, nos camarades des Usines d'engrais chimiques de La
« Pallice-La Rochelle sont en grève. En présence de l'intransigeance patronale,
« et devant le refus formel de n'accorder aucune satisfaction, les ouvriers
« Dockers de cette localité se solidarisant avec les camarades des usines, ont dé-
« claré, depuis trois jours, la grève générale ;

« Le Congrès envoie aux vaillants camarades de La Pallice ses souhaits de
« réussite dans la lutte entreprise contre les exploiteurs et leur adresse l'ex-
« pression de ses sentiments fraternels et révolutionnaires. »

*Le Secrétaire de la Fédération des Ports* : **A. Vienoule.**
**L. Roux**, Bourse du Travail de Rochefort ; **J. Vendangeon.**

« Camarade Président.

« Les camarades syndiqués Monteurs-Lavageurs et Riveurs, réunis en As-
« semblée générale, envoient aux congressistes leurs saluts fraternels et syndica-
« listes, et sont heureux de l'ordre et du calme dont ils font preuve dans les
« discussions. »

Pr et par ordre : *Le Secrétaire* : **Buvat.**

« Le Congrès national corporatif de 1906, considérant que le système annuel
« des étrennes est immoral et porte atteinte à la dignité et à l'intérêt des tra-
« vailleurs qui les reçoivent ; qu'il est illogique qu'une certaine catégorie de
« travailleurs attende d'autres travailleurs cette sorte d'aumône pour com-
« pléter le salaire que lui doit le patron ; considérant que cette coutume déchar-
« ge le patronat d'un dû envers ceux qu'il exploite ;

« Pour ces raisons, le Congrès engage les organisations syndicales à faire l'ac-
« tion nécessaire pour aider les facteurs, sous-agents de l'Administration des
« P. T. T. à supprimer ce mauvais système aléatoire et faire, qu'à l'avenir,
« ces travailleurs conservent leur dignité en obligeant le patron-État à payer
« ceux qu'il exploite d'une façon outrancière. »

> **Marie**, Presses typographiques ; **Martin**, des P. T. T. ; **Biendiné**, Main-
> d'Œuvre des P. T. T.

« Le Congrès, considérant que le paragraphe de la loi militaire de 1905 qui
« réserve tous les emplois civils, dans l'ensemble des industries de l'Etat,
« des administrations civiles et militaires, aux jeunes gens ayant contracté un
« engagement de quatre ans ou un rengagement ;

« Emet le vœu que les Fédérations intéressées sauront engager une campagne
« pour la suppression dudit paragraphe.

> **Malardé**, Fédération des Tabacs ; **H. Henriot**, Fédération des Alumet-
> tiers ; **Berlier**, Fédération de la Guerre ; **Barthelon**, Fédération de la
> Guerre ; **J. Vaysse**, Fédération de la Guerre ; **Marty-Rollan**, Union des
> Syndicats de Toulouse ; **Reymond**, Union des Syndicats de Toulouse ;
> **Sivan**, Fédération de la Marine ; **Galice**, Magasins de la Guerre.

## L'Antimilitarisme

**Gautier** (Saint-Nazaire). — Il ne veut pas abuser des instants du Congrès.
Pour les uns, l'anti-militarisme est une question essentiellement politique, pour
d'autres, une question essentiellement économique. Aujourd'hui, la question
doit se préciser. Il demande aux congressistes de se prononcer sur l'ordre du
jour suivant :

« Le Congrès,
« Considérant l'emploi de plus en plus constant de l'armée dans les grèves
« comme force oppressive du capital et du patronat contre les travailleurs,
« confirme les décisions antérieures des Congrès de la Confédération générale
« du Travail adoptant l'anti-militarisme comme un moyen de propagande
« et de lutte économique pour la suppression du salariat. »

> **H. Gautier**, délégué des Ouvriers Métallurgistes, Ouvriers Charbonniers,
> Ouvriers du Port, Inscrits Maritimes, Comptables et Employés,
> Dessinateurs et Typographes de Saint-Nazaire.

**Gautier** rappelle les décisions du Congrès de Bourges et les résultats obtenus
depuis ce temps. Il termine en engageant les camarades à continuer la propagande anti-militariste.

**Dret** (Cuirs et Peaux) proteste contre l'étouffement de la discussion.

**Yvetot** déclare que si on ne discute pas l'anti-militarisme, on ne discutera
rien autre chose.

**Griffuelhes** ne s'explique pas pourquoi tant d'effervescence se manifeste
dans le Congrès. Il voudrait que tous les camarades puissent s'expliquer pendant quelque temps sur cette question brûlante de l'anti-militarisme. Il rappelle

le vote du matin qui implique la continuation de la campagne anti-militariste. Seulement, quelques camarades ont des points spéciaux à développer, écoutons-les en silence, en faisant litière de nos passions.

**Yvetot** déclare qu'il a fallu plus de deux journées pour discuter une seule question, il avait été décidé qu'on en discuterait deux. Serait-ce que la deuxième embarrasserait certains d'entre nous ?

Il s'agit de savoir si, dans un conflit européen, les ouvriers seraient décidés à faire leur devoir et refuseraient de prendre les armes. Il lit l'ordre du jour suivant :

« Le XVᵉ Congrès de la C. G. T., tenant compte de la majorité significative
« qui s'est affirmée sur l'adoption des rapports du Comité confédéral, de la
« Section des Fédérations, de la Section des Bourses et de *La Voix du Peuple*,
« comprend que les ouvriers organisés de France ont suffisamment démontré
« leur approbation de la propagande anti-militariste et anti-patriotique ;
« Cependant, le Congrès affirme que la propagande anti-militariste et anti-
« patriotique doit devenir toujours plus intense et toujours plus audacieuse ;
« Dans chaque grève, l'armée est pour le patronat ; dans chaque conflit
« européen, dans chaque guerre entre nations ou coloniales, la classe ouvrière est
« dupe et sacrifiée au profit de la classe patronale, parasitaire et bourgeoise ;
« C'est pourquoi le XVᵉ Congrès approuve et préconise toute action de pro-
« pagande anti-militariste et anti-patriotique qui peut seule compromettre la
« situation des arrivés et des arrivistes de toutes classes et de toutes écoles po-
« litiques.

**Tabard** appuie la proposition d'Yvetot.

**Craissac** demande que la discussion sur l'anti-militarisme vienne, à l'ordre du jour, après celle des autres questions étudiées par la Commission, si elle n'est pas votée immédiatement.

**Reisz** appuie la proposition de l'orateur précédent, parce qu'il trouve plus substantielle la discussion des rapports des commissions que celle de l'anti-militarisme, car tous les délégués sont fixés sur cette question.

**Le Président** lit les ordres du jour suivants :

« Considérant que chaque fois qu'un conflit s'élève entre le capital et le tra-
« vail, les travailleurs se heurtent, sous le fallacieux prétexte du maintien de
« l'ordre, non seulement aux forces policières, mais encore à une autre force dite
« force armée », représentée par des travailleurs ayant revêtu momentanément
« la livrée du soldat ; qu'en conséquence, il importe que les organisations syn-
« dicales organisent des causeries, conférences, réunions ou tous autres moyens
« de propagande qu'elles jugeront utiles, ayant pour but d'indiquer aux jeunes
« qui se trouvent dans l'obligation d'accomplir leur service militaire, quel
« devrait être leur devoir chaque fois qu'ils se trouveront en face de leurs frères
« de la veille, luttant pour leurs revendications ;
« Mais, afin que cette propagande ne puisse en aucune façon, nuire aux or-
« ganisations, il importe que chacune d'elle soit laissée complètement autonome
« sur les formes à donner à la propagande anti-militariste. »

**Berthon**, de la Marine.

« Le Congrès, considérant que l'intervention de l'armée dans les grèves,
« porte constamment préjudice aux intérêts des travailleurs, déclare que le
« syndicalisme doit poursuivre énergiquement la propagande anti-militariste,
« laissant à chaque syndiqué la liberté de professer les opinions qu'il lui plaira
« en matière de patriotisme ou d'anti-patriotisme. »

**L. Niel**.

« Les Syndicats des Travailleurs de la Marine de l'Etat, de Lorient, Roche-
« fort, Indret, Ruelle, Paris ;

« Adopteront une motion sur l'anti-militarisme qui limitera l'action anti-
« militariste à son sens strictement économique, c'est-à-dire : interdiction de
« l'envoi des troupes dans les conflits avec le patronat, soit comme police, soit
« comme main-d'œuvre ;

« Quant à la question sur l'attitude de la classe ouvrière en temps de guerre :
« Les délégués des syndicats désignés ci-dessus, malgré leur situation par-
« ticulière d'Ouvriers des Arsenaux, de la Marine de l'Etat, ne continueront pas
« moins à maintenir, par tous les moyens, la propagande de la paix univer-
« selle. »                                                                     **Sivan.**

« Les syndicats doivent s'élever contre l'intervention de l'armée dans les
« grèves et approuver toute propagande faite auprès des soldats pour que, dans
« les conflits du travail, ils ne consentent pas à être les instruments passifs
« de la bourgeoisie au profit du capitalisme. Mais la lutte contre le militarisme,
« en vue de sa suppression est encore du domaine politique ou doctrinal et les
« syndicats ne peuvent entrer sur ce terrain. »

   **Roberjot, Guérard**, des Chemins de fer ; **Rousseau**, des Employés.

« Le Congrès reconnaît que l'anti-militarisme est le complément absolu de
« l'organisation syndicale et que tous les militants doivent porter leurs efforts
« pour assurer l'avènement de son apogée dans le prolétariat. »

                                                           **J. Vendangeon.**

« La question ne mérite pas un long développement. Un salarié accomplis-
« sant son service militaire ne peut tirer, en cas de grève, sur ses frères de misère ;

« Il appartient au gouvernement de créer une milice spéciale, qui assurera
« l'ordre et écartera de tout conflit entre le capital et le travail, les enfants du
« peuple enrôlés sous les drapeaux ;

« Je propose donc le vœu suivant ;

« Le Congrès se déclare anti-militariste :

« Il proteste contre l'intervention de l'armée dans les grèves, et exprime
« le vœu que cet abus scandaleux cesse le plus promptement possible, pour arra-
« cher le prolétariat à une odieuse mission, qui la diminue et l'expose à des
« conflits sanglants entre miséreux et salariés.

« Vive l'Internationale ! »

                    *Au nom des Syndicats de Béziers et d'Auzoulat.*

« Considérant que seule la classe ouvrière paie les frais de la guerre, le Congrès
« d'Amiens engage tous les militants de la C. G. T. à la propagande active la
« plus étendue, pour, qu'en cas de guerre, la classe ouvrière ne marche pas. »

   **Marty-Rollan, Reymond**, Union des syndicats ouvriers de Toulouse.

« Le Congrès décide, après s'être pénétré de la nécessité qu'il y a, pour le
« prolétariat organisé sur le terrain économique, de faire le plus possible de
« propagande anti-militariste, qu'il est utile et indispensable que les
« syndicats adhérents à la C. G. T. introduisent dans leurs statuts le Sou du
« Soldat, article existant déjà dans beaucoup d'organisations et ayant donné
« les meilleurs résultats, tant au point de vue anti-militariste qu'au point de
« vue syndicaliste. »                                                       **Arnoux.**

« La Bourse du Travail d'Angers s'associe à la Bourse du Travail de Saint-
« Nazaire relativement à l'action anti-militariste, comme continuation de la
« propagande syndicaliste. »            **La Bourse du Travail d'Angers.**

« Le Congrès national corporatif, reconnaissant que la guerre constitue un danger pour le prolétariat, et que les syndicalistes doivent travailler à détruire le militarisme qui les menace constamment dans leurs revendications ;

« Emet le vœu que, tout en laissant aux Bourses du Travail leur autonomie « pour la diffusion de la propagande anti-militariste, que la C. G. T. s'entende « avec les partis ouvriers syndicalistes des pays intéressés, en cas de menaces « de conflit international, dont les travailleurs feraient tous les frais. »

**L. Morel**, de Nice ; **J.-B. Médard**, Syndicat des Gens de Maison de Paris et Seine ; **G. Giron**, Union Métallurgistes de Nantes.

La priorité est accordée à l'ordre du jour Yvetot. Il est procédé au vote par mandats.

*Résultats du vote :*

Pour............................................................... 488
Contre............................................................. 310
Blancs............................................................. 49
Nuls .............................................................. 23

**Dret**, deuxième orateur inscrit sur l'anti-militarisme, auquel on a refusé la parole pour s'expliquer sur le fond.

Sur la question anti-militariste, je tiens à faire constater au Congrès, qu'après avoir laissé parler et discuter pendant trois jours une question qui a absorbé une grande partie de ce Congrès, on refuse de laisser à un délégué le soin de défendre une question que dans son dernier Congrès corporatif, la Fédération des Cuirs et Peaux avait donné mandat à son bureau fédéral de présenter au Congrès d'Amiens.

Je regrette que, après avoir décidé de réserver ces deux questions, une seule ait pu être discutée, et je constate qu'après avoir laissé ce que l'on pourrait appeler les forts ténors de la tribune, causer des heures entières, on évince trop facilement les modestes délégués ouvriers.

Je descends de la tribune en constatant le parti pris.

**Latapie** déclare qu'une cinquantaine de syndicats de Métallurgistes n'ont pas voté parce que la proposition de Gauthier était la seule qui puisse l'être, puisqu'elle était conforme aux décisions du Congrès de 1900.

Il demande aux congressistes de se prononcer sur cette proposition, parce que celle d'Yvetot ne répond pas aux vues de tous les camarades syndicalistes qui sont tous anti-militaristes.

**Falandry** appuie la proposition du camarade Latapie, parce que celle d'Yvetot n'a pas rallié la majorité du Congrès. La proposition n'a rallié que 488 voix alors qu'il y a 991 mandats.

**Luquet** parle dans le même sens.

**Yvetot** estime que la minorité qui a voté contre lui est acquise à l'anti militarisme ; il fait allusion au patriotisme des socialistes allemands ; il reproche à la minorité d'être patriote, car les journaux bourgeois ne manqueront pas l'occasion de nous opposer notre anti-militarisme et l'attitude de nos camarades étrangers.

**Le Président** donne lecture de la communication suivante :

« Les soussignés, délégués au XVᵉ Congrès national qui ont voté contre la « proposition Yvetot ou se sont abstenus, tiennent à affirmer que les organisa- « tions qu'ils représentent, ainsi qu'eux-mêmes, ont le sentiment très net que « l'anti-militarisme fait partie intégrante de l'action et de la propagande syn- « dicales et que, ne possédant rien dans la Patrie, misérables et exploités dans

« toutes, conduits à la boucherie, au nom des Patries elles-mêmes, les travail-
« leurs de tous pays ne sauraient se sacrifier pour elles ;
  « Ils déclarent regretter que la proposition Gauthier, rappelant les votes du
« Congrès de Paris 1900, laquelle était l'expression de ces sentiments, n'ait
« pas été mise aux voix, ce qui aurait permis à l'immense majorité du Congrès
« de se prononcer *pour* ;

> **Merrheim** ; **Luquet**, Coiffeurs de Paris et de Nîmes ; **J. Latapie**, Union
> Fédérale des Ouvriers Métallurgistes de France ; **H. Galantus** ; **Reisz**,
> Outils à découper, Découpeurs-Estampeurs de la Seine ; **Parvy**,
> représentant les sept syndicats Céramistes de Limoges ; **Desbordes**,
> cinq Syndicats ; **Arnoux**, deux organisations ; **Tellier**, deux organisa-
> tions ; **Henri Julien** ; **H. Gautier**, Saint-Nazaire ; **Pataud**, Syndicat des
> Industries électriques de la Seine ; **J. Orfeuvre**, Clermont-Ferrand ;
> **A. Drette**, Saint-Florent-du-Cher.

**Coupat** déclare qu'il s'associe au nom de ces nombreuses organisations, aux
déclarations faites par Luquet et Latapie. Ceux qui auraient voté la motion
Gauthier n'ont pas tous demandé la subvention. Yvetot ne peut pas en dire
autant.

**Yvetot** proteste contre cette affirmation.

**Coolen** lit la protestation suivante :

  « Les délégués des syndicats ci-dessous désignés, déclarent protester contre le
« refus de la division de la proposition du Textile dont la première partie aurait
« pu rallier un grand nombre de délégués.
  « Que ce refus a été fait au mépris de tout droit et de tous les usages admis
« dans les Congrès corporatifs ;
  « Ils demandent l'insertion de la présente protestation dans le procès-verbal. »

> **Renard**, Syndicat d'Houplines, Cotonniers de Bolbec, Maxonchamps,
> Condé-sur-Noireau, Poix du Nord, Drap de Romorantin, Textile d'Ar-
> mentières ; **Inghels**, Textile de Beauvois, Voirie de Lille ; **Philippe**,
> Syndicat des Employés de commerce de Lille ; **Pierpont**, Textiles de
> Granges, de Tourcoing, d'Hazebrouck, de l'Usine des Charbonniers de
> Saint-Maurice, Tapisserie d'Art d'Aubusson et Filature de Tourcoing ;
> **Clévy**, des Bonnetiers de Troyes, Bonnetiers d'Aix-en-Othe ; **Phil-
> bois**, pour les Fileurs et les Coiffeurs de Troyes ; **Flament**, Tissus de
> Tourcoing, Triage de Tourcoing, Textiles d'Erquinghem, du Câteau,
> de Flers et de Solesmes ; **A. Decourcelle**, des Teinturiers d'Amiens ;
> **Desforges**, pour les Boulangers, les Typos et les Verriers de Montluçon ;
> **Fonty J.**, Métallurgie de Montluçon ; **D. Bodues**, de la Voiture de
> Lille ; **Ch. Bour**, Confection de Lille ; **Pollet-Venant**, de la Fédération
> Textile Pont-de-Nieppe ; **Devernay Th.**, Métallurgie de Lille ; **Saint-
> Venant**, Confiseurs de Lille, Bourse du Travail de Lille, Chapeliers
> de Lille ; **Dujardin**, Papetiers et Tabacs de Lille ; **Coolen**,
> Chambre syndicale des Peintres de Lille ; **Cnudde**, Syndicat Textile
> de Neuvilly, de Commines, de Bohéries ; **Bergot**, Textile de Lin de
> Lille ; **Bauche**, Industrie Textile de Lille, Tissage de Lannoy **Parvy**,
> Ouvriers de la Peinture, Peintres-Céramistes, Garçons de Magasins,
> Modeleurs et Mouleurs en plâtre, Batteurs de pâtes, Useurs de granit
> et Polisseurs, Imprimeurs en taille-douce de Limoges ; **Desbordes**,
> Bourse du Travail de Limoges, Faïenciers de Montereau, Faïenciers
> de Salins, Sabotiers de Limoges, Coiffeurs de Limoges, Lingères de
> Limoges ; **J. Dupouy**, Mécaniciens de Bordeaux, Tailleurs d'Habits

et Tonneliers de la Gironde ; **Vendangeon**, Bourse du Travail de Bordeaux, Tonneliers de la Gironde, Ouvriers du Pont ; **A. Nicolas**, Tisseurs de Saint-Quentin ; **Sellier**, Fédération des Employés, Bourse du Travail de Puteaux : **Craissac**, Peintres de Périgueux ; **Traut**, Typos de Belfort, Typos de Dijon, Textile d'Héricourt, Employés de commerce de Belfort, Coiffeurs de Belfort, Ameublement de Saint-Loup, Bourse de Belfort ; **Cleuet**, Bourse du Travail d'Amiens.

**Perreux** et **Allibert** protestent contre cette déclaration.

## RAPPORTS DES COMMISSIONS

**Le Président** donne la parole au camarade **Delesalle**, rapporteur de la première commission.

**Delesalle**. — Rapport de la première commission sur les questions ci-après :

### Continuation de la propagande des Huit heures

a) *Du travail aux pièces* ;
b) *Réduction des heures de travail* ;
c) *Minimum de salaire*.

### Repos hebdomadaire

Pour faciliter ses travaux, notre Commission s'est subdivisée en deux sous-commissions.

La première, pour examiner la question de : La journée de huit heures ; de la Réduction des heures de travail et du Repos hebdomadaire.

La seconde a examiné les questions du travail aux pièces, du Minimum de salaire et plusieurs questions connexes.

Ces deux sous-commissions étaient composées comme suit :

Première sous-commission : Darnis, Philippe, Montclard, Thil, Mallardé, L. Robert, Devilar, Luquet, Montagne, Lévy, Tabard, Merzet, Delesalle.

La deuxième sous-commission comme suit : Berton, Chambron, Coupat, Traublement, Dumoulin, Combez, Turpin, Auzoulat, Doizié, Lavit, Tillet, Allibert, Bled, Dooghe.

Après examen des questions et des nombreux ordres du jour qui leur ont été présentés, ces deux sous-commissions ont nommé comme rapporteur de la première sous-commission, Delesalle.

De la deuxième : P. Coupat.

Rapporteur d'ensemble : Delesalle.

Les résolutions de la deuxième sous-commission étant celles qui, croyons-nous, sont susceptibles de soulever le moins d'objections de la part du Congrès, je vais d'abord vous en donner lecture, et vous demande, au nom de la Commission toute entière, de bien vouloir les adopter.

Pour la deuxième sous-commission comprenant la question de la journée de huit heures et les questions connexes, le rapporteur, d'accord en cela avec l'unanimité de la commission, a cru qu'il était de son de voir de s'étendre un peu plus longuement.

Je m'en excuse auprès du Congrès qui, s'il veut bien me prêter quelques minutes d'attention, voudra, je l'espère, convenir que cela n'était peut-être pas inutile.

## Rapport de la deuxième sous-commission /

Le XV<sup>e</sup> Congrès national corporatif, considérant que le travail aux pièces, qu'il soit exercé à l'atelier ou à domicile, favorise la surproduction et le chômage, divise les travailleurs en suscitant parmi eux de mesquines jalousies et des rivalités personnelles, sans que la liberté des ouvriers travaillant aux pièces soit plus grande que ceux travaillant à la journée ; qu'il permet au patronat de réduire les militants à la famine, en les mettant dans des conditions défavorables de production.

Que dans les corporations où il est dès maintenant impossible de substituer le travail à la journée au travail aux pièces, parce que dans ces corporations, le travail à la journée aboutit assez fréquemment à rendre plus âpre la concurrence ouvrière et favorise l'élimination des ateliers de faibles producteurs, qu'ils soient physiquement inférieurs ou usés par le travail.

Le Congrès indique comme palliatif ou spécifique au travail aux pièces, le système de la commandite, travail aux pièces collectif, qui aboutit à l'indépendance relative du producteur à l'atelier, permet de réglementer la production, de supprimer la concurrence entre travailleurs et d'utiliser l'effort des petites mains ; qu'il est la meilleure école de solidarité et d'éducation ouvrière ; qu'il permet, par une production rationnelle, d'aboutir à la réduction des heures de travail et de préparer les travailleurs à l'administration et à la gestion des organes de production sociale.

Mais, constatant, d'autre part, que si ce système de la commandite a donné de bons résultats dans certaines corporations, d'une éducation et organisation syndicales puissantes, elle exige une conscience ouvrière insuffisamment développée dans la plupart des autres professions.

Décide qu'il est nécessaire de faire la propagande la plus active pour aboutir à la suppression du travail aux pièces et à domicile, et, dans le cas où cela serait impossible, d'introduire dans les milieux ouvriers l'idée de la commandite égalitaire pour préparer leur esprit à son application industrielle.

*Le Rapporteur de la Sous-Commission :* **P. Coupat.**

J'ajoute, comme rapporteur d'ensemble, que la commission s'est également prononcée en faveur de l'établissement d'un minimum de salaire en rapport avec les besoins de l'existence. Minimum à fixer dans chaque corporation et suivant les régions.

La commission vous demande également de prendre en considération un vœu présenté par le délégué des Chapeliers en faveur du travail à la semaine, comme étant le mode du travail le plus exactement rémunérateur dans certaines corporations.

Votre commission vous demande enfin d'émettre un vœu à seule fin qu'il soit, dans l'avenir, interdit aux travailleurs employés dans des services municipaux ou de l'Etat, de faire des heures supplémentaires dans l'industrie privée.

## Rapport de la première sous-commission

*Journée de huit heures. — Réduction des heures de travail.*
*Repos hebdomadaire.*

Lorsque le Congrès de Bourges décidait, par la résolution que vous connaissez tous, de charger le Comité confédéral de poursuivre une intense agitation en faveur de la journée de huit heures et d'en tenter l'application à une date déterminée qui fût fixée au 1<sup>er</sup> mai 1906, un certain nombre de camarades firent des réserves. Beaucoup encore en formulent, à l'heure actuelle, mais ce qu'aucun d'entre nous ne nie aujourd'hui, c'est que la décision prise à Bourges a fortement remué le prolétariat et que personne ne nie plus qu'elle a posé d'une façon définitive et complète, la question de la diminution des heures de travail.

Certes, la question de la journée de huit heures était depuis fort longtemps à l'ordre du jour et l'on peut même dire que pas un Congrès corporatif ne l'avait dédaignée.

Mais, ce qui différenciait profondément la décision prise à Bourges des décisions antérieures prises sur le même sujet, ce fut son caractère presque impératif, — que certains ont regretté et semblent regretter encore, — mais qui, nous en sommes plus convaincus que jamais, fut, pour la grande part, dans l'immense répercussion de cette décision.

Nous n'avons pas à rappeler ici la peur, l'épouvante même de la bourgeoisie, à mesure qu'approchait le 1er mai 1906. Les bourgeois s'enfuyant des grandes villes, se terrant dans leurs maisons ou accumulant des vivres. Enfin, au jour venu, un gouvernement aux abois, mobilisant toutes ses baïonnettes.

La répercussion qu'a eue, non seulement en France, mais encore à l'étranger ce formidable mouvement, est encore trop présent à toutes les mémoires, pour qu'il me soit nécessaire d'insister.

Mais si la bourgeoise eût peur, c'est qu'elle avait, nous ne dirons pas compris — nous l'en croyons encore aujourd'hui complètement incapable — mais c'est qu'elle avait senti, qu'elle a eu l'intuition que la coordination des forces ouvrières et que ce formidable *mouvement de masse* était un fait nouveau, le fait peut-être le plus important de beaucoup depuis longtemps, de la lutte entreprise, par la classe ouvrière contre la classe capitaliste.

Ce faisant, et en décidant d'agir ainsi, les travailleurs tentaient de faire passer dans les faits une nouvelle tactique ouvrière.

Le prolétariat n'implorait plus, il n'entendait plus attendre que du bon vouloir du législateur une amélioration de son sort, il se montrait décidé à exiger. Nous savons, certes, que les résultats n'ont pas été ce que nous les aurions désirés. Des fautes ont peut-être été commises, nous avons parfois trop douté de nous-mêmes et de notre propre force, mais, nous le répétons, les résultats sont tels qu'il nous est permis de ne rien retirer de ce que nous pouvons avoir dit à Bourges.

La bourgeoisie a eu peur et si, individuellement nos exploiteurs ont su résister en partie à l'assaut de la classe ouvrière, nous pouvons dire que c'est grâce à l'agitation faite et poursuivie pendant dix-huit mois, que nous devons le vote de cette loi imparfaite et incomplète sur le *Repos hebdomadaire* ; question que le Congrès de Bourges avait intimement liée à celle de la journée de 8 heures.

Certes beaucoup de travailleurs avaient déjà fait passer dans la pratique le *Repos hebdomadaire* et la loi bourgeoise n'est venue que sanctionner ce qui, toutefois en partie seulement, était déjà entré dans les mœurs. Mais nous persistons à croire que le vote de la loi n'en est pas moins le résultat de l'agitation entreprise.

*Journée de huit heures, Repos hebdomadaire* pour tous les salariés restent aujourd'hui encore la plateforme qui doit rallier le prolétariat autour d'elle.

*⁂*

C'est parce que votre commission en a jugée ainsi qu'elle a décidé et ce à l'unanimité qu'il avait lieu de poursuivre plus énergiquement que jamais la propagande en faveur de la diminution des heures de travail, d'une part, de l'application intégrale à tous les salariés d'autre part du *Repos hebdomadaire*.

Diminution des heures de travail disons-nous mais aussi *Journée de huit heures*, et c'est parce que cette appellation est plus concrète, plus facilement fixable dans l'esprit des masses qu'elle nous demande de garder cette formule nette, incisive, aujourd'hui, comprise de tous, gravée dans tous les esprits prolétariens.

* *

Nous avons dit plus haut, et nous estimons que la grande portée sociale de ce que l'on a appelé communément « *Le mouvement des huit heures* » fait qui était par-dessus tout un mouvement de masse, mouvement d'ensemble de la classe ouvrière, contre la classe capitaliste. Personne ne doutant plus aujourd'hui qu'il a une portée sociale plus étendue ; qu'il dépasse de beaucoup la simple obtention de la diminution des heures de travail ou autre amélioration immédiatement réalisable.

Votre commission nous demande donc de décider à nouveau la création au sein du Comité Confédéral d'une commission spéciale mais en élargissant le cadre, et afin de donner au mouvement une signification plus vaste et plus complète, qu'elle prendra pour titre :

*Commission de propagande des Huit Heures et de la Grève Générale.*

Cette commission sera prise parmi les membres du Comité Confédéral et pourra fonctionner dans les mêmes conditions que celle issue du Congrès de Bourges.

* *

Mais une question se posait à votre commission. Il y a-t-il lieu de se prononcer comme à Bourges, sur une date fixe à laquelle toutes les corporations auraient pour devoir d'engager leurs membres à déserter le travail.

Un vote émis par vous dans une précédente séance fut, à ce sujet, une utile indication.

Le Congrès, par ce vote que votre commission a cru devoir retenir comme acquis sans vous demander d'y revenir, a décidé que lorsqu'il y aurait lieu d'examiner ou de décider un mouvement d'ensemble, le Comité Confédéral devrait procéder à un referendum auprès de l'ensemble des organisations confédérées.

Votre commission vous demande également sans que vous reveniez sur ce vote, que le Comité Confédéral puisse, suivant les circonstances remplacer le simple referendum par la convocation d'une Conférence semblable à celle tenue à Paris, les 5 et 6 Avril dernier, à la veille du 1er Mai ; conférence à laquelle seraient appelés à participer à la fois des délégués des Fédérations et des Bourses du travail.

* *

Votre commission a cependant été d'avis qu'il y avait lieu qu'à des époques déterminées et fixées à l'avance, le prolétariat se lève d'un commun accord, quitte partout les usines, chantiers ou ateliers, en prenant comme plate-forme commune la journée de 8 heures, ou la diminution des heures de travail, le Repos hebdomadaire, suivant les cas, et ce jusqu'à ce que le prolétariat ait sur ces points obtenu entière et unanime satisfaction.

Nous estimons, en effet, que ce n'est qu'en énervant, qu'en fatiguant le patronat en lui rappelant le plus souvent possible nos principales revendications que nous parviendrons à en tirer les améliorations susceptibles de nous permettre de préparer l'avènement d'une société meilleure.

Votre commission est donc d'avis de vous demander qu'une fois chaque année le prolétariat quitte pour une journée l'atelier, que dans chaque organisation, dans chaque ville, par atelier lorsqu'il y aura lieu et suivant les circonstances, les travailleurs à tous les coins du pays, présentent leurs revendications au patronat, notamment en ce qui concerne la journée de huit heures ou la réduction des heures de travail.

Votre commission nous demande de fixer ce jour unanime de chômage au

1er Mai de chaque année, et de redonner ainsi à la grande journée ouvrière sa véritable portée, sa suprême signification de journée essentiellement prolétarienne, et en ayant soin de ne pas lui donner le caractère d'une fête, mais au contraire d'une puissante et imposante manifestation anti-capitaliste.

* *

Votre commission vous demande de plus, de ne pas nous en tenir là.

L'expérience nous a en partie montré qu'il était peut-être difficile à certaines corporations de quitter le travail en même temps que les autres, qu'il y avait lieu de tenir compte pour certaines d'entre elles de conditions soit professionnelles, soit locales, soit climatériques, qui font qu'il y a des moments plus favorables pour les unes que pour les autres.

Tenant compte de ces circonstances et sans que cela ne puisse en rien arrêter, entraver ou mettre un obstacle quelconque à tout mouvement d'ensemble que la classe ouvrière pourrait entreprendre dans les conditions que nous avons examinées plus haut, nous demandons à toutes les corporations de tenter d'ici le prochain congrès un mouvement propre à chacune d'elles, et ce dans les conditions qu'elles jugeront les plus propices ou favorables.

Cette tentative faite dans chaque corporation à la date et dans les conditions qui lui seraient les plus favorables, pourraient croyons-nous fournir d'utiles indications pour les mouvements d'ensemble et de masse qui pourraient être entrepris par la suite.

Si vous voulez bien permettre aux anti-militaristes que nous nous flattons d'être, une comparaison ad hoc, nous dirions et nous formulerions ainsi le plan de propagande générale que nous vous soumettons :

1º Grève générale par corporations que nous assimilerions aux manœuvres de garnisons ;

2º Cessation du travail partout et à date fixe, qui seraient nos « grandes manœuvres » ;

3º Arrêt général et complet, mettant le prolétariat en guerre ouverte avec la société capitaliste ;

4º Grève générale. — Révolution.

* *

Nous venons de vous exposer un plan général de notre propagande, un plan général de bataille, pour rester dans une formule militariste qui exprime bien notre manière de comprendre, d'envisager et de définir l'action ouvrière. Il nous reste à rechercher par quels moyens, avec l'aide de quels subsides nous pouvons tenter à bien cette action.

Comme pour la commission précédemment chargée de mener la propagande pour le mouvement de la journée de huit heures, la commission confédérale que nous vous proposons d'instituer, aura à faire appel aux organisations à l'effet de leur demander de bien vouloir s'imposer des souscriptions facultatives, suivant la proportion de leurs effectifs et de l'état de leur caisse.

Vous avez vu, par le rapport financier de la commission des huit heures, que vous avez tous entre les mains, l'état global des sommes parvenues à la commission. Vous connaissez tous l'énorme effort de propagande, qu'avec le concours de la plupart d'entre vous, il a été permis à la commission de faire, mais vous conviendrez aussi combien cette somme fut minime, en égard à la somme de propagande à faire.

Votre commission vous propose donc, pour assurer un budget fixe et certain à la commission de la propagande des huit heures et de la grève générale, de décider que *chaque organisation adhérente à la C. G. T.*, devra ajouter à sa cotisation statutaire, une sur-cotisation de 10 % qui sera uniquement employée à la propagande.

14.

Certes, une aussi faible contribution ne sera là, pour votre commission de propagande, qu'un embryon de budget, mais nous espérons que les organisations, que les syndicats, que les individualités mêmes auxquels il sera fait appel, sauront faire leur devoir et que la commission aura toujours suffisamment pour parer aux frais de propagande dans la plus large mesure possible.

*
* *

Camarades, j'ai terminé et je crois inutile de revenir dans une péroraison, redire, voir même condenser les arguments qui militent en faveur des propositions que nous vous soumettons, que nous résumons comme suit, et que, nous espérons, vous adopterez, car nous croyons qu'elles sont susceptibles de contribuer, de hâter même, l'avènement du prolétariat en marche vers son émancipation.

*
* *

1° Continuation de la propagande en faveur de la journée de huit heures, de la diminution des heures de travail et du repos hebdomadaire.

2° Création, conformément et dans les mêmes conditions de ce qui fut fait au lendemain de Bourges, d'une commission prise au sein du Comité confédéral ; commission qui prendrait le titre de : *Commission de propagande des huit heures et de la grève générale.*

3° Lorsqu'il y aura lieu de procéder à un mouvement d'ensemble de la classe ouvrière et de fixer une date précise, le Comité confédéral aura pour devoir, soit de procéder à un referendum, soit de convoquer les organisations à une conférence semblable à celle tenue à Paris les 5 et 6 avril dernier.

· 4° Fixer, chaque année, une date à laquelle les travailleurs devront refuser le travail pour s'affirmer comme puissance en face du patronat.

Les travailleurs devront en profiter pour présenter leurs revendications en donnant toujours à la journée de huit heures, ou la diminution des heures de travail, la première place.

*Fixer cette date au 1er mai de chaque année.*

5° Engager chaque corporation, par l'organe de sa Fédération, à tenter, d'ici le prochain Congrès, un mouvement dans la corporation à la date qui lui serait la plus favorable en se maintenant le plus près possible de la plate-forme : *Journée de huit heures.*

6° Le budget de la commission serait formé : d'une part, des cotisations volontaires des organisations ; d'autre part, d'une sur-cotisation égale à 10 % des cotisations statutaires, tant des Bourses du Travail que des Fédérations.

Camarades,

J'en ai terminé. Je m'excuse auprès de vous d'avoir peut-être été un peu long, mais il était difficile, devant l'ampleur et l'importance d'une telle question, de ne pas se livrer à quelques digressions d'ordre général et que nous avons jugé indispensables.

Votre commission vous demande donc d'adopter le présent rapport tel qu'il vient de vous en être donné connaissance.

Ce faisant, elle estime que vous aurez travaillé à l'émancipation du prolétariat tout entier.

Le *Rapporteur* : **P. Delesalle.**

**Dhooghe** dit que la question de la commandite n'a pas encore été touchée dans la Fédération du Textile.

Il donne lecture de l'ordre du jour suivant qui complète celui de Coupat :

« Le XVe Congrès national d'Amiens,

« Considérant que le travail aux pièces, qu'il soit exercé dans l'atelier ou,

« et surtout, à domicile, favorise la surproduction et le chômage, divise les tra-
« vailleurs en suscitant parmi eux de mesquines jalousies et des rivalités per-
« sonnelles, qu'il ne peut sortir aucun bien de ce mode de travail ; qu'au sur-
« plus, et sans que la liberté des ouvriers dans l'usine soit plus grande que celle
« de ceux travaillant à la journée, il est l'arme la plus sournoise, en même temps
« que la plus cruelle, dont abuse le patronat pour réduire les militants à la fami-
« ne, en les mettant dans les plus défavorables conditions de production.

« Considérant que dans les corporations où il est, dès maintenant, impossi-
« ble de substituer le travail à la journée au travail aux pièces, parce que dans
« ces corporations l'éducation et les conditions du travail s'y opposent, il y
« a lieu de dire aux travailleurs qu'ils peuvent toujours pallier aux plus dou-
« loureuses conséquences du travail à la tâche, dit système de la sueur (swea-
« ting system), en organisant et en faisant admettre par leurs employeurs, un
« travail aux pièces moins dangereux que le système individuel, nous indiquons
« le travail aux pièces collectif, dit *en commandite égalitaire*. Ce mode de produc-
« tion est un pis-aller dont les travailleurs conscients peuvent profiter pour
« s'éduquer mutuellement, faire d'un atelier une bonne école de solidarité ou-
« vrière et aboutir à la réduction des heures de travail.

« Mais, constatant, d'autre part, qu'en ce qui touche aux intérêts généraux
« du prolétariat et toutes les questions qui s'y rattachent, notamment celles
« de la conquête des huit heures et du minimum des salaires, il n'y a rien qui
« puisse donner les résultats si mauvais soient-ils, du système de travail à la
« journée ou à la semaine.

« Le Congrès décide qu'il y a lieu d'inviter toutes les organisations à pour-
« suivre la réalisation générale de ce système en faisant supprimer purement
« et simplement l'immoral et néfaste travail aux pièces. »

Ch. Dooghe.

**Delesalle** dit que l'ordre du jour Coupat donne satisfaction à tous.

**Coupat** ajoute qu'il n'y a qu'une légère nuance dans les termes.

**Lévy** dit qu'il est très bien de prendre des engagements au Congrès, mais qu'il est nécessaire de les tenir. Pour la propagande des huit heures, il faut des fonds ; que ceux qui adoptent les conclusions du rapport s'engagent à faciliter cette propagande. Il y a 1.000 syndicats représentés qui approuvent les propositions faites, il faut que tous concourent également à la propagande par l'envoi de fonds.

Les propositions suivantes sont faites par les signataires :

« Au nom des Chauffeurs-Conducteurs, je demande que la commission
« demande le repos hebdomadaire intégral au lieu de la demi-journée, comme il
« est dit au paragraphe 4 de la loi. »

*Le délégué* : Lefèvre.

« Considérant que l'article 5 de la loi sur le repos hebdomadaire ne donne pas
« satisfaction aux garçons de magasin ;
« Le Congrès proteste contre la sélection qui est faite parmi les travailleurs
« et réclame un repos consécutif de 36 heures. »

E. Tabard, des Garçons de Magasin de Paris

« Au nom des Employés de commerce, nous demandons que dans le rapport
« du Repos hebdomadaire, figurent les mots : « Repos hebdomadaire de 36 heures
« consécutives. »

L. **Morel**, de Nice ; **Dumoulin**, Employés du Havre ; **Delarbre**, Employés de Dijon.

« N'ayant aucun mandat pour voter une augmentation de cotisations, re-
« lativement à la propagande des huit heures ;
« Nous acceptons l'ordre du jour et les conclusions du rapport de la commis-
« sion ;
« Mais n'acceptons pas la partie d'augmentation de cotisation. »

> **N. Richer**, du Mans ; **Clévy**, de Troyes ; **Philbois**, de Troyes ; **Ader P.**,
> Agricole du Midi.

« Le Syndicat de l'industrie de la Bijouterie-Orfèvrerie de Paris, demande
« que dans le rapport sur le minimum de salaire, au lieu de « minimum de sa-
« laire par métier suivant la région ou le pays », il soit mis ceci : « même mini-
« mum de salaire dans tout le pays pour le même métier. »

> *Le délégué :* **Lefèvre.**

« Considérant que la propagande confédérale ne donne pas tous les résultats
« qu'on est en droit d'en attendre ;
« Considérant que ce manque de résultats provient de ce qu'il n'y a pas en-
« tente et unité d'action suffisantes entre les deux organismes principaux —
« Bourses du Travail et Fédérations — qui composent la C. G. T. ;
« Le Congrès invite formellement les Bourses à adresser, au moins une fois
« l'an, à date fixe, au Comité confédéral, un rapport relatant la situation exacte
« du syndicalisme dans leur région, et la façon dont la propagande pourrait
« être préparée et faite, suivant les milieux et les circonstances ;
« Invite également les Fédérations à s'inspirer de ces rapports qui seront
« lus au Comité confédéral et déposés en ses archives, pour organiser leur pro-
« pagande, après entente avec les Bourses, dans les localités ou régions où elles
« désireront la porter. »

> **Vedel**, Thiers.

Le Congrès adopte un vœu en faveur de la suppression du pourboire, à
remplacer par un salaire régulier, pour certaines catégories d'ouvriers de
l'alimentation.

Un vœu également en faveur d'un salaire régulier pour les facteurs en
place.

Le camarade **Philbois** développe et fait adopter cette proposition :

« Les soussignés, demandent de renvoyer au Comité confédéral l'augmenta-
« tion des cotisations relative à la propagande des huit heures, afin que ledit
« comité consulte, par referendum, les organisations sur cette augmentation »

> **Philbois**, de Troyes ; **Clévy**, de Troyes ; **Richer**, du Mans.

Le rapport de la première Commission mis aux voix est adopté à l'unanimité ainsi que les adjonctions présentées.

## RAPPORT DE LA DEUXIÈME COMMISSION

**Le Président** donne la parole au camarade **Marie**, rapporteur, qui donne
lecture du procès-verbal de la séance tenue par la deuxième commission :

(**Sous commission** chargée d'étudier la question : Modifications aux statuts,
sur le point *A* ; « **Admission des Fédérations de métiers** », proposé par
sept syndicats du bâtiment).

Etard expose que la question présentée au Congrès, sous forme de modification par décision du Congrès de la Fédération du Bâtiment, et sous la signature

de sept (1) de ses syndicats, est de vieille date, car elle devait être déjà présentée à Bourges. Il trouve anormale l'existence de deux catégories de Fédérations à la C. G. T., et estime que la multiplication des Fédérations de la même industrie, est la cause de dissensions dans tous les milieux corporatifs. Le Bâtiment émet le vœu formel que fin soit mise à cet état de choses.

Devilar, des Employés, expose la situation des Employés de Paris, ne remplissant qu'une des deux obligations et dépose la proposition suivante :

« Chapitre II. — Article 7. — Après « elle décide à adhérer aux Bourses du
« Travail ou Unions locales et départementales ou régionales de syndicats divers,
« les syndicats de ses organisations qui sont en dehors, afin de compléter l'Union
« syndicale », ajouter : « Elle veille d'une façon absolue à ce que tous les syndi-
« cats fédérés remplissent toutes les obligations confédérales, elle statue sur
« les cas d'infraction aux statuts qu'elle peut connaître, sous réserve d'appro-
« bation par le Congrès suivant ;
« Dans tous les cas, si une irrégularité constatée et concernant un syndicat
« ou une Fédération doit être soumise au premier Congrès qui se réunit, après
« la constatation de cette première irrégularité. Le Congrès statue définitive-
« ment. »

**Devilar**, Syndicat des Courtiers et Représentants, de Paris.

La question est réservée.

Robert croit que le Bâtiment a voulu éviter, à l'avenir, de nouvelles créations de Fédérations de métier, sans vouloir atteindre celles existantes. Cependant il n'est pas absolument d'avis de boucher la porte de la C. G. T. aux nouvelles Fédérations de métiers qui n'offrent aucune connexité avec les Fédérations d'industrie existantes. Une réunion de toutes les Fédérations du Bâtiment, provoquée par la C. G. T., a contribué à un heureux rapprochement entre elles. Un Congrès commun trancherait, sans doute, les différends possibles.

Baritaud de la Maçonnerie et de la Pierre, se déclare aussi partisan d'une Union Fédérative. Il insiste sur la proposition du Bâtiment et regrette même que ce but ne soit pas déjà atteint.

Villars croit aussi à la nécessité d'une Union corporative.

Liochon, du Livre, constate que tout le Bâtiment semble d'accord.

Sauvage craint que la proposition du Bâtiment n'amène la disparition des Fédérations de métiers, ou qu'elle produise des dissentiments plus profonds que ceux existants. Il estime que le Comité confédéral devrait s'attribuer le contrôle des divergences qui se produisent entre les Fédérations similaires. Les Fédérations de métiers, dit-il, sont appelées à rendre de grands services dans la lutte syndicale. Il fait appel à la Commission et au Congrès, de ne prendre aucune résolution brutale pour ne pas choquer chaque organisation dans son fonctionnement, alors que l'action syndicale n'est encore qu'en période de tâtonnement.

Arbogast (Ameublement) considère les Fédérations de métier comme des syndicats nationaux qui doivent se rattacher à leur Fédération d'industrie.

Gauthier constate le progrès réalisé dans l'esprit des milieux corporatifs, depuis 1900, en faveur de la simplification des rouages syndicaux, par les Fédérations d'industrie. Il appuie la proposition du Bâtiment, parce qu'il considère que la diversité de ces groupements a eu sa part dans la cause des échecs, en mai 1906. Les Fédérations qui ont déjà des ententes établies, ont pour devoir d'activer la fusion, et pour les autres, un rapprochement rapide s'impose. Il demande que le Congrès émette un vœu énergique en ce sens.

(1) Bâtiment de Narbonne, Mazamet, du Morbihan, Amiens, Neuilly-Plaisance, La Rochelle, Plombiers de St-Quentin.

Garnery expose que le manque de précision contrarie la bonne marche de l'organisation. Tout démontre la nécessité du groupement par Fédération industrielle. Il voit cependant la difficulté de limiter et d'établir où commence et où finit l'industrie, c'est pourquoi il appuie la deuxième proposition du Bâtiment, tendant à la constitution d'une commission à cet effet. Garnery résume les groupements fédératifs en ces deux catégories : Matière à mettre debout. ; Matière à employer. Il s'oppose, à l'avenir, à l'admission des Fédérations de métier.

Fredouet prend la nécessité de l'Union fédérative dans tous les événements du passé et surtout ceux de mai qui ont bien servi cette cause. Il estime que la modification à apporter aux statuts, ne saurait avoir aucun effet rétroactif brutal et propose aussi que le Congrès émette un vœu à titre d'indication aux syndiqués et aux organisations, pour que la fusion se réalise entre les organisations sœurs.

Marie propose, au nom de la Lithographie, l'adjonction suivante à la modification du Bâtiment :

« Chaque Fédération existante, sera obligatoirement tenue, pour tous les « cas de conflit ayant un caractère revendicatif général, de s'entendre, avant « toute action, avec les autres Fédérations de métier composant l'industrie « dont elle dépend ;

« Un Comité interfédéral sera constitué à cet effet et devra prendre toutes « mesures nécessaires pour que les revendications des organismes la composant, « deviennent, en cas d'acceptation par lui, la revendication commune à toute « l'industrie en cause et, par ce fait, soutenue par chacune des Fédérations de « métiers de ladite organisation.

« Les décisions de ces comités interfédéraux seront soumises à la Confédé- « ration générale du Travail pour ratification simplement, sans que celle-ci « puisse s'immiscer ou faire modifier la résolution prise, mais simplement pour « mettre les autres organisations au courant du conflit et exiger d'elles, l'appui « moral et pécuniaire qu'elles devront en cette circonstance, à l'industrie en lutte.

« Un règlement ultérieur fera savoir dans quelles conditions, formes et pro- « positions, cet appui mutuel devra être exigible. »

Marie explique qu'en effet l'effet rétroactif ne saurait être brutal et que cette modification a pour but de familiariser les esprits à cette idée et en même temps d'obliger chacune des organisations intéressées à se concerter pour toutes les revendications corporatives d'un ordre général.

Clévy est de cet avis et propose d'ajouter que le Comité confédéral devra faire ses efforts pour orienter les organisations vers une fusion.

Legouy formule le même avis, mais demande que le Congrès l'émette sous forme de vœu.

Bruant se rallie à la proposition formulée par Fredouet.

Moncolin pense que laisser l'entière autonomie aux Fédérations de métiers existantes, serait un quasi-encouragement à la constitution de nouvelles ; qu'en tous cas, ce serait vouloir éviter un mal futur et laisser subsister le mal actuel.

Richer est d'avis de faire disparaître ces titres de métiers et d'industries, à propos de Fédérations, alors que les Fédérations de métiers ne devraient être que des sections nationales des Fédérations d'industrie.

Duchène appuie la proposition du Bâtiment sur la nomination d'une commission chargée de délimiter et de désigner le nombre de Fédérations d'industrie et d'y désigner les métiers. Il dépose le suivant ordre du jour :

« Le Congrès, après avoir entendu les délégués partisans et adversaires « des Fédérations de métiers ;

« Constatant que les travailleurs groupés dans ces sortes de Fédérations

« n'en retirent pas les avantages qu'ils seraient en droit d'en attendre, étant
« donné le cercle trop restreint où peut s'exercer la propagande fédérale cor-
« porative de métier ;

« Constatant, d'autre part, que les conflits ont des tendances à se généraliser
« à tous les travailleurs d'une même industrie ;

« Qu'il serait d'une mauvaise tactique, dans une industrie de rester divisés
« par métier, alors que la classe exploiteuse a, depuis longtemps, adopté le
« principe de l'organisation par industrie ;

« Pour ces motifs, décide de modifier l'article 2 des statuts confédéraux,
« dans le sens de la proposition des sept Syndicats du Bâtiment. »

Pour la Chambre syndicale des Peintres du Département de la Seine :

*Le secrétaire-délégué* : **G. Duchène.**

**A. Gilliard**, Chambre syndicale des Monteurs-Levageurs de Paris et Seine ;
**C. Andrieux**, Syndicat des Briquetiers-Potiers de Paris ; **I. Richer**,
Épernay ; **A. Nicolas**, Fédération des Ouvriers Menuisiers ; **A. Leduc**,
Fédération des Ouvriers Terrassiers, Puisatiers et Mineurs de la Seine;
**Zacharie, Soulageon, Jardy**, Ligue du Bâtiment de Saint-Étienne et
du département de la Loire, représentant sept syndicats.

Andrieux se rallie à l'ordre du jour des Peintres préconisé par Duchène et
approuve aussi la centralisation ou Fédération d'industrie.

Braun serait partisan des Fédérations de métiers si elles ne se gênaient pas
mutuellement, car elles se gênent et se contrecarrent, perdant leurs forces et
leurs énergies à des luttes toujours épuisantes pour elles.

Latapie fait observer aussi qu'être partisan des Fédérations de métiers, c'est
admettre que, dans ces Fédérations, un autre élément, une autre fraction ou
spécialité, peut s'en distraire pour constituer une Fédération nouvelle. Il approuve la proposition du Bâtiment.

Sauvage affirme que sa corporation n'est pas la seule demandant le *statu quo*
et croit que le mouvement de mai n'a pas été entravé par les Fédérations de métiers. Il demande surtout qu'aucune mesure arbitraire ne soit prise.

Arbogast dépose un ordre du jour au nom de la Fédération de l'Ameublement.
Il est ainsi conçu :

« Considérant, qu'actuellement, dans la constitution de la C. G. T., toutes
« les industries sont représentées par les Fédérations pouvant grouper toutes
« les corporations, pour simplifier l'organisation des forces ouvrières et grouper,
« dans de forts groupements, tous les syndicats dont les intérêts sont connexes ;

« Décide qu'il ne sera plus admis d'autres Fédérations de métiers, et que pour
« les Fédérations d'industrie ou de matières premières, pouvant se former,
« elles ne pourront être admises qu'après entente entre les Fédérations inté-
« ressées. »

**E. Arbogast**, Fédération de l'Ameublement.

Frédouet demande que le débat soit résumé dans un rapport et que la sous-
commission vienne devant le Congrès avec des propositions fermes.

Latapie fait constater que l'adjonction proposée par la Lithographie à la proposition du Bâtiment, n'oblige, en aucune façon, les Fédérations à fusionner.

Marie déclare que c'est, en effet, pour n'apporter aucun heurt aux groupements
existants, et faire en sorte que les rapports entre elles soient obligatoires.

La Commission estime que l'adjonction de la Lithographie n'est pas de nature statutaire n'ayant aucune durée, c'est-à-dire qu'elle est subordonnée à
l'existence des Fédérations de métiers.

La commission se prononce à l'unanimité sur le principe de la modification de l'article 2 des statuts confédéraux.

La modification proposée par le Bâtiment est aussi adoptée à l'unanimité, en tenant compte de la discussion et des conclusions de la commission.

Frédouet dépose la motion suivante à présenter au Congrès :

« Le Congrès, après avoir adopté la modification aux statuts présentée « par la Fédération du Bâtiment, et reconnaissant que cette mesure ne peut « avoir d'effet rétroactif ; considérant qu'il y a lieu, cependant, d'arriver à une « fusion prochaine des Fédérations de métiers en Fédérations d'Industrie ; « invite le Comité confédéral à faire la propagande et l'action nécessaire pour « tenter de réaliser la fusion des Fédérations de métiers en Fédérations d'in- « dustrie. »

Camarades Congressistes,

La sous-commission chargée d'étudier la cinquième question (point A) de l'ordre du jour du Congrès corporatif d'Amiens, vous demande de ratifier la proposition de modification présentée par la Fédération du Bâtiment, en ce qui concerne l'article 2 des statuts confédéraux (Chapitre 1er. — But et constitution).

Cet article serait ainsi conçu :

« Article 2. — § 1er. — La Confédération générale du Travail est constituée par : « les Fédérations nationales d'industries. Elle admet les syndicats dont les pro- « fessions ne sont pas constituées en Fédération d'industrie ou dont la Fédé- « ration n'est pas adhérente à la C. G. T. Les organisations adhérentes à la « Confédération, antérieurement, continueront à y fonctionner ; les syndicats « admis isolément seront groupés par Fédération d'industrie, lorsqu'ils seront « au nombre de trois, s'ils ne se rattachent pas à une Fédération existante. »

Camarades, vous pourrez vous rendre compte que le texte proposé par le Bâtiment a été quelque peu modifié et simplifié dans la forme, tout en conservant son esprit. La Commission, s'inspirant de l'unanimité des avis, ainsi que de l'expérience du passé, et encore en vue de la simplification des rouages confédéraux, ne laisse plus place, à l'avenir, à la création de Fédérations de métiers, laissant au Comité confédéral et aux intéressés, le soin de déterminer auxquelles des Fédérations d'industrie ou de métiers existantes, doivent appartenir les groupements qui viendraient à se constituer.

Cette modification au texte primitif, le rend plus clair et plus précis. En résumé, cette décision résoudra cet important problème depuis si longtemps à l'ordre du jour de l'organisation ouvrière et qui rallie, aujourd'hui, la grande majorité des militants et des syndiqués. C'est ainsi que bien des heurts seront évités, et c'est ainsi que les organisations verront grandir leur force et asseoir leur puissance. La sous-commission a émis l'avis que « la Formation d'une commission corporative de propagande et d'organisation chargée spéciale- ment de désigner et de déterminer le nombre de Fédérations d'industrie et d'y désigner les métiers » (proposition du Bâtiment à l'article 5, § 4) ne pourrait avoir aucun pouvoir pour trancher ce genre de litige et ferait double emploi avec le Comité confédéral qui peut le résoudre, d'accord avec les intéressés.

La commission demande donc au Congrès de se prononcer sur le rapport et sur l'ordre du jour déposé par le camarade Frédouet, que la Commission reprend à son compte, et qui donne une indication précise au Comité fédéral.

Le camarade Graissac proteste que la Commission ne veuille l'entendre. La clôture étant prononcée, il est impossible d'entendre le camarade Craissac. La commission considère que les arguments pour et contre ont été suffisants.

La sous-commission a été saisie d'une proposition de Liochon, du Livre, ainsi conçue :

« La représentation des organisations au Comité confédéral est proportion-
« nelle ainsi que dans les deux sections (Fédérations et Bourses) ;

« Au Comité des Fédérations, la proportion est basée sur le nombre de co-
« tisants ;

« Au Comité des Bourses, la proportion est basée sur le nombre des syndi-
« cats adhérents à chaque Bourse ;

« Dans les Congrès, la proportion est établie sur le nombre des syndiqués
« certifié par la Bourse du Travail respective. »

La Commission juge ne pas devoir passer à la discussion, la question, d'ailleurs, n'étant pas inscrite à l'ordre du jour.

*Le rapporteur* : **Marie**.

**Tabard** demande le vote par mandat.
Le rapport est adopté.

**Marie** lit ensuite cet ordre du jour :

« Le Congrès, après avoir entendu les camarades délégués des diverses cor-
« porations du Bâtiment, constate que l'union des travailleurs de cette indus-
« trie s'impose plus que jamais ;

« Que les efforts faits par les militants, tant en dedans qu'en dehors des Con-
« grès corporatifs, pour arriver à une entente entre ces diverses corporations,
« ont toujours été nuls, parce que, se heurtant à un parti-pris qui, aujourd'hui,
« doit irrémédiablement disparaître ;

« Par ces motifs, et pour ceux qui ont guidé le Congrès en modifiant l'article 2
« des statuts confédéraux ;

« Le Congrès donne mandat au comité confédéral de provoquer, dans le plus
« bref délai possible, un Congrès national du Bâtiment ayant pour mission de
« faire l'union des Fédérations de cette industrie. »

G. **Duchêne**, Chambre syndicale des Peintres du département de la Seine ;
A. **Nicolet**, Fédération nationale des Ouvriers Menuisiers ; **Andrieux**,
Briquetiers-Potiers de Paris ; A. **Gilliard**, Chambre syndicale des
Monteurs-Levageurs de Paris et Seine ; A. **Baritaud**, Maçonnerie-
Pierre, Paris ; **Sertillanges**, Comité fédéral de la Maçonnerie ; I. **Richer**
Epernay ; A. **Williaert**, Synd. des Tailleurs de pierres de Dunkerque;
F. **Leduc**, Fédération des Ouv. Terrassiers, Puisatiers et Mineurs de
la Seine; **Maucolin** ; N. **Richer**, du Mans ; **Legouhy**, Terrassiers de
Lyon ;Tapissiers de Lyon et Litiers en fer de Lyon ; **Démaret**, Couvreurs
de Saint-Quentin ; Ch. **Dàt**, Bâtiment de Coursan ; **Constant**, Union de
la Bâtisse d'Orléans ; Le **Lann**, Bâtiment de Brest ; **Sertillanges**,
Tailleurs de pierres d'Aney, Tailleurs de pierres de Nancy, Terrassiers
de Clermont-Ferrand, Terrassiers d'Albi, Union de la Bâtisse Mar-
sillyade, Maçons de Reims, Maçons de Clermont ; A. **Gilliard**, Bâtiment de Dieppe, Bâtiment de Romorantin ; A. **Levart**, Bâtiment de
Lagny, Bâtiment de Nangis ; **Zacharie**, **Soulageon**, **Jardy**, Ligue du
Bâtiment du département de la Loire, au nom des sept syndicats qui
y adhèrent.

Cet ordre du jour est adopté.

**Le Président** donne la parole au camarade **Viche**, rapporteur de la troisième commission :

## Des relations entre la Bourse des Coopératives socialistes et la Confédération générale du Travail

Camarades,

La Commission a été unanime à reconnaître que la question des relations entre les coopératives et les syndicats aurait dû avoir une ampleur de discussion aussi grande que celle des relations entre la C. G. T. et le P. S. U.

Cela se conçoit si l'on veut bien réfléchir qu'il n'y a, actuellement, que deux organismes vraiment économiques : le syndicat et les coopératives.

Mais le temps du Congrès, pris, encore une fois, par des discussions oiseuses de détail, ne l'a pas permis. Nous le regrettons, tout en espérant que ce sera une leçon pour les prochaines assises du prolétariat organisé.

Aussi, allons-nous examiner, le plus brièvement possible, ce qu'a été la coopérative, ce qu'elle est et ce qu'elle pense devenir.

C'est ainsi qu'il faut pratiquer lorsque deux parties veulent contracter une alliance permanente ou seulement momentanée.

*Les différentes méthodes*

Il y a différentes méthodes coopératistes que l'on a, jusqu'à présent, classées en deux écoles : celle de Nîmes, celle de Saint-Claude. Il en existe une autre catégorie comprenant celles qui s'isolent et qui ne se mêlent en quoi que ce soit à la lutte économique actuelle. Celles-ci se neutralisent dans leur localité respective, sans autre but que de bien se développer localement, sans se soucier de la grande lutte pendante entre le capitalisme et le prolétariat. Il est encore un autre genre qui est condamné par avance, c'est l'économat patronal. Enfin, des coopératives confessionnelles qui appartiennent au cléricalisme.

Nous ne retiendrons que les deux premières. La différence qui existe entre l'école de Nîmes dont Charles Gide, de Boyve, Laroche-Joubert, Chouisse, etc., sont les pontifes, et l'école de Saint-Claude. La première est partisan de l'alliance du capital et du travail et ne reconnaît pas la lutte de classes ; la seconde, au contraire, se place nettement sur ce terrain.

Partant de ce principe fondamental, l'école de Nîmes qui a eu la direction unique du mouvement coopératif en France pendant un quart de siècle, a constitué un état d'esprit chez les coopérateurs français qui est funeste à la classe ouvrière. Tout esprit de solidarité ouvrière et d'entr'aide en était banni, on ne songeait qu'aux beaux résultats, aux trop-perçus, sans s'occuper de quelle façon les produits consommés étaient fabriqués, sans se soucier des conditions de travail, etc.; ce n'était, en somme, qu'une coopérative commerciale.

Nous citerons comme exemple, les coopératives du P.-L.-M. et les coopératives vosgiennes, adhérentes à la même école de Nîmes, qui ont été battues en brèche par les syndicats de Métallurgistes, à la suite des grèves de cette région, les coopératives de Plainfaing, de Laneuville-lès-Raon, etc., ont été une démarcation bien nette de l'esprit de classes de ces organisations.

Le *rule dine* coopérative n'a donc pas précisément pour but d'ouvrir un magasin et d'y pratiquer une sorte de mutualité qui annihile l'esprit révolutionnaire du prolétariat, mais a surtout pour but de créer, dans le désordre de la société capitaliste actuelle, des embryons de société impersonnelle appartenant au prolétariat organisé, constituant ainsi la deuxième revendication de classes du prolétariat : la socialisation des moyens de production et d'échange. L'école de Saint-Claude est donc celle à laquelle les travailleurs doivent s'arrêter, il suffit d'examiner quels changements cette méthode a opéré dans la coopération française.

Sous l'impulsion de la B. C. S., exigeant de ses coopératives affiliées l'acceptation des points fondamentaux ci-dessus, un nouvel état d'esprit a succédé au système cité d'autre part. Qui ne se rappelle, en effet, ce que furent les luttes entre les néo-coopérateurs et les habitudes invétérées des coopérateurs bourgeois. Un militant, s'avisait-il de demander de faire, au sein d'une coopérative, une collecte pour une grève, la masse s'écriait : « Pas de politique ! » Aujourd'hui, nous en avons les preuves, les coopératives affiliées à la B. C. S., versent aux grèves, font de l'éducation sociale, s'enquièrent de l'origine de la production, en un mot, font de l'action sociale et révolutionnaire au premier chef.

Quelques faits pour soutenir cette thèse :

Lors des grèves du 1er Mai, les coopératives d'Amiens, de Saint-Quentin, de Paris, de Saint-Claude, d'Avion, de Denain, de Lille, de Nantes, d'Angers, etc., etc., ont fait les soupes communistes, ont alimenté leurs coopérateurs grévistes, ont prêté leurs fours pour la cuisson du pain, ont souscrit des sommes importantes. Encore les grèves de Saint-Claude en disent plus que tout le reste.

L'exemple que nous ont donné les coopératives de Paris et d'Amiens au sujet du repos hebdomadaire est convaincant. Tandis que le commerce de boulangerie de Paris se rebellait contre la loi du repos hebdomadaire, refusait d'accepter les propositions du syndicat des ouvriers boulangers, les coopératives avaient déjà pour la plupart appliqué le repos hebdomadaire à leur personnel.

La création de coopératives agricoles et industrielles, où il est exigé que le personnel soit syndiqué et où, comme dans le Midi, les vignerons en faisant en commun la vinification, ont permis de créer dans quelques communes des embryons d'organisation qui commencent à constituer le domaine agricole collectif, il y a non seulement dans cette organisation du travail une amélioration de la vie du producteur, mais encore un relèvement de la viticulture, et surtout une question d'hygiène qui n'échappera à personne. Quand on saura à quels honteux trafics se livrent certains négociants ; trafics qui, d'ailleurs, ont été dévoilés par le syndicat des ouvriers tonneliers.

Cette transformation lente, il est vrai, n'a pu se faire que par une organisation méthodique, de l'action coopérative réglée par les congrès où l'élément ouvrier seul existait. Car, au même titre que l'action syndicale, l'action coopérative si elle veut remplir sa fonction sociale, doit être organisée dans un organisme central qui, en l'occurrence, est la B. C. S., laquelle il faut lui rendre cette justice, a créé depuis dix ans cette nouvelle conception de la coopération.

Ça a été jusqu'ici la plus dure étape. Il fallait lutter contre l'habitude et les mœurs. Aujourd'hui on ne conteste plus l'utilité des coopératives, c'est une première victoire. Un nouvel élément va venir apporter son appoint au développement de cette méthode.

Mais il y a un point qui n'échappe pas aux militants de la coopération ouvrière, ce point va constituer un danger important, grave, c'est la coalition du commerce contre les coopératives.

L'une des règles de la coopération est de vendre bon et bon marché, tout en ayant des charges plus fortes que le commerce, soit au point de vue fiscal des tarifs syndicaux et autres charges trop longues à énumérer. Si la coopérative ne peut remplir toutes ces conditions, elle est appelée fatalement à disparaître, c'est pourquoi la B. C. S. a mis à l'étude de ses divers congrès, la création de fédérations régionales d'achats en commun, soudant entre elles les coopératives isolées et exploitées par les négociants et reliant le tout au point de vue commercial et industriel, dans un magasin de gros, le tout relié au point de vue moral (propagande et éducation), dans l'organisme créateur la B. C. S.

Le magasin de gros a pour but de supprimer tous les intermédiaires en allant à la production directe et de bénéficier par conséquent des majorations énormes et scandaleuses que font ces derniers pour en faire bénéficier à leur tour les producteurs et consommateurs ouvriers.

Les bénéfices acquis par le M. de G., serviront à créer, ainsi que les Anglais l'ont fait une vaste organisation commerciale, industrielle et financière qui sera la propriété prolétarienne, avec cette différence d'avec les anglais que cette organisation vaste sera une arme contre la classe capitaliste.

Ce sera une preuve convaincante que la coopération peut être une démonstration pratique de la théorie.

Le meilleur moyen d'amener les masses inconscientes à accepter une conception, n'est-ce pas de leur donner la preuve palpable que cela est possible. Nul autre moyen n'est meilleur que les coopératives pour obtenir ce résultat.

Il serait heureux de voir le Congrès d'Amiens sanctionner le vœu de la commission, car ceci serait une indication pour la Bourse des coopératives, de continuer l'étude de la question à son prochain Congrès national qui doit avoir lieu en 1907.

De cette façon on pourrait voir que les deux grands organismes centraux la C. G. T. et la B. C. S. ne peuvent que gagner à s'unir pour résoudre au point de vue économique l'unité ouvrière en France.

On a fait observer dans la commission que souvent les conseils d'administration étaient hostiles aux réclamations formulées par les employés, d'accord avec leurs chambres syndicales.

Nous avons cru utile de toucher à quelques points d'une organisation intérieure qui donnerait toute garantie au mouvement syndicaliste, tout en tenant compte des milieux où évoluent ces sociétés coopératives.

### Administration

Au point de vue de l'administration il serait à désirer de voir établir l'obligation, pour les administrés, d'être syndiqués. Et même quand les circonstances locales le permettront, que ces administrateurs soient les délégués directs de leurs syndicats, comme cela se pratique à Amiens, Montataire, Saint-Claude, Angers, Cherbourg, etc., etc.

Pour les employés, l'obligation d'adhérer à leurs syndicats respectifs, ainsi que cela en a été décidé au Congrès des coopératives socialistes de Nantes.

### Du rôle du Conseil d'administration envers le personnel

Généralement, dans les sociétés où le recrutement des administrateurs est laissé pour ainsi dire au hasard, aucune garantie n'existe pour le personnel. C'est que l'autorité est donnée à certains administrateurs d'exercer par trop souvent arbitrairement.

Sans attaches avec le mouvement syndical, sans contrôle d'organisation, l'administrateur devient trop souvent un véritable despote, exerçant son pouvoir à vexer, à maltraiter et quelquefois à opprimer le personnel.

D'aucuns, hypnotisés par les forts bonis, veulent en faire suer le plus possible au personnel qui voit, avec une telle administration, son salaire insuffisant ; ses journées de travail trop longues, ses efforts méconnus, et, enfin, est privé de toute indépendance.

Rarement, dans ces genres de coopératives, il y a sympathie entre l'administration et le personnel. Jamais, en tout cas, on n'y rencontre d'efforts en vue d'éduquer, de délivrer le prolétariat de la dépendance capitaliste.

Jamais, non plus, de semblables administrateurs ne s'intéressent de savoir si les denrées qu'ils consomment ont été ou non fabriquées par des ouvriers payés au tarif syndical. Enfin, les organisations syndicales n'ont aucun pouvoir sur ces coopératives qui doivent être, dans bien des cas, combattues par le prolétariat organisé. '

Combien il en est autrement dans les coopératives socialistes. Nous n'en pouvons donner un meilleur exemple qu'en citant l'Union d'Amiens.

C'est ainsi que pour être nommé administrateur, il faut être syndiqué, et ce n'est pas suffisant, il faut encore être désigné par l'assemblée générale de son syndicat. Les 32 administrateurs de cette société appartiennent donc à 16 syndicats ouvriers.

Composé de cette façon, un conseil ne peut administrer arbitrairement, chacun ayant à répondre de ses actes devant son syndicat.

D'ailleurs, si la chose est parfois arrivée, les administrateurs coupables ont été appelés à s'expliquer devant l'assemblée générale du syndicat qui peut toujours retirer la délégation de l'administrateur. Donc, contrôlés, censurés, à l'occasion, les administrateurs en auraient-ils le désir, ne peuvent commettre d'actes arbitraires envers le personnel. Enfin, le conseil d'administration, en entier, a à répondre de sa gestion, tous les six mois, devant tous les bureaux des syndicats d'Amiens réunis à cet effet. C'est cette assemblée souveraine qui trace et adopte les grandes lignes de l'œuvre du prolétariat amiénois.

Avec un conseil ainsi composé, voyons les résultats obtenus.

Nous savons tous, par expérience, les dangers que peut courir l'ouvrier qui veut militer dans les organisations ouvrières. Plus il est ardent, plus il fait de travail, plus il a à craindre la vengeance patronale ; c'est-à-dire le chômage et sa suite : la misère. Presque partout, militer est un danger. A Amiens, le même effet ne se produit plus. La coopérative devient comme la forteresse des syndicats et le devoir du conseil d'administration, — et il le remplit, — c'est de placer à la coopérative tous les militants, victimes du patronat. Là, ils trouvent l'indépendance la plus absolue et les moyens de rendre des services à leurs syndicats respectifs. C'est ainsi que l'Union emploie dans son personnel, une vingtaine de secrétaires ou trésoriers des organisations syndicales d'Amiens¡ La question des salaires est tranchée le plus souvent par le syndicat auqueˑ l'employé appartient, qui est toujours payée au moins au minimum du tarif syndical.

Les fonctionnaires des syndicats peuvent se déplacer quand les événements syndicaux l'exigent et ce, avec salaire payé.

Nul, naturellement, ne peut faire partie du personnel, s'il n'appartient, depuis six mois au moins, à un syndicat professionnel.

Les employés ont droit de représentation au conseil d'administration.

Jamais, aucune difficulté ne peut s'élever entre le conseil d'administration et le syndicat, puisque chaque syndicat est représenté à la coopérative et peut y défendre les droits de ses adhérents.

Il serait à désirer que dans les coopératives qui sont adhérentes à la B. C. S., les ouvriers continuent, lors de leur entrée dans une coopérative, d'appartenir au syndicat de leur profession, plutôt que de faire, comme cela se pratique à Paris : appartenir à un syndicat d'employés de coopératives.

Le Congrès de Nantes estima que ce syndicat d'employés de coopératives était un non sens, que c'était une organisation qui devrait être inutile. Les coopératives n'ont pas à être les adversaires de leurs employés et réciproquement.

Notre camarade Niel disait dans son discours sur les relations entre la C. G. T. et le P. S. U., que le syndicat et la coopérative engendraient le socialisme. Il opposait cette argumentation à une figure faite par un coopérateur dans le journal, *Le Bulletin de la Bourse des Coopératives socialistes.*

Celui-ci avait comparé le socialisme à un arbre dont les branches étaient le syndicalisme et le coopératisme. Pour notre compte, nous n'hésitons pas à accepter la définition de notre camarade Niel.

Qu'on le veuille ou non, le syndicat et la coopérative sont les écoles du socialisme. Dans l'un, on apprend à connaître ses droits, à les défendre et à marcher à la conquête de l'émancipation du prolétariat ; dans l'autre, on apprend à devenir des organisateurs et des administrateurs pour le jour où le prolétariat se substituera à la bourgeoisie, dans la direction d'une société plus harmonique.

Tous deux marchent parallèlement à la conquête de la fin de l'exploitation de l'homme par l'homme. Il paraît donc naturel qu'à un moment donné, ces deux organismes s'entendent pour conquérir la victoire.

Cela veut-il dire que le socialisme, fruit de l'arbre engendré par le coopératisme et le syndicalisme ne donnera pas à son tour naissance à un autre fruit mieux cultivé et par conséquent plus beau.

En d'autres termes, le socialisme moderne est-il bien le point final que cherchent à atteindre la plupart des ouvriers? Bien naïfs seraient ceux qui le penseraient. Il n'est au pouvoir de personne d'arrêter l'évolution lente, mais implacable, non seulement du progrès, mais encore de l'éducation.

Nous concevons, aussi bien que les camarades libertaires, une société où la liberté individuelle ne connaîtra comme seule entrave que la conscience de l'individu. Mais, pour s'y acheminer et y arriver, il faut que les cerveaux humains soient de moins en moins obscurcis. Il faut que cette révolution qu'on souhaite, soit d'abord faite dans les cerveaux avant d'être l'accomplissement d'un fait matériel. Autrement, ce serait le chaos engendrant la contre-révolution.

Pour arriver le plus vivement possible à cette conception, il y a donc lieu de lutter sur tous les terrains à la fois. Cela veut-il dire qu'il faut les confondre dès maintenant ? Nous ne le croyons pas. Peut-être, même y aurait-il danger pour les deux organismes.

Mais, ce qu'on peut affirmer, c'est que tous les travailleurs, comprenant bien leurs intérêts de classe, devraient être syndiqués et coopérateurs.

Par conséquent, nous faisons un pressant appel aux syndiqués, pour qu'ils se fassent inscrire dans les coopératives qui réservent une part de leurs bénéfices à créer des œuvres sociales, et tendent ainsi à la suppression du patronat et du salariat.

Nous devons également faire le même appel aux coopérateurs qui n'ont pas encore compris les bienfaits du syndicat.

Si chacun fait bien son devoir, avant peu ces deux organismes seront tellement puissants, qu'aucune force capitaliste ne pourra leur résister.

Peut-être y aura-t-il lieu, à ce moment, de reprendre la question posée à ce Congrès ?

Enfin, voici où, d'accord unanimement, la Commission voudrait voir aboutir l'entente à établir entre la coopération et le syndicalisme.

Le syndicalisme apporterait son pouvoir de propagande et ses effectifs nombreux et conscients à la coopération. La coopération apporterait au syndicalisme la meilleure part possible de ses bénéfices et la totalité de ses adhérents. La coopérative, de ce fait, deviendrait assez puissante pour être véritablement la Maison du Peuple où s'abriteraient les forces vives du prolétariat et l'asile logique des victimes du patronat.

Cette union est possible, cette entente est réalisable, sans obligation spontanée, sans codifications statutaires inutiles. C'est tacitement qu'on les peut réaliser.

En conséquence, la Commission vous invite à adopter la proposition suivante :

« Le Congrès ne voit pas l'utilité, pour le moment, de lier, par une entente
« définitive, les deux organismes : *syndicalisme* et *coopération*. Néanmoins, il
« invite tous les syndiqués à devenir coopérateurs et à n'entrer que dans les

« coopératives qui affectent une part de leurs bénéfices à des œuvres socia.es
« tendant à la suppression du salariat.

« Le Congrès invite aussi tous les coopérateurs à adhérer à leur syndicat res-
« pectif, affilié à la C. G. T.

« Il émet, en outre, cet avis formel, que, tout au moins, les *conseils d'admi-*
« *nistration* des coopératives, doivent être, à l'avenir, absolument et entière-
« ment composés de travailleurs syndiqués et confédérés, seule considération
« qui assure aux employés de coopératives, un caractère de sécurité dans les
« conflits qui peuvent surgir entre eux et les conseils d'administration. »

*Le rapporteur* : Pierre Viche.

Le rapport est adopté.

**Cousteau** lit le rapport suivant sur la sixième question, portée par la Bourse
du Travail de Narbonne :

## De l'admission des Syndicats agricoles dans les Bourses du Travail

La Commission, après échange de vues, adopte les clauses suivantes :

Etant donnés les statuts de la C. G. T. qui disent : que la C. G. T. examinera
le cas des syndicats qui, trop éloignés du siège social de leur Union locale,
ou départementale ou régionale, demanderaient à n'adhérer qu'à l'un des groupements nationaux cités à l'article 2 ; il résulte que les syndicats qui sont dans
l'impossibilité, vu la non-existence de Bourses rapprochées, d'y adhérer, ont
droit de participation aux Congrès.

Par conséquent, les syndicats agricoles qui se trouvent dans ces conditions,
sont réellement confédérés. En outre, la commission invite les Bourses du Travail auxquelles les syndicats agricoles pourraient demander leur adhésion,
à ne pas porter atteinte à l'individualité de ces syndicats.

*Le rapporteur* : M. Cousteau, Bourse du Travail de Narbonne.

Etaient présents à la troisième commission :

Ader, de la Fédération du Midi ; Lagarde, du Syndicat agricole de Bessan ;
Bertrand, de la Bourse du Travail de Perpignan ; Cheyton, du Syndicat agricole de Coursan ; Marty, du Syndicat agricole de Portel ; Petiot, de la Bourse
du Travail de Tours ; Pichon, de la Bourse du Travail d'Epernay ; Cousteau,
de la Bourse du Travail de Narbonne; Niel, de la Bourse du Travail de Mon-
pellier ; Hervier, de la Bourse du Travail de Bourges.

Ont signé le rapport :

**E. Lagarde, Bertrand, Cheytion, E. Petiot, J. Richon, Marty, P. Hervier, M.
Cousteau, L. Niel, Ader Paul.**

Adopté.

**Le Président** donne la parole au camarade **Gilliard**, qui lit le rapport suivant :

## Rapport du Timbre confédéral

Le camarade Richer, des Cuirs et Peaux du Mans, fait observer à la Commission que la question émanait de son organisation au Congrès de Bourges 1904.
La Commission adjoint cette observation au rapport.

La commission du timbre confédéral a cru devoir accepter en principe le
timbre acquit confédéral, qui contrôlera, d'une manière méthodique et avanta-

geuse, la vitalité des organisations et assurera au Comité confédéral, une plus grande régularité dans le paiement des cotisations, attendu que certaines organisations ne payent pas intégralement leurs cotisations en rapport avec le nombre de membres qu'ils ont en réalité.

Que, de ce fait, les intérêts communs et généraux se trouvent lésés, et il en découle de cette négligence ou indifférence, que toutes les organisations et la Confédération s'en ressentent et en supportent les conséquences.

La commission croit devoir appuyer sur ce point de contrôle et qui simplifie d'une manière générale la comptabilité et permettra au Comité confédéral, de façon efficace et sûre, le contrôle des organisations confédérées ou non.

Que, dans beaucoup d'organisations, des camarades indifférents ou ignorants de la question syndicaliste, ne se rendent même pas compte s'ils font partie de syndicats confédérés ou non. Ils sont syndiqués, groupés entr'eux, et cela leur suffit. Cette vérité est trop vraie malheureusement; maintenant, l'action et la propagande individuelle pourraient y trouver un grand avantage sous tous les rapports.

En dehors des moyens de contrôle des organisations au point de vue général, le timbre acquit confédéral faciliterait encore, dans les Bourses du travail où différentes Fédérations ont leur siège central, des rapprochements, des échanges entre Fédérations en cas de pénurie de timbre dans une de ces organisations. Et comme ce timbre serait unique, uniforme, facile à contrôler, uniforme partout pour toutes les Fédérations, il en résulterait et découlerait que les organisations et Fédérations paieraient intégralement ; d'une part, les organisations aux Fédérations, le nombre exact de leurs adhérents, et il en est de même des Fédérations à la Confédération.

Toute négligence préjudiciable serait par ce fait impossible et les intérêts communs et généraux seraient sauvegardés.

C'est pour ces bonnes et justes raisons que la commission croit devoir approuver et soumettre au Congrès la proposition suivante :

Suppression totale des timbres fédéraux qui seraient remplacés par des timbres acquit confédéraux, délivrés par la Confédération générale du travail aux Fédérations d'industrie ou de métier (en attendant que ces dernières disparaissent), et les Fédérations les délivreront à leurs organisations adhérentes, sous les mêmes formes qu'elles délivrent leur timbre fédéral actuel.

Le timbre confédéral serait unique pour toutes les Fédérations d'industrie ou de métier, sans distinction aucune et dans les proportions et dimensions des divers timbres fédéraux existant actuellement. Le comité confédéral se chargerait de la forme, du motif et de la couleur à donner.

Ce timbre serait oblitéré par un timbre humide dans les organisations, comme le timbre fédéral l'est actuellement « ou devrait l'être ».

La commission, en laissant au comité confédéral le soin et la fixation de son prix de revient, envisage la façon de le mettre en pratique, sous la forme suivante que la commission donne à titre d'indication, le prix de revient et donne sous les formes suivantes, à raison de 5 francs le mille, délivrés aux Fédérations ou au lieu du prix de 0,04 que les Fédérations payent actuellement. La Confédération générale du Travail augmenterait dans la proportion de revient du timbre qu'elle émettrait, 0,01 qui ferait 0,05 par membre et par mois, le prix de ces cotisations.

Toutefois, les Fédérations d'industrie ou de métier qui se trouveraient lésées dans leurs intérêts pécuniers, ce que la commission n'a pas voulu faire et a donné ces chiffres à titre d'indication, elles pourraient, en restant de bonne foi, payer à la Confédération, le prix de revient de leur timbre actuel.

C'est pour tous ces motifs que la commission laisse le choix et l'émission du timbre confédéral et croit devoir l'accepter et le soumettre au Congrès.

La commission considère que le nouveau système de timbre confédéral aura une répercussion considérable sur l'organisation ouvrière et l'acheminera vers le but qui nous est commun à tous.

*La Commission* :

**A. Gilliard**, rapporteur ; **N. Richer** ; **Maucolin** ; **E. Clévy** ; **Villebois** : **J. Etard**.

**Etard** (Bâtiment). — Pensant que chaque rapport aurait fait l'objet d'une discussion et d'un vote, rapport du Comité confédéral, les deux sections réunies et rapport du comité des Fédérations nationales ont été englobées ensemble. Je n'ai pu présenter la proposition que m'avait chargé le Bâtiment de Mazamet (Tarn), au sujet du rapport financier de la Section des Fédérations et de la situation fédérale. Les camarades de Mazamet trouvent qu'il y a un grand nombre de Fédérations qui n'ont pas versé leurs cotisations confédérales, selon leur effectif ; ils protestent contre cet abus et ce manque de sincérité. Il soumet la proposition suivante :

« De nommer une commission d'enquête afin de savoir où sont les fraudes et rétablir la vérité, soit dans le Congrès ou dans le Comité confédéral. A cet effet, je demanderai à porter cette discussion avant celle du rapport de la troisième sous-commission de la deuxième sous-commission. Question n° 5, points A et B. Questions 9 et 11 ».

**J. Etard**, Bâtiment de Mazamet.

**Griffuelhes** combat la proposition Gilliard et demande au Congrès de s'y opposer, car ce n'est pas au pied levé qu'il est permis de décider un fonctionnement compliqué. Il en accepte la simple mise à l'étude.

Un délégué déclare que cette proposition tend à l'unité.

La mise à l'étude est adoptée.

**Pataud**, au nom de la 4ᵉ Commission, lit le rapport suivant :

## Suppression des Poisons professionnels

La Commission était composée des camarades Craissac, de la Fédération des Peintres ; Lefèvre, des Chauffeurs-Mécaniciens ; Roberjat, des Chemins de fer ; Soulageon, des Platriers-Peintres de Saint-Etienne ; Beauregard, des Mineurs ; Pataud, des Industries électriques.

Camarades,

Le rapport de votre quatrième Commission ne sera pas, croyons-nous, un de ceux qui soulèvera grands débats, ni de grandes discussions, comme nous avons eu l'occasion de voir au cours de ce congrès, et cependant la question traitée est une de celles qui intéressent au plus haut point une importante fraction du monde des travailleurs ; et de ce fait, le Congrès doit la solutionner.

La Commission n'a pas cru de son rôle de vous faire une énumération complète des poisons professionnels qui déciment les ouvriers de certaines professions, elle s'est bornée à vous en signaler seulement les plus importants, et à rechercher les moyens d'en supprimer l'emploi.

La corporation la plus frappée par l'emploi d'un poison des plus violents est certainement celle des peintres, dans laquelle, malgré tous les efforts faits jusqu'ici, on continue d'employer le blanc de céruse. Vous vous rappelez tous, camarades, les campagnes actives entreprises par diverses organisations, et plus particulièrement par celle des peintres, pour interdire l'emploi de ce produit qui, chaque année, fait des centaines et des centaines de victimes. Nous ne ferons donc qu'en retracer les grandes lignes en nous servant pour cela de la brochure publiée par notre camarade Craissac, et intitulée « *Conférence sur l'empoisonnement des ouvriers peintres* ». En la consultant ,vous serez tous surpris, camarades, d'apprendre que la première campagne contre le blanc de céruse date de plus de 123 ans (1783), époque à laquelle Guyton de Morveau, se basant sur les dangers de ce produit, proposait de le remplacer par l'oxyde blanc de zinc. Depuis , et malgré la démonstration évidente de la facilité de remplacement de ce poison, les entrepreneurs continuent d'empoisonner impunément leur personnel, et, il faut bien le dire, sans profit pour eux et sans avantage pour le client, puisque la peinture au blanc de zinc ne revient pas plus cher et est aussi durable que celle à la céruse. Bien mieux, ils n'hésitent pas, pour tromper l'opinion publique, à employer le mensonge et le faux afin de démontrer le peu de nocivité de ce produit. A ce sujet, il est intéressant de rappeler la fameuse enquête faite par la Chambre syndicale patronale de Bordeaux et de la Gironde. Voici comment elle fut faite : En plein hiver, au moment où dans l'industrie de la peinture en bâtiments le chômage sévissait avec intensité, les patrons présentaient eux-mêmes aux ouvriers peintres un formulaire par lequel on leur demandait entre autres choses : « Avez-vous été atteints de maladies saturnines ? Etes-vous partisan de la suppression du blanc de céruse ? Croyez-vous que les travaux seront aussi durables par l'emploi d'autres produits ? »

Bien entendu, la plus formidable pression fut exercée sur les ouvriers pour leur arracher des déclarations favorables au maintien de la céruse, et ceux-même qui, à plusieurs reprises, avaient été intoxiqués, répondirent : « Non, je n'ai jamais été atteint de maladies saturnines. »

C'est en s'appuyant sur des enquêtes faites dans de semblables conditions que les cérusiers espèrent maintenant faire repousser par le Sénat le projet de loi voté à l'unanimité par la Chambre des Députés, le 30 juin 1903, et dont voici le texte :

« ART. 1er. — Dans les ateliers, chantiers, bâtiments en construction ou en réparation, et généralement dans tout lieu de travail où s'exécutent des travaux de peinture en bâtiment, les chefs d'industrie, directeurs ou gérants sont tenus, indépendamment des mesures prescrites, en vertu de la loi du 12 juin 1893 sur l'hygiène et la sécurité des travailleurs, de se conformer aux prescriptions suivantes :

« ART. 2. — Dans un délai de deux ans, à partir de la promulgation de la présente loi, l'emploi de la céruse et de l'huile lithargiée sera interdit dans tous les travaux d'impression, de rebouchage et d'enduisage.

« ART. 3. — Dans un délai de trois années à partir de la même date, l'interdiction éditée par l'article précédent s'étendra à tous les travaux de peinture de quelque nature que ce soit, exécutés à l'intérieur des bâtiments.

« Un règlement d'administration publique, rendu après avis du Comité consultatif des arts et manufactures et de la Commission d'hygiène industrielle instituée auprès du Ministre du commerce, pourra étendre cette interdiction aux travaux exécutés à l'extérieur des bâtiments.

« L'interdiction totale ou partielle des autres produits à base de plomb, employés dans l'industrie de la peinture en bâtiment, pourra être également prononcée par un règlement d'administration publique, rendu dans les mêmes conditions.

« ART. 4. — L'autorisation de la céruse ou autres produits à base de plomb pourra, par dérogation aux dispositions qui précèdent, être accordée exceptionnellement par le Ministre du commerce, après avis du Comité consultatif des Arts et Manufactures et de la Commission d'hygiène pour chaque cas particulier ».

Depuis le vote de cette loi par la Chambre, c'est-à-dire depuis plus de trois ans, le Sénat n'a pas encore trouvé le temps d'aborder la discussion du projet. La céruse continue d'empoisonner les malheureux ouvriers peintres et les défenseurs redoublent de manœuvres pour faire échouer la réforme.

Comme pour la loi sur les bureaux de placements, comme pour celle modifiant la juridiction sur les appels des jugements de Conseil de Prudhommes, comme pour toutes les lois améliorant un peu la condition des travailleurs, la Haute assemblée ne semble pas pressée. Peu lui importe les nombreuses victimes que chaque jour de retard apporté au vote de la loi occasionne, elle continue à montrer la même force d'inertie.

Il convient ici de vous faire remarquer, camarades, que ce projet de loi est cependant bien incomplet, puisqu'il ne vise que la céruse ou autres produits à base de plomb, alors que bien d'autres, employés en peinture, sont également nocifs. C'est ainsi que le sulfate de baryte est aussi, d'après M. Berthelot, un poison. Il importera donc que la loi soit étendue à tous les produits malsains ou dangereux.

Les fabricants de céruse, pour répondre à la campagne entreprise par la Fédération des Peintres, pour la suppression de cette matière, ne manqua pas de dire que l'on voulait favoriser les fabricants de certaines marques de blanc de zinc au détriment des producteurs de céruse. Or, ceci est pure calomnie, puisque jamais la Fédération ne préconisât l'emploi de telle ou telle marque et que, d'autre part, les producteurs de céruse sont presque tous, comme M. Expert-Besançon, sénateur et fabricant de céruse — ce qui en l'occurrence le fait juge et partie, — producteurs de blanc de zinc. La vérité c'est que, pour favoriser certaines combinaisons financières plus ou moins louches et dans lesquelles le prolétariat n'a rien à voir, on ne veut pas voter la loi. Tant pis pour les intoxiqués ; qu'ils meurent mais que les intérêts des gros industriels chers à Messieurs les Sénateurs ne soient pas compromis.

Nous vous dirons, camarades, dans la conclusion de ce rapport, quels moyens propose la Commission pour faire cesser cet état de choses, qui est un véritable défi jeté à la raison et à l'humanité.

Nous allons maintenant passer rapidement en revue les principaux poisons employés dans l'industrie et les maladies qu'ils occasionnent, mais avant d'en finir avec le plomb, et ses composés il nous faut encore citer, parmi ses victimes, les dentellières imagières, les dessinateurs sur étoffes, les laqueurs de meubles, les ouvriers travaillant dans les feutres et cuirs vernis, les fabricants de minium et litharge, les ouvriers en papiers peints, les tisseurs au métier Jacquart, les métallurgistes du plomb, les fondeurs typographes, les ouvriers céramistes, etc., etc., qui tous emploient, pour différents usages, la céruse, le plomb et ses dérivés.

Enfin, une corporation moins nombreuse que celle des peintres, mais qui s'accroît tous les jours, est aussi victime, dans une proportion effroyable, du terrible poison, et cela, la plupart du temps pour des prix dérisoires. C'est celle des ouvriers travaillant à la fabrication ou à l'entretien des accumulateurs électriques.

Nous citons ici, relativement à ces ouvriers, un passage de l'ouvrage de MM. Léon et Maurice Bonneff, qui fera mieux comprendre les accidents nombreux inhérents à cette fabrication :

« Un accumulateur est un générateur d'électricité qui fournit le courant aux
« tramways, aux automobiles, etc., etc. Il est basé sur le principe de la décom-
« position de l'eau par l'électricité ; lorsque l'on place dans un récipient conte-
« nant de l'eau additionnée d'acide sulfurique, deux lames de plomb appelées
« électrodes et que l'on met le vase en présence d'une machine électrique, l'eau
« acidulée se décompose. L'oxygène se porte sur l'électrode positive et se com-

« bine avec le plomb pour former du peroxyde de plomb. L'hydrogène se dégage
« sur l'électrode négative et le métal se transforme en plomb spongieux. Si le
« récipient est éloigné de l'étincelle électrique après être resté longtemps en
« sa présence, il peut fournir à son tour un courant intense ; l'appareil ainsi
« obtenu est un accumulateur. Il est deux sortes d'accumulateurs, les uns for-
« més de plomb, les autres d'oxydes ou de chlorures de plomb. Les premiers
« sont formés de plaques de plomb rayées ; on les fabrique en fondant le métal
« dans des chaudières. Lorsque le plomb est en fusion, on le coule dans des
« moules en fer et l'on obtient ainsi des plaques rectangulaires, qui sont ensuite
« limées, polies et brossées soigneusement. Les ouvriers et ouvrières qui parti-
« cipent à cette fabrication, absorbent en grandes quantités des vapeurs et
« des poussières toxiques. Plus dangereuse encore est la préparation des accu-
« mulateurs formés de composés de plomb. Par les mêmes procédés de fusion et
« de coulage en des moules, les électriciens obtiennent des grilles en plomb dont
« ils remplissent les ouvertures avec une pâte ou une poudre plombiques. Les
« plaques négatives sont enduites de litharge et de chlorure de plomb, les plaques
« positives de minium ou d'un mélange de litharge ou de minium dilué dans
« l'acide sulfurique ou l'ammoniaque. C'est avec la paume de la main que, dans
« certaines fabriques, l'ouvrier couvre les plaques de plomb de ce mélange émi-
« nemment toxique.On devine les résultats d'une pareille manipulation; au cours
« du malaxage et de l'enduisage, le poison s'introduit dans l'organisme pour y
« produire les plus graves désordres saturnins. Voici les constatations faites
« dans une usine occupant 40 ouvrières à la fois et où passèrent au cours de
« l'année, 43 *travailleurs* ; 43 *cas de saturnisme furent observés*, occasionnant
« 802 jours de maladie !
« Une soudeuse employée pendant six mois subit trois crises qui nécessitèrent
« 45 jours de traitement ; une empateuse, en trois mois et demi de présence à
« l'atelier,eut deux crises et 47 jours de maladie.Une ébarbeuse,43 jours de mala-
« die en quatre mois. Une injecteuse, 83 jours de maladie en quatre mois. Et
« ces symptômes de l'empoisonnement présentent ici un caractère *extrêmement*
« grave. Les coliques de plomb qui frappent les électriciens *sont encore plus*
« *violentes que celles des peintres* ».

Et ce métier, nous le répétons, camarades, est la plupart du temps exercé
pour un salaire dérisoire. Nous pourrions citer une des plus grandes maisons de
Paris, dont la marque est bien connue de tous les électriciens, qui paie ses ouvriers o fr. 45 de l'heure. Aucune protection d'hygiène n'est prise, aucune mesure
préventive, aucune indemnité n'est payée pour les effets détériorés constamment par l'acide sulfurique. Au bout de quelques mois, l'ouvrier intoxiqué est
congédié sous un prétexte quelconque et va traîner, plus loin, une misérable
existence. N'est-ce pas épouvantable ?

Nous avons vu, camarades, que le projet de loi du 30 Juin 1903, ne visait que
le plomb et ses composés ; mais il y a bien d'autres poisons dangereux emp oyés
dans l'industrie, poisons qui occasionnent des maladies professionnelles souvent
très graves. Citons-en brièvement quelques-uns : le mercure et ses composés,
qui intoxiquent les fabricants de baromètres et thermomètres, les coupeurs de
poils, les ouvriers chapeliers ; l'arsenic et ses composés, dont les victimes sont
les ouvriers fabricant les verts arsenicaux, les fleuristes, les ouvriers en papiers
peints, les mégissiers et tanneurs, les naturalistes taxidermistes ; le sulfure de
carbone intéressant les fabricants de sulfure de carbone, les caoutchoutiers ;
les carbures d'hydrogène empoisonnant les fabricants de paraffine, de goudron,
de benzine, les teinturiers-dégraisseurs, les ouvriers fabricant la nitro-benzine,
l'aniline, etc. ; les poussières de toutes sortes que respirent les batteurs de tapis,
les cardeurs de matelas, les meuliers, les porcelainiers, les faïenciers, les potiers,

les briquetiers, les verriers, les brossiers, les trieurs et emballeurs de chiffons, les ouvriers de l'industrie textile, etc., et qui provoquent des affections pulmonaires ; les gaz délétères et l'humidité des égouts qui affectent les ouvriers égoutiers, dont 35 à 40 meurent tous les ans à Paris par suite de tuberculose et d'intoxication. Les bacilles contenus dans le linge sale respiré par les ouvriers blanchisseurs et teinturiers dégraisseurs provoquant aussi la tuberculose; les miasmes et gaz délétères des mines qui engendrent chez les mineurs une maladie terrible : l'ankilostomyase des mineurs, maladie dont il serait facile de venir à bout en multipliant le nombre des puits d'aération et en construisant dans les mines des latrines hermétiques mobiles, comme il en existe dans les chemins de fer. On se rendra compte de la gravité de cette affection et de sa fréquence quand on saura qu'au bassin de Bonne Espérance, près de Liège, 50 pour 100 des ouvriers sont frappés, et que dans un autre examen fait par le Laboratoire provincial à la même exploitation, on ne trouva que 30 % d'ouvriers indemnes, c'est-à-dire 70 malades sur 100 ouvriers ; enfin l'acide carbonique et les poussières de charbon dont sont victimes les ouvriers travaillant dans les salles de chauffe. A ce sujet, il faut faire une constatation pénible : c'est l'insuffisance des visites des inspecteurs du travail. Il est juste aussi de convenir de l'insuffisance du nombre de ces derniers et de l'imperfection de leur recrutement.

Ce rapide exposé des poisons industriels et des maladies qu'ils provoquent, a dû vous convaincre, camarades, de la fréquence des empoisonnements dans l'industrie. Il reste à la Commission à vous faire connaître quels remèdes on peut y apporter, et quel rôle doit jouer la C. G. T. dans l'action inévitable que nous devons faire.

En ce qui concerne l'emploi du blanc de céruse, la Commission s'est rangée à l'avis de son président, le camarade Craissac, qui, au nom de la Fédération des Peintres, a présenté trois résolutions. La première consiste à donner mandat au Comité confédéral d'entreprendre, à partir du 1er janvier prochain, si, à cette date le projet de loi voté le 30 juin dernier par la Chambre des Députés ne l'est pas encore par le Sénat, une campagne active pour hâter le vote de cette loi.

La seconde résolution demande que la C. G. T. fasse l'action nécessaire pour que tous ces produits nocifs et toxiques soient visés dans la loi et que, dans tous les cas, l'usage du blanc de céruse soit absolument proscrit pour tous les travaux de peinture.

La troisième demande à ce qu'il soit fait usage, pour cette campagne, de l'action directe et même du sabotage et fait appel, pour organiser ce dernier, au concours de toutes les autres corporations, lorsque l'impuissance de l'intervention légale sera constatée.

La Commission vous propose encore de donner mandat au Comité confédéral pour faire campagne pour l'obtention d'une loi sur les maladies professionnelles, et pour répondre à l'avance à une objection qui pourrait lui être faite, elle vous fait remarquer que des campagnes semblables furent organisées pour la loi sur les bureaux de placements, pour celle sur l'appel des jugements des Conseils de prud'hommes, etc.

La Commission, en ce qui concerne les moyens à employer pour faire aboutir les *réformes* qu'elle juge indispensable, a de plus chargé son président, le camarade Craissac, de développer devant le Congrès les divers moyens qui peuvent être employés pour cela.

*Le Rapporteur* : **Emile Pataud**, des Industries électriques de la Seine.

Adopté.

## Unions départementales ou régionales

**Le Président** donne la parole au camarade **Klemczynski**, rapporteur de la Commission.

Les 21 membres de notre commission s'étant trouvés d'accord sur le principe des Unions départementales ou régionales, ont décidé de présenter un rapport unique résumant les arguments présentés et les décisions prises sur la question.

En voici un très bref exposé :

1° *Les Unions régionales répondent à un besoin si grand* qu'elles augmentent depuis quelques années dans des proportions importantes.

2° Elles permettent d'intensifier la *propagande* en facilitant la pénétration des milieux ruraux où l'industrialisme s'implante d'autant plus hâtivement, que la main-d'œuvre y est réduite.

Elles donnent à la propagande syndicale plus de sûreté, de continuité et attirent plus de résultats pour des dépenses bien moindres.

3° Elles constituent des groupements supérieurement disposés à l'*éducation prolétarienne*, la variété des professions qui les composent obligeant la généralisation des problèmes économiques et corrigeant l'inévitable esprit corporatiste.

4° Elles deviennent le moyen le plus efficace de poursuivre l'*autonomie syndicale*, en ne subordonnant plus le fonctionnement des syndicats à cette course aux subventions qui est bien souvent une paralysie et provoque des divisions.

5° Elles stimulent l'initiative des syndiqués et, ce qui est aussi indispensable, leur *entente* dans la nécessité où ils sont de faire fonctionner ces groupements par leurs propres forces.

6° Elles sont d'excellentes écoles de *militants* qui peuvent plus aisément y exercer leurs premiers efforts.

7° Elles sont les indispensables soutiens des *Fédérations d'industrie ou de métier* dont elles aident la formation, contribuant ainsi au développement de la Confédération, aussi bien par le soutien des luttes ouvrières que par les services administratifs qu'elles ont le moyen d'établir : placement, conseil judiciaire, secours de route, renseignements, statistiques, création d'Unions locales ou Bourses du Travail, etc...

8° Enfin, elles sont l'unique solution à la question des syndicats agricoles.

### *Arguments de réserve*

Des camarades ont craint pour l'autonomie des *Bourses du Travail* ou Unions locales.

D'autres ont appréhendé la formation d'un mécanisme nouveau contrariant celui des Fédérations de métier ou d'industrie.

Enfin, des hésitations ont été formulées quant aux charges financières et à l'augmentation des cotisations que des camarades supposent voir résulter de ces organismes.

Quelques-uns même, ont proposé une géographie syndicale délimitant les régions susceptibles de former ces groupements, trouvant arbitraires des divisions administratives qui ne répondent pas toujours aux facilités de la propagande.

La commission s'est inspirée de ces objections pour aboutir à une solution applicable immédiatement. Elle s'est prononcée unanimement sur le texte suivant, modifiant les statuts confédéraux :

Le texte actuel est le suivant, relativement à l'admission :

« Art. 2. — § 2. — Les Bourses du Travail considérées comme Unions locales, ou départementales, ou régionales de corporations diverses et sans qu'il y ait superfétation. »

La Commission propose le suivant :

« Les Unions départementales ou régionales de corporations diverses ou, à défaut, les Unions locales.

« Une Union locale qui se crée devra adhérer à son Union départementale ou régionale, s'il en existe une.

« Les Unions locales existantes qui ne pourront s'entendre pour constituer des Unions départementales ou régionales, seront maintenues à la Confédération dans les mêmes conditions. »

Cette modification est un premier pas vers les Unions départementales ou régionales, puisqu'elle arrête la multiplicité des unions exclusivement locales et limite le nombre des délégués au Comité fédéral des Bourses, qui est devenu abusif.

L'autonomie administrative des Bourses du Travail serait donc sauvegardée, les unions locales comprises dans une union départementale ou régionale concourraient à un effort commun qui ne se contrarierait pas, mais se coordonnerait avantageusement pour les besoins de l'action, de l'éducation et de l'organisation.

La Commission a estimé que le Congrès fédéral devait adapter ses statuts aux modifications qui se produisent dans son organisation interne et qui favorisent son mouvement d'ensemble, en même temps qu'il prépare ces unions à leur rôle futur.

Liste des Membres de la quatrième Sous-Commission des Unions régionales: Bordat ; Coignard ; David ; Deforges ; Deconinck ; Dret ; Gagnat ; Georgean ; Klemczynski rapporteur ; Laurent ; Lepart ; Limouzin ; Maliquet ; Maréchal ; Morgan ; Naton ; Nicolas ; Roulier ; Soulier ; Tamison ; Yvelot.

**Niel** demande de réserver la discussion et les conclusions à la Conférence des Bourses du Travail. Le rapporteur ne s'y oppose pas.

**Lévy** déclare que la question intéresse le Congrès, puisqu'il s'agit de modification aux statuts. Ce n'est pas une question administrative.

**Turpin** est adversaire de la proposition Niel. Il estime que le Congrès doit se prononcer et adopter les conclusions de la Commission.

**Reitz** trouve que cette union pourrait créer des divisions dans la classe ouvrière. Il demande au Congrès de repousser les conclusions de la Commission.

**Coignard** demande que les Bourses du Travail soient mises hors de la Confédération et qu'on institue à leur place des Unions départementales.

Le rapport est réservé ; il sera discuté à la Conférence des Bourses.

**Le Président** donne la parole au camarade **Vendangeon** pour la lecture de son rapport :

## RAPPORT DE LA CINQUIÈME COMMISSION

### Questions diverses

Camarades.

Votre cinquième commission vous présente un rapport très succinct sur les multiples questions soumises à son examen.

Nous croyons devoir grouper, d'abord, celles qui n'ont pas été discutées ou celles qui ont été renvoyées à l'étude d'autres commissions.

1º *Question A.* — Viaticum obligatoire confédéral.

Les auteurs de la proposition n'ayant apporté à la commission aucun rapport, ni écrit, ni verbal, nous avons pensé que cette question serait plus utilement discutée à la Conférence des Bourses du Travail, puisque déjà, elle y a été traitée et même reçue un commencement d'exécution.

2º *Question B.* — De la possibilité de la création d'une caisse de grève confédérale.

La Commission passe à l'ordre du jour, n'étant saisie d'aucun rapport, ni proposition précise.

3º *Question C.* — Interdiction des amendes et retenues.

Votre Commission ne peut que vous proposer de confirmer les vœux et décisions déjà adoptées dans les précédents Congrès.

4º *Questions J.* — La *Voix du Peuple* quotidienne ; *N.* — La grève générale ; *O.* — Le pain gratuit par la grève générale.

La cinquième commission considère que des sujets aussi graves ne peuvent figurer aux questions diverses. Chacune d'elles nécessite une étude approfondie pour arriver à une solution sérieuse et pratique.

Nous vous proposons de les renvoyer à l'examen du Congrès ou du Comité confédéral et des Fédérations et Syndicats.

5º *Question L.* — Propagande et mesures à prendre pour l'étude d'une langue internationale :

Le Congrès ayant déjà adopté un vœu concernant cette question, elle se trouve résolue.

6º *Question M.* — Abrogation de la loi visant l'expulsion des étrangers pour faits de grève et politiques.

Bien qu'aucun rapport ne nous soit soumis, nous proposons au Congrès d'émettre un vœu pour l'abrogation des lois scélérates.

————

Nous arrivons maintenant aux quelques autres propositions qui ont été discutées à notre commission et sur lesquelles nous avons décidé de vous présenter des résolutions fermes.

7º *Question D.* — SAISIES-ARRÊTS.

Il nous était proposé par un camarade de repousser l'abrogation de la loi sur les saisies-arrêts, prétextant que par cette garantie donnée aux commerçants, le travailleur trouvait, dans les moments de gêne, un peu de crédit.

Un autre délégué demandait, au contraire, d'insister surtout pour que les frais qui accompagnent toute saisie soient maintenus. Si ces frais étaient supprimés, les opposants ne seraient plus arrêtés avant de lancer une saisie, par la crainte de déboursés à faire. Alors le travailleur serait exposé trop souvent à subir une opposition.

Votre commission a estimé que ces arguments étaient spécifiques. Les frais sont presque toujours payés par le travailleur, lequel pour une dette infime, se voit astreint à payer une somme élevée. C'est un véritable vol.

D'autre part, nous ne croyons pas pouvoir craindre de porter préjudice aux travailleurs en demandant, comme bien des *Congrès* précédents, l'interdiction de toute saisie sur les salaires.

En conséquence, nous vous proposons la résolution suivante :

« Le Congrès émet le vœu que les saisie-arrêts sur les salaires de toute la « classe ouvrière soient supprimés. Il invite les Bourses du Travail à faire une

« campagne sans merci contre les maisons d'abonnements qui exploitent d'une
« façon éhontée la classe ouvrière. »

8° *Question E.* — MODIFICATIONS A LA LOI DE 1884 SUR LES SYNDICATS
PROFESSIONNELS.

Votre commission vous propose l'adoption des vœux suivants :

« *a*) L'extension du droit syndical à tous les travailleurs, qu'il soient salariés
« de l'Etat, du Département ou de la commune ;

« *b*) Que les étrangers qui concourrent au même titre que les nationaux,
« à la vie et aux charges de tous leurs syndicats, soient admis à l'administration
« de ces syndicats, c'est-à-dire qu'ils puissent faire partie des conseils syn-
« dicaux ;

« *c*) Que l'article 4 de la loi de 1884 soit supprimé ;

« *d*) Que les syndicats aient le droit d'ester en justice pour leurs adhérents
« mineurs et sans procuration de leurs parents ;

« *e*) Que la loi de 1884 soit étendue à toutes les colonies françaises ;

« *f*) De repousser, par tous les moyens en son pouvoir, le vote du nouveau
« projet de loi sur les syndicats ;

9° *Question F.* — LA PRUD'HOMIE A TOUS LES TRAVAILLEURS.

De la discussion sur cette question, il s'ensuit que la juridiction prud'hommale n'est pas identique dans tous les centres ouvriers.

Alors que quelques délégués jugent que la dernière modification a été avantageuse pour les ouvriers, d'autres, au contraire, en plus grand nombre, principalement ceux de Paris, estiment qu'elle est un désavantage.

Aussi, la commission a décidé de demander que le principal effort devait être
fait pour que cette juridiction soit modifiée et ensuite que les bénéfices en soient
étendus à tous les travailleurs.

Nous vous proposons donc la motion suivante :

« Le Congrès, considérant que les travailleurs qui jouissent actuellement
« des conseils de prud'hommes, voient le bénéfice de cette institution, sinon com-
« plètement anéanti, du moins considérablement amoindri par le système des
« demandes reconventionnelles, se prononce pour que les Conseils de prud'hom-
« mes jugent en dernier ressort lorsque le chiffre de la demande principale
« n'excède pas 500 francs ;

« Le Congrès décide, en outre, de revendiquer énergiquement l'extension de
« la prud'homie à toutes les catégories de travailleurs, ouvriers, employés
« des deux sexes, et compte sur l'action syndicale pour que, par la pression
« sur les pouvoirs publics, satisfaction soit donnée au prolétariat ;

« En outre, le Congrès invite les conseillers prud'hommes ouvriers à refuser
« collectivement, dans toute la France, à continuer de siéger si satisfaction
« n'est pas donnée à tous les travailleurs ;

« Notification de leur décision sera notifiée au ministre compétent, le préve-
« nant de leur résolution si, dans le délai de trois mois, cette satisfaction ne
« leur a pas été accordée ;

« Invite les comités de vigilance de toutes les localités à s'occuper immédia-
« tement de la présente décision ;

« Les camarades qui voudront commencer le mouvement pourront s'adresser
« à la Bourse de Bordeaux qui détient des documents relatifs au rattachement
« des professions à la juridiction prud'hommale. (Arrêté du Conseil de Préfec-
« ture de la Gironde et du Conseil d'Etat). »

## Accidents du Travail

De trop nombreuses modifications ont été présentées pour qu'il ait été permis de les examiner. Votre commission les a prises en considération et vous propose de les renvoyer à l'étude d'une commission spéciale nommée par le Comité confédéral. Cette commission devra tenir compte des décisions prises par le Congrès de Celte, tenu en 1905.

Les modifications proposées sont :

Chargé par la commission d'études de la Bourse du Travail de Bordeaux, de rechercher des modifications et des améliorations à la loi de 1898 sur les accidents du travail, je viens, camarades, vous soumettre les modifications qui, à mon sens, peuvent être demandées.

Le rapport que je vous soumets au nom de la commission, a surtout le mérite d'être sincère, car je me suis attaché de mon mieux à y résumer, d'une façon précise, toutes les anomalies dont j'ai pu me rendre compte, dans les opérations des justices de paix. .

J'ose espérer, qu'après avoir entendu cette lecture, le Conseil d'administration voudra bien ratifier de son vote, un travail par lequel nous pouvions arriver à supprimer un peu de ces iniquités sociales, que nous sommes obligés de subir encore, du fait de la société actuelle, et de hâter d'autant la marche en avant de nos légitimes revendications.

Je vous soumets donc brièvement les questions qui suivent :

1° *Pour l'incapacité temporaire.*

Appelé souvent en justice de paix pour soutenir des camarades victimes d'accidents du travail et faire appliquer la loi dans son véritable esprit, je me suis constamment heurté à toutes sortes de difficultés, de contradictions découlant des différentes façons d'interpréter la loi, qu'ont certains juges de paix ; tous ces désavantages se résument en perte de temps et attentes prolongées pour nos camarades blessés dans le travail.

La principale amélioration que je crois devoir revendiquer, pour nous en faciliter la pratique et l'exécution, est de pouvoir remédier aux lenteurs de la procédure dans nos différentes justices de paix, qui, tout en se conformant à la loi de 1898, font supporter aux camarades toutes sortes de méchancetés.

Modifions donc l'article 3 concernant l'indemnité pour incapacité temporaire de la façon suivante :

« Pour l'incapacité temporaire, le demi-salaire est dû jusqu'à guérison com-
« plète. »

En cas de différends en patrons et ouvriers, le salaire est dû jusqu'au jour fixé pour le dépôt du rapport du médecin expert et suivant les conclusions définitives dudit rapport.

En cas de mort, l'alinéa A de l'article 3 dit : Pour que l'époux survivant ait droit à la rente, il faut que le mariage ait été contracté avant l'accident. L'alinéa B dit pour les enfants légitimes naturels reconnus avant l'accident.

Il ressort de ces deux alinéas, qu'un camarade qui n'est pas uni légalement avec sa compagne, celle-ci n'a droit à aucune indemnité, donc, le camarade victime d'un accident mortel, ne peut, avant sa mort, par un mariage *in extremis*, assurer à sa compagne et à ses enfants le droit bien faible de la rente accordée par la loi sur les accidents.

La loi, à ce point de vue, est, comme toujours, injuste et cruelle, quoique se réclamant des principes de justice et de liberté. Il y a lieu d'ajouter que la rente est acquise au conjoint marié *in extremis* et aux enfants connus après l'accident.

Il est entendu que je n'admets pas la suppression des quatre premiers jours, déduits de l'incapacité temporaire, qui dit qu'il faut plus de dix jours d'incapacité de travail pour avoir droit intégralement aux salaires dus à partir du 1er jour. La loi modifiée n'a absolument rien fait sur ce cas, parce qu'elle supprime toujours les quatre jours comme auparavant, c'est-à-dire qu'il faut que l'accident ait une durée de plus de dix jours. S'il n'y en a que dix, la loi de 1898, modifiée du 22 mars 1902 et 31 mars 1905, ne vous en accorde que six d'indemnité. Donc, la loi n'a fait que prolonger sur la durée de l'accident et a maintenu les clauses de la loi du 9 décembre 1898.

2º *Pour l'incapacité partielle et permanente.* — *Consolidation.* — *Procédure des tribunaux civils.*

Alors que pour l'incapacité temporaire le demi-salaire est dû jusqu'à la guérison complète, pour l'incapacité partielle et permanente, le demi-salaire est arrêté régulièrement à la consolidation de la blessure.

Il y a là un préjudice considérable pour moi, qui vois disparaître toute indemnité, alors que la victime est dans l'impossibilité de se servir du membre qui a été blessé.

Consolidation n'est pas guérison et ne signifie pas apte à travailler ; un membre peut être consolidé, une blessure peut être cicatrisée, et le blessé se voir dans l'impossibilité de se servir du membre malade, une certaine raideur se produit toujours dans un membre qui est resté quelque temps dans un appareil. Il faut la souplesse dans les articulations pour pouvoir de nouveau se mettre sous le fardeau ou l'établi, car les professions manuelles exigent une constitution solide et des membres forts. La convalescence est donc indispensable pour celui qui a un de ses membres qui, depuis quelques mois, subit le repos le plus absolu dans un appareil. Régulièrement, les médecins experts, pressés par les représentants des Compagnies d'assurances avec lesquelles ils sont continuellement en rapport, ne voulant pas comprendre les difficultés de nos professions, quelquefois pénibles pour l'ouvrier robuste qui a tous ses membres en état, négligent de nous accorder ces quelques jours de repos supplémentaires qui permettraient aux membres qui ont été atteints, de reprendre leur élasticité, et nous refusent donc cette convalescence qui seule pourrait soulager un peu notre situation, lorsque nous avons été victimes d'un accident du travail.

Fixer la date de la consolidation devient toujours un objet de contestation, les deux parties apprécient à leur façon la période de consolidation (*ou reprise du travail*), c'est donc une question de chicane, les assureurs, maîtres retors en la matière, ont presque toujours l'avantage sur l'ouvrier qui manque de connaissance et n'a pas toujours l'énergie voulue pour se défendre, lorsqu'il est dans les mains de ces agences interlopes qson t niles monopoles de toutes sortes d'abus.

Voilà donc l'ouvrier (sous le couvert de la loi), sans salaire et incapable de reprendre son travail, victime encore d'une procédure suivie par l'assureur qui retardera l'affaire devant le Tribunal civil, profitant de tous les prétextes (*et il ne manque pas, lorsqu'on veut le faire*), pour réduire l'ouvrier victime d'un accident, à la misère la plus noire, et l'amener à transiger à ses dépens.

Le remède est facile, si nos législateurs avaient le désir de l'employer, ils n'auraient qu'à compléter l'article 16 par l'amendement suivant : « *Pour les* « *cas d'incapacité permanente et partielle ou permanente absolue, le demi-salaire* « *sera dû jusqu'à la conclusion donnée par le tribunal fixant le taux de la rente.* » Nous éviterions ainsi les discussions qui aigrissent toujours les rapports entre nous et nos employeurs.

Les compagnies d'assurances qui, généralement, ont intérêt à ne pas prolonger le paiement du demi-salaire, par cette modification apportée à l'article 16, au lieu d'user de toutes sortes de ficelles pour retarder les affaires, s'emploieraient pour en activer les solutions, et l'ouvrier bénéficierait de cette nouvelle situation qui lui serait faite, et n'aurait plus le désavantage d'attendre pendant de longs mois, sans aucun salaire, la conclusion de son affaire, qui serait ainsi jugée plus rapidement.

Je propose aussi la suppression des paragraphes 1 et 2 de l'article 20, car, à mon de point de vue, il est inadmissible qu'un ouvrier irait de gaieté de cœur, provoquer intentionnellement un accident, à seule fin d'en être victime. Je ne vois pas bien un ouvrier provoquant un accident dans lequel il risquerait sa vie, même en ne se faisant que des blessures peu graves au début et qui, par la suite, peuvent devenir mortelles, par le tétanos ou la gangrène. Cette idée de l'accident intentionnel n'a pu germer que dans des cerveaux bourgeois et capitalistes, défendant leur coffre-fort rempli par la misère et l'esclavage de leurs ouvriers, à qui ils refusent le moindre effort d'humanité, quand ils se blessent ou s'estropient en concourant à l'édification de leurs richesses oisives et parasitaires.

En concluant, camarades, pour ne pas abuser de votre patience, j'appelle votre attention sur ces nouvelles modifications que je vous soumets, pour être portées à la loi de 1898 sur les accidents du travail.

Appelé constamment, dans toutes nos différentes justices de paix, j'ai pu constater souvent, que certains de ces articles manquent de clarté, de précision et que nous sommes ainsi livrés dans les mains de ceux qui vivent de la chicane, et qui, sans vergogne, abusant de notre ignorance, spéculent sur notre manque de connaissances, de cette loi incomplète et dont les paragraphes prêtent à équivoques.

Une loi ne peut, ni ne doit être livrée à l'appréciation d'un juge quelconque, car, s'il y en a de bons, de consciencieux, il y en a d'autres qui ont des faiblesses trop caractérisées pour ceux contre lesquels nous avons déjà tant de difficultés pour nous défendre lorsque nous réclamons notre droit. Il nous faut une loi dans laquelle nous trouvions de réels avantages, élaborée avec clarté et précision, et qui ne soit plus livrée aux caprices de tels ou tels magistrats, qui tous, à quelques exceptions près, sont d'essence plus ou moins bourgeoise, ou que nous pouvons considérer comme tels.

Celui ou ceux qui n'ont su comprendre dans leur jurisprudence que l'ouvrier qui vit au jour le jour, qui a charge de famille, est livré à tous les besoins, à toutes les nécessités de la vie, a droit aux égards et à la considération de ceux qui sont chargés d'appliquer les lois, ne peuvent être qualifiés de bons jug·.

Voilà, camarades, les modifications essentielles que j'ai cru pouvoir soumettre à votre appréciation et qui rendront cette loi plus maniable et plus régulièrement appliquée dans l'exécution. Nos camarades de toutes les professions auront donc le bénéfice de ces améliorations si, avec l'envoi des modifications à apporter à la loi sur les accidents du travail au ministre compétent, nous exigeons de nos parlementaires une loi réparatrice et qui ne prête pas à confusion. Et surtout à nous tous de faire l'agitation nécessaire de façon à forcer le gouvernement à nous donner satisfaction.

### LOI du 9 avril 1898, modifiée par les lois des 22 mars 1902 et 31 mars 1905

| LOI EN VIGUEUR | ADDITIONS. — MODIFICATIONS SUPPRESSIONS |
|---|---|
| ART. 1er. — Les accidents survenus par le travail ou à l'occasion du travail dans l'industrie du bâtiment. | *Modifications.* — En faire bénéficier sans restriction tous le ouvriers et employés salariés des deux sexes. |
| Donnent droit au profit de la victime ou de ses représentants à une | Les quatre premiers jours seront payés. |

indemnité, à la condition que l'interruption ait duré plus de quatre jours.

Les ouvriers et employés qui travaillent seuls d'ordinaire.
ART. 2. — § 2. — Ceux dont le salaire annuel dépasse deux mille quatre cents francs.
ART. 3. — Pour l'incapacité absolue, à une rente égale aux deux tiers du salaire annuel.
§ 2. — Pour l'incapacité partielle et permanente à une rente égale à la moitié de la réduction que l'accident aura fait subir au salaire.
§ 3. — Pour l'incapacité temporaire : L'indemnité est due à partir du cinquième jour après celui de l'accident, toutefois elle est due à partir du premier jour, si l'incapacité de travail a duré plus de dix jours.
§ 4. — Lorsque l'accident est suivi de mort, une pension est servie aux personnes ci-après désignées, à partir du décès, dans les conditions suivantes : Alinéa A : Une rente viagère égale à 20 % du salaire annuel de la victime, pour le conjoint survivant non divorcé, à la condition que le mariage ait été contracté antérieurement à l'accident.
ART. 3. — Alinéa B: Pour les enfants, légitimes ou naturels, reconnus avant l'accident, orphelins de père ou de mère, une rente calculée sur le salaire annuel de la victime, à raison de 15 % pour un enfant, 25 % pour deux, de 35 % pour trois, et de 40 % s'il y en a quatre ou un plus grand nombre.
Pour les enfants, orphelins de père ou de mère, la rente est portée pour chacun d'eux à 20 % du salaire.

L'ensemble de ces rentes ne peut, dans le premier cas, dépasser 40 % du salaire, ni 60 % dans le second.

La loi est applicable à tous les ouvriers, quelle que soit leur nationalité.
*Le supprimer.*

*Le supprimer.*

Application intégrale et absolue dudit paragraphe.

*Modification.* — Que la rente soit égale au degré d'infirmité et de réduction de salaire, que l'accident aura fait subir à l'ouvrier.
*Modification.* — L'indemnité est due le lendemain de l'accident, quelle qu'en soit la durée.
*Addition.* — La journée de l'accident sera payée intégralement par le patron ou le chef d'entreprise.
*Modification.* — Il sera servi à la veuve une pension de 25 % du salaire annuel de la victime.

*Modification.*— Pour les enfants orphelins de père ou de mère, âgés de moins de 16 ans, une rente de 20 % pour un enfant, 30 % pour deux, 40 % pour trois et de 50 % pour quatre et au-dessus.

*Modification.* — Pour les enfants orphelins de père et de mère, âgés de moins de 18 ans, la rente pourra être élevée de 40 à 60 % de un à trois enfants, et de 60 à 75 %, s'il y a quatre enfants et au-dessus.
*Modification.* — L'ensemble de ces rentes ne peut, dans le premier cas, dépasser 60 % du salaire, ni 80 % dans le second.
*Addition.* — Que la rente soit acquise au conjoint survivant, marié *in extremis* et aux enfants reconnus après l'accident.

Les rentes constituées en vertu de la présente loi, sont payables par trimestre et à terme échu. Ces rentes sont incessibles et insaisissables.

§ 6. — Les ouvriers étrangers victimes d'accident qui cesseraient de résider sur le territoire français, recevront, pour toute indemnité, un capital égal à trois fois la rente allouée.

Il en sera de même pour leurs ayant-droits étrangers, cessant de résider sur le territoire français.

Les représentants étrangers d'un ouvrier étranger ne recevront aucune indemnité, si, au moment de l'accident, ils ne résidaient sur le territoire français.

Les dispositions des trois alinéas précédents pourront.......

ART. 4, 5, 6, 7, 8, 9.

ART. 10. — § 4. — Si, pendant les périodes visées aux alinéas précédents, l'ouvrier a chômé exceptionnellement et pour des causes indépendantes de sa volonté, il est fait état du salaire moyen qui eût correspondu à ce chômage.

ART. 11. —

ART. 12. — Dans les 24 heures qui suivent le dépôt du certificat et, au plus tard dans les cinq jours, le maire transmet au juge de paix du canton etc....

ART. 13. — L'enquête a lieu contradictoirement dans les formes prescrites.

ART. 14. — Sont punis d'une amende de 1 à 15 francs les chefs d'entreprise.

ART. 15. — Sont jugées en dernier ressort par le juge de paix, les contestations relatives tant aux frais funéraires qu'aux indemnités temporaires. Les indemnités temporaires sont dues jusqu'au jour du décès ou jusqu'à la consolidation de la blessure, etc...

§ 5. — Les décisions du juge de paix relatives à l'indemnité journalière, sont exécutoires nonobstant opposition. Ces décisions sont susceptibles de recours en cassation pour violation de la loi.

ART. 16. — § 3. — En cas de désac-

Les rentes sont payables d'avance et par trimestre, elles sont incessibles et insaisissables.

*Modification.* — Les ouvriers étrangers, victimes d'accident, auront droit au paiement de leur rente, quelque soit le pays où ils habitent.

*Modification.* — La rente leur sera servi dans les mêmes conditions qu'aux victimes.

*Modification.* — Ils auront les mêmes droits que ceux résidant sur le territoire français.

*Suppression,* vu les modifications des trois alinéas précédents.

Pas de modifications.

*Modification.* — Dans les professions sujettes au chômage, le taux de la rente sera calculé sur le salaire des ouvriers de la même catégorie travaillant toute l'année.

Pas de modification.

*Modification.* — Le délai de transmission du procès-verbal de la blessure est fixé à 48 heures au lieu de 5 jours, généralement pris par les administrations municipales.

*Modification.* — L'enquête sera faite dans un délai de dix jours sous peine de nullité.

Application stricte et rigoureuse de l'article.

*Modification.* — Le juge de paix devra nommer un ou plusieurs experts, sur simple requête de la partie la plus diligente et par ordonnance rendue au pied de la requête, le demi-salaire sera dû jusqu'aux conclusions définitives de l'expert.

*Addition.* — S'il n'y a pas opposition, le règlement définitif des demi-salaires aura lieu dans la huitaine.

Application rigoureuse dudit paracord entre les parties, elles sont renvoyées à se pourvoir devant le Tribunal, qui est saisi par la partie la plus diligente et statue comme en matière sommaire, conformément au titre 24 du livre 2 du Code de procédure civile.

§ 4. — En ce cas, le président, par son ordonnance de renvoi et sans appel, peut substituer à l'indemnité journalière, une provision inférieure au demi-salaire.

ART. 17. — Les jugements rendus en vertu de la présente loi.

ART. 18. — L'action en indemnité prévue par la présente loi, se prescrit par un an à dater de l'accident, ou de la cessation de paiement de l'indemnité ou de la clôture de l'enquête.

ART. 19. —

ART. 20. — Aucune indemnité ne peut être attribuée à la victime qui a intentionnellement provoqué l'accident ou s'il est dû à une faute inexcusable de l'ouvrier, de diminuer la pension fixée au titre 1er.

ART. 21. —

ART. 22. — Le bénéfice de l'assistance judiciaire est accordé devant le tribunal civil et s'applique de plein droit à l'acte d'appel.

ART. 23, 24, 25, 26, 27, 28, 29.

ART. 30. — Est passible de l'amende ou en cas de récidive dans l'année et sous réserve de l'application de l'article 463 du Code pénal, tout chef d'entreprise ayant opéré sur le salaire des retenues pour l'assurance, toute personne ayant porté atteinte au droit de la victime de choisir son médecin, etc....

ART. 31, 32, 33.

ART. 34. — Un règlement d'administration publique déterminera les conditions dans lesquelles la présente loi pourra être appliquée à l'Algérie et aux colonies.

graphe, car les jugements sommaires doivent être rendus dans les quinze jours.

*Modification.* — Pour les incapacités partielles et permanentes, ou permanentes absolues, le demi-salaire sera payé jusqu'à la conclusion du tribunal fixant le taux de la rente.

Application rigoureuse de cet article concernant les délais.

*Addition.* — Sauf le cas où, soit par ignorance ou par excès de confiance dans les personnes chargées par l'ouvrier de faire son affaire, la victime ou ses ayants-droits auraient laissé prescrire leurs droits.

Pas de modification.

Suppression de ces deux paragraphes.

Pas de modification.

*Modification.* — Le bénéfice de l'assistance judiciaire est accordé de plein droit à toutes les juridictions et sur simple visa des différents magistrats. Le bénéfice de l'assistance s'étendra à tous les actes de procédure sans exception, soit avant, soit après le jugement.

(Concernant les garanties), pas de modifications.

Application stricte dudit article.

Pas de modification.

*Modification.* — La présente loi est intégralement appliquée à l'Algérie et aux colonies.

*Abus à supprimer*

*Déclaration à la mairie.* — La déclaration à la mairie devra être remplie par l'employé municipal, si l'ouvrier ne sait pas écrire, ou s'il ne le peut. Il devra donner tous les renseignements nécessaires à tous les ouvriers blessés, au sujet de l'application de la loi et sur leurs droits.

*Médecins experts.* — Pour l'incapacité temporaire, les médecins désignés comme experts par le juge de paix, devront être avisés le jour même de leur nomination pour qu'ils procèdent à l'expertise et déposent leurs rapports dans la huitaine de leur nomination.

*Pour les rentes.* — Les médecins désignés par le Président du Tribunal civil pour la constitution des rentes, ne devront jamais être ceux qui ont connu de l'accident en premier ressort, comme experts.

Les médecins de l'armée et de la marine ne pourront être désignés pour procéder à des expertises médicales.

*Divergence entre l'enquête et le certificat médical.* — Pour y remédier, le juge devra transcrire en entier les certificats médicaux par ordre de date.

*Revision de la rente.* — Le dossier doit toujours être remis par l'avoué à la victime, en vue de la révision toujours possible de la rente, et non le garder par devers lui.

*Incompétence.* — Quand l'incompétence sera demandée par une des deux parties, le juge devra la vider séance tenante et sans renvoi.

**J. Vendangeon,** Port de Bordeaux.

« Le Congrès, considérant que la loi sur les accidents du travail n'est appli-
« cable qu'à quelques catégories de travailleurs, alors qu'un nombre consi-
« dérable n'en sont pas bénéficiaires ;

« Le Congrès se prononce pour que la loi sur les accidents soit modifiée dans
« le sens des décisions du Comité confédéral. Il décide ,en outre que tous les
« travailleurs des deux sexes, sans distinction de nationalité, bénéficient des
« avantages de cette loi ;

« Engage les travailleurs organisés à faire l'agitation nécessaire pour que
« satisfaction soit donnée au prolétariat. »

10° *Question H.* — Suppression de la nourriture et du couchage :

« Le XVe Congrès corporatif, considérant que la nourriture et le couchage
« sont des conditions de salaire déshonorantes et néfastes pour tous les salariés
« qui les subissent ;

« Considérant qu'elles sont de la part du patronat commercial une spécula-
« tion honteuse sur la situation misérable des travailleurs des campagnes, en ce
« sens que le patronat ,et plus particulièrement celui de l'alimentation, fait
« miroiter aux yeux de ceux-ci à charge d'enfants, la situation avantageuse et
« brillante du pain assuré pour le petit et d'une bouche de moins au foyer
« paternel ;

« Considérant que cette forme d'exploitation porte atteinte non seulement
« à la dignité de l'homme, mais émascule les jeunes cerveaux contraints de
« la subir,en les mettant jour et nuit sous la férule patronale, laquelle les prive
« de toute initiative individuelle pour guider leur vie propre, faisant d'eux, corps
« et cerveaux, son entière propriété ;'

« Considérant que cette partie des travailleurs (plus de 800.000), non libérée
« encore de ces mœurs moyennageuses, est une entrave permanente à la libé-
« ration intégrale du prolétariat par la grève générale ;

« Le XVe Congrès corporatif invite le Comité confédéral à soutenir dans sa

« propagande les organisations ayant ces deux questions dans leur programme de
« revendications, lui donne mandat d'intensifier cette propagande, à seule fin
« qu'au plus tôt, de tous côtés, un cri unanime s'élève contre cette forme
« de séquestration humaine. »

E. Laval, Epiciers de Paris ; Tabard, Garçons magasin Paris.

La Commission propose l'adoption de cette proposition.

La Fédération agricole présente la motion suivante :

« Considérant que tous les patrons nourrissent et logent leurs employés,
« qu'ils font ainsi un acte de commerce, puisqu'ils réalisent des bénéfices cer-
« tains tout comme les restaurateurs, le Syndicat de la Ferme d'Arles, dont ses
« membres travaillent dans les grandes exploitations agricoles de la Camargue
« sont honteusement exploités par ce système obligatoire de couchage et de
« nourriture, demande que tous ces employeurs soient astreints à la patente. »

La Commission a fait remarquer aux délégués de la Fédération agricole
combien la mesure qu'ils proposent pour remédier à cette exploitation est ano-
dine et plutôt contraire à leurs intérêts. En prenant en considération leur motion,
nous vous proposons de les inviter à étudier à nouveau la question, en s'inspirant surtout de ce qu'il est possible de faire par l'organisation coopérative.

11º *Question I.* — LIMITATION DES CHARGES TRAINÉES ET PORTÉES PAR UN HOMME.

La Commission vous propose l'adoption de cette résolution :

« Considérant que parmi tous les travailleurs, les garçons de magasin, hommes
« de peine, livreurs et manœuvres sont astreints à des travaux surhumains.

« Attendu que les charges trainées et portées par un homme sont excessives.

« Le Congrès décide que le Comité Confédéral fera une propagande active
« en faveur de ces travailleurs.

« Que, d'autre part, afin de réglementer les charges portées et trainées, une
« loi devra fixer les charges portées à 30 kilogs, et trainées à 275 kilogs, et l'Ins-
« pection du travail chargée de la faire appliquer.

« Proteste également contre les lourdes charges portées sur la tête par les
« Travailleurs des Halles ; réclame que toutes marchandises pouvant être divi-
« sées, doivent être fractionnées conformément à la réglementation demandée
« plus haut. »

Tabard, Garçons de magasin, Cochers livreurs de Paris, Camionneurs de
Beaucaire, Camionneurs de Mazamet, Camionneurs de Toulouse,
Hommes de peine de Casteljaloux, Hommes de peine de Toulouse,
Manœuvres Hommes de peine de Lyon, Emballeurs du chiffon de Paris,
Sayetiers emballeurs de Paris, Camionneurs de Roubaix ; E. Laval,
Employés de l'épicerie de Paris ; R. Fauny, Manœuvres et Hommes
de peine du Havre ; Vendangeon, Dockers des Bois du Nord de
Bordeaux.

12º *Question P.* — CONDITIONS A REMPLIR PAR UN DÉLÉGUÉ D'UN SYNDICAT A UNE BOURSE.

La Bourse du Travail de Narbonne formule ainsi sa proposition :

« Tout camarade syndiqué, investi d'un mandat politique ou administratif
« de sénateur, député, conseiller municipal, ne peut pas être délégué de son
« syndicat à la Bourse du Travail. »

. La Commission vous propose de repousser la proposition de Narbonne. Dans nos organisations corporatives, nous ne pouvons connaître que des syndiqués, sans avoir à nous occuper de leurs opinions ni de leurs actions politiques. La liberté doit être absolue pour tout syndiqué. C'est au syndicat à choisir ses délégués parmi ses meilleurs militants, et aucune règle générale ne peut contrarier cette autonomie des diverses organisations.

La proposition de Narbonne porterait un grand trouble dans tous nos rouages et serait une cause perpétuelle de conflits et de division.

En conséquence, la Commission vous propose de repousser ladite proposition.

En outre de ces diverses questions inscrites à l'ordre du jour, la Commission vous propose l'adoption du vœu suivant, déposé par le camarade Mathieu, du Syndicat des Cuirs et Peaux d'Issoudun :

« Le Congrès,

« Considérant qu'il est matériellement impossible aux syndicats ouvriers de « faire connaître entièrement leurs décisions aux populations.

« Invite le Gouvernement à accorder aux syndicats ouvriers la suppression « du timbre pour toutes les affiches provenant des organisations syndicales. »

La Commission appelle l'attention des syndiqués sur les propositions suivantes :

### Création d'Inspecteurs-adjoints du Travail.

**Julien**, rapporteur. — La question de l'inspection du travail, jusqu'ici très défectueuse, étant une de celles qui intéressent le plus les travailleurs, s'impose par cela même à l'étude et à la sanction des Congrès nationaux corporatifs.

Le vote, par le Sénat, de la loi sur le repos hebdomadaire ajoute une importance de plus à cette question, qui a été agitée dans toutes les Bourses du Travail, car il faudra s'efforcer d'assurer l'exécution de cette loi.

C'est pourquoi après avoir pris connaissance des différents projets ayant pour but la création de postes d'inspecteurs-adjoints ou de contrôleurs, mais estimant que ces mesures seraient insuffisantes, votre Commission reprend le projet adopté en 1902 par notre Congrès national et sanctionné à nouveau l'année dernière à Nantes, projet ainsi conçu :

« Le Congrès,

« Adopte le principe de la proposition déposée par les délégués de Saint-« Etienne, ayant pour but de conférer aux syndicats, par l'organe d'un délégué « choisi par eux, le droit de dresser des procès-verbaux relatifs aux infractions « à la législation protectrice du travail, et donne mandat au Comité fédéral « d'étudier la méthode d'application de la présente résolution. »

Avant d'adopter cette proposition, diverses objections avaient été soulevées ; une des principales était « le danger que couraient ceux qui assumeraient la responsabilité d'exercer le mandat syndical », certains membres estimaient que c'était sacrifier des camarades à la vindicte patronale.

A cela, il fut répondu que la manière dont était compris l'exercice de ces fonctions « rendait les risques sinon nuls, du moins très restreints », car, en effet, tous les syndicats ayant un délégué possesseur des mêmes droits, il importerait peu, par exemple « au mécanicien ou au tisseur d'aller faire respecter la loi protectrice du travail chez les boulangers, maçons, employés, et vice-versa ».

Votre commission estime, après étude, que la création de postes d'inspecteurs-adjoints serait absolument inefficace, car le nombre de ces fonctionnaires que nommerait le gouvernement serait trop restreint.

Ici, nous avons pris pour exemple un département dans lequel il existe 87 syndicats ; il est certain que le Gouvernement ne nous accorderait pas un tel nombre d'inspecteurs-adjoints ; tout au plus nous accorderait-il autant d'adjoints que de titulaires.

Or, comme ce département en possède trois, le total se trouverait porté à six, tandis qu'avec notre proposition, il serait de quatre-vingt-dix.

Le contrôle que nous proposons aurait aussi l'avantage d'être plus permanent, car les délégués se trouvant toujours sur les lieux d'agglomérations ouvrières, leur stabilité permettrait aux inspecteurs de mieux surveiller les localités dépourvues de Bourses ou organisations ouvrières.

Il est essentiel de tenir compte également du zèle que mettraient nos militants syndiqués à accomplir leurs fonctions.

Réclamer un tel droit pour les Chambres syndicales ne nous paraît pas excessif, mais, au contraire, très logique ; car si l'on envisage le nombre d'agents de toutes sortes mis jusqu'à ce jour, au service des privilégiés, agents que l'on trouve jusque dans les plus petites communes, on est en droit d'être surpris du petit nombre de surveillants mis à la disposition du travail par les législateurs.

Cette mesure s'impose, parce que, même pris, ainsi que leurs adjoints, « exclusivement dans les syndicats ouvriers », leur nombre trop limité « et leurs circonscriptions trop grandes » ne leur permettraient pas de donner satisfaction aux travailleurs.

Quant à la question « de la compétence voulue pour exercer indistinctement la surveillance dans toutes les branches du travail », nous sommes certains de la trouver parmi nos militants syndiqués ; elle sera au moins égale, sinon supérieure, à celle des agents gouvernementaux.

Pour ces divers motifs, votre commission propose au Congrès l'adoption des résolutions suivantes :

« 1º Chaque chambre syndicale nommera un délégué par 500 membres ou « fraction de 500 membres ; ces délégués auront pouvoir de verbaliser toutes « les infractions à la loi protectrice du travail ;

« Pour les syndicats des deux sexes de plus de 500 membres, il devra être « pris un délégué de chaque sexe ;

« 2º L'action de ces délégués s'exercera sur toutes les corporations et dans « tout le département ;

« 3º Les infractions verbalisées par les inspecteurs du travail ou les délégués « syndicaux, seront déférées au tribunal correctionnel et non au tribunal de « simple police ;

« 4º Les infractions verbalisées par les délégués syndicaux devront être trans-« mises à l'inspecteur du travail, qui les visera et les fera parvenir dans le plus « bref délai ;

« Les frais de déplacement seront pris sur les fonds départementaux ;

« 5º Les pénalités encourues pour la première fois, ne pourront être moindre « de 100 francs par infraction, ni dépasser 500 francs ; en cas de récidive elles « seront portées de 500 francs à 3,000 francs. »

En attendant que la loi frappe d'emprisonnement, et ce ne serait que justice, ceux qui s'obstinent à la violer, parce que les amendes encourues par eux sont inférieures au gain qu'ils retirent de leurs infractions, nous espérons que cette augmentation pourra déjà donner d'excellents résultats, grâce surtout à la surveillance effective, permanente et zélée des délégués syndiqués.

C'est pourquoi votre Commission demande au Congrès de ratifier ses résolutions, persuadée que, par sa mise en application, bien des accidents seront prévenus, que l'hygiène et le repos seront mieux observés, en un mot, que les travailleurs s'apercevront immédiatement du changement qui se sera opéré à leur profit et qui, s'il n'est pas la transformation intégrale et impatiemment attendue, n'en sera pas moins une efficace atténuation à leur triste situation.

Les conclusions du rapport sont adoptées à l'unanimité.

* *

Quoique l'Inspection du Travail ne soit pas portée à l'ordre du jour du Congrès d'Amiens, la Bourse de Marseille estime qu'en raison de sa connexité avec la question 3, *Repos hebdomadaire*, elle peut être l'objet d'une discussion, car la question est intéressante au plus haut point.

En effet, l'Inspection du Travail dans l'industrie est certainement une institution qui, créée pour la défense des travailleurs, semble avoir sensiblement déviée dans son fonctionnement.

Les Inspecteurs actuels du travail, quelque puisse être leur dévouement, sont trop souvent impuissants à remplir le rôle que la loi leur a tracé.

Soit qu'ils se laissent trop facilement circonvenir par les directeurs d'usines ou chefs d'ateliers, soit que ceux-ci emploient des moyens spéciaux pour tourner la loi, les prescriptions légales sont rarement observées et le travailleur n'est pas protégé du tout.

Les lois qui sont, soi-disant, faites pour la protection des travailleurs, dans leur application refusent à ces derniers le droit de veiller à leur exécution. On ne se moque pas plus agréablement de nous.

Aujourd'hui qu'une nouvelle loi vient d'être votée par le Parlement, « la loi sur le repos hebdomadaire », il est de toute évidence que le nombre des inspecteurs du travail doit être augmenté.

Nous estimons que les organisations syndicales, réunies en Congrès à Amiens, doivent non seulement réclamer la création d'une classe d'inspecteurs du travail pris dans les syndicats ouvriers et désignés par eux, mais encore demander que la loi, en la matière, soit modifiée de façon que la protection ouvrière soit réelle et non illusoire.

De cet exposé découle la proposition suivante :

« Le Congrès d'Amiens demande la création d'une classe d'inspecteurs du travail, pris dans « les syndicats ouvriers et désignés soit par eux, soit par les « Bourses auxquelles ils appartiennent.

« Ces inspecteurs devront avoir les mêmes droits et attributions que ceux « existants, et être en nombre suffisant pour assurer l'exécution stricte des « règlements et lois de protection ouvrière. »

**La Bourse du Travail de Marseille** ; *Délégués* : **Charpentier, Montclar.**

Le délégué du Syndicat des Moutonniers de Graulhet avait aussi déposé un ordre du jour dans ce sens. Le voici :

« Considérant, d'une part, qu'une circulaire du Ministre du Commerce, « en date du 19 janvier 1900, prescrit aux inspecteurs du travail de se rensei-« gner auprès des Syndicats, Bourses du Travail ou Fédérations ;

« Considérant, d'autre part, que jamais l'application de la loi n'a été res-« pectée, surtout à Graulhet où le développement du machinisme, intensi-« fiant la production, a créé de longues périodes de chômage ;

« Le Syndicat des Ouvriers Moutonniers de Graulhet émet le vœu que les « délégués ouvriers, pris et nommés par le Syndicat, soient chargés de relever « les infractions aux lois dites protectrices du travail. »

## Questions diverses.

*E. — Les modifications à la loi de 1884 sur les syndicats professionnels (21 Mars 84)*

Nous tenons à faire remarquer l'anomalie flagrante qui existe entre l'article 2 où il est dit ;

« Les syndicats ou associations professionnelles, même de plus de vingt per-
« sonnes exerçant la même profession, des métiers similaires ou des professions
« connexes concourant à l'établissement de produits déterminés, pourront se
« constituer librement, sans l'autorisation du Gouvernement. »

Et l'article 4 ainsi établi :

« Les fondateurs de tout syndicat professionnel devront déposer les statuts
« et les noms de ceux qui, à un titre quelconque, seront chargés de l'administra-
« tion ou de la direction.
« Ce dépôt aura lieu à la mairie de la localité où le syndicat est établi, et à
« Paris, à la Préfecture de la Seine.
« Ce dépôt sera renouvelé à chaque changement de la direction ou des statuts.
« Communication des statuts devra être donnée par le maire ou le Préfet de
« la Seine au Procureur de la République.
« Les membres de tout syndicat professionnel, chargés de l'administration
« ou de la direction de ce syndicat, devront être français et jouir de leurs droits
« civils. »

De ce qui précède, il résulte que l'on peut se constituer librement et sans l'autorisation du Gouvernement (article 2). Alors pourquoi l'article 4 spécifie-t-il qu'il faut déposer les statuts et les noms de ceux qui, à un titre quelconque, etc....

Pourquoi le dépôt doit-il être renouvelé à chaque changement de la direction ou des statuts ?

Pourquoi encore l'utilité de cette communication des statuts au Procureur de la République ? Cette communication des statuts implique pourrait-on dire la désignation du nom des administrateurs des syndicats.

Ce n'est pas que les syndicats aient un but qu'ils s'efforcent de dissimuler, bien au contraire ; ils affirment hautement qu'ils existent uniquement pour la défense des intérêts corporatifs avilis par les trusts capitalistes et le patronat en général.

Mais de là à donner les noms des camarades qui se dévouent pour assurer le bon fonctionnement de l'organisation, il y a une certaine différence.

D'autre part, comment admettrait-on que les membres chargés de l'administration ou de la direction d'un syndicat dussent être strictement français, alors que grâce à la constitution de sociétés à capital anonyme le travail dépend de patrons cosmopolites.

Et même, sans chercher à se préoccuper seulement des sociétés à capital anonyme, combien n'y a-t-il pas de patrons de nationalités diverses dans les différentes branches de l'agriculture, de l'industrie et du commerce?

D'où inégalité choquante dont nous avons le devoir de demander la revision.

De plus, il nous paraît utile d'étendre le droit à se syndiquer à quiconque travaille, quels que soient son âge ou son sexe.

En effet, dès l'instant où le patronat veut user d'une force humaine pour les besoins de son exploitation, cette force, sans distinction d'âge ou de sexe, doit être comprise dans le nombre des salariés et partant, bénéficier des mêmes avantages.

Il y aurait une seule exception à faire, mais qui ne dépendrait strictement que des syndicats : « la fixation d'une cotisation spéciale nécessitée par le salaire restreint de la catégorie intéressée ».

Et il est certain qu'après avoir déclaré qu'il y a inhumanité et spéculation à livrer au capital des jeunes gens dont la place se trouverait à l'école et non à l'usine, le syndicat, dans le but d'être conséquent et de rattacher ces nouvelles et jeunes victimes du capitalisme à la grande famille des salariés, dans l'espoir de les garder à jamais, n'hésiterait pas à proportionner leurs cotisations d'après les gains qui leur sont alloués

Et, de même que le patronat tient à en faire les apprentis de l'exploitation et de la servitude, de même il appartient aux organisations ouvrières de faire, des jeunes générations, des apprentis du syndicalisme.

Si nous nous portons ensuite à l'article 9 dont voici la teneur :

« Les infractions aux dispositions des articles 2, 3, 4, 5 et 6 de la précédente loi, « seront poursuivies contre les directeurs ou administrateurs des syndicats et « punies d'une amende de 16 à 200 francs. Les tribunaux pourront, en outre, à « la diligence du Procureur de la République, prononcer la dissolution du syn- « dicat et la nullité des acquisitions d'immeubles faites en violation des dispo- « sitions de l'article 6.

« Au cas de fausses déclarations relatives aux statuts et aux noms et qualités « des administrateurs ou directeurs, l'amende pourra être portée à 500 francs. »

Il résulte de cet article qu'alors que les infractions patronales verbalisées par les inspecteurs du travail, relèvent seulement du tribunal de simple police, celles, ou les soi-disant, mises à la charge des syndicats ouvriers « à la diligence du Procureur de la République », sont déférées au tribunal correctionnel, et pas-sibles d'une amende supérieure à celle dont les patrons peuvent être frappés ;

Que le Procureur de la République peut prononcer la dissolution du syndicat, etc...... ; alors que devient le fameux article 2 déclarant qu'on peut se consti-tuer librement, sans l'autorisation du Gouvernement ?

Si nous passons ensuite à l'article 10 nous y lisons :

« La présente loi est applicable à l'Algérie (1).

« Elle est également applicable aux colonies de la Martinique, de la Guade- « loupe et de la Réunion.

« Toutefois, les travailleurs et angers et engagés sous le nom d'immigrants, « ne pourront faire partie de nos syndicats. »

Pour l'article 10, nous ferons remarquer tout d'abord que la loi n'est appli-cable qu'à certaines colonies, alors qu'elle devrait l'être à toutes, *ainsi qu'aux pays placés sous le protectorat de la France.*

Ensuite qu'il est illogique que ceux que l'on appelle des immigrants ne puis-sent faire partie des syndicats.

Jusqu'à ce jour, ces immigrants ont fait une concurrence désastreuse, au point de vue salaires, aux ouvriers venus de la métropole ; les immigrants tra-vaillent à des prix que les camarades ouvriers français ne pourraient accepter ; d'où il résulte que nos camarades arrivant soit aux colonies proprement dites, soit dans les pays relevant du protectorat, sont obligés, après bien des misères endurées et leurs faibles ressources épuisées, de revenir à la métropole en se faisant rapatrier par les soins des consuls, qui se prêtent plus ou moins à la circonstance.

Pour remédier à cet état de choses, il est absolument nécessaire que les immi-grants puissent faire partie des syndicats ; car au syndicat, ils y apprendront

(1) La loi a été rendue applicable à la Nouvelle Calédonie en vertu d'un décret du 16 mai 1901.

le maintien des tarifs corporatifs, la haine de l'avilissement des salaires, dont bénéficient seuls quelques agitateurs, et l'utilité de la mise en pratique de la solidarité, qui doit exister entre tous les producteurs de la richesse sociale, à quelque nationalité ou sexe qu'ils appartiennent.

Par les motifs ci-dessus, il nous apparaît de toute utilité de demander la revision immédiate d'une loi aussi incomplète, aussi illogique et aussi contraire aux principes primordiaux du syndicalisme ;

Et demander au Congrès de décider :

« Que les syndicats, même de plus de vingt personnes, exerçant la même pro-
« fession, des métiers similaires, ou des professions connexes concourant à
« l'établissement de produits déterminés, puissent se constituer librement, sans
« l'autorisation du Gouvernement ;

« Qu'ils ne soient, en conséquence, soumis à aucun régime exceptionnel, pas
« plus qu'à l'arbitraire des agents gouvernementaux ;

« Qu'une simple déclaration de constitution de syndicat, faite à la mairie et
signée de trois membres y adhérents, soit reconnue suffisante ;

« Que le Congrès estime nécessaire et utile cette déclaration, pour qu'en bien
« des conflits qui surgissent journellement entre le capital et le travail, les tra-
« vailleurs organisés puissent, par l'intermédiaire d'une délégation, discuter de
« pair et d'office avec Messieurs les patrons. »

**Jullien.**

Les rapporteurs vous demandent d'accepter les conclusions de leur rapport.

*Les rapporteurs* : **Richer. Voilin. J. Vendangeon.**

Le rapport est adopté.

## LE PROCHAIN CONGRÈS

**Le Président** donne lecture des propositions déposées sur le bureau, propositions émanant de délégués désirant que les prochaines assises du prolétariat
organisés se tiennent dans leurs localités.

Les voici :

« *Aux camarades délégués au Congrès* :

« Le département de l'Isère qui, jusqu'ici, était, au point de vue organisation,
« resté en arrière du mouvement syndicaliste, commence à s'organiser, à prendre
« connaissance du merveilleux outil de la lutte de classe qu'est le syndicat,
« placé exclusivement sur le terrain économique ;

« D'autre part, pour nos camarades ouvrières en soieries, dont les salaires
« sont si minimes, pour nos nombreux camarades des papeteries de l'Isère,
« en un mot, pour toutes les corporations, il est nécessaire, qu'à côté de l'active
« et incessante propagande que nous faisons, vienne s'ajouter une démonstration
« nationale ouvrière corporative, afin de mieux faire comprendre et apprécier
« le but et la tactique confédérale, trop longtemps ignorée dans nos milieux ;

« Cette démonstration ne pourra qu'encourager et asseoir définitivement
« le mouvement syndical, jusqu'ici presque complètement délaissé dans nos
« milieux ;

« C'est pourquoi, au nom des quarante-quatre organisations ouvrières appar-
« tenant à l'Union syndicale confédérée du département de l'Isère, nous venons
« demander au Congrès de bien vouloir confier à la Bourse du Travail de Gre-

« noble, le soin d'organiser dans cette ville, les grandes assises du travail qui
« seront tenues en 1908 ;

« Comme elle a déjà organisé les Congrès nationaux des organisations de l'Ha-
« billement, de la Peinture et celui international de celle-ci, les congressistes
« peuvent être assurés qu'elle saura apporter dans l'organisation de ce Congrès,
« tout le dévouement et l'activité nécessaire, afin qu'il ait une ampleur digne
« des travailleurs organisés. »

> **J. Latapie**, Métallurgie ; **L. Robert**, Fédération des Peintres ; **E. David**,
> **L. Ferrier, Robert-Barillon**, délégués de Grenoble ; **Tabard**, Transport,
> Manœuvres, Manutentions ; **A. Allibert**, Chapellerie ; **Malardé**, Tabacs;
> **V. Renard**, Textile ; **E. Arbogast**, Ameublement ; **Delaine**, Fédération
> du Papier ; **Martin**, des P. T. T. ; **C. Chambron**, Fédération Habille-
> ment ; **P. Coupat**, Mécaniciens ; **H. Dret**, Cuirs et Peaux ; **G. Thil**,
> Lithographie ; **R. Guérin**, Sabotiers de Limoges ; **J. Tillet**, Céramique ;
> **Sellier**, Employés; **H. Bousquet**, Alimentation ; **Liochon**, Livre ; **Ader
> P.** Ouvriers agricoles.

« *Aux Membres du XVᵉ Congrès corporatif d'Amiens* :

« Camarades,

« Les délégués de Narbonne, soussignés, Cousteau, délégué de la Bourse du
« Travail, et Falcon, délégué du Syndicat des Ouvriers cultivateurs, viennent
« demander au Congrès de désigner Narbonne, comme siège du XVIᵉ Congrès ;

« Vous pouvez être assurés, camarades, que les efforts que nous déploierons
« pour l'organisation de cette nouvelle manifestation ouvrière, pourra vous dé-
« montrer que les Méridionaux savent aussi faire quelque chose de bien ;

« Une grande et franche cordialité vous sera accordée.

« Nous avons été vos hôtes d'une semaine, rendez-nous la pareille. Nous avons
« goûté les produits de votre pays, venez déguster les nôtres, c'est-à-dire les
« excellents vins du Narbonnais, si justement renommés. C'est avec instance
« que nous vous prions d'accepter notre demande.

« Fraternelles salutations à vous tous. »

> **M. Cousteau** ; **Falcon** ; **Biendiné**, Main-d'œuvre des P. T. T. de Paris ;
> **Cheytion**, Cultivateurs de Coursan (Aude); **Marty**, Cultivateurs de Portel
> (Aude) ; **Marie**, Presses typographiques de Paris ; **Bled**, Jardiniers de
> Paris; **A. Bousquet**, Alimentation; **Lambert**, des Terriens; **L. Lagarde**,
> Syndicat de Bessan (Hérault).

« Toulouse demande la tenue du prochain Congrès. »

*Union des Syndicats de Toulouse.*

> **Desbordes**, Limoges ; **Mozane** ; **J. Vaysse** ; **A. Galice** ; **Hervier** ; **Magnard** ;
> **Bornet** ; **Baritaud**, Maçonnerie Paris, Maçons de Clermont, Bâtisse de
> Marsillague, Terrassiers d'Albi, Tailleurs de pierres d'Aney, Tailleurs
> de pierres de Nancy, Terrassiers de Clermont, Maçons de Reims,
> **Sertillanges**, Fédération de la Maçonnerie ; **Jacquet**, Maçons d'Alais,
> Bourse du Travail d'Alais ; **L. Lefèvre**, Fédération internationale des
> Chauffeurs-Conducteurs ; **E. Durand**, Syndicat des Maçons, Tailleurs
> de Pierres et Plâtriers ; **Marty-Rollan** ; **Reymond** ; **Falandry Ch.**; **Bous-
> quet Ch.** ; **Valette** ; **Gouby** ; **Fournié** ; **Baudonnet** ; **Raynaud** ; **Ferrère** ;
> **Galantus** ; **Sergent** ; **Masson**, Lille ; **Jusserand**, Paris ; **Hardy**, Paris ;
> **Liochon**, Paris ; **Rousseau** ; **Coupat**, Mécaniciens ; **Voilin**, Paris ;

Guernier ; Valentin ; M. Blanchard ; Berbier ; Bertholon : Latapie ;
L. Malardé ; G. Thil ; Ch. Frédouet ; L. Delaine ; P. Richer ; A. Bous-
quet ; H. Henriot ; Bard ; A. Diette ; Lecointe ; P. Vedel ; Pataud ;
S. Mary; J.-B. Médard; A. Klemczinski; H. Turpin; Braun; Delucheux;
Gribauval.

« Pour que la classe capitaliste qui oppresse odieusement les travailleurs des
« régions bretonnes, voit bien que de plus en plus, le prolétariat se lève en face
« d'elle, de mieux en mieux organisé pour la lutte de classe ;
« La Bourse du Travail de Brest donne mandat à ses délégués, de demander
« que le prochain Congrès national tienne ses assises à Brest, qui, avec ses nom-
« breux militants et organisations, est en mesure d'organiser le Congrès dans
« les meilleures conditions. »

Les délégués : Roullier, Le Lann.

« *Aux camarades congressistes réunis à Amiens.*

« Camarades,

« La Bourse du Travail de Marseille demande à ce que le prochain Congrès
« ait lieu dans cette ville. »

**Monclard**, Bourse de Marseille, Boulangers de Marseille ; **Charpentier**,
Bourse d'Aix-en-Provence ; **Weter**, Cimentiers de Marseille ; **Ray-
mond**, Terrassiers de Marseille ; **Tardien**, des Limousinants de Marseille ;
**Francia**, Aides-Maçons de Marseille ; **Degan**, Maçons de Marseille ;
**Charpentier**, Tailleurs de Marseille ; **Avis**, Bourse d'Arles ; **Ginouves**,
Métallurgistes de Marseille ; **Durand**, Maçons d'Arles ; **Trémoulet**,
Fédération des Ports ; **J.-B. Bonnefoux**, Chaudronniers en fer de Dijon ;
**Gueit L.**, Menuisiers de Marseille ; **Gras J.**, International des Ouvriers
Mécaniciens de Marseille ; **L. Morel**, Bourse de Nice ; **Ch. Delarbre**,
Bourse de Dijon et huit syndicats.

« La délégation des syndicats de la Loire étant obligée de partir pour des
« raisons de force majeure, demande au Président de vouloir bien demander
« au Congrès de désigner la ville où aura lieu le prochain Congrès ;
« Au cas où le Congrès ne voudrait pas accepter cette proposition, les délé-
« gués de la Loire le demandent pour Saint-Etienne, étant données les com-
« modités que possède la grande Bourse du Travail. »

La délégation de la Loire.

Après une discussion tumultueuse, on décide de désigner la ville au tirage au
sort. Les délégués de **Marseille** protestent contre cette proposition qui est
adoptée.

On procède au tirage au sort : **Marseille** *est désignée.*

## REMERCIEMENTS AU COMITÉ D'ORGANISATION

Le Président lit les adresses suivantes :

« Avant de se séparer, les membres du Congrès de la Confédération géné-
« rale du Travail, adressent leurs félicitations à la Bourse du Travail d'Amiens,
« pour la bonne organisation du XVᵉ Congrès confédéral national ;

« Saluent la Ville d'Amiens et se séparent aux cris de :

« Vive la Révolution sociale par les travailleurs !

« Vive le Syndicalisme ! »

G. **Guion**, Union Métallurgique de Nantes ; **Darnis**, Marseille ; **Olivier**, **Antonin**, Bourse d'Arles ; **Monclard**, Bourses d'Aix et de Marseille ; **J.-B. Médard**, Gens de Maison de Paris ; **Ader P.**, Agricoles du Midi.

« Le XVe Congrès national corporatif, tenu à Amiens (octobre 1906), adresse
« ses remerciements à la Commission d'organisation, pour la bonne organisa-
« tion des différents services du Congrès ;

« Adresse aussi ses remerciements à la Société coopérative (l'*Union*, d'Amiens)
« ainsi qu'à tout le prolétariat organisé d'Amiens, pour les sacrifices faits,
« la franche solidarité qu'ils n'ont cessé de démontrer aux camarades congres-
« sistes. »

H. **Turpin**, Voiture de la Seine ; **Brunel**, Voiture de Moulins et de Bourges.

« Avant de clore les travaux du XVe Congrès national corporatif, les délé-
« gués tiennent à remercier les camarades organisateurs du Congrès pour la
« manière parfaite dont ils se sont acquittés de leur tâche ingrate. »

**Laurens**, Cherbourg ; **Frédouet**, Rennes ; **Thil**, Lithographie.

« Afin de donner des ressources au Comité confédéral, la Bourse de Brest pro-
« pose, qu'au même titre que le compte rendu des Congrès, la *brochure-réper-*
« *toire* soit à la charge de chaque organisation confédérée. »

**Roullier**, Bourse de Brest.

Elles sont adoptées.

**Cleuet**, remercie les congressistes des félicitations adressées au Comité d'organisation qui n'a fait que son devoir. Il leur adresse un cordial « au revoir ».
Il annonce que la Conférence des Bourses aura lieu lundi et mardi, à la Bourse
du Travail, rue Antonin.

**Le Président** donne lecture de l'ordre du jour suivant qui est adopté à l'unanimité.

« Le XVe Congrès national corporatif, estimant que le prolétariat français
« ne peut assister indifférent aux manœuvres criminelles du pouvoir et du patro-
« nat des autres nations contre nos camarades de ces pays ;

« Elève sa protestation indignée contre les agissements du pouvoir royal
« espagnol à l'égard des citoyens Ferrer et Nakens, poursuivis de complicité
« dans l'attentat de Morral, en violation de la légalité bourgeoise elle-même,
« en dépit des conclusions mêmes du procureur royal de Madrid, desquelles
« déclarations il ressort qu'aucune preuve de complicité n'existe ;

« Le Congrès adresse à ces victimes de l'inquisition espagnole ressuscitée,
« l'expression de la fraternelle solidarité du prolétariat français ;

« Il exhorte les organisations ouvrières à faire, d'ici le jour du verdict, une

« agitation vigoureuse pour ne pas laisser s'accomplir un nouveau crime judi-
« ciaire qui aurait pour conséquence générale d'étouffer la liberté du proléta-
« riat espagnol. »

> **A. Merrheim** ; **P. Monatte**, Correcteurs de Paris ; **A. Luquet**, Coiffeurs de
> Paris.

**Le Président** déclare clos le XV<sup>e</sup> Congrès corporatif.

*Les secrétaires :*

**Lecointe**, des Typographes ; **Sellier** et **Hémery**, des Employés.

Adjonction au procès-verbal de la séance du 13 octobre (matin).

**Montagne**, délégué des Marins du Havre, déclare que s'il eût été présent au
moment du vote sur la proposition du Textile, il eût voté contre la proposition
et pour la neutralité absolue.

# CONFÉRENCE

## des Bourses du Travail

La Conférence que, d'après les décisions du Congrès de Montpellier, les Bourses du Travail peuvent tenir à l'issue du Congrès corporatif, a eu lieu les lundi 15 et mardi 16 octobre.

La Conférence procède à l'élection de son Bureau :

*Président* : **Cousteau** (Narbonne) ;
*Assesseurs* : **Delarbre** (Dijon), et **Jannot** (Cette) ;
*Secrétaire* : **Klemczynski** (Oise).

**Yvetot**, *secrétaire*, annonce que 83 Bourses sur 135, participent à la Conférence et donne lecture de ces Bourses et des délégués qui les représentent.

Ce sont :

| | |
|---|---|
| Aix-en-Provence, | Monclard. |
| Agen, | G. Yvetot. |
| Alais, | Jacquet. |
| Albi, | P. Gibert. |
| Alençon, | Richer. |
| Alger, | Yvetot. |
| Amiens, | Cleuet. |
| Angers, | Bahonneau. |
| Angoulême, | Etard. |
| Arles, | Avis. |
| Avignon, | Yvetot. |
| Bayonne, | F. Delesalle. |
| Belfort, | Traut. |
| Besançon, | Lefèvre. |
| Béziers, | Niel. |
| Bordeaux, | Vendangeon. |
| Boulogne-sur-Mer, | Alf. Amat. |
| Bourges, | Hervier. |
| Brest, | Roullier. |
| Brive, | Yvetot. |
| Carcassonne, | Delesalle. |
| Cette, | Jannot. |
| Châteauroux, | Lochet. |
| Cherbourg, | L. Laurens. |
| Clermont-Ferrand, | Orfeuvre. |
| Creil (Fédération Oise), | Klemczynski. |
| Dijon, | Delarbre. |
| Dunkerque, | Dekoninck. |
| Epernay, | Richon. |

| | |
|---|---|
| Escarbotin, | Yvetot. |
| Grenoble, | David. |
| Issoudun, | Lochet. |
| Issy-les-Moulineaux, | G. Caillez. |
| Ivry, | Yvetot. |
| Le Hâvre, | Fauny. |
| Le Mans, | Richer. |
| Levallois-Perret, | Lefort. |
| Limoges, | Desbordes. |
| Lyon, | Chazeaud. |
| Macon, | Yvetot. |
| Marseille, | Charpentier et Monclard. |
| Mazamet, | Etard. |
| Meaux, | Etard. |
| Mèze, | Niel. |
| Montauban, | Raymond. |
| Montluçon, | Desforges. |
| Montpellier, | Niel. |
| Moulins, | Gilles Morgand. |
| Nancy, | Garnery. |
| Nantes, | Blanchart. |
| Narbonne, | Cousteau. |
| Nemours, | Garnery. |
| Nevers, | Lefèvre. |
| Nice, | Léon Morel. |
| Niort, | Briat. |
| Orléans, | Constant. |
| Paris, | Turpin. |
| Périgueux, | Teyssandier. |
| Perpignan, | Bertrand. |
| Poitiers, | Limousin. |
| Puteaux, | Limousin. |
| Reims, | Guernier. |
| Rennes, | Beaupérin. |
| Roanne, | Cleuet. |
| Rochefort, | Roux. |
| Romans, | Garnery. |
| Rouen, | P. Viche. |
| Saint-Amand, | Hervier. |
| Saint-Brieuc, | Collet. |
| Saint-Chamond, | Delesalle. |
| Saint-Claude, | Caze. |
| Saint-Denis, | Lenglet. |
| Saint-Etienne, | Soulazeon et Jullien. |
| Saint-Quentin, | Nicolas. |
| Saint-Nazaire, | Gautier. |
| Thiers, | Vedel. |
| Toulouse, | Raymond et Marty. |
| Tours, | Coignard. |
| Troyes, | Desbordes. |
| Tulle, | Vaysse. |
| Valence, | E. Barthelon. |
| Vichy, | Perrin. |
| Vierzon, | René Coteau. |

Un ordre du jour demandant que la séance se termine le soir, en abrégeant les discours, n'est pas adopté.

**Monclard** demande la nomination de trois commissions pour abréger les travaux du Congrès, et demande une séance de nuit.

**Vendangeon** s'y oppose.

**Fauny** soutient l'idée d'en finir au plus tôt.

**Niel** s'oppose à la nomination de trois Commissions. Une pour l'indépendance des Bourses et une pour le placement. Pour les Unions départementales, Klemczynski, qui a été rapporteur au Congrès, est à la Conférence ; quant au viaticum, il a été suffisamment étudié et un rapport a été édité.

**Vedel** trouve inutile la nomination d'une commission, qui ferait perdre du temps.

(On insiste pour l'ordre du jour sans commissions).

**Monclard** demande à nouveau que la conférence se termine le soir.

**Niel** estime que cela soulèverait des incidents dans les Bourses.

**Garnery** demande qu'on se mette au travail de suite.

(A l'unanimité moins deux voix, on passe à la discussion. — Par 23 contre 12, on vote à mains levées pour que la Conférence discute sans commissions).

## Représentation des Bourses

**Yvetot**, *secrétaire*, pose la question de savoir si l'on peut représenter plusieurs Bourses à la fois.

**Niel** demande qu'on se base sur la représentation au Comité des Bourses, à défaut d'autre réglementation. Au Comité, les délégués ne peuvent avoir plus de trois mandats.

**Yvetot** s'est basé sur le chiffre de dix, adopté par le Congrès confédéral.

**Caillez** demande qu'on n'accepte que les Bourses mandatées régulièrement.

**Yvetot**. — Il n'y en a pas d'autres.

**Guernier** et **Niel** demandent qu'on ne puisse, à l'avenir, représenter plus de trois Bourses à la Conférence.

(Cette proposition est acceptée à l'unanimité moins trois voix).

## Viaticum des Bourses

**Yvetot** présente les deux projets compris dans le rapport envoyé aux Bourses (1) et comprenant l'économie du projet Briat et la critique du projet par Niel. Il rappelle que le Comité des Bourses s'est occupé de donner une solution à cette question, en adressant, à deux reprises, des questionnaires refe-rendums aux Bourses. Bien peu d'entre elles ont répondu. Le Comité a fait le possible. Il laisse la discussion libre sur la question, les données sont à présent suffisantes. Les deux tendances sont maintenant bien exposées : Viaticum libre ou obligatoire. Si les délégués veulent que ces rapports soient lus, ils sont à la disposition de la Conférence.

**Niel**. — Nous les connaissons.

**Fauny** se prononce pour l'obligation, dont il a reconnu depuis la nécessité. Au Havre, les camarades étrangers passent assez nombreux, et il convient de compter sur un budget nouveau pour les soutenir régulièrement.

**Turpin**, au nom de l'Union de la Seine, soutient également l'obligation. Il insiste aussi pour que les Secrétaires des Bourses connaissent les carnets des

---

(1) Voir aux documents annexes le *Rapport sur l'établissement du Viaticum des Bourses.*

travailleurs étrangers, qui sont souvent trompeurs et dont les modèles devront être connus. Il dépose un ordre du jour.

**Desforges** est aussi pour l'obligation, mais trouve que l'échelle de cotisation contenue dans le projet Briat, n'est pas proportionnée suffisamment. Les gros syndicats ne paient pas assez par rapport aux petits.

Il demande l'échelle suivante : 1 à 50, 0 fr. 50 ; 51 à 100, 0 fr. 75 ; au-dessus de 100, 0 fr. 50 par fraction de 100.

**Turpin** insiste pour qu'on ne soit pas trompé par les livrets de mutualité dont les étrangers se servent pour toucher des secours dans les syndicats.

**Chazeaud** est contre l'obligation. On nous parle de nous séparer des subventions et nous serons obligés d'augmenter les cotisations des syndiqués.

Nous demandons qu'on garde le *statu quo*. Si les Bourses n'ont pas institué le viaticum, les syndicats l'instituent. Il nous serait, à Lyon, matériellement impossible de faire le viaticum, même s'il était voté.

**Lepart** s'associe à ces paroles pour la Bourse de Meaux.

**Bahonneau** se déclare partisan, au nom de la Bourse d'Angers, aux principes de l'obligation et de la centralisation contenues dans le rapport Briat, et qui lui semblent logiques.

**Constant** est hostile au *statu quo*. Il faut régler cette question. Il y a des Bourses qui sont peu fortes et qui ont beaucoup de secours à donner.

Il critique aussi l'échelle de versement et propose des modifications aux articles 1 et 2 du projet, et la mise en pratique de l'article 5. Il voudrait voir adopter le carnet présenté par la section.

**Morgand**. — Nous repoussons, à Moulins, le viaticum obligatoire, l'ayant appliqué chez nous et ne pouvant, dans l'occurrence, supporter de charges nouvelles.

**Gautier**. — La Bourse de Saint-Nazaire est fermement partisan de l'obligation du viaticum. Les passagers y sont nombreux, et si on ne trouve pas un moyen de régulariser la question du viaticum, les Bourses surchargées de chômeurs finiront par le supprimer. ~

En attendant, elles sont dans la nécessité de le diminuer. Un camarade qui partira de Nantes sera obligé de traverser toute la région bretonne sans indemnité.

**Hervier** trouve indispensable l'organisation obligatoire du viaticum. Il n'y a pas de moyen plus simple et plus sérieux que celui de la centralisation, et il est regrettable de voir ce projet rencontrer toujours des objections financières principalement. Les Bourses n'auraient pas beaucoup plus à verser que maintenant. Il cite le cas de Bourges et présente le système adopté dans cette Bourse, qui a donné des résultats : Une cotisation de 0 fr. 01 par membre et par mois a été imposée aux 4,000 syndiqués adhérents. On a pu ainsi recueillir des fonds et généraliser ce service par une répartition proportionnée suivant l'état de la caisse. Pourquoi n'opérerait-on pas de la même façon nationalement ?

**Klemczynski** est heureux de voir des Bourses comme celles du Havre et d'Orléans qui votèrent, il y a deux ans, contre le principe de l'obligation, en reconnaître aujourd'hui la nécessité. Tant que les Bourses ne se trouvent pas dans l'embarras créé par le secours de route, elles semblent se désintéresser de la question. Le cas est tout différent entre les centres passagers comme Paris et ses environs, et celui des localités qui ne voient que de rares syndiqués, ou des syndiqués secourus par leur fédération d'industrie ou de métier.

Le refus d'organiser nationalement le viaticum a obligé la Bourse du Travail de Creil, siège de l'Union de l'Oise, à ne devenir qu'un bureau où le secrétaire reçoit sa correspondance.

A Creil, il faut prévoir 1,500 passagers par an, allant à Paris ou en revenant. La plupart sont des camarades étrangers, Russes, Allemands, Belges, Hollandais, habitués à être secourus dans les autres pays, surtout en Allemagne. Ils sont très exigeants et la situation du secrétaire, comme celle des syndicats environnants est intolérable.

On semble trop oublier, dans cet ordre d'idées, le rôle des Bourses du Travail, qui est de se rendre maîtresses du marché du travail. L'Union de l'Oise compte 1,200 adhérents éparpillés dans 50 communes du département. Elle doit répondre aux services syndicaux avec ses seules forces, les adhérents lui fournissant un budget mensuel de 180 francs, ce qui est peut-être le sacrifice le plus notable dans les Bourses. Ce budget représente ce qu'il faut, rien que pour le viaticum, auquel aucun syndiqué cotisant de l'Oise n'a fait appel. Les syndiqués qui ont touché à Amiens ou Saint-Quentin, trouvent étrange de ne pas toucher à Creil. Faut-il courir après la subvention municipale ? Nous nous y refusons et nous sommes partisans du principe de l'obligation comme de la centralisation avec une échelle de versements qu'on peut modifier, mais qui doit être générale.

J'ai fait partie de la Commission de Bourges, qui nomma Briat rapporteur après s'être montrée en majorité favorable à l'obligation. Je fus de la minorité qui proposa la ressource unique dans une cotisation supplémentaire applicable au syndiqué. Je me suis rallié à l'idée de Briat, qui n'excluait pas la subvention de cette ressource, en laissant libre le versement des Bourses, pensant comme lui, rallier plus d'organisations au principe de l'obligation. Ceci fut cause de notre échec, car parmi les 48 Bourses hostiles, il y en eut pas mal qui s'opposèrent à la base incertaine de la subvention critiquée par Niel, ou qui y virent une prime au subventionnisme, ce qui était bien loin, personnellement, de ma pensée.

Ou le viaticum des Bourses est désirable, et il n'y a pas de meilleure base de son institution que celle de l'effort personnel du syndiqué. Ou il n'est possible que par les Fédérations nationales, et il faut le dire franchement et le syndiqué encore paiera. J'estime que ce service est surtout celui des Bourses du Travail, et que ce sera commettre une faute que de ne pas l'instituer.

**Jannot** est hostile à l'obligation. Les Bourses qui manquent de ressources peuvent en rechercher ou refuser le secours, si ces dernières leur font défaut. Le système proposé diminuera le taux du secours très certainement, et ne sera pas une amélioration.

**Viche** est contraire au service obligatoirement constitué. Il vaudrait mieux que les Fédérations de métier ou d'industries instituent le viaticum entre elles. Elles pourront y apporter plus de contrôle. Nous assurons à Rouen, les versements par un versement de 0 fr. 10 par syndiqué.

**Niel** trouve impossible l'organisation du viaticum par les Bourses du Travail.

Il fait ressortir les deux formes du viaticum : celui des Bourses du Travail et celui de la Confédération, qu'on a recherché à réaliser.

Celui qu'on veut instituer nationalement entre les Bourses du Travail, et que l'on veut si solide est fondé sur une base des plus fragiles et des plus incertaines.

Le budget des Bourses est constitué par des subventions qui ne sont pas régulières, qui ne sont pas assurées. La cotisation personnelle imposée n'est pas possible, les syndiqués ne pouvant être régulièrement dénombrés. A Montpellier, les syndicats se refusent à donner le nombre de leurs adhérents.

C'est sur une inégalité de ressources que vous voulez répartir une égalité de charges. Il y a là une contradiction.

Vous dites, les caisses verseront dans une caisse centralisée. Il y a des Bourses qui touchent des subventions sous forme de jetons, permettant le soutien des passagers.

Vous avez beaucoup de Bourses qui donnent les secours en nature.

S'il y a des syndiqués très sérieux, il y en a d'autres qui ne sont pas en état de recevoir de l'argent.

Toutes les Bourses connaissent le projet Briat. Sur 60 Bourses qui ont répondu aux questionnaires, 19 ont répondu pour le principe, 41 contre. Il faut en ajouter 10 qui se sont prononcées contre aujourd'hui, et qui n'ont pas répondu, soit 51.

L'argument de Klemczynski nous prouve qu'à partir du moment où le secours sera rendu obligatoire, la part du secours que nous pourrons donner serait de 25 à 30 francs par an. Le viaticum facultatif actuel est supérieur et ne s'épuise pas.

Le système de l'obligation limite le secours.

Si on interrogeait les intéressés, ils seraient contre l'obligation qui réduit leurs avantages.

Sur les 20 Bourses du Travail favorables à l'obligation, 11 sont pour le versement supplémentaire. Je ne sais si elles peuvent garantir leur versement et si elles ont bien la certitude de tous leurs syndiqués.

**Gautier.** — Evidemment, puisque le versement existe déjà.

**Niel.** — Les Bourses favorables ne se prononcent pas nettement pour le système de fonctionnement, tant ce dernier leur semble incertain. Trois disent : les subventions paieront le viaticum.

Briat, sentant lui-même la force de cet argument dans son projet, a dit que les Bourses étaient libres de verser comme elles l'entendaient.

Il conclut à l'impossibilité matérielle du viaticum obligatoire par les Bourses, et à la propagande pour le viaticum dans les fédérations d'industries.

**Beaupérin** est partisan absolu de l'obligation du viaticum. Depuis 1893, la Bourse de Rennes fait verser pour ce service, o fr. 01 par mois à chacun de ses adhérents.

**Coignard** est opposé à l'obligation. Partisan d'une entente entre les Fédérations nationales et les Bourses, il pense ainsi éviter les cotisations supplémentaires, dont les syndiqués ne voudraient pas. Il est partisan du viaticum confédéral, seul solidement établi. La Bourse du Travail aurait la mission de verser le secours.

**Jullien.** — Partisan en principe, la Bourse du Travail de Saint-Etienne se trouve dans l'impossibilité matérielle d'effectuer obligatoirement des versements. Nous avons des syndicats de 10,000 membres qui sont tombés à 400. Le viaticum obligatoire serait une prime à l'exploitation des passagers professionnels. Il faut l'instituer internationalement avant de l'instituer obligatoirement chez nous.

**L. Morel** propose la motion suivante, au nom de la Bourse du Travail de Nice :

« Considérant que la Conférence est assez éclairée sur le viaticum, nous demandons le passage au vote sur son organisation obligatoire ou facultative ».

(La Conférence se prononce pour le maintien de la discussion avec la liste des inscrits).

**Caillez** est hostile au viaticum des Bourses, qui ferait double emploi avec le viaticum des fédérations.

**David** est pour le viaticum facultatif. Il n'y a pas toujours de permanences pour recevoir les chômeurs. Les ressources exigées par l'obligation seront une imposition redoutable.

**Vedel** parle de la subvention arriérée votée par le Parlement sur la proposition du Ministère du Commerce. Il demande que la Conférence se prononce sur le refus ou l'acceptation de cette subvention. Cela pourra donner une indication très précieuse.

**Turpin.** — Il n'y a pas de syndiqués particuliers. Il faut donc généraliser le viaticum. Le double emploi n'est pas à craindre. Les Fédérations ont dû créer le secours de route parce que les Bourses ne l'avaient pas. Nous perfectionnerons le viaticum. Il y a un égoïsme dans les Bourses comme chez les particuliers. Les Bourses placées dans les endroits non passagers, peuvent secourir sans crainte, tandis que celle de Paris et de toute la région environnant la capitale, ne peuvent suffire.

**Yvetot.** — Il est regrettable que des Bourses pensent que le viaticum corporatif vaille mieux que celui des Bourses. C'est voir la question à un point de vue étroit. Il y a des corporations qui ne pourront jamais instituer le viaticum. Faut-il laisser toujours incomplet un service dont chacun comprend la nécessité et qui serait capable d'augmenter le nombre des syndiqués ? Les Fédérations de métier se débarrasseraient peu à peu de leur viaticum, si les Bourses ou Unions locales instituaient le leur, dont leurs adhérents profiteraient. Alors, elles rentreraient, les Fédérations et les Bourses, chacune dans leur rôle. S'il y avait double emploi pour certains adhérents, eh! bien, ce serait tant mieux! Versant deux fois, ils toucheraient deux fois.

Il y a des Bourses qui reçoivent beaucoup de voyageurs et dont les éléments ne voyagent pas, tandis que le contraire se produit.

Il faut voir les choses largement. Il faut que des cotisations soient versées. D'où elles viendront, je veux l'ignorer. Je préférerais les cotisations personnelles, les subventions étant de plus en plus incertaines et de plus en plus compromettantes. Mais, avant tout, je tiens à l'institution générale du Viaticum dans les Bourses du Travail.

Au point de vue international, le camarade de Saint-Etienne trouvait qu'il passait beaucoup d'étrangers en France. Il s'agit de savoir si les camarades étrangers sont en règle au point de vue syndical. Ce serait un lien de solidarité internationale de plus, que nous avons le devoir d'encourager. Quand il dit qu'il faut le Viaticum international d'abord, le camarade de St-Etienne se trompe. Le fait existe pour le Livre. Si l'on a créé le viaticum international, c'est parce que les nations ont demandé la réciprocité. Les corporations de métier se fondent en fédérations d'industrie. Notre point de vue à nous, épris de l'idée fédérale, s'établit là. Nous pouvons poser un jalon d'égalité entre tous les travailleurs. Les Bourses sont les abris de tous les travailleurs. La supériorité du viaticum des Bourses s'établit donc sur les autres, par son principe de généralité.

**Richer** adopte le projet Niel parce qu'il considère qu'il y a lieu d'établir des statuts uniques et des cotisations uniques.

**Briat** est partisan de l'obligation. Le viaticum rend et rendra des services. Nous sommes divisés sur le principe de l'obligation ou de la faculté de le laisser aux Bourses du Travail.

Serais-je indiscret de demander à la Bourse du Travail de Montpellier comment elle paie des cotisations à la Section des Bourses ?

Nous avons trouvé quantité de Bourses très visitées par les chômeurs, comme Paris, par exemple.

Nous avons trouvé qu'il y avait une violente injustice. Et nous avons pensé que le mieux était la répartition. Le syndiqué qui a versé son viaticum dans une Bourse et qui ne peut toucher son secours dans une autre, se fait une singulière idée de notre organisation.

Quand on ne peut donner le secours sans abus, on avoue sa faiblesse. Etant très larges, nous n'avons pas décidé de rendre obligatoire le principe du versement du syndiqué au syndicat, ou du syndicat à sa Bourse ; nous n'avons compté que sur ces Bourses.

Moralement, les Bourses sont appelées à faire l'échange des produits, à rendre les services d'éducation.

La question de permanence est mieux observée par les Bourses que par les syndicats, c'est indiscutable.

[ Le service du viaticum est dépendant de celui de l'échange du travail et des placements.

La subvention de 10,000 francs touchée par l'Office du Travail était votée par le Parlement et, par conséquent, plus morale. Personne n'avait le droit d'y toucher, tandis que celles touchées par les syndicats sont subordonnées au visa du préfet et à celui du Ministre de l'Intérieur.

**Briat** conclut en demandant l'application, sauf modifications de détails, du principe exposé dans son rapport.

**Limousin.** — L'obligation donnera un contrôle. Il faudra un système permettant de connaître la victime du patronat d'avec le professionnel du secours. Le livret des Bourses permettra de favoriser le syndiqué intéressant. Actuellement, on peut donner un secours à un jaune. Si on ne peut pas faire l'obligation, qu'on crée un système de contrôle.

**Guernier.** — Le principe de l'obligation entraînera de nouveaux sacrifices. Il faut prévoir que beaucoup de syndiqués se refuseront à payer des cotisations supplémentaires. C'est pourquoi je voterai contre.

**Monclard.** — Vous serez forcés, avec l'organisation du viaticum obligatoire, à des cotisations vraiment importantes et la pratique sera impossible.

**Constant.** — Dans toutes les Bourses, il y a un budget spécial pour le viaticum. Toutes les Unions locales ou départementales reçoivent des cotisations de leurs membres, et peuvent répondre administrativement à l'organisation de ce service.

**Traut.** — Nous devons donner des secours aux étrangers syndiqués. Nous demanderons la réciprocité aux nations voisines. L'obligation du viaticum aux étrangers comme aux Français, doit être le principe de cette nouvelle organisation.

**Lepart** dépose, au nom de la Bourse du Travail de *Meaux*, l'ordre du jour suivant :

« Considérant la difficulté qu'il y a, tant au point de vue du contrôle qu'au
« point de vue financier d'organiser le viaticum des Bourses. La Bourse de
« Meaux propose d'inviter les fédérations à organiser elles-mêmes le viaticum
« dans leur sein ».

Après une discussion à laquelle prennent part les camarades Niel et Turpin, Lévy expose le système du livret permettant d'éviter les abus. Les carnets serviraient à établir un bordereau périodique rendant possible l'Office national de placement et de statistique.

**Gautier** dépose l'ordre du jour suivant :

« La Conférence est invitée à se prononcer sur le principe obligatoire ou
« facultatif du viaticum ».

**Gautier**, de Saint-Nazaire ; **Morel**, de Nice ; **Cousteau**, de Narbonne.

**Niel** soutient le *statu quo* avec le livret.

(La priorité est accordée sur le vote de principe).

Il est procédé au vote par appel nominal. En voici le résultat par Bourse :

Ont voté pour l'obligation :

Agen ; Alais ; Albi ; Angers ; Belfort ; Besançon ; Bourges ; Cherbourg ; Creil ; Escarbotin ; Le Havre ; Levallois ; Mâcon ; Mazamet ; Nancy ; Nantes ; Nemours ; Orléans ; Paris ; Poitiers ; Puteaux ; Rennes ; Rochefort ; Romans ; Saint-Claude ; Saint-Amand ; Saint-Nazaire ; Thiers ; Valence ; Vichy. (30)

Ont voté le viaticum facultatif :

Aix ; Alençon ; Amiens ; Arles ; Bayonne ; Béziers ; Bordeaux ; Boulogne ; Brest ; Brives ; Carcassonne ; Cette ; Châteauroux ; Clermont-Ferrand ; Dijon ;

Dunkerque ; Epernay ; Grenoble ; Issoudun ; Issy ; Le Mans ; Limoges ; Lyon ; Marseille ; Meaux ; Mèze ; Montauban ; Montluçon ; Montpellier ; Moulins ; Narbonne ; Nice ; Périgueux ; Perpignan ; Reims ; Rouen ; Saint-Brieuc ; Saint-Chamont ; Saint-Etienne ; Saint-Quentin ; Toulouse ; Tours ; Troyes ; Tulle ; Vierzon. (45)

Se sont abstenues :

Alger ; Angoulême ; Avignon ; Ivry ; Niort ; Roanne ; Saint-Denis ; (7)

*Pour* le viaticum facultatif......................... 45
*Pour* le viaticum obligatoire........................ 30
Blancs............................................. 7

## Le Viaticum. — La Subvention gouvernementale

La séance est ouverte à 2 heures avec le même bureau.

**Lévy**, *trésorier*, est resté à la Conférence, se mettant à la disposition de ceux qui auraient besoin d'explications sur la situation financière ; mais il demande, dans la négative, la permission de se retirer étant rappelé à Paris par dépêche.

**Briat** demande au trésorier son avis sur la question de la subvention gouvernementale pour l'Office du Travail, et s'il y a lieu de la maintenir.

**Delesalle** proteste contre la subvention gouvernementale. Ce serait mettre la Section des Bourses en opposition avec la décision prise par le Congrès confédéral, qui a voté, à une grande majorité, le développement syndical en dehors de toute intervention gouvernementale. Il s'élève contre cette intervention, qui se manifeste dans tous les discours ministériels, et qui compte séduire les organisations ouvrières avec la subvention de 110,000 francs sur le chômage. Il ne faut pas que les syndicats se laissent entraîner dans le gouvernementalisme où on veut les engager.

**Richer** demande que la Conférence se prononce sur l'attitude à prendre par le Comité des Bourses et dépose l'ordre du jour suivant :

« Les Bourses du Travail étant administrativement consultées et invitées à
« participer à l'obtention d'une part de la somme votée par le gouvernement en
« faveur de l'alimentation des caisses de chômage instituées dans les syndicats,
« Fédérations et Bourses du Travail »

« Le Mans demande que la Conférence des Bourses du XV⁰ Congrès se pro-
« nonce à savoir si le Comité doit, oui ou non, accepter de participer à la répar-
« tition de la somme votée par le gouvernement. » **Richer**, Le Mans.

**Briat** parle de la subvention pour le chômage et du grand nombre de syndicats qui ont recours aux 16 % leur revenant. Certaines Fédérations nationales sont loin de dédaigner cet appui. Une subvention votée par le Parlement est plus morale et plus sûre que la subvention obtenue d'un conseil municipal ou d'une assemblée départementale, cette dernière obligeant à faire des démarches et se trouvant subordonnée à la signature des préfets et du ministre de l'intérieur.

Il explique comment les 10,000 francs ont été obtenus par l'Office de placement. Cette subvention n'a pu être renouvelée parce que le trésorier n'a pu justifier l'emploi de cette somme. Si le viaticum était organisé avec l'emploi de cette subvention, et qu'on puisse présenter des bordereaux de dépenses affectées à un tel service, elle serait certainement maintenue.

**Richer** insiste pour qu'on passe au vote sur la question.

(La Conférence décide de poursuivre la discussion).

**Niel**. — Rien n'indique que le Comité des Bourses ait refusé la subvention. On ne peut donc dire qu'elle ait été refusée. Sur le principe des subventions, je ne suis pas d'accord avec ceux qui disent qu'il faut les repousser dans tous les cas.

Il faut les accepter quand elles sont données sans conditions inacceptables.

Est-ce que Yvetot, l'ennemi le plus acharné du subventionnisme, ne touche pas et ne profite pas lui-même des subventions gouvernementales ou municipales ? Il a écrit lui-même, dans son rapport, qu'il s'était servi de la subvention gouvernementale, sans qu'il ait perdu pour cela ses convictions révolutionnaires. C'est entendu. Mais est-il le seul capable de ne pas se laisser corrompre par les subventions ? Si les subventions sont si corruptrices que cela, que continue-t-il d'en profiter lui-même ?

**Yvetot.** — Ne faites pas un cas personnel.

**Niel.** — On pouvait autrefois toucher sans compromission cette subvention de 10,000 francs pour l'Office de placement. Mais, étant données les conditions dans lesquelles nous toucherions les 110,000 francs offerts à toutes les organisations, sous le couvert du soutien légal du chômage, les 10,000 francs de l'Office compris dans cette somme ne sont plus acceptables.

Le jour où le prolétariat, par les moyens qu'il voudra employer, révolutionnaires ou légaux, arrachera les subventions, nous aurons de grands avantages dans nos groupements. Au lieu de les faire supprimer. ou de ne le obtenir que sous forme de faveur, on ferait tout aussi bien d'arriver par tous les moyens à les faire considérer comme un droit, auquel on ne pourrait plus toucher.

N'oublions pas, en attendant, que la subvention municipale n'est jamais consacrée à l'objet pour laquelle elle est donnée. S'il y a un mouvement syndical sérieux, c'est parce qu'il y a une section des Bourses et parce que ces Bourses sont subventionnées.

Les Bourses subventionnées sont la source intarissable de la propagande syndicale.

Si nous suivions le chemin qui nous est tracé par Delesalle, qui veut impitoyablement l'application d'une décision à laquelle il donne un sens particulier d'anti-étatisme, nous nous priverions d'un moyen d'action considérable. La décision du Congrès affirme qu'une opposition à l'Etat peut devenir possible, sans nous engager pour cela à refuser des subventions.

**Gautier** se déclare hostile à la subvention gouvernementale. Il y a une différence entre la subvention gouvernementale et la subvention municipale. Il s'agit de savoir si la Section des Bourses peut vivre avec les cotisations des Bourses. Il faut qu'elle soit autonome. J'estime que la Confédération est mieux dans son nouveau local et qu'elle ne serait plus à sa place dans la Maison des Fédérations si elle émargeait au budget gouvernemental.

**Briat** a dit que les syndicats, fédérations, bourses du travail, touchent leurs 16 % sur la subvention de 110,000 francs donnée par le gouvernement. Comme Montpellier, nous avons refusé notre part des 16 %. Le Syndicat de la Métallurgie chez nous, les touche il est vrai, mais nous ne devons pas à la Section des Bourses faire des petites choses et avons le devoir de maintenir notre principe d'autonomie. Nous devons refuser la subvention, même si elle devait servir à l'Office de placement. Il conclut que la Section des Bourses doit vivre en dehors de toute tutelle.

**Roullier** et **Chazeaud** se prononcent contre la subvention.

**Delesalle.** — Briat a dit qu'on donnait 12 à 16 % pour le chômage aux syndicats. Cela ne saurait apporter un remède efficace contre le chômage. Le gouvernement nous a obligé déjà à créer une société spéciale pour toucher les 10,000 francs. Cette société spéciale « l'Office de placement », instituée légalement en dehors de la Section confédérale des Bourses, nous diminuait moralement, il ne faudrait pas aller plus loin dans l'humiliation.

**Yvetot**, *secrétaire*. — J'ai toujours été adversaire, en principe, des subventions En pratique, j'en suis partisan parce que je me connais. Ne me taxez pas d'orgueil, car si toutes les Bourses avaient su profiter de la subvention comme j'ai pu le faire moi-même, il y aurait beaucoup de besogne de faite.

Il explique l'origine de la subvention. On s'est gardé d'expliquer comment j'avais été demander la subvention, trouvant plus simple l'ordinaire calomnie. Pelloutier avait fondé le service de statistique et de placement. Il avait pensé que les Bourses pouvaient se rendre maîtresses du marché du travail. J'ai succédé à ce travailleur, mort à la peine, dans la misère et ai essayé de continuer une œuvre qui lui attira tant de critiques. Nous avons eu des altercations très violentes à ce sujet, le camarade Delesalle les rappelle. Les Bourses, stimulées par l'action de Pelloutier, devinrent des services importants qu'il ne fallait pas étouffer. Il fallait que les Bourses se prêtent aux efforts normaux qu'il importait de renouveler. Elles s'y prêtèrent très peu, pour le placement surtout. Dire que les renseignements reproduits par la feuille de l'office étaient bien utiles, serait exagérer, mais ils ne furent pas inutiles non plus. Où a donc passé l'argent ?

On a diminué les appointements du secrétaire et supprimé ceux du trésorier sur le budget de la Section des Bourses, en prenant ces réductions sur la subvention de l'Office. Le *Manuel du Soldat*, voté par le Congrès d'Alger, a été fait avec cet argent qu'on a pu avancer de suite. S'il y a des individus qui s'éblouissent devant la personnalité d'un ministre ou d'un préfet, je ne suis pas de ceux-là.

Lors des incidents de Limoges et de l'arrestation de camarades, une délégation dont j'étais, s'en fut trouver M. Chaumié, ministre de la justice. Nous étions trois révolutionnaires et nous expliquâmes au ministre que si nos camarades avaient dévalisé les armureries de Limoges, c'est que, devant les préparatifs de massacre qui s'opéraient contre eux, il était tout naturel que ces camarades prissent des mesures défensives. Comme il nous parlait de repris de justice, nous lui fîmes remarquer que nous en étions également, ce à quoi il répondit qu'il faisait une distinction entre ceux dont il parlait et des gens comme nous, condamnés pour leurs idées. Il nous donna satisfaction. Nous sommes-nous déshonorés ?

« Vous êtes les adversaires des subventions et vous êtes dans le local de la Bourse du Travail subventionnée de Paris », nous disait-on. On ne peut plus nous dire cela. Nous n'avons pas été cause du départ de la section de la Bourse centrale de Paris, mais nous n'avons jamais pris de précautions pour y rester et avons, en maintes circonstances, agi librement, comme si nous étions chez nous. A cause de cela, on nous a craint longtemps.

Les subventions ne sont pas fatalement corruptrices, mais il y a des exceptions.

J'ai été dans des Bourses où on voulait voir nos principes exposés modérément et même partiellement, pour conserver les subventions. Cela est de la compromission et je ne m'y suis jamais laissé entraîner.

Si vous ne voulez pas qu'on vous reproche les concessions que vous fait faire la crainte de perdre les subventions, tâchez de vivre d'une façon autonome.

Chaque fois qu'il y aura des conflits, ce sera presque toujours la subvention et la politique qui en seront la cause. Le cas de Lyon en est la preuve. Parmi les délégués de Lyon venus au Congrès d'Amiens, 15 ont eu leurs frais payés par la municipalité, tandis que les deux autres venaient après s'être solidarisés entre camarades.

**Klemczynski**. — Je ne sais si le camarade Briat rattache la question de la subvention à la discussion sur le viaticum, qui n'est pas close, mais je tiens à déclarer que si je me suis passionné à l'obligation du versement pour ce service, c'est parce que je l'estime possible avec le seul effort financier des syndiqués. L'Union de l'Oise a approuvé la première subvention qui n'était pas encerclée dans les 110,000 francs. Actuellement, l'acceptation de cette subvention gouvernementale serait un acte de déchéance syndicaliste auquel nous ne souscrivons pas. Après le complot, maintenant que nous allons être chez nous, il faut nous habituer à rompre de telles attaches et je n'oserais propagander au nom de la Confédération si on acceptait un tel argent.

**Jullien.** — On doit prendre l'argent d'où il vient. Il ne faut pas laisser les sociétés de secours mutuels bénéficier uniquement de la subvention gouvernementale.

**Briat.** — Niel a dit qu'il y avait des conditions attachées aux subventions de chômage les rendant inacceptables. Si ces conditions existent dans la forme de la demande qui peut paraître vexatoire, on pourrait la faire changer, s'il n'y a que ce point là.

**Niel.** — Et lorsqu'on dit : « Les Bourses du Travail devront tenir à la disposition du contrôleur des finances toutes les pièces justificatives »? Je demande que la Section des Bourses ne touche pas les 10,000 francs, tant que ces conditions seront imposées.

**Turpin** dépose l'ordre du jour suivant :

« La Conférence des Bourses décide qu'un referendum explicatif sera soumis « aux Bourses pour se prononcer sur la subvention de l'Office. »

Cet ordre du jour est voté à mains levées, à l'unamité moins quatre voix.

**Roullier** demande que le referendum porte sur les deux principes :
1º Celui de la subvention ;
2º Celui de l'attribution de la somme.

Adopté.

**Jullien** demande que ce referendum ait lieu après l'envoi du compte-rendu du Congrès aux Bourses du Travail.

Adopté.

**Niel** présente l'ordre du jour suivant :

« La Conférence des Bourses, réunie à l'issue du Congrès corporatif d'Amiens, « statuant définitivement sur la question du viaticum des Bourses, invite toutes « les Bourses du Travail ou Union de Syndicats à organiser dans leur sein, « d'après leurs ressources particulières, un secours pour tous les confédérés de « passage.

« La Conférence rappelle, en outre, la décision de la Conférence de Bourges, « relative à l'établissement d'un livret spécial qui serait délivré par les Bourses « à tout syndiqué partant sur la route.

« Enfin, la Conférence émet le vœu que le Comité confédéral engage toutes « les Fédérations professionnelles à étudier pour leur compte l'établissement du « viaticum corporatif ».

Il soutient cette proposition et demande que la Section des Bourses invite ses organisations adhérentes à faire fonctionner dans leur sein le viaticum.

**Klemczynski.** — Cette invitation est bien ironique. Comment ! on prive les Bourses principalement intéressées par le viaticum des ressources nécessaires puis on les invite à organiser par leurs propres ressources ce même service ? Comment s'y prendront-elles ?

**Niel.** — Cette proposition n'engage que les Bourses ou Unions qui pourront le faire, puisque le viaticum est facultativement établi.

J'insiste pour l'établissement du carnet de viaticum adopté à Bourges, permettant le contrôle.

**Gautier.** — Nous allons à la paperasserie avec tous les livrets qu'on nous propose.

**Niel** expose les grands avantages du carnet pour le contrôle. Ce sera la preuve de l'existence de la grande famille ouvrière, ce qui sauvera des griffes des gendarmes, beaucoup de nos camarades sur le trimard,

**Fauny**. — Il n'y a pas de grande famille si une solidarité n'existe pas entre les Bourses, et qu'il soit possible aux unes de donner le secours, quand il sera impossible aux autres de le faire.

**Lepart** propose, au nom de la Bourse du Travail de Meaux, l'ordre du jour suivant :

« La Bourse de Meaux, considérant la difficulté qu'il y a, tant au point de
« vue du contrôle qu'au point de vue financier, d'organiser le viaticum des Bour-
« ses ; propose d'inviter les Fédérations à organiser elles-mêmes le viaticum
« dans leur sein. »

Cette proposition est repoussée à l'unanimité moins trois voix.

**Richer**. — Je me suis abstenu. Depuis six ans les discussions sont les mêmes et les discussions pareilles.

**Niel** retire de ce fait, la dernière partie de son ordre du jour concernant le viaticum par les Fédérations.

**Turpin** propose qu'il soit ajouté à l'ordre du jour Niel que : « les livrets seront à la charge des Bourses qui en feront la demande. »

**Constant**. — Seuls les syndiqués à jour de leurs cotisations pourront avoir un livret. (*Assentiment*).

**Avis**. — Et pour ceux qui donnent un secours en nature ?

**Niel** explique que le livret indiquera cette distinction. A une page il y a :
« *A été secouru* », cela est réservé aux secours en nature. A l'autre, il est dit :
« *A reçu un secours de*.........  », cela est pour le secours en argent.

L'ordre du jour ainsi amendé est voté à l'unanimité moins deux voix.

**Klemczynski**. — Il ne reste plus aux Bourses qui n'ont pas le nécessaire, qu'à adresser des listes de souscription à celles qui n'ont pas voulu s'associer au versement commun.

**Niel**. — Montpellier a toujours répondu largement à toutes les demandes des Bourses besogneuses ou en détresse.

## Indépendance des Bourses

**Fauny** remercie les Bourses du Travail qui ont aidé celle du Havre. Il a reçu mandat de laisser les Bourses agir de leur mieux pour atteindre l'autonomie.

**David** soutient le vœu que la Section des Bourses invite ses organisations adhé-rentes à se rendre indépendantes.

**Yvetot** rappelle qu'il a préconisé l'entente des Bourses avec les Coopératives. Ces dernières donnant une partie de leurs dividendes consacrée à l'entretien et à la création des Bourses, solutionneraient la question.

**Viche**. — Les syndiqués n'ont qu'à mettre en application les décisions du Congrès d'Amiens, les invitant à pénétrer dans les coopératives et à orienter ces dernières vers le syndicalisme.

**Yvetot**. — C'est la solution que j'allais leur proposer. Il s'explique sur le prin-cipe de cette indépendance, qui détournerait la loi en ne donnant pas pour cela aux syndicats la capacité commerciale que leur souhaitent plusieurs réfor-mistes.

**Coignard**. — Chez nous, nous avons institué un restaurant coopératif. Il est en bonne voie de prospérité.

Il y a aussi un moyen de soutenir notre indépendance, c'est la solidarité de Bourse à Bourse.

**Reymond** et **Marty-Rolland** renouvellent, à ce sujet, le vœu déposé au Congrès d'Alger par la Bourse du Travail de Toulouse, qui est le suivant :

« 1º Eviter toute reconnaissance d' utilité publique ;

« 2º Dans chaque Union locale de Syndicats, établir une cotisation par
« syndicat, pour que chaque Bourse se constitue des fonds de réserve et arrive
« progressivement à créer dans son administration intérieure, un organisme de
« résistance prêt à entrer en lutte et à se substituer à la tutelle des municipalités
« à l'heure où la conscience ouvrière assez forte, aura décidé de s'en passer ;

« 3º Que les Unions locales de Syndicats étendent chaque jour davantage.
« l'expérience de la coopération, pour essayer de trouver dans les Coopératives
« de production ou de consommation, et même dans les deux à la fois, un moyen
« puissant qui a fait ses preuves et qui pourra les aider à assurer leur indépen-
« dance absolue. »

**Turpin** demande la clôture. Elle est acceptée, avec les orateurs inscrits.

**Morgand**. — Il est certain qu'il appartient aux Bourses de chercher à se rendre indépendantes par leurs efforts propres. Comment font les Bourses qui ne sont pas subventionnées ? Elles résistent quand même en perfectionnant leurs moyens et en demandant à leurs membres des sacrifices qu'il leur appartient de donner.

**Chazeaud**. — L'acceptation ou le refus d'une subvention est une question d'appréciation. A Lyon, la division provient de ce que les uns ont trouvé acceptables les conditions attachées à la subvention, tandis que d'autres les trouvèrent inacceptables. Que les Bourses recherchent par tous les moyens à se débarrasser des tutelles subventionnistes.

**Briat** revient aux relations entre les syndicats et les coopératives. Il est difficile, quant aux statuts coopératifs, de les modifier dans le sens syndical, une fois qu'ils sont établis. Toutes les coopératives qui se créent devraient être orientées dans le sens syndical. Il cite des exemples à Paris où les syndiqués ont fait montre d'un esprit d'adaptation des plus sérieux entre ces deux organismes.

**Desbordes** pense qu'il faut mieux laisser aux Bourses le moyen de se rendre indépendantes. Il cite le cas de Limoges où l'autonomie de la Bourse fortement soutenue par les meilleurs militants se trouve néanmoins difficile.

**Limousin**. — Nous ne serions ni syndicalistes, ni révolutionnaires, si nous ne cherchions pas notre autonomie. A Poitiers, une des villes les plus réactionnaires de France, nous avons 1,500 francs de subvention. Nous avons en plus notre trésor de guerre du même montant, que nous avons amassé sou par sou. Nous connaissons le nom et l'adresse de tous nos syndiqués et j'ai été surpris que notre camarade Niel, à propos du viaticum, nous présente comme si mystérieuse, l'organisation syndicale de Montpellier. Grâce à l'association de tous à l'œuvre commune, nous ne sommes pas aussi étroitement subordonnés à la subvention municipale.

**Beaupérin** .— Nous faisons, à Rennes, des efforts personnels. Nous payons 0,05 par membre et par mois pour assurer le fonctionnement de nos services et habituer nos membres à se passer de la subvention, dans le cas où l'on voudrait nous imposer des syndicats jaunes, comme on a déjà voulu le faire.

**Gautier**. — Les rapports avec les coopératives ne sont pas si faciles qu'on veut bien le dire. Toutes les coopératives ont plus ou moins déviées.

Dans une de nos coopératives seulement, nous sommes arrivés à imposer 60 % des dividendes pour la propagande économique ou sociale ; les actions ne sont pas remboursables et on ne répartit pas de dividendes.

**Niel**. — Pour assurer l'indépendance des Bourses, il faut réaliser ces deux conditions essentielles: la quantité et la qualité des unités syndicales. En attendant, on peut se servir des divers moyens indiqués.

J'attire cependant l'attention des camarades sur certains dangers de la coopération, qu'ils n'entrevoient peut-être pas.

Vous n'ignorez pas que le projet qui a pour but de donner la capacité commerciale aux syndicats, a pour conséquence de substituer l'esprit de commerce à l'esprit de lutte, que cela serait de nature à détruire beaucoup de nos groupes de combat, et que c'est pour cela que nous nous élevons avec tant de véhémence contre lui. Je crains fort qu'au fur et à mesure que vous pénétrerez dans les coopératives, vous tombiez dans les préoccupations d'ordre mercantile et vous aurez préparé le terrain à la capacité commerciale des syndicats qui tient tant au cœur de la bourgeoisie.

A Montpellier, nous avons trouvé une ressource exceptionnelle que je tiens à vous indiquer. Depuis douze ans, nous avons fait admettre par la Municipalité, dans les cahiers des charges, qu'il serait donné tous les ans, au théâtre, une représentation pour les syndicats.

Cette représentation nous apporte annuellement un bénéfice de 800 francs. Nous répartissons ces fonds aux nécessiteux de la ville, mais nous n'y sommes pas tenus.

**Laurens**, au nom de la Bourse du Travail de Cherbourg, dépose l'ordre du jour suivant :

« La Conférence des Bourses invite les Bourses du Travail à prendre, dès « maintenant, des mesures en prévision de la suppression éventuelle de leur « subvention. »

**Garnery** s'oppose à la coopération de production indiquée dans l'ordre du jour de Toulouse. Il considère que la coopération de production est un dérivatif bien redoutable pour l'organisation syndicale.

**Briat** soutient l'utilité des coopératives de production quand elles sont constituées par des syndiqués conscients du but d'affranchissement que nous poursuivons.

**Roullier** trouve qu'il y a un danger énorme dans la coopération de production qui tue presque toujours l'énergie syndicale en faisant, ou des satisfaits, ou des découragés.

**Klemczynski** demande le vote de la proposition de Cherbourg, les Bourses ayant surtout à compter sur leur initiative dans la circonstance.

La mise aux voix de l'ordre du jour de Toulouse est adopté à l'unanimité.

La division est demandée pour l'ordre du jour de Toulouse.

La première partie qui est une affirmation du principe est votée à l'unanimité moins une voix.

**Briat** propose qu'on remplace, à la seconde partie, le mot « coopératives », par « coopératives syndicales » de consommation ou de production.

**Fauny** s'explique sur l'action des syndiqués dans les coopératives.

**Roullier** demande qu'on n'engage pas les organisations dans la voie coopérative, qui dévie l'action syndicale.

**Viche.** — Si les syndicats le voulaient, ils entreraient dans les coopératives de consommation ou de production, et y feraient de la bonne besogne.

**Cleuet.** — Cela va peut être vous surprendre qu'un coopérateur comme moi, soit absolument de l'avis de Garnery et des camarades qui font leurs réserves sur les coopératives de production. L'expérience est venue nous démontrer, à maintes reprises, les multiples dangers de l'association de production actuellement.

Ce n'est qu'au moment où les coopératives de consommation seront très développées, qu'on pourra, sans danger, créer des coopératives de production, rattachées, elles-mêmes, à ces coopératives de consommation ; en attendant, ces organismes de production entraînent souvent la désorganisation syndicale.

**Briat**. — Je ne suis pas de l'avis de Cleuet. J'ai travaillé pendant dix ans à mettre debout une coopérative de production qui a réussi. Si vous avez eu ces déboires, c'est parce que, sans doute, n'avez-vous pas pris toutes les garanties. J'ai toujours également combattu le mélange des questions de principes avec les questions d'argent. Mais, en se plaçant sur le plan des moyens pratiques, je soutiens la proposition de Toulouse.

**Turpin**. — Il est plus simple d'admettre le projet de Toulouse. Il parle d'un exemple à Paris, chez les ouvriers de la Voiture, et pensent que les expériences sont heureuses ou malheureuses, suivant les circonstances.

**Cleuet**. — Si vous aviez ici des militants de coopératives, ils vous parleraient comme nous. Nous ne devons pas inciter les camarades à se lancer dans la coopération de production. C'est une responsabilité que je ne prendrai pas pour ma part ; trop de raisons sérieuses m'ayant fait considérer cette forme de lutte comme prématurée et pleine de périls pour notre développement syndical.

**Caillez**, **Briat** et **Etard**, parlent diversement au sujet du Pavillon coopératif au Palais du Travail, de Paris.

**Morel** dit que dans le Sud-Est, toutes les tentatives de coopération ont échouées.

**Cleuet** propose une modification à la deuxième partie de l'ordre du jour de Toulouse, en remplaçant la formule : « dans les coopératives de production ou de consommation et même dans les deux à la fois », par : « dans les coopératives syndicales, » tout simplement.

Après un échange de vues et les explications supplémentaires de **Garnery**, **Cleuet**, et les auteurs de la proposition, **Reymond** et **Marty-Rolland**, qui ne s'opposent pas à cette addition, la dernière partie de l'ordre du jour de Toulouse est votée à l'unanimité moins onze voix.

## Création d'un Service régional de Placement

**Morel** dépose le vœu suivant, au nom de la Bourse du Travail de Nice :

« La Conférence des Bourses, tenue à l'issue du XV⁰ Congrès national cor-
« poratif d'Amiens, considérant que le seul moyen de créer un service régional
« de placement gratuit, est dans la rapidité des communications entre les
« Bourses du Travail ;

« Considérant que le moyen le plus pratique est de relier entre elles toutes
« les Bourses du Travail ;

« La Conférence invite le Ministre du Travail et son collègue, le Ministre des
« Postes et Télégraphes, d'installer dans toutes les Bourses du Travail, un appa-
« reil téléphonique, qui leur permettra, non seulement de correspondre entre
« elles, mais aussi avec le patronat ;

« Charge le Comité fédéral de faire le nécessaire pour faire aboutir ce vœu. »

L. **Morel**, Nice ; **Vendangeon**, Bordeaux ; **Delarbre**, Dijon ; **Fauny**, Le Havre ; **Monclard**, Marseille, Aix ; **Traut**, Belfort ; **Cousteau**, Narbonne ; **Orfeuvre**, Clermont-Ferrand..

**Morel** développe ce vœu.

**Briat** fait remarquer que ce vœu est lié à la question de la subvention et qu'il doit être joint au referendum. (Cette jonction est adoptée).

Diverses propositions sont faites par les délégués de Toulouse et Marseille, tendant à terminer la Conférence le jour même.

Les délégués de Belfort et Brest, protestent.

L'ordre du jour suivant, proposé par Niel, est adopté :

« Si l'ordre du jour est épuisé dans la première journée de la Conférence,
« la seconde journée sera consacrée à l'examen des imprimés des Bourses, ap-
« portés par les délégués. »

**David.** — On a dit que le placement servait aux syndiqués. Il sert aux bonnes, aux femmes de chambres et domestiques, et pas du tout aux syndiqués.

Dès l'instant que le placement ne sert qu'à des éléments qui ne viennent pas
à nous, faut-il dépenser, pour le placement, le meilleur de nos ressources ?

Les syndicats peuvent assurer eux-même le placement, sans que les Bourses
du Travail s'en préoccupent exclusivement.

**Etard** soutient la permanence dans les Bourses du Travail qui est très utile
pour les syndicats.

**Avis** demande le *statu quo* sur la question du placement.

**Monclard** et **Lenglet** fournissent des observations sur le placement dans les
Bourses du Travail et leur utilité.

**Briat.** — Les critiques de Grenoble sont peut être exactes pour Grenoble.
Elles ne le sont pas pour toutes les Bourses. Il ne s'agit pas de faire le placement. Il faut savoir faire le placement.

L'Office du Travail avait pour but de placer dans les conditions syndicales.
Le placement régional devrait correspondre à ce but. Le placement se fait, la
plupart du temps, sans la moindre garantie. C'est un point essentiel qu'il faut
examiner pour donner une indication aux Bourses.

**Roullier** trouve que le meilleur moyen est de continuer la propagande en
faveur de la diminution des heures de travail. C'est aussi de faire de la propagande dans les petites-communes où les patrons s'installent à leur aise, parce
qu'ils trouvent de la main-d'œuvre à bon compte et des ouvriers non éclairés
par notre propagande.

**Bahonneau.** — A Angers, on place surtout des ouvriers et dans des conditions purement syndicalistes, ce qui ne nous empêche pas de chercher à diminuer
les heures de travail.

**Teyssandier.** soutient l'avantage du téléphone et propose une subvention
pour que l'Etat l'accorde au plus tôt.

**Limousin.** — Nous sommes opposés aux critiques absolues de Grenoble
et pensons qu'il ne faut pas laisser aux municipalités le service du placement.

Nous plaçons, en effet, plus de gens de maisons que d'ouvriers. Mais cela ne
veut pas dire que nous ne facilitons pas le placement des syndiqués.

Nous secondons également les passagers en leur donnant du travail dans les
campagnes et nous leur faisons une rude propagande.

**Vendangeon.** — Les gens de maison sont syndiqués et adhérents à la Bourse.
C'est nous qui les avons engagés à le faire. Nous proposons le placement régional
à cet effet.

**Niel.** — Le placement est un grand moyen de propagande. Le bureau de placement a la faculté de créer de la sympathie autour de la Bourse du Travail.

Briat a raison de dire qu'il faut savoir faire le placement. Les patrons, souvent, imposent des conditions qui soulèvent des incidents.

Nous nous sommes décidés à n'être que des intermédiaires laissant aux
deux parties le soin de débattre les conditions du contrat.

Tant que la majorité des ouvriers qui s'adressent aux Bourses, n'est pas syn-
diquée, il est indispensable de rester des intermédiaires dans le placement.

Les Bourses ont des Bulletins qui peuvent les aider.

**Turpin** s'oppose à la théorie de Niel. Il faut accepter l'offre du patron. Lui
demander ses conditions et ne pas le présenter à l'ouvrier s'il n'est pas dans les
conditions permises par les tarifs syndicaux.

**Niel.** — Ceci est impraticable en province.

**Jullien.** — Il faut attirer les travailleurs à la Bourse. Il faut accepter toutes les demandes et laisser aux intéressés le soin de défendre leur salaire. Il faut que ce service reste à la Bourse, ne serait-ce que pour favoriser la suppression des bureaux de placement.

**Lefort.** — Notre bureau de placement nous sert à exonérer nos affiches du droit d'enregistrement.

(Quelques Bourses demandent des renseignements au sujet de cette franchise qui sont fournis par les camarades **Briat** et **David**, lesquels affirment que cette franchise a des limites qu'il ne faut pas dépasser).

L'ordre du jour suivant est adopté unanimement pour cloturer cette discusion :

« La Conférence des Bourses, réunie à Amiens, le 15 octobre 1906, engage
« les Bourses du Travail d'un même département ou encore d'une même région,
« à s'entendre entre elles pour le placement gratuit et à se communiquer cha-
« que semaine, par exemple, les offres et demandes d'emploi dont elles dis-
« posent. »

## Unions départementales ou régionales

**Klemczynski**, *rapporteur de la Commission devant le Congrès.* — Vous n'igno-rez pas dans quelles conditions cette question a été abordée. Le Congrès était très justement énervé et les rapports furent acceptés ou différés à la vapeur, sans même être discutés. Celui des Unions départementales expose une question trop importante pour qu'il ait été possible, dans des circonstances aussi défavorables, de voter au pied levé.

Aussi, ne me suis-je pas opposé au renvoi de la question à la Conférence des Bourses, quoi qu'en tout autre moment elle eût gagné à être discutée au Congrès, et aussi parce qu'elle aboutissait à une indication modifiant légèrement l'article 2 des statuts confédéraux.

Notre rapport n'ayant pas été adopté par le Congrès, nous n'avons plus l'espoir d'indiquer, par une modification aux statuts, la place que nous avons voulu donner, désormais, aux Unions départementales. N'ayant pas sous les yeux ce travail, j'énumère brièvement les raisons qui nous font soutenir à nouveau ce principe des Unions départementales ou régionales.

D'abord, les Unions de ce genre existent, et leur nombre a doublé depuis le Congrès de Bourges.

Elles répondent à un besoin.

Les Bourses du Travail sont généralement des Unions locales créées pour les besoins d'organisations concentrées. Elles ont un esprit assez différent des Syndicats et ont limité trop souvent leur rôle aux services d'assistance : placement, secours de route, conseils judiciaires, statistique, etc., services qui ont, selon moi, une importance capitale et dont chacun d'eux devrait faire l'objet de nos efforts, mais dont l'imperfection est surtout due au manque d'éléments compris dans les Syndicats.

Beaucoup de militants actifs ont compris que les Bourses du Travail devaient également se mêler à la propagande et à l'éducation dans les localités environnant le centre. Ils ont été amenés à cette action, parce que les syndiqués des villes, sont concurrencés par ceux des campagnes et qu'il faut essayer d'organiser ces derniers. C'est pourquoi nous voyons, aujourd'hui, beaucoup de secrétaires de Bourses du Travail se lancer dans la propagande syndicale dans toute la région, considérant cette action comme plus importune que celle des services qui ne sont rendus, la plupart du temps, qu'à des non-syndiqués.

De plus, la lutte poussée toujours plus avant contre le patronat, a obligé les Unions de syndicats à vivre ou à songer à la vie par leurs propres moyens. La condition de quantité dont parlait Niel, se réalise dans le groupement englobant un plus grand rayon et est un des moyens les plus importants de solutionner la question de l'indépendance des Bourses.

Les militants des Unions départementales sont tenus à plus d'activité, parce que, moins assurés de leur gagne-pain. Ils accoutument les syndiqués à faire des efforts plus grands, ce qui est la source la plus sûre de notre développement.

Il se produit donc un travail de pénétration parmi le prolétariat s'éparpillant actuellement dans les petites communes par le jeu de l'industrialisme moderne, fuyant les agglomérations.

Il se crée ainsi des militants nouveaux, en même temps qu'un élargissement dans les conceptions syndicalistes résultant de la variété dans les formes d'exploitation qu'on doit étudier et combattre.

Les Unions régionales luttent contre les tendances particularistes (corporatives ou localistes) qui paralysent les grands mouvements.

Enfin, elles aident d'une façon prépondérante, les grèves partielles par la canalisation des ressources improvisées et le soutien permanent des grévistes.

Des camarades, comme ceux de la Fédération des Métallurgistes, par exemple, craignent que les Unions départementales ne constituent des rouages nouveaux. Mais, est-ce que les sous-sections de leur Fédération nationale ne sont pas des rouages nouveaux ? C'est tout simplement l'organisme confédéral dont les deux branches sont bien distinctes, mais dont les fonctions se développent.

Ce qu'il importe, c'est de conserver une régularité dans le mouvement et d'empêcher les tiraillements entre organisations.

C'est pourquoi notre Commission ne s'est pas arrêtée à une solution brutale de transformation statutaire modifiant le rouage actuel. Elle a seulement prévu les cas qui ne manqueront pas de se produire.

L'esprit de la modification proposée et qui est resté le nôtre, est que les Unions départementales ou régionales devront être les éléments de la Section des Bourses. Ce sont elles qui confédéreront. Les Bourses ne seront pas supprimées pour cela, au contraire, elles se multiplieront, faisant plus nombreux les centres d'activité syndicaliste, mais leur entente et leur soutien seront assurés par l'Union départementale. Rien, pour l'instant, ne serait modifié. Les Unions départementales ou régionales se créant à leur gré, les Bourses existantes qui resteraient isolées, continueraient à être confédérées. Mais, pour l'avenir, une Union locale devrait appartenir à son Union départementale ou régionale, lorsqu'il en existe une confédérée.

Nous nous contenterons, à la Conférence, de préconiser ce moyen qui a donné de grands résultats. Nous savons que les Fédérations d'industrie ou de métier ne sont pas seules à créer des syndicats, ce qui leur coûte bien plus cher parfois. Les Unions départementales ont fait augmenter le nombre des syndicats confédérés et ne redoutent pas l'accusation de particularisme qu'on leur adresse. Elles n'ont pas toutes les vertus, mais les organisations sont ce que sont les militants.

C'est pourquoi j'insiste pour qu'une indication soit donnée, dans cette Conférence, d'avoir à se préoccuper de cette forme plus complète de notre organisme en formation. Nous abandonnerions volontiers ce souci si l'on nous prouvait qu'il doit affaiblir notre Confédération, notre pensée étant de la consolider par plus de propagande.

(La séance est levée).

## SÉANCE DU MARDI 16 OCTOBRE

*Président* : **Roullier** (Brest) ;
*Assesseurs* : **Monclard** (Marseille) et **Fauny** (Le Havre) ;
*Secrétaire* : **Klemczynski** (Creil).

**Le Secrétaire** a reçu le mandat de la Bourse du Travail de Nevers et demande au Congrès de le valider.

(Il en est ainsi décidé).

### Continuation de la discussion sur les Unions départementales

**Turpin**. — Nous sommes, à Paris, Union des Syndicats de la Seine. Il y a, dans ce département, des Bourses du Travail qui ne sont formées que par des sections de syndicats adhérentes à l'Union. Les Bourses sont gérées d'une façon autonome. Il faudrait une entente entre les Bourses ayant à fonctionner dans le sein des Unions départementales devenues de plus en plus nécessaires. Il cite le danger des Bourses qui se multiplient dans un même département et qui agissent contradictoirement. De plus, à la Section des Bourses, les cinq Bourses de la Seine et dont le nombre total de syndicats est inférieur à celui de l'Union de la Seine, ont une prépondérance sur leur organisation mère.

**Niel**. — Il n'y a aucun argument sérieux en faveur des Unions départementales. Je voudrais d'abord détruire le principe qui a guidé les auteurs de la proposition et principalement Yvetot, qui se réclament du fédéralisme. Ils agissent dans le sens contraire. Il ne faut pas confondre le fédéralisme avec le « fédérationisme». Le premier est décentralisateur, le second est centralisateur. Les Bourses du Travail sont bien localement la décentralisation. Et avec les Unions départementales représentées uniquement au Comité fédéral, ce serait de la centralisation.

Dans le rapport fait par Klemczynski, il était dit que les Unions départementales réduiraient les dépenses. Je pense le contraire. Vous vous efforcez de dire que rien ne sera changé dans le fonctionnement des Bourses du Travail, les dépenses des Bourses existeront donc encore et il y en aura encore de nouvelles pour le fonctionnement des Unions.

Si vous disiez, nous allons supprimer les Bourses et laisser les Unions, je comprendrais. Mais vous sentez tellement la nécessité naturelle des Bourses du Travail qui est un des quatre échelons :

Le syndicat ;
Les Bourses du Travail ;
Les Fédérations de métier ;
La Confédération.

D'après votre projet, les Bourses du Travail ne comptent plus. Ce sont les Unions départementales qui seront représentées.

Vous appelez cela de la décentralisation et du fédéralisme ?

Au Comité fédéral on correspondra avec les Unions départementales, lesquelles correspondront, à leur tour, avec les Bourses du Travail.

**Garnery**. — Avec votre décentralisation, il pourrait y avoir autant de Bourses que de communes.

**Turpin**. — C'est le cas de la Seine.

**Niel**. — Ne prenez pas le cas de la Seine. Les Bourses du Travail de la Seine comprennent des sections, dites-vous, de syndicats ; elles sont des succursales de la Bourse de Paris. Si les Bourses augmentent dans des proportions importantes, et c'est l'origine de la question, comment faire ? Vous n'avez qu'à décider que ne pourront être admises que les Bourses possédant un minimum déterminé de syndicats. Le deuxième moyen serait de décider que chaque délégué puisse représenter cinq ou six Bourses, mais, au Comité confédéral, ce sont les délégués qui votent. C'est là une preuve de la vie confédérale que l'augmentation des Bourses. Si vous ne voulez pas supprimer les Bourses, qu'en ferez-vous ? Nous n'en faisons pas une obligation, disait Klemczynski lui-même. Il y aura donc deux systèmes d'organisation. C'est un chaos épouvantable. Quand même vous décideriez cela obligatoirement, des Bourses locales ne voudraient pas s'y soumettre et formeraient un organisme à part. Cette question, autrefois considérée comme une surcharge, revient sur le tapis sans raison sérieuse. Elle est inspirée par des préoccupations géographiques et non des préoccupations de la vie ouvrière.

La classe ouvrière ne connaît que ses besoins comme ligne géographique. Ce sont les besoins qui imposent le syndicat, ce sont eux qui provoquent la nécessité des Fédérations de métier ou d'industrie, puis, dans chaque localité, le patronat s'entendant pour exploiter, oblige les ouvriers à se réunir en Bourses du Travail, enfin, dans la nation, cela correspond à un besoin.

Quel est le besoin départemental qu'on puisse établir ? Je vous mets au défi de le trouver !

Je conteste qu'il existe une exploitation patronale départementale.

**Briat.** — Et les Chambres de commerce ?

**Niel.** — Je vous fais remarquer que les Chambres de commerce ne sont pas faites exclusivement pour la lutte contre l'ouvrier, et il y a parfois plusieurs Chambres de commerce dans le département. Je soutiens que vous augmentez d'un rouage le fonctionnement confédéral.

Ces Unions départementales auront-elles oui ou non, un permanent ?

Si oui, il faudra qu'il soit payé. S'il n'y a pas de fonctionnaire permanent, rien. Pour établir des rapports fréquents entre les Bourses d'une même région, il n'est pas besoin de créer des Unions départementales statutaires, permanentes. Ces rapports existent ou peuvent exister sans cela. Chaque fois que des Bourses voisines ont besoin l'une de l'autre, soit pour la propagande, soit pour une action commune, elles n'ont qu'à s'entendre entr'elles. Nous le faisons dans l'Hérault entre les six Bourses existantes sans charges nouvelles. C'est pour moi un danger considérable. Je vous demande de repousser les Unions départementales ayant un caractère permanent parce qu'elles compliqueront l'organisme.

**Briat.** — Si j'ai bien compris la proposition Klemczynski elle entend bien laisser aux Bourses leur liberté, mais elle veut une entente entre elles, dans des Unions départementales pour donner plus de vitalité à l'action syndicale. Je m'explique que les Unions répondent à un besoin très grand pour les petits centres.

Dans les petites Bourses, la Bourse manque de vitalité. Pourquoi ne pas permettre aux Bourses du Travail de s'étendre départementalement ou de se relier ? Où y a-t-il inconvénient à ce que ces Unions se produisent ? Je voterai donc la proposition des Unions départementales. Les Chambres de commerce donnent leur avis sur toutes les questions ouvrières. Elles se coalisent ainsi contre le prolétariat. De plus en plus, ces Chambres de commerce s'agitent dans les conflits et prennent position.

**Vedel.** — Je ne répondrai pas aux divers arguments de Niel. Je me placerai au point de vue de la propagande. J'ai proposé à la première commission du Congrès une motion qui n'a pas été lue au Congrès. Je regrette qu'il n'y ait pas plus d'accord entre les Bourses et les Fédérations d'industrie, pour la propagande. Les Secrétaires de Bourses se confinent trop souvent dans leur rôle administratif.

Dans les Fédérations d'industrie, on fait trop souvent de la propagande au kilomètre, et on va dans les grands centres. Nous voudrions que les Unions régionales fassent une enquête sur les conditions du travail dans leur région et les adressent au Comité confédéral. Je voudrais que la Conférence des Bourses indique, sous forme de vœu formel, la nécessité de ces rapports annuels fournis par les Bourses du Travail. La Confédération doit compter comme auxiliaires les secrétaires des Bourses, surtout sur les conditions du travail et les indications des moyens de propagande, suivant les milieux et les circonstances.

La question de l'Union départementale donnerait à cette préoccupation une application plus facile.

**Traut** soutient que les Unions départementales aident les Fédérations de métier et d'industrie, même dans les luttes.

**Hervier.** — Dans le Cher, nous n'avons pas l'intention de former une Union départementale. Nous possédons plusieurs Bourses qui s'entendent très bien pour la propagande, partout où le besoin s'en fait sentir. Nous trouvons que ce serait un rouage inutile quand les Bourses ont de la vitalité.

**Etard**, au nom de Mazamet et d'Angoulême, se prononce en faveur des Unions. Comme secrétaire de la Fédération du Bâtiment, j'en suis également partisan parce que cela facilite la pénétration dans les campagnes qui ne seraient jamais touchées par la parole syndicale.

**Richer.** — Depuis 1897, sous différentes formes, j'entends demander la suppression des Bourses du Travail. Quoiqu'on en dise, il existe des Bourses qui font de la propagande régionalement. Il existe une confusion de mots. Il est à craindre des divisions avec les Unions départementales. Pour moi, le Conseil d'administration de la Bourse doit être le Comité général du département.

**David.** — La question est simple. Nous n'entendons pas créer un organisme nouveau. Nous avons été amenés à former des Unions départementales, par suite de la nouvelle méthode d'action syndicale qui a mis contre nous toutes les forces patronales et administratives d'une région, auxquelles il faut opposer les nôtres.

**Roullier.** — Dans le Finistère, nous avons connue l'activité syndicale depuis la création de notre Union départementale.

Il cite de sérieux exemples où la propagande départementale a intensifié la lutte, augmenté les forces d'action et amené une vie ouvrière qui jamais n'avait été connue par la seule présence de la Bourse du Travail locale.

**Garnery.** — C'est une accusation bien fausse que de reprocher aux auteurs des Unions départementales, qu'ils veulent supprimer les Bourses du Travail. C'est une erreur. Au contraire, nous voulons généraliser les Bourses du Travail en les vivifiant par l'action qui les entoure et les seconde.

Nous trouvant en présence d'un tel besoin de la lutte économique, nous avons le devoir d'indiquer la constitution de l'Union départementale ou régionale. Nous augmenterons ainsi le nombre des camarades reliés étroitement, nous permettrons la production de militants devenus nécessaires. Non seulement nous n'émietterons pas les forces par les Unions régionales, mais nous créerons des Bourses autonomes, ayant leur rôle réel et apportant à la Confédération l'appui sans lequel elle ne pourra fonctionner complètement.

**Yvetot.** — Fait l'historique de la question. Au Congrès de Nice, un vote fut déjà obtenu, soutenant la formation des syndicats en Unions départementales. La Section des Bourses s'est trouvée, depuis, en présence d'une situation de faits dont il faut tenir compte. Il n'y a rien de laissé à notre imagination dans la question. En soutenant l'unité ouvrière à Montpellier, Niel ne la créait pas, mais consacrait un fait. En soutenant les Unions départementales, nous ne créons pas davantage un fait, nous le consacrons.

Reprenant le rapport qu'il déposa au Comité de la Section des Bourses et qui parut dans la *Voix du Peuple*, en février dernier, Yvetot signale les principaux arguments qui lui font considérer comme heureux, le mouvement en faveur des Unions départementales.

L'argument tendant à établir qu'on veut supprimer les Bourses du Travail est détruit par le nombre des Bourses qui augmente chaque année, en même temps que se forment les Unions départementales. Les Unions ne sont pas disposées à supprimer les Bourses, mais, au contraire, à les créer et à leur donner une vitalité qu'elles sont loin de posséder en ce moment.

Dans les statuts de l'Union départementale de l'Oise, fondée en 1901, il est bien indiqué que cet organisme a pour but de créer des Bourses du Travail avec l'assentiment de l'Union départementale qui reliera ces centres entre eux. Au lieu de correspondre à de vagues besoins ou à un esprit localiste et de se subordonner, par conséquent, au subventionnisme municipal, les Bourses du Travail correspondront ainsi aux nécessités de la propagande dans son ensemble, suivant l'esprit confédéral. Nous devons voir les choses dans un esprit toujours plus large et ne considérer que la propagande à faire. Or, les B. du T. ont surtout pour but l'éducation syndicaliste et la propagande dans une région dont elles connaissent particulièrement les multiples besoins. Les Unions départementales peuvent préparer cette propagande avec moins de frais et plus de certitude dans les centres isolés ; de plus, elles peuvent relier à la Confédération, de nombreuses consciences syndicales éloignées de tout centre industriel, C'est ainsi que la propagande aux travailleurs de la terre est très peu répandue par les Bourses subventionnées qui semblent redouter cette extension parfois.

La solution au problème de l'organisation des syndicats agricoles est toute entière dans les Unions départementales. Les U. D. peuvent établir des statistiques sur les conditions du travail, sur les études professionnelles, sur le coût de la vie et les besoins de la consommation et cela d'une façon totale, sans laisser le moindre groupement humain en dehors de ces renseignements indispensables, lorsqu'il nous appartiendra d'organiser la production et la répartition. La plupart des B. du T. actuelles, le peuvent-elles ?

De même dans les luttes ouvrières, les Unions départementales à l'affût des moindres mouvements ouvriers, fournissent aux grévistes souvent non organisés, l'appui moral de leurs militants qui peuvent plus facilement relever les énergies en n'abandonnant pas le terrain de grève. La propagande syndicaliste est semée de difficultés sans nombre. Les autorités s'ingénient à multiplier les formalités pour décourager les travailleurs qui veulent se syndiquer. Il faut agir sur place et au plus vite. Souvent de nouvelles industries se créent dans les communes reculées où une exploitation odieuse se pratique et où l'on établit une production concurrente à celle de la ville, avec des salaires dérisoires. Les militants des U. D. se préoccupant de ces manifestations de la lutte économique et agissant en conséquence, afin que les Fédérations nationales soient prévenues, contribueraient à un succès immédiat.

Les Unions départementales ont aussi l'avantage d'organiser des syndicats départementaux là où les salariés de la profession ne sont pas en nombre suffisant dans un seul milieu, ce qui facilite leur asservissement.

L'inconvénient de la loi de 1884, qui oblige les syndicats à donner le nom des membres du conseil syndical aux autorités locales, peut se trouver supprimé par la création d'un syndicat régional auquel sont reliées les sections qui n'ont pas à fournir ces renseignements toujours inquisitoriaux.

Pour beaucoup de militants, les Unions départementales sont aujourd'hui considérées comme des organisations supérieurement disposées à l'augmentation et à la généralisation de la propagande.

Nous éviterons les Bourses du Travail chétives et insignifiantes ; nous augmenterons celles qui agissent et coordonnent l'effort syndicaliste.

Nous pourrons considérer des limites autres que celles des départements avec une géographie confédérale, si les besoins de la propagande l'exigent.

Après le vote du Congrès, nous ne pouvons émettre ici qu'une indication, mais il nous semble que le moment est venu de le faire et de pénétrer l'esprit des syndiqués de la nécessité de cette forme d'organisation, dont tout le mécanisme confédéral doit bénéficier.

La discussion est close.

Les ordres du jour suivants sont présentés :

1º Pour les Unions départementales :

« La Conférence des Bourses, réunie à Amiens le 16 octobre, considérant que
« les Bourses du Travail et Unions de syndicats ont toujours été des institu-
« tions puissantes de propagande ;
« Considérant qu'elles ont contribué, pour une large part, au développement
« de l'idée syndicale dans les centres les plus retirés ;
« Reconnaissant l'efficacité incontestable de ces organisations, émet le
« désir de voir partout se constituer des Unions départementales ou régionales,
« qui permettront d'intensifier la propagande en facilitant l'échange des pro-
« pagandistes d'une localité à l'autre. »

> Th. Traut, Belfort ; Delarbre, Dijon ; L. Morel, Nice ; Limousin,
> Poitiers ; Moyse Coignard, Tours ; G. Yvetot, Agen, Alger, Avignon,
> Brives, Escarbotin, Yvry, Mâcon ; H. Turpin, Paris ; E. Briat, Niort ;
> J. Etard, Union des Syndicats Mazamet, Bourse du Travail Angou-
> lème ; Lefort, Levallois ; J. Vaysse, Bourse du Travail de Tulle ;
> L. Vedel, Bourse de Thiers ; A. Klemczynski, Oise ; J. Roullier
> Union régionale des Syndicats ouvriers du Finistère et environs ;
> Chazeaud, Lyon ; J. Vendangeon, Bourse de Bordeaux ; R. Fauny,
> Havre ; Eug. David, Union des Syndicats ouvriers de l'Isère, Bourse
> du Travail de Grenoble ; Giboy, Bourse d'Albi ; Cazes, Bourse
> de Saint-Claude.

2º Contre les Unions départementales ou régionales :

« Après un échange de vues sur la question des Fédérations départementales,
« considérant que, pour établir des relations entre les diverses Bourses du tra-
« vail d'un même département, il n'est pas besoin de créer un nouvel organisme
« départemental et permanent ;
« Considérant que la propagande syndicale dans une région ou un départe-
« ment s'exerce déjà facilement, grâce aux bons rapports qui existent entre
« Bourses voisines ;
« Considérant qu'il y a intérêt syndical à ne pas compliquer les rouages
« de l'organisation ouvrière et de surcharger les cotisations ;
« La Conférence d'Amiens invite les Bourses du Travail à resserrer de plus
« en plus les relations dans leurs régions et passe à l'ordre du jour. »

> Niel, Montpellier ; Cleuet, Amiens ; Soulageon, Saint-Etienne ; Avis,
> Arles ; Orfeuvre, Clermont-Ferrand ; Guernier, Reims ; Richon,
> Epernay ; Blanchart, Nantes ; Gautier, Saint-Nazaire ; Beaupérin,
> Rennes ; Lepart, Meaux ; Richer, Le Mans et Alençon ; Lochet,
> Châteauroux et Issoudun ; Cailly, Issy ; Nicolas, Saint-Quentin ;
> Teyssandier, Périgueux ; Hervier, Bourges et Saint-Amand ; Coton,
> Vierzon, Vichy.

Après un vote par appel nominal, la proposition Belfort-Creil est adoptée par 37 mandats contre 35 à la proposition Montpellier.

Ont voté pour les Unions départementales ou régionales :

Agen ; Alais ; Albi ; Alger ; Angers ; Angoulême ; Avignon ; Belfort ; Besançon ; Bordeaux ; Brest ; Brives ; Cherbourg ; Creil ; Dijon ; Grenoble ; Ivry ; Le Havre ; Levallois ; Lyon ; Mâcon ; Mazamet ; Nancy ; Nemours ; Nevers ; Nice ; Niort ; Orléans ; Paris ; Poitiers ; Puteaux ; Romans ; Rouen ; Saint-Claude ; Thiers ; Tours et Tulle.

Ont voté contre :

Aix ; Alençon ; Amiens ; Arles ; Béziers ; Boulogne ; Bourges ; Cette ; Clermont-Ferrand ; Dunkerque ; Epernay ; Issy ; Le Mans ; Marseille ; Meaux ; Montauban ; Montluçon ; Montpellier ; Nantes ; Narbonne ; Périgueux ; Perpignan ; Reims ; Rennes ; Roanne ; Rochefort ; Saint-Amand ; Saint-Brieuc ; Saint-Denis ; Saint-Etienne ; Saint-Quentin ; Saint-Nazaire ; Toulouse ; Vichy et Vierzon.

Se sont abstenus :

Carcassonne ; Châteauroux ; Escarbotin ; Issoudun ; Limoges ; Mèze ; Moulins ; Saint-Chamond ; Troyes et Valence.

La proposition suivante, déposée par la Bourse du Travail d'Angers, est votée ensuite à l'unanimité.

« La Bourse du Travail d'Angers, en prévision de la suppression des Bourses
« du Travail par les municipalités, invite les syndicats à s'ériger en Unions
« départementales ou régionales, afin que si, spontanément, une Bourse ou
« des Bourses se trouvaient supprimées, il n'y ait pas d'arrêt dans le fonction-
« nement de l'organisme fédéral syndicaliste. »

> **La Bourse du Travail d'Angers ; Chazeaud**, Lyon ; **E. David**, Bourse
> du Travail de Grenoble ; **J. Roullier**, Union du Finistère ; **Caze**,
> Bourse de Saint-Claude ; **A. Klemczynski**, Oise.

La proposition suivante de la Bourse du Travail de Thiers est également adoptée à main levée unanimement :

« Considérant que, jusqu'à ce jour, la propagande n'a pas donné tous les
« résultats qu'on en peut attendre ;
« Considérant que ce manque de résultats provient de ce qu'il n'y a pas
« entente et unité d'actions suffisantes entre les deux organismes principaux
« de la Confédération, Bourses du Travail et Fédérations ;
« La Conférence invite les Bourses du Travail à adresser chaque année, au
« Comité confédéral, à date fixe, un rapport relatant aussi exactement que
« possible la statistique du travail et la situation du syndicalisme dans leur
« région, ainsi que la façon dont la propagande pourrait être faite suivant les
« milieux et les circonstances ;
« Invite également les Fédérations à s'inspirer de ces rapports, qui seront lus
« au Comité confédéral et déposés en ses archives, pour organiser, après entente
« avec les Bourses intéressées, leur propagande, dans les localités ou régions
« où elles désireront la porter. »

> **Vedel**, Bourse du Travail de Thiers.

### Proposition Niel sur un referendum concernant les Unions départementales

« Le vote étant insuffisant pour donner une indication définitive, la Confé-
« rence décide de consulter toutes les Bourses par un référendum sur la question
« des fédérations départementales. »

**Briat** fait remarquer que cette proposition de Niel aurait été mieux placé avant le résultat du vote de la question.

Cette proposition est repoussée par 46 mandats contre 14.

Ont voté pour :

Amiens ; Boulogne ; Clermont-Ferrand ; Issy ; Le Mans ; Meaux ; Mèze ; Montauban ; Montluçon ; Montpellier ; Roanne ; Rochefort ; Saint-Denis ; Toulouse.

Ont voté contre ;

Agen ; Albi ; Alger ; Angoulème ; Avignon ; Belfort ; Besançon ; Béziers ; Bordeaux ; Bourges ; Brest ; Brives ; Châteauroux ; Cherbourg ; Creil ; Dijon ; Dunkerque ; Escarbotin ; Grenoble ; Issoudun ; Ivry ; Le Havre ; Levallois ; Lyon ; Mâcon ; Mazamet ; Nancy ; Nemours ; Nevers ; Nice ; Niort ; Orléans ; Paris ; Périgueux ; Poitiers ; Romans ; Rouen ; Saint-Amand ; Saint-Claude ; Thiers ; Tours ; Tulle ; Vichy ; Vierzon.

## Propositions diverses adoptées

« Etant données les difficultés de la propagande, la Conférence invite le « Comité fédéral des Bourses à éditer une brochure qui sera l'A B C du syn-« dicalisme ». **Union Finistère.**

\* \*

A titre d'indication, Bourges demande que dans chaque Bourse du Travail on se préoccupe de la revision des usages locaux qui, en maintes occasions, étant donnée leur caducité, arment les juges de paix au préjudice des travailleurs, surtout en matière de placement.

\* \*

Le camarade Briat présente au Congrès des épreuves radiographiques réelles et des épreuves truquées par les Compagnies d'assurance, concernant la consolidation des blessures. Il obtient du Congrès le vote unanime d'une motion tendant à avertir toutes les Bourses de ces procédés, et les engageant à exposer ces photographies à titre de propagande (1).

\* \*

« La Conférence des Bourses, réunie à Amiens le 16 octobre, confirmant ses « décisions antérieures, relatives à la propagande anti-militariste et anti-« patriotique, décide de la continuer avec la plus grande activité et approuve « l'action menée par le Comité fédéral des Bourses. »

**Bourse de Narbonne ; Bourse de Besançon ; Nevers ; Nancy ; Romans ; Nemours ; Lyon ; Grenoble ; Cherbourg ; Bourse du Havre ; Paris ; Union du Finistère ; Jacquet, d'Alais ; Saint-Claude.**

*Le Secrétaire de la Conférence des Bourses,*

**Klemczynski.**

~~~~~~~~~~~

(1) Voir aux documents annexes le rapport sur les « *Applications de la Radiographie aux accidents du travail* ».

# RÉSULTATS

DES

# VOTES PAR MANDAT

émis aux séances du XVᵉ Congrès National Corporatif

## VOTE SUR LA SECTION DES FÉDÉRATIONS

**(Chiffres rectifiés après pointage avec les bulletins de vote)**

| | |
|---|---|
| Votants .............................. | 939 |
| Pour.................................. | 815 |
| Contre ............................... | 106 |
| Blancs ............................... | 18 |

*Ont voté* POUR *les Organisations suivantes* :

### AGRICOLE

Marsillargues.
Montlaur.
Cuxac d'Aude.
Claira.
Espira-de-l'Agly.
Portel.
Bessan.
Lérignan.
Arles.
Cazouls-lès-Béziers.
Maraussan.
Narbonne.
Ginestas.
Laredortre.
Périac-de-Mer.
Lanouvelle.
Salces.
Canohès.
Ille-sur-Têt.

Coursan.
Armissan.
Canet.
Saint-Nazaire.
Mèze.
Lunel.
Saint-Laurent-de-la-Cabrerisse.

### AMEUBLEMENT

Seine (Ebénistes).
Paris (Tapissiers).
— (Dorure).
— (Sculpture).
Nantua.
Quimper.
Angers.
Toulouse (Meubles).
— (Sculpteurs).
— (Menuisiers).

Bayonne.
Montpellier.
Saint-Etienne.
Tulle.
Saint-Loup-sur-Semouse.
Nancy (Boîtiers).
Brest.

## ALIMENTATION

Montluçon.
Tours.
Seine (Limonadiers).
— (Employés d'hôtels).
— (Meuniers).
— (Boulangers).
— (Charcutiers).
— (Epicerie).
— (Gens de maison).
Paris (Dames de café).
— (Cuisiniers).
Lyon.
Noisiel.
Brest.
Toulouse (Cuisiniers).
— (Pâtissiers).
— (Limonadiers).
— (Confiseurs).
Saint-Quentin.
Périgueux.
Marseille (Boulangers).
— (Liquoristes).
Grenoble.
Béziers.
Bordeaux Cuisiniers).
— (Encanteurs).
— (Boulangers).
Angers.
Orléans.
Versailles.
Clermont-Ferrand.
Cette.
Corbeil-Essonnes (Boulangers).
— (Meuniers).
Amiens (Charcutiers).
— (Boulangers).
Dijon.

## ALLUMETTIERS

Bègles.
Marseille.
Pantin-Aubervilliers.
Saintines.
Trélazé.
Aix-en-Provence.

## ARDOISIERS

Trélazé.
Renazé.

## BATIMENT

Dijon (Pierre).
— (Plâtriers).
Saint-Claude.
Brest.
Tours (Menuisiers).
— (Serruriers).
Le Havre.
Amboise.
Lagny.
Saint-Brieuc.
Cherbourg.
Grenoble.
Epernay.
Mont-de-Marsan.
Mazamet.
Saint-Etienne.
Seine (Charpentiers).
— (Puisatiers).
— (Briquetiers).
Paris (Serruriers).
— (Levageurs).
Rive-de-Gier.
Chaumont.
Pont-l'Abbé.
Neuilly-Plaisance
Charenton.
Angers.
Lyon.
Morbihan.
Concarneau.
Abbeville.
Amiens.
Coursan.
Saint-Quentin.
Dieppe.
Dijon.
Romorantin.
Bayonne.
Lunéville.
Valence.
Voiron.
Saint-Chamond.
Aix-les-Bains.
Biarritz.
Maisons-Laffitte.
Dunkerque.
Nangis.
Mouy.

Compiègne.
Grenoble.
Bortiers.
Nancy.

## BUCHERONS

Torteron.
La Guerche.
Farges-en-Septaine.
Cours-les-Barres.
La Chapelle-Hugon.
Chantenay-Saint-Imbert.
Jussy-le-Chandrier.
Levet.
Cuffy.
Feux.
Jouet-sur-l'Aubier.

## BROSSERIE

Mouy.
Andeville.
Seine.
Saint-Claude.
Lunéville.
Hermes.

## BIJOUTERIE-ORFEVRERIE

Paris (Orfèvrerie).
— (Gaîniers).
— (Potiers).
Jura.
Wallincourt.
Saint-Denis.
Nemours.

## CÉRAMIQUE

Garçons de magasins l'Utile.
Paris.
Roanne.
Vallauris.
Fives-Lille.
Lyon.
Limoges (Porcelainiers).
— (Peinture).
— (Journaliers).
— (Mouffletiers).
— (Crématoires).
— (Gazetiers).
— (Imprimeurs).
— (Peintres).
— (Batteurs).
— (Polisseurs).
— (Mouleurs).

Celle-Brière.
Vierzon (Porcelainiers).
— (Useurs).
— (Journaliers).

## CUIRS ET PEAUX

Perpignan.
Nancy.
Sens.
Dreux.
Limoges.
Angers.
Auray.
Blois.
Beauvais.
Liancourt.
Mouy.
Issoudun.
Nice.
Chartres.
Rouen.
Lorient.
Avignon.
Amiens.
Romans.
Roanne.
Chateaurenault.
Alais.
Quimper.
Bayonne.
Toulouse.
Dunkerque.
Graulhet.
Biarritz.
Clermont-Ferrand.
Rennes.
Périgueux.
Nantes.
Isère.
Niort.
Chaumont.
Avenières.
Le Mans.
Brest.
Saint-Junien.
Amboise.
Saint-Loup-sur-Semouse.
Lyon.
Bourges.
Dôle.
Souillac.
Lyon et banlieue.
Seine.
Paris.

## COIFFEURS

Tours.
Paris.
Narbonne.
Nîmes.
Marseille.
Nantes.
Perpignan.
Angers.
Rochefort-sur-Mer.
Le Havre.
Belfort.
Grenoble.
Poitiers.
Brest.

## CHAUFFEURS-CONDUCTEURS

Saint-Quentin.

## CONFECTIONS MILITAIRES

Bourges.

## CHEMINS DE FER

Caen.
Bastia.
Châlons-sur-Marne.
Dax.
Tunis.
Marseille.
Juvisy.
Cosne-sur-l'Œil.
Mont-de-Marsan.
Courtalain.
Dijon.
Epernay.
Meaux.
Vireux.
Tournemine.
Longwy.
Béthune.
Saint-Etienne.
Grenoble.
Port-Marly.
Achères.
Avignon.
Oullins.
Lens.
Saint-Quentin.
Serverac.
Perpignan.
Rouen.
Sotteville.
Tours-Etat.

Carhaix.
Paris.
— (Ouest).
Bédarieux.

## CHAPELIERS

Aix.
Albi.
Essonnes.
Romans, etc.
Iseure.
Chapellerie parisienne.
Lyon.

## DESSINATEURS

Nantes.
Saint-Nazaire.

## EMPLOYÉS

Saint-Nazaire.
Poitiers.
Bourges.
Narbonne.
Valence.
Dijon.
Carcassonne.
Montpellier.
Périgueux.
Saint-Brieuc.
Nice.
Belfort.
Pezenas.
Perpignan.
L'Oise.
Troyes.
Saint-Etienne.
Cette.
Clermont-Ferrand.
Paris (Comptables).
— (Courtiers).

## HABILLEMENT

Limoges.
Tours.
Montpellier.
Marseille.
Grenoble.
Lyon.
Toulouse.
Amiens (Ouvrières).
Bordeaux.
Le Mans.
Nice.
Vaucluse.
Seine.

## HORTICOLE

Narbonne.
Dijon.
Vitry.
Paris.

## INSCRITS MARITIMES

Havre.
Saint-Nazaire.
Marseille.

## LIVRE

Montauban.
Cahors.
Toulouse.
Typographie parisienne.
Paris (Fondeurs).
— (Imprimeurs).
— (Correcteurs).
Montluçon.
Limoges.
Cherbourg.
Dunkerque.
Valence.
Nîmes.
Béziers.
Cette.
Montpellier.
Marseille.
Constantine.
Rochefort-sur-Mer.
Albi.
Rouen.
Châteauroux.
Alger.
Alençon.
Belfort.
Dijon.
Saint-Brieuc.
Meaux.
Saint-Nazaire.
Lagny.
Poitiers.
Amiens.
Abbeville.
Tours.

## LITHOGRAPHIE

Rennes (Imprimeurs).
— (Graveurs).
Nantes (Graveurs).
— (Imprimeurs).
Angers.
Dijon.

Marseille.
Seine (Reporteurs).
Paris (Graveurs).
— (Résistance).
Besançon.
Lille.
Dôle.
Clermont-Ferrand.
Saint-Etienne.
Amiens.
Limoges.
Bordeaux (Graveurs).
— (Lithos).
Valréas.
Nîmes.
Angoulême.
Rouen.
Tours.
Poitiers.
Belfort.
Grenoble.
Toulouse.

## MAÇONNERIE

Albi (Terrassiers).
— (Maçons).
Saint-Etienne (Plâtriers).
— (Maçons).
Toulouse (Maçons).
— (Marbriers).
— (Zingueurs).
— (Terrassiers).
Clermont-Ferrand (Terrassiers).
— — (Maçons).
Marsillargues.
Rennes (Maçons).
— (Plâtriers).
Saint-Brieuc.
Auxerre.
Rochefort-sur-Mer.
Nancy.
Arles.
Orléans.
Saint-Quentin.
Grivats-Cusset.
Narbonne.
Havre.
Vichy (Maçons).
— (Tailleurs de pierres).
— (Terrassiers).
Lyon.
Reims.
Cette.

Perpignan.
Alais.
Aney.
Bourges (Pierres).
— (Maçons).
— (Terrassiers).
La Loire.
Marseille (Gâcheurs).
— (Mâçons).
— (Manœuvres).
— (Terrassiers).
— (Limousinants).
Paris (Mâçonnerie).
— (Stucateurs).

## MARINE
Toulon.
Lorient.
Ouvriers des Ports.
Ruelle.
Rochefort.
Indret.
Paris.
Cherbourg.

## MARÉCHAUX
Rouen.
Marseille.
Bordeaux.
Montpellier.
Seine-et-Oise.
Seine.

## MAGASINS DE LA GUERRE

Clermont-Ferrand.
Alger.
Toulon.
Montpellier.

## MÉCANICIENS
Toulouse.
Poitiers.
Marseille.
Saint-Etienne.
Seine.
Meaux.
Bordeaux.
Tarbes.
Caen.
Nantes.
Soissons.
Saint-Dié.
Corbeil.

Paris.
— (Optique).
— (Robinetiers).
Cherbourg.
Jeumont.
Saint-Quentin.
Albert.
Angers.
Reims.
Chartres.
Dijon.
Montzeron.
Persan-Beaumont.

## MENUISIERS
Orléans.
Châteauroux.
Marseille.
Cherbourg.
Angers.
Bordeaux.
Le Mans.
Rochefort-sur-Mer.
Saint-Brieuc.
Roanne.
Voiron.
Seine.
— (Parqueteurs).
Bourges.

## MÉTALLURGIE
Grenoble (Plombiers).
Grenoble.
Homécourt.
Saint-Claude.
Brest.
Tulle.
Lorient.
Hennebont.
Issy-lès-Moulineaux.
Le Pellerin.
Chambon-Feugerolles.
Saint-Etienne.
Toulouse.
Auxerre.
Fraisans.
Dôle.
Bourg.
Dijon.
Amiens.
Bourges.
Le Mans.
Boulogne-sur-Mer.

Vivier-au-Court.
Sens.
Montluçon.
Villerupt.
Jarville.
Nancy.
— (Ameublement).
— (Limes).
Coutances-aux-Forges.
Havre.
Basse-Indre.
Rochefort-sur-Mer.
Mazières.
Cateau.
Boucau.
Corbeil-Essonnes.
Pamiers.
Nevers.
Lure.
Saint-Nazaire.
Charleville.
Roubaix.
Troyes.
Friville-Escarbotin.
Châteauroux.
— (Bâtiment).
Nantes.
Issoudun.
Saint-Florent et Rosières.
Monthermé.
Mohon.
Flize.
Limoges.
Dunkerque.
Fumel.
Badevel.
Saint-Chamond.
Saint-Denis.
Denain.
Vizille.
Decazeville.
Saint-Uze.
Sainte-Hélène.
Bordeaux.
Scionzier.
Lyon (Orfèvres).
— (Zingueurs).
— (Bijoutiers).
— (Litiers).
— (Chaudronniers).
Seine
— (Outilleurs).
— Paris (Précision).
— (Electriques).

Seine (Chirurgie).
— (Repousseurs).
— (Scies).
— (Ciseleurs).
— (Limes).

## MODELEURS-MÉCANICIENS
Seine.

## MINEURS.
Saint-Aubin.
Nord.
Pas-de-Calais.
Montceau-les-Mines.
Saint-Bel etc.
Kremlin-Bicêtre.
La Loire.
Alais.
Brassac.
Decazeville.
Talandière.

## MOULEURS
Grenoble.
Chauny.
Valence.
Nantes.
Lyon.
Roubaix.
Nouzon.
Roanne.
Toulouse.
Marquise.
Caen.
Persan-Beaumont.
Etampes.
Marseille.
Noyon.
Hirson.
Saint-Quentin.
Jeumont.
Denain.
Le Mans.
Charleville
Lille.
Ferrière-la-Grande.
Stenay.
Saint-Michel.
Cambrai.
Creil.
Albi.
Essonnes.
Saint-Etienne.
Pontchardon.

Le Havre.
La Ferté Saint-Aubin.
Flers.
Castres.
Tours.
Seine.

### PAPIER

Limoges (Relieurs).
— (Doreurs).
Paris.
Clichy.
Dijon.
Essonnes.
Ballancourt.
Brignoud.

### PEINTRES

Cherbourg.
Poitiers.
Grenoble.
Bourges.
Saint-Brieuc.
Reims.
Biarritz.
Versailles.
Saint-Quentin.
Bourges.
Levallois-Perret.
Toulouse.
Bordeaux.
Paris.
Seine.

### PERSONNEL DE LA GUERRE

Cherbourg.
Toulouse.
Valence.
Bourges.
Grenoble.
Amiens.
Nantes
— (Artillerie).
Toulouse.
Rennes.
— (Construction).
Tulle.
Tarbes.
Saint-Etienne.
Toulon.
Versailles.
Paris (Technique).
— (Génie).

Clermont.
La Rochelle.

### PRESSES TYPOGRAPHIQUES

Seine.
Marseille.
Lyon (Minervistes).
— (Conducteurs).
Dijon.

### POSTES ET TÉLÉGRAPHES

Paris.
Alençon.
Caen.

### MAIN D'ŒUVRE DES P. T. T.

Seine.
Syndicat national.
Paris.

### PORTS ET DOCKS

Tonnay.
Rochefort-sur-Mer.
— (Régie).
Nantes.
Cette (Charbonniers).
— (Gardes).
— (Bois merrains).
— (Bois sapins).
Dunkerque.
Saint-Nazaire (Charbonniers).
— (Ouvriers).
Le Havre (Ouvriers).
— (Voiliers).
— (Camionneurs).
— (Entrepôts).
Rouen.
Marseille (Charbonniers).
— (Charretiers).
— (Ouvriers des Ports).
— (Emballeurs).
Bordeaux (Arrimeurs).
— (Terrassiers).
— (Ouvriers Dockers).

### SABOTTIERS

Moulins.
Poitiers.

### SELLERIE

Paris (Bourrellerie).
— (Malletiers).

## TABACS

Bordeaux.
Limoges.
Orléans.
Le Mans.
Dijon.
Riom.
Pantin.
Marseille.
Morlaix.
Châteauroux.

## TONNELIERS

Saint-Maixent.
Preignac.
Saint-Macaire.
Paillet,
Cette.
Seine.
Langon.
Rions.
Béguey.
Orléans.
Béziers.
Langoiranx.
Barsac.

## TRANSPORTS-MANUTENTIONS

Epernay.
Mazamet.
Beaucaire.
Roubaix.
Toulouse (Camionneurs).
— (Hommes de peine).
Lyon.
Casteljaloux.
Limoges.
Grenoble.
Le Havre.
Seine.
Paris (Emballeurs).
— (Chiffons).

## TRANSPORTS EN COMMUN

Tours.
Vizille.
Grenoble.
Poitiers.
Cette.
Paris.
Est-Parisien.
Saint-Etienne.
Brest.

Avignon.
Vichy-Cusset.
Seine.

## TRAVAILLEURS MUNICIPAUX

Bourges.
Lyon.
Rennes.
Grenoble.
Brest.
Paris (Employés).
— (Concédés).
— (Egoutiers).
— (Service des Ecoles).
— (Services réunis).
— (Non gradés).

## TEXTILE

Marseille.
Oise.
Vizille.
Somme.
Reims.
Roanne.
Fourmies.
Troyes.
Lavelanet.
Saint-Quentin (Pareurs).
— (Tisseurs).
Moreuil.
Saint-Etienne.
Héricourt.
Rouen.
Malaunay.
Tours.
Paris.

## VERRIERS

Blangy-sur-Bresle.
Nesle-Normandeuse.
Romesnil.
Vieux-Rouen.
Aumale.
Varimpré.
Montluçon.
Fresnes.
Masnières.
Charleville.
Dorignies.
Bordeaux.
Martainneville.
Val-d'Aulnoy.
Tréport.

Eu.
Incheville.
Rive-de-Gier.
Feuquières.

## VOITURE

Lyon.
Seine.
Moulins.
Bourges.

Vichy.
Orléans.

## ISOLÉS

Lyon.
Angers.
Dunkerque.
Ouvriers en Monnaies et Médailles.
Paris.
Cette (Pêcheurs).

*Ont voté* CONTRE *les Organisations suivantes :*

## ALIMENTATION

Lille.

## CÉRAMIQUE

Montereau.
Sallins.

## COIFFEURS

Troyes.
Limoges.

## CHAPELLERIE

Lille.

## EMPLOYÉS

Lille.
Grenoble.
Roanne.
Saint-Germain.
Toulon.
Nantes.
Châlons-sur-Marne.
Bergerac.
Angers.
Alençon.
Reims.
Abbeville.
Amiens.
Angoulême.
Mézières.
Nantes.
Boulogne-sur-Mer.
Albi.
Orléans.
Versailles.
Le Havre.
Paris (Voyageurs).
—    (Huissiers).
—    (Sténographes).
—    (Artistes lyriques).
—    -Banlieue.

## HABILLEMENT

Limoges.
Lille.
Amiens.

## LIVRE

Clermont-Ferrand.
Saint-Quentin.
Bayonne.
Roanne.
Fougères.
Lille.
Bordeaux.
Périgueux.
Charleville.
Grenoble.
Saint-Etienne.

## LITHOGRAPHIE

Reims.

## MAÇONNERIE

Reims.

## MAGASIN DE LA GUERRE

Reims.

## MÉTALLURGIE

Lille.

## PAPIER

Paris.
Lille.

## PEINTRES

Lille.

## SABOTTIERS

Limoges.

## TABACS

Lille.

## TONNELIERS

Reims.

## TRANSPORTS

Reims (Tramways).
— (Camionneurs).

## TRAVAILLEURS MUNICIPAUX

Reims.
Lille.

## TEXTILE

Pont-de-Nieppe.
Comines.
Saint-Maurice-sur-Moselle.
Lisieux.
Bagnières-de-Bigorre.
Flers.
Tourcoing (Textile).
— (Tissus).
— (Triage).
— (Filature).
Erquinghem.
Le Câteau.
Solesmes.
Dunkerque.
Gérardmer.
Lannoy.

Condé-sur-Noireau.
Poix-du-Nord.
Romorentin.
Armentières.
Beauvais.
Houplines.
Bolbec.
Maxonchamp.
Haspres.
Troyes.
Troyes (Fileurs).
Aix-en-Othe.
Plainfaing-Fraise.
Saint-Maurice-sur-Moselle.
Hazebrouck.
Bohéries.
Neuvilly.
Comines.
Vadencourt.
Reims (Trieurs).
— (Apprêteurs).
— (Lainière).
Menges.
Amiens (Tisseurs).
— (Apprêteurs).
Granges.
Aubusson.
Lille (Lin et jute).
— (Industrie).

## VOITURE

Lille.

---

*Ont voté BLANC les Organisations suivantes :*

## ALIMENTATION

Seine (Pâtissiers).
Paris (Boucherie).
— (Confiseurs).

## EMPLOYÉS

Choristes Paris.

## LIVRE

Nantes.
Lunéville.

Flers.
Thouars.
Compiègne.
Versailles.
Senlis.
Montargis.
Angoulême.
Orléans.
Chambéry.
Reims.
Nancy.
Nevers.

# VOTE SUR LE RAPPORT DE *LA VOIX DU PEUPLE*

---

(Chiffres rectifiés après pointage avec les bulletins de vote)

Votants ................................ 921
Pour ................................... 586
Contre ................................. 311
Blancs ................................. 24

*Ont voté POUR les Organisations suivantes :*

## AGRICOLES DU MIDI

Saint-Nazaire.
Canet-sur-Mer.
Espina de l'Agly.
Marsillargues.
Claira.
Mèze.
Saint-Laurent de la Cabrerisse.
Montlaur.
Lunel.
Cuxac-d'Aude.
Arles (La Ferme).
Maraussan.
Narbonne.
Lézignan.
Ginestas.
Portel.
Bessan.
Béziers.
Ille-sur-Tet.
Canohès.
Salces.
Armissan.
Coursan.
Lanouvelle.
Laredortre.
Périac-de-Mer.

## ALIMENTATION

Tours.
Périgueux.
Quimper.
Amiens (Charcutiers).
Béziers.
Cette.
Lyon.

Paris (Gens de Maison).
— (Epicerie).

## ALLUMETTIERS

Aix-en-Provence.
Trélazé.
Saintines.
Pantin.
Marseille.
Bègles.

## AMEUBLEMENT

Toulouse.
Tulle.
Toulouse (Sculpteurs).
— (Fauteuils).
Bayonne.
Angers.
Nantua.
Brest.
Nancy.
Montpellier.
Quimper.
Paris (Sculpture).
— (Tapissiers).
— (Dorure).
Seine.

## ARDOISIERS

Trélazé.
Renazé.

## BATIMENT

Dieppe.
Compiègne.
Saint-Brieuc.
Dunkerque.
Amboise.

Tours.
Charenton.
Saint-Claude.
Le Havre.
Grenoble (Maçons).
— (Menuisiers).
Lorient.
Neuilly-Plaisance.
Romorantin.
Lunéville.
Cherbourg.
Biarritz.
Aix-les-Bains.
Maisons-Laffitte.
Brest.
Mouy.
Angers.
Mazamet.
Chaumont.
Mont-de-Marsan.
Pont-l'Abbé.
Concarneau.
Valence.
Saint-Chamond.
Voiron.
Coursan.
Bayonne.
Lyon.
Saint-Quentin.
Paris.
Seine (Charpentiers).
— (Puisatiers).
— (Serruriers).
— (Briquetiers).

### BIJOUTERIE-ORFÈVRERIE

Ain-Jura.
Wallincourt.
Nemours.
Saint-Denis.
Paris (Bijouterie).
— (Gaîniers).
— (Potiers d'étain).

### BROSSIERS

Hermes.
Saint-Claude.
Lunéville.
Mouy.
Seine.
Andeville.

### BUCHERONS

Torteron.
La Guerche.

Levet.
Cours-les-Barre.
Farges-en-Septaine.
Feux.
Cuffy.
La Chapelle-Hugon.
Chantenay-Saint-Imbert.
Jussy-le-Chandrier.

### CÉRAMIQUE

Vierzon (Journaliers).
— (Porcelainiers).
— (Useurs).
Limoges (Mouffletiers).
— (Crématoires).
— (Journaliers).
— (Porcelainiers).
— (Gazetiers).
Vallauris.
Roanne.
Paris.
Celle-Brière.
Lyon.
Fives-Lille.

### CHAUFFEURS-CONDUCTEURS

Saint-Quentin.
Seine.

### CHAPELIERS

Lyon.
Essonnes.
Albi.
Aix.
Moulins-Ysenne.
Parisienne.

### CHEMINS DE FER

Grenoble.
Tours.
Perpignan.
Sotteville.
Rouen.
Carhaix.
Achères.

### COIFFEURS

Le Havre.
Tours.
Perpignan.
Marseille.
Angers.
Brest.

Grenoble.
Nimes.
Narbonne.
Rochefort.

## CONFECTIONS MILITAIRES

Bourges.

### CUIRS ET PEAUX

Alais.
Le Mans.
Périgueux.
Périgueux (Corroyeurs).
Biarritz.
Clermont-Ferrand.
Romans.
Graulhet.
Liancourt.
Beauvais.
Bourges.
Saint-Loup-sur-Semouse.
Dreux.
Limoges.
Rouen.
Angers.
Auray.
Blois.
Chartres.
Sens.
Lyon et banlieue.
Dôle.
Souillac.
Saint-Junien.
Nancy.
Lorient.
Bayonne.
Perpignan.
Roanne.
Toulouse.
Amboise.
Avignon.
Châteaurenault.
Alais.
Quimper.
Issoudun.
Brest.
Mouy.
Chaumont.
Grenoble.
Amiens.
Avenières.
Niort.
Rennes.

Lyon.
Seine.
Paris.

## DESSINATEURS

Saint-Nazaire.
Nantes.

## EMPLOYÉS DE COMMERCE

Saint-Brieuc.
Saint-Nazaire.
Clermont-Ferrand.
Carcassonne.
Bourges.
Périgueux.
Troyes et Sainte-Savine.
Pézenat.
Montpellier.
Oise.
Perpignan.
Cette.
Narbonne.
Paris (Comptables).
— (Courtiers).

## MAGASINS DE LA GUERRE

Clermont-Ferrand.
Alger.
Rennes.
Toulouse.
Nantes.
Amiens.
Toulon.

## PERSONNEL DE LA GUERRE

Cherbourg.
Montpellier.
Bourges.
Tulle.

## HABILLEMENT

Nice.
Montpellier.
Tours.
Grenoble.
Amiens (Ouvrières).
Limoges.
Le Mans.
Lyon.
Vaucluse.

## HORTICOLE

Vitry.
Narbonne.
Paris.

## INSCRITS MARITIMES

Marseille.
Saint-Nazaire.
Dunkerque.
Cette.

## LITHOGRAPHIE

Bordeaux.
— (Graveurs).
Rennes.
— (Imprimeurs).
Clermont-Ferrand.
Lille.
Limoges.
Amiens.
Marseille.
Dijon.
Besançon.
Saint-Étienne.
Angers.
Belfort.
Grenoble.
Nîmes.
Toulouse.
Rouen.
Angoulême.
Nantes (Graveurs).
— (Imprimeurs).
Valréas.
Dôle.
Tours.
Seine (Reporteurs).
Paris (Graveurs).
— (Résistance).

## LIVRE

Cherbourg.
Saint-Nazaire.
Saint-Brieuc.
Limoges.
Rochefort.
Tours.
Paris (Correcteurs).

## MAÇONNERIE

Paris (Maçonnerie-Pierre).
— (Stucateurs).
Marseille (Gâcheurs).
— (International).

Marseille (Limousinants).
— (Manœuvres).
— (Mineurs).
Clermont (Aides-Maçons).
— (Terrassiers).
Le Havre.
Arles.
Albi (Terrassiers).
— (Maçons).
Lyon.
Saint-Brieuc.
Narbonne.
Rennes (Maçons).
— (Plâtriers).
Auxerre.
Saint-Quentin.
Rochefort.
Perpignan.
Bourges (Terrassiers).
— (Tailleurs de pierres).
— (Maçons).
Châteauroux.
Cette.
Orléans.
Reims.
Marsillargues.
Nancy.
Ancy.

## MARÉCHAUX

Montpellier.

## MARINE

Cherbourg.
Brest.
Indret.
Lorient.
Ruelle.
Rochefort.
Le Havre.
Toulon.
Paris.

## MÉCANICIENS

Saint-Quentin.
Albert.
Paris (Optique).

## MODELEURS-MÉCANICIENS

Seine.

## MENUISIERS

Le Mans.
Bordeaux.
Roanne.

Cherbourg.
Marseille.
Rochefort.
Châteauroux.
Bourges.
Voiron.
Orléans.
Angers.
Seine (Parqueteurs).
— (Menuisiers).
Saint-Brieuc.

## MÉTALLURGIE

Seine (Electriques).
— (Précision).
— (Limes).
— (Repousseurs).
— (Scies).
— (Ciseleurs).
— (Métallurgistes).
Paris (Estampeurs).
— (Chirurgie).
Lyon (Bijoutiers).
— (Ferblantiers).
— (Orfèvres).
— (Litiers).
— (Chaudronniers).
Brest.
Friville-Escarbotin.
Amiens.
Le Mans.
Saint-Chamond.
Roubaix.
Charleville.
Denain.
Vivier-au-Court.
Le Pellerin.
Troyes.
Lorient.
Saint-Uze.
Decazeville.
Pamiers.
Dunkerque.
Sainte-Hélène.
Chambon-Feugerolles.
Mohon.
Tulle.
Basse-Indre.
Rochefort.
Flize.
Monthermé.
Nantes.
Coustances-aux-Forges.

Jarville.
Homecourt.
Villerupt.
Nancy (Métallurgistes).
— (Limes).
Anzin.
Scionzier.
Bourges.
Mazières.
Bordeaux.
Nevers.
Lure.
Saint-Nazaire.
Grenoble (Métallurgistes).
— (Ferblantiers).
Le Havre.
Le Câteau.
Limoges.
Badevel.
Fumel.
Saint-Denis.
Tours.
Issy-lès-Moulineaux.
Viézille.
Hennebont.
Châteauroux.
Saint-Claude.
Saint-Florent et Rozières.
Boucau.
Corbeil-Essonnes.
Toulouse.

## MINEURS

Talandière.
Decazeville.
Saint-Martin.
Doyet-Brassac.
Nord.
Montceau-les-Mines.
Kremlin-Bicêtre.
Saint-Aubin.
Pas-de-Calais.
Saint-Bel, Saint-Pierre et Sourcieux.

## MOULEURS

Saint-Michel.
Stenay.
Ferrière-la-Grande.
Lille.
Charleville.
Denain.
Saint-Quentin.
Jeumont.
Toulouse.

Pontchardon.
Flers.
Essonnes.
Le Havre.
Persan-Beaumont.
Roubaix.
La Ferté Saint-Aubin.
Marseille.
Etampes.
Caen.
Grenoble.
Creil.
Tours.
Albi.
Noyon.
Saint-Etienne.
Castres.
Le Mans.
Cambrai.
Hirson.
Roanne.
Nouzon.
Lyon.
Nantes.
Valence.
Chauny.
Marquise.
Seine.

## OUVRIERS MUNICIPAUX

Brest.
Bourges.
Lyon.
Grenoble.
Rennes.
Paris (Non gradés).
— (Egoutiers).
— (Ecoles).
— (Concédés).
— (Nettoiement).

## PAPIER

Limoges.
Clichy.
Essonnes.
Dijon.
Ballancourt.
Brignoud.
Paris.
Limoges.

## PEINTRES

Reims.
Saint-Quentin.

Bourges (Peintres).
— (Toiles cirées).
Toulouse.
Versailles.
Biarritz.
Levallois-Perret.
Bordeaux.
Grenoble.
Cherbourg.
Saint-Brieuc.
Paris.
Seine.

## PORTS ET DOCKS

Cette (Bois, Merrains).
— (Gardes).
— (Charbonniers).
Le Havre (Camionneurs).
— (Entrepôts),
— (Ouvriers du Port).
— (Voiliers).
Marseille (Charbonniers).
— (Camionneurs).
Rouen.
Saint-Naraire (Charbonniers).
— (Ouvriers du Port).

## POSTES, TÉLÉGRAPHES ET TÉLÉPHONES

Caen.
Seine.
Alençon.
Paris.

## PRESSES TYPOGRAPHIQUES

Lyon (Conducteurs).
— (Minervistes).
Dijon.
Marseille.
Seine.

## SELLERIE-BOURRELLERIE

Paris (Malletiers).
— (Sellerie).

## TABACS

Châteauroux.

## TEXTILE

Lavelanet.
Oise.
Tourts.
Somme.

Vizille.
Troyes.
Marseille.
Malaunay.
Reims.
Fourmies.
Roanne.
Moreuil.
Saint-Quentin.
Rouen.
Paris.

## TONNELIERS

Cette.
Béziers.
Montpellier.
Orléans.

## TRANSPORT EN COMMUN

Saint-Etienne.
Toulouse.
Avignon.
Grenoble.
Cette.
Brest.
Est-Parisien.
Vizille.
Tours.
Paris.
Seine.

## TRANSPORTS, MANUTENTIONS

Grenoble.
Toulouse (Hommes de peine).
— (Camionneurs).
Mazamet.
Casteljaloux.
Beaucaire.

Le Havre.
Limoges.
Lyon.
Paris (Cochers).
— (Chiffons).
— (Emballeurs).

## VERRIERS

Charleville.
Romesnil.
Vieux-Rouen.
Incheville.
Rive-de-Gier.
Aumale.
Val-d'Aulnoy.
Varimprez.
Martainneville.
Masnières.
Dorignies.
Feuquières.
Blangy.
Nesle-Normandeuse.
Fresnes.
Bordeaux.
Eu.
Tréport-Neuve.

## VOITURE

Orléans.
Nantes.
Lyon.

## ISOLÉS

Nantes (Boîtiers).
Paris (Monnaies).
Lyon (Scieurs).
Angers (Scieurs).
Paris (Préparateurs).

*Ont voté* CONTRE *les Organisations suivantes :*

## ALIMENTATION

Marseille (Liquoristes).
— (Boulangers).
Clermont-Ferrand.
Noisiel.
Bordeaux (Cuisiniers).
— (Encanteurs).
— (Boulangers).
Saint-Quentin.
Corbeil-Essonnes.
— Essonnes.

Angers.
Grenoble.
Dijon.
Orléans.
Montluçon.
Versailles.
Amiens (Boulangers).
Lille.
Toulouse (Cuisiniers).
— (Distillateurs).
— (Limonadiers).
— (Pâtissiers).

Paris (Cuisiniers).
— (Dames de café).
Seine (Salaisonniers).
— (Limonadiers).
— (Pâtissiers).
— (Confiseurs).
— (Meuniers).
— (Boulangers).
— (Employés d'hôtel).

## AMEUBLEMENT
Saint-Loup-sur-Semouse.

## BATIMENT
Lagny.
Nangis.
Epernay.
Dijon (Tailleurs de pierres).
— Plâtriers).

## BUCHERONS
Jouet-sur-l'Aubier.

## CÉRAMIQUE
Limoges (Imprimeurs).
— (Polisseurs).
— (Batteurs).
— (Peintres).
— (Modeleurs).
— (Ouvrières Peinture).
— (Garçons de magasin).
Montereau.
Sallins.

## CHAPELIERS
Lille.

## CHEMINS DE FER
Port-Marly.
Courtalain.
Châlons-sur-Marne.
Amiens.
Meaux.
Avignon.
Séverac.
Saint-Quentin.
Oulins.
Dax.
Saint-Etienne.
Béthune.
Longwy.
Tournemire.
Vireux.

Bédarieux.
Lens.
Mont-de-Marsan.
Juvisy.
Côsne-sur-l'Œil.
Marseille.
Tunis.
Caen.
Bastia.
Epernay.
Dijon.
Paris.
— Ouest.

## COIFFEURS
Poitiers.
Troyes.
Belfort.
Limoges.

## EMPLOYÉS DE COMMERCE
Abbeville.
Grenoble.
Amiens.
Nantes.
Albi.
Versailles.
Bergerac.
Châlons-sur-Marne.
Boulogne.
Mézières.
Angoulême.
Lille.
Belfort.
Le Havre.
Orléans.
Poitiers.
Valence.
Saint-Germain.
Toulon.
Reims.
Roanne.
Angers.
Alençon.
Dijon.
Paris (Choristes).
— (Sténographes).
— (Voyageurs).
— (Artistes lyriques).
— (Clercs d'huissier).
— Banlieue.

## MAGASINS DE LA GUERRE
Reims.

## PERSONNEL DE LA GUERRE

Grenoble.
Valence.
Saint-Etienne.
Rennes.
Clermont-Ferrand.
La Rochelle.
Versailles.
Toulon.
Nantes.
Tarbes.
Paris (Génie).
— (Technique).

## HABILLEMENT

Lille.
Toulouse.
Marseille (Lingères).
Limoges (Lingères).
Bordeaux.
Amiens.
Seine.

## HORTICOLE

Dijon.

## LITHOGRAPHIQUE

Reims.
Poitiers.

## LIVRE

Constantine.
Albi.
Cette.
Marseille.
Montpellier.
Béziers.
Nancy.
Versailles.
Chambéry.
Nîmes.
Châteauroux.
Alger.
Rouen.
Alençon.
Thouars.
Compiègne.
Flers.
Nevers.
Nantes.
Lunéville.
Reims.
Lille.
Bordeaux.

Belfort.
Dijon.
Cahors.
Montauban.
Poitiers.
Valence.
Fougères.
Toulouse.
Angoulême.
Orléans.
Montargis.
Senlis.
Abbeville.
Amiens.
Meaux.
Lagny.
Montluçon.
Clermont-Ferrand.
Roanne.
Saint-Amand.
Bayonne.
Saint-Quentin.
Paris (Imprimeurs).
— (Typos).
— (Parisienne).

## MAÇONNERIE

Cusset.
Vichy (Terrassiers).
— (Tailleurs de pierres).
— (Maçons).
Reims (Maçons).
Toulouse (Terrassiers).
— (Couvreurs).
— (Maçons).
— (Marbriers).

## MARÉCHAUX

Bordeaux.
Rouen.
Seine.
Seine-et-Oise.

## MÉCANICIENS

Bordeaux.
Montzeron.
Persan-Beaumont.
Saint-Etienne.
Toulouse.
Jeumont.
Marseille.
Dijon.
Caen.
Chartres.

Tarbes.
Angers.
Nantes.
Saint-Dié.
Corbeil.
Reims.
Soissons.
Poitiers.
Meaux.
Paris.
— (Robinetiers).

## MÉTALLURGIE

Lille.
Montluçon.

## OUVRIERS MUNICIPAUX

Reims.
Lille.

## PAPIER

Lille.
Paris.

## PEINTRES

Lille.
Poitiers.

## PORTS ET DOCKS

Nantes.
Bordeaux (Terassiers).
— (Arrimeurs).
Cette (Bois du Nord).

## MAINS-D'ŒUVRE DES P. T. T.

Poitiers (Mains-d'œuvre).

## SABOTTIERS

Limoges.
Poitiers.
Moulins.

## TABACS

Lille.
Morlaix.
Marseille.
Bordeaux.
Orléans.
Pantin.
Riom.
Limoges.
Dijon.
Le Mans.

## TEXTILE

Le Câteau.
Flers.
Saint-Menges.
Rémois (Industrie).
Troyes.
Condé-sur-Noireau.
Amiens (Tisseurs).
— (Teinturiers).
Lille.
Plainfaing-Fraise.
Bagnières-de-Bigorre.
Saint-Quentin.
Troyes.
Poix du Nord.
Romorantin.
Tourcoing (Tisseurs).
— (Triage).
Aix-en-Othe.
Solesmes.
Erquinghem.
Pont-de-Nieppe.
Armentières.
Hazebrouck.
Maxonchamps.
Bolbec.
Houplines.
Beauvais.
Saint-Maurices-sur-Moselle.
Saint-Maurice-sur-Moselle (Usine des Charbonniers).
Granges.
Héricourt.
Commines.
— (Rubanniers).
Aubusson.
Lille (Industrie).
Limoges.
Tourcoing (Textile).
— (Filature).
Dunkerque.
Vadencourt.
Bohéric.
Neuvilly.
Haspres.
Gérardmer.
Reims (Teinturiers).
— (Trieurs).
Lisieux.

## TONNELIERS

Barsac.
Preignac.
Saint-Maixant.

Saint-Macaire.
Reims.
Seine.
Langon.
Béguey-Cadillac.
Rions.
Langoiran.
Paillet.

## TRANSPORTS EN COMMUN

Vichy.
Reims (Camionneurs).
— (Tramways).
Poitiers.

## TRANSPORTS ET MANUTENTIONS DIVERSES

Epernay.

### VERRIERS

Montluçon.

### VOITURE

Lille.
Seine.
Bourges.
Moulins.
Vichy.

### ISOLÉS

Seine (Scieurs-Mouluriers).

*Ont voté BLANC les Organisations suivantes :*

## ALIMENTATION

Paris (Boucherie).

## AMEUBLEMENT

Saint-Etienne (Ouvriers réunis).

## BATIMENT

Saint-Etienne (Serruriers).
Rive-de-Gier.

## COIFFEURS

Paris.

## CUIRS ET PEAUX

Nice.

## EMPLOYÉS

Saint-Etienne.
Nice.

## LIVRE

Dunkerque.

## MAÇONNERIE

Saint-Etienne (Plâtriers).
— (Maçons).

## MÉTALLURGIE

Saint-Etienne.
Boulogne-sur-Mer.

## MINEURS

La Loire.

## PORTS ET DOCKS

Rochefort et Tonnay.
Cette.
Dunkerque.
Tonnay (Arrimeurs).
Rochefort (Régie).
Marseille (Portefaix).
— (Ouvriers du Port).

## TEXTILE

Saint-Etienne.

## SYNDICATS ISOLÉS

Paris (Passementiers).
Dunkerque (Tordeurs).

# VOTE SUR LA SECTION DES BOURSES

(Chiffres rectifiés après pointage avec les bulletins de vote)

Votants ............................. 938

Pour................................. 677

Contre .............................. 213

Blancs :............................. 48

*Ont voté* POUR *les Organisations suivantes* :

## AGRICOLES

Portel.

Bessans.

Saint-Nazaire.

Espira-de-l'Agly.

Canet-sur-Mer.

Claira.

Cuxac-d'Aude.

Montlaur.

Saint-Laurent-de-la-Cabrerisse.

Maraussan.

Cazouls-lès-Béziers.

Marsillargues.

Lunel.

Mèzes.

Périac-de-Mer.

Narbonne.

Ginestas.

Lézignan.

La Redorre.

Lanouvelle.

La Ferme.

Ille-sur-Têt.

Armissan.

Coursan.

Canohès.

Salces.

## ALIMENTATION

Lyon (Limonadiers).

Bordeaux (Encanteurs).

— (Cuisiniers).

— (Boulangers).

Noisiel.

Tours.

Amiens (Charcûtiers).

Amiens (Boulangers).

Clermont-Ferrand.

Orléans.

Versailles.

Corbeil-Essonnes (Meuniers).

— (Boulangers).

Grenoble.

Angers.

Toulouse (Confiseurs).

— (Cuisiniers).

— (Limonadiers).

— (Pâtissiers).

Seine (Epiciers).

— (Charcutiers).

— (Limonadiers).

— (Hôtels).

— (Boulangers).

— (Meuniers).

Paris (Dames de café).

— (Cuisiniers).

Béziers.

Saint-Quentin.

Périgueux.

Brest.

Cette.

Marseille (Boulangers).

— (Liquoristes).

## ALLUMETTIERS

Saintine.

Pantin-Aubervilliers.

Marseille.

Bègles.

Aix-en-Provence.

Trélazé.

## AMEUBLEMENT

Toulouse (Meubles).
Saint-Etienne.
Quimper.
Nantua.
Montpellier.
Brest.
Nancy.
Angers.
Saint-Loup.
Tulle.
Toulouse (Fauteuils).
Paris (Tapissiers).
— (Sculpteurs).
— (Dorure).
Toulouse (Sculpteurs).
Seine (Ebénistes).
Bayonne.

## ARDOISIERS

Renazé.
Trélazé.

## BUCHERONS

Farges-en-Septaine.
Chantenay.
Levet.
Chapelle-Hugon.
Jussy.
Torteron.
La Guerche.
Cours-les-Barres.
Feux.
Cuffy.

## BATIMENT [1]

Dijon.
Lunéville.
Saint-Claude.
Dunkerque.
Grenoble (Menuisiers).
— (Maçons).
Saint-Brieuc.
Maison-Laffitte.
Biarritz.
Aix-les-Bains.
Amboise.
Tours (Serruriers).
— (Menuisiers).
Nangis.
Lagny.
Le Havre.
Angers.

Saint-Quentin.
Coursan.
Compiègne.
Mouy.
Bayonne.
Cherbourg.
Valence.
Lorient.
Chaumont.
Pont-l'Abbé.
Neuilly-Plaisance.
Brest.
Concarneau.
Mont-de-Marasn.
Saint-Chamond.
Voiron.
Dieppe.
Romorantin.
Rive-de-Gier.
Mazamet.
Seine (Briquetiers).
— (Charpentiers).
— (Puisatiers).
— (Serruriers).
— (Levageurs).
Charenton.
Saint-Etienne.
Lyon.

## BIJOUTERIE-ORFEVRERIE

Ain.
Saint-Denis.
Valincourt.
Nemours.
Paris (Bijouterie).
— (Etain).
— (Gainiers).

## BROSSERIE

Mouy.
Andeville.
Saint-Claude.
Lunéville.
Hermes.
Seine.

## CÉRAMIQUE

Limoges (Mouffletiers).
— (Gazetiers).
— (Porcelainiers).
— (Crématoires).
— (Journaliers).
Vierzon (Useurs).

Vierzon (Porcelainiers).
— (Journaliers).
Lyon.
Roanne.
Vallauris.
Paris.
Selle-Brière.
Fives-Lille.

## CHAPELLERIE

Albi.
Aix-en-Provence.
Essonnes.
Lyon.
Izeure.
Paris.

## CHAUFFEURS-MÉCANICIENS

Saint-Quentin.

## CHEMINS DE FER

Amiens.
Achères.
Tours-Etat.
Meaux.
Grenoble.
Carhaix.
Perpignan.
Sotteville.
Rouen.

## COIFFEURS

Paris.
Marseille.
Rochefort.
Narbonne.
Nimes.
Nantes.
Tours.
Brest.
Le Havre.
Grenoble.
Belfort.
Angers.

## CONFECTION MILITAIRE

Bourges.

## CUIRS ET PEAUX

Grenoble.
Beauvais.
Liancourt.
Biarritz.

Mouy.
Chaumont.
Avenières.
Niort.
Le Mans.
Nantes.
Angers.
Bayonne.
Châteaurenault.
Lorient.
Avignon.
Roanne.
Romans.
Paris (Cuirs et Peaux).
Rouen.
Toulouse.
Dreux.
Chartres.
Sens.
Blois.
Limoges.
Auray.
Seine.
Périgueux.
Amiens.
Nice.
Graulhet.
Clermont-Ferrand.
Rennes.
Amboise.
Perpignan.
Nancy.
Bourges.
Dôle.
Souillac.
Saint-Junien.
Lyon (Chaussures).
— (Cuirs et peaux).
Saint-Loup.
Issoudun.
Quimper.
Brest.

## DESSINATEURS

Nantes.
Saint-Nazaire.

## EMPLOYÉS

Clermont-Ferrand.
Saint-Nazaire.
Saint-Etienne.
Abbeville.
Amiens.

Grenoble.
Belfort.
Carcassonne.
Montpellier.
Cette.
Oise.
Perpignan.
Troyes.
Périgueux.
Pézenas.
Bourges.
Narbonne.
Nice.
Saint-Brieuc.
Paris (Comptables).
— (Courtiers).

## MAGASINS DE LA GUERRE

Clermont-Ferrand.
Montpellier.
Nantes.
Toulouse.
Alger.
Toulon.
Rennes.
Amiens.

## PERSONNEL DE LA GUERRE

Tulle.
Cherbourg.
Bourges.

## HABILLEMENT

Vaucluse.
Grenoble.
Le Mans.
Amiens (Ouvrières).
Montpellier.
Marseille (Lingères).
Toulouse.
Tours.
Limoges.
Lyon.
Nice.

## HORTICOLE

Vitry.
Narbonne.
Paris.

## INSCRITS MARITIMES

Saint-Nazaire.
Dunkerque.

Marseille.
Le Havre.
Courantille.

## LITHOGRAPHIQUE

Tours.
Grenoble.
Belfort.
Angers.
Saint-Etienne.
Besançon.
Dijon.
Marseille.
Amiens.
Limoges.
Nantes (Graveurs).
— (Imprimeurs).
Clermont-Ferrand.
Rennes (Imprimeurs).
— (Graveurs).
Bordeaux (Graveurs).
— (Lithos).
Lille.
Valréas.
Dôle.
Nîmes.
Angoulême.
Rouen.
Toulouse.
Seine.
Paris (Graveurs).
— (Résistance).

## LIVRE

Limoges.
Tours.
Rochefort.
Cherbourg.
Dunkerque.
Dijon.
Belfort.
Marseille.
Béziers.
Montpellier.
Nîmes.
Cette.
Lagny.
Meaux.
Saint-Nazaire.
Montauban.
Cahors.
Saint-Brieuc.
Paris (Correcteurs).

## MAÇONNERIE

Albi (Maçons).
— (Terrassiers).
Toulouse (Terrassiers).
— (Marbriers).
— (Maçons).
— (Zingueurs).
Vichy (Maçons).
— (Pierres).
— (Mineurs).
Marseille (Limousinants).
— (Aides).
— (Terrassiers).
— (Maçons).
— (Cimentiers).
Bourges (Pierres).
— (Terrassiers).
— (Maçons).
Paris (Maçonnerie).
— (Stucateurs).
Cette.
Cusset.
Nancy.
Aney.
Marsillargues.
Narbonne.
Rochefort.
Saint-Etienne (Maçons).
— (Plâtriers).
Alais.
Saint-Brieuc.
Orléans.
Châteauroux.
Arles
Rennes (Maçons).
— (Plâtriers).
Auxerre.
Saint-Quentin.
Le Havre.
La Loire.
Perpignan.
Reims.
Clermont (Terrassiers).
— (Maçons).
Lyon.

## MARÉCHALERIE

Montpellier.

## MARINE

Cherbourg.
Toulon.
Brest.
Lorient.
Indret.
Rochefort.
Ruelle.
Paris.

## MÉCANICIENS

Saint-Quentin.
Cherbourg.
Saint-Etienne.
Albert.

## MENUISIERS

Le Câteau.
Bordeaux.
Orléans.
Voiron.
Cherbourg.
Marseille.
Le Mans.
Châteauroux.
Angers.
Rochefort.
Bourges.
Saint-Brieuc.
Seine (Parqueteurs).
— (Menuisiers).

## MÉTALLURGIE

Lure.
Nevers.
Saint-Naraire.
Coutances-aux-Forges.
Villerupt.
Dijon.
Fraisans.
Auxerre.
Bourg.
Dôle.
Sens.
Saint-Florent.
Rozières.
Fûmel.
Vivier-au-Court.
Le Pellerin.
Charleville.
Roubaix.
Troyes.
Lorient.
Moulineaux.
Hennebont.
Le Havre.
Pamiers.
Decazeville.

Boucau.
Sainte-Uze.
Sainte-Elène.
Bourges.
Mazières. '
Dunkerque.
Basse-Indre.
Toulouse.
Scionzier.
Badevel.
Friville-Escarbotin (Métallurgistes).
Châteauroux.
Lyon (Bijoutiers).
.— (Chaudronniers).
— (Litiers).
— (Orfèvres).
— (Zingueurs).
Amiens.
Jarville.
Homecourt.
Corbeil.
Tulle,
Denain.
Anzin.
Saint-Claude.
Saint-Denis.
Limoges.
Rochefort.
Saint-Chamond.
Grenoble.
— (Ferblantiers).
Saint-Etienne.
Le Mans.
Vizille.
Monthermé.
Flize.
Mohon.
Nantes.
Boulogne-sur-Mer.
Chambon-Feugnolles.
Brest.
Nancy (Limes).
— (Métallurgistes).
Seine (Scies).
— (Chirurgie).
— (Métallurgistes).
— (Electriques).
— (Précision).
— (Limes).
— (Repousseurs).
.— (Ciseleurs).
Le Câteau..
Bordeaux.
Paris (Estampeurs).

## MINEURS

Kremlin-Bicêtre.
Decazeville.
Saint-Bel, etc.
Nord.
Pas-de-Calais.
Saint-Aubin.
La Loire.
Talandière.
Saint-Martin.
Montceau.
Firminy.
Doyet.
Brassac.

## MODELEURS-MÉCANICIENS

Seine.

## MOULEURS

Denain.
Jeumont.
Hirson.
Cambrai.
Saint-Michel.
Stenay.
Saint-Quentin.
Marquise.
Ferrière-la-Grande.
Lille.
Charleville.
Persan-Beaumont.
Caen.
Ferté-Saint-Aubin.
Etampes.
Marseille.
Essonnes.
Noyon.
Flers.
Creil.
Havre.
Pontchardon.
Albi.
Tours.
Grenoble.
Le Mans.
Nouzon.
Roanne.
Toulouse.
Chauny.
Valence.
Nantes.
Lyon.
Saint-Etienne.

Roubaix.
Castres.
Seine.

## TRAVAILLEURS MUNICIPAUX

Bourges.
Brest.
Grenoble.
Paris.

## PAPIER

Dijon.
Ballancourt.
Essonnes.
Paris (Dorure).
Clichy.
Limoges (Relieurs).
— Doreurs).
Brignoud.

## PEINTRES

Bourges Peintres).
— (Toiles cirées).
Grenoble.
Saint-Brieuc.
Saint-Quentin.
Toulouse.
Bordeaux.
Versailles.
Levallois-Perret.
Reims.
Biarritz.
Seine.
Cherbourg.
Paris (Doreurs sur bois).

## PORTS ET DOCKS

Saint-Nazaire (Ouvriers).
— (Charbonniers).
Rouen.
(Camionneurs).
— (Voiliers).
— (Ouvriers du Port).
— (Entrepôts).
Dunkerque.
Cette (Bois merrains).
— (Gardes).
— (Charbonniers).
— (Bois du Nord).
Rochefort-sur-Mer.
— (Régie).
Tonnay (Arrimeurs).
Marseille (Charbonniers).

Marseille (Camionneurs).
— (Emballeurs).
— (Ouvriers du Port).

## POSTES, TÉLÉGRAPHES ET TÉLÉPHONES

Alençon.
Caen.
Paris.

## MAIN-D'ŒUVRE DES P. T. T.

Seine.

## PRESSES TYPOGRAPHIQUES

Marseille.
Dijon.
Lyon (Conducteurs).
— (Minervistes).
Seine.

## SELLERIE

Paris (Bourrellerie).
— (Malletiers).

## SABOTTIERS

Moulins.

## TABACS

Châteauroux.

## TEXTILE

Tours.
Somme.
Saint-Quentin (Pareurs).
Héricourt.
Oise.
Marseille.
Lavelanet.
Vizille.
Fourmies.
Reims.
Roanne.
Troyes.
Moreuil.
Saint-Etienne.
Malaunay.
Rouen.
Paris (Passementiers à la barre).

## TONNELIERS

Béziers.
Montpellier.

Orléans.
Cette.

## TRANSPORTS EN COMMUN

Avignon.
Grenoble.
Toulouse.
Seine (Cochers).
Est-Parisien.
Vizille.
Brest.
Saint-Etienne.
Tours.
Vichy.
Cette.
Limoges.

## TRANSPORTS-MANUTENTIONS

Grenoble.
Le Havre.
Roubaix.
Mazamet.
Beaucaire.
Lyon.
Casteljaloux.
Toulouse (Hommes de peine).
— (Camionneurs).
Paris (Métropolitain).
— (Livreurs).
— (Chiffons).
— (Layetiers).

## VERRIERS

Vieux-Rouen.
Bordeaux.

Dorignies.
Masnières.
Charleville.
Fresnes.
Eu.
Tréport.
Incheville.
Blangy.
Val d'Aulnoy.
Varimpré.
Aumale.
Nesle-Normandeuse.
Romesnil.
Martainneville.
Feuquières.
Rive-de-Gier.

## VOITURE

Vichy.
Lyon.
Orléans.
Nantes.
Moulins.
Bourges.
Seine.

## ISOLÉS

Angers(Scieurs).
Lyon (Scieurs).
Dunkerque (Huile).
Paris (Mouluriers).
— (Préparateurs).
Nantes (Boitiers).
Périgueux (Gaziers).

*Ont voté* CONTRE *les Organisations suivantes :*

## ALIMENTATION

Lille.
Montluçon.
Dijon.

## BATIMENT

Amiens.
Abbeville.
Epernay.
Dijon (Pierres).
— (Plâtriers).

## BUCHERONS

Jouet-sur-l'Aubier.

## CÉRAMIQUE

Montereau.
Salins.
Limoges (Modelurs).
— (Batteurs).
— (Utile).
— (Taille-douce).
— (Peinture).
— (Peintres).
— (Useurs).

## CHAPELLERIE

Lille.

## CHEMINS DE FER

Tournemire.
Lonwy.
Béthune.
Saint-Etienne.
Caen.
Bastia.
Châlons-sur-Marne.
Cosne-sur-l'Œil.
Mont-de-Marsan.
Courtallin.
Port-Marly.
Dax.
Tunis.
Marseille.
Juvisy.
Bédarieux.
Vireux.
Séverac.
Avignon.
Lens.
Oulins.
Saint-Quentin.
Epernay.
Dijon.
Paris (Groupes).
— (Ouest).

## COIFFEURS

Limoges.
Poitiers.
Troyes.

## EMPLOYÉS

Lille.
Poitiers.
Nantes.
Châlons-sur-Marne.
Bergerac.
Alençon.
Angers.
Roanne.
Reims.
Le Havre.
Saint-Germain.
Toulon.
Orléans.
Versailles.
Dijon.
Paris (Choristes).
— (Banlieue).
— (Sténographes).
— (Clercs).

Paris (Lyriques).
— (Voyageurs).

## MAGASINS DE LA GUERRE

Reims.

## HABILLEMENT

Limoges.
Lille.

## HORTICOLES

Dijon.

## LITHOGRAPHIE

Poitiers.
Reims.

## LIVRE

Abbeville.
Amiens.
Montluçon.
Poitiers.
Montauban.
Cahors.
Nantes.
Lunéville.
Reims.
Chambéry.
Orléans.
Angoulême.
Senlis.
Montargis.
Versailles.
Nancy.
Nevers.
Flers.
Thouars.
Compiègne.
Alençon.
Alger.
Châteauroux.
Rouen.
Constantine.
Albi.
Clermont-Ferrand.
Fougères.
Saint-Quentin.
Bayonne.
Roanne.
Saint-Etienne.
Périgueux.
Charleville.
Grenoble.
Lille.

Saint-Amand.
Toulouse.
Bordeaux.
Paris (Typographes).
— (Fondeurs).
— (Imprimeurs).

## MAÇONNERIE
Reims.

## MARÉCHALERIE
Seine-et-Oise.
Seine.
Marseille.
Rouen.
Bordeaux.

## MÉCANICIENS
Persan-Beaumont.
Montzeron.
Poitiers.
Toulouse.
Jeumont.
Soissons.
Reims.
Angers.
Nantes.
Caen.
Chartres.
Corbeil.
Saint-Dié.
Dijon.
Tarbes.
Seine.

## MÉTALLURGISTES
Lille.

## OUVRIERS MUNICIPAUX
Reims.
Lille.

## PAPIER
Lille.
Paris.

## PEINTRES
Poitiers.
Lille.

## POSTES, TÉLÉGRAPHES ET TÉLÉPHONES
Poitiers.

## SABOTTIERS
Poitiers.
Limoges.

## TABACS
Lille.
Bordeaux.
Orléans.
Le Mans.
Riom.
Dijon.
Pantin.
Limoges.
Morlaix.
Marseille.

## TEXTILE
Hazebrouck.
Tourcoing (Textile).
— (Tissus).
— (Filature).
— (Triage).
Aubusson.
Granges.
Troyes (Bonnetiers).
Armentières.
Romorantin.
Poix-du-Nord.
Condé-sur-Noireau.
Maxonchamps.
Bolbec.
Houplines.
Beauvais.
Haspres.
Dunkerque.
Gérardmer.
Amiens (Tisseurs).
— (Teinturiers).
Comines (Textile).
Lisieux.
Saint-Maurice (Tisseurs).
— (Charbonniers).
Aix-en-Othe.
Troyes (Fileurs).
Flers.
Neuvilly.
Solesmes.
Comines.
Le Câteau.
Erquinghem.
Bohéries.
Pont-de-Nieppe.
Bagnières-de-Bigorre.
Plainfaing-Fraize.

Saint-Quentin.
Saint-Menges.
Reims (Rémois).
— (Teinturiers).
— (Trieurs).
Lannoy.
Lille (Lin).
— (Textile).

### TONNELIERS

Reims.
Seine.

### TRANSPORTS EN COMMUN

Poitiers.
Reims.

### TRANSPORTS-MANUTENTION

Epernay.
Reims (Camionneurs).

### VERRIERS

Montluçon.

### VOITURE

Lille.

### ISOLÉS

Paris (Monnaies).

*Ont voté BLANC les Organisations suivantes :*

### ALIMENTATION

Seine (Confiseurs).
— (Pâtissiers).
Paris (Boucherie).

### CHAUFFEURS-MÉCANICIENS

Seine.

### EMPLOYÉS

Valence.

### PERSONNEL DE LA GUERRE

Valence.
Grenoble.
Toulouse.
Tarbes.
Rennes.
Saint-Etienne.
Nantes.
Toulon.
Puteaux, etc.
La Rochelle.
Clermont-Ferrand.
Paris (Génie).
— (Technique).

### HABILLEMENT

Bordeaux.
Seine.

### LIVRE

Valence.

### MAÇONNERIE

Loire.

### MÉCANICIENS

Marseille.
Bordeaux.

Paris (Robinettiers).
— (Optique).

### MÉTALLURGIE

Montluçon.

### OUVRIERS MUNICIPAUX

Lyon.
Rennes.
Paris (Assistance).
— (Ecoles).
— (Concédés).
— (Egouttiers).
— (Nettoiement).

### PORTS ET DOCKS

Nantes.
Bordeaux (Arrimeurs).
— (Bois du Nord).
— (Terrassiers).

### TEXTILE

Paris (Passementiers à la main).

### TONNELIERS

Saint-Maixent.
Saint-Macaire.
Barsac.
Preignac.
Paillet.
Langon.
Béguet.
Langoiraux.
Rions.

# VOTE SUR LA PROPOSITION DU TEXTILE

(Chiffres rectifiés après pointage avec les bulletins de vote)

Votants ............................... 807
Pour................................... 34
Contre ................................ 736
Blancs ................................ 37

*Ont voté POUR les Organisations suivantes :*

### TRAVAILLEURS AGRICOLES

Espira de l'Aghy.
Maraussan.
Ginestas.

### ALIMENTATION

Paris (Confiseurs).
Seine (Pâtissiers).

### CÉRAMIQUE

Celle-Brière.
Limoges (Gazetiers).
Montereau (Faïenciers).
Salins (Faïenciers).

### COIFFEURS

Limoges.

### CHEMINS DE FER

Dijon.

### BATIMENT

Dijon (Plâtriers).
— (Pierres).

### BUCHERONS

Joncts-sur-l'Aubier.

### EMPLOYÉS

Abbeville.
Dijon.

### HABILLEMENT

Nice.
Limoges (Parties similaires).
— (Lingères).

### HORTICOLE

Dijon (Jardiniers).

### LIVRE

Limoges.
Amiens.
Abbeville.

### LITHOGRAPHIE

Limoges.

### MÉTALLURGIE

Limoges.
Nantes.

### PAPIER

Limoges (Relieurs-Doreurs).
Paris (Cartonnage).

### SABOTTIERS

Limoges.

### TRANSPORTS ET MANUTENTIONS DIVERSES

Limoges.

### TEXTILE

Amiens (Tisseurs).
Lisieux.
Comines.
Saint-Maurice-sur-Moselle (Tisseurs).

*Ont voté* CONTRE *les Organisations suivantes :*

## TRAVAILLEURS AGRICOLES

Lunel.
Mèze.
Marsillargues.
Peyriac-de-Mer.
Narbonne.
Bessan.
Portel.
Cuxac-d'Aude.
Saint-Nazaire.
Laredortre.
Lézignan.
Lanouvelle.
Canet-sur-Mer.
Claira.
Montlaur.
Saint-Laurent-de-la-Cabrerisse.
Cazouls-lès-Béziers.
La Ferme (Arles).
Coursan.
Ille-sur-Tet.
Canohès.
Armissan.
Salces.

## AMEUBLEMENT

Bayonne.
Toulouse (Meubles).
— (Fauteuils).
Montpellier.
Tulle.
Brest.
Nantua.
Nancy.
Quimper.
Angers.
Paris (Tapissiers).
— (Dorure).
— (Sculpture).
Seine.
Saint-Etienne.

## ALLUMETTIERS

Marseille.
Bègles.
Aix-en-Provence.
Saintines.
Trélazé.
Pantin-Aubervilliers.

## ARDOISIERS

Trélazé.
Renazé.

## ALIMENTATION

Seine (Epicerie).
— (Meuniers).
— (Boulangers).
— (Charcutiers).
— (Limonadiers).
— (Hôtels).
Paris et Seine (Gens de maison).
Paris (Dames de cafés).
— (Cuisiniers).
Amiens (Boulangers).
Brest.
Bordeaux (Boulangers).
— (Cuisiniers).
— (Encanteurs).
Toulouse (Cuisiniers).
— (Pâtissiers).
— (Limonadiers).
— (Confiseurs).
Noisiel.
Lyon (Limonadiers).
Cette.
Orléans.
Grenoble.
Tours.
Angers.
Clermont-Ferrand.
Versailles.
Béziers.
Périgueux.
Marseille (Liquoristes).
— (Boulangers).
Corbeil-Essonnes (Boulangers).
Corbeil-Essonnes (Meuniers).

## CUIRS ET PEAUX

Limoges.
Dreux.
Nice.
Niort.
Chaumont.
Grenoble.
Avenière.
Graulhet.
Toulouse.
Alais.
Bayonne.
Châteaurenault.
Romans.
Roanne.
Avignon.

Lorient.
Biarritz.
Dôle.
Souillac.
Saint-Junien.
Lyon (Cuirs et Peaux).
— (Chaussures).
Saint-Loup-sur-Semouse.
Bourges.
Amboise.
Nancy.
Perpignan.
Quimper.
Brest.
Le Mans.
Mouy.
Beauvais.
Liancourt.
Nantes.
Périgueux.
Issoudun.
Rouen.
Chartres.
Auray.
Angers.
Blois.
Sens.
Rennes.
Clermont-Ferrand.
Paris (Peau).
Seine (Chaussures).

## CÉRAMIQUE

Limoges (Crématoires).
— (Porcelaine).
— (Moufletiers)·
Vierzon (Porcelaine).
— (Useurs).
— (Porcelainiers).
Lyon.
Fives-Lille.
Roanne.
Paris.

## CHAUFFEURS-MÉCANICIENS

Bourges.

## COIFFEURS

Nîmes.
Grenoble.
Havre.
Tours.
Marseille.

Perpignan.
Nantes.
Narbonne.
Rochefort.
Angers.
Brest.
Paris.

## CHEMINS DE FER

Port-Marly.
Courtaline.
Grenoble.
Mont-de-Marsan.
Cosne-sur-l'Œil.
Juvisy.
Marseille.
Tunis.
Dax.
Amiens.
Epernay.
Longwy.
Béthune.
Saint-Etienne.
Caen.
Bastia.
Châlons-sur-Marne.
Bédarieux.
Tournemire.
Vireux.
Perpignan.
Tours-Etat.
Carhaix.
Achères.
Meaux.
Rouen.
Sotteville.
Paris-Ouest.

## CHAPELIERS

Albi.
Lyon.
Essonnes.
Aix-en-Provence.
Bourg-de-Péage, Romans.
Izeure.
Parisienne (Modistes).

## BATIMENT

Havre.
Lyon.
Saint-Brieuc.
Saint-Quentin.
Bayonne.

Dijon.
Saint-Claude.
Epernay.
Valence.
Chaumont.
Dunkerque.
Pont-l'Abbé.
Mont-de-Marsan.
Lorient.
Mazamet.
Abbeville.
Amiens.
Amboise.
Tours.
Angers.
Concarneau.
Brest.
Coursan.
Romorantin.
Dieppe.
Voiron.
Lunéville.
Maisons-Laffitte.
Aix-les-Bains.
Compiègne.
Mouy.
Saint-Chamont.
Biarritz,
Grenoble (Maçons).
    —    (Menuisiers).
Cherbourg.
Lagny.
Nangis.
Seine (Charpentiers).
    —    (Mineurs).
    —    (Serruriers).
    —    (Potiers).
    —    (Charenton).
    —    et Oise.

### BUCHERONS
Levet.
Cours-les-Barres.
Farges-en-Septaine.
La Guerche.
Torteron.
Jussy-le-Chandrier.
Feux.
Chantenay-Saint-Imbert.
La Chapelle-Hugon.
Cuffy.

### BROSSERIE
Andeville.
Hermes.

Mouy.
Saint-Claude.
Seine.
Lunéville.

### BIJOUTERIE
Ain-Jura.
Nemours.
Saint-Denis.
Vallincourt.
Paris (Gainerie).
    —    (Etain).
    —    (Industrie).

### DESSINATEURS
Saint-Nazaire.
Nantes.

### EMPLOYÉS
Saint-Nazaire.
Nice.
Havre.
Périgueux.
Montpellier.
Carcassonne.
Bourges.
Pézenas.
Troyes et Sainte-Savine.
Valence.
Perpignan.
Cette.
Oise.
Saint-Brieuc.
Amiens.
Grenoble.
Clermont-Ferrand.
Paris (Courtiers).
    —    (Comptables).

### GAZ-ÉCLAIRAGE
Paris (Employés du gaz).
Seine (Allumeurs).

### HABILLEMENT
Grenoble.
Lyon.
Tours.
Montpellier.
    —    (Habillement militaire).
Toulouse.
Amiens (Ouvrières).
Marseille.

Le Mans.
Vaucluse.
Seine (Couturières).

## HORTICOLE
Narbonne.
Vitry.
Paris.

## LIVRE
Saint-Brieuc.
Saint-Nazaire.
Tours.
Toulouse.
Valence.
Montpellier.
Cahors.
Rochefort.
Dunkerque.
Marseille.
Béziers.
Nimes.
Cette.
Montauban.
Meaux.
Lagny.
Cherbourg.
Paris (Correcteurs).

## LITHOGRAPHIE
Tours.
Besançon.
Nantes (Graveurs).
— (Imprimeurs).
Rennes (Graveurs).
— (Imprimeurs).
Toulouse.
Angoulême.
Rouen.
Valréas.
Dôle.
Nimes.
Belfort.
Grenoble.
Bordeaux (Graveurs).
— (Lithos).
Lille.
Amiens.
Dijon.
Saint-Etienne.
Clermont-Ferrand.
Marseille.
Angers.
Paris (Résistance).

Paris (Graveurs).
Seine (Reporteurs).

## INSCRITS-MARITIMES
Dunkerque.
Saint-Nazaire.
Marseille.
La Courantille.

## MARINE
Cherbourg.
Indret.
Ruelle.
Lorient.
Paris (Laboratoire).
Rochefort-sur-Mer.
Toulon.
Brest.

## MAÇONNERIE
Rennes (Maçons).
— (Plâtriers).
Albi.
Reims.
Toulouse (Maçons).
— (Marbriers).
— (Terrassiers).
— (Zingueurs).
Saint-Quentin.
Bourges (Terrassiers).
— (Maçons).
— (Pierres).
Lyon.
Clermont-Ferrand (Aides).
— (Terrassiers).
Nancy.
Ancy.
Marsillargnes.
Albi.
Alais.
Châteauroux.
Saint-Brieuc.
Cette.
Havre.
Marseille (Maçons).
— (Terrassiers).
— (Gâcheurs).
— (Limousinants).
— (Aides).
Vichy (Manœuvres).
— (Maçons).
— (Pierres).
Cusset.

Orléans.
Rochefort-sur-Mer.
Auxerre.
Arles.
Perpignan.
Narbonne.
Paris (Maçonnerie).
— (Stucateurs).

## MODELEURS-MÉCANICIENS

Seine.

## MENUISIERS

Saint-Brieuc.
Voiron.
Roanne.
Orléans.
Bordeaux.
Bourges. ,
Marseille.
Rochefort.
Angers.
Le Mans.
Cherbourg.
Châteauroux.
Seine (Parqueteurs).
— (Menuisiers).

## MÉTALLURGIE

Grenoble (Plombiers.)
— (Métallurgistes).
Bordeaux.
Marseille.
Mazières.
Bourges.
Villerupt.
Nancy.
— (Limes).
Nevers.
Lure.
Saint-Florent-et-Rosières.
Issoudun.
Badevel.
Fumel.
Scionzier.
Flize.
Monthermé.
Mohon.
Saint-Uze.
Saint-Elène.
Pamiers.
Corbeil-Essonnes.
Decazeville.
Toulouse.

Havre.
Coutances-aux-Forges.
Jarville.
Homécourt.
Châteauroux.
Chambon-Feugerolles.
Le Mans.
Roubaix.
Hennebont.
Charleville.
Lorient.
Le Pellerin.
Vivier-au-Court.
Le Câteau.
Boucau.
Amiens.
Basse-Indre.
Brest.
Rochefort.
Tours.
Saint-Chamond.
Friville-Escarbotin (Métallurgistes).
Dunkerque.
Tulle.
Saint-Claude.
Auxerre.
Bourg.
Dôle.
Sens.
Fraisans.
Dijon.
Escarbotin (Cuivre).
Saint-Nazaire.
Vizille.
Anzin.
Denain.
Saint-Denis.
Lyon (Litiers).
— (Zingueurs).
— (Orfèvers).
— (Bijouterie).
— (Chaudronniers).
Paris.
Seine (Précision).
— (Limes).
— (Chirurgie).
— (Electriques).
— (Repousseurs).
— (Scies).
— (Graveurs).

## MOULEURS

Albi.
Grenoble.

Persan-Beaumont.
Pontchardon.
La Ferté-Saint-Aubin.
Havre.
Marseille.
Caen.
Etampes.
Flers.
Essonnes.
Tours.
Roubaix.
Creil.
Le Mans.
Noyon.
Ferrière-la-Grande.
Saint-Quentin.
Jeumont.
Charleville.
Toulouse.
Roanne.
Nouzon.
Denain.
Lille.
Hirson.
Saint-Michel.
Cambrai.
Stenay.
Castres.
Marquise.
Lyon.
Nantes.
Valence.
Chauny.
Saint-Etienne.
Seine.

## MINEURS

Saint-Bel.
Pas-de-Calais.
Kremlin-Bicêtre.
Saint-Martin-de-Valgognes.
Talandière.
Montceau-les-Mines.
Doyet et Brassac-les-Mines.
La Loire.
Nord.
Saint-Aubin.
Decazeville.

## TRAVAILLEURS MUNICIPAUX

Grenoble.
Paris (Eaux).
— (Ecoles).
— (Egoutiers).
— (Nettoiement).

Paris (Assistance).
Lyon (Egoutiers).
Rennes.
Brest.
Bourges.

## POSTES, TÉLÉGRAPHES ET TÉLÉPHONES

Caen.
Alençon.
Paris.

## MAIN-D'ŒUVRE P. T. T.

Seine.

## PAPIER

Essonnes.
Dijon.
Clichy.
Paris.
Limoges.
Ballancourt.
Brignand.

## PEINTRES

Bourges (Peintres).
— (Toiles).
Levallois.
Reims.
Biarritz.
Toulouse.
Versailles.
Grenoble.
Bordeaux.
Saint-Quentin.
Saint-Brieuc.
Cherbourg.
Seine.
Paris.

## PRESSES TYPOGRAPHIQUES

Lyon (Minervistes).
— (Conducteurs).
Dijon (Minervistes).
Marseille.
Seine.

## PORTS ET DOCKS

Saint-Nazaire (Ports).
— (Charbonniers).
Cette (Quais).
— (Bois du Nord).
— (Charbonniers).
— (Bois merrains).
Marseille (Charbonniers).
— (Camionneurs).

Dunkerque.
Le Havre (Voiliers).
— (Ports).
— (Entrepôts).
— (Camionneurs).
Rouen.
Rochefort (Régie).
— et Tonnay.
Tonnay (Arrimeurs).

## MAGASINS DE LA GUERRE

Clermont-Ferrand.
Le Mans.
Rennes.
Amiens.
Alger.
Nantes.
Toulon.

## PERSONNEL DE LA GUERRE

Toulon.
Saint-Etienne.
Tarbes.
Rennes.
Puteaux, etc.
Toulouse.
Paris (Génie).
— (Technique).
Clermont-Ferrand.
Valence.
Bourges.
Tulle.
Cherbourg.
Grenoble.
La Rochelle.
Nantes.

## TRANSPORTS EN COMMUN

Avignon.
Brest.
Cette.
Tours.
Vichy.
Vizille.
Grenoble.
Saint-Etienne.
Seine (Cochers).
Paris (Métropolitain).
Est-Parisien.

## TRANSPORTS MANUTENTION

Toulouse (Hommes de peine).
— (Camionneurs).

Paris (Chiffons).
— (Layetiers).
— (Hommes de peine).
Grenoble.
Epernay.
Le Havre.
Lyon.
Mazamet.
Casteljaloux.
Beaucaire.

## SABOTTIERS

Moulins.

## SELLERIE-BOURRELLERIE

Paris (Malletiers)·
— (Sellerie).

## TABACS

Bordeaux.
Limoges.
Orléans.
Le Mans.
Dijon.
Riom.
Pantin.
Châteauroux.

## TEXTILE

Paris (Passementiers à la main).
— (Passementiers à la barre).
Reims (Union).
Fourmies.
Rouen.
Malaunay.
Vizille.
Moreuil.
Troyes.
Marseille.
Tours.
Roanne.
Oise.
Somme.
Saint-Quentin.
Lavelanet.
Saint-Etienne.

## TONNELIERS

Montpellier.
Béziers.
Orléans.
Seine.
Cette.

## VERRIERS

Aumale.
Vieux-Rouen.
Romesnil.
Nesle-Normandeuse.
Blangy.
Incheville.
Eu.
Tréport.
Varimpré.
Val-d'Aulnoy.
Rive-de-Gier.
Dorignies.
Masnières.
Charleville.
Fresnes.
Bordeaux.
Martaineville.
Feûquières.

## VOITURE

Lyon.
Nantes.
Orléans.
Bourges.
Moulins.
Vichy.
Seine.

## ISOLÉS

Angers (Scieurs).
Lyon (Scieries).
Paris (Mouluriers).
— (Préparateurs).
— (Monnaies).
Dunkerque (Tordeurs).
Nantes (Boitiers).
Périgueux (Gaziers).

*Ont voté BLANC les Organisations suivantes :*

## ALIMENTATION

Dijon.
Paris (Boucherie).
Amiens.

## CUIRS ET PEAUX

Amiens.

## CÉRAMIQUE

Vallauris.
Limoges (Batteurs).
— (Peinture).
— (Useurs).
— (Taille-douce).
— (Plâtre).
— (Utile).
— (Peintres).
— (Porcelainiers).

## BATIMENT

Saint-Etienne.
Rive-de-Gier.

## EMPLOYÉS

Narbonne.
Saint-Etienne.
Boulogne-sur-Mer.
Angoulême.
Nantes.

Mézières.
Albi.

## HABILLEMENT

Amiens (Coupeurs).
Bordeaux.

## MAÇONNERIE

Saint-Etienne (Maçons).
— (Cimentiers).

## MÉTALLURGIE

Boulogne-sur-Mer.
Saint-Etienne.

## MÉCANICIENS

Dijon.
Bordeaux.
Albert.

## PEINTRES

Périgueux.

## TONNELIERS

Langon.
Paillet.
Rions.
Langoiranx.
Béguet.

# VOTE SUR L'ORDRE DU JOUR GRIFFUELHES

(Chiffres rectifiés après pointage avec les bulletins de vote)

Votants ............................... 843
Pour................................. 834
Contre .............................. 8
Blancs ............................... 1

*Ont voté* POUR *les Organisations suivantes* :

## AGRICOLES

Maraussan.
La Ferme.
Cazouls-lès-Béziers.
Lanouvelle.
Narbonne.
La Redortre.
Ginestas.
Lézignan.
Periac-de-Mer.
Bessans.
Saint-Laurent-de-la-Cabreraisse.
Saint-Nazaire.
Montlaur.
Armissan.
Coursan.
Canohès.
Ille-sur-Tèt.
Salces.
Portel.
Canet-sur-Mer.
Claira.
Cuxac-d'Aude.
Lunel.
Mèzes.
Marsillargues.

## ALIMENTATION

Amiens (Charcutiers).
— (Boulangers).
Orléans.
Marseille (Liquoristes).
— (Boulangers).
Clermont-Ferrand.
Tours.
Toulouse (Cuisiniers).
— (Limonadiers).

— (Pâtissiers).
— (Confiseurs).
Paris (Confiseurs).
— (Boucherie).
— (Dames).
— (Cuisiniers).
— et Seine.
Seine (Boulangers).
— (Pâtissiers).
— (Epiciers).
— (Meuniers).
— (Hôtels).
— (Limonadiers).
— (Charcutiers).
Versailles.
Brest.
Dijon.
Périgueux.
Lyon.
Angers.
Grenoble.
Bordeaux (Boulangers).
— (Encanteurs).
— (Cuisiniers).
Saint-Quentin.
Corbeil-Essonnes (Boulangers).
— (Meuniers).
Noisiel.
Béziers.
Cette.

## ALLUMETTIERS

Trélazé.
Saintines.
Pantin-Aubervilliers.
Marseille.
Bègles.
Aix-en-Provence.

21

## AMEUBLEMENT

Saint-Loup-sur-Sémonse.
Quimper.
Angers.
Saint-Etienne.
Tulle.
Brest.
Bayonne.
Toulouse (Menuisiers).
— (Ouvriers en meubles).
Nantua,
Seine.
Paris (Dorure).
— (Tapissiers).
— (Sculpture).
Montpellier.

## ARDOISIERS

Renazé.
Trélazé.

## BATIMENT

Seine-Charenton.
— (Briquetiers).
— (Charpentiers).
— (Puisatiers).
— (Serruriers).
Paris.
Dijon.
Bayonne.
Coursan.
Saint-Chamond.
Dunkerque.
Tours.
Amboise.
Cherbourg.
Grenoble. (Maçons).
— (Menuisiers).
Neuilly-Plaisance.
Amiens.
Lagny.
Abbeville.
Mazamet.
Chaumont.
Mont-de-Marsan.
Pont-l'Abbé.
Lorient.
Nangis.
Saint-Claude.
Angers.
Rive-de-Gier.
Saint-Etienne.
Concarneau.

Brest.
Saint-Quentin.
Compiègne.
Mouy.
Saint-Brieuc.
Lyon.
Aix-les-Bains.
Lunéville.
Voiron.
Biarritz.
Maisons-Laffitte.
Dieppe.
Romorantin.
Dijon (Plâtriers).
— (Pierres).
Epernay.

## BIJOUTERIE

Wallincourt.
Ain.
Paris (Potiers).
— (Gaîniers).
Saint-Denis.
Nemours.
Bijouterie-Orfèvrerie.

## BOURRELLERIE-SELLERIE

Paris (Maltiers).
— (Selliers).

## BROSSIERS

Andeville.
Mouy.
Saint-Claude.
Lunéville.
Seine.

## BUCHERONS

Jouet-sur-l'Aubier.
Cours-les-Barres.
La Guerche.
Farges-en-Septaine.
Tarteron.
Jussy-le-Chandrier.
Levet.
Chantenay-Saint-Imbert.
La Chapelle-Hugon.
Cuffy.
Feux.

## CÉRAMIQUE

Limoges (Gazetiers).
— (Porcelainiers).

Limoges (Mouffletiers).
— (Crématoires).
— (Journaliers).
Vallauris.
Roanne.
Paris.
Vierzon (Journaliers).
— (Porcelainiers).
— (Useurs).
Montereau.
Lyon.
Selle-Brière.
Salins.

## CHAPELLERIE
Albi.
Paris.

## CHAUFFEURS-MÉCANICIENS
Seine (Mécaniciens).
Saint-Quentin.

## CHEMINS DE FER
Amiens.
Epernay.
Achères.
Perpignan.
Dijon.
Longwy.
Saint-Etienne.
Béthune.
Carhaix.
Séverac.
Lens.
Saint-Quentin.
Bastia.
Caen.
Châlons-sur-Marne.
Paris.
— (Ouest).
Meaux.
Bédarieux.
Tours.
Dax.
Houllins.
Avignon.
Rouen.
Sotteville.
Port-Marly.
Courtalain.
Mont-de-Marsan.
Cosne-sur-l'Œil.
Juvisy.
Marseille.

Tunis.
Grenoble.
Tournemire.
Vireux.

## COIFFEURS
Paris.
Nantes.
Perpignan.
Angers.
Grenoble.
Brest.
Rochefort.
Tours.
Le Havre.
Narbonne.
Marseille.
Belfort.
Nîmes.
Poitiers.
Limoges.

## CONFECTIONS MILITAIRES
Bourges.

## CUIRS ET PEAUX
Toulouse.
Lyon (Chaussures).
— (Peaux).
Châteaurenault.
Romans.
Bayonne.
Lorient.
Roanne.
Avignon.
Dunkerque.
Biarritz.
Nice.
Rennes.
Dôle.
Saint-Junien.
Souillac.
Graulhet.
Amiens.
Clermont-Ferrand.
Mouy.
Beauvais.
Liancourt.
Alais.
Quimper.
Dreux.
Nantes.
Chaumont.

Niort.
Grenoble.
Avenières.
Limoges.
Sens.
Blois.
Auray.
Angers,
Rouen.
Chartres.
Saint-Loup.
Perpignan.
Nancy.
Périgueux.
Bourges.
Amboise.
Brest.
Le Mans.
Paris.
Seine.

## DESSINATEURS

Saint-Nazaire.
Nantes.

## ÉCLAIRAGE

Seine (Allumeurs).
Paris (Employés).

## ☐☐☐☐ EMPLOYÉS

Carcassonne.
Montpellier.
Narbonne.
Cette.
Pézenas.
Troyes et Sainte-Savine.
Bourges.
Nice.
Saint-Etienne.
Dijon.
L'Oise.
Bergerac.
Châlons-sur-Marne.
Alençon.
Amiens.
Abbeville.
Grenoble.
Angers.
Poitiers.
Périgueux.
Valence.
Saint-Brieuc.
Saint-Nazaire.

Clermont-Ferrand.
Roanne.
Reims.
Nantes.
Perpignan.
Paris (Courtiers).
— (Voyageurs).
— (Comptables).

## HABILLEMENT

Limoges.
— (Parties similaires).
Nice.
Vaucluse.
Lyon.
Amiens (Ouvrières).
Grenoble.
Toulouse.
Le Mans.
Tours.
Marseille.
Montpellier.

## HORTICOLE

Vitry.
Paris.
Dijon.
Narbonne.

## INSCRITS MARITIMES

Marseille.
Saint-Nazaire.

## LITHOGRAPHIE

Poitiers.
Reims.
Dôle.
Tours.
Grenoble.
Belfort.
Angers.
Saint-Etienne.
Besançon.
Dijon.
Marseille.
Bordeaux (Graveurs).
—
Paris-Seine (Reporteurs).
— (Graveurs).
— (Résistance).
Valréas.
Nîmes.
Toulouse.

Angoulême.
Rouen.
Nantes (Imprimeurs).
— (Graveurs).
Rennes (Graveurs).
— (Imprimeurs).
Amiens.
Limoges.
Lille.
Clermont-Ferrand.

## LIVRE

Montargis.
Senlis.
Poitiers.
Dijon.
Belfort (Employés).
— (Typos).
Limoges.
Paris (Fondeurs).
— (Imprimeurs).
— (Correcteurs).
Typographie parisienne.
Saint-Nazaire.
Montpellier.
Cette.
Marseille.
Nîmes.
Béziers.
Cherbourg.
Fougères.
Charleville.
Bayonne.
Grenoble.
Clermont-Ferrand. .
Saint-Quentin.
Saint-Amand.
Roanne.
Périgueux.
Saint-Etienne.
Dunkerque.
Tours.
Lagny.
Meaux.
Albi.
Alençon.
Lunéville.
Reims.
Chambéry.
Orléans.
Nantes.
Angoulême.
Compiègne.
Thouars.

Flers.
Nevers.
Nancy.
Versailles.
Rouen.
Alger.
Châteauroux.
Constantine.
Saint-Brieuc.
Amiens.
Abbeville.
Valence.
Toulouse.
Cahors.
Montauban.
Rochefort.

## MAÇONNERIE

Paris (Stucateurs).
Paris-Seine.
Havre.
Alais.
Perpignan.
Orléans.
Valence.
Clermont (Terrassiers).
— (Maçons).
Ancy.
Nancy.
Albi (Maçons).
— (Terrassiers).
Marsillarguès.
Saint-Etienne (Maçons).
— (Cimentiers).
Châteauroux.
Bourges (Maçons).
— (Terrassiers).
— (Pierres).
Cette.
Saint-Quentin.
Rochefort.
Auxerre.
Arles.
Narbonne.
Toulouse (Marbriers).
— (Maçons).
— (Terrassiers). .
— (Zingueurs).
Vichy-Cusset.
— (Maçons).
— (Terrassiers).
— (Pierres).
Saint-Brieuc.

Saint-Etienne.
Rennes (Maçons).
— (Plâtriers).
Marseille (Terrassiers).
— (Maçons).
— (Limousinants).
— (Manœuvres).
— (Gâcheurs).
Lyon.
Reims (Pierres).
— (Maçons).

## MAGASINS DE LA GUERRE

Montpellier.
Toulon.
Toulouse.
Le Mans.
Alger.
Amiens.
Clermont-Ferrand.
Rennes.
Nantes.
Reims.

## MARINE

Cherbourg.
Rochefort.
Lorient.
Ruelle.
Indret.
Paris.
Toulon.
Brest.

## MARÉCHAUX

Seine-et-Oise.
Rouen.
Seine.
Bordeaux.
Marseille.
Montpellier.

## MÉCANICIENS

Poitiers.
Montzeron.
Persan-Beaumont.
Jeumont.
Marseille.
Toulouse.
Albert.
Dijon.
Saint-Quentin.
Meaux.

Cherbourg.
Saint-Etienne.
Nantes.
Chartres.
Tarbes.
Soissons.
Caen.
Corbeil.
Reims.
Angers.
Saint-Dié.
Paris (Robinetiers).
— (Optique).
— (Mécaniciens).

## MENUISIERS

Bordeaux.
Orléans.
Roanne.
Voiron.
Saint-Brieuc.
Angers.
Châteauroux.
Bourges.
Rochefort.
Cherbourg.
Marseille.
Le Mans.
Seine (Parqueteurs).
— (Menuisiers).

## MÉTALLURGISTES

Lure.
Nevers.
Limoges.
Nantes.
Saint-Denis.
Anzin.
Denain.
Homécourt.
Jarville.
Coutances-aux-Forges.
Nancy.(Limes).
— (Ameublement).
— (Métallurgistes).
Dijon.
Fraisans.
Sens.
Dôle.
Bourg.
Auxerre.
Le Havre.
Villerupt.
Corbeil-Essonnes.

Saint-Florent et Rosières.
Saint-Nazaire.
Fumel.
Badevel.
Saint-Uze.
Boncau.
Decazeville.
Sainte-Hélène.
Pamiers.
Le Pellerin.
Scionziers.
Lorient.
Roubaix.
Hennebont.
Toulouse.
Charleville.
Vivier-au-Court.
Flize.
Mohon.
Monthermé.
Le Cateau.
Marseille.
Boulogne-sur-Mer.
Saint-Etienne.
Chambon-Fougerolles.
Amiens.
Châteauroux.
Vizille.
Grenoble.
Saint-Claude.
Tulle.
Escarbotin (Cuivre).
Friville-Escarbotin.
Brest.
Rochefort.
Bourges.
Mazières.
Tours.
Le Mans.
Grenoble (Zingueurs).
Saint-Chamond.
Dunkerque.
Basse-Indre.
Lyon (Bijoutiers).
— (Zingueurs).
— (Orfèvres).
— (Litiers).
Bordeaux.
Paris (Électriques).
— (Précision).
Seine .
— (Estampeurs).
— (Limes).
— (Chirurgie).

Seine (Repousseurs).
— (Scies).
— (Ciseleurs).
— et Oise.

## MINEURS

Kremlin-Bicêtre.
Decazeville.
Brassac-les-Mines.
Firminy.
Alais.
La Taulandière.
Aubin.
Nord.
Pas-de-Calais.
Loire.
Saint-Bel.

## MODELEURS-MÉCANICIENS

Seine.

## MOULEURS

Albi.
Castres.
Noyon.
Saint-Etienne.
Grenoble.
Le Havre.
Roubaix.
Lille.
Cambrai.
Ferrière-la-Grande.
Hirson.
Charleville.
Jeumont.
Stenay.
Saint-Michel.
Saint-Quentin.
Denain.
Toulouse.
Roanne.
Nouzon.
Marquise.
Lyon.
Nantes.
Valence.
Chauny.
Essonnes.
Flers.
Caen.
Marseille.
Pontchardon.
Persan-Beaumont.

Etampes.
La Ferté-Saint-Aubin.
Tours.
Creil. ¶
Le Mans.
Seine.

## PAPIER

Essonnes.
Balancourt.
Limoges.
Clichy.
Dijon.
Brignoud.
Paris.
Limoges.

## PEINTRES

Poitiers.
Saint-Brieuc.
Versailles.
Bordeaux.
Bourges (Peintres).
Biarritz.
Levallois-Perret.
Toulouse.
Reims.
Périgueux.
Saint-Quentin.
Bourges (Toiles cirées).
Cherbourg.
Grenoble.
Paris (Doreurs).
— (Peintres).

## PERSONNEL DE LA GUERRE

Toulouse.
Cherbourg.
Bourges.
Puteaux, etc.
Rennes.
Tarbes.
Saint-Etienne.
Toulon.
Nantes.
La Rochelle.
Clermont-Ferrand.
Tulle.
Grenoble.
Valence.
Paris (Civil).
— (Technique).

## PORTS ET DOCKS

Saint-Nazaire (Charbonniers).
— (Ports).
Tonay.
Le Havre (Voiliers).
— (Ports).
— (Entrepôts).
— (Camionneurs).
Marseille (Charbonniers).
Rouen.
Cette (Bois du Nord).
Rochefort (Régie).
— (Docks).
Cette (Bois merrains).
— (Charbonniers).
— (Gardes).
Dunkerque.
Marseille (Charretiers).

## POSTES, TÉLÉGRAPHES ET TÉLÉPHONES

Alençon.
Caen.
Paris.

## MAIN-D'ŒUVRE P. T. T.

Paris.

## PRESSES TYPOGRAPHIQUES

Lyon (Minervistes).
— (Conducteurs).
Dijon.
Marseille.
Seine.

## SABOTIERS

Poitiers.
Moulins.
Limoges.

## TABACS

Pantin.
Riom.
Dijon.
Le Mans.
Orléans.
Limoges.
Bordeaux.
Marseille.
Morlaix.
Châteauroux.

## TEXTILE

Belfort.
Lavelanet.

Saint-Menges.
Saint-Quentin (Pareurs).
Moreuil.
Rouen.
Malaunay.
Troyes.
Fourmies.
Roanne.
Tours.
Somme.
Marseille.
Vizille.
Oise.
Reims (Union).
— (Rémois).
— (Trieurs).
— (Teinturiers).
Saint-Etienne.
Paris.
Saint-Quentin.

## TONNELIERS

Seine.
Reims.
Orléans.
Cette.
Béziers.
Montpellier.

## TRANSPORTS EN COMMUN

Avignon.
Poitiers.
Brest.
Reims (Tramways).
Saint-Etienne.
Vizille.
Cette.
Vichy.
Reims (Cochers).
Paris (Est-Parisien).
— (Métropolitain).
— (Cochers).
Grenoble.
Tours.

## TRANSPORTS ET MANUTENTIONS

Epernay.
Poitiers.
Lyon.
Beaucaire.
Casteljaloux.
Mazamet.
Toulouse (Camionneurs).
— ((Hommes de peine).

Le Havre (Manœuvres).
— (Menuisiers).
Grenoble.
Roubaix.
Paris (Layetiers).
— (Chiffons).
— (Cochers).
Limoges (Camionneurs).

## TRAVAILLEURS MUNICIPAUX

Brest.
Grenoble.
Bourges.
Lyon.
Paris (Assistance).
— (Municipaux).
— (Nettoiement).
— (Eaux).
— (Ecoles).
— (Egouttiers).
Reims.

## VERRIERS

Rive-de-Gier.
Feuquières.
Dorignies.
Bordeaux.
Masnières.
Fresnes.
Blangy.
Incheville.
Eu.
Tréport-Neuve.
Val-d'Aulnoy.
Varimpré.
Aumale.
Vieux-Rouen.
Romesnil.
Nesle-Normandeuse.
Martaineville.
Charleville.

## VOITURE

Orléans.
Bourges.
Moulins.
Lyon.
Nantes.
Vichy.
Seine.

## SYNDICATS ISOLÉS

Nantes (Ferblantiers-Boitiers).
Paris (Préparateurs).

Ouvriers Gaziers.
Lyon (Scieries mécaniques).
Angers —
Seine (Scieurs mécaniques).

Monnaies et Médailles.
Cette (Pêcheurs).
Dunkerque (Tordeurs).

*Ont voté* CONTRE *les Organisations, suivantes :*

### EMPLOYÉS
Le Havre.

### LIVRE
Bordeaux.
Lille.

### PAPIER
Paris (Cartonnages).

### TEXTILE
Commines.
Lisieux.
Amiens (Tisseurs).
Saint-Maurice-sur-Moselle.

*Ont voté* BLANC *les Organisations suivantes :*

### AGRICOLES
Espira-de-l'Agly.

---

# VOTE SUR L'ANTI-MILITARISME

**(Chiffres rectifiés après pointage avec les bulletins de vote)**

Votants .............................. 872
Pour................................. 484
Contre .............................. 300
Blancs .............................. 49
Nuls ................................ 39

*Ont voté* POUR *les Organisations suivantes :*

### AGRICOLES
La Ferme.
Montlaur.
Claira.
De l'Agly.
Canet-sur-Mer.
Narbonne.
Ginestas.
Lazignan.
Pézac-de-Mer.
Laredorte.
Lanouvelle.

Armissan.
Ille-sur-Têt.
Coursan.
Salces.
Canohès.
Bessan.
Maraussan.
Cazouls-lès-Béziers.
Saint-Laurent-de-la-Cabreris.
Cuxac.
Saint-Nazaire.
Portel.

## ALIMENTATION

Paris (Pâtissiers).
— (Dames de café).
— (Gens de Maison).
— (Epiciers).
— (Charcutiers).
— (Hôtels).
— (Limonadiers).
— (Cuisiniers).
— (Meuniers).
— (Bouchers).
— (Boulangers).
Bordeaux (Encanteurs).
— (Cuisiniers).
— (Boulangers).
Toulouse (Pâtissiers).
—, (Limonadiers).
— (Confiseurs).
— (Boulangers).
Marseille.
—, (Liquoristes).
Amiens.
Lyon.
Noisiel.
Tours.
Brest.
Clermont-Ferrand.
Versailles.
Orléans.
Périgueux.
Corbeil-Essonnes (Boulangers).
— (Meuniers).
Grenoble.
Cette.
Angers.

## AMEUBLEMENT

Tulle.
La Seine.
Paris (Sculpture).
— (Tapissiers).
— (Dorure).
Brest.
Angers.
Quimper.
Nancy.

## ARDOISIERS

Renazé.

## BATIMENT

Saint-Claude.
Dieppe.

Romorantin.
Tours.
Amiens.
Abbeville.
Dijon.
Lorient.
Neuilly-Plaisance.
Mazamet.
Chaumont.
Mont-de-Marsan.
Charenton.
Pont-l'Abbé.
Amboise.
Lagny.
Saint-Chamond.
Angers.
Brest.
Concarneau.
Saint-Quentin.
Coursan.
Saint-Brieuc.
Grenoble (Menuisiers).
— (Maçons).
Lyon (Tapissiers).
Le Havre.
Lunéville.
Voiron.
Dunkerque.
Cherbourg.
Biarritz.
Aix-les-Bains.
Mouy.
Compiègne.
Maisons-Laffitte.
Seine (Serruriers).
— (Charpentiers).
— (Briquetiers).
Paris et Seine (Levageurs).
Seine (Puisatiers).

## BIJOUTERIE-ORFÈVRERIE

Paris (Potiers étain).
— (Gaîniers).
Industrie orfèvrerie de Paris.
Valincourt.
Nemours.
Saint-Denis.
Ain.

## BOURRELLERIE-SELLERIE

Paris (Malletiers).
— (Bourrellerie).

## BROSSERIE

Hermes.
Mouy.
Saint-Claude.
Seine.
Lunéville.
Andeville.

## BUCHERONS

Levet.
Feux.
Cuffy.
Chapelle-Hugon.
Chantenay.
Torteron.
Jussy-le-Chaudrier.
La Guerche.
Farges-en-Septaine.
Cours-les-Barres.

## CÉRAMIQUE

Limoges (Mouffletiers).
    —   (Journaliers).
    —   (Crématoires).
    —   (Gazetiers).
    —   (Porcelainiers).
Selle-Brière.
Paris.
Vallauris.
Fives.
Lyon.
Vierzon (Porcelainiers).
    —   (Useurs).
    —   (Journaliers).
Roanne.

## CHAPELLERIE

Aix.
Essonnes.
Chazelles.
Bourg-de-Péage.
Moulins-Yseure.
Paris.

## CHAUFFEURS-CONDUCTEURS

Seine (Chauffeurs-Conducteurs).
   —   (Automobilistes).

## CHEMINS DE FER

Achères.
Perpignan.
Tours.
Carhaix.
Grenoble.

## COIFFEURS

Le Havre.
Tours.
Marseille.
Perpignan.
Nantes.
Narbonne.
Rochefort.
Angers.
Brest.
Grenoble.

## CONFECTION MILITAIRE

Bourges.

## CUIRS ET PEAUX

Romans.
Chateaurenault.
Bayonne.
Toulouse.
Roanne.
Avignon.
Lorient.
Issoudun.
Le Mans.
Brest.
Lyon (Chaussures).
  —   (Cuirs et peaux).
Dôle.
Souillac.
Saint-Junien.
Chaumont.
Avenières.
Grenoble.
Niort.
Saint-Loup.
Amboise.
Bourges.
Rennes.
Graulhet.
Paris.
Perpignan.
Nancy.
Nice.
Alais.
Amiens.
Périgueux.
Nantes.
Mouy.
Beauvais.
Liancourt.
Rouen.
Chartres.
Auray.

Angers.
Sens.
Blois.
Dreux.
Limoges.
Seine.

### DESSINATEURS

Nantes.

### EMPLOYÉS

Périgueux.
Nice.
L'Oise.
Pézenas.
Grenoble.
Amiens.
Perpignan.
Troyes.
Paris (Courtiers).
— (Représentants).
Cette.
Bourges.

### HABILLEMENT

Lyon.
Toulouse.
Limoges.
Amiens.
Le Mans.
Grenoble.
Marseille.
Tours.
Vaucluse.
Nice.

### HORTICOLE

Vitry.
Narbonne.
Paris.

### INSCRITS MARITIMES

Le Havre.
Saint-Nazaire.
Dunkerque.
Cette.

### LITHOGRAPHIQUE

Marseille.
Tours.
Seine (Reporteurs).
Amiens.
Limoges.
Paris.
— (Résistance).

Lille.
Bordeaux.
Clermont-Ferrand.
Bordeaux (Graveurs).
Dijon.
Besançon.
Saint-Etienne.
Angers.
Belfort.
Grenoble.

### LIVRE

Limoges.
Rochefort.
Tours.

### MAÇONNERIE

Orléans.
Cette.
Arles.
Vichy (Tailleurs de pierres).
Vichy-Cusset (Carriers des Grivats).
Alais.
Reims.
Clermont.
Saint-Brieuc.
Saint-Quentin.
Bourges.
Vichy (Maçons).
Narbonne.
Marseille (Limousinants).
— (Terrassiers-Mineurs).
Toulouse (Marbriers).
— (Maçons).
— (Terrassiers).
— (Couvreurs-Zingueurs).
Auxerre.
Bourges (Tailleurs de pierres).
— (Terrassiers).
Perpignan.
Rochefort.
Vichy (Terrassiers-Mineurs, etc.).
Paris (Maçonnerie-Pierre).
Albi.
Nancy.
Clermont.
Ancy.
Marsillargues.
Rennes (Plâtriers).
— (Maçons).
Paris (Stucateurs).
Lyon.

## MARINE

Brest.
Cherbourg.

## MÉCANICIENS

Marseille.
Saint-Quentin.

## MENUISERIE

Rochefort.
Le Mans.
Angers.
Orléans.
Voiron.
Saint-Brieuc.
Seine.
— (Parqueteurs).
Bordeaux.
Roanne.
Bourges.

## MÉTALLURGIE

Rosières.
Dijon.
Dunkerque.
Limoges.
Lure.
Nancy.
— (Ouvriers en limes).
Nevers.
Garville.
Cousances-aux-Forges.
Villerupt.
Seine.
Homecourt.
Amiens.
Câteau.
Saint-Nazaire.
Saint-Claude.
Lyon (Bijouterie).
— (Orfèvres).
— (Ferblantiers-Zingueurs).
Tulle.
Dôle.
Fraisant.
Sens.
Auxerre.
Bourg.
Rochefort.
Tours.
Bourges.
Le Mans.
Le Havre.
Escarbotin (Cuivre).

Brest.
Friville-Escarbotin.
Grenoble (Plombiers-Zingueurs).
Grenoble.
Vizille.
Marseille.
Lyon (Litiers en fer).

## MINEURS

Talandière.
Montceau-les-Mines.
Aubin.
Pas-de-Calais.
Nord.
Kremlin-Bicêtre.

## MODELEURS-MÉCANICIENS

Seine.

## MOULEURS

Tours.
Le Mans.
Essonnes.
Flers.
Le Hâvre.
Ferté-Saint-Aubin.
Marseille.
Etampes.
Caen.
Pontchardon.
Persan-Beaumont.
Creil.
Grenoble.
Noyon.

## PAPIER

Clichy.
Limoges.
Brignoud.
Dijon.
Ballancourt.
Essonnes.

## PEINTRES

Grenoble.
Périgueux.
Bourges.
— (Toiles cirées).
Paris (Doreurs).
— (Bâtiment).
Cherbourg.
Levallois-Perret.
Biarritz.

Toulouse.
Saint-Quentin.
Reims.
Bordeaux.
Versailles.

## PERSONNEL DE LA GUERRE

Tulle.
Bourges.

## PORTS ET DOCKS

Rochefort (Manœuvres en régie).
Rochefort et Tonnay (Quais et docks).
Cette (des Bois du Nord).
— (Charbonniers).
— (Bois Merrains).
Tonnay (Arimeurs de).
Le Havre (Camionneurs).
Saint-Nazaire (Ouvriers du Port).
Havre (Ouvriers du Port).
Saint-Nazaire (Charbonniers).

## POSTES, TÉLÉGRAPHES ET TÉLÉPHONES

Paris.
Alençon.
Caen.

## PRESSES TYPOGRAPHIQUES

Lyon (Minervistes).
— (Conducteurs).
Dijon.
Seine.
Marseille.

## SABOTIERS

Moulins.

## TEXTILE

Oise.
Vizille.
Moreuil.
Fourmies.
Roanne.
Reims.
Tours.
Saint-Quentin.
Somme.
Paris (Passementiers).

## TONNELIERS

Cette.
Orléans.

## TRANSPORTS

Cette.
Vichy-Cusset.
Tours.
Seine.
Est-Parisien.
Paris.
Avignon.
Grenoble.
Vizille.

## TRANSPORTS-MANUTENTIONS

Casetljaloux.
Paris (Layetiers).
— (Cochers-Livreurs).
— (Emballeurs).
Mazamet.
Toulouse (Hommes de peine).
— (Camionneurs).
Beaucaire.
Roubaix.
Lyon.
Le Havre.
Grenoble.

## TRAVAILLEURS MUNICIPAUX

Paris (Services réunis).
— (Services concédés).
— (Egoutiers).
— (Personnel des Ecoles).
Rennes.
Lyon.
Bourges.
Brest.
Grenoble.

## VERRIERS

Bordeaux.
Masnières.
Dorignies.
Charleville.
Fresnes.
Martainneville.
Eu.
Blangy.
Incheville.
Nesle-Normandeuse.
Romesnil.
Val-d'Aulnoy.
Varimprez.
Vieux-Rouen.
Aumâle.

Tréport-Neuve.

Feuquières.

Vichy.

Orléans.

## VOITURE

Lyon. ..

Seine.

Moulins.

Bourges.

## ISOLÉS

Angers (Scieurs).

Lyon (Scieries).

Paris (Préparateurs en pharmacie).

*Ont voté CONTRE les Organisations suivantes :*

## ALIMENTATION

Montluçon.

Amiens.

Dijon.

Saint-Quentin.

Lille.

## AMEUBLEMENT

Saint-Loup.

Nantua.

Saint-Etienne.

## BATIMENT

Epernay.

Dijon (Tailleurs de pierres).

— (Plâtriers).

Nangis.

## BUCHERONS

Jouet-sur-l'Aubier.

## CÉRAMIQUE

Limoges (Taille-douce).

— (Useurs).

— (Peintres)

— (Ouvriers peinture).

— (Batteurs).

— (Modeleurs).

— (" Utile ").

Salins.

Montereau.

## CHAPELLERIE

Lille.

## CHEMINS DE FER

Port-Marly.

Coursalain.

Mont-de-Marsan.

Cosne-surl'Œil.

Juvisy.

Marseille.

Tunis.

Paris.

Paris-Ouest.

Tournemire.

Longuevie.

Béthune.

Saint-Etienne.

Caen.

Bastia.

Châlons-sur-Marne.

Bédarieux.

Amiens.

Aulius.

Avignon.

Séverac.

Lens.

Vireux.

Saint-Quentin.

Meaux.

Dijon.

Dax.

Rouen.

Sotteville.

Epernay.

## COIFFEURS

Belfort.

Poitiers.

Paris.

Nîmes.

Troyes.

Limoges.

## EMPLOYÉS

Roanne.

Reims.

Angers.

Alençon.

Nantes.

Châlons-sur-Marne.

Bergerac.
Belfort.
Poitiers.
Saint-Germain.
Versailles.
Toulon.
Orléans.
Le Havre.
Dijon.
Albi.
Mézières.
Angoulême.
Boulogne.
Paris (Teneurs de livres).
— (Sténographes-Dactylographes).
— (Choristes).
— (Lyriques).
— (Clercs).
— (Employés.
— (Voyageurs).
Lille.

### GAZ-ÉCLAIRAGE
Seine.
Paris.

### HABILLEMENT
Lille.
Bordeaux.
Amiens.
Limoges.

### HORTICOLE
Dijon.

### LITHOGRAPHIQUE
Reims.
Poitiers.
Dôle.
Rouen.
Angoulême.
Rennes (Imprimeurs).
— (Graveurs).
Nantes (Graveurs).
— (Imprimeurs).
Nîmes.
Valréas.
Toulouse.

### LIVRE
Montluçon.
Valence.
Belfort.
Dijon.
Dunkerque.

Toulouse.
Cahors.
Montauban.
Poitiers.
Fougères.
Bayonne.
Saint-Etienne.
Charleville.
Périgueux.
Bordeaux.
Lille.
Saint-Quentin.
Saint-Amand.
Grenoble.
Clermont-Ferrand.
Roanne.
Alençon.
Albi.
Constantine.
Senlis.
Lunéville.
Reims.
Chambéry.
Orléans.
Nantes.
Angoulême.
Montargis.
Compiègne.
Thouars.
Flers.
Nevers.
Nancy.
Versailles.
Rouen.
Alger.
Châteauroux.
Nîmes.
Valréas.
Toulouse.
Meaux.
Lagny.
Amiens.
Abbeville.
Marseille.
Cette.
Béziers.
Montpellier.
Paris (Fondeurs).
— (Imprimeurs).
Typographie parisienne.

### MAÇONNERIE
Valence.
Reims.

**MAIN-D'ŒUVRE DES P. T. T.**

Poitiers.

### MARÉCHAUX

Seine.
Seine-et-Oise.
Rouen.
Bordeaux.
Marseille.

### MÉCANICIENS

Persan-Beaumont.
Toulouse.
Jeumont.
Saint-Etienne.
Bordeaux.
Albert.
Saint-Dié.
Angers.
Montzeron.
Caen.
Corbeil.
Chartres.
Tarbes.
Soissons.
Nantes.
Reims.
Poitiers.
Dijon.
Meaux.
Paris.
— (Optique).
— (Robinetiers).

### MENUISIERS

Marseille.

### MÉTALLURGIE

Boulogne-sur-Mer.
Lille.
Troyes.
Paris.
Anzin.
Denain.
Saint-Denis.
Montluçon.

### MUNICIPAUX

Reims.
Lille.

### PAPIER

Paris.
Limoges.

### PEINTRES

Lille.
Poitiers.

### PERSONNEL DE LA GUERRE

Grenoble.
Valence (Employés).
— (Etablissements militaires).
Nantes.
Toulouse.
Saint-Etienne.
Tarbes.
Rennes.
Clermont.
La Rochelle.
Puteaux.
Reims.
Paris.

### PORTS ET DOCKS

Bordeaux.
— (Mineurs).
— (Arrimeurs).
Rouen.
Nantes.

### SABOTIERS

Poitiers.
Limoges.

### TABACS

Bordeaux.
Limoges.
Orléans.
Le Mans.
Pantin.
Dijon.
Morlaix.
Marseille.

### TEXTILE

Amiens (Tisseurs).
— (Apprêteurs).
Comines.
Saint-Maurice-sur-Moselle.
Lisieux.
Erquinghem.
Héricourt.
Malaunay.
Rouen.
Saint-Menges.
Rémoise (Industrie lainière).

Reims (Trieurs).
— (Apprêteurs).
Saint-Quentin.
Hazebrouck.
Beauvais.
Aix-en-Othe.
Troyes.
— (Fileurs).
Pont-de-Nieppe.
Lille .
— (Lin et chanvre).
Lannoy.
Bohéries-Vadencourt.
Neuvilly.
Comines.
Condé-sur-Noireau.
Poix-du-Nord.
Armentières.
Maxonchamp.
Bolbec.
Houplines.
Romorantin.
Câteau.
Solesmes.
Flers.
Tourcoing (Triage).
— (Tissu).
Saint-Etienne.
Plainfaing-Fraize.
Bagnères-de-Bigorre.
Granges.
Tourcoing (Fileurs).
— (Textile).
Aribu.
Saint-Maurice-sur-Moselle (Usine des Charbonniers).

## TONNELIERS

Begnery-Cadillac.
Paillet.
Langoiraux.
Langon.
Rions.
Seine.
Reims.
Saint-Maixent.
Barsac.
Macaire.
Preignac.

## TRANSPORTS EN COMMUN

Limoges.
Reims (Tramways).
— (Cochers).
Poitiers.

## TRANSPORTS ET MANUTENTIONS DIVERSES

Epernay.

## VERRIERS

Montluçon.

## VOITURE

Lille.

## SYNDICATS ISOLÉS

Seine (Mouluriers).
Ouvriers en monnaie et médailles.
Dunkerque (Tordeurs d'huiles).

*Ont voté BLANC les Organisations suivantes :*

## AGRICOLE

Lunel.
Marsillargues.
Mèze.

## ALIMENTATION

Seine (Confiseurs).

## ALLUMETTIERS

Trélazé.
Saintines.
Pantin-Aubervilliers.
Marseille.

Bègles.
Aix.

## AMEUBLEMENT

Montpellier.

## ARDOISIERS

Trélazé.

## CAMPEMENT MILITAIRE

Montpellier.

## CHAPELIERS

Albi.

## CUIRS ET PEAUX

Clermont-Ferrand.

## DESSINATEURS

Saint-Nazaire.

## EMPLOYÉS

Montpellier.
Carcassonne.
Saint-Nazaire.
Saint-Brieuc.
Clermont-Ferrand.
Narbonne.
Abbeville.

## HABILLEMENT

Montpellier.
Seine (Couturières).

## LIVRE

Cherbourg.
Saint-Brieuc.
Saint-Nazaire.

## MAÇONNERIE

Albi.
Le Havre.

## MARÉCHAUX

Montpellier.

## MARINE

Lorient.
Ruelle.
Rochefort.
Indret.

Paris.
Toulon.

## MÉCANICIENS

Cherbourg.

## MÉTALLURGIE

Seine (Electriques).

## MENUISIERS

Cherbourg.

## MODELEURS

Albi.

## PEINTRES

Saint-Brieuc.

## PERSONNEL DE LA GUERRE

Cherbourg.

## PORTS ET DOCKS

Havre (Entrepôts).
— (Voiliers).
Dunkerque.

## TRAVAILLEURS MUNICIPAUX

Personnel non gradé des Hôpitaux,
Hospices et Asiles de nuit.

## TEXTILE

Vizille (Soieries).

## TONNELIERS

Montpellier.

# DOCUMENTS ANNEXES

# RAPPORT

## sur l'Etablissement

## du Viaticum des Bourses

Au commencement de l'année 1905, le Comité s'occupa de mettre en application la décision de la Conférence des Bourses du Travail, en faisant parvenir aux Bourses du Travail ou Unions locales de Syndicats, la circulaire suivante :

(Circulaire n° 1)

### CONFÉDÉRATION GÉNÉRALE DU TRAVAIL

### Section des Bourses

## LE VIATICUM DES BOURSES DU TRAVAIL

A la première Conférence des Bourses du Travail tenue à l'issue du Congrès de Bourges, le projet de Viaticum des Bourses du Travail fut l'objet d'une longue et sérieuse discussion. La première partie de cette discussion prit fin par l'adoption unanime de la proposition suivante :

*Une Commission sera nommée pour étudier la question très complexe du viaticum et présentera un rapport à la Conférence des Bourses. Les camarades ayant fait une tournée sur le viaticum, au nom de la section des Bourses, feront partie de droit de cette Commission.*

Cette Commission, par la voix de son rapporteur, présenta à la séance suivante de la Conférence des Bourses, le rapport et projet de statuts ci-dessous :

### Rapport sur le Projet de Viaticum des Bourses du Travail de France

#### PROJET DE STATUTS

ART. 1er. — Entre les Syndiqués adhérents aux statuts de la Confédération Générale du Travail, il est créé dans les Bourses du Travail ou Unions de Syndicats fédérés, un service de secours de route destinés à faciliter les déplacements nécessaires par les recherches de travail.

ART. 2. — Ce service est constitué dans chacune des Bourses du Travail par une caisse qu'administre la Bourse du Travail et qui s'alimente *à son gré* à raison de :

| Pour les Syndicats de | | | | | |
|---|---|---|---|---|---|
| Pour les Syndicats de | 1 à | 50 | membres, | o 50 | par mois. |
| — — | 51 à | 100 | — | o 75 | — |
| — — | 101 à | 150 | — | 1 » » | — |
| — — | 151 à | 300 | — | 1 25 | — |
| — — | 301 à | 500 | — | 1 50 | — |
| — — | 501 à | 750 | — | 1 75 | — |
| — — | 751 à | 1000 | – – | 2 » » | – – |

Pour les Syndicats au-dessus de 1,000 membres, o fr. 50 par fraction de 1,000.

ART. 3. — Le trésorier de la Bourse ouvre, pour le service du Viaticum, des livres spéciaux.

ART. 4. — Pour avoir droit au secours de route, chaque syndiqué doit : 1° avoir trois mois au moins de noviciat ; 2° avoir acquitté régulièrement ses cotisations à son Syndicat.

ART. 5. — Un livret individuel portant un numéro d'ordre sera délivré par la Bourse à laquelle est adhérent le voyageur.

Le voyageur touchera, à son arrivée, le secours de route fixé.

Les sommes versées seront portées sur le livret individuel remis au voyageur.

ART. 6. — Le livret sera divisé en trois parties, une que gardera la Bourse du Travail, la 2° envoyée au siège de l'Office et le talon restera attaché au livret du voyageur.

Chaque Bourse aura un livret-répertoire, indiquant le nom, le prénom, la date de passage du fédéré, sa profession, la ville d'où il venait et le total des sommes portées sur son livret au moment de son passage.

ART. 7. — S'il est obligé de repasser par une Bourse où il a déjà reçu le secours de route, il pourra toucher de nouveau.

ART. 8. — A son arrivée dans une ville, le voyageur devra se présenter immédiatement à la Bourse du Travail, pour recevoir du secrétaire général tous les renseignements utiles ; celui-ci devra lui faire connaître les maisons de sa profession pour l'aider à chercher du travail. Chaque Bourse déterminera elle-même les propres moyens à s'assurer si l'ouvrier a bien visité les ateliers de sa corporation.

Le visa de départ sera apposé sur le livret du fédéré par le secrétaire général de la Bourse du Travail ou suivant les dispositions que les Syndicats de la ville auront prises.

Le fédéré qui aura trouvé du travail dans une ville possédant un Syndicat de sa profession, ne pourra commencer le travail sans s'être assuré, auprès du secrétaire de la Bourse, que la maison où il doit entrer n'est pas à l'index.

Faute de ce faire, et au cas où la maison serait en interdit, le fédéré perdrait tout droit au Viaticum et il serait immédiatement signalé au bureau de l'Office. Dans la ville où il aura trouvé de l'embauche, il devra déposer son livret à la Bourse.

ART. 9. — Chaque Bourse du Travail aura à sa disposition une carte kilométrique pour indiquer les distances et faciliter les voyageurs syndiqués.

ART. 10. — Chaque syndiqué ne pourra toucher qu'un maximum de 30 francs en 12 mois, à compter du premier versement. Ce droit sera renouvelable tous les ans.

ART. 11. — Tous les trois mois, chaque Bourse du Travail adressera à l'Office le compte des sommes qu'elle aura consacrées au service du Viaticum. Elle établira le montant de ses excédents ou de ses déficits. L'Office sera chargée de combler le déficit des Bourses au moyen des excédents et, au besoin, avec ses ressources personnelles.

ART. 12. — Chaque Bourse devra envoyer, au moins une fois par mois, et suivant une formule qui sera établie par l'Office, un état du travail dans chaque corporation. L'ensemble de ces états, communiqué 48 heures après à toutes les Bourses, permettra de diriger les voyageurs vers les endroits indiqués comme disposant de travail et de les écarter de ceux où il y aurait chômage.

ART. 13. — Le Secrétaire de la Bourse du Travail qui délivre un Carnet de Viaticum devra l'inscrire sur le livret du syndiqué en indiquant le matricule du carnet et la date de la délivrance.

Si le syndiqué emploie pour obtenir le Viaticum des moyens frauduleux, il sera privé de secours pendant un an. Cette mesure sera immédiatement notifiée à l'Office qui la signalera dans la feuille hebdomadaire.

La Commission s'est prononcée dans les conditions suivantes :

Pour le principe du Viaticum : *Unanimité.*

Pour le principe du Viaticum obligatoire : 9 voix contre 4.

Pour l'échelle de cotisation : 7 voix contre 4 au projet de 0,75 par syndicat et 2 pour 1 centime par syndiqué.

A l'unanimité, pour le vœu de Belfort tendant à étendre le viaticum internationalement.

La discussion continua sur ce rapport et nous ne saurions trop engager les camarades et militants des Bourses du Travail ou Unions locales de Syndicats, à se reporter au *Compte rendu du Congrès et de la Conférence de Bourges* (aux pages 242 à 245 et 249 à 255) où ils trouveront le résumé de cette discussion qui se termina par l'adoption, à 48 voix contre 36, de l'ordre du jour suivant :

« *Etant données les difficultés pratiques qui existent encore pour établir le viaticum obligatoire, la Conférence des Bourses, reconnaissant la nécessité de développer progres-*

*sivement l'application du principe du viaticum, propose de maintenir le statu quo modifié par l'obligation du livret, et renvoie à l'étude des Bourses et des Syndicats le projet de la Commission qui sera étudié au prochain Congrès. »*

Cet ordre du jour devint une décision qu'il appartenait au Comité des Bourses de mettre en application, puisqu'il fut bien entendu que ce projet serait imprimé et soumis à l'étude des Bourses.

De plus, il fut décidé encore qu'on ferait suivre le Rapport des critiques apportées par le délégué de Montpellier et que, de son côté, le rapporteur ferait valoir l'économie de son projet. C'est à quoi nous nous conformons en publiant ce qui suit :

## ÉCONOMIE DU PROJET

La question du service du Viaticum est à l'étude du Comité fédéral et des Congrès de la Fédération des Bourses depuis 1899. Plusieurs systèmes ont été essayés ; aucun n'a donné de résultats appréciables.

A la dernière Conférence des Bourses du Travail qui eût lieu en septembre 1904, à Bourges, la question fut de nouveau discutée, en Commission d'abord, en Congrès ensuite ; on ne trouva d'autre solution que de la renvoyer à l'examen des Bourses pour être tranchée définitivement.

Toutes les Bourses, à part une ou deux exceptions, sont favorables au service du Viaticum, mais elles sont en désaccord sur la manière dont il doit être appliqué. Les unes sont d'avis qu'il faut laisser aux Bourses le soin de faire ce qu'elles pourront pour aider les travailleurs ; les autres, au contraire, soutiennent que seule une réglementation fixe peut mettre fin aux abus et assurer à tous les ouvriers syndiqués le secours de route.

Je suis partisan convaincu de ce dernier système ; voici pourquoi :

Dans l'état actuel, presque toutes les Bourses du Travail allouent aux ouvriers de passage, une indemnité qui varie de o fr. 50 à 2 francs ; quelques-unes donnent, en plus, un bon de logement ou de repos. Un petit nombre d'entre elles ne donnent que des secours en nature. Généralement, ces secours sont accordés indistinctement aux syndiqués et aux non-syndiqués. Il y a cependant quelques rares Bourses, qui ne donnent qu'aux premiers.

Les fonds qui fournissent l'argent nécessaire à ces dons proviennent de subventions, de fêtes, de tombolas et de cotisations individuelles. Au commencement de l'exercice, ils permettent d'être large, mais au fur et à mesure qu'ils s'épuisent, les secours alloués sont diminués et bien des fois, supprimés complètement.

Il me semble évident, dans ces conditions, que le système est défectueux ; il est même souverainement injuste. Un camarade qui a versé pour le Viaticum pendant des années, se le verra refuser s'il tombe au mauvais moment. Certainement il y a moyen de trouver quelque chose de plus équitable.

Or, pour parer en partie à ces inconvénients, le Congrès des Bourses, en 1900, à Paris, avait accepté le projet de Viaticum présenté par son secrétaire, Fernand Pelloutier (voir l'*Histoire des Bourses du Travail*, par F. Pelloutier, page 196), mais ce projet qui mettait à la disposition des Bourses des livrets de Viaticum ne fut donné que comme facultatif, aussi les livrets restèrent-ils au bureau de la Fédération des Bourses. Tout resta comme par le passé.

Il en résulte que, pour obtenir des résultats quelconques, il faudrait un règlement obligatoire. C'est un point essentiel ; s'il n'est pas obligatoire, tout système avortera. Cette obligation, quoi qu'on en dise, n'a rien de vexant ou de choquant pour les syndiqués. Il s'agit seulement d'assurer et de garantir à tout camarade le secours sur lequel il peut compter et l'aide qu'il attend légitimement de toute Bourse fédérée. Il faudrait donc que toutes les Bourses prennent l'engagement de verser à tous les camarades, remplissant les conditions des statuts, une indemnité fixe.

Si chaque Bourse versait tous les mois une cotisation proportionnelle au nombre des Syndicats affiliés et au nombre des syndiqués, il serait possible, avec les ressources ainsi acquises, d'avoir l'argent nécessaire pour assurer un budget assez fort. Mais cette cotisation a des ennemis. C'est elle qui a soulevé des débats retentissants à la Conférence des Bourses en 1904 et qui a fait échouer le projet de la Commission. Des délégués ont prétendu qu'il était impossible de demander aux syndiqués une cotisation supplémentaire ; on leur objecta qu'il n'était pas question de cela, que les Bourses possèdent les fonds nécessaires pour ne rien demander, puisqu'en somme elles payent actuellement ; ils ne voulurent rien entendre.

Notre projet n'est, paraît-il, pas viable ?

Cependant, nous voyons les Bourses payer des cotisations à la Fédération ; personne ne trouve cela étrange et les Bourses s'en tirent toutes seules. Elles prélèvent cela sur leur budget général, qui, d'ailleurs, est presque toujours alimenté par des subventions, Elles opéreraient de même pour le viaticum ; elles le peuvent, puisqu'elles donnent déjà des secours de route ; les dépenses ne seraient pas sensiblement plus grandes, et nous aurions un service régulier ; l'équilibre serait établi entre toutes les contrées ; il n'y aurait plus d'aléas.

La création du Viaticum est vivement désirée par tous les militants ; nous avons donné notre avis ; nous pouvons ajouter que toutes les Fédérations françaises et étrangères qui ont installé le Viaticum, l'ont institué statutairement.

La parole est aux Bourses, il leur appartient de décider et de trancher la question.

E. BRIAT,

Délégué au Comité fédéral par les Bourses
de Belfort, Besançon et Niort.

# CRITIQUE DU PROJET

CAMARADES,

A la Conférence des Bourses tenue à Bourges, à l'issue du Congrès corporatif, et dans la séance du lundi matin 19 septembre, je déposais la proposition suivante qui était adoptée à l'unanimité ;

« Une Commission sera nommée pour étudier la question très complexe du *Viaticum* et présentera un rapport à la Conférence des Bourses. Les camarades ayant fait une tournée sur le Viaticum au nom de la Section des Bourses, feront partie de cette Commission. »

Cette Commission, dont je faisais partie, se réunit l'après-midi du même jour, pour discuter la question du Viaticum et préparer le rapport.

Une importante discussion s'établit d'abord sur le principe même du Viaticum, principe qui fut naturellement adopté par l'unanimité de la Commission.

Mais il n'en fut pas de même, lorsqu'on aborda le côté pratique et la mise en application du Viaticum. J'avais fait moi-même une tournée sur cette question, dans une douzaine de Bourses, au nom de la Section des Bourses. Si j'avais eu le plaisir de constater que partout le principe du Viaticum était favorablement accueilli, j'avais eu l'occasion de me rendre compte des nombreuses objections qu'on faisait partout contre son fonctionnement pratique, et j'avoue qu'à la Commission j'étais fortement décidé à opposer ces objections, dont quelques-unes m'avaient sérieusement frappé, à l'optimisme de ceux qui croyaient qu'on ferait fonctionner le Viaticum aussi facilement dans la pratique que sur le papier.

Avant d'aborder la discussion de l'économie même du projet, je demandai qu'au caractère *obligatoire* du Viaticum on substituât le caractère *facultatif*, afin de laisser à chaque Bourse la liberté d'établir le secours aux syndiqués de passage selon les ressources et les moyens les plus appropriés à son milieu. Par 9 voix contre 4, la Commission repoussa ma proposition.

La Commission passa alors à la discussion détaillée des articles du projet. Ne pouvant préjuger de la décision que prendrait en fin de compte la Conférence, je collaborai de mon mieux à l'établissement d'un Viaticum qui donnerait à tous le plus de satisfaction possible.

Il est inutile de reproduire ici le projet que la Commission adopta. Il figure dans la brochure du Congrès de Bourges, où chacun pourra le consulter plus utilement à la page 249. Qu'il me suffise de dire qu'à la plupart des articles, je montrai les difficultés nombreuses d'application qui rendraient le Viaticum éphémère, et que je fis valoir pour cela des arguments de plusieurs natures.

Ce sont ces arguments, qu'au nom de la minorité de la Commission, je développerai à la Conférence et que je dois rappeler ici brièvement :

1º Nul ne peut contester qu'entre le Viaticum des Fédérations corporatives et le

Viaticum des Bourses, il n'y ait une grande différence toute à l'avantage de celui des Fédérations. Une Fédération bien organisée, solidement établie et richement entretenue par les cotisations de ses Syndicats, peut facilement établir un Viaticum pour ses fédérés. Le Viaticum idéal, au point de vue pratique, serait celui organisé pour tous les travailleurs, par chaque Fédération de métier ou d'industrie. Il n'y a du reste qu'à voir fonctionner le Viaticum des Fédérations qui l'ont établi pour savoir que celui-là seul est simple, facile, logique et pratique

Peut-on en dire autant du Viaticum des Bourses? Et le regretté camarade Pelloutier, qui en avait eu le premier la généreuse conception, ne nourrissait-il pas au fond qu'une chimère ?

Le contrôle du Viaticum des Bourses serait des plus difficiles et les fraudes, qu'on ne peut pas toujours éviter dans les Fédérations, seraient bien plus nombreuses dans les Bourses, en raison de la multiplicité des professions.

2° Le secours proposé par la Commission, démontre à lui seul l'impuissance du projet. En effet, l'article 10 dit : « Chaque syndiqué ne pourra toucher qu'un maximum de 30 francs, en 12 mois, à compter du premier versement. Ce droit sera renouvelable tous les ans. »

Le secours de 30 francs serait, pour la grande majorité des camarades qui sont obligés de s'expatrier pour aller à la recherche du travail, insuffisant, et je dirai presque ridicule. En moins de 15 jours, un syndiqué sur la route aurait épuisé son secours de 30 francs servi d'après les distances kilométriques d'une Bourse à une autre, *et ce syndiqué serait privé de tous secours pendant les onze mois qui suivraient*, en supposant — ce qui est le cas pour beaucoup — que ce syndiqué ne trouvât pas d'ouvrage avant un an. En tous cas, nombreux sont ceux qui restent plusieurs mois sur la route. Ceux-là resteraient donc de longs mois sans *avoir droit* à rien, après le premier mois, car on peut affirmer que les 30 francs statutaires seraient épuisés au bout d'un mois.

Tandis qu'avec le système actuel, le Viaticum du syndiqué sur la route *ne s'épuise jamais* et tant qu'il restera sur la route il pourra *toujours* se présenter aux Bourses placées sur sa route, pour demander un secours qu'on lui accordera sans regarder sur son livret s'il a épuisé son Viaticum.

Il est vrai qu'à l'heure actuelle, toutes les Bourses ne délivrent pas de secours, que celles qui en délivrent ne les délivrent pas toujours en espèces, tandis qu'avec le Viaticum obligatoire, *toutes* les Bourses fédérées délivreraient un secours en espèces.

D'abord celles qui n'en délivrent pas ne sont pas nombreuses. Et que pourrait bien faire à un syndiqué sur la route que *toutes* les Bourses distribuassent le Viaticum, si ce syndiqué avait épuisé ses 30 francs ? Et y a-t-il un intérêt supérieur à ce que le secours soit distribué en espèces plutôt qu'en nature ? Je serais presque d'un avis contraire, et beaucoup comprendront pourquoi....

Le rapporteur de la Commission m'a objecté sur ce point que si le secours n'était que de 30 francs, ce n'était point de sa faute, car il avait demandé qu'il fût de 40 francs par an.

Il est facile de répondre que si la Commission a fixé le secours de 30 francs, ce n'est pas non plus de sa faute ; elle n'a pas fait ce qu'elle a voulu, mais ce qu'elle a pu ; c'est-à-dire ce qu'un examen minutieux des difficultés d'application lui a permis de faire.

Ainsi donc, cet article du projet en montre l'impuissance et prouve que le *statu quo*, dont j'ai réclamé et obtenu le maintien, est bien supérieur.

3° Les Bourses, consultées l'an dernier, lors des tournées organisées par la Section confédérale des Bourses, se sont prononcées pour le Viaticum, réglementé c'est vrai. Mais elles se sont prononcées beaucoup plus par sentiment que par raison. Et la preuve, c'est que lorsqu'elles ont été toutes réunies à la Conférence de Bourges, qu'elles ont pu échanger leurs critiques et examiner de plus près toutes les difficultés, elles se sont prononcées pour le maintien du *statu quo*, qu'elles n'abandonneront que contre échange d'un système supérieur, plus avantageux aux travailleurs sur la route, quand il sera pratiquement possible.

Les difficultés sont diverses et peuvent varier dans chaque Bourse. Telle Bourse est subventionnée, telle autre ne l'est pas. Telle municipalité impose des conditions que telle autre n'impose pas. Pour certaines Bourses, la subvention municipale pour cet objet est donnée en nature sous forme de jetons, bons de fourneaux, dortoirs, etc., pour d'autres elle est donnée en argent. Toutes ces différences constituent des difficultés nouvelles qui entraveront toujours forcément le fonctionnement d'un Viaticum obligatoire, statutaire, réglementé, régulier et égal pour toutes les Bourses.

On ne transforme pas magiquement les habitudes et les mœurs. Or, les habitudes et les mœurs syndicales d'aujourd'hui, sont telles qu'on n'obtiendra pas facilement des syndiqués et des syndicats qu'ils versent des cotisations à leurs Bourses, comme ils en versent à la Fédération. Et c'est ce qui rendra toujours le Viaticum obligatoire des Bourses plus fragile et plus aléatoire que celui des Fédérations.

4° Enfin, le vice radical et fondamental du projet de la Commission, c'est qu'il est bâti sur du sable. Il ne repose sur aucun fondement solide, quoiqu'en dise le rapporteur, puisqu'il est basé sur des ressources aléatoires des subventions : subventions municipales pour les Bourses, subventions d'Etat pour l'Office.

Le rapporteur a bien essayé de détruire cet argument capital en déclarant que le fondement du Viaticum était solide, puisqu'il était fait des cotisations syndicales dont il indique l'échelle dans son rapport. Mais il était si peu convaincu de cette affirmation qu'il s'est trahi lui-même par deux fois, et que ce n'est qu'à la faveur d'une équivoque, qu'il a pu donner un semblant de solidité à son système de cotisations.

En effet, à l'article 2 de son projet, il dit : « Le Viaticum est constitué dans chacune des Bourses du Travail par une caisse qu'administre la Bourse du Travail *et qui s'alimente à son gré* à raison de...» (suit l'échelle proportionnelle des cotisations).

Que veut dire ce membre de phrase que je souligne : «... et qui s'alimente à son gré»?

Cela ne veut pas dire que, sachant que les caisses des Bourses sont en général alimentées par les subventions municipales, il est difficile d'obtenir qu'elles s'alimentent par les cotisations des syndicats ?

Et au cas où cela ne serait pas assez clair, le rapporteur ajoute plus loin : (page 251) « quant aux moyens que pourront employer les Bourses pour alimenter la caisse, *nous leur laissons la plus entière autonomie* ».

Ces paroles, je le répète, trahissent les préoccupations du rapporteur qui sait autant que moi que les dépenses de chaque Bourse pour le Viaticum seront couvertes, non par des cotisations volontaires et individuelles des syndiqués comme il dit, mais par les subventions que reçoivent les Bourses.

Or, voilà le défaut de la cuirasse. Les subventions municipales sont aléatoires, temporaires, fragiles. Le viaticum obligatoire, national, réglementé, au contraire, est une institution à caractère sérieux, permanent. Si vous construisez cette institution solide et permanente sur les bases fragiles et temporaires des subventions, vous *préparez* d'avance un écroulement général du Viaticum, d'un service important de la Confédération dont tout l'organisme du prolétariat organisé peut ressentir la secousse.

En outre, en instituant le Viaticum confédéral obligatoire, vous vous imposez l'obligation de le servir à tout fédéré sur la route qui le réclamera, vous créez pour tous les syndiqués un *droit* nouveau, c'est-à-dire que vous faites naître dans l'esprit de tout syndiqué cette opinion que le viaticum est pour lui un droit, qu'il aura le droit de le réclamer quand il sera sur la route, à toutes les Bourses qui, elles, n'auront pas celui de le refuser ; vous prenez donc, à l'égard de tous les confédérés, des engagements que, ainsi que nous venons de le voir, vous n'êtes pas sûrs de pouvoir tenir. Et ce droit, vous le donnez à des personnes qui n'ont rien fait pour y avoir droit, je veux dire à des ouvriers qui n'ont versé aucune cotisation pour les avantages du Viaticum, et qui n'admettraient pas, malgré cela ,qu'on le leur supprimât sous prétexte que les subventions ont disparu, après en avoir bénéficié pendant quelque temps.

Au point de vue de la morale et de l'éducation sociales, le procédé est douteux qui consiste à illusionner les hommes en leur accordant des droits sans leur imposer des devoirs. Pour qu'ils aient le droit au secours du Viaticum, les travailleurs doivent avoir le droit de verser des cotisations pour cet objet.

Au contraire, avec le *statu quo*, avec le Viaticum facultatif, nous n'entretenons pas les travailleurs dans cette idée que le secours qu'ils touchent dans les Bourses est un droit pour eux. Ils comprennent, ou du moins il nous est plus facile ainsi de leur faire comprendre, que ce secours n'est qu'une faveur, qui peut être retiré à tout instant et s'il plaît aux municipalités ou à l'Etat de supprimer les subventions qui nous permettaient de donner ce secours, nous cessons le service du Viaticum sans nous exposer au reproche que nous retirons aux syndiqués un droit qu'ils avaient payé.

Voilà les principaux arguments qui militent en faveur du Viaticum facultatif, contre le Viaticum de la Commission.

Dans le projet de la Commission, il y a pourtant une idée bonne dont nous pouvons nous servir tout de suite, même avec le *statu quo*. C'est celle du livret du Viaticum.

La Section des Bourses pourrait en effet, dès maintenant, avoir des sortes de livrets de Viaticum qu'elle enverrait à toutes les Bourses fédérées. Celles-ci distribueraient ces livrets à tous leurs syndiqués qui partiraient sur la route. Dans chaque Bourse qui donne un secours, le secrétaire indiquerait que le titulaire de ce livret a été secouru, avec la formule :

« Le confédéré........ est passé à........ le........ et a touché un secours de route (en indiquant le secours) ».

Ou bien :

« Le confédéré........ du Syndicat........ est passé à........ le........ et a été secouru (sans indiquer le secours) ».

Ce livret serait signé et tamponné par chaque Bourse, et son titulaire, prouvant ainsi qu'il n'est pas abandonné, pourrait sur la route faire la nique aux gendarmes qui auraient envie de l'arrêter pour vagabondage.

Pour toutes ces raisons, je demandai à la Conférence des Bourses, de repousser le projet de la Commission et d'adopter ma proposition qui était ainsi conçue :

« Etant données les difficultés pratiques qui existent encore pour établir le Viaticum obligatoire, la Conférence des Bourses, reconnaissant la nécessité de développer progressivement l'application du principe du Viaticum, propose de maintenir le *statu quo*, modifié par l'obligation du livret, et renvoie à l'étude des Bourses et des Syndicats le projet de la Commission qui sera étudié à la prochaine Conférence. »

Par 48 voix contre 36, la Conférence adopta ma proposition. J'obtenais d'elle ce que je n'avais pu obtenir de la Commission.

Nous n'avons donc maintenant qu'à étudier sérieusement la question, et si nous trouvons un projet supérieur au *statu quo*, appliquons-le rigoureusement.

L. NIEL,
Secrétaire général de la Bourse du Travail
de Montpellier.

Nous le répétons, c'est maintenant aux Bourses qu'il appartient de discuter, d'étudier l'institution définitive du Viaticum, afin qu'à la Conférence des Bourses qui se tiendra après le Congrès corporatif d'Amiens, en 1906, le Comité des Bourses puisse présenter un projet de Viaticum, applicable aussitôt.

Pour le Comité fédéral de la Section des Bourses :
*Le Secrétaire*, G. YVETOT.

Cette circulaire, imprimée sur 4 pages in-4°, fut tirée à 500 exemplaires et, en deux fois consécutives, adressées aux Bourses. Celles-ci, pour la plupart, mirent très peu d'empressement à répondre au questionnaire qui accompagnait cette circulaire. Enfin, une troisième fois le bureau de la Section des Bourses insista. Nous reproduisons ci-dessous, la circulaire et le questionnaire (Circulaire n° 2) :

# CONFÉDÉRATION GÉNÉRALE DU TRAVAIL
## Section des Bourses

### Aux Membres des Comités ou Conseils d'administration des Unions locales de Syndicats ou Bourses du Travail

CHERS CAMARADES,

Pour la troisième fois le Secrétariat de la Section des Bourses vous fait parvenir la circulaire relative au *Viaticum des Bourses*.

Il est absolument indispensable que votre Union ou Bourse du Travail nous communique enfin ses appréciations sur le *Viaticum*, afin que le Comité des Bourses ait le temps à son tour, de présenter un projet définitif à la Conférence des Bourses qui suivra le Congrès national corporatif d'Amiens.

Cette question, depuis si longtemps discutée, mérite toute votre attention, et l'importance de l'institution de notre *Viaticum des Bourses* est telle, que ce serait méconnaître sa valeur que de n'y pas apporter l'intérêt qu'elle exige de votre part.

En conséquence, nous joignons à la circulaire imprimée un questionnaire, auquel nous voulons le croire, vous daignerez répondre. Nous comptons recevoir vos appréciations et les réponses au questionnaire ci-contre, *avant le 1er Octobre prochain.*

## QUESTIONNAIRE :

1° *Etes-vous d'avis que le* **Viaticum des Bourses** *soit établi d'une façon obligatoire ou d'une façon libre pour les Bourses :*

Réponse :

2° *Etes-vous d'avis que le* **Viaticum des Bourses** *soit basé sur des cotisations versées par chaque Syndicat adhérent à la Bourse ou Union locale de Syndicats ?*

Réponse :

3° *Ou bien laissez-vous les Bourses libres d'alimenter le* **Viaticum** *à leur gré ?*

Réponse :

4° *La circulaire ci-jointe* (Circulaire n° 1), *vous rappelle la discussion de Bourges à ce sujet et vous invite à donner votre appréciation sur les deux systèmes. Veuillez nous dire les raisons qui vous font adopter l'un ou l'autre de ces deux systèmes ?*

Réponse :

Soixante-cinq Bourses sur cent trente avaient, en septembre 1905, répondu au questionnaire sur le *Viaticum.*

A la première question : Etes-vous d'avis que le Viaticum soit établi d'une façon obligatoire ou d'une façon libre pour les Bourses, voici les réponses :

*Pour le Viaticum établi d'une façon* **libre**, *se sont prononcées les Bourses ou Unions locales de :* Alger, Angers, Béziers, Brest, Castres, Carcassonne, Clermont-Ferrand, Chalon-sur-Saône, Epernay, Fougères, La Rochelle, Le Havre, Lorient, Mehun-sur-Yèvre, Montauban, Nice, Rive-de-Gier, Rouen, Tarare, Tulle, Versailles, Vierzon, Villeneuve-sur-Lot.

Vingt-trois Bourses se prononcent pour que le Viaticum soit **libre**.

*Pour qu'il soit établi d'une façon* **obligatoire**, se sont prononcées les Bourses de : Agen, Albi, Alençon, Bagnères-de-Bigorre, Belfort, Châteauroux, Cognac, Constantine, Mazamet, Paris, Périgueux, Perpignan, Rennes, Rochefort, Roubaix, Saint-Amand, Saint-Nazaire, Tarbes, Thiers, Valence.

Vingt Bourses veulent qu'il soit *obligatoire.*

Ainsi, sur 130 Bourses, après trois circulaires adressées à chacune, 50 seulement ont répondu à la première question sur soixante-et-une.

Ne se sont pas prononcées sur cette première question les Bourses de : Arles, Auch, Bayonne, Bédarieux, Bordeaux, Blois, Bourg, Cahors, Commentry,

Escarbotin, Grenoble, Ivry, Issoudun, Laval, Limoges, Montluçon, Montpellier, Nevers, Poitiers Troyes, Vichy.

Dix-neuf ne se prononcent pas et quatre le veulent *facultatif*.

Sur la deuxième question : « *Etes-vous d'avis que le* **Viaticum des Bourses** *soit basé sur des cotisations versées par chaque syndicat adhérent à la Bourse.*

Ont répondu **Oui**, les Bourses de : Albi, Alençon, Bagnères-de-Bigorre, Bédarieux, Fougères, Laval, Nice, Paris, Perpignan, Rennes, Rouen, Thiers, Valence.

Treize Bourses déclarent vouloir le *Viaticum*, basé sur les cotisations de chaque syndicat adhérent à la Bourse du Travail ou Union locale.

Ont répondu **Non**, les Bourses de : Belfort, Cognac, Grenoble, La Rochelle, Mehun-sur-Yèvre, Montauban, Tarare, Troyes, Tulle.

Neuf Bourses sont contre le Viaticum basé sur les cotisations de chaque syndicat adhérent à la Bourse du Travail ou Union locale.

*N'ont pas répondu* à cette question, les Bourses de : Agen, Alger, Arles, Angers, Auch, Bayonne, Béziers, Bordeaux, Blois, Bourg, Castres, Clermont Ferrand, Cahors, Chalon-sur-Saône, Commentry, Chateauroux, Constantine, Escarbotin, Ivry, Issoudun, Limoges, Lorient, Montluçon, Montpellier, Poitiers, Rive-de-Gier, Rochefort-sur-Mer, Roubaix, Saint-Amand, Saint-Nazaire, Tarbes, Versailles, Vichy, Vierzon, Villeneuve-sur-Lot.

Trente-cinq Bourses n'ont pas répondu exactement à la question.

Mais les neuf Bourses qui ont répondu *non* à la deuxième question et les trente-cinq qui n'y ont pas répondu, font quarante-quatre Bourses qui répondent *oui* à la troisième question qui est celle-ci : « *Etes-vous d'avis de laisser les Bourses* **libres** *d'alimenter le Viaticum à leur gré ?* »

Pour la quatrième question du questionnaire qui était la suivante : « *Veuillez donner votre appréciation sur les deux systèmes : le projet Briat et le Projet Niel et dire les raisons qui vous font adopter l'un ou l'autre ?* »... il est nécessaire d'énumérer ici les réponses faites. Elles méritent une sérieuse attention et feront certainement l'objet d'une étude particulière pour l'adoption d'un projet présenté à Amiens, en vue d'une adoption définitive du Viaticum des Bourses.

Ajoutons que, beaucoup de Bourses, sans répondre exactement au questionnaire, ont émis certaines critiques ; quelques-unes ont même fait des rapports. Nous ne croyons pas qu'il soit possible de reproduire *in-extenso* tous les arguments donnés, mais nous les résumerons quand même, le plus largement possible, pour conclure à cette constatation :

*Les avis sont très partagés sur la façon d'établir le Viaticum des Bourses.*

C'est pourquoi le Comité des Bourses crut prendre le bon moyen en désignant une Commission spéciale à l'effet d'étudier la question et de présenter un projet.

Cette Commission, en présence des réponses énumérées ci-dessus, déclare se trouver en présence de deux projets suffisamment exposés par le rapport présenté à Bourges au nom de la majorité de la Commission et les critiques apportées à ce projet par le camarade Niel, au nom de la minorité.

En conséquence, le secrétaire du Comité fut chargé de présenter au Comité le présent rapport.

Le Comité des Bourses l'approuva, après l'avoir discuté. Il décida que ce rapport serait présenté en son nom à la Conférence des Bourses comme rapport définitif.

Le Comité des Bourses croit qu'il est indispensable de présenter les deux projets donnant satisfaction aux deux parties qui se sont prononcées à si peu de voix de différence.

La Conférence des Bourses modifiera comme elle l'entendra les projets présentés. Mais il est de son devoir de ne pas laisser en suspens plus longtemps l'établissement du *Viaticum des Bourses.*

Depuis la conférence de Bourges, la question reste à résoudre. Il faut que la Conférence d'Amiens ait à cœur d'adopter définitivement un projet et que le le Comité puisse, sur les indications nettes et précises de la Conférence, charger son Bureau ou une Commission spéciale de mettre immédiatement en application le *Viaticum des Bourses,* depuis tant d'années en chantier.

Nous espérons que l'initiative des Bourses répondra à la bonne volonté de son Comité et que le Viaticum sera définitivement établi pour l'année 1907.

Pour le Comité des Bourses,

*Le Secrétaire-Rapporteur,*
Georges YVETOT.

# RÉSUMÉ

des

## Appréciations données par les Bourses
## sur l'établissement du Viaticum

**Nota.** — *Pour saisir immédiatement à quelles questions sont faites les réponses suivantes, se reporter au QUESTIONNAIRE qui se trouve à la page 8 du présent rapport.*

**Agen.** — *1re question :* Nous sommes d'avis que le viaticum soit établi d'une façon obligatoire. — *2e question :* (néant). — *3e question :* Nous laissons les Bourses libres d'alimenter le *viaticum* à leur gré. — *4e question :* Les raisons sont celles exposées par le Rapporteur dans l'économie du projet de viaticum des Bourses.

**Albi.** — *1re question :* Nous sommes partisans du *viaticum* obligatoire pour les Bourses, avec le projet Briat, à moins qu'on en présente un plus pratique. — *2e question :* Oui, si la Bourse en reconnaît l'utilité. Il y a des Bourses qui pourront s'en éviter par les subventions qu'elles touchent ; mais, si la subvention venait à manquer, il est entendu que les syndicats doivent payer, afin d'assurer le service obligatoire. — *3e question :* Comme on le voit plus haut, nous sommes plutôt partisans de ce système, mais à condition que les Bourses assurent le service en versant intégralement leur cote-part à la caisse nationale, conformément à l'article 2 du projet Briat, toujours modifiable suivant les besoins, dans l'avenir. — *4e question :* Nous sommes partisans du projet Briat, ou plutôt de la Commission, parce qu'il constitue un progrès et qu'il est toujours modifiable. Et aussi, parce que nous avons confiance dans le triomphe de cette mesure de solidarité obligatoire ; lorsque le service obligatoire sera établi, même d'une façon insuffisante, comme les 30 francs du projet Briat, l'état bourgeois sera bien obligé de nous aider, même si nous n'en avons pas besoin.

**Alger** — Les Bourses du Travail doivent être libres d'établir le viaticum comme elles l'entendent, ou, plutôt selon leurs ressources. Nous sommes partisans des livrets de viaticum établis par la Section des Bourses et délivrés par les Bourses fédérées, avec la formule : « Le confédéré.........., du syndicat d........., est passé à............ le..............., et a été secouru (sans indiquer le secours). » De plus, on pourrait ajouter à ce livret une annotation indiquant que si le confédéré est arrêté pour vagabondage, les autorités devront demander des renseignements au secrétariat de la Bourse d'où il vient. La Bourse d'Alger a adopté cette manière de voir, parce que, comme le disait Niel, le projet de la Commission ne repose pas sur des bases solides. D'autre part, toutes les Fédérations ont des tendances à organiser le viaticum, par conséquent, en instituant le viaticum obligatoire des Bourses, ce serait créer un rouage qui ferait double emploi.

**Arles.** — La Bourse d'Arles étant très rapprochée de Marseille, le mois de septembre (vendanges), une masse d'ouvriers de toutes corporations passent à la Bourse du Travail et demandent des secours. Notre budget n'y suffit pas et nous sommes obligés d'arrêter ou de supprimer les secours du viaticum aux passagers.

**Alençon.** — Le Comité de la Bourse du Travail d'Alençon se prononce pour le *viaticum* obligatoire, en repoussant l'échelle proposée par la Commission, à laquelle est préférable la cotisation unique de 0,01 par membre et par mois, qui donnerait davantage et serait plus démocratique, plus égalitaire. On se rallierait à ce projet plutôt que de ne rien avoir.

**Angers.** — *1re question* : Tout ce qui peut être le plus libre pour les Bourses. — *2e et 3e questions* : Angers se déclare libre d'alimenter le *viaticum* à son gré. — *4e question* : La Bourse du Travail d'Angers se rallie à la question du livret du viaticum que chaque Bourse distribuerait à ses syndiqués se mettant sur la route, ainsi qu'il en ressort du projet de la Commission, critiqué par Niel. Chargés de frais de cotisations, nos syndicats sont, en majorité, dans l'impossibilité de payer une cotisation régulière. On maintient le *statu quo*.

**Auch.** — Nous optons pour le *viaticum facultatif*, parce que nos syndicats ne peuvent verser en plus de leurs cotisations dues à la Bourse du Travail. Les délégués au Comité se sont prononcés contre le viaticum obligatoire. Toutefois, nous sommes partisans du livret de fédéré préconisé par Niel, dans la circulaire adjointe à celle du rapporteur.

**Bagnères-de-Bigorre.** — *Le viaticum sera établi d'une façon obligatoire*, par solidarité, les camarades se doivent l'appui moral et matériel entre eux, l'œuvre est une belle occasion de mettre en pratique la devise : Un pour tous, tous pour un. Une caisse spéciale dans chaque Bourse, administrée séparément, par un trésorier et secrétaire, alimentée par des cotisations de chaque syndiqué, puisqu'il est intéressé individuellement et, par les subventions. Une caisse constituant fonds de réserve à la Bourse. Une caisse de réserve à l'Office du Travail, établi sur le *boni* des Bourses, afin de combler les déficits des Bourses qui auraient épuisé leur crédit.

En outre, la Bourse du Travail de Bagnères-de-Bigorre propose différentes modifications aux statuts de viaticum : articles 2, 8 et 10.

**Bayonne.** — *1re question* : Facultatif. — *3e question* : Proposition Niel. — *Statu quo* modifié avec obligation du livret. — *2e et 4e questions* : Pas de réponse.

**Bédarieux.** — *1re question* : Nous adoptons en principe le système facultatif. — *2e question* : Oui. — *3e question* : Nous pensons avoir répondu à la 1re, 2e et 4e question, ce qui doit être une satisfaction pour la 3e question. — *4e question* : Ne pouvant compter sur subvention locale, nous adoptons le viaticum facultatif pour les Bourses.

**Belfort.** — La Bourse de Belfort est d'avis : que le viaticum soit établi d'une façon obligatoire et qu'il soit basé sur des cotisations versées par les syndicats adhérents à leur Bourse ou Union locale de syndicats, c'est-à-dire qu'elles pourront avoir la même origine que les cotisations versées par les Bourses à la C. G. T. (Section des Bourses). Après étude, Belfort se prononce en faveur du projet élaboré par la Commission désignée à la Conférence de Bourges, estimant que si l'on veut créer quelque chose de durable par des cotisations, il faut que celles-ci soient obligatoires.

**Béziers.** — *1re question* : Nous sommes d'avis que chaque Bourse soit autonome, et établisse librement son viaticum. — *2e question* : Néant. — *3e question* : Les Bourses, à notre avis, doivent être laissées libres d'alimenter la caisse de ce service. — *4e question* : Nous repoussons le projet Briat, pour toutes les excellentes raisons que Niel a si bien résumées dans la critique de ce projet. Nous serions de son avis, quant à la création de ces sortes de livrets sur lesquels les Bourses pourraient inscrire le secours qu'elles accordent, cela, dans l'intérêt de ceux qui sont secourus.

La Bourse du Travail de Béziers a décidé de s'en tenir au *statu quo* et aux déclarations de son délégué à la Conférence des Bourses qui a eu lieu à l'issue du Congrès de l'année dernière. Elle rejette le projet de viaticum obligatoire, elle continuera comme par le passé, à accorder les secours en nature aux ouvriers syndiqués de passage ; mais elle ne croit pas possible d'instituer un service de viaticum comme il était proposé, la question est trop importante et présente des inconvénients qui rendent sa réalisation impossible pour nous, de longtemps.

Tout en reconnaissant le bien fondé de l'initiative du viaticum, nous croyons que les Fédérations sont appelées à solutionner plus efficacement cette forme d'action syndicale et, pour cette raison, la Bourse du Travail a écarté la question que vous lui soumettiez.

**Bordeaux.** — Tout en reconnaissant l'impérieuse nécessité de la création d'un service de viaticum pour les Bourses, nous trouvons trop insuffisant le montant des secours alloués. Aussi, jusqu'à ce qu'il soit possible de faire mieux, préférons-nous le maintien du *statu quo*. Indépendamment des secours alloués par les corporations respectives, donne deux francs à chacun des syndiqués à jour de leurs cotisations, ou ne devant pas plus de deux mois. Nous regrettons de ne pouvoir faire davantage. Pensant faire mieux, avec le concours de l'Union des syndicats ouvriers de la Gironde, nous avons essayé de fonder une Maison du Peuple (coopérative de production et de consommation) au moyen de laquelle, en outre, chaque passager aurait eu les repas d'une journée et le coucher, nous n'avons pas été compris.

**Blois.** — *1re question* : Oui, mais il faut que tous les syndicats soient fédérés ; car ceux qui ne seront pas fédérés ou que la Fédération ne rembourserait pas à la Bourse du Travail, ne pourraient participer à ce viaticum. — *3e question* : Ce système peut créer des injustices, car les passants nous disent : à tel endroit, on nous a donné plus qu'ici. — *4e question* : Le *viaticum* obligatoire doit être le même pour tous. On s'associe à la majorité.

**Bourg.** — Nous accordons un secours de un franc aux syndiqués qui ne touchent aucun secours de leur Fédération de métier, cela, malgré des ressources très restreintes, nous continuerons donc comme par le passé. Les ouvriers sur la route ne se plaindront certainement pas du maintien du *statu quo*, car il leur assure des plus grands avantages que le projet du rapporteur qui, tout en faisant appel à des cotisations supplémentaires pour alimenter la caisse du viaticum, restreignait les secours à 30 francs par année. Le viaticum organisé par les Fédérations est d'ailleurs plus pratique. Ainsi donc, Bourg demande le maintien du *statu quo*.

**Brest.** — A l'unanimité des membres du Comité, on se prononce pour le projet Niel et contre le viaticum obligatoire dans les Bourses. Nous pensons que la plus large autonomie doit être laissée aux Bourses.

**Castres.** — *1re question* : D'une façon libre. — *3e question* : Liberté aux Bourses d'alimenter le viaticum. — *4e question* : Le Comité général n'a pas cru devoir alimenter le viaticum au moyen des cotisations des syndicats, par la simple raison que les syndiqués trouvent que leur cotisation est assez élevée en raison de la journée qu'on gagne. Nous sommes aussi partisans d'un livret de viaticum, afin d'empêcher des abus dont nous avons été quelquefois victimes.

**Clermont-Ferrand.** — *1re question* : La Bourse du Travail de Clermont-Ferrand préconise le viaticum établi d'une façon libre par les Bourses. — *2e et 3e questions* : Oui. — *4e question* : En raison des abus à craindre par le viaticum obligatoire et du manque de ressources pour y subvenir ; en raison des versements opérés par plusieurs Fédérations qui ont déjà le viaticum, qui ferait double emploi avec le viaticum obligatoire des Bourses.

**Cahors.** — Nous payons à tout camarade fédéré de passage, la somme de 1 fr. 50. Nous allons essayer de monter ce secours à 2 francs. C'est tout ce que nous pouvons faire et c'est tout ce que nous voulons faire pour le moment.

**Carcassonne.** — *1re question* : Libre. — *3e question* : Nous adoptons ce système pour les raisons suivantes : La crise viticole paralysant le commerce et l'industrie, les syndicats ont toutes les peines du monde à se constituer pour le maintien des salaires. Une nouvelle imposition de cotisation serait leur ruine. A cause de cela, nous sommes d'avis de laisser toute liberté aux Bourses.

**Chalon-sur-Saone.** — *1re question* : Libre. — *3e question* : Notre Comité est d'avis de laisser le soin à chaque Bourse de s'alimenter à son gré, avec l'obligation du livret de viaticum.

**Châteauroux.** — Le viaticum obligatoire pour toutes les Bourses. La prochaine Conférence pourrait discuter les statuts du viaticum et son application immédiate.

**Cognac.** — *1ʳᵉ question :* Nous sommes d'avis que le viaticum soit établi d'une façon obligatoire pour toutes les Bourses du Travail. — *2ᵉ question :* Non. — *3ᵉ question :* Nous sommes d'avis de laisser les Bourses du Travail libres d'alimenter le viaticum à leur gré. — *4ᵉ question :* Par le système que nous adoptons, les Bourses du Travail conserveront leur indépendance.

**Commentry.** — Le *statu quo.*

**Constantine.** — La Bourse du Travail est d'avis que l'application du viaticum est impossible, tant il y aurait d'énormes difficultés. Elle préconise l'adhésion obligatoire de tous les syndicats à leur Fédération respective. Les corps de métiers sont plus à même de juger si leurs adhérents sont dignes ou non de toucher le viaticum dans les villes où ils passent. Pour l'Algérie, le viaticum est impossible, vu les distances qui séparent les villes importantes les unes des autres. La Bourse du Travail de Constantine, à l'unanimité, repousse le projet.

**Epernay.** — Laisser les Bourses libres d'agir au mieux de leurs intérêts.

**Escarbotin** (LE VIMEU). — *3ᵉ question :* Oui, pour cette raison que les syndicats seraient appelés à fournir les ressources nécessaires, et que, seuls, ils peuvent juger de leurs moyens de ressources.

**Fougères.** — *1ʳᵉ question :* Libre. — *2ᵉ question :* Tous les syndicats adhérents à notre Bourse versent une cotisation qui nous permet de secourir les ouvriers de passage qui sont syndiqués et au pair de leurs cotisations. — *3ᵉ question :* Pour le moment, nous sommes partisans du *statu quo,* c'est le seul moyen qui nous paraisse rationnel. — *4ᵉ question :* Nous adoptons le projet Niel, parce qu'il nous semble le plus facilement applicable.

Nous ne connaissons guère les questions qui s'attachent au viaticum. Nous espérons que le Comité fédéral apportera tous ses soins à rédiger un rapport qui réponde bien aux besoins de tous et qui soit applicable, car la plupart des Bourses ne peuvent compter que sur elles-mêmes pour secourir les passagers, les subventions ne pouvant y être employées. Ici, tout ouvrier de passage, s'il est syndiqué et au pair de ses cotisations, reçoit un secours de 1 ou 2 francs, selon la distance parcourue. Nous pensons que toutes les Bourses font ainsi leur devoir.

**Grenoble.** — Nous sommes partisans du viaticum facultatif. En l'occurrence, le *statu quo* est préférable, car l'on ne pourrait se baser, comme pour les cotisations, que sur les subventions municipales ou départementales. Or, ces subventions tendent à disparaître pour les Bourses du Travail qui ne marchent pas au doigt et à l'œil des dirigeants. Ainsi, le viaticum obligatoire n'aurait qu'une durée éphémère, qui serait d'un mauvais effet sur le prolétariat.

Nous approuvons la critique du camarade Niel sur le projet présenté à la Conférence de Bourges et serions partisans du système de livrets qu'il nous propose dans son rapport.

**Ivry.** — Nous estimons qu'il n'y a pas lieu d'instituer le viaticum dans les Bourses de la banlieue, celles-ci étant trop près de Paris.

**Issoudun.** — *3ᵉ question :* Nous laissons les Bourses libres d'établir le viaticum à leur gré et suivant leurs moyens pécuniers.

**La Rochelle.** — 1º Le Comité s'est prononcé pour l'établissement libre du viaticum ; 2º Il n'a pas admis le principe des cotisations versées par les syndicats adhérents ; 3º Il s'est prononcé également en faveur de la liberté d'alimenter, à son gré, la caisse de ce nouveau service.

Ces trois décisions sont suivies de commentaires intéressants qui critiquent le projet et réfutent les arguments de Niel. Le système obligatoire est nul. L'article 7 des statuts est indéterminé. A notre avis, dit le correspondant de La Rochelle, il y aurait lieu de déterminer : 1º Ou le temps qui devrait séparer les deux passages successifs ; ou le chiffre total de la somme qui pourrait être touchée par chaque voyageur ; ou dans quelles conditions le voyageur pourra être considéré dans l'obligation de repasser dans la même Bourse. La Rochelle signale des abus qui se sont produits par des voyageurs qui ne faisaient que d'aller de Rochefort à La Rochelle et *vice versa.*

**Laval.** — Pour établir le viaticum, nous adoptons les statuts présentés par la Commission, à la Conférence de Bourges. Sauf l'article 2, nous pensons que la cotisation de 1 centime par mois et par cotisant, est nécessaire pour nous procurer les ressources dont nous aurons besoin pour assurer le service ; en outre, cette application uniforme nous paraît plus équitable que l'échelle de cotisation présentée par la Commission.

**Le Havre.** — Décide d'alimenter le viaticum à son gré, comme elle le fait actuellement.

**Limoges.** — Étant donné les difficultés d'application du projet présenté par la Commission, nous nous prononçons en faveur de la proposition Niel, c'est-à-dire le *statu quo*, modifié par l'application du livret. Nous émettons le vœu que les Fédérations de métiers et d'industries, organisent chacune leur viaticum.

**Lorient.** — *1re question :* Liberté aux Bourses d'organiser leur viaticum. — *2e et 3e questions :* Liberté. Nous adoptons les critiques de Niel. Nous ne voudrions pas que le viaticum fasse double emploi ; que les Fédérations l'instituent elles-mêmes ou que ce soit les Bourses, mais qu'il n'y en ait qu'un bien établi, soit dans chaque Fédération, soit dans les Bourses.

**Mazamet.** — *1re question :* D'une façon obligatoire. — *2e question :* Oui. — *3e question :* Non. — *4e question :* Parce qu'il y a des Bourses qui disent qu'elles n'ont pas d'argent en caisse et ne distribuent aucun secours et laissent partir les camarades sans secours. Les syndicats versant pour le viaticum, la Bourse du Travail est, de ce fait, obligée de donner le viaticum.

**Mehun-sur-Yèvre.** — *1re question :* D'une façon libre dans chaque Bourse. — *2e question :* Non. — *3e question :* Oui.

**Montauban.** — En outre d'un rapport intéressant sur le viaticum qu'elle délivre, la Bourse du Travail de Montauban répond ainsi qu'il suit au questionnaire : *1re question :* D'une façon libre encore momentanément. La Bourse du Travail de Montauban accepte entièrement l'ordre du jour de Montpellier, adopté à la Conférence de Bourges. Elle demande qu'une enquête soit faite dans toutes les Bourses, lesquelles feront connaître, pour un temps déterminé, les sommes qu'elles ont allouées, lesquelles totalisées, pourraient servir de point de départ. — *2e question :* Non. Il nous semble que ce ne serait pas suffisant d'abord. Ensuite, la difficulté, pour certaines Bourses existantes qui ne sont pas subventionnées, de demander des cotisations nouvelles à leurs syndicats.

Le maximum de 30 francs par an (art. 10), n'est pas assez élevé. Nous avons la conviction que les camarades obligés de voyager, touchent, en ce moment même, une somme annuelle bien plus forte dans les Bourses qu'ils visitent. Nous réclamons le livret confédéral qui donnerait des statistiques très utiles et pourrait supprimer certains abus. — *3e question :* Oui. Car, comme le dit Briat, la cotisation proportionnelle au nombre de syndicats affiliés peut avoir des ennemis. Ce qui serait un tort. De plus, à notre avis, elle ne donnerait pas, comme nous le disons plus haut, un budget assez fort permettant de délivrer à nos camarades qui voyagent, un secours raisonnable. Exemple : la Bourse de Montauban n'aurait à payer, comme cotisations, que la somme de 96 francs par an ; tandis que notre viaticum, libre et régulier, comme il est établi, nous coûte environ 270 francs. Il est vrai de dire que c'est la subvention qui nous est allouée qui nous permet de parer à cette dépense et aux divers frais de la Bourse. — *4e question :* Viaticum facultatif encore, vu la fragilité du maintien des subventions. De plus, si les Bourses s'en tenaient rigoureusement à l'art. 2 du projet, les secours seraient, à notre avis, insuffisants.

**Montluçon.** — La Bourse du Travail de Montluçon fournit aussi un rapport très intéressant. Elle expose des modifications au projet que nous regrettons de ne pouvoir reproduire faute de place. Cependant, nous croyons que la Bourse du Travail de Montluçon se repose trop sur l'Office national ouvrier de statistique et de placement dont elle escompte la subvention de 10,000 francs et son augmentation à 25,000 francs. L'on sait maintenant le mal qu'il y a eu pour obtenir ces 10,000 francs ; l'on sait comment ils furent employés et les polémiques qui se sont élevées à leur sujet, autant aux deux Chambres que dans les Bourses du Travail. On se leurre en tablant sur l'Office.

**Montpellier.** — La Bourse du Travail de Montpellier adopte le projet Niel.

**Nevers.** — Le Comité de la Bourse du Travail de Nevers laisse le soin aux Fédérations de métiers, d'instituer le viaticum aux passagers et, pour supprimer les abus, qui ne manqueraint pas de se produire, propose, en première ligne, la *création d'une caisse de chômage.*

**Nice.** — *1re question* : De façon libre ; attendu que, n'étant pas subventionnés, nous nous verrions dans l'impossibilité de faire fonctionner ce viaticum. — *2e question* : Non, car déjà, parmi nous, il est des syndicats qui ne peuvent pas même payer leurs cotisations. — *3e question* : Il est mieux de laisser les Bourses libres ; ce qui les encouragera à faire le plus possible pour cette question du viaticum. — *4e question* : Nous acceptons le contre-projet Niel, parce que c'est celui qui sera le plus pratique pour des Bourses non subventionnées.

**Paris.** — *1re question* : Nous sommes partisans du viaticum obligatoire, c'est-à-dire que les travailleurs syndiqués de passage dans une ville, touchent un secours, soit de leur Fédération nationale ou de la Bourse du Travail, mais sans cotisations obligatoires et supplémentaires pour les syndicats. — *2e question* : Non. — *3e question* : Oui.

**Périgueux.** — Le principe du viaticum obligatoire est admis. Mais l'échelle proportionnelle concernant les cotisations doit être supprimée et remplacée par une cotisation unique de tant par membre.

**Perpignan.** — Le Comité général de la Bourse du Travail de Perpignan se prononce, en principe, pour le viaticum obligatoire. Cependant, comme certaines Bourses peuvent se trouver dans l'impossibilité de réaliser les fonds nécessaires pour assurer le service du viaticum, il est d'avis de laisser à chacune d'elles la faculté de créer ou de ne pas créer ce service. Nous ne devons pas perdre de vue que si le viaticum devenait une obligation formelle, beaucoup de Bourses, qui ont déjà toutes les peines du monde à fonctionner, se retireraient forcément de la Fédération des Bourses. — *2e question* : Non. A de rares réceptions près, les syndicats ne perçoivent que d'insignifiantes cotisations ; ils éprouvent déjà des difficultés sans nombre pour faire face aux obligations confédérales. Si on leur imposait une nouvelle cotisation pour le service du viaticum, on courrait à un échec à peu près certain. C'est l'avis du Comité général. — *3e question* : Oui. Et voici pourquoi : chaque Bourse, établissant son budget, crée un chapitre spécial au viaticum. Elle affecte à ce service une somme calculée sur les secours délivrés pendant l'année écoulée. Et, c'est en se basant sur cette somme, qu'elle peut fixer l'indemnité à accorder à tout syndiqué de passage. — *4e question* : Le projet du camarade Briat serait excellent, si toutes les Bourses étaient alimentées par les mêmes subsides. Aucune difficulté ne surgirait alors pour empêcher l'une ou plusieurs d'entre elles de souscrire à ce projet. C'est un devoir de solidarité qu'elles ne manqueraient pas de remplir. Mais les observations du camarade Niel sont tellement vraies, elles reflètent si exactement la situation des Bourses, qu'il nous semble tout naturel de nous rallier à sa critique du projet Briat et d'adhérer au système qu'il lui oppose. Prenons un exemple : la Bourse d'Issoudun nous a adressé un appel où elle déclare que la subvenion qui lui est allouée par la Ville est insuffisante « pour les besoins » actuels de la Bourse. Elle sollicite des subsides. Or, des Bourses ne reçoivent pas de subventions du tout. Il sera dès lors difficile, nous le répétons, d'obtenir d'elles une adhésion ferme au projet du viaticum *obligatoire*. Elles adhèreront certainement en principe, en attendant, qu'une municipalité « amie » (?) leur permette d'y souscrire d'une manière effective. — *Observations complémentaires* : Les trois quarts des secours de route délivrés par la Bourse du Travail de Perpignan étant affectés aux ouvriers étrangers, il serait de toute nécessité que le viaticum soit réglé internationalement. De toute façon, il faudrait être assurés que nos camarades voyageant à l'étranger seront, eux aussi, assistés par les organisations ouvrières des pays qu'ils traverseront.

La question du livret uniforme mérite aussi d'être sérieusement étudiée ; la plupart des voyageurs se présentent avec des livrets sans date, de sorte que l'on ignore si les cotisations portées, datent de plusieurs années ou de l'année en cours ; d'autres, n'ont en leur possession qu'une simple carte qui n'offre pas davantage de garanties ; d'autres encore exhibent un certificat qui, quelquefois, peut être un document de complaisance. Tout cela doit être complètement réformé, si nous ne voulons pas que le viaticum soit un leurre.

**Poitiers.** — Le Comité adopte le règlement présenté par le camarade Briat. Elle propose sa mise en application au 1er janvier 1906 ou, tout au moins, celle du livret qu'accepte Niel dans son contre-rapport. Ce livret mentionnant les causes du départ du camarade qui en est porteur, les victimes du patronat recevraient très certainement des marques de solidarité plus sérieuse qu'ils n'en reçoivent actuellement, où ils sont souvent confondus avec des individus qui n'hésitent pas à truquer les livrets syndicaux et qui, par des lettres fabriquées pour la circonstance, cherchent à exploiter la solidarité des camarades. Les camarades étrangers qui ne parlent pas le français, devront toujours se munir de ce livret pour éviter des abus.

**Rennes.** — *1re question* : Obligatoire. — *2e question* : Il serait préférable que le viaticum des Bourses soit basé sur des cotisations versées par chaque syndicat adhérent à sa Bourse, proportionnellement au nombre de ses adhérents. Mais ce versement devrait être plus élevé que celui proposé par la Commission, ou tout au moins, l'échelle de proportion devrait être basée d'une façon plus rationnelle. Admettre, par exemple, une cotisation minima de o fr. 50 par mois et ensuite 1 centime par membre et par mois, au-dessus de 50 membres. — *3e question* : Comme dans certaines Bourses, il serait peut-être difficile d'exiger un versement obligatoire des syndicats, on pourrait laisser les Bourses libres d'alimenter le viaticum à leur gré, mais en exigeant néanmoins que ces Bourses versent, proportionnellement au nombre des syndiqués y adhérant.

**Rive-de-Gier.** — *1re question* : Libre. — *2e question* : Facultatif. — *3e question* : À leur gré. — *4e question* : Système du citoyen Niel.

**Rochefort-sur-Mer.** — Nous acceptons le principe du viaticum obligatoire des Bourses.

**Roubaix.** — À l'unanimité, l'Union approuve le principe du viaticum obligatoire. Elle demande que cette obligation ne soit pas pour les organisations qui ont déjà ce service dans leur fédération nationale d'industrie ou de métier, afin d'éviter le double emploi. L'Union demande que la cotisation soit au *prorata*. Les devoirs doivent augmenter parallèlement aux droits. En d'autres termes, un syndicat ayant 300 membres doit logiquement, et en toute équité, payer le double que celui qui n'en a que 150. Néanmoins, l'Union croit qu'il y a lieu, pour les petits syndicats de fixer un minimum de cotisation ; elle admet o fr. 25 par mois pour ceux ayant moins de 50 membres. Au-dessus de ce nombre, elle comprendrait qu'on mit un demi-centime par membre et par mois — 0,005 — ce qui ferait 0,06 par membre et par an. Ce n'est pas cette cotisation qui pourrait être un obstacle à l'adhésion de tous les syndicats confédérés n'ayant pas encore de viaticum. Car il ne faut pas se le dissimuler, l'obligation dans des conditions par trop onéreuses, pourrait être une cause de désagrégation pour notre organisme confédéral. Et, c'est ce qu'avant tout, il faut éviter. Pour le reste, nous acceptons les conclusions de la Commission de Bourges. Notre mode de cotisations, outre qu'il donnerait des recettes supérieures à celui de la Commission de Bourges, il aurait cet appréciable avantage d'être égalitaire. Pour 2,850 membres, le Comité fédéral toucherait (2,850×0,005 = 14 fr. 250) 14 fr. 25. Pour le même nombre, avec l'échelle proposée par la Commission, le Comité fédéral toucherait 8 fr. 75. La proposition de Roubaix donnerait 5 fr. 50 en plus. Comme on doit faire, j'ai pris évaluativement le maximum des membres de l'échelle. Si j'avais pris le minimum, soit 1,857×0,005 = 9 fr. 285, soit o fr. 53 de plus.

**Rouen.** — *1re question* : Nous estimons que le viaticum des Bourses doit être établi d'une façon libre pour les Bourses. — *2e question* : Nous sommes partisans que le viaticum soit basé sur des cotisations versées par les syndicats adhérents aux Bourses ou Unions locales. Des deux systèmes préconisés, nous optons pour celui de Niel. Il nous semble, en effet, impossible de rendre le service du viaticum obligatoire. A notre sens, il vaut mieux lui laisser un caractère facultatif ; les Bourses ne peuvent délivrer le viaticum que suivant les ressources dont elles disposent. Quelques Bourses touchent des subventions assez élevées qui pourraient leur permettre d'établir solidement le viaticum ; mais la plus grande partie ne le peuvent, manquant de ressources. Elles ne peuvent, par conséquent, compter que sur des cotisations reçues des syndicats adhérents pour instituer une caisse destinée à délivrer des secours de route aux ouvriers syndiqués. Nous le pratiquons, du reste, à Rouen, et ce moyen donne d'excellents résultats. Nous nous déclarons également pour la création de livrets décernés aux syndiqués partant d'une localité, ce livret sera signé et tamponné par chaque Bourse, mais sans indiquer le secours délivré.

**Saint-Amand** (Cher). — *1re question* : Nous sommes d'avis que le viaticum soit établi d'une façon obligatoire. — *2e question* : Nous adoptons le projet de statuts tel qu'il est dans la circulaire. Ce projet nous paraît très juste et ne nécessitant pas d'écritures comptables compliquées, comme avec le projet de 1 centime par syndiqué. Le viaticum devra être organisé internationalement. — *3e question* : Cette troisième question approuvée, ne donnerait aucune satisfaction ; l'organisation et surtout l'esprit de certaines Bourses laisseraient trop de place à l'arbitraire et donneraient souvent au viaticum un enterrement de première classe. La solidarité, en nos mœurs actuelles, doit être imposée pour être efficace. C'est malheureux, mais c'est comme cela !

**Saint-Chamond.** — Pour le viaticum des Bourses, nous sommes d'avis qu'un livret individuel de tous les confédérés soit établi, à seule fin de pouvoir contrôler le camarade de passage, parce qu'il peut arriver que l'on donne des secours aux jaunes. D'un autre côté, nous désirons le *statu quo*, quant à la somme à remettre ou tout autre chose.

**Saint-Nazaire.** — Nous déclarons adopter *intégralement* le projet élaboré par la Commission à la Conférence des Bourses, à Bourges. Le principe obligatoire nous paraît indispensable pour le fonctionnement de ce service.

**Tarare.** — *1re question :* Pour le moment, tous nos syndicats sont pour le viaticum organisé librement par les Bourses. — *2e question :* Nos syndicats ne versent actuellement aucune cotisation à la Bourse pour le viaticum et ce serait bien difficile de leur demander une cotisation supplémentaire à celle bien minime, qu'ils affectent à notre organisation. — *3e question :* Actuellement, nous versons *un franc* à tous les syndiqués en règle, de passage à notre Bourse. Les fonds sont prélevés sur notre subvention municipale. Comme il passe peu d'ouvriers dans notre localité, cela suffit pour le moment. — *4e question :* Nous demandons le maintien du *statu quo*, parce que nous n'avons pas de permanent ; nos bureaux ne sont pas ouverts dans la journée, de là, grande difficulté. De plus, l'esprit syndical fait défaut ici et, sauf une poignée de militants dans chaque, nos syndicats sont des mythes, nous faisons tous nos efforts pour améliorer cette situation, mais, pour le moment, nous ne pouvons rien changer.

**Tarbes.** — Le Comité est d'avis : 1° Que le viaticum doit être obligatoire et réglementé ; 2° Que toute autonomie doit être laissée aux Bourses pour alimenter la caisse qui doit en assurer le fonctionnement. Voici les raisons qui ont déterminé le Comité : le Conseil municipal de Tarbes allouait à la Bourse une subvention qui lui permettait de payer, avec cet argent, le local ainsi que d'autres frais ; depuis que la subvention a été retirée, les cotisations mensuelles des syndicats adhérents ont été augmentées pour assurer sa vitalité. Aussi, sans être pessimiste, le Comité craint, qu'en élevant de nouveau les versements aux organisations, l'effet produit soit mauvais. Malgré cela, soit par des cotisations volontaires, soit par des tombolas ou par d'autres moyens, le Comité estime que les Bourses pourront aisément constituer de bonnes caisses de secours.

**Thiers.** — 1° Le viaticum doit être établi obligatoirement pour toutes les Bourses. — 2° Il doit être basé sur les cotisations versées par chaque syndicat. C'est là, en effet, la seule manière d'éviter les choses qui, journellement, se produisent, et cela pourra permettre à l'Office de statistique et de placement de participer à la subvention de 100,000 fr. attribuée au chômage, en plus des 10,000 fr, qu'il touche déjà. D'autre part, les secours auront enfin un caractère beaucoup plus sérieux que précédemment. Nous nous réservons de discuter le reste des statuts à la Conférence des Bourses.

**Troyes.** — *1re question :* Le viaticum doit être facultatif pour la raison que les syndicats étant déjà très chargés de cotisations, paieront difficilement une surcharge obligatoire. Il ne faut pas songer aux subventions municipales qui n'existent pas ici, à Troyes, et qui, si elles existent ailleurs, sont trop sujettes aux fluctuations de la politique du moment. — *2e question :* La Bourse de Troyes est d'avis que le principe de la cotisation soit repoussé, en attendant la création d'un organisme supérieur qui permettra de pallier aux inconvénients du système. Le viaticum sera servi par la Bourse du Travail de Troyes comme elle le fait actuellement, c'est-à-dire qu'elle donnera 3 francs à chaque passager syndiqué, jusqu'à épuisement de la caisse. — *3e question :* Oui. Nous demandons le viaticum facultatif, mais avec la création du livret qui servira ainsi de contrôle. D'autre part, certaines Fédérations nationales ayant un viaticum à elles, nous demandons que, en cas d'obligation, ça ne soit pas et les Fédérations et les Bourses qui servent le viaticum. Il faut que ce soient les unes ou que ce soient les autres. Sans cela, ce sera la confusion. — *4e question :* Nous sommes partisans du système facultatif, parce qu'en l'état actuel des organisations syndicales dans l'Aube, il est impossible de leur demander une nouvelle cotisation, la Bourse étant trop pauvre pour la payer elle-même. Cependant, cette dernière fera tout son possible pour donner un secours en argent aux camarades voyageurs.

**Tulle.** — *1re question* : La Bourse du Travail de Tulle estime qu'il y a lieu de laisser toute latitude aux Bourses du Travail, pour l'établissement du viaticum. — *2e question* : Non. Notre subvention supplée aux cotisations syndicales, car nous estimons que les camarades de province ont suffisamment à faire sans les charger d'une autre cotisation. — *3e question* : Parfaitement. Aussi nous avons par principe de donner 1 fr. 50 ou 2 francs à chaque camarade de passage, c'est-à-dire 0,05 par kilomètre, depuis la Bourse du Travail la plus proche de celle de Tulle. — *4e question* : Le Comité s'en tiendra certainement à la décision de la Section des Bourses, tout en espérant qu'elle ne lui demandera pas davantage que ce qu'elle fait et a fait depuis sa fondation. Nous disposons d'un certain crédit à cet effet qui n'est jamais épuisé, même en délivrant 2 francs maximum.

**Valence.** — La Commission exécutive de la Bourse du Travail déclare que : 1o Le viaticum doit être obligatoire pour toutes les Bourses, car c'est le seul moyen de le rendre efficace. Nombre de petites Bourses du Travail qui se trouvent sur les grandes lignes, se verraient parfois dans l'impossibilité de faire face à leurs engagements, vu les nombreux voyageurs qu'ils avaient à secourir ; 2o La Commission est d'avis que la cotisation soit versée par chaque syndicat ; n'ayant qu'une caisse centrale, le contrôle n'en serait que plus facile. Voilà, à titre d'indication, notre réponse.

**Versailles.** — *1re question* : Libre. — *3e question* : Oui.

**Vichy.** — Décide de laisser les Bourses libres d'administrer le viaticum à leur gré.

**Vierzon.** — La Bourse est contre le viaticum obligatoire et désire qu'on laisse les Bourses alimenter le viaticum à leur gré.

**Villeneuve-sur-Lot.** — *1re question* : Libre. — *3e question* : Oui.

Voilà donc, impartialement résumées, toutes les réponses dans ce qu'elles ont d'essentiel.

Nous pensons que ce rapport est le meilleur moyen, pour les Bourses qui n'ont pas répondu, de se faire une opinion ; et pour celles qui sont adhérentes, depuis l'envoi du questionnaire, de se mettre au courant.

Si long que paraisse ce résumé, il ne manque pas d'intérêt. Nous croyons que chaque Bourse aura raison de le lire. Nous regrettons seulement de n'avoir pu donner, faute de place, les rapports *in-extenso* de deux ou trois Bourses.

Il est à remarquer qu'aucune Bourse n'est adversaire du viaticum. En principe, toutes l'approuvent et le reconnaissent de grande utilité. Il n'y a que les moyens de l'organiser et les moyens de l'appliquer qui diffèrent. Même les Bourses qui voudraient ne le laisser instituer que par les Fédérations, prouvent ainsi leur empressement à le voir appliquer. Elles ne réfléchissent pas que le *viaticum* des Bourses épargnerait bien des soucis à quelques Fédérations qui se chagrinent de n'avoir pu l'instituer ou le faire fonctionner parfaitement. Le viaticum des Bourses ne s'appliquera pas aux ouvriers d'une corporation, mais à tous les ouvriers syndiqués. Là est sa supériorité, là est sa raison d'être.

Aucun délégué à la Conférence des Bourses n'aura d'excuse à une dérobade, lorsqu'il s'agira de se prononcer sur un système pratique et applicable au plus tôt. Il faut enfin que les Bourses du Travail s'entendent.

Si, par ce travail, nous avons pu convaincre et inciter sérieusement les Bourses à mettre debout et à rendre viable le viaticum des Bourses, ce sera un bon et durable résultat.

Nous souhaitons qu'il en soit ainsi.

*Le rapporteur :*

G. YVETOT.
Délégué au Comité fédéral par les Bourses
de Alais, Oran, Lunéville.

# RAPPORT

SUR

# Les Applications de la Radiographie aux accidentés du travail

Présenté par le Camarade BRIAT, délégué de la Bourse du Travail de Niort,
à la Conférence des Bourses du Travail (Amiens 1906)

---

Dans les applications de la loi sur les accidents du travail, le tribunal ne peut se prononcer que d'après les rapports des experts ; aussi est-il pour nous tous du plus haut intérêt d'examiner ici si les expertises fournies par les médecins offrent toujours la garantie scientifique indispensable. Bien des fois déjà, nous avons constaté que les experts-médecins ont une tendance trop marquée à se substituer au juge, en basant leurs rapports sur des faits d'ordre moral, au lieu de se restreindre au rôle scientifique que leur confère leur titre d'expert. Nous voulons, aujourd'hui, attirer votre attention sur l'emploi de la radiographie par les experts-médecins.

Ce qui nous a fait considérer ce point de vue spécial de la question, ce sont tout d'abord les récriminations des médecins au sujet de la nomination d'experts radiographes non-médecins ; puis, la discussion qui a eu lieu à l'Académie de Médecine, discussion qui a eu pour conséquence, malgré de vives protestations, l'adoption d'un vœu ayant pour objet de considérer la radiographie comme appartenant au domaine médical exclusivement.

L'emploi de la radiographie, dans les procès qu'entraîne l'application de la loi sur les accidents du travail, nous a fait un devoir de rechercher si l'accaparement tenté au profit des médecins n'était pas de nature à diminuer la garantie des accidentés, et nous nous sommes livrés à une enquête dont nous vous apportons aujourd'hui les conclusions.

Notons, tout d'abord, que jusqu'ici il n'y a pas eu, dans les Facultés de Médecine, un enseignement de la radiographie ; cela à titre de remarque seulement, car cet état de choses sera sans doute modifié prochainement. Mais, ce qui est plus grave, nous avons pu nous convaincre au cours de notre enquête que la radiographie relève essentiellement de la physique, de la chimie, sciences que les médecins considèrent comme accessoires ; de la géométrie, de la géométrie descriptive, sciences que les médecins se croient autorisés à ignorer. Il est vrai que la radiographie relève de l'anatomie, mais la connaissance, même complète, de cette science ne saurait compenser la méconnaissance plus ou moins complète des autres sciences précédemment citées. Le médecin n'est donc pas préparé pour l'exécution de la radiographie. On nous objectera qu'il peut acquérir, par la suite, les connaissances qui lui manquent ; mais cet apprentissage est trop long, réclame trop d'efforts, pour que le médecin, qui veut utiliser son diplôme

aussitôt ses études terminées, consente à consacrer les *années* de travail nécessaires à la formation du radiographe. Aussi, trouve-t-on plus simple de tourner
la difficulté ! Au lieu d'effectuer un graphique, une inscription photographique
à l'aide des rayons X, le médecin préfère préconiser et faire une radioscopie ;
opération plus simple et dont on ne peut constater la bonne exécution.

*La radioscopie, c'est l'image fugitive, ne laissant pas de trace*, que l'on perçoit
sur un écran recouvert de platino-cyanure de baryum, lorsqu'on place le malade
entre cet écran et la source de rayons X.

Ce n'est plus alors sur la *plaque photographique impartiale, parce qu'elle est
impersonnelle*, que s'effectue l'inscription, c'est l'œil de l'observateur qui enregistre les images. Donc, si l'observateur est le médecin, il est **juge et partie** pour
le diagnostic qu'il a *préalablement* porté ; car, dans tous les articles que nous
avons consultés à ce sujet, les médecins préconisent d'établir le diagnostic
d'abord, et d'effectuer la radioscopie ensuite.

La radioscopie ainsi comprise n'apporte donc pas réellement une garantie
supplémentaire à l'accidenté. Nous avons pu nous convaincre, en outre, que
cette radioscopie est effectuée le plus généralement sans méthode scientifique,
au seul gré de l'opérateur.

Ce que nous avons le devoir de réclamer, c'est l'application non de la radioscopie, mais de la *radiographie*, qui fournit un document dont on peut contrôler
la bonne ou la malfaçon, que l'on peut soumettre à la discussion

Dans le rapport présenté à l'Académie de Médecine sur ce sujet, il est dit
que l'on peut exécuter des épreuves radiographiques douteuses, « pour ne pas
dire truquées », que de tels documents ont pu être invoqués à l'appui des demandes formulées par les accidentés du travail. (Il n'a pas été dit si les opérateurs
étaient médecins ou non). Nous avons pu constater, dans notre enquête, combien
la méconnaissance des sciences exactes, et particulièrement de la géométrie,
suffit pour expliquer la confection d'images radiographiques absolument quelconques et dont, par conséquent, il est impossible de tirer une conclusion juste.
C'est ce fâcheux résultat dû à l'incompétence, que nous retiendrons ici.

Pour nous défendre contre cette incompétence, nous avons le devoir de nous
opposer à certain procédé d'investigation recommandé par le rapporteur de
l'Académie de Médecine en parlant de la conduite que doit tenir le radiologiste
(médecin bien entendu) ;

« ....Qu'il fasse ensuite intervenir l'écran pour déterminer, par la radios-
« copie, l'état des différents organes, voir, s'il y a lieu, de pousser les choses plus
« loin et de recourir à une radiographie, que celle-ci, si elle est jugée nécessaire,
« soit orientée et prise dans les conditions les plus convenables.....»

Ainsi le médecin est juge absolu ! Tout son *devoir* consiste à se placer dans
les conditions les plus *convenables*, .... celles sans doute qui serviront le mieux
ses intérêts !...

Nous, qui avons le devoir d'assurer la plus grande garantie à l'accidenté,
conformément à la loi, nous réclamons des examens radiographiques, conformes à la méthode *scientifique* et, pour vous citer un exemple, considérons le cas
si fréquent des fractures de membres :

Ce qu'il faut obtenir, c'est que les radiographies des membres soient toujours
exécutées suivant deux plans incidents, faisant entre eux un angle de 90 degrés ;
de telle sorte qu'une solution de continuité se présentant dans l'un de ces plans
sous forme de superposition, soit nettement décelée dans l'autre plan incident,
avec son chevauchement s'il y en a, avec l'orientation vicieuse des fragments
si elle existe. Si, au contraire, nous sommes en présence d'une fracture parfaitement réduite (terme médical), parfaitement consolidée, ce mode d'examen est
encore le seul qui en permette la rigoureuse constatation.

Les plans incidents généralement employés et les plus aptes à exprimer la vérité, sont ceux qui correspondent à : une radiographie prise d'avant en arrière, et une radiographie latérale.

Pas un de nous, mécanicien, charpentier ou maçon, ne contestera, nous en sommes sûrs, le bien fondé de cette réclamation.

C'est en considération de tous les arguments précités et particulièrement de la situation anormale actuelle, suivant laquelle le médecin-radiographe devient par cette double fonction « juge et partie », que nous vous proposons d'émettre un vœu ayant pour objet de réclamer l'exécution et l'analyse des radiographies à ceux qui pratiquent les sciences exactes et non à ceux qui les considèrent comme la partie négligeable de leur programme.

Ayant constaté que la majorité des radiographies sont exécutées dans les laboratoires des hôpitaux, par des hommes de science non médecins, dont les travaux sont fréquemment la base des communications aux sociétés savantes, nous vous proposons d'émettre les vœux suivants :

## VŒUX

« Considérant que la radiographie n'est pas enseignée actuellement aux
« médecins, que ceux-ci, n'ayant qu'une connaissance fort restreinte des sciences
« exactes, ne peuvent exécuter et interpréter les radiographies avec la science
« scientifique indispensable, qu'ils ne cherchent dans ce mode d'investigation
« que la confirmation de leur diagnostic ; qu'un tel état de choses ne peut être
« que préjudiciable aux accidentés dans l'intérêt desquels la radiographie doit
« être une enquête scientifique indépendante du diagnostic pour aider à la re-
« cherche de la vérité :

« Considérant, en outre, que les protestations des syndicats médicaux au
« sujet de la nomination de deux experts radiographes non-médecins, l'un, chef
« de travaux pratiques au P. C. N., l'autre, chef de laboratoire des hôpitaux,
« sont de nature à légitimer notre défiance à l'égard des radiographes médecins,
« en montrant leur volonté d'être toujours « juge et partie » et de refuser tout
« contrôle scientifique ;

« La Conférence des Bourses émet les vœux suivants :

« 1º Que les tribunaux appellent comme experts-radiographes les chefs
« non-médecins des laboratoires des hôpitaux dont la compétence en la matière
« ne saurait être mise en doute, en attendant qu'un diplôme spécial de radio-
« graphe soit institué ;

« 2º Que les radiographies soient toujours exécutées suivant une méthode
« scientifique ; que la technique employée soit mentionnée sur les épreuves four-
« nies ; qu'il ne soit plus permis d'utiliser uniquement la radiographie comme
« moyen d'enquête, car ce mode d'investigation ne laissant aucune trace, ne
« peut servir de base à la discussion, mais, qu'au contraire, en cas de litige,
« il soit demandé un nouvel examen radiographique, la radioscopie ne devant
« jamais être substituée à la radiographie et ne pouvant que rarement la com-
« pléter ;

« 3º Enfin, pour les examens radiographiques des membres, qu'il soit tou-
« jours demandé deux examens effectués suivant deux plans incidents, faisant
« entre eux un angle de 90 degrés. »

# Le Pain gratuit et la Grève générale

(Question non discutée par le Congrès et déposée par le Syndicat
l'Union des Travailleurs de l'industrie lainière de Reims).

Au cours de la période d'agitation intensive et de propagande syndicals
que l'histoire enregistrera sous le nom de campagne des Huit heures, nous avons
eu maintes fois à constater et à regretter l'indifférence, voire même l'hostilité
nettement marquée d'un grand nombre de travailleurs syndiqués ou non-syndiqués envers cette question pourtant si importante de la réduction des heures
de travail.

Parmi les causes de ce que nous appellerons cette anomalie, il en est une que
nous avons retenue pour l'avoir enregistrée maintes fois et parce qu'elle comporte un enseignement dont il faudra tenir compte, si nous voulons aboutir
un jour à l'émancipation du prolétariat. Cette cause est celle-ci : se souciant
plutôt de gagner de forts salaires que de travailler moins longtemps, les ouvriers
qui ne s'occupent pas d'économie sociale, les égoïstes à courte vue, jamais ne
s'intéressant activement à un mouvement dont, à tort ou à raison, ils peuvent
craindre qu'il résultera pour eux un fléchissement, un préjudice à leur situation
matérielle.

Sans doute, c'est un préjugé de croire que plus on travaille, plus on gagne.
Les faits sont là pour démontrer que, généralisée, cette théorie est fausse.
Mais hélas, la force de l'égoïsme est telle, l'appât du gain si tentateur, que toutes
les démonstrations de faits ou de sentiment, sont, quand il s'agit de faire penser
et agir des gens qui ne pensent pas, qui, en tous cas, ne peuvent généraliser, et
qui, s'ils sont susceptibles de se mettre en grève pour obtenir une augmentation
de salaire, ne peuvent cependant comprendre qu'il soit possible de gagner
ce qu'ils gagnent couramment, en travaillant moins longtemps qu'ils le font.
Pour changer leur opinon sur ce point, il faudra encore de longues années de
propagande spéciale.

Notre souci principal étant de transformer la société, nous nous sommes dit
que si les courtes journées peuvent favoriser l'éducation des travailleurs et
ménager leurs forces, nous n'avons peut-être pas absolument besoin d'elles
pour créer un mouvement aux fins plus larges, conformes au but que nous poursuivons.

Nous sommes tous peu ou prou partisans d'une réorganisation sociale, d'une
société où les producteurs jouiraient du bénéfice intégral du travail libre, au
lieu d'être, comme aujourd'hui, asservis au capital. Nous voulons surtout
entourer la vie du travailleur du plus ou des plus hautes garanties possibles,
et pour cela, détruire tout ce qui lui est défavorable. Nous voulons surtout que
cette existence ne puisse plus être entravée, voire même empêchée, disons subordonnée, à quelque raison que ce soit. Il ne faut pas que la vie, le droit à
l'existence puisse être contesté à qui que ce soit. Il ne faut pas que le travailleur soit condamné au travail forcé perpétuel, pour avoir le droit de vivre.

Or, ce droit à la vie est contesté à tous les travailleurs dans la société bourgeoise où ils sont tenus de se faire exploiter pour manger, donc pour exister, mais où, cependant, les privilégiés capitalistes peuvent vivre en jouisseurs, disposer de toutes les richesses sans être tenus de travailler.

Cette situation odieuse ne peut durer, nous vous demandons de la faire cesser. Nous estimons qu'il dépend de vous de faire entrer le droit à la vie dans les mœurs, dans les faits et dans la loi.

*<br>* *

Nous sommes dans un monde où l'intérêt stupide prime tout, nous l'avons démontré plus haut en ce qui concerne nos camarades du travail. Il résulte de cet état de choses que, pour arriver à un but, il faut satisfaire tous les intérêts. Or, vouloir assurer la vie, garantir l'existence de chacun et de tous, c'est incontestablement répondre aux exigences essentielles de tous les êtres humains. Cherchez un moyen d'arriver à servir notre cause de rénovation, en tenant compte des nécessités du moment, notamment de la médiocrité mentale d'une grosse partie de l'humanité et faire que l'action, le rayonnement de ce moyen, touche les intérêts, soit même alimenté par les passions qu'elles engendrent c'est ce que nous nous sommes proposés de rechercher. Et nous croyons pouvoir vous demander de discuter s'il ne faudrait pas déplacer l'axe du mouvement syndical, en le transportant du terrain des revendications professionnelles particulières, au terrain des revendications plus générales à caractère communiste et, par conséquent, révolutionnaires, en plaçant l'aboutissement mécanique de cet axe dans une société où la solidarité sociale ne serait plus un vain mot.

Garantir l'existence de tout être humain en assurant à chacun le minimum de nourriture nécessaire pour ne pas mourir de faim, voilà ce qu'il faudrait revendiquer énergiquement. Faire passer cette idée de la théorie à la pratique par les moyens et les procédés ordinaires de l'action directe syndicale, voilà ce que nous croyons possible, ce que nous disons dépendre de vous, ce que nous vous prions de *vouloir* avec nous. Si nous le voulons, si nous savons faire pour le droit à la vie ce que nous avons fait pour les Huit heures, nous obtiendrons des résultats dont les conséquences seront des plus heureuses pour la rénovation sociale.

Oh ! Ce n'est pas que nous songeons à vous indiquer une panacée à tous les maux dont souffre l'humanité. Non, ce que nous préconisons, c'est la revendication d'une réforme vraiment efficace, d'une réforme présentable en une formule simple et claire, susceptible de rallier toutes les bonnes volontés et en même temps de créer une opposition brutale et irréductible de la bourgeoisie:

Ce que nous voulons, c'est le Pain gratuit, le pain assuré à tous au même titre que l'air, l'eau et l'éclairage des rues.

Le Pain gratuit ! Les travailleurs verront que s'ils réclament enfin une réforme dont les résultats seraient tangibles et conformes aux fins d'égalité sociale que nous poursuivons, les travailleurs verront, disons-nous, que cela ne saurait leur être accordé par les possédants actuels. Et nous espérons que ce leur sera une raison suffisante pour l'exiger obstinément.

Le Pain gratuit refusé par tous les affameurs systématiques de peuple, sera voulu par ce peuple. Il ne nous restera qu'à mettre à sa disposition les moyens indispensables pour le réaliser.

Ces moyens, nous l'avons dit, sont dans nos mains, ils sont ceux de l'action syndicale. Il va de soi, étant donné le caractère général de la question, qu'il ne saurait ici être parlé de l'action de telle corporation plutôt que de telle autre. Pour réaliser le pain pour tous, il faut une action générale.

Vous vous êtes maintes fois prononcés en faveur de la Grève générale, subordonnant sa déclaration à des circonstances favorables.

Ces circonstances, vous pouvez les déterminer en suscitant un mouvement populaire en faveur de l'assurance du droit de vie par le Pain gratuit.

La loi actuelle ne permet pas de réaliser, même communalement, cette réforme communiste. Il est de toute nécessité de faire disparaître cette barbarie du code.

Nous vous prions de mettre dans vos préoccupations cette question du Pain gratuit par la Grève générale ou, nous pouvons le dire, de la Grève générale par le Pain gratuit.

Le Congrès peut se prononcer en faveur de notre proposition, il la placera, par ce fait, à l'ordre du jour des assemblées générales de toutes les organisations confédérées et aidera puissamment à sa vulgarisation.

Si vous êtes toujours partisans de la grève générale, si vous ne craignez pas de la tenter, si vous êtes confiants en vous, vous ferez de la propagande en faveur du Pain gratuit, premier palier du communisme, première affirmation et consécration du droit à l'existence.

**Ch. Dooghe.**

# TABLE DES MATIÈRES

# ERRATUM

A AJOUTER :

*Syndicats admis*

### COIFFEURS

Troyes.                    **Philbois.**

### DESSINATEURS

Dessinateurs de Saint-
  Nazaire.                 **Gautier.**

### MÉTALLURGISTES

Ferblantiers de Grenoble. **Ferrier.**
Ouvriers métallurgistes
  de Chambon.             **Malliquet.**

### SYNDICATS ISOLÉS

Gazetiers-Zingueurs de
  Périgueux.              **Teyssandier.**
Ferblantiers-boîtiers de
  Nantes.                 **Blanchard.**
Passementiers de Paris.   **Allibert.**

### TEXTILE

Tisseurs en soie de Tours. **Coignard.**

### GUERRE (Magasins)

Ouvriers et Ouvrières
  du Magasin Régio-
  nal du Mans.            **Galice.**

### MARINE

Forges de Guérigny.       **Sivan.**

### MINEURS

Mineurs et similaires
  du Nord.                **Berthet.**

### PAPIER

Ouvriers papetiers de
  Ballancourt              **Delaine.**

### MOULEURS

Mouleurs de Niort.        **Griffuelhes.**

### MAÇONNERIE

Carriers de Nemours.      **Garnery.**

---

*Organisations dont les mandats n'ont pas été admis*

**CHAUFFEURS-MÉCANICIENS.** — Electriciens de Lyon.        **Vuillerme.**

6614 E. — AMIENS. — IMPRIMERIE DU PROGRÈS DE LA SOMME.

FÉDÉRATION DU LIVRE

MARQUE SYNDICALE

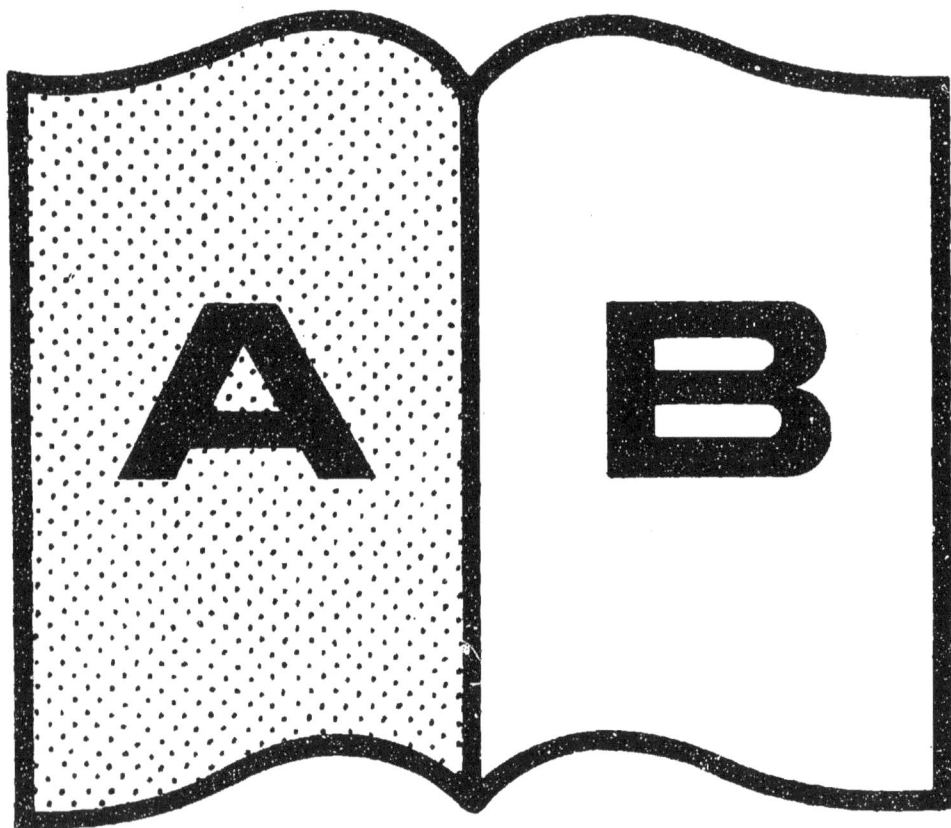

Contraste insuffisant

**NF Z 43**-120-14

www.ingramcontent.com/pod-product-compliance
Lightning Source LLC
Chambersburg PA
CBHW060123200326
41518CB00008B/916